AUGUST BEBEL

DIE FRAU UND DER SOZIALISMUS

AUGUST BEBEL

DIE FRAU UND DER SOZIALISMUS

VERLAG MARXISTISCHE BLÄTTER
FRANKFURT AM MAIN 1985

CIP-Kurztitelaufnahme der Deutschen Bibliothek

Bebel, August:
Die Frau und der Sozialismus / August Bebel.
– 5. Aufl. – Frankfurt am Main: Verlag
Marxistische Blätter, 1985.
ISBN 3-880 12-424-8

Lizenzausgabe für den
Verlag Marxistische Blätter GmbH
zum Vertrieb in der BRD und in Westberlin
6 Frankfurt am Main 50 · Heddernheimer Landstraße 78a
Telefon (06 11) 57 10 51

Printed in the German Democratic Republic

VORREDE
ZUR FÜNFUNDZWANZIGSTEN AUFLAGE

Das „durch und durch unwissenschaftliche Buch", das nach H. Herkner[1] „Die Frau" ist, erlebt hiermit den in der deutschen Literatur höchst seltenen Fall einer fünfundzwanzigsten Auflage, und ich hoffe, weitere werden folgen. Der außerordentlich günstigen Aufnahme, die es bei dem deutschen Lesepublikum fand, entsprechen die vielen Übersetzungen in die verschiedensten fremden Sprachen, die es seit seinem Erscheinen gefunden hat. Neben dem, daß es zweimal ins Englische übersetzt wurde (London und New York), wurde es ins Französische, Russische, Italienische, Schwedische, Dänische, Polnische, Flämische, Griechische, Bulgarische, Rumänische, Ungarische und Tschechische übersetzt. Auf diesen Erfolg meines „durch und durch unwissenschaftlichen Buches" kann ich also stolz sein.

Zahlreiche Zuschriften, namentlich von Frauen aus den verschiedensten Gesellschaftskreisen, zeigten mir weiter, wie es insbesondere in der Frauenwelt gewirkt hat und die *wärmste* Aufnahme fand.

Hierbei muß ich meinen herzlichen Dank denjenigen aussprechen, die mich, sei es durch Einsendung von Material oder durch Berichtigung und Ergänzung angeführter Tatsachen, unterstützten und mich so in die Lage setzten, das Buch einwandfreier zu gestalten.

Der warmen Anhängerschaft auf der einen Seite steht aber eine heftige Gegnerschaft auf der anderen gegenüber. Während die einen das Buch als das nichtsnutzigste und gefährlichste Buch bezeichnen, das in neuerer Zeit erschienen sei (in diesem Sinne sprach sich eine in Berlin erscheinende antisemitische Zeitung aus), erklären andere – darunter zwei evangelische Geistliche – es für eines der sittlichsten und nützlichsten Bücher, die es gebe. Ich bin mit dem einen Urteil so zufrieden wie mit dem anderen. Ein Buch, das über öffentliche Dinge geschrieben ist, soll wie eine Rede, die über öffentliche Angelegen-

[1] Die Arbeiterfrage. Eine Einführung von Dr. H. Herkner. Berlin 1894.

heiten gehalten wird, zur Parteinahme *zwingen*. Nur dann erreicht es seinen Zweck.

Unter den zahlreichen Entgegnungen und versuchten Widerlegungen, die das vorliegende Buch im Laufe der Jahre hervorgerufen hat, sind zwei, die wegen des wissenschaftlichen Charakters ihrer Verfasser eine besondere Beachtung herausfordern. So das Buch von Dr. H. E. Ziegler, außerordentlicher Professor der Zoologie an der Universität Freiburg i. B., das betitelt ist „Die Naturwissenschaft und die sozialdemokratische Theorie, ihr Verhältnis dargelegt auf Grund der Werke von Darwin und Bebel"[1], und die diesem folgende Abhandlung von Dr. Alfred Hegar, Professor der Gynäkologie an der Universität Freiburg i. B., die den Titel führt „Der Geschlechtstrieb"[2].

Die beiden Bücher machen den Eindruck, als seien sie auf Verabredung ihrer Autoren zur „wissenschaftlichen Vernichtung" meines Buches geschrieben. Dafür spricht, daß beide Autoren an derselben Universität tätig sind, beide ihre Bücher in demselben Verlag erscheinen ließen und beide die Herausgabe damit begründen, daß die ungewöhnlich weite Verbreitung, die mein Buch mit seinen „falschen" und „unwissenschaftlichen Theorien" gefunden habe, sie zu einer Widerlegung desselben anspornte. Für die gegenseitige Abmachung spricht auch ferner die Arbeitsteilung, über die beide Autoren sich (so scheint es) verständigten. Indem Ziegler meine kulturgeschichtlichen und naturwissenschaftlichen Anschauungen zu widerlegen versucht, wirft Hegar sich wesentlich auf die physiologische und psychologische Charakterisierung der Frau, wie ich sie in meinem Buche gebe, um diese als falsch und irrig nachzuweisen. Beide gehen dann, ein jeder von seinem Standpunkt, zu dem Versuch einer Widerlegung meiner ökonomischen und sozialpolitischen Grundauffassungen über, ein Unterfangen, das zeigt, daß sie sich hier auf ein Gebiet begeben, auf dem sie beide nicht zu Hause sind und auf dem sie deshalb noch weniger Lorbeeren pflücken als auf dem Gebiet des Fachmanns, von dem aus ich am ehesten eine sachgemäße Widerlegung hätte erwarten können.

Beide Bücher haben auch das Gemeinsame, daß sie zum Teil Gebiete behandeln, die den von mir behandelten fernliegen und nichts mit denselben zu tun haben, oder, wie namentlich Hegar, sich in Erörte-

[1] Stuttgart 1894, Verlag von Ferdinand Enke.
[2] Stuttgart 1894, Verlag von Ferdinand Enke.

rungen ergehen, denen zu widersprechen ich keinen Grund habe. Beide Schriften sind ferner *Tendenzschriften*, die um jeden Preis beweisen sollen, daß weder die Naturwissenschaft noch die Anthropologie irgendwelches Material für die Notwendigkeit und die Nützlichkeit des Sozialismus ergeben. Beide Verfasser haben auch mehrfach, wie das in Polemiken nichts Seltenes ist, das aus meiner Schrift aus dem Zusammenhang herausgerissen, was ihnen paßte, und weggelassen, was ihnen unbequem war, so daß ich mitunter einige Mühe hatte, das von mir Gesagte wiederzuerkennen.

In der Besprechung der beiden Bücher gehe ich zunächst zu der zuerst erschienenen Abhandlung Zieglers über.

Ziegler hat schon im Titel seines Buches gesündigt. Wollte er eine Kritik der sozialdemokratischen Theorien mit Beziehung auf Darwin schreiben, so durfte er nicht mein Buch zum Gegenstand seiner Kritik machen, denn es wäre eine Anmaßung sondergleichen von mir, wollte ich mich als einen der sozialistischen Theoretiker betrachten; er mußte alsdann die Schriften von Marx und Engels – auf deren Schultern wir anderen stehen – dazu ausersehen. Das hat er klugerweise unterlassen. Er konnte aber auch nicht mein Buch als eine Art Parteidogmenschrift ansehen, da ich darin, und zwar in der Einleitung, ausdrücklich erklärt habe, wieweit ich glaube in meinem Buche auf die Zustimmung meiner Parteigenossen zählen zu können. Ziegler konnte das nicht übersehen. Indem er dennoch den gewählten Titel adoptierte, war es ihm wohl mehr um das Pikante als um das Richtige zu tun.

Ich muß nun zunächst an dieser Stelle eine schwere Beleidigung zurückweisen, die Ziegler gegen Engels schleudert, dem er nachsagt, er habe in seiner Schrift „Der Ursprung der Familie, des Privateigentums und des Staats“ die ganzen Theorien Morgans *kritiklos* übernommen. Engels hat zwar in der wissenschaftlichen Welt einen viel zu hochgeachteten Namen, als daß der Vorwurf Zieglers dort irgendwelchen Eindruck macht. Ein objektives Studium von Engels' Schrift beweist sogar dem Laien – und zu diesen gehört im vorliegenden Falle Ziegler nicht –, wie er die Anschauungen Morgans nur adoptierte, weil sie mit den Anschauungen und Studien, die er und Marx auf diesem Gebiet gemacht haben, übereinstimmten. Und indem Engels sie adoptierte, hat er sie aus Eigenem auch weiter begründet, so daß es den Gegnern unmöglich gemacht sein dürfte, sie mit Aussicht auf Erfolg bekämpfen zu können. Was Ziegler, hauptsächlich an der Hand von Westermarck und Starcke, gegen die Anschauungen Morgans, Engels' und all derer, die mit Morgan und Engels wesentlich auf dem gleichen Boden stehen, ausführt, ist schief und haltlos und zeugt von einer Oberflächlichkeit der Auffassung, die meinen Respekt vor den Männern der Wissenschaft vom Schlage Zieglers gerade nicht erhöht hat.

Ziegler fürchtet (Seite 15 seiner Schrift), man werde auch gegen ihn die Verleumdung erheben, die ich gegen einen großen Teil der heutigen Gelehrten erhoben haben soll, nämlich die Anklage, ihre wissenschaftliche Stellung zugunsten der herrschenden Klassen auszunutzen. Ich verwahre mich dagegen, irgendwen verleumdet zu haben. Die Anschuldigung, man verleumde, scheint unseren Professoren sehr leicht aus der Feder zu fließen, wie das auch aus dem Angriff Haeckels gegen mich (siehe Seite 294 dieses Buches) hervorgeht. Was ich in diesem Buche schreibe, ist, soweit ich meine eigenen Anschauungen darin ausspreche, meine volle Überzeugung, die eine *irrtümliche* sein kann, die aber nirgends *wider besseres Wissen* – und das allein wäre Verleumdung – ausgesprochen wurde. Was ich also bezüglich eines großen Teiles unserer Gelehrten ausgeführt habe, glaube ich nicht nur, ich könnte es durch zahlreiche Tatsachen beweisen. Ich begnüge mich aber, neben dem Urteil eines Mannes wie Buckle (Seite 291 dieses Buches) das Urteil eines Friedrich Albert Lange beizufügen, der auf Seite 15 der zweiten Auflage seiner „Arbeiterfrage" von einer *gefälschten Wissenschaft* spricht, die den Kapitalisten auf den Wink zu Gebote stehe. Und indem Lange weiter die herrschenden Anschauungen über die Staatswissenschaften und die Statistik erörtert, fährt er fort: „Daß solche Anschauungen (wie sie die Monarchen besitzen) auch auf den Männern der Wissenschaft lasten, ist aus der Teilung der Arbeit auf geistigem Gebiet leicht zu erklären. Bei der Seltenheit einer freien, die Resultate aller Wissenschaften in einen Brennpunkt sammelnden Philosophie sind auch unsere gelehrtesten und erfolgreichsten Forscher bis zu einem gewissen Grade Kinder des allgemeinen Vorurteils, *indem sie zwar in ihrem engeren Kreise sehr scharf sehen, außerhalb desselben aber nichts. Rechnet man dazu das Unglück einer vom Staate bezahlten und gewerbsmäßig betriebenen ‚Philosophie', welche stets bereit ist, das Bestehende für das Vernünftige zu erklären, so wird man genug Gründe der Zurückhaltung entdecken, wo einmal die wissenschaftlichen Fragen selbst so ganz un-*

mittelbar auf die Elemente zukünftiger Weltrevolutionen hinführen, wie das in dem Gesetz der Konkurrenz um das Dasein der Fall ist."

Diese Ausführungen F. A. Langes sind deutlich, sie bedürfen keines Zusatzes mehr. Ausführlicheres findet Ziegler bei Lange im ersten und zweiten Kapitel seines Buches. Ziegler sagt weiter, man habe ihm geraten, seine Schrift gegen mich zu unterlassen und statt ihrer ein schon lange begonnenes Buch über Embryologie zu beenden, „das sei seiner Karriere vorteilhafter". Ich glaube auch, daß dieses vernünftiger gewesen wäre, nicht bloß seiner Karriere wegen, sondern auch wegen seines wissenschaftlichen Rufes, der durch sein Buch gegen mich nicht gewonnen hat. – Es kann mir nun nicht beikommen, an dieser Stelle auf die Einwände Zieglers gegen die seit Bachofen und Morgan immer mehr in die wissenschaftliche Untersuchung gezogenen Geschlechtsverhältnisse der auf den Unterstufen menschlicher Entwicklung stehenden Völkerschaften ausführlich einzugehen. Es vergeht nahezu kein Tag, der nicht neue beweiskräftige Tatsachen im Sinne der Bachofen-Morganschen Anschauungen beibringt, und ich selbst habe in dem ersten Abschnitt des vorliegenden Buches einige für weitere Kreise neue Tatsachen angeführt, die nach meiner Überzeugung ebenfalls in unwiderleglicher Weise die Richtigkeit dieser Anschauungen beweisen. Die mittlerweile von Cunow erschienene Abhandlung „Die Verwandtschaftsorganisationen der Australneger", auf die ich im ersten Abschnitt dieses Buches zu sprechen komme, bringt weiter nicht nur eine Fülle neuer Tatsachen in der gleichen Richtung, sie beschäftigt sich auch ausführlich mit den Auffassungen Westermarcks und Starckes – den Gewährsmännern Zieglers – und widerlegt sie gründlich. Der Kürze halber verweise ich Ziegler hier darauf.

Insofern Ziegler aus Eigenem den Beweis zu führen sucht, daß das monogame Verhältnis zwischen Mann und Weib „eine auf der Natur beruhende Sitte" sei (Seite 88 seines Buches), macht er sich seine Beweisführung außerordentlich leicht. Einmal entstand ihm zufolge das monogame Verhältnis aus rein psychologischen Gründen: „Liebe, gegenseitige Sehnsucht, Eifersucht", dann aber sagt er wieder, die Ehe sei notwendig, „denn durch die öffentliche Eheschließung erkennt der Mann der Gesellschaft gegenüber die Verpflichtung an, seiner Frau treu zu bleiben, für seine Kinder zu sorgen und seine Kinder zu erziehen". Erst ist also die Monogamie eine „auf der Natur beruhende

Sitte“, ein Verhältnis aus „rein psychologischen Gründen“, also quasi naturgesetzlich selbstverständlich, wenige Seiten später bezeichnet er die Ehe als eine gesetzliche Zwangsanstalt, welche die Gesellschaft errichtete, damit der Mann seiner Frau treu bleibe, für sie sorge und seine Kinder erziehe. „Erkläret mir, Graf Örindur, diesen Zwiespalt der Natur.“ Bei Ziegler geht der gute Bürger mit dem Naturwissenschaftler durch.

Wenn die öffentliche Eheschließung für den *Mann* notwendig ist, damit dieser seiner Frau treu sei, für sie sorge und seine Kinder erziehe, warum sagt denn Ziegler von der gleichen Verpflichtung der Frau kein Wort? Er ahnt unwillkürlich, daß die Frau in der heutigen Ehe in einer Zwangslage sich befindet, die ihr aufzwingt, was von dem Manne erst durch ein besonders feierliches Gelübde erreicht werden muß, aber in unzähligen Fällen nicht erreicht wird. Ziegler ist nicht so beschränkt oder unwissend, um nicht zu wissen, daß zum Beispiel schon im Alten Testament die Grundlage der patriarchalischen Familie die Polygamie war, der sich die Erzväter bis zu König Salomo ergaben, ohne daß sie „die auf der Natur beruhende Sitte“ davon abhielt oder „die psychologischen Gründe für die Monogamie“ ihre Wirkung auf sie ausübten. Polygamie und Polyandrie, die in historischer Zeit seit Jahrtausenden existieren und von welchen die erstere noch heute im Orient von vielen Hundert Millionen Menschen als soziale Institution anerkannt ist, widersprechen aufs schlagendste den von Ziegler angeführten „naturwissenschaftlichen“ Gründen und führen sie ad absurdum. Dahin kommt man eben, wenn man mit beschränkten bürgerlichen Vorurteilen fremde Sitten und soziale Einrichtungen beurteilt und nach naturwissenschaftlichen Gründen sucht, wo allein *soziale Ursachen* maßgebend sind.

Ziegler konnte sich auch seine Beispiele aus dem Geschlechtsleben anthropoider Affen anzuführen ersparen, um damit zu beweisen, daß Monogamie eine Art Naturnotwendigkeit sei, sintemalen die Affen nicht wie die Menschen eine soziale Organisation besitzen – und sei dieselbe noch so primitiv –, die ihr Denken und Handeln beherrscht. Darwin, auf den er sich gegen mich beruft, war in seinem Urteil weit vorsichtiger. Darwin erschien zwar die Existenz einer „Gemeinschaftsehe“ und der ihr voraufgehende Zustand der Promiskuität ebenfalls unglaubwürdig, aber er war objektiv genug zu sagen, daß alle diejenigen, die den Gegenstand am gründlichsten studiert hätten, darin anderer Meinung seien als er und die „Gemeinschaftsehe“ (Dieser spezifische Ausdruck rührt von uns. Der Verfasser) die ursprüngliche und allgemeine Form des Geschlechtsverkehrs auf der ganzen Erde bildete, einschließlich der Ehe zwischen Geschwistern.[1] Seit Darwin hat aber die Untersuchung der Urzustände der Gesellschaft große Fortschritte gemacht; vieles, was damals noch bezweifelt werden konnte, ist heute klar, und so würde Darwin wahrscheinlich selbst, wenn er noch lebte, seine alten Zweifel haben fallenlassen. Ziegler zweifelt die Lehre Darwins an, daß erworbene Eigenschaften vererbt werden könnten, und bekämpft diese Auffassung auf das nachdrücklichste; aber die von Darwin selbst im Zweifel gelassene Anschauung, daß Monogamie das ursprüngliche Verhältnis der Geschlechter unter den Menschen gewesen sei, akzeptiert er als unfehlbar, mit der Inbrunst eines gläubigen Christen, der sein Seelenheil gefährdet sieht, wenn er nicht an das Dogma der heiligen Dreieinigkeit oder als Katholik an die unbefleckte Empfängnis Marias glauben würde. Ziegler befindet sich in schwerer Selbsttäuschung, wenn er durch seine sehr dogmatische, aber historisch und naturwissenschaftlich grundfalsche Anzweiflung erwiesener Tatsachen die Entwicklungsphasen im Geschlechtsverkehr der verschiedenen Kulturstufen der Menschheit wegleugnen zu können glaubt.

Es geht Ziegler und den mit ihm Gleichdenkenden mit dieser im Sinne Morgans aufgefaßten Entwicklung des Geschlechtsverhältnisses auf den verschiedenen Gesellschaftsstufen wie der großen Mehrzahl unserer Gelehrten mit der materialistischen Geschichtsauffassung. Die Einfachheit und Natürlichkeit derselben, durch die alle sonst so widersprechenden und unklar erscheinenden Vorgänge erst klar und verständlich werden, leuchtet ihnen nicht ein; sie ist zu einfach und gibt der Spekulation keinen Raum. Im weiteren fürchten sie – ohne sich dessen oft selbst klar bewußt zu sein – die Konsequenzen derselben für den Bestand der bestehenden Staats- und Gesellschaftsordnung; denn gelten die Gesetze der Entwicklung auch für die Gesellschaft, wie kann dann die bürgerliche Gesellschaft behaupten, daß es über sie hinaus keine bessere Gesellschaftsordnung mehr gebe?

Ziegler begreift nicht den Zusammenhang der Lehren Darwins mit der sozialistischen Weltanschauung; ich empfehle ihm auch hier, die

---

[1] Die Abstammung des Menschen und die geschlechtliche Zuchtwahl, von Charles Darwin. 20. Kapitel. Sekundäre Geschlechtscharaktere der Menschen. Halle a. d. S., Otto Hendel.

beiden ersten Kapitel aus F. A. Langes „Arbeiterfrage" zu lesen, betitelt „Der Kampf um das Dasein" und „Der Kampf um die bevorzugte Stellung"; vielleicht wird ihm dort klar, was ihm bei mir unklar geblieben ist. Daß ferner Ziegler unrecht hat, wenn er glaubt, Virchows Ansicht über den Darwinismus, der zum Sozialismus führe, gegen mich verwenden zu können, habe ich auf Seite 291 dieses Buches nachgewiesen.

Indem ich Darwins naturwissenschaftliche Lehren als in inniger Beziehung zur sozialistischen Weltanschauung betrachte, glaubt Ziegler diese Auffassung auch damit widerlegen zu können, daß er sich auf Darwins Urteil über die Kriege und auf seine malthusianischen Anschauungen bezieht. Vor allem muß ich verlangen, daß, wenn man mich zitiert, man auch richtig zitiert. Was Ziegler auf Seite 186 seiner Schrift als meine Auffassung über den ewigen Frieden zitiert, ist grundfalsch und zeigt seine vollkommene Unfähigkeit, sich in die Gedankenwelt eines Sozialisten finden zu können. Daß manche Kriege einen kulturfördernden Einfluß gehabt, kann man unbedenklich zugeben, daß aber alle Kriege diesen Charakter gehabt, kann nur ein Ignorant in der Geschichte behaupten. Und daß gar heute die Kriege bei der massenhaften Tötung der kräftigsten Männer, der Blüte der Kulturnationen, und der massenhaften Vernichtung von Kulturmitteln, die gegenwärtig Kriege verschulden, dem Fortschritt der Menschheit förderlich sein sollen, kann nur ein Barbar noch glauben. Jeder längere Friede wäre dann nach der Auffassung der Ziegler und Genossen ein Verbrechen an der Menschheit. Was Ziegler über dieses Kapitel in seinem Buche sagt, erhebt sich nicht über die platteste Spießbürgerei. Nicht höher steht, was er, gestützt auf Darwin, über den Malthusianismus sagt. Darwins gänzlicher Mangel an sozialökonomischem Wissen verleitete ihn zu den gewagtesten Behauptungen, sobald es sich um soziale Themata handelte; aber seit Darwin sind auf dem sozialen Gebiete so gewaltige Fortschritte gemacht worden, so daß, was für Darwin noch verzeihlich war, für einen seiner Jünger es nicht mehr ist, namentlich wenn dieser wie Ziegler mit der Prätension auftritt, auf diesem Gebiete ein maßgebendes Urteil zu haben. Was ich hierüber gegen ihn zu sagen hätte, habe ich in dem Abschnitt dieses Buches „Bevölkerung und Übervölkerung" gesagt, ich verweise hier darauf.

Einer der Haupttrümpfe, die Ziegler gegen mich ausspielt, betrifft meine Auffassung von der Entwicklungsfähigkeit des Menschen und speziell der Frau unter vernünftigen und naturgemäßen gesellschaftlichen Beziehungen, und zwar durch Erziehung und Vererbung. Ziegler legt hier seiner abweichenden Meinung, daß Vererbung erworbener Eigenschaften ausgeschlossen oder doch erst in unendlich langen Zeiträumen möglich sei – wobei er sich auf Weismann stützt –, eine solche Bedeutung bei, daß er davon die Durchführung der sozialistischen Idee abhängig macht. Er äußert: „Ehe die Menschen der neuen sozialen Organisation sich angepaßt hätten, würde die neue Organisation längst untergegangen sein" (Seite 19). Dieser Satz spricht für eine eigentümlich naive Auffassung, die Ziegler von werdenden Gesellschaftsformationen hat. Er verkennt, daß die gesellschaftlichen Bedürfnisse es sind, welche neue Gesellschaftsformationen erzeugen, die Gesellschaftsformation also mit den Menschen und die Menschen mit ihr wachsen, eins aus dem anderen und beides miteinander entsteht. Eine neue Gesellschaftsordnung ist eben ohne die Menschen, welche sie wollen und befähigt sind, sie am Leben zu erhalten und zur Fortentwicklung zu bringen, unmöglich. Wenn irgendwo von Anpassung die Rede sein kann, so hier. Die günstigeren Umstände, die jede neue Gesellschaftsordnung gegenüber der früheren enthält, übertragen sich auch auf die Individuen und veredeln sie stetig.

Nach Ziegler erscheint die Auffassung von der Vererbung erworbener Eigenschaften bereits eine so abgetane, daß nur noch Rückständige an sie glauben. Als Nichtfachmann und überhäuft mit Arbeiten der verschiedensten Art, die dem hier behandelten Thema fernliegen, kann ich mir nicht beikommen lassen, auf meine eigenen Erfahrungen und Wahrnehmungen mich zu stützen, aber eine aufmerksame Beobachtung hat mir gezeigt, daß dieses von Ziegler mit so apodiktischer Sicherheit behandelte Thema sehr kontrovers ist und damit die anerkanntesten Vertreter des Darwinismus gegen sich hat. So veröffentlichte Dr. Ludwig Büchner in der „Beilage zur Allgemeinen Zeitung", München, 13. März 1894, einen Aufsatz, betitelt „Naturwissenschaft und Sozialdemokratie", in dem er die Zieglersche Schrift bespricht. Büchner spricht sich nicht nur gegen die Weismann-Zieglersche Auffassung aus, sondern weist zugleich darauf hin, daß neben Haeckel auch Huxley, Gegenbaur, Fürbringer, Eimer, Claus, Cope, Lester Ward und Herbert Spencer sich für die Darwinsche Auffassung aussprechen. Weiter hat Hake in einer von Fachleuten sehr geschätzten Streitschrift „Gestaltung und Vererbung. Eine Entwicklungsmechanik der Organismen“[1], gegen Weismann Stellung genommen. Auch Hegar spricht sich in seiner gegen mich gerichteten Abhandlung gegen Weismann aus (Seite 130 u. f.). Ganz und gar auf dem Boden der Theorie von der Vererbung erworbener Eigenschaften steht ferner Professor Dr. Dodel, der in seiner Schrift „Moses oder Darwin. Eine Schulfrage“[2], Seite 99 wörtlich äußert: „Von größter Wichtigkeit sind nun aber die Tatsachen der progressiven oder fortschreitenden Vererbung. Das Wesen derselben besteht darin, daß auch individuelle Merkmale, also neulich aufgetretene Merkmale, Eigenschaften jüngeren Datums auf die Nachkommen vererbt werden können.“ Und Haeckel schreibt über dieselbe Frage in einem Briefe an L. Büchner unter dem 3. März 1894 – zitiert in der obenerwähnten Besprechung des Zieglerschen Buches durch Büchner –: „Aus folgendem Aufsatz ersehen Sie, daß mein Standpunkt in dieser fundamentalen Frage unverändert derselbe streng monistische (und zugleich Lamarcksche) ist. Die Theorien von Weismann und ähnliche führen immer zu *dualistischen* und *teleologischen* Vorstellungen, die zuletzt rein mystisch werden. In der Ontogenie führen sie direkt zum alten Präformationsdogma“ usw.

Auf demselben Boden stehen Lombroso und Ferrero in ihrem Werk „Das Weib als Verbrecherin und Prostituierte“[3], in dem sie auf Seite 140 von den Instinkten der Unterwerfung und Hingabe sprechen, welche die Frau durch Anpassung erworben habe. Ebenso läßt Tarnowsky[4] eine unter gewissen Verhältnissen erworbene Perversität des Geschlechtssinnes vererben, und Krafft-Ebing[5] spricht von dem Charakter der Frau, der durch unzählige Generationen hindurch nach einer bestimmten Richtung hin ausgebildet wurde.

Diese Angaben bezeugen, daß ich mich mit meiner Auffassung über die Vererbung erworbener Eigenschaften in angesehener Gesellschaft befinde und Ziegler mehr behauptete, als er beweisen kann.

Ziegler ist seinem bürgerlichen Beruf nach Naturwissenschaftler, aber als Zoon politikon – um mit Aristoteles zu reden – höchst wahr-

---

[1] Leipzig 1893.

[2] Stuttgart 1895. Fünfte, vermehrte Auflage.

[3] Leipzig 1894.

[4] Die krankhaften Erscheinungen des Geschlechtssinnes. Berlin 1886.

[5] Lehrbuch der Psychiatrie. 1. Band, 2. Auflage.

scheinlich Nationalliberaler. Dafür spricht die häufige Unbestimmtheit der Ausdrucksweise, wenn er für seine Beweisführung in Verlegenheit kommt; dafür sprechen ferner die krampfhaften Anstrengungen, die er macht, um die gesamte Menschheitsentwicklung mit dem gegenwärtigen bürgerlichen Zustand in Einklang zu bringen, indem er zu zeigen versucht, daß die sozialen und politischen Institutionen in bezug auf Ehe, Familie, Staat usw. zu allen Zeiten den heutigen ähnelten, womit bewiesen werden soll, daß am Ende des neunzehnten Jahrhunderts der Philister sich keine Gedanken darüber zu machen braucht, was das zwanzigste Jahrhundert ihm bringen wird.

Ich komme zu Hegar. Dieser bezeichnet sein Buch als eine sozialmedizinische Studie. Wenn er das „sozial" striche und den hierauf bezüglichen Teil seiner Abhandlung fortließe, hätte die Arbeit nicht unwesentlich gewonnen. Denn der soziale Teil ist äußerst dürftig und zeugt von höchst mangelhafter Kenntnis unserer sozialen Verhältnisse und Zustände. Hegar erhebt sich darin mit keinem Satze über das bürgerliche Mittelmaß hinaus, und wie Ziegler ist er gänzlich unvermögend, auch nur einen Gedanken zu fassen, der über die engsten bürgerlichen Auffassungen hinausgeht. Hegar hat daher in weiser Selbsterkenntnis sehr klug getan, daß er seinen ursprünglichen Plan (siehe Vorrede in seinem Buche), eine Bearbeitung der ganzen Frauenfrage zu unternehmen, aufgab; er wählte ein beschränktes Thema, „um so den falschen und überaus schädlichen Ansichten und Lehren entgegenzutreten, welche . . . insbesondere durch Bebels ‚Die Frau und der Sozialismus' in die großen Massen geworfen werden". Und er setzt weiter hinzu: Gute, auf wirklich wissenschaftlicher Grundlage fußende Arbeiten, wie Ribbings „Sexuelle Hygiene", fänden dagegen verhältnismäßig wenig Anklang.

Letzteres Buch ist mir wohlbekannt, der Verfasser ist ein auf streng religiösem Boden stehender Herr. Das Buch ist aber recht geringwertig und trägt seine konservative Tendenz klar aufgedrückt. Von stark ausgeprägter Tendenz ist allerdings auch Hegars Widerlegung meiner Schrift. In seinem Eifer zu widerlegen, beweist er mehr, als er als Fachmann beweisen kann. Dabei nimmt er überall die vornehmen Klassen in Schutz, die er als Muster von Sittlichkeit darstellt, wohingegen er Steine auf Steine auf die Arbeiter wirft, so daß man an zahlreichen Stellen glaubt, es mit einem klassenbewußten Bourgeois und nicht mit einem Manne der Wissenschaft zu tun zu haben. Soweit dagegen Hegar als Mann der Wissenschaft in seiner Darlegung wirklich objektiv ist, enthält seine Schrift eine Reihe belehrender Mitteilungen, deren Verbreitung man nur wünschen kann. Dagegen sucht man in seiner Schrift vergeblich nach großen, allgemeinen Gesichtspunkten und Maßregeln sozialer Hygiene, wie sie nur der Staat beziehungsweise die Gesellschaft durchführen kann, sobald einmal deren Notwendigkeit anerkannt ist, um das ganze Geschlecht auf dem Boden vorgeschrittenster wissenschaftlicher Erkenntnis zu erziehen.

In der bürgerlichen Gesellschaft gibt es zwei Klassen, die dem Proletariat nicht angehören, die aber, wenn sie sich von ihrer engen bürgerlichen Auffassungsweise zu emanzipieren vermöchten, mit Jubel dem Sozialismus zustimmen müßten: das sind die Lehrer und die Mediziner (Hygieniker, Gynäkologen, Ärzte). Man sollte also gerade von Männern wie Hegar und seinesgleichen erwarten, die durch ihre berufliche Stellung die zahllosen Übel kennen, an welchen die große Mehrheit der Menschen und insbesondere die Frauen wesentlich infolge unserer sozialen Verhältnisse leiden, daß sie sozialen Heil- und Umgestaltungsmaßregeln im großen, die allein wirklich helfen können, das Wort redeten. Das geschieht aber nicht. Sie verteidigen vielmehr Zustände, welche die Unnatur selbst sind, und decken mit ihrer Autorität die faul und morsch gewordene Gesellschaftsordnung einer Gesellschaft, die täglich beweist, wie ratlos sie den immer größer werdenden Übeln physischer und moralischer Natur gegenübersteht. Das ist eben das Empörende an dem Verhalten so vieler Männer der Wissenschaft, die zum Teil nur den einen Entschuldigungsgrund für sich haben, daß das gesellschaftliche Milieu, in dem sie leben, und die ihnen durch dasselbe zur zweiten Natur gewordenen Vorurteile ihnen das Darüberhinausdenken unmöglich machen; sie bleiben bei aller Wissenschaftlichkeit „Arme im Geiste".

Hegar hat wie Ziegler eine eigene Art zu zitieren; auch er nimmt Unwesentliches heraus und läßt Wesentliches fort und konstruiert alsdann die Widerlegung. Die große Bedeutung, die ich der *normalen* Befriedigung des Geschlechtstriebs für reife Menschen beilege, veranlaßt ihn hauptsächlich, gegen mich zu polemisieren, wobei er tut, als rede ich der Unmäßigkeit das Wort. Er hebt hervor, daß ich mich auf Buddha und Schopenhauer beziehe, und bezeichnet die Äußerungen Hegewischs und Buschs als veraltet, verschweigt aber, daß Autoritäten wie Klencke, Ploß und Krafft-Ebing, die sich weit eingehender als die Vorgenannten äußern, auf meiner Seite stehen. In der vorliegenden Auflage zitiere ich weiter den konservativen Moralstatistiker v. Öttingen (Seite 130 ff.), der auf Grund seiner statistischen Studien zu ganz ähnlichen Resultaten kommt wie ich. Diesen allen hat Hegar nichts Besseres gegenüberzustellen als eine Statistik von Decarpieux über die Sterblichkeit der Ledigen in Frankreich aus den Jahren 1685 bis 1745 (!!!) und eine solche der Eheleute nach Bauer, die sich auf die Jahre 1776 bis 1834 bezieht. Beide Statistiken sind zu einer Zeit aufgenommen, wo die Statistik noch sehr im argen lag, und können als beweiskräftig nicht angesehen werden.

Aber Hegar verwickelt sich auch in starke Widersprüche. Auf Seite 9 seiner Schrift führt er als Beweis an für die Ungefährlichkeit geschlechtlicher Enthaltsamkeit erwachsener Menschen die katholischen Geistlichen sowie die männlichen und weiblichen Ordensangehörigen, die aus freiem Willen das Zölibat auf sich nehmen. Er bekämpft den Einwand, daß diese Personen nicht enthaltsam lebten; dazu zwinge sie außer dem Pflichtgefühl die öffentliche Stellung, wodurch jeder Fehltritt dem allgemeinen Klatsch verfiele und bald zu Ohren des Vorgesetzten käme. Aber auf Seite 37 und 38 seines Buches führt er wörtlich aus: „Eine von Druruy (bei Bertillon zitiert) festgestellte Tatsache *spricht doch sehr entschieden für einen direkten nachteiligen Einfluß des unterdrückten Geschlechtstriebs auf die Erzeugung dieser Kategorie von Verbrechen* (Notzucht, Attentate gegen Kinder usw.). Druruy hat die während dreißig Monaten in von Laien oder von Geistlichen geleiteten Schulen vorgekommenen Ausschreitungen gegen die Sittlichkeit gegenübergestellt. 34 873 Laienschulen wiesen 19 Verbrechen und 8 Vergehen, 3581 Kongregationistenschulen 23 Verbrechen und 32 Vergehen auf. *Die von religiösen Kongregationen gehaltenen Institute zählen daher viermal mehr Vergehen und zwölfmal mehr Verbrechen gegen die Sittlichkeit!*" Ich meine, wer sich selbst so widerlegt, den brauche ich nicht zu widerlegen.

Ähnliche Widersprüche enthält Hegars Schrift noch mehrere. Auf Seite 18 und 19 gibt er Sterblichkeitstabellen über Frankreich, Paris, Belgien, Holland, Preußen, Bayern, welche Auskunft geben über die Zahl der Gestorbenen in den verschiedenen Altersklassen auf je 1000 Verheiratete oder Ledige. Diese Tabellen sprechen fast sämtlich zugunsten meiner Auffassung, denn sie ergeben, daß die Sterblichkeit der Ledigen, die jüngste Altersklasse von 15 bis 20 Jahren ausgenommen, durchschnittlich eine höhere ist als die der Verheirateten. Allerdings stirbt ein nicht unerheblicher Teil verheirateter Frauen im Kindbett oder an den Folgen des Kindbetts im Alter von 20 bis 40 Jahren, und Hegar schließt aus dieser Tatsache und aus den vielfachen Krankheiten, die aus überstandenen Geburten bei Frauen entstehen, daß die Befriedigung des Liebesbedürfnisses die Sterblichkeit bei dem Weibe erheblich steigere. Er übersieht aber, daß diese nicht am Geschlechtsverkehr, sondern an den Folgen desselben sterben, und hieran nur die *physische* Beschaffenheit einer großen Zahl von Frauen schuld ist, die ihnen das Überstehen des Geburtsaktes so erschwert. Und diese physische Schwäche ist wiederum die Wirkung unserer erbärmlichen *sozialen* Verhältnisse: schlechte Ernährungs-, Wohn-, Lebensweise, die Art der Beschäftigung, der geistigen und physischen Erziehung, der Bekleidung (Korsett) usw. Auch muß Hegar als Fachmann wissen, in wie zahlreichen Fällen mangelhafte oder falsche Geburtshilfe oder Ansteckung durch den Ehemann die Schuld an schweren Leiden der Wöchnerinnen tragen. Alle diese Mängel könnten durch vernünftige soziale Einrichtungen und Erziehungsmethoden behoben werden, und die Folgen, die heute eintreten, wären nicht vorhanden. Indem Hegar ferner mir vorwirft, die schädliche Einwirkung unbefriedigten Geschlechtstriebs stark zu übertreiben, verfällt er in das andere Extrem; er schildert die Schäden des befriedigten Geschlechtstriebs bei der Frau derart, daß der Apostel Paulus recht behält, der bekanntlich lehrte: Heiraten ist gut, nicht heiraten besser.

Hegar bestreitet ferner die Richtigkeit meiner Auffassung, daß bei Unverheirateten Unbefriedigtsein des Geschlechtstriebs auch auf die Zahl der Selbstmorde von Einfluß sei. Ich verweise hier zunächst auf die statistischen Angaben auf Seite 130 f. meines Buches. Hegar muß aber selbst zugeben (Seite 23): „*Im großen und ganzen ist die Selbstmordfrequenz des ledigen Standes höher*." Warum also der Streit?

Im weiteren bekämpft Hegar meine Auffassung, daß die Unterdrückung des Geschlechtstriebs bei Frauen häufig zu Geisteskrankheiten, zu Satyriasis und Nymphomanie führe. Aber auch diese Widerlegung meiner Auffassung ist ihm vollständig mißlungen. Auf Seite 80 äußert er: „Das weibliche Geschlecht ist dem Irrsinn im großen und ganzen mehr unterworfen als das männliche; doch ist der Unterschied nicht bedeutend. Dagegen findet sich eine *sehr große Differenz zwischen Ledigen und Verheirateten*, indem sich bei *ersteren* die Zahl etwa *verdoppelt*. Das Verhältnis tritt noch *viel schärfer hervor*, wenn man die Kinder, bei welchen die geistige Erkrankung nur selten beobachtet wird, nicht berücksichtigt, sondern nur die Ledigen vom fünfzehnten Jahre an rechnet. *Man erhält dann eine nahezu viermal größere Irrsinnsquote für die Ledigen gegenüber den Verheirateten.*" Hegar sucht zwar diese große Differenz zuungunsten der Ledigen aus verschiedenen Gründen zu erklären, und ich kann einen Teil dieser Gründe um so leichter gelten lassen, da ich nirgends behauptete, daß der unterdrückte Geschlechtstrieb die *einzige* Ursache krankhafter Zustände bei Ledigen bilde; aber dennoch muß Hegar schließlich zugeben (Seite 31): „*Doch ist der Unterschied zwischen Ledigen und Verheirateten zu groß, um hieraus* (aus den von ihm angeführten Gründen) *allein erklärt zu werden.*" Ich frage wieder: Warum dann der Streit?

Weiter sagt er Seite 23: „Nymphomanie und Satyriasis entstehen zuweilen bei sehr erheblichen anatomischen Veränderungen in dem Sexualapparat oder auch im Zentralnervenapparat." Aber woher diese Störungen kommen, darüber gibt er nur eine sehr unbefriedigende Erklärung. Daß Nichtbefriedigung einen Beitrag zur Entstehung des Leidens bilde, *gibt er zu*. „Allein das erste und die Hauptsache ist doch die künstlich und gewaltsam hervorgerufene Erregung." (!) Aber diese Erregung ist doch in der geschlechtlichen Natur des Menschen begründet, sonst wäre sie unmöglich. Daß ferner die Entstehung der Hysterie schon in alten Zeiten dem unterdrückten Geschlechtstrieb zugeschrieben wurde, gibt Hegar ebenfalls zu, er will aber diesen Grund nicht gelten lassen; dennoch äußert er Seite 35: „In früherer Zeit und, wenn auch seltener, in unseren Tagen hat man *gehäufte Erkrankungen* von Hysterie, hysterische Psychose, Veitstanz in geschlossenen Anstalten wie *Nonnenklöstern*, *Mädchenpensionaten* beobachtet, welche ebenfalls vielfach dem unterdrückten Geschlechtstrieb zugeschrieben worden sind." Hegar widerspricht diesem nicht, er sucht nur die Ursachen zu erklären, gegen die ich mich ebenfalls um so weniger zu erklären brauche, als ich sie selbst bereits teilweise anführte. „Das Krankheitsbild gewinnt, zumal bei dem Weibe, leicht einen sexuellen Anstrich", sagt Hegar weiter, ein Zugeständnis, das ich wiederum akzeptiere. Ferner sagt er: „Inwieweit bei der Entstehung solcher mit sexuellem Anstrich verlaufender Nervenleiden und Gemütsstörungen noch die gewaltsame Zurückdrängung eines der

Kraft und dem Lebensalter des Beteiligten adäquaten Geschlechtstriebs mitwirkte, ist schwer zu entscheiden." Auch dieses Zugeständnis genügt mir.

Im sechsten Abschnitt seiner Schrift behandelt Hegar die Übel, welche für die Frau aus dem Fortpflanzungsgeschäft erwachsen. Wie schon weiter oben angeführt, sieht Hegar weit größere Gefahren und Übel als vorhanden an für die verheiratete Frau als für die nichtverheiratete, obgleich er die Nachtseite der Nichtbefriedigung nicht gänzlich absprechen will. Und doch belehrt das ganze Aussehen alternder Mädchen, sogenannter alter Jungfern, sogar den Laien über die Übel des Nichtverheiratetseins. Das kann auch Hegar nicht ganz verschweigen, deshalb äußert er auf Seite 30: „Es gibt aber auch eine andere Klasse von Mädchen, welche ganz gesund sind oder wenigstens keine irgend beträchtlichere Störung ihrer Körperentwicklung darbieten und die allmählich in ein höheres Lebensalter einrücken, ohne zu heiraten. Diese bieten nun nicht selten in mehr oder weniger ausgeprägter Weise ein Bild dar, welches mit dem der Bleichsüchtigen manches gemein hat; Gefühl der Schwäche und Hinfälligkeit, Unlust zur Arbeit, Verstimmung, große Reizbarkeit, blasses Aussehen, Abmagerung, Störungen der Genitalfunktionen u. a." Diese Sätze enthalten also ebenfalls wieder ein wertvolles Zugeständnis. Und dennoch Räuber und Mörder über mich, weil ich, nur weniger verklausuliert als er, die Dinge beim rechten Namen nenne.

Was Hegar im siebenten Abschnitt seiner Abhandlung über die Unmäßigkeit im Geschlechtsgenuß und die Folgen sogenannter wilder Liebe sagt, darüber verliere ich kein Wort. Einmal, weil er, soweit er darin gegen mich polemisiert, mich nur mißverstanden hat, ob absichtlich oder unabsichtlich, lasse ich dahingestellt sein, oder weil es sich um Ausführungen handelt, die meine Ausführungen überhaupt nicht treffen.

Im weiteren passiert es Hegar, wie allen bürgerlichen Ideologen, daß er die Wirkung an die Stelle der Ursache setzt, zum Beispiel die Trunksucht aus einem „ethischen Defekt" statt aus sozialen Ursachen ableitet. Ich habe mich in diesem Buche so gründlich über die Wirkung sozialer Verhältnisse auf alle Lebensbeziehungen der Menschen ausgesprochen, daß ich an dieser Stelle kein Wort weiter hierüber verlieren will.

Sehr aufgebracht ist Hegar darüber, daß ich ausführe, wie so häufig die Töchter des Volkes von den Angehörigen der „besitzenden und gebildeten Klassen“ verführt würden. Das sei unwahr, fast ohne Ausnahme seien die Schuldigen Soldaten, Arbeiter, Gesellen, Diener, selten figuriere auch einmal ein Angehöriger der besseren Stände, welcher dann seinen Fehler, an dem er vielleicht nicht einmal allein beteiligt sei, sehr schwer büßen müsse. Eine unverfrorenere Behauptung als diese ist wohl kaum möglich. Gewiß sind die Väter der zirka 170 000 unehelichen Kinder, die in Deutschland durchschnittlich jährlich geboren werden, nur zum Teil Angehörige der „besitzenden und gebildeten Klassen“, aber *prozentual* stellen sie ein *ungewöhnlich großes Kontingent*. Leider kommt es nur gar zu häufig vor, daß Knechte, Arbeiter und namentlich Diener in vornehmen Häusern bereit sind, die Sünden ihrer Herren auf sich zu nehmen. Hegar mache doch nur einmal die entsprechenden Untersuchungen in der Geburtsklinik zu Freiburg, und er wird, wenn er in diesem Punkte überhaupt der Belehrung zugänglich ist, eines Besseren belehrt werden. Auch empfehle ich ihm, die Schrift seines jüngeren Kollegen, des Dr. Max Taube in Leipzig, „Der Schutz der unehelichen Kinder“[1], zu lesen, der bei Erörterung dieses Kapitels zu ganz *entgegengesetzten* Urteilen wie Hegar kommt. Es ist der blinde, voreingenommene Verteidiger der bürgerlichen Gesellschaft, der bei Beurteilung namentlich sozialer Momente aus Hegar spricht. So auch, wenn er sich zu einem förmlichen Panegyrikus für das in Frankreich herrschende Zweikindersystem erhebt, das nach seiner Meinung als eine Art Idealzustand anzusehen ist. Über Ursachen und Wirkungen dieses Systems habe ich mich im zweiten Abschnitt dieses Buches genügend ausgesprochen. Hegar, indem er sich zum Verteidiger dieses Systems aufwirft, übersieht wiederum vollkommen die Folgen, die dasselbe auf den *Moralzustand* der französischen Bevölkerung ausübt. Daß der Massenabortus, der Kindsmord, der Kindermißbrauch und die unnatürliche Unzucht sehr erheblich dadurch gefördert wurden, ist ihm, dem Gynäkologen, unbekannt.

Auf derselben Höhe der Anschauung stehen die übrigen sozialen wie die politischen Gesichtspunkte, die er gegen meine bezüglichen Ausführungen geltend macht. So zum Beispiel, was er über das Recht auf Arbeit – das bekanntlich die deutsche Sozialdemokratie niemals als Programmforderung anerkannte –, über die internationalen Beziehungen, die Arbeitseinheiten und die Natur des Geldes sagt. Von

[1] Leipzig 1893, Keil & Co.

wahrhaft phänomenaler Oberflächlichkeit zeugen auch seine wirtschaftlichen Ansichten über die Agrarfragen. Danach ist der Ruin des englischen Ackerbaues der Aufhebung der Kornzölle in England – die bekanntlich 1846 aufgehoben wurden – geschuldet! Daß ich mehrfach in meinem Buche hervorhebe, wie heute fruchtbarer Boden vielfach zur Anlegung von Wald verwendet werde, der dann mit Hirschen und Rehen bevölkert wird, damit vornehme und reiche Herren ihre Jagdpassionen befriedigen können, veranlaßt ihn (Seite 94) zu folgender Entgegnung: „Der Jagd zuliebe sind bei uns in Deutschland keine oder gewiß sehr wenige zu sonstigen Zwecken besser brauchbare Ländereien zu Wald angepflanzt oder sonst ihrer richtigen Bestimmung entzogen worden. Kaum gelingt es, manche Tiergattungen wie Hirsche, Wildschweine noch vor der gänzlichen Ausrottung zu schützen; freilich, dem Anhänger eines einseitigen Utilitätsprinzips ist dies gleichgültig, und es ist ihm schon recht, wenn der letzte Hase und das letzte Reh niedergeknallt wären. Wie sähe es aber dann in Wald und Flur aus!"

So schreibt nur ein Mann, der von dem, was sich in Wirklichkeit zuträgt, keine Ahnung hat, sonst müßte er wissen, daß unsere Bauern in Nord und Süd, Ost und West alle darin übereinstimmen, daß der Schaden, den die geflissentliche Hegung des Wildstandes in allen Teilen Deutschlands verursacht, allmählich eine Höhe erreicht hat, die eine Kalamität genannt werden muß. In der Feudalzeit konnten die Zustände hierin kaum schlimmer sein, als sie es in einer Anzahl Gegenden Deutschlands bereits geworden sind.

Auch die eigentliche Agrarfrage löst Hegar wunderbar einfach. Er schreibt (Seite 106): „Die Handelspolitik, die Art der Besteuerung, die Gesetzgebung *und der gute Wille der Latifundienbesitzer werden das meiste für die Hebung des kleinen und mittleren Bauern tun müssen . . .*" Er erhofft also vom Wolf die Rettung der Schafe. Da versagt meine Fähigkeit und meine Neigung weiterzupolemisieren.

Stellt das deutsche Professorentum keine geschickteren Kämpen wider den Drachen Sozialismus als die Hegar und Ziegler, dann wird dieses moderne „Ungeheuer" der bürgerlichen Gesellschaft Herr. Schlaflose Nächte machen uns solche Siegfriede nicht.

Ostern 1895 A. BEBEL

VORREDE
ZUR VIERUNDDREISSIGSTEN AUFLAGE

Seit der fünfundzwanzigsten Auflage dieser Schrift habe ich eine Ergänzung oder teilweise Umarbeitung derselben unterlassen. Aber die fortgesetzte Nachfrage nach dem Buche ließ es mir wünschenswert erscheinen, wieder eine Revision seines Inhalts vorzunehmen.

An den Grundanschauungen, die bisher in dem Buche zum Ausdruck kamen, fand ich nichts zu ändern. Wohl aber habe ich eine Reihe neuer Tatsachen, die seit dem Erscheinen der fünfundzwanzigsten Auflage bekannt wurden, berücksichtigt und ebenso eine Reihe neuer literarischer Erscheinungen, die beachtenswerte Auffassungen enthielten, in den Kreis seiner Erörterungen gezogen. Auch sind eine Reihe von Mitteilungen und Winken, die mir wiederum aus dem Kreise seiner Leser zugingen und wofür ich den Betreffenden hiermit meinen verbindlichsten Dank ausspreche, berücksichtigt worden.

Um das Buch an Umfang nicht noch weiter anschwellen zu lassen, war ich genötigt, unter dem zugeströmten Material eine begrenzte Auswahl zu treffen. Es wäre bei der Masse des vorhandenen Stoffes ein leichtes gewesen, seinen Inhalt zu verdoppeln. Gegen eine solche Erweiterung sprachen aber die verschiedensten Gründe.

Was das Buch bezweckt und, wie ich wohl sagen darf, in hohem Grade erreichte – Bekämpfung der Vorurteile, die der vollen Gleichberechtigung der Frau entgegenstehen, sowie die Propaganda für die sozialistischen Ideen, deren Verwirklichung allein der Frau ihre soziale Befreiung verbürgen –, wird es auch in der nunmehr vorliegenden Gestalt und, wie ich hoffe, in noch höherem Grade erreichen. Vergeht doch kein Tag, der dem Denkenden nicht immer neue Belege dafür bringt, daß nur eine Umgestaltung von Staat und Gesellschaft von Grund aus der immer größer werdenden Zerrüttung unserer staatlichen und sozialen Zustände ein Ende bereiten kann.

Die Erkenntnis von der Notwendigkeit einer solchen Umgestaltung hat nicht nur immer weitere Kreise der proletarischen Frauenwelt ergriffen, auch die bürgerliche Frauenbewegung ist in ihren Bestrebungen immer weitergetrieben worden und stellt Forderungen, die früher nur die vorgeschrittensten Elemente zu stellen wagten. Die Frauenbewegung hat in fast allen Kulturländern von Jahr zu Jahr immer mehr Boden gefaßt, und wenn in dieser Bewegung auch noch viel Unklares und Halbes zu finden ist, diese Unzulänglichkeit bleibt den in ihr tätigen Elementen auf die Dauer nicht verborgen; sie werden weitergetrieben, sie mögen wollen oder nicht.

Ein ganz besonderes Merkzeichen von dem Fortschritt der Bewegung ist die gewaltig angeschwollene Literatur über die Frauenfrage, die genau zu verfolgen die Kräfte eines einzelnen übersteigt. Wohl hält auch hier nur selten die Qualität mit der Quantität Schritt, aber sie ist ein Zeichen der geistigen Regsamkeit, und schließlich ist auf anderen Gebieten geistiger Tätigkeit dieser Unterschied nicht minder groß. Die Hauptsache ist, die Bewegung marschiert, und was etwa die Einsicht der einzelnen versieht, verbessert der Instinkt der Masse, die, einmal in Bewegung gebracht, ihren Weg nicht verfehlt.

Berlin-Schöneberg, den 15. November 1902 A. BEBEL

VORREDE
ZUR FÜNFZIGSTEN AUFLAGE

Im Beginn dieses Jahres waren drei Jahrzehnte verflossen, seitdem die erste Auflage dieses Buches erschien. Wie ich schon in der Vorrede zur neunten Auflage ausführte, erschien es unter exzeptionellen Verhältnissen. Wenige Monate zuvor war das Sozialistengesetz verkündet worden, auf Grund dessen alle sozialistische Literatur unterdrückt wurde. Wagte alsdann jemand dennoch die Verbreitung einer verbotenen Schrift oder gab er eine solche aufs neue heraus und wurde dabei ertappt, so war Gefängnis bis zu sechs Monaten sein Lohn. Dennoch wurde beides gewagt.

Die erste Auflage wurde in Leipzig hergestellt, aber sie erschien unter falscher Flagge. Als Verlag war Zürich-Hottingen, Verlag der Volksbuchhandlung, angegeben, woselbst auch der in Deutschland verbotene „Sozialdemokrat" herausgegeben wurde. Mit der zweiten Auflage haperte es; ich konnte sie erst 1883 erscheinen lassen, weil persönliche Hindernisse mir dieses früher nicht ermöglichten. Die zweite Auflage erschien im Verlagsmagazin (J. Schabelitz) Zürich. Von jetzt ab bis zum Jahre 1890 folgten weitere sechs Auflagen, jede 2500 Exemplare stark. Die Hindernisse, die der Verbreitung des Buches entgegenstanden, wurden überwunden. Ab und zu fiel allerdings eine Sendung der Polizei in die Hände und wurden Exemplare bei Haussuchungen konfisziert. Aber diese Bücher gingen nicht verloren, sie kamen nur, allerdings unentgeltlich, in andere Hände und wurden von den Polizeibeamten, ihren Angehörigen und Freunden vielleicht mit noch größerem Eifer gelesen als von meinen Parteigenossen.

Als endlich 1890 das Sozialistengesetz fiel, nahm ich eine gänzliche Umarbeitung und bedeutende Erweiterung des Buches vor, das als neunte Auflage im Jahre 1891 in dem jetzigen Verlag erschienen ist. Die fünfzigste Auflage, die nunmehr vorliegt, enthält eine erhebliche Erneuerung des Inhalts. Auch ist der Inhalt übersichtlicher geworden durch eine Vermehrung der Kapitel und die Einteilung derselben in Unterabteilungen.

Das Buch ist bisher in vierzehn verschiedenen Sprachen erschienen, in mehreren Ländern in erneuten Auflagen, zum Beispiel in Italien und den Vereinigten Staaten. Durch die Übersetzung ins Serbische erscheint es nunmehr in fünfzehn verschiedenen Sprachen.

Das Buch hat also seinen Weg gemacht, und ich darf ohne Überhebung sagen, es hat *bahnbrechend* gewirkt. Nicht zuletzt haben seine Gegner wider Willen für seine Verbreitung gesorgt.

Aber es hat auch verschiedentlich Anerkennung gefunden! In seinem Werke „Die sexuelle Frage“[1] nennt es Professor August Forel „ein wichtiges und merkwürdiges Buch“, das man mit den Vorbehalten die er machte, „als eine bedeutende und vortreffliche Leistung bezeichnen, der man in der Hauptsache unbedingt zustimmen müsse“. Und an einer anderen Stelle sagt er, daß, obgleich er sich gegen eine Reihe Punkte wende, in denen ich nach seiner Ansicht unrecht hätte, „er meinem Buche als einer bedeutenden Leistung hohe Anerkennung zolle“.

Dieses Urteil bezieht sich auf die zweite Auflage aus dem Jahre 1883. Professor Forel scheint die späteren, wesentlich veränderten und erweiterten Auflagen nicht zu kennen. Aus diesem Grunde muß ich es auch unterlassen, auf die Kritik einzugehen, die er an der Auflage von 1883 übte.

Und ein englischer Autor, G. S. Howard, urteilt in seinem Werke „A History of matrimonial institution“, Seite 234 und 235, London 1904: „In seinem vorzüglichen Buche über ‚Die Frau und der Sozialismus‘ richtet August Bebel eine wuchtige Anklage gegen die heutigen Eheverhältnisse.“ Er gibt dann eine kurze Übersicht des Inhalts und schließt: „Wie man auch von dem Heilmittel denken mag, das die sozialistischen Schriftsteller vorschlagen, wie fraglich es uns auch scheinen mag, daß unsere einzige Hoffnung auf der Begründung einer kooperativen Republik beruhen soll, das eine ist sicher: Die Sozialisten haben der Gesellschaft einen wertvollen Dienst geleistet, indem sie die Tatsachen ehrlich studiert und furchtlos dargelegt haben. Schonungslos haben sie die Gebrechen bloßgelegt, an denen unsere Familie im heutigen Staate krankt. Sie haben klar bewiesen, daß das Problem der Ehe und der Familie nur im Zusammenhang mit dem heutigen ökono-

[1] Buchdruckerei M. Müller & Sohn, München. 4. und 5. Auflage. S. 578 und 589.

mischen System gelöst werden kann. Sie haben dargetan, daß nur durch die vollkommene Befreiung der Frau und die absolute Gleichstellung der Geschlechter in der Ehe ein Fortschritt möglich sei. *Durch alles dieses haben sie es erreicht, daß heute schon die Allgemeinheit ein weit höheres Ideal vom ehelichen Leben sich gebildet hat.*"

Die Frauenbewegung – und zwar die bürgerliche wie die proletarische – hat in den dreißig Jahren, seitdem mein Buch erschien, viel erreicht, und zwar in allen Kulturländern der Erde. Es dürfte kaum eine zweite Bewegung geben, die in so kurzer Zeit so günstige Resultate erzielte. Die Anerkennung der politischen und bürgerlichen Gleichberechtigung der Frau und die Zulassung der Frau zum Studium auf den Hochschulen und der Zutritt zu ihr früher verschlossenen Berufen hat große Fortschritte gemacht. Selbst Parteien, die früher von ihrem prinzipiellen Standpunkt aus sich der modernen Frauenbewegung entgegenstellten, wie das katholische Zentrum und die evangelischen Christlichsozialen, haben es für nötig erachtet, aus ihrer hemmenden Stellung eine fördernde zu machen. Aus dem einfachen Grunde, um nicht ihren Einfluß auf die ihnen zugängigen Frauenkreise gänzlich zu verlieren.

Fragt man aber: „Wie erklärt sich dieses Phänomen?", so lautet die Antwort: „Die große soziale und ökonomische Umwälzung in allen unseren Verhältnissen hat dieses herbeigeführt." Hat man, wie zum Beispiel ein ehemaliger vermögensloser preußischer Kultusminister, sieben Töchter in annehmbare Lebensstellungen zu bringen, so wird einem durch die harten Tatsachen Logik und Einsicht eingepaukt. Und wie jenem ergeht es Unzähligen in unseren sogenannten höheren Gesellschaftskreisen, auch wenn es nicht gerade *sieben* Töchter sind, die eine entsprechende Lebensstellung gewinnen müssen.

Daß die Agitation der führenden Frauen ihr gutes Teil zu dieser Entwicklung beigetragen hat, versteht sich von selbst. Ihre Erfolge waren aber nur möglich, weil unsere gesellschaftliche und wirtschaftliche Entwicklung *ihnen in die Hände arbeitete*, genau wie der Sozialdemokratie. Selbst Engelszungen haben nur Erfolg, wenn der Resonanzboden für das, was sie predigen, vorhanden ist. Und kein Zweifel, dieser Resonanzboden wird immer günstiger, und das sichert weitere Erfolge. Wir leben bereits mitten in der sozialen Revolution, aber die meisten merken es nicht. Die törichten Jungfrauen sind noch nicht ausgestorben.

Schließlich muß ich an dieser Stelle meinem Parteigenossen N. Rjasanoff meinen wärmsten Dank aussprechen für die umfassende Hilfe, die er mir bei Bearbeitung der fünfzigsten Auflage gewährte. Er hat den Hauptanteil der Arbeit geleistet. Ohne seine Hilfe wäre es mir unmöglich gewesen, schon jetzt das Buch in wesentlich verbesserter Form erscheinen zu lassen, denn Krankheit verminderte in den letzten zwei Jahren meine Leistungsfähigkeit sehr bedeutend, außerdem nahm noch eine andere größere Arbeit meine Zeit und Kraft in Anspruch.

Schöneberg-Berlin, den 31. Oktober 1909 A. BEBEL

EINLEITUNG

Wir leben im Zeitalter einer großen sozialen Umwälzung, die mit jedem Tage weitere Fortschritte macht. Eine stets stärker werdende Bewegung und Unruhe der Geister macht sich in allen Schichten der Gesellschaft bemerkbar und drängt nach tiefgreifenden Umgestaltungen. Alle fühlen, daß der Boden schwankt, auf dem sie stehen. Eine Menge Fragen sind aufgetaucht, die immer weitere Kreise beschäftigen, über deren Lösung für und wider gestritten wird. Eine der wichtigsten dieser Fragen, die immer mehr in den Vordergrund tritt, ist die *Frauenfrage*.

Bei dieser handelt es sich um die Stellung, welche die Frau in unserem sozialen Organismus einnehmen soll, wie sie ihre Kräfte und Fähigkeiten nach allen Seiten entwickeln kann, damit sie ein volles, gleichberechtigtes und möglichst nützlich wirkendes Glied der menschlichen Gesellschaft werde. Von unserem Standpunkt fällt diese Frage zusammen mit *der* Frage, welche Gestalt und Organisation die menschliche Gesellschaft sich geben muß, damit an Stelle von Unterdrükkung, Ausbeutung, Not und Elend die physische und soziale Gesundheit der Individuen und der Gesellschaft tritt. Die Frauenfrage ist also für uns nur eine Seite der allgemeinen sozialen Frage, die gegenwärtig alle denkenden Köpfe erfüllt und alle Geister in Bewegung setzt; sie kann daher ihre endgültige Lösung nur finden durch die Aufhebung der gesellschaftlichen Gegensätze und Beseitigung der aus diesen hervorgehenden Übel.

Dennoch ist notwendig, die Frauenfrage speziell zu behandeln. Einmal berührt die Frage, wie die Stellung der Frau früher war, gegenwärtig ist und künftig sein wird, wenigstens in Europa die größere Hälfte der Gesellschaft, weil das weibliche Geschlecht die *größere* Hälfte der Bevölkerung bildet. Auch sind die Vorstellungen über die Entwicklung, welche die gesellschaftliche Stellung der Frau im Laufe der Jahrtausende erfahren hat, so wenig der Wirklichkeit entsprechend, daß Aufklärung hierüber eine Notwendigkeit ist. Beruht doch auf der Nichtkenntnis und dem Nichtverständnis der Lage der Frau ein gut Teil der Vorurteile, mit welchen in den verschiedensten Kreisen, und nicht zuletzt im Kreise der Frauen selbst, die immer stärker werdende Bewegung betrachtet wird. Viele behaupten sogar, es gebe keine Frauenfrage, denn die Stellung, welche bisher die Frau eingenommen habe und auch in Zukunft einnehmen solle, sei durch ihren „Naturberuf", der sie zur Gattin und Mutter bestimme und auf die Häuslichkeit beschränke, gegeben. Was jenseits ihrer vier Pfähle oder nicht im engsten Zusammenhang mit ihren häuslichen Pflichten vorgehe, berühre sie nicht.

Es stehen sich also in der Frauenfrage ebenso wie in der allgemeinen sozialen Frage, in der die Stellung der Arbeiterklasse in der Gesellschaft die Hauptrolle spielt, verschiedene Parteien gegenüber. Jene, die alles beim alten lassen wollen, sind mit der Antwort rasch bei der Hand und glauben die Sache damit abgetan, daß sie die Frau auf ihren „Naturberuf" verweisen. Sie sehen nicht, daß Millionen Frauen gar nicht in der Lage sind, den ihnen vindizierten „Naturberuf" als Hauswirtinnen, Kindergebärerinnen und Kindererzieherinnen zu erfüllen, aus Gründen, die ausführlich entwickelt werden sollen, daß Millionen andere diesen Beruf zu einem guten Teile verfehlt haben, weil die Ehe für sie zum Joch und zur Sklaverei wurde und sie in Elend und Not ihr Leben dahinschleppen müssen. Das kümmert freilich diese „Weisen" ebensowenig wie die Tatsache, daß Millionen Frauen in den verschiedensten Lebensberufen, oft in unnatürlichster Weise und weit über das Maß ihrer Kräfte, sich abrackern müssen, um das nackte Leben zu fristen. Sie verschließen vor dieser unliebsamen Tatsache ebenso Augen und Ohren wie vor dem Elend des Proletariers, indem sie sich und andere trösten, daß es „ewig" so gewesen sei und „ewig" so bleiben werde. Daß die Frau das Recht hat, an den Kulturerrungenschaften unserer Zeit vollen Anteil zu nehmen, sie für die Erleichterung und Verbesserung ihrer Lage auszunutzen und alle ihre geistigen und körperlichen Fähigkeiten zu entwickeln und zu ihrem Besten anzuwenden so gut wie der Mann, davon wollen sie nichts wissen. Und sagt man ihnen noch, daß die Frau auch ökonomisch unabhängig sein müsse, um es körperlich und geistig zu sein, damit sie nicht mehr von dem Wohlwollen und der Gnade des anderen Geschlechts abhängig ist, dann hat ihre Geduld ein Ende, ihr Zorn entbrennt, und es folgt ein Strom heftiger Anklagen über die „Verrücktheit der Zeit“ und „ihre wahnwitzigen emanzipatorischen Bestrebungen“.

Dieses sind die Philister männlichen und weiblichen Geschlechts, die sich aus dem engen Kreise ihrer Vorurteile nicht herausfinden können. Es ist das Geschlecht der Käuzchen, das überall ist, wo Dämmerung herrscht, und erschreckt aufschreit, sobald ein Lichtstrahl in das ihm behagliche Dunkel fällt.

Ein anderer Teil der Gegner der Bewegung kann allerdings vor den lautredenden Tatsachen die Augen nicht verschließen; er gibt zu, daß in keinem früheren Zeitalter ein großer Teil der Frauen im Vergleich zur gesamten Kulturentwicklung sich in so unbefriedigender Lage befunden hat als gegenwärtig und daß deshalb es notwendig sei, zu untersuchen, wie man ihre Lage hebe, insofern sie auf sich selbst angewiesen bleiben. Dagegen erscheint diesem Teil der Gegner für jene Frauen, die in den Hafen der Ehe eingelaufen sind, die soziale Frage gelöst.

Dieser Teil verlangt deshalb, daß der unverheirateten Frau diejenigen Arbeitsgebiete, für die ihre Kräfte und Fähigkeiten sich eignen, erschlossen werden, damit sie mit dem Manne in den Wettbewerb eintreten könne. Manche gehen noch weiter und fordern, der Wettbewerb solle nicht auf das Gebiet der niederen Beschäftigungs- und Berufsarten beschränkt bleiben, sondern solle sich auch auf die höheren Berufe, die Gebiete der Kunst und Wissenschaft, erstrecken; sie fordern die Zulassung der Frauen zum Studium auf allen höheren Bildungsanstalten, namentlich auch zu den Universitäten. Man befürwortet ferner die Zulassung zu Anstellungen im Staatsdienst (Post, Telegraphie, Eisenbahndienst), und zwar mit Hinweis auf die Resultate, die besonders in den Vereinigten Staaten durch Frauen erzielt wurden. Der eine und der andere stellt auch die Forderung, politische Rechte den Frauen zu gewähren. Die Frau sei so gut Mensch und Staatsangehöriger wie der Mann, und die bisher ausschließliche Handhabung und Gesetzgebung durch die Männer beweise, daß diese ihr Privilegium nur zu ihren Gunsten ausbeuteten und die Frau in jeder Beziehung bevormundeten, was verhindert werden müsse.

Das Bemerkenswerte an diesen hier kurz gekennzeichneten Bestrebungen ist, daß sie über den Rahmen der heutigen Gesellschaftsordnung nicht hinausgreifen. Die Frage wird nicht aufgeworfen, ob damit für die Lage der Frauen im allgemeinen etwas Wesentliches und Durchgreifendes erreicht sei. Auf dem Boden der bürgerlichen, das heißt der kapitalistischen Gesellschaftsordnung stehend, betrachtet man die bürgerliche Gleichberechtigung von Mann und Frau als endgültige Lösung der Frage. Man ist sich nicht bewußt oder täuscht sich darüber hinweg, daß, soweit die ungehinderte Zulassung der Frau zu den gewerblichen und industriellen Berufen in Frage kommt, tatsächlich dieses Ziel erreicht ist und seitens der herrschenden Klassen die kräftigste Förderung in ihrem eigenen Interesse findet. Unter den gegebenen Verhältnissen muß aber die Zulassung der Frauen zu allen industriellen und gewerblichen Tätigkeiten die Wirkung haben, daß der Konkurrenzkampf der Arbeitskräfte immer schärfer wird, und das Schlußergebnis ist: Herabdrückung des Einkommens für die weibliche und für die männliche Arbeitskraft, bestehe dieses in der Form von Lohn oder Gehalt.

Daß *diese* Lösung nicht die rechte sein kann, ist klar. Die volle bürgerliche Gleichstellung der Frau ist nicht bloß das letzte Ziel der Männer, die diesen Frauenbestrebungen auf dem Boden der heutigen Gesellschaftsordnung freundlich gegenüberstehen, sondern es wird auch von den in der Bewegung tätigen bürgerlichen Frauen als solches anerkannt. Sie und die ihnen gleichgesinnten Männer stehen also mit ihren Forderungen im Gegensatz zu dem Teil der Männerwelt, der aus philiströser Beschränktheit und, soweit die Zulassung der Frauen zum höheren Studium und den besser bezahlten öffentlichen Stellen in Frage kommt, aus niedrigem Eigennutz und Konkurrenzfurcht der Bewegung feindlich gesinnt ist, aber ein Klassengegensatz, wie zwischen der Arbeiter- und der Kapitalistenklasse, besteht nicht.

Nimmt man an, daß die bürgerliche Frauenbewegung alle ihre Forderungen für Gleichberechtigung mit den Männern durchsetzte, so wäre damit weder die Sklaverei, was für unzählige Frauen die heutige Ehe ist, noch die Prostitution, noch die materielle Abhängigkeit der großen Mehrzahl der Ehefrauen von ihren Eheherren aufgehoben. Für die große Mehrzahl der Frauen ist es auch gleichgültig, ob einige Tausend ihrer Geschlechtsgenossinnen, die den günstiger situierten Schichten der Gesellschaft angehören, in das höhere Lehrfach, die ärztliche Praxis oder in irgendeine wissenschaftliche oder Beamtenlaufbahn gelangen. Hierdurch wird an der *Gesamtlage* des Geschlechts *nichts* geändert.

Das weibliche Geschlecht in seiner Masse leidet in doppelter Beziehung: Einmal leidet es unter der sozialen und gesellschaftlichen Abhängigkeit von der Männerwelt – diese wird durch formale Gleichberechtigung vor den Gesetzen und in den Rechten zwar gemildert, aber nicht beseitigt – und durch die ökonomische Abhängigkeit, in der sich die Frauen im allgemeinen und die proletarischen Frauen im besonderen gleich der proletarischen Männerwelt befinden.

Daraus ergibt sich, daß alle Frauen ohne Unterschied ihrer sozialen Stellung, als ein durch unsere Kulturentwicklung von der Männerwelt beherrschtes und benachteiligtes Geschlecht, das Interesse haben, diesen Zustand soweit als möglich zu beseitigen durch Änderungen in den Gesetzen und Einrichtungen der bestehenden Staats- und Gesellschaftsordnung. Die enorme Mehrheit der Frauen ist aber auch aufs lebhafteste dabei interessiert, die bestehende Staats- und Gesellschaftsordnung *von Grund aus* umzugestalten, um sowohl die Lohnsklaverei, unter der das weibliche Proletariat am meisten schmachtet, wie die Geschlechtssklaverei, die mit unseren Eigentums- und Erwerbszuständen aufs innigste verknüpft ist, zu beseitigen.

Die in der bürgerlichen Frauenbewegung stehenden Frauen begreifen die Notwendigkeit einer solchen radikalen Umgestaltung nicht. Beeinflußt von ihrer bevorzugteren Stellung, sehen sie in der weitergehenden proletarischen Frauenbewegung gefährliche und nicht zu billigende Bestrebungen, die sie zu bekämpfen haben. Der Klassengegensatz, der zwischen der Kapitalisten- und Arbeiterklasse klafft und sich bei der Zuspitzung unserer Verhältnisse immer schroffer entwickelt, ist also auch innerhalb der Frauenbewegung vorhanden.

Immerhin haben die feindlichen Schwestern weit mehr als die im Klassenkampf gespaltene Männerwelt eine Reihe Berührungspunkte, in der sie, getrennt marschierend, aber vereint schlagend, den Kampf führen können. Das ist auf allen Gebieten der Fall, auf welchen die Gleichberechtigung der Frauen mit den Männern, auf dem Boden der gegenwärtigen Staats- und Gesellschaftsordnung, in Frage kommt: also die Betätigung des Weibes auf allen Gebieten, für die ihre Kräfte und Fähigkeiten reichen, und für die volle zivilrechtliche und politische Gleichberechtigung mit dem Manne. Das sind sehr wichtige und, wie sich zeigen wird, sehr umfangreiche Gebiete. Daneben hat die proletarische Frauenwelt das besondere Interesse, Hand in Hand mit der proletarischen Männerwelt für alle Maßregeln und Einrichtungen zu kämpfen, welche die arbeitende Frau vor physischer und moralischer Degeneration schützen und ihr die Fähigkeiten als Mutter und Erzieherin der Kinder sichern. Des weiteren hat die Proletarierin gemeinsam mit ihren männlichen Klassen- und Schicksalsgenossen den Kampf für eine Umwandlung der Gesellschaft von Grund aus aufzunehmen, um einen Zustand herbeizuführen, der die volle ökonomische und geistige Unabhängigkeit beiden Geschlechtern durch entsprechende soziale Einrichtungen ermöglicht.

Es handelt sich also nicht nur darum, die Gleichberechtigung der Frau mit dem Manne auf dem Boden der bestehenden Staats- und Gesellschaftsordnung zu verwirklichen, was das Ziel der bürgerlichen Frauenbewegung ist, sondern darüber hinaus alle Schranken zu beseitigen, die den Menschen vom Menschen, also auch das eine Geschlecht von dem anderen, abhängig machen. *Diese* Lösung der Frauenfrage fällt mit der Lösung der sozialen Frage zusammen. Es muß daher, wer die Lösung der Frauenfrage in vollem Umfange erstrebt, mit jenen Hand in Hand gehen, welche die Lösung der sozialen Frage als Kulturfrage für die gesamte Menschheit auf ihre Fahne geschrieben haben, das sind die Sozialisten.

Von allen Parteien ist die sozialdemokratische Partei die *einzige*, welche die volle Gleichberechtigung der Frau, ihre Befreiung von jeder Abhängigkeit und Unterdrückung in ihr Programm aufgenommen hat, nicht aus agitatorischen Gründen, sondern aus Notwendigkeit. *Es gibt keine Befreiung der Menschheit ohne die soziale Unabhängigkeit und Gleichstellung der Geschlechter.*

Mit den hier dargelegten Grundanschauungen dürften alle Sozialisten mit uns einverstanden sein. Das kann aber nicht gesagt werden von der *Art und Weise*, wie wir die Endziele uns verwirklicht denken, das heißt wie die Maßnahmen und Einzeleinrichtungen beschaffen sein sollen, welche die erstrebte Unabhängigkeit und Gleichberechtigung aller begründen.

Sobald man den Boden der Wirklichkeit verläßt und sich auf die Schilderung von Zukunftsgebilden einläßt, ist der Spekulation ein weites Feld eingeräumt. Der Meinungsstreit beginnt über *das*, was wahrscheinlich oder nicht wahrscheinlich ist. Es kann daher das, was in dieser Beziehung in diesem Buche dargelegt wird, nur als die *persönliche* Auffassung des Verfassers angesehen werden, und sind deshalb auch etwaige Angriffe nur gegen *seine Person* zu richten; die Verantwortung für das Gesagte trägt er allein.

Angriffe, die objektiv und aufrichtig gemeint sind, werden uns willkommen sein, Angriffe, die in wahrheitswidriger Weise den Inhalt dieses Buches darstellen oder auf falschen Unterstellungen beruhen, werden wir mit Schweigen übergehen. Im übrigen sollen in den folgenden Ausführungen *alle* Konsequenzen gezogen werden, die das Ergebnis der Prüfung der Tatsachen zu ziehen fordert. Vorurteilslosigkeit ist das beste Erfordernis für die Erkenntnis der Wahrheit, und rücksichtsloses Aussprechen dessen, was ist und werden muß, führt allein zum Ziel.

Erster Abschnitt

DIE FRAU
IN DER VERGANGENHEIT

Erstes Kapitel

Die Stellung der Frau in der Urgesellschaft

1. Hauptepochen der Urgeschichte

Frau und Arbeiter haben gemein, Unterdrückte zu sein. Die Formen dieser Unterdrückung haben im Laufe der Zeiten und in den verschiedenen Ländern gewechselt, aber die Unterdrückung blieb. Die Erkenntnis, unterdrückt zu sein, ist auch im Laufe der geschichtlichen Entwicklung öfter den Unterdrückten zum Bewußtsein gekommen und führte zu Änderungen und Milderungen ihrer Lage, aber eine Erkenntnis, die das eigentliche Wesen dieser Unterdrückung in ihren Ursachen erfaßte, ist bei der Frau wie bei dem Arbeiter erst das Resultat unserer Tage. Es mußten erst das eigentliche Wesen der Gesellschaft und die Gesetze, die ihrer Entwicklung zugrunde liegen, erkannt werden, ehe eine Bewegung für die Beseitigung der für ungerecht erkannten Zustände mit Aussicht auf Erfolg Platz greifen konnte. Der Umfang und die Tiefe einer solchen Bewegung hängen aber ab von dem Maße von Einsicht, das in den benachteiligten Schichten verbreitet ist, und von dem Maße von Bewegungsfreiheit, das sie besitzen. In beiden Beziehungen steht die Frau sowohl durch Sitte und Erziehung wie in der ihr gewährten Freiheit hinter dem Arbeiter zurück. Ein anderer Umstand ist: Zustände, die eine lange Reihe von Generationen dauern, werden schließlich zur Gewohnheit, und Vererbung und Erziehung lassen sie beiden Teilen als „naturgemäß“ erscheinen. Daher nimmt noch heute insbesondere die Frau ihre untergeordnete Stellung als etwas Selbstverständliches hin, und es ist nicht leicht, ihr klarzumachen, daß diese eine unwürdige ist und sie dahin streben müsse, ein dem Manne gleichberechtigtes, in jeder Beziehung ebenbürtiges Glied der Gesellschaft zu werden.

Soviel Gleichartiges aber in der Stellung der Frau und des Arbeiters sich nachweisen läßt, die Frau hat gegenüber dem Arbeiter das eine voraus: *Sie ist das erste menschliche Wesen, das in Knechtschaft kam.* Die Frau wurde Sklavin, ehe der Sklave existierte.

Alle soziale Abhängigkeit und Unterdrückung wurzelt in der *ökonomischen Abhängigkeit* des Unterdrückten vom Unterdrücker. In dieser Lage befindet sich von früher Zeit an die Frau, das zeigt uns die Geschichte der Entwicklung der menschlichen Gesellschaft.

Die Kenntnis dieser Entwicklung ist allerdings eine vergleichsweise neue. Sowenig der Mythos von der Erschaffung der Welt, wie ihn die Bibel lehrt, aufrechterhalten werden konnte gegenüber den auf unbestreitbare und zahllose Tatsachen gestützten Forschungen der Erd-, Natur- und Geschichtskunde, ebensowenig haltbar erwies sich ihr Mythos von der Erschaffung und Entwicklung der Menschen. Zwar sind noch nicht alle Partien in dieser Entwicklungsgeschichte aufgeklärt, und über manche, die schon aufgehellt wurden, bestehen noch Meinungsverschiedenheiten unter den Forschern über die Bedeutung und den Zusammenhang dieser und jener Erscheinung, aber im großen und ganzen bestehen Klarheit und Übereinstimmung. Es steht fest, daß der Mensch nicht, wie vom ersten Menschenpaar der Bibel behauptet wird, als Kulturmensch auf die Erde kam, sondern er hat in unendlich langen Zeiträumen, indem er sich allmählich aus dem reinen Tierzustand befreite, Entwicklungsperioden durchgemacht, in welchen sowohl seine sozialen Beziehungen wie die Beziehungen zwischen Mann und Frau die verschiedensten Wandlungen erfuhren.

Die bequeme Behauptung, die sowohl in bezug auf das Verhältnis zwischen Mann und Frau wie zwischen arm und reich jeden Tag von Unwissenden oder Täuschern an unser Ohr dringt, „es ist ewig so gewesen" und „es wird ewig so bleiben", *ist in jeder Beziehung falsch, oberflächlich und erlogen.*

Für die Zwecke der vorliegenden Schrift ist eine kursorische Darlegung der Beziehungen der Geschlechter seit der Urzeit von besonderer Bedeutung, weil damit bewiesen werden soll, daß, wenn schon im bisherigen Verlauf der Menschheitsentwicklung diese Beziehungen sich in dem Maße umgestalten, wie auf der einen Seite die Produktions- und auf der anderen die Verteilungsweise des Erzeugten vor sich ging, es auch selbstverständlich ist, daß bei weiteren Umgestaltungen in der Produktions- und Verteilungsweise *sich die Beziehungen der Geschlechter abermals ändern werden.* Nichts ist „ewig", weder in der Natur noch im Menschenleben, ewig ist nur der Wechsel, die Veränderung.

Soweit man in die Entwicklung der menschlichen Gesellschaft zurückzublicken vermag, war die erste menschliche Gemeinschaft die Horde.[1] Erst die wachsende Zahl und die Erschwerung der Gewinnung des Lebensunterhaltes, der anfangs in Wurzeln, Beeren, Obst bestand, hat zur Spaltung oder Trennung der Horden und zur Aufsuchung neuer Wohngegenden geführt. Dieser fast tierähnliche Zustand, über den wir keine urkundlichen Beweise haben, hat nach allem, was wir über die verschiedenen Kulturstufen in historischer Zeit bekannt gewordener oder noch lebender wilder Völkerschaften erfahren haben, unzweifelhaft bestanden. Der Mensch ist nicht auf das Geheiß eines Schöpfers als höheres Kulturwesen fertig ins Leben getreten, er hat vielmehr in einem unendlich langen und langsamen Entwicklungsprozeß die verschiedensten Stadien durchlaufen und hat in auf- und niederschwankenden Kulturperioden und in beständiger Differenzierung mit seinesgleichen, in allen Erdteilen und unter allen Zonen, erst allmählich die gegenwärtige Kulturhöhe erklommen.

Und während auf dem einen Teile der Erdoberfläche große Völker den vorgeschrittensten Kulturstufen angehören, stehen andere Völkerschaften in den verschiedensten Erdteilen auf den verschiedensten Staffeln der Kulturentwicklung. Diese geben uns ein Bild unserer eigenen Vergangenheit und zeigen uns die Wege, welche die Menschheit in dem langen Laufe ihrer Entwicklung gegangen ist. Gelingt es einmal, gemeinsame, allgemein anerkannte Gesichtspunkte aufzustellen, nach welchen die Kulturforschung ihre Untersuchungen anzustellen hat, so wird sich eine Fülle von Tatsachen ergeben, die ein ganz neues Licht auf die Beziehungen der Menschen in Vergangenheit und Gegenwart werfen. Es werden alsdann Vorgänge uns erklärlich und natürlich erscheinen, die uns heute unverständlich sind und von oberflächlichen Beurteilern als unvernünftig, nicht selten als „unsittlich" angegriffen werden. – Eine Lüftung des Schleiers, der über die früheste Entwicklungsgeschichte unseres Geschlechts gebreitet war, ist durch die Forschungen seit Bachofen von einer ansehnlichen Zahl

[1] „Der isolierte Mensch, den das Naturrecht(und die Lehre vom contrat social) an den Anfang der menschlichen Entwicklung stellt, ist eine Erfindung ohne jede Realität und daher für die theoretische Analyse der menschlichen Lebensformen ebenso wertlos und irreführend wie für die geschichtliche Erkenntnis. Vielmehr gehört der Mensch zu den Herdentieren, das heißt zu denjenigen Tiergattungen, deren einzelne Individuen dauernd in festen Verbänden leben." Ed. Meyer, Über die Anfänge des Staates und sein Verhältnis zu den Geschlechtsverbänden und zum Volkstum. 1907.

gelehrter Männer, wie Tylor, McLennan, Lubbock usw., eingetreten Diesen schloß sich durch sein grundlegendes Werk Morgan an, das wieder von Friedrich Engels durch eine Reihe historischer Tatsachen ökonomischer und politischer Natur ergänzt und neuerdings durch Cunow teils bestätigt, teils berichtigt wurde.[1]

Durch die klaren und schlüssigen Darstellungen, die Fr. Engels im Anschluß an Morgan in seiner ausgezeichneten Schrift gibt, wird eine Fülle von Licht über eine Menge unverständlicher, zum Teil widersinnig erscheinender Vorgänge im Leben der Völkerschaften höherer und niederer Kulturentwicklung verbreitet. Erst jetzt erhalten wir einen Einblick in den Aufbau, den die menschliche Gesellschaft im Laufe der Zeiten genommen hat. Hiernach ergibt sich, daß unsere bisherigen Auffassungen über Ehe, Familie und Staat auf vollständig falschen Anschauungen beruhten, so daß diese sich als ein Phantasiegemälde darstellen, dem jede Grundlage für die Wirklichkeit fehlte.

Was aber von Ehe, Familie und Staat nachgewiesen ist, gilt insbesondere auch für die Rolle der Frau, die in den verschiedenen Entwicklungsperioden eine Stellung eingenommen hat, die ebenfalls sehr wesentlich von derjenigen abweicht, die man ihr als „ewig so dagewesen" zuschreibt.

Morgan, dem sich Engels anschließt, teilt die bisherige Geschichte der Menschheit in drei Hauptepochen: Wildheit, Barbarei, Zivilisation. Jede der beiden ersten Epochen teilt er wieder in eine Unter-, Mittel- und Oberstufe ein, weil eine von der anderen sich durch bestimmte, auf die Gewinnung der Lebens- und Unterhaltsmittel gerichtete grundlegende Verbesserungen unterscheidet. Morgan sieht ganz im Sinne der materialistischen Geschichtsauffassung, wie sie Karl Marx und Friedrich Engels begründeten, in den Umwandlungen,

---

[1] Bachofens Buch erschien 1861 unter dem Titel „Das Mutterrecht. Eine Untersuchung über die Gynäkokratie der alten Welt nach ihrer religiösen und rechtlichen Natur". Stuttgart, Verlag von Krais & Hoffmann. — Morgans grundlegendes Werk erschien in deutscher Übersetzung unter dem Titel „Die Urgesellschaft. Untersuchungen über den Fortschritt der Menschheit aus der Wildheit durch die Barbarei zur Zivilisation" im Verlag von J. H. W. Dietz, Stuttgart 1891. In demselben Verlag erschien: „Der Ursprung der Familie, des Privateigentums und des Staats. Im Anschluß an Lewis H. Morgans Forschungen". Von Friedrich Engels. Vierte, vermehrte Auflage, 1892. Ferner: „Die Verwandtschaftsorganisationen der Australneger. Ein Beitrag zur Entwicklungsgeschichte der Familie". Von Heinrich Cunow, 1894.

welche in gewissen Epochen die Lebensgestaltung der Völker durch den Fortschritt im Produktionsprozeß, also in der Gewinnung des Lebensunterhaltes, erfuhr, das Hauptmerkmal der Kulturentwicklung. So bildet die Periode der Wildheit in ihrer Unterstufe die Kindheit des Menschengeschlechtes, in der dieses, zum Teil auf Bäumen lebend, hauptsächlich von Früchten und Wurzeln sich nährt, in der aber auch die artikulierte Sprache beginnt. Die Mittelstufe der Wildheit beginnt mit der Verwertung von kleineren Tieren (Fischen, Krebsen usw.) zur Nahrung und mit dem Gebrauch des Feuers. Es entsteht die Waffenfabrikation, zunächst Keule und Speer aus Holz und Stein, und damit beginnt die Jagd und wohl auch der Krieg mit benachbarten Horden um die Nahrungsquellen, um Wohn- und Jagdgebiete. Auf dieser Stufe erscheint auch die Menschenfresserei, die noch heute bei einzelnen Stämmen und Völkern Afrikas, Australiens und Polynesiens vorhanden ist. Die Oberstufe der Wildheit charakterisiert die Vervollkommnung der Waffen zu Bogen und Pfeil; es entsteht die Fingerweberei, das Flechten von Körben aus Bast oder Schilf und die Herstellung geschliffener Steinwerkzeuge. Damit wird die Bearbeitung des Holzes zur Herstellung für Boote und Hütten möglich. Die Lebensgestaltung ist also bereits eine vielseitigere geworden. Es ermöglichen die vorhandenen Werkzeuge und Hilfsmittel die Gewinnung reichlicherer Nahrung für den Unterhalt größerer Menschengesellschaften.

Die Unterstufe der *Barbarei* läßt Morgan mit der Einführung der Töpferei ihren Anfang nehmen. Es beginnt die Zähmung und Züchtung von Tieren und damit die Fleisch- und Milchproduktion, die Gewinnung von Häuten, Hörnern, Haaren für die verschiedensten Gebrauchszwecke. Hand in Hand damit beginnt die Kultur von Pflanzen. Im Westen die des Maises, im Osten die fast aller bekannten Getreidearten, mit Ausnahme jener des Maises. Die Mittelstufe der Barbarei zeigt uns im Osten die immer ausgedehntere Zähmung von Haustieren, im Westen die Kultur von Nährpflanzen mittels künstlicher Bewässerung. Auch beginnt jetzt der Gebrauch von an der Sonne getrockneten Ziegeln und des Steins zu Gebäuden. Die Tierzähmung und Züchtung fördert die Herdenbildung und führt zum Hirtenleben. Weiter führt die Notwendigkeit größerer Nahrungsmengen für Menschen und Vieh zum Getreidebau. Das bedeutet größere Seßhaftigkeit, Vermehrung und Verschiedenartigkeit der Nahrungsmittel, und allmählich verschwindet die Menschenfresserei.

Die Oberstufe der Barbarei nimmt ihren Anfang mit dem Schmelzen des Eisenerzes und der Erfindung der Buchstabenschrift. Es wird das eiserne Pflugschar erfunden, das intensiveren Ackerbau ermöglicht, es werden die eiserne Axt und der eiserne Spaten in Gebrauch genommen, welche die Ausrodung des Waldes erleichtern. Mit der Bearbeitung des Eisens beginnen eine Menge von Tätigkeiten, die dem Leben eine andere Gestaltung geben. Die Eisenwerkzeuge erleichtern den Haus-, den Schiffs- und Wagenbau; mit der Metallbearbeitung entsteht ferner das Kunsthandwerk, die vervollkommnete Waffentechnik, der Bau ummauerter Städte. Die Architektur als Kunst kommt auf, Mythologie, Dichtkunst, Geschichte erlangen durch die Erfindung der Buchstabenschrift Erhaltung und Verbreitung.

Es sind vorzugsweise der Orient und die Länder um das Mittelländische Meer: Ägypten, Griechenland, Italien, in welchen diese Lebensweise sich entfaltet, die den Grund zu sozialen Umgestaltungen legt, die im Laufe der Zeiten auf die Kulturentwicklung Europas und der ganzen Erde bestimmend einwirken.

2. *Formen der Familie*

Die Perioden der Wildheit und der Barbarei hatten ihre eigenartigen geschlechtlichen und gesellschaftlichen Beziehungen, die sich von denen der späteren Zeit sehr erheblich unterscheiden.

Bachofen und Morgan haben in gründlichen Untersuchungen diesen Beziehungen nachgespürt. Bachofen, indem er die Schriften der Alten aufs eingehendste studierte, um hinter das Wesen von Erscheinungen zu kommen, die uns vollkommen fremdartig in Mythologie, Sage und historischen Mitteilungen gegenübertreten und doch so manche Anklänge an Erscheinungen und Vorkommnisse späterer Zeiten, ja bis in unsere Tage enthalten. Morgan, indem er jahrzehntelang unter den im Staate New York ansässigen Irokesen zubrachte und dabei Wahrnehmungen machte, durch die er ganz neue und ungeahnte Einblicke in die Lebens-, Familien- und Verwandtschaftsbeziehungen der genannten Indianerstämme gewann, auf Grund welcher auch anderwärts gemachte Beobachtungen ihre richtige Beleuchtung und Klarstellung erhielten.

Bachofen und Morgan entdeckten jeder auf seine Weise, daß die

Beziehungen der Geschlechter bei den Völkerschaften in der Urzeit menschheitlicher Entwicklung wesentlich andere waren, als sie in historisch bekannter Zeit und bei den modernen Kulturvölkern vorhanden sind. Insbesondere entdeckte Morgan durch seinen langjährigen Aufenthalt unter den Irokesen Nordamerikas und auf Grund der vergleichenden Studien, zu denen er durch das dort Beobachtete angeregt wurde, daß alle in der Kultur noch erheblich rückständigen Völkerschaften Familien- und Verwandtschaftssysteme besitzen, die von dem unseren grundverschieden sind, aber einst ähnlich bei allen Völkerschaften auf den frühesten Kulturstufen in Geltung gewesen sein müssen.

Morgan fand, daß zu der Zeit, in der er unter den Irokesen lebte, eine beiderseits leicht lösliche Einzelehe bestand, die er als „Paarungsfamilie" bezeichnet. Er fand aber auch, daß die Bezeichnungen für den Verwandtschaftsgrad, wie Vater, Mutter, Sohn, Tochter, Bruder, Schwester, obgleich für deren Anwendung nach unserer Meinung kein Zweifel bestehen kann, doch auf ganz andere Beziehungen angewandt wurden. Der Irokese nennt nicht nur seine eigenen Kinder seine Söhne und Töchter, sondern auch die aller seiner Brüder, und deren Kinder nennen ihn Vater. Umgekehrt nennt die Irokesin nicht bloß ihre Söhne und Töchter ihre Kinder, sondern auch die aller ihrer Schwestern, und wiederum nennen die Kinder der letzteren sie Mutter. Dagegen nennt sie die Kinder ihrer *Brüder* Neffen und Nichten, und diese nennen sie Tante. Die Kinder von Brüdern nennen sich Brüder und Schwestern und ebenso die Kinder von Schwestern. Dagegen nennen sich die Kinder einer Frau und ihres Bruders gegenseitig Vettern und Kusinen. Es tritt also das Seltsame ein, daß die Verwandtschaftsbezeichnung sich nicht wie bei uns nach dem Grade der Verwandtschaft richtet, sondern nach dem *Geschlecht* des Verwandten.

Dieses System der Verwandtschaft steht in voller Geltung nicht nur bei allen amerikanischen Indianern sowie bei den Ureinwohnern Indiens, den drawidischen Stämmen in Dekhan und den Gaurastämmen in Hindostan, sondern es müssen nach den vorgenommenen Untersuchungen, die seit Bachofen stattgefunden haben, ähnliche Zustände in der Urzeit überall bestanden haben. Werden erst einmal an der Hand dieser Feststellungen überall die Untersuchungen über die Geschlechts- und Familienbeziehungen noch lebender wilder oder barbarischer Völkerschaften aufgenommen, so wird sich zeigen, daß, was

Bachofen bei zahlreichen Völkerschaften der alten Welt, Morgan bei den Irokesen, Cunow unter den Australnegern und andere bei anderen Völkerschaften fanden, soziale und geschlechtliche Formationen es sind, welche die *Grundlage der Entwicklung für alle Völker der Erde bildeten.*

Bei den Untersuchungen Morgans treten noch andere interessante Tatsachen hervor. Steht die Paarungsfamilie der Irokesen mit den von ihnen gebrauchten Verwandtschaftsbezeichnungen in unlöslichem Widerspruch, so stellte sich dagegen heraus, daß noch in der ersten Hälfte dieses Jahrhunderts auf den Sandwichinseln (Hawaii) eine Familienbildung vorhanden war, die tatsächlich dem Verwandschaftssystem entsprach, das bei den Irokesen nur dem Namen nach noch bestand. Aber das Verwandtschaftssystem, das in Hawaii in Geltung war, entsprach wiederum nicht der dort tatsächlich bestehenden Familienform, sondern wies auf eine ältere, noch ursprünglichere, aber nicht mehr vorhandene Familienform hin. Dort galten alle Geschwisterkinder ohne Ausnahme als Brüder und Schwestern, sie galten als solche nicht nur für die gemeinsamen Kinder ihrer Mütter und deren Schwestern, oder ihres Vaters und dessen Brüder, sondern für alle Geschwister ihrer Eltern ohne Unterschied.

Das hawaiische Verwandtschaftssystem entsprach also einer Entwicklungsstufe, die noch tiefer stand als die tatsächlich bestehende Familienform. Es stellte sich das Eigentümliche heraus, daß in Hawaii wie bei den Indianern Nordamerikas zwei verschiedene Verwandtschaftssysteme in Übung waren, die dem tatsächlichen Zustand nicht mehr entsprachen, sondern durch eine höhere Form überholt wurden. Morgan äußerte sich darüber also: „Die Familie ist das aktive Element; sie ist *nie* stationär, *sondern schreitet vor von einer niedrigeren zu einer höheren Form in dem Maße, wie die Gesellschaft von niederer zu höherer Stufe sich entwickelt.* Die Verwandtschaftssysteme dagegen sind passiv; nur in langen Zwischenräumen registrieren sie die Fortschritte, die die Familie im Laufe der Zeit gemacht hat, und erfahren nur dann radikale Änderung, wenn die Familie sich radikal verändert hat.“

Die noch heute allgemein maßgebende Auffassung, die von Vertretern des Bestehenden hartnäckig als wahr uud unumstößlich verfochten wird, die jetzt bestehende Familienform habe von uralter Zeit an bestanden und müsse, solle die gesamte Kultur nicht gefährdet werden, für immer fortbestehen, stellt sich also nach diesen Entdeckungen der Forscher als durchaus falsch und unhaltbar heraus. Das Studium der Urgeschichte läßt keinen Zweifel mehr, daß auf den untersten Entwicklungsstufen der Menschheit das Verhältnis der Geschlechter von dem der späteren Zeit ein gänzlich verschiedenes ist und Zustände sich herausbildeten, die, mit den Augen unserer Zeit betrachtet, als eine Ungeheuerlichkeit und als Pfuhl der Sittenlosigkeit erscheinen. Doch wie jede soziale Entwicklungsstufe der Menschheit ihre eigenen Produktionsbedingungen, so hat auch jede ihren Moralkodex, *der nur das Spiegelbild ihres Sozialzustandes ist.* Sittlich ist, was Sitte ist, und Sitte ist wieder nur, was dem innersten Wesen, das heißt den sozialen Bedürfnissen einer bestimmten Periode, entspricht.

Morgan gelangt zu dem Schlusse, daß auf der Unterstufe der Wildheit ein Geschlechtsverkehr innerhalb der Geschlechtsverbände herrschte, bei dem jede Frau jedem Manne und jeder Mann jeder Frau gehörte, bei dem also allgemeine Vermischung (Promiskuität) vorhanden war. Es leben alle Männer in Vielweiberei und alle Weiber in Vielmännerei. Es besteht allgemeine Frauen- und Männergemeinschaft, aber auch Gemeinschaft der Kinder. Strabo berichtet (66 vor unserer Zeitrechnung), daß bei den Arabern die Brüder den Beischlaf bei der Schwester und der eigenen Mutter vollzogen. Anders als auf dem Wege des Inzestes ist uranfänglich die Vermehrung der Menschen nirgend möglich, namentlich wenn, wie in der Bibel, die Abstammung von *einem* Menschenpaar angenommen wird. Die Bibel widerspricht sich selbst in diesem heiklen Punkte; sie erzählt, daß Kain, nachdem er seinen Bruder Abel erschlagen hatte, von dem Angesicht des Herrn ging und im Lande Nod wohnte. Dort erkannte er sein Weib, die schwanger ward und ihm einen Sohn gebar. Aber woher stammte sein Weib? Waren doch Kains Eltern die ersten Menschen. Nach der jüdischen Tradition wurden Kain und Abel auch zwei Schwestern geboren, mit denen sie im Inzest Kinder zeugten. Die christlichen Bibelübersetzer scheinen diese ihnen fatale Tatsache unterdrückt zu haben. Für die Promiskuität in der Urzeit, das heißt, daß die Horde endogam, der Geschlechtsverkehr darin unterschiedslos war, spricht auch, daß nach der indischen Mythe sich Brahma mit seiner eigenen Tochter Saravasti vermählte; der gleiche Mythos kehrt bei den Ägyptern und in der nordischen Edda wieder. Der ägyptische Gott Ammon war der Gatte seiner Mutter und rühmte sich dessen, Odin war nach der Edda der Gemahl seiner Tochter Frigga.[1] Und Dr. Adolf Bastian erzählt: „In Svaganwara stand den Rajahtöchtern das Privilegium freier Erwählung ihrer Gatten zu. Die vier Brüder, die sich in Kapilapur niederließen, erhoben Priya, die älteste ihrer fünf Schwestern, zur Königinmutter *und heirateten die anderen.*"[2]

Morgan nimmt an, daß aus dem Zustand allgemeiner Vermischung der Geschlechter sich bald eine höhere Form des Geschlechtsverkehrs entwickelte, die er als die *Blutverwandtschaftsfamilie* bezeichnet. Jetzt sind die im Geschlechtsverkehr stehenden Gruppen nach *Generationen* gesondert, so daß die Großväter und Großmütter innerhalb eines Geschlechtsverbandes Ehemänner und Ehefrauen sind. Ihre Kinder bilden ebenfalls einen Kreis gemeinsamer Ehegatten und ebenso deren Kinder, sobald sie in das entsprechende Lebensalter eingetreten sind. Es ist also im Gegensatz zu dem Geschlechtsverband auf der untersten Stufe, in dem Geschlechtsverkehr ohne Unterschied besteht, *eine Generation vom Geschlechtsverkehr mit der anderen ausgeschlossen.* Dagegen besteht dieser jetzt unter Brüdern und Schwestern, Vettern und Kusinen ersten, zweiten und entfernteren Grades. Diese sind alle miteinander Schwestern und Brüder, aber sie sind alle zueinander auch Mann und Frau. Dieser Familienform entspricht das Verwandtschaftsverhältnis, das in der ersten Hälfte des vorigen Jahrhunderts auf Hawaii noch dem Namen nach, aber nicht mehr in der Tat bestand. Dagegen können nach dem amerikanisch-indischen Verwandtschaftssystem Bruder und Schwester *nie* Vater und Mutter desselben Kindes sein, wohl aber nach dem hawaiischen Familiensystem. Blutverwandtschaftsfamilie war auch der Zustand, der zur Zeit Herodots bei den Massageten bestand, worüber er berichtet: „Jeder ehelicht eine Frau, aber allen ist erlaubt, sie zu gebrauchen ... Sooft einem Manne nach einem Weibe gelüstet, hängt er seinen Köcher vorn an den Wagen

---

[1] Ziegler spottet in seiner in der Vorrede erwähnten Schrift darüber, daß man dem Mythos irgendwelche Bedeutung für die Kulturgeschichte beilege. In dieser Anschauung zeigt sich die ganze Einseitigkeit des Naturwissenschaftlers. In den Mythen liegt ein tiefer Sinn, sie sind erwachsen aus der „Volksseele", ihnen liegen uralte Volkssitten und Gebräuche zugrunde, die allmählich verschwunden sind, aber, mit der Glorie des Religiösen umgeben, im Mythos fortleben. Trifft man nun auf Tatsachen, die den Mythos erklären, so hat man einen vollwichtigen Grund für seine historische Bedeutung.

[2] Dr. Adolf Bastian, Reisen im Innern des Archipel, Singapore, Batavia, Manila und Japan. S. 12. Jena 1869.

auf und wohnt dem Weibe unbesorgt bei ... Dabei steckt er seinen Stab in die Erde, ein Abbild seiner eigenen Tat ... Der Beischlaf wird offen ausgeübt."[1] Ähnliche Zustände weist Bachofen nach bei den Lykiern, Etruskern, Kretern, Athenern, Lesbiern, Ägyptern.

Nach Morgan folgt der Blutverwandtschaftsfamilie eine dritte, höhere Form des Familienverbandes, die er die Punaluafamilie nennt. Punalua: lieber Genosse, liebe Genossin.

Gegen die Auffassung Morgans, als sei die Blutverwandtschaftsfamilie, beruhend auf der Organisation von Heiratsklassen, die generationsweise sich bildeten, eine der Punaluafamilie voraufgehende ursprüngliche Organisation, wendet sich Cunow in seinem bereits oben erwähnten Buch. Er sehe darin nicht die allerprimitivste der bisher entdeckten Formen des Geschlechtsverkehrs, sondern eine erst mit dem Geschlechtsverband entstandene Zwischenform, eine Übergangsstufe zur reinen Gentilorganisation, auf welcher die der sogenannten Blutverwandtschaftsfamilie angehörende Einteilung in Altersklassen noch eine Zeitlang in veränderter Form einherläuft, neben der Einteilung in Totemverbände[2]. Cunow führt weiter aus: „Die Klasseneinteilung – jeder einzelne, Mann oder Weib, führt den Namen seiner Klasse und seines Geschlechtsverbandes (Totems) – dient nicht zur Ausschließung des Geschlechtsverkehrs zwischen Seitenverwandten, sondern zur Verhinderung der Kohabitation zwischen Verwandten in *auf- und absteigender Linie*, zwischen Eltern und Kindern, Tanten und Neffen, Onkeln und Nichten. Ausdrücke wie Tante, Onkel usw. seien Schichtennamen."

Cunow führt für die Richtigkeit seiner Ansichten, in denen er im einzelnen von Morgan abweicht, die Beweise an. Aber wie sehr er im einzelnen von Morgan abweicht, gegenüber den Angriffen Westermarcks und anderer nimmt er ihn nachdrücklich in Schutz. Er sagt:

„Mögen immerhin einzelne Hypothesen Morgans sich als falsch erweisen und anderen nur eine bedingte Gültigkeit eingeräumt werden können, das Verdienst kann ihm niemand absprechen, daß er als erster

[1] Bachofen, Das Mutterrecht.

[2] Totemverband ein Geschlechtsverband. Jedes Geschlecht hat sein Totemtier, zum Beispiel Leguaneidechse, Opossum, Emu, Wolf, Bär usw., nach dem der Verband den Namen führt. Das Totemtier genießt besondere Verehrung, es gilt dem Verband als heilig, und Angehörige desselben dürfen weder das Tier töten noch sein Fleisch essen. Das Totemtier hat eine ähnliche Bedeutung wie der Schutzheilige der Zunft im Mittelalter.

die Identität der nordamerikanischen Totemverbände mit den Gentilorganisationen der Römer festgestellt und zweitens unsere heutigen Verwandtschaftssysteme und Familienformen als Ergebnisse eines langen Entwicklungsprozesses nachgewiesen hat. Er hat dadurch erst gewissermaßen die neueren Forschungen möglich gemacht, erst das Fundament geschaffen, auf dem weitergebaut werden kann." Auch in der Vorrede zu seinem Buch bemerkt er ausdrücklich, daß seine Schrift zum Teil eine Ergänzung von Morgans Buch über die Urgesellschaft sei.

Westermarck und Starcke, auf die sich Ziegler hauptsächlich beruft, werden sich wohl oder übel darein finden müssen, daß die Entstehung und Entwicklung der Familie nicht nach ihren bürgerlichen Vorurteilen sich richtet. Die Widerlegung, die Cunow den Gewährsmännern Zieglers zuteil werden läßt, dürfte dem fanatischsten Anhänger derselben den Star stechen über den Wert ihrer Einwendungen gegen Morgan.

3. Das Mutterrecht

Die Punaluaehe beginnt nach Morgan mit der Ausschließung der leiblichen Geschwister, und zwar von mütterlicher Seite. Wo eine Frau verschiedene Männer hat, ist der Nachweis der Vaterschaft unmöglich. Die Vaterschaft wird Fiktion. Die Vaterschaft beruht auch heute, unter der Herrschaft der monogamen Ehe, wie bereits Goethe in seinen „Lehrjahren" Friedrich sagen läßt, „nur auf gutem Glauben". Ist die Vaterschaft in der Einehe oft zweifelhaft, in der Vielehe ist sie unmöglich nachweisbar, nur die Abstammung von der Mutter ist zweifellos und unbestreitbar, daher unter dem Mutterrecht die Kinder als Spurii, Gesäte, bezeichnet werden. Wie alle tiefeinschneidenden Umgestaltungen in den sozialen Beziehungen der Menschen auf primitiverer Kulturstufe sich nur langsam vollziehen, so hat unzweifelhaft auch die Umwandlung der sogenannten Blutverwandtschaftsfamilie in die Punaluafamilie längere Zeiträume in Anspruch genommen und ist von manchen Rückschlägen durchbrochen worden, die noch in sehr später Zeit bemerkbar sind. Die nächste äußere Veranlassung für die Entwicklung der Punaluafamilie mochte die Notwendigkeit sein, die stark angeschwollene Kopfzahl zu teilen, damit man neuen Boden für Viehweiden oder Ackerland in Anspruch nehmen konnte. Wahrscheinlich ist aber auch, daß auf höherer Kulturstufe allmählich Begriffe über die Schädlichkeit und Ungebühr des Geschlechtsverkehrs zwischen Geschwistern und nahen Verwandten sich geltend machten, die eine andere Eheordnung forderten. Daß dem so war, dafür spricht eine hübsche Tradition, die, wie Cunow mitteilt, Gason bei den Dieyeries, einem der südaustralischen Stämme, über die Entstehung der Murdu (des Geschlechtsverbandes) fand. Diese besagt:

„Nach der Schöpfung heirateten Väter, Mütter, Schwestern, Brüder und andere nahe Verwandte unterschiedslos untereinander, bis sich die übeln Wirkungen solcher Verbindungen deutlich zeigten. Eine Beratung der Führer wurde abgehalten und in Betracht gezogen, auf welchem Wege dieses verhütet werden könnte. Das Ergebnis der Beratungen bestand in einer Bitte an den Muramura (großen Geist), und dieser befahl in seiner Antwort, der Stamm solle in verschiedene Zweige geteilt und solche zur Unterscheidung mit verschiedenen Namen benannt werden, nach lebenden und leblosen Objekten, zum Beispiel nach dem Dingo, der Maus, dem Emu, dem Regen, der Leguaneidechse usw. Die Mitglieder einer und derselben Gruppe durften unter sich nicht heiraten, wohl aber die eine Gruppe in die andere. Der Sohn eines Dingo sollte beispielsweise nicht die Tochter eines Dingo heiraten, dabei könne aber jedes der beiden eine Verbindung mit der Maus, dem Emu, der Ratte oder sonst einer anderen Familie eingehen."

Diese Tradition ist einleuchtender als die Tradition der Bibel; sie zeigt in einfachster Weise die Entstehung der Geschlechtsverbände. Übrigens führt Paul Lafargue in der „Neuen Zeit"[1] sehr scharfsinnig den nach unserer Anschauung durchaus gelungenen Nachweis, daß Namen wie Adam und Eva nicht Namen einzelner Personen, sondern Namen von Gentes seien, in die in vorgeschichtlicher Zeit die Juden vereinigt waren. Lafargue löst durch seine Beweisführung eine Reihe von sonst dunklen und widerspruchsvollen Stellen im 1. Buch Mose. Ferner macht M. Beer in der „Neuen Zeit"[2] ebenfalls darauf aufmerksam, daß es noch heute unter den Juden die Ehesitte verlange, daß die Braut und die Mutter des Bräutigams *nie denselben Namen führen dürfen*, sonst geschehe ein Unglück in der Familie, Krankheit und Tod suchten sie heim. Das ist ein weiterer Beweis für die Richtig-

[1] 9. Jahrgang 1891, S. 225 ff.

[2] 12. Jahrgang 1893/94, S. 119.

keit der Lafargueschen Auffassung. Die Gentilorganisation verbot die Heirat zwischen Personen, die aus derselben Gens stammten. Eine solche gemeinsame Abstammung wird aber bei der Braut und der Mutter des Bräutigams, die beide den gleichen Namen führen, nach Gentilbegriffen angenommen. Die heutigen Juden haben natürlich keine Ahnung mehr von dem Zusammenhang ihres Vorurteils mit ihrer alten Gentilverfassung, die solche Verwandtenheiraten verbot. Diese hatte den Zweck, den degenerierenden Folgen der Inzucht vorzubeugen, und obgleich die Gentilverfassung bei den Juden schon seit Jahrtausenden zerstört ist, die Tradition hat sich, wie wir sehen, im Vorurteil erhalten.

Die Erfahrungen, die man schon frühzeitig bei der Tierzucht machte, dürften auch die Schädlichkeit der Inzucht vor Augen geführt haben. Wie weit diese Erfahrungen reichten, geht aus dem 1. Buch Mose, Kap. 30, Vers 32 ff. hervor, wonach Jakob es verstand, seinen Schwiegervater Laban übers Ohr zu hauen, indem er für die Geburt fleckiger Lämmer und Ziegen zu sorgen wußte, die nach Labans Versprechen ihm gehören sollten. Die alten Israeliten hatten also schon lange vor Darwin den Darwinismus praktisch studiert.

Nachdem wir hier auf die Zustände bei den alten Juden zu sprechen gekommen sind, mögen noch einige andere *Tatsachen* angeführt werden, die dartun, daß in der Urzeit bei denselben tatsächlich Mutterfolge in Geltung war. So heißt es zwar 1. Mose 3, 16 in bezug auf das Weib: „Und dein Wille soll deinem Manne unterworfen sein, und er soll dein Herr sein." Dieser Vers wird auch dahin variiert: „Das Weib soll Vater und Mutter verlassen und seinem Manne anhangen", aber in 1. Mose 2, 24 heißt es: *„Darum wird ein Mann seinen Vater und seine Mutter verlassen und an seinem Weibe hangen*, und sie werden sein ein Fleisch." Der gleiche Wortlaut wiederholt sich bei Mathäi 19, 5, Markus 10, 7 und im Briefe an die Epheser 5, 31. Es handelt sich also in der Tat um ein der *Mutterfolge* entsprungenes Gebot, mit dem die Bibelausleger nichts anzufangen wissen und daher es in gänzlich falschem Licht erscheinen lassen.

Mutterfolge geht auch hervor aus 4. Mose 32, 41. Dort heißt es, daß Jair einen Vater hatte, der aus dem Stamme Juda war, aber seine Mutter war aus dem Stamme Manasse, und wird Jair ausdrücklich der *Sohn Manasse* genannt und erbte in diesem. Ein anderes Beispiel für die Mutterfolge bei den alten Juden findet sich in Nehemia 7, 63. Dort werden die Kinder eines Priesters, der aus den Töchtern Barsillai – eines jüdischen Clans – sein Weib nahm, Kinder Barsillai genannt, sie werden also nicht nach dem Vater, sondern nach der Mutter genannt.

In der Punaluafamilie ehelichen sich nach Morgan eine oder mehrere Reihen Schwestern eines Familienverbandes mit einer oder mehreren Reihen Brüder eines *anderen* Familienverbandes. Die leiblichen Schwestern oder Kusinen ersten, zweiten und weiteren Grades waren die gemeinsamen Frauen ihrer gemeinsamen Männer, die nicht ihre Brüder sein durften. Die leiblichen Brüder oder Vettern verschiedenen Grades waren die gemeinsamen Männer ihrer gemeinsamen Frauen, die nicht ihre Schwestern sein durften. Indem so die Inzucht aufhörte, trug unzweifelhaft die neue Familienform zur rascheren und kräftigeren Entwicklung der Stämme bei und verschaffte denjenigen, die dieser Form der Familienverbindung sich zugewandt hatten, einen Vorteil über diejenigen, die noch die alte Form der Beziehungen beibehalten hatten.

Das aus der Punaluafamilie sich ergebende Verwandtschaftsverhältnis war folgendes: Die Kinder der Schwestern meiner Mutter sind ihre Kinder, und die Kinder der Brüder meines Vaters sind seine Kinder, und alle zusammen sind meine Geschwister. Dagegen sind die Kinder der *Brüder* meiner Mutter ihre Neffen und Nichten und die Kinder der Schwestern meines Vaters seine Neffen und Nichten, und sie alle zusammen sind meine Vettern und Kusinen. Weiter: Die Männer der Schwestern meiner Mutter sind noch ihre Männer, und die Frauen der Brüder meines Vaters sind noch seine Frauen, aber die Schwestern meines Vaters und die Brüder meiner Mutter sind von der Familiengemeinschaft ausgeschlossen, und sind die Kinder derselben meine Vettern und Kusinen.[1]

Mit steigender Kultur entwickelt sich die Ächtung des Geschlechtsverkehrs zwischen allen Geschwistern und dehnt sich allmählich auf die entferntesten Kollateralverwandten mütterlicherseits aus. Es entsteht eine neue Blutverwandtschaftsgruppe, die Gens, die sich in ihrer ersten Form aus einer Reihe von leiblichen und entfernteren Schwestern samt ihren Kindern und ihren leiblichen oder entfernteren Brüdern von mütterlicher Seite bildet. Die Gens hat eine Stammutter, von welcher die weiblichen Nachkommen generationsweise abstammen. Die Männer ihrer Frauen gehören nicht in die Blutverwandtschafts-

[1] Fr. Engels, Der Ursprung der Familie usw.

gruppe, die Gens ihrer Ehefrauen, sondern sie gehören in die Gens ihrer Schwestern. Dagegen gehören die Kinder dieser Männer in die Familiengruppe ihrer Mütter, weil nach der Mutter sich die Abstammung richtet. Die Mutter ist das Haupt der Familie, und so entsteht das „Mutterrecht", das lange Zeit für die Familien- und Erbschaftsbeziehungen die Grundlage bildet. Dementsprechend hatten auch die Frauen – solange die Abstammung von der Mutter anerkannt war – im Rate der Gens Sitz und Stimme, sie wählten mit die Sachems (Friedensvorsteher) und die Kriegshäuptlinge und setzten sie ab. Als Hannibal sein Bündnis mit den Galliern gegen Rom abschloß, sollte im Falle von Streitigkeiten mit den Verbündeten der Schiedsspruch den gallischen Matronen anvertraut werden. So groß war Hannibals Vertrauen in deren Unparteilichkeit.

Über die Lykier, die das Mutterrecht anerkannten, sagte Herodot: „Ihre Sitten sind teils kretisch, teils karisch. Eine Sitte haben sie jedoch, in welcher sie vor jeder anderen Nation der Welt sich unterscheiden. Frage einen Lykier, wer er ist, und er gibt dir zur Antwort seinen eigenen Namen, den seiner Mutter und so weiter in der weiblichen Linie. Ja noch mehr, wenn eine Freigeborene einen Sklaven heiratet, so sind ihre Kinder freie Bürger, wenn aber ein freier Mann eine Ausländerin heiratet oder ein Kebsweib nimmt, so gehen die Kinder, auch wenn er die höchste Person im Staate ist, aller Bürgerrechte verlustig."

Man spricht in jener Zeit von dem matrimonium statt vom patrimonium, von mater familias statt pater familias, und das Heimatland heißt liebes Mutterland. Wie die vorhergehenden Familienformen, so beruht auch die Gens auf der Gemeinsamkeit des Eigentums, das heißt auf kommunistischer Wirtschaftsweise. Die Frau ist die Leiterin und Führerin dieser Familiengenossenschaft, sie genießt daher auch ein hohes Ansehen sowohl im Hause wie in den Angelegenheiten der Familie beziehentlich des Stammes. Sie ist Streitschlichterin und Richterin und verrichtet die Kulterfordernisse als Priesterin. Das öftere Auftreten von Königinnen und Fürstinnen im Altertum, ihr entscheidender Einfluß auch dann, wenn ihre Söhne regieren, zum Beispiel in Ägypten, ist die Folge des Mutterrechts. In jener Periode hat die Mythologie vorwiegend weiblichen Charakter angenommen; Astarte, Demeter, Ceres, Latona, Isis, Frigga, Freia, Gerda usw. Die Frau ist unverletzlich, Muttermord ist das schwerste Verbrechen, es ruft alle

Männer zur Vergeltung auf. Die Blutrache ist gemeinsame Sache der Männer des Stammes, jeder ist verpflichtet, das an einem Mitglied der Familiengenossenschaft durch Angehörige eines anderen Stammes begangene Unrecht zu rächen. Die Verteidigung der Frauen stachelt die Männer zur höchsten Tapferkeit an. So zeigten sich die Wirkungen des Mutterrechts in allen Lebensbeziehungen der alten Völker, bei den Babyloniern, den Assyrern, Ägyptern, bei den Griechen vor der Heroenzeit, bei den italischen Völkerschaften vor der Gründung Roms, den Skythen, den Galliern, den Iberern und Kantabrern, den Germanen usw. Die Frau nimmt zu jener Zeit eine Stellung ein, die sie seitdem nie mehr eingenommen hat. So sagt Tacitus in seiner „Germania“: „Die Deutschen glauben, daß dem Weibe etwas Heiliges und Prophetisches innewohne, darum achten sie des Rates der Frauen und horchen ihren Aussprüchen.“ Über die Stellung der Frauen in Ägypten ist Diodor, der zur Zeit Cäsars lebte, höchlich entrüstet; er hatte erfahren, daß in Ägypten nicht die Söhne, sondern die Töchter ihre alternden Eltern ernährten. Er zuckt deshalb verächtlich über die Weiberknechte am Nil die Achseln, die den Angehörigen des schwächeren Geschlechts im häuslichen und im öffentlichen Leben Rechte einräumten und Freiheiten gestatteten, die einem Griechen oder Römer unerhört vorkommen mußten.

Unter dem Mutterrecht herrschte im allgemeinen ein Zustand verhältnismäßigen Friedens. Die Verhältnisse waren enge und kleine, die Lebenshaltung primitiv. Die einzelnen Stämme sonderten sich voneinander ab, aber respektierten gegenseitig ihr Gebiet. Wurde ein Stamm angegriffen, so waren die Männer zur Abwehr verpflichtet, und sie wurden hierin auf das kräftigste von den Frauen unterstützt. Nach Herodot nahmen die Frauen bei den Skythen am Kampfe teil; wie er behauptet, sollte die Jungfrau erst haben heiraten dürfen, nachdem sie einen Feind erschlagen hatte. Im allgemeinen waren in der Urzeit die physischen und die geistigen Unterschiede zwischen Mann und Weib weit geringere als in unserer Gesellschaft. Bei fast allen wilden und in der Barbarei lebenden Völkern sind die Unterschiede in dem Gewicht und der Größe des Gehirns geringer als bei den Völkern in der Zivilisation. Auch stehen bei diesen Völkerschaften die Frauen an Körperkraft und Gewandtheit den Männern kaum nach. Dafür spricht nicht nur das Zeugnis der alten Schriftsteller über die Völker, die dem Mutterrecht anhingen, dafür legen auch Zeugnis ab die

Frauenheere der Aschantis und des Königs von Dahome in Westafrika, die sich durch Tapferkeit und Wildheit auszeichnen. Auch Tacitus' Urteil über die Frauen der alten Germanen und die Angaben Cäsars über die Frauen der Iberer und Schotten bestätigen dieses. Kolumbus hatte vor Santa Cruz ein Gefecht mit einer indianischen Schaluppe zu bestehen, in dem die Frauen ebenso tapfer wie die Männer kämpften. Bestätigt finden wir ferner diese Auffassung bei Havelock Ellis: „Unter den Andombies am Kongo haben, nach H. H. Johnstone, die Frauen hart zu arbeiten und schwere Lasten zu schleppen, führen jedoch ein ganz glückliches Leben. Sie sind oft kräftiger als die Männer, besser entwickelt und sollen oft geradezu herrliche Gestalten besitzen. Von den Manynema des Arruwimi, in derselben Gegend, sagt Parke: ‚Es sind schöne Geschöpfe, besonders sind die Frauen sehr hübsch und können ebenso schwere Lasten tragen wie die Männer.' In Nordamerika sagte ein Indianerhäuptling zu Hearne: ‚Die Weiber sind zur Arbeit geschaffen, eine von ihnen kann so viel tragen oder heben wie zwei Männer.' Schellong, der die Papuaner in dem deutschen Schutzgebiet von Neuguinea vom anthropologischen Standpunkte aus sorgfältig untersucht hat, fand die Frauen stärker gebaut als die Männer. In Zentralaustralien kommt es gelegentlich wohl vor, daß Männer ihre Frauen aus Eifersucht schlagen, aber bei solchen Anlässen ereignet es sich nicht selten, daß die Frau sich revanchiert und ohne Beihilfe dem Manne eine tüchtige Tracht Schläge verabfolgt. In Kuba fochten die Frauen an der Seite der Männer und erfreuten sich einer großen Unabhängigkeit. Bei einigen indischen Rassen sowie bei den Pueblos Nordamerikas und den Patagoniern sind die Frauen ebenso groß wie die Männer, und auch bei den Russen besteht, was Körperlänge anbetrifft, kein so großer Unterschied zwischen den Geschlechtern wie bei Engländern oder Franzosen."[1]

Aber auch in der Gens führten die Frauen unter Umständen ein strenges Regiment, und wehe dem Manne, der zu träge oder zu ungeschickt war, um sein Teil zum allgemeinen Unterhalt beizutragen. Ihm wurde die Tür gewiesen, und entweder kehrte er zu seiner Gens zurück, in der man ihn schwerlich freundlich aufnahm, oder er trat in eine andere Gens, in der man duldsamer gegen ihn war.

Daß diesen Charakter noch heute das Eheleben der Eingeborenen im Innern Afrikas hat, erfuhr zu seiner großen Überraschung Living-

[1] Havelock Ellis, Mann und Weib. S. 3 bis 4. Leipzig 1894.

stone, wie er in seinen „Missionary travels and researches in southern Africa", London 1857, erzählt. Am Sambesi traf er auf die Balonda, einen schönen und kräftigen, ackerbautreibenden Negerstamm, bei dem er die ihm anfangs unglaublich geschienenen Mitteilungen der Portugiesen bestätigt fand, wonach die Frauen eine bevorzugte Stellung genießen. Sie sitzen im Rat; ein junger Mann, der heiratet, muß von seinem Dorf in das der Frau wandern; er verpflichtet sich dabei, die Mutter seiner Frau lebenslang mit Brennholz zu versorgen, falls es aber zur Trennung kommt, bleiben die Kinder das Eigentum der Mutter. Dagegen muß die Frau für die Nahrung des Mannes sorgen. Obgleich es nun zeitweilig zu kleinen Streitigkeiten zwischen Männern und Frauen kommt, fand Livingstone, daß die Männer sich nicht dagegen empörten, dagegen sah er, daß Männer, die ihre Frauen beleidigt hatten, in empfindlicher Weise, und zwar – am Magen gestraft wurden. Der Mann kommt nach Hause, erzählt er, um zu essen, aber eine Frau schickt ihn zu der anderen, und er erhält nichts. Müde und hungrig klettert er im volkreichsten Teil des Dorfes auf einen Baum und verkündet mit kläglicher Stimme: „Hört! hört! Ich dachte, ich hätte Weiber geheiratet, aber sie sind mir Hexen! Ich bin ein Junggeselle, ich habe nicht ein einziges Weib! Ist das recht gegen einen Herrn wie ich!"

Zweites Kapitel

Kampf zwischen Mutterrecht und Vaterrecht

1. Das Aufkommen des Vaterrechts

Mit der zunehmenden Volkszahl entsteht eine Reihe von Schwesterngentes, die wieder Tochtergentes das Leben geben. Diesen gegenüber erscheint die Muttergens als Phratrie. Eine Anzahl Phratrien bilden den Stamm. Diese soziale Organisation ist so fest, daß sie noch die Grundlage für die militärische Organisation in den alten Staaten bildete, als bereits die alte Gentilverfassung auseinandergefallen war. Der Stamm spaltet sich in mehrere Stämme, die alle die gleiche Verfassung haben und in deren jedem die alten Gentes wieder zu finden sind. Indem aber die Gentilverfassung die Verheiratung mit Geschwistern und Verwandten mütterlicherseits bis in das fernste Glied verbietet, untergräbt sie sich selbst. Bei den durch die soziale und wirtschaftliche Entwicklung immer verwickelter werdenden Beziehungen der einzelnen Gentes zueinander wird das Eheverbot zwischen den verschiedenen Gentes auf die Dauer undurchführbar, sie bricht in sich selbst zusammen oder wird gesprengt. Solange die Produktion von Lebensmitteln noch auf den untersten Stufen stand und nur sehr einfache Ansprüche befriedigte, war die Tätigkeit von Mann und Frau wesentlich dieselbe. Mit der zunehmenden Arbeitsteilung tritt aber nicht bloß Trennung der Verrichtungen, sondern auch Trennung des Erwerbs ein. Fischfang, Jagd, Viehzucht, Ackerbau erfordern besondere Kenntnisse und in noch höherem Maße die Herstellung von Werkzeugen und Gerätschaften, die vorzugsweise Eigentum der Männer wurden. Der Mann, der bei dieser Entwicklung im Vordergrund stand, wurde der eigentliche Herr und Eigentümer dieser Reichtumsquellen.

Mit der zunehmenden Volkszahl und mit dem Streben nach umfassenderem Besitz an Weideplätzen und Ackerland entstanden aber nicht nur Reibereien und Kämpfe um den Besitz des besten Grund und

Bodens, sondern es entstand auch das Bedürfnis nach Arbeitskräften. Je zahlreicher diese Kräfte waren, um so größer der Reichtum an Produkten und Herden. Das führte zunächst zum Frauenraub, weiter zur Versklavung der besiegten Männer, die man anfangs getötet hatte. Damit wurden zwei Elemente in die alte Gentilverfassung eingeführt, die sich auf die Dauer mit derselben nicht vertrugen.

Ein anderes kam hinzu. Bei größerer Differenzierung der Tätigkeiten entsteht aus dem wachsenden Bedarf an Werkzeugen, Geräten, Waffen usw. das Handwerk, das eine selbständige Entwicklung nimmt und sich allmählich vom Ackerbau loslöst. Es entsteht eine besondere, das Handwerk betreibende Bevölkerung mit ganz anderen Interessen, sowohl in bezug auf Besitz als Vererbung dieses Besitzes.

Solange die Abstammung in der weiblichen Linie maßgebend war, erbten die Gentilverwandten von ihren verstorbenen Gentilgenossen mütterlicherseits. Das Vermögen blieb in der Gens. In dem neuen Zustand, in dem der Vater Eigentümer, das heißt Besitzer von Herden und Sklaven, von Waffen und Vorräten, Handwerker oder Handeltreibender geworden war, fiel sein Besitz, solange er noch zur Gens der Mutter zählte, nach seinem Tode nicht an seine Kinder, sondern an seine Brüder und Schwestern und die Kinder seiner Schwestern oder an die Nachkommen seiner Schwestern. Die eigenen Kinder gingen leer aus. Der Drang, diesen Zustand zu ändern, war also ein sehr mächtiger, und er wurde geändert. Es entstand zunächst an Stelle der Vielehe die Paarungsfamilie. Ein bestimmter Mann lebte mit einer bestimmten Frau, und die aus diesem Verhältnis hervorgehenden Kinder waren ihre eigenen Kinder. Diese Paarungsfamilien vermehrten sich in dem Maße, wie die aus der Gentilverfassung hervorgehenden Eheverbote die Heirat erschwerten und die angeführten ökonomischen Gründe die neue Gestaltung des Familienlebens wünschenswert erscheinen ließen. Der alte Zustand der Dinge, der auf Gemeinwirtschaft beruhte, vertrug sich nicht mit persönlichem Eigentum. *Stand* und *Beruf* wurden entscheidend für die Notwendigkeit, den Wohnort zu wählen. Aus der jetzt entstehenden Warenproduktion ging der Handel mit benachbarten und fremden Völkern hervor, was Geldwirtschaft bedingte. Es war der Mann, der diese Entwicklung leitete und beherrschte. Seine Privatinteressen hatten also keine wesentlichen Berührungspunkte mehr mit der alten gentilen Organisation, deren Interessen sogar oft den seinen entgegenstanden. So sank die Bedeutung derselben immer mehr. Schließlich war von der Gens wenig mehr als die Handhabung der religiösen Funktionen für den Familienverband verblieben; ihre wirtschaftliche Bedeutung war dahin und die gänzliche Auflösung der Gentilverfassung nur eine Frage der Zeit.

Mit dieser Loslösung aus der alten Gentilordnung sanken rasch der Einfluß und die Stellung der Frau. Das Mutterrecht verschwand, das Vaterrecht trat an seine Stelle. Der Mann als Privateigentümer hatte das Interesse nach Kindern, die er als *legitime* ansehen und zu Erben seines Eigentums machen konnte, *er zwang daher der Frau das Verbot des Umganges mit anderen Männern auf*.

Dagegen nahm er sich das Recht, neben der eigentlichen Frau oder mehreren derselben sich so viele Kebsweiber zuzulegen, als seine Verhältnisse ihm zu halten erlaubten. Und die Kinder dieser Kebsweiber wurden wie legitime Kinder behandelt. Zwei in dieser Beziehung wichtige Beweise finden wir in der Bibel. Dort heißt es im 1. Buch Mose, Kapitel 16, Vers 1 und 2: „Sarai, Abrahams Weib, gebar ihm nichts. Sie hatte aber eine ägyptische Magd, die hieß Hagar. Und sie sprach zu Abraham: Siehe, der Herr hat mich verschlossen, daß ich nicht gebären kann. Lieber lege dich zu meiner Magd, ob ich doch vielleicht aus ihr mich bauen möge. Abraham gehorchte der Stimme Sarais." Die zweite bemerkenswerte Ausführung findet sich 1. Buch Mose 30, 1 und folgende. Dort heißt es: „Da Rahel sah, daß sie dem Jakob nichts gebar, neidete sie ihre Schwester und sprach zu Jakob: Schaffe mir Kinder, wo nicht, sterbe ich. Jakob aber ward sehr zornig auf Rahel und sprach: Bin ich doch nicht Gott, der dir deines Leibes Frucht nicht geben will. Sie aber sprach: Siehe, da ist meine Magd Bilha, lege dich zu ihr, daß sie auf meinem Schoß gebäre und ich doch durch sie erbauet werde. Und sie gab ihm also Bilha, ihre Magd, zum Weibe, und Jakob legte sich zu ihr."

Jakob hatte also nicht nur die Töchter Labans, zwei Schwestern, gleichzeitig zur Frau, beide legten ihm auch noch ihre Mägde bei, was nach der Sitte der Zeit durchaus „sittlich" erschien. Die beiden Hauptfrauen hatte er bekanntlich gekauft, indem er für jede derselben ihrem Vater Laban sieben Jahre diente. Zu jener Zeit war der Kauf der Frau allgemeine Sitte bei den Juden, aber neben dem Kauf der Frauen betrieben sie einen umfänglichen Frauenraub bei den von ihnen besiegten Völkern; so raubten zum Beispiel die Benjaminiten die Töchter Silos.[1] Die gefangene Frau wurde Sklavin, Kebsweib. Doch konnte sie zur legitimen Frau erhoben werden, sobald sie folgende Vorschriften erfüllte: Sie mußte sich Haare und Nägel schneiden lassen, das Kleid, in dem sie gefangen worden war, mußte sie ablegen und mit einem anderen, das ihr übergeben wurde, vertauschen; darauf hatte sie einen Monat lang Vater und Mutter zu beweinen, sie sollte dadurch ihrem Volke absterben, ihm fremd werden, dann konnte sie das Ehebett besteigen. Die größte Weiberzahl hatte bekanntlich König Salomo, dem nach Könige 1, 11 nicht weniger als 700 Frauen und 300 Kebsweiber zugeschrieben werden.

Sobald aber das Vaterrecht, das heißt die männliche Abstammung, in der jüdischen Gentilorganisation zur Herrschaft kam, wurden die Töchter vom Erbe ausgeschlossen. Später wurde dies jedoch wenigstens in dem Falle geändert, daß ein Vater keine Söhne hinterließ. Das geht hervor aus 4. Mose 27, 2 bis 8, woselbst berichtet wird, daß, als Zelaphehad ohne Söhne starb und die Töchter sich bitter beschwerten, daß sie vom Erbe ihres Vaters ausgeschlossen seien, das an den Stamm Joseph zurückfallen sollte, Mose entscheidet, daß in diesem Falle die Töchter erben sollen. Als aber diese beabsichtigten, der alten Sitte gemäß in einen anderen Stamm zu heiraten, beschwerte sich der Stamm Joseph, weil dadurch ihm das Erbe verlorenging. Darauf entschied Mose (4, 36), daß die Erbinnen zwar nach freier Wahl wählen, aber im Stamme ihrer Väter zu heiraten verpflichtet seien. Also des Eigentums wegen wurde die alte Eheordnung umgestoßen. Im übrigen war bereits in der alttestamentarischen, also historischen Zeit das Vaterrecht bei den Juden vorherrschend und beruhte die Clan- und Stammesorganisation wie bei den Römern auf der Mannesfolge. Demgemäß waren die Töchter vom Erbe ausgeschlossen, wie das schon bei 1. Mose 31, 14 und 15 zu lesen ist, woselbst Lea und Rahel, die Töchter Labans, sich beklagen: „Wir haben doch kein Teil und Erbe mehr in unseres Vaters Hause. Hat er uns doch gehalten als die Fremden, denn er hat uns verkauft und unseren Lohn verzehrt."

Wie bei allen Völkern, bei denen die Vaterfolge an Stelle der Mutterfolge trat, befand sich auch bei den Juden die Frau in vollkommener Rechtlosigkeit. Die Ehe war Kaufehe. Der Frau war die strengste Keuschheit auferlegt, wohingegen der Mann an dieses Gebot nicht gebunden war, und überdies stand ihm das Recht zu, mehrere Frauen

[1] Buch der Richter 21, 20 ff.

zu besitzen. Glaubte der Mann in der Brautnacht gefunden zu haben, daß die Frau bereits vor der Ehe die Jungfrauschaft verlor, so hatte er das Recht, sie nicht nur zu verstoßen, sie sollte auch gesteinigt werden. Dieselbe Strafe traf die Ehebrecherin, den Mann aber nur insofern, als er mit einer jüdischen Ehefrau Ehebruch beging. Nach 5. Mose 24, 1 bis 4 hatte auch der Mann das Recht, die eben erst geehelichte Frau, wenn sie vor seinen Augen nicht Gnade fand, zu verstoßen, sei es auch nur einer Unlust willen. Er sollte ihr alsdann den Scheidebrief schreiben, ihr die Hand geben und sie aus seinem Hause lassen. Ein Zeichen der tiefen Stellung, die später bei den Juden die Frau einnahm, ist weiter darin zu finden, daß noch heute die Frauen in der Synagoge in einem von den Männern getrennten Raume dem Gottesdienst beiwohnen, auch werden sie in das Gebet nicht eingeschlossen.[1] Nach altjüdischer Auffassung gehört die Frau nicht zur Gemeinde, sie ist religiös und politisch eine Null. Sind zehn Männer beieinander, so dürfen diese Gottesdienst halten. Frauen, so viele es immer sind, sind unfähig dazu.

Ähnlich verordnete Solon in Athen, daß eine Gattin ihren nächsten männlichen Agnaten heiraten müsse, auch wenn beide der gleichen Gens angehörten und eine solche Heirat nach früherem Rechte verboten war. Solon verordnete auch, daß ein Eigentümer sein Eigentum nicht wie bis dahin seiner Gens hinterlassen müsse, falls er kinderlos sterbe, sondern daß er durch Testament einen beliebigen anderen als Erben einsetzen könne. Wir sehen: Der Mensch beherrscht nicht das Eigentum, sondern das Eigentum beherrscht ihn und macht sich zu seinem Herrn.

Mit der Herrschaft des Privateigentums war die Unterjochung der Frau unter den Mann besiegelt. Es folgte die Zeit der Geringschätzung und selbst der Verachtung der Frau.

Die Geltung des Mutterrechts bedeutete Kommunismus, Gleichheit aller; das Aufkommen des Vaterrechts bedeutete Herrschaft des Pri-

[1] Im ältesten Stadtteile Prags befindet sich eine kleine Synagoge, die aus dem sechsten Jahrhundert unserer Zeitrechnung stammt und die älteste Synagoge Deutschlands sein soll. Tritt der Besucher etwa sieben Stufen in den halbdunklen Raum hinab, so entdeckt er in der gegenüberliegenden Wand einige schießschartig angebrachte Öffnungen, die in einen völlig finsteren Raum führen. Auf die Frage, wohin diese Öffnungen führten, antwortete uns der Führer: in den Frauenraum, von dem aus diese dem Gottesdienst beiwohnen. Die modernen Synagogen sind freundlicher eingerichtet, aber die Trennung der Frauen von den Männern wird aufrechterhalten.

vateigentums, und zugleich bedeutete es Unterdrückung und Knechtung der Frau. Das sah auch der konservative Aristophanes ein, der die Frauen, als sie in seinem Lustspiel „Die Frauenvolksversammlung" zur Herrschaft im Staate kommen, den Kommunismus einführen läßt, den er, um die Frauen zu diskreditieren, aufs ärgste karikiert.

In welcher Weise diese Umwandlung sich im einzelnen vollzog, läßt sich schwer nachweisen. Auch ist diese *erste große Revolution*, die im Schoße der Menschheit vor sich ging, nicht gleichzeitig bei den alten Kulturvölkern zur Geltung gekommen und hat sich wohl auch nicht überall in der gleichen Weise vollzogen. Unter den Völkerschaften Griechenlands war es Athen, in dem zuerst die neue Ordnung der Dinge Geltung erlangte.

Fr. Engels glaubt, daß sich diese große Umgestaltung durchaus friedlich vollzog und daß, nachdem alle Bedingungen für das neue Recht vorhanden waren, es nur einer einfachen Abstimmung in den Gentes bedurfte, um das Vaterrecht an Stelle des Mutterrechts zu setzen. Dagegen meint Bachofen auf Grund der alten Schriftsteller, daß die Frauen dieser sozialen Umwandlung heftigen Widerstand entgegensetzten. Er sieht namentlich in den Sagen von den Amazonenreichen, die sich in der Geschichte Asiens und des Orients finden und auch in Südamerika und China aufgetaucht sind, Beweise für den Kampf und den Widerstand, den die Frauen der neuen Ordnung entgegensetzten.

Mit der Männerherrschaft verloren die Frauen auch im Gemeinwesen ihre Stellung, sie wurden von der Ratsversammlung und von jedem leitenden Einfluß ausgeschlossen. Der Mann zwingt sie zur ehelichen Treue, die er aber für sich nicht anerkennt; bricht sie die Treue, so verübt sie den schwersten Betrug, der dem neuen Bürger passieren kann; sie bringt ihm fremde Kinder als Erben seines Eigentums ins Haus, weshalb bei allen alten Völkern auf dem Bruch der ehelichen Treue seitens der Frau der Tod oder die Sklaverei als Strafe stand.

2. *Anklänge an das Mutterrecht in griechischen Mythen und Dramen*

Waren somit die Frauen aus ihrer früher leitenden Stellung entfernt, so beherrschten doch noch Jahrhunderte die mit den alten Sitten verbundenen Kultgebräuche die Gemüter, obgleich allmählich ihr tieferer Sinn den Völkern abhanden kam. Erst die Jetztzeit bemüht sich, den Sinn dieser alten Gebräuche wieder zu erforschen. So blieb es in Griechenland religiöser Brauch, daß die Frauen nur Göttinnen um Rat und Hilfe anflehten. Auch die alljährlich wiederkehrende Feier der *Thesmophorien* verdankte *mutterrechtlichen* Zeiten ihr Entstehen. Noch in später Zeit feierten die Frauen Griechenlands während fünf Tagen dieses Fest zu Ehren der Demeter, dem kein Mann beiwohnen durfte. Ähnliches geschah im alten Rom zu Ehren der Ceres. Demeter und Ceres waren die Göttinnen der Fruchtbarkeit. Auch in Deutschland fanden bis spät ins christliche Mittelalter solche Feste statt, die der Frigga galten, die bei den alten Deutschen als die Göttin der Fruchtbarkeit galt, und auch hier waren die Männer von der Beteiligung an diesen Festen ausgeschlossen.

In Athen, in dem das Mutterrecht am frühesten, aber anscheinend unter schroffem Widerstand der Frauen, dem Vaterrecht Platz machte, kommt diese Umwandlung in ihrer Tragik in Äschylus' „Eumeniden" ergreifend zum Ausdruck. Der Vorgang ist folgender: Agamemnon, König in Mykenä, Gemahl der Klytämnestra, opfert auf das Geheiß des Orakels auf seinem Zuge nach Troja seine Tochter Iphigenia. Die Mutter ist empört über die Opferung ihres Kindes, das nach Mutterrecht nicht ihrem Manne gehört, und nimmt während der Abwesenheit des Agamemnon Ägisthus als Ehemann an, wodurch sie nach altem Rechte nichts Anstößiges beging. Als Agamemnon nach vieljähriger Abwesenheit nach Mykenä zurückkehrt, wird er auf Anstiften der Klytämnestra von Ägisthus erschlagen. Orest, der Sohn Agamemnons und der Klytämnestra, rächt nun auf Betreiben Apollos und Athenes den Mord des Vaters, indem er seine Mutter und Ägisthus erschlägt. Die Erinnyen verfolgen wegen des Mordes an der Mutter Orest, sie vertreten das alte Recht. Apoll und Athene, die nach dem Mythos *mutterlos* ist, denn sie springt geharnischt aus dem Haupte des Zeus, verteidigen Orest, denn sie vertreten das neue Vaterrecht. Die Entscheidung kommt vor den Areopag, vor dem sich folgendes Zwiegespräch entspinnt, in dem die beiden sich feindlich gegenüberstehenden Anschauungen zum Ausdruck kommen:

Erinnys: Dich hat der Seher (Apoll) angeführt zum Muttermord?
Orestes: Und noch bis jetzt nicht schalt ich über mein Geschick.
Erinnys: Doch faßt der Spruch dich, anders reden wirst du bald.
Orestes: Ich glaub's; doch Beistand schickt mein Vater aus dem Grabe.

Erinnys: Hoff' auf die Toten, der du die *Mutter* tötest.
Orestes: Zwiefachen Frevel lud sie auf ihr schuldig Haupt.
Erinnys: Wie das? Belehre dessen doch die Richtenden.
Orestes: Den Mann erschlug sie und erschlug den Vater mir.
Erinnys: Du aber lebst noch, während *sie* den Mord gebüßt.
Orestes: Warum denn hast im Leben du sie nicht verfolgt?
Erinnys: *Sie war dem Manne nicht blutsverwandt, den sie erschlug.*
Orestes: *Ich aber, sagst du, bin von meiner Mutter Blut.*
Erinnys: *Trug denn, du Blutiger, unter ihrem Herzen sie dich nicht? Verschwörst du deiner Mutter teures Blut?*

Die Erinnyen erkennen also kein Recht des Vaters und des Ehemannes an, für sie besteht das Recht der Mutter. Daß Klytämnestra den Gatten erschlagen ließ, erscheint ihnen gleichgültig, denn er war ein Fremder; dagegen fordern sie des Muttermörders Bestrafung, denn Orest beging, indem er die Mutter tötete, das schwerste Verbrechen, das unter der alten Gentilordnung begangen werden konnte. Apollo hingegen steht auf dem entgegengesetzten Standpunkt, er hat im Auftrag des Zeus Orest zum Mord an der eigenen Mutter zur Rächung des Vatermordes veranlaßt, und er verteidigt vor den Richtern dessen Handlung, indem er sagt:

Darauf sag' ich also, mein gerechtes Wort vernimm:
Nicht ist die Mutter ihres Kindes Zeugerin,
Sie hegt und trägt das auferweckte Leben nur;
Es zeugt der Vater, aber sie bewahrt das Pfand
Dem Freund die Freundin, wenn ein Gott es nicht verletzt.
Mit sicherem Zeugnis will ich das bestätigen.
Denn Vater kann man ohne Mutter sein; Beweis
Ist dort die eigne Tochter (Athene) des Olympiers Zeus,
Die nimmer eines Mutterschoßes Dunkel barg,
Und edlern Sproß gebar doch keine Göttin.

Nach Apoll gibt also die Zeugung dem Vater das erste Recht, wohingegen nach der bis dahin geltenden Anschauung die Mutter, die dem Kinde ihr Blut und das Leben gibt, die alleinige Besitzerin des Kindes ist und der Vater ihres Kindes für sie ein *Fremder* bleibt. Daher antworten die Erinnyen auf die Anschauung Apollos:

Danieder stürzest du die Mächte grauer Zeit ...
Du, der junge Gott, willst uns, die Greisen, niederrennen.

Die Richter rüsten sich zum Spruche, halb stehen sie zum alten, halb zum neuen Rechte, so daß Stimmengleichheit droht. Da ergreift

Athene den Stimmstein vom Altar, und indem sie denselben der Urne übergibt, spricht sie:

Mein ist es, abzugeben einen letzten Spruch,
Und für Orestes leg' ich diesen Stein hinein;
Denn *keine Mutter wurde mir*, die mich gebar,
Nein, vollen Herzens lob' ich *alles Männliche*,
Bis auf die Ehe, denn des Vaters bin ich ganz.
Drum acht' ich *minder sträflich* jetzt den Mord der Frau,
Die umgebracht hat ihren Mann, *des Hauses Hort*.
Es sieg' Orestes auch bei stimmengleichem Spruch.

Eine andere Sage stellt den Untergang des Mutterrechtes in Athen in folgender Weise dar. „Unter der Regierung des Kekrops ereignete sich ein doppeltes Wunder. Es brach zu gleicher Zeit aus der Erde der Ölbaum, an einer anderen Stelle Wasser hervor. Der erschreckte König sandte nach Delphi, um das Orakel über die Bedeutung dieser Vorgänge zu befragen. Die Antwort lautete: Der Ölbaum bedeute Minerva, das Wasser Neptun, und es stehe nun bei den Bürgern, nach welcher von den beiden Gottheiten sie ihre Stadt benennen wollten. Kekrops beruft die Volksversammlung, in welcher die Männer und die Frauen Stimmrecht hatten. Die Männer stimmten für Neptun, die Frauen für Minerva, und da die Frauen eine Stimme mehr hatten, siegte Minerva. Darüber ergrimmte Neptun und ließ das Meer die Ländereien der Athener überfluten. Um den Zorn des Gottes zu besänftigen, legten jetzt die Athener ihren Frauen dreierlei Strafe auf: *sie sollten ihr Stimmrecht verlieren, ihre Kinder sollten nicht länger der Mutter Namen tragen, sie selber sollten nicht mehr Athenerinnen genannt werden.*"[1]

So siegte das neue Recht. Die Ehe, die den Vater zum Haupte der Familie macht, das Vaterrecht besiegt das Mutterrecht.[2]

---

[1] Bachofen, Das Mutterrecht.

[2] Als im Winter 1899 auf 1900 in Berlin, Wien usw. eine neue Bearbeitung der Orestie des Äschylus durch Herrn v. Wilamowitz-Möllendorf auf der Bühne erschien, waren Publikum und Kritik unfähig, den tiefen Sinn dieser Tragödie zu erfassen, sie standen ihr fremd gegenüber.

3. Legitime Frauen und Hetären in Athen

Wie in Athen vollzog sich der Übergang vom Mutter- zum Vaterrecht, sobald eine ähnliche Kulturentwicklung wie dort erreicht war, überall. Die Frau wird auf das Haus zurückgedrängt, sie wird isoliert und bekommt besondere Räume – die Gynäkonitis – angewiesen, in welchen sie lebt. Man schließt sie selbst vom Verkehr mit den das Haus besuchenden Männern aus. Das war der Hauptzweck der Isolierung.

Diese Umwandlung in den Sitten kommt bereits in der Odyssee zum Ausdruck. So verweist Telemachos seiner Mutter Penelopeia die Anwesenheit unter den Freiern, indem er ihr befiehlt:

> Aber gehe nun heim, besorge deine Geschäfte,
> Spindel und Webstuhl, und treib' an beschiedener Arbeit
> Deine Mägde zum Fleiße, die Rede gebührt den Männern,
> *Und vor allem mir, denn mein ist die Herrschaft im Hause!*[1]

Diese Auffassung war bereits die allgemeine zu jener Zeit in Griechenland. Noch mehr. Die Frau, auch wenn sie Witwe ist, steht unter der Herrschaft des nächsten männlichen Angehörigen, sie hat nicht einmal mehr die Wahl des Gatten. Des langen Hinhaltens durch die schlaue Penelopeia müde, wenden sich die Freier durch den Mund des Antinoos an Telemachos und fordern:

> Siehe, nun deuten die Freier dir an, damit du es selber
> Wissest in deinem Herzen und alle Achaier es wissen!
> *Sende die Mutter hinweg und gebeut ihr, daß sie zum Manne*
> *Nehme*, wer ihr gefällt und *wen der Vater ihr wählt.*[2]

Mit der Freiheit der Frau ist's jetzt zu Ende. Verläßt sie das Haus, so muß sie sich verhüllen, um nicht das Gelüst eines anderen Mannes zu erwecken. Im Orient, in dem die geschlechtlichen Leidenschaften infolge des heißen Klimas am lebhaftesten sind, wird noch heute die Absperrungsmethode ins Extrem getrieben. Athen wird unter den alten Völkern für die neue Ordnung mustergültig. Die Frau teilt wohl des Mannes Bett, aber nicht seinen Tisch; sie redet ihn nicht mit seinem Namen an, sondern als „Herr", sie ist seine Magd. Öffentlich durfte sie nirgends erscheinen, auf der Straße ging sie stets verschleiert und höchst einfach gekleidet. Beging sie einen Ehebruch, so sollte sie,

---

1 Homers Odyssee von J. H. Voß. Erster Gesang.

2 A. a. O., Zweiter Gesang.

nach dem Solonschen Gesetz, für ihren Frevel mit ihrem Leben oder ihrer Freiheit büßen. Der Mann konnte sie als Sklavin verkaufen.

Die Stellung der griechischen Frau in jener Zeit kommt plastisch zum Ausdruck in Euripides' „Medea"[1]. Diese klagt:

> Von allem, ach, was Seel' und Leben hat,
> *Sind doch wir Frau'n die allerärmsten Wesen!*
> Durch unsre Mitgift müssen wir den Gatten
> Erkaufen — und was schlimmer ist als das:
> *Fortan gehört ihm unser Leib zu eigen.*
> Und furchtbar die Gefahr: wie wird er sein,
> Gut oder schlecht? — Denn Scheidung wird der Frau
> Ein Makel stets, und den ihr Anverlobten
> *Verschmähen darf sie nicht.* Und kommt sie nun
> Zu neuem Brauch und ungewohnter Sitte,
> Muß sie erraten — niemand lehrt' es sie,
> Wie ihres Gatten Art und Wesen ist.
> Und wenn dies alles glücklich uns gelungen
> Und gern und froh der Liebste mit uns lebt,
> Ja, dann ist unser Leben neidenswert —
> Sonst aber — besser tot! — Der Mann, wenn ihm
> Sein Haus verleidet ist, er findet *draußen*,
> Was ihm den Kummer seiner Seele stillt,
> Bei einem Freund, bei Männern seines Alters; —
> Wir müssen nach des *einen* Auge sehn.
> Sie sagen wohl, wir leben ungefährdet
> Bequem zu Haus, indes sie Schlachten schlagen!
> Törichter Traum: *lieber dreimal wollt' ich*
> *Im Kampfe stehn, als einmal nur gebären!*

Ganz anders standen die Dinge für die Männer. Legte der Mann der Frau in Rücksicht auf die Zeugung legitimer Erben strenge Enthaltsamkeit gegen andere Männer auf, so war er nicht geneigt, sich gegenüber fremden Frauen die gleiche Enthaltsamkeit aufzuerlegen. Es entstand das *Hetärentum*. Frauen, die durch Schönheit und Geist sich auszeichneten, in der Regel Staatsfremde, zogen ein freies Leben im intimsten Umgang mit der Männerwelt der Sklaverei der Ehe vor. Darin wurde auch nichts Verabscheuungswürdiges gefunden. Der Name und der Ruhm dieser Hetären, die intime Beziehungen mit den ersten Männern Griechenlands pflogen und an ihren gelehrten Unterhaltungen wie an ihren Gelagen teilnahmen, ist bis auf unsere Tage

[1] Übersetzung von A. Wilbrandt. Vers 230 ff. Euripides wurde 480 vor unserer Zeitrechnung in Salamis geboren.

gekommen, wohingegen die Namen der legitimen Frauen meist vergessen und verschollen sind. So war die schöne Aspasia die intime Freundin des berühmten Perikles, der sie später zur Gattin machte; der Name der Hetäre Phryne wurde in der Zukunft Gattungsname für jene Frauen, die sich für Geld preisgeben. Phryne stand zu Hyperides in intimen Beziehungen, und sie stand Praxiteles, einem der ersten Bildhauer Griechenlands, Modell zu seiner Aphrodite. Danae war die Geliebte des Epikur, Archäanassa jene des Plato. Andere berühmte Hetären waren Laïs von Korinth, Gnathanea usw. Es gibt keinen berühmten Griechen, der nicht mit Hetären Umgang hatte. Das gehörte zu ihrer Lebensweise. Demosthenes, der große Redner, präzisierte in seiner Rede gegen Neära das geschlechtliche Leben der Männerwelt Athens also: „*Wir heiraten das Weib, um eheliche Kinder zu erhalten und im Hause eine treue Wächterin zu besitzen; wir halten Beischläferinnen zu unserer Bedienung und täglichen Pflege, die Hetären zum Genuß der Liebe.*“ Die Ehefrau war nur der Kindergebärapparat, ein treuer Hund, der das Haus bewacht. Dagegen lebte der Herr des Hauses nach seinem bon plaisir, seiner Willkür. Oft ist es auch heute noch so.

Um das Verlangen nach käuflichen Frauen, namentlich in der jüngeren Männerwelt, befriedigen zu können, entstand die unter der Herrschaft der Mutterfolge *unbekannte* Prostitution. Die Prostitution unterscheidet sich von dem freien Geschlechtsverkehr dadurch, daß das Weib seinen Körper gegen materielle Vorteile, sei es an *einen* Mann, sei es an eine Reihe von Männern, verkauft. Prostitution ist vorhanden, sobald das Weib aus dem Verkauf seiner Reize ein Gewerbe macht. Solon, der für Athen das neue Recht formulierte und als Begründer des neuen Rechtszustandes gefeiert wird, war es, der die öffentlichen Frauenhäuser, das Deikterion (Staatsbordell), begründete, und zwar war für alle Besucher der Preis gleich. Nach Philemon betrug derselbe einen Obolus, ungefähr fünfundzwanzig Pfennig unseres Geldes. Das Deikterion war, wie die Tempel bei Griechen und Römern und im Mittelalter die christlichen Kirchen, unverletzlich, es stand unter dem Schutze der öffentlichen Gewalt. Bis ungefähr hundertundfünfzig Jahre vor unserer Zeitrechnung war auch der Tempel zu Jerusalem der gewöhnliche Sammelplatz der Freudenmädchen.

Für die Wohltat, die Solon durch Gründung der Deikterien der athenischen Männerwelt erwiesen, wurde er von einem seiner Zeitgenossen mit den Worten besungen: „Solon, sei gepriesen! Denn du kauftest öffentliche Frauen für das Heil der Stadt, der Sitten einer Stadt, die erfüllt ist von kräftigen jungen Männern, die sich ohne deine weise Einrichtung den störenden Verfolgungen der besseren Frauenwelt überließen.“ Wir werden sehen, daß man in unserem Zeitalter genau mit denselben Gründen die Notwendigkeit der Prostitution und des Bordellwesens von Staats wegen rechtfertigt. So wurden durch die Staatsgesetze für die Männerwelt Handlungen als naturgemäßes Recht anerkannt, die, von seiten der Frauen begangen, als verachtungswürdig und schweres Verbrechen galten. Bekanntlich gibt es auch heute nicht wenig Männer, welche die Gesellschaft einer schönen Sünderin der Gesellschaft ihrer Ehefrau vorziehen und häufig zu den „Stützen des Staates“, den „Säulen der Ordnung“ gehören und „Wächter über die Heiligkeit der Ehe und Familie“ sind.

Die griechischen Frauen scheinen allerdings öfter für die ihnen angetane Unterdrückung Rache an ihren Eheherrn genommen zu haben. Ist die Prostitution die Ergänzung der monogamen Ehe auf der einen Seite, so der Ehebruch der Frauen und die Hahnreischaft der Männer die Ergänzung auf der anderen Seite. Unter den griechischen Dramendichtern gilt Euripides als Weiberfeind, weil er in seinen Dramen mit Vorliebe die Frauen zum Gegenstand seiner Angriffe macht. Was er ihnen alles vorhält, geht am besten hervor aus einer Angriffsrede, die eine Griechin in Aristophanes' „Die Thesmophorienfeier“ gegen Euripides richtet.[1] Dort sagt sie:

> Mit welcher Lästrung Schmutz besudelt er (Euripides) uns nicht?
> Wo schwieg denn des Verleumders Zunge? Kurz und gut:
> Wo's Schauende, Tragödien und Chorreigen gibt,
> Da heißen Winkelkunden wir, Mannsüchtige,
> Dem Becher hold, verräterisch, erzplauderhaft,
> Kein gutes Haar bleibt uns, wir sind der Männer Kreuz.
> Drum, sowie von den Sitzreihn uns heimkehrt der Mann[2],
> Sieht er argwöhn'schen Blicks auf uns und spähet rings,
> Ob ein Versteck nicht etwa einen Buhlen birgt.
> Hinfort ist nichts von dem, was wir zuvor verübt,
> Gestattet uns, so Arges setzet über uns
> Den Männern in den Kopf er, so daß, wenn ein Weib

---

[1] Die Lustspiele des Aristophanes, übersetzt von Hieronymus Müller. 3. Band: Die Thesmophorienfeier. Vers 385 ff. Leipzig 1846, F. A. Brockhaus.

[2] Aus dem Theater, zu dem die griechischen Frauen keinen Zutritt hatten.

Ein Kränzchen flicht, sie für verliebt gilt, oder wann,
Indem im Haus sie schäfftert, sie was fallen läßt,
Der Mann sogleich: Wem gelten diese Scherben? fragt,
Dem Gastfreund aus Korinthos, das ist offenbar.

Es begreift sich, daß die beredte Griechin dem Ankläger ihres Geschlechts in solcher Weise dient, aber Euripides konnte schwerlich diese Anklagen erheben und hätte dafür bei den Männern keinen Glauben gefunden, wußten diese nicht zu gut, daß sie gerechtfertigt waren. Nach den Schlußsätzen der Anklagerede zu urteilen, bestand in Griechenland jene Sitte nicht, die früher in Deutschland und vielen anderen Ländern bestand, wonach der Hausherr dem Gastfreund für die Nacht die eigene Frau oder Tochter zur Verfügung stellte. So spricht Murner von dieser Sitte, die noch im fünfzehnten Jahrhundert in Holland Geltung hatte, mit den Worten: „Es ist in dem Niderlandt der Bruch, so der wyrt ein lieben gast hat, dez er yhm syn Frow zulegt uff guten glauben."[1]

Die zunehmenden Klassenkämpfe in den griechischen Staaten und der traurige Zustand in vielen dieser kleinen Gemeinwesen gab Plato zu Untersuchungen Veranlassung über die beste Verfassung und Einrichtung des Staates. In seinem „Staate", den er als Ideal aufstellt, verlangt er für die erste Klasse der Bürger, die Wächter, die volle Gleichstellung der Frauen. Sie sollen gleich den Männern an den Waffenübungen teilnehmen und alle Pflichten wie jene erfüllen, nur sollen sie das Leichtere verrichten, „wegen des Geschlechtes Schwäche". Er behauptet, es seien bei beiden Geschlechtern die natürlichen Anlagen gleich verteilt, nur sei das Weib in allem schwächer als der Mann. Ferner sollten die Frauen den Männern gemein sein, desgleichen die Kinder, so daß weder ein Vater sein Kind noch ein Kind seinen Vater kenne.[2]

Aristoteles denkt bürgerlicher. Nach seiner „Politik" soll die Frau in der Wahl des Ehegatten freie Hand haben, aber sie soll ihm untergeordnet sein, doch das Recht besitzen, „einen guten Rat zu erteilen". Thukydides spricht eine Ansicht aus, die den Beifall aller Philister hat.

---

[1] Deutsche Kultur- und Sittengeschichte von Joh. Scherr. 9. Auflage. Leipzig 1887, Otto Wigand. Bekanntlich behandelt Sudermann in seinem Schauspiel „Die Ehre" denselben Gegenstand.

[2] Plato, Der Staat. Übersetzt von Friedr. Schleiermacher und erläutert von J. H. v. Kirchmann. 5. Buch, Kap. 17. Berlin 1870.

Er sagt, diejenige Gattin verdiene das höchste Lob, von der man außerhalb des Hauses weder Gutes noch Böses höre.

Bei solchen Anschauungen mußte die Achtung vor der Frau immer mehr sinken. Die Furcht vor Übervölkerung führte sogar dazu, den intimen Umgang mit ihr zu meiden. Man gelangte zu unnatürlicher Befriedigung des Geschlechtstriebs. Die griechischen Staaten waren Städte mit geringem Landbesitz, der über eine gegebene Bevölkerungszahl hinaus die gewohnte Ernährung nicht mehr ermöglichte. Diese Furcht vor Übervölkerung veranlaßte Aristoteles, den Männern die Fernhaltung von ihren Frauen und dagegen die Knabenliebe anzuraten. Schon vor ihm hatte Sokrates die Knabenliebe als ein Zeichen höherer Bildung gepriesen. Schließlich huldigten dieser widernatürlichen Leidenschaft die bedeutendsten Männer Griechenlands. Die Achtung vor der Frau sank auf das tiefste. Es gab Häuser mit männlichen Prostituierten, wie es solche mit weiblichen gab. In einer solchen gesellschaftlichen Atmosphäre konnte Thukydides den Ausspruch tun, die Frau sei schlimmer als die sturmgepeitschte Meereswoge, als des Feuers Glut und der Sturz des wilden Bergwassers. „Wenn es ein Gott ist, der die Frau erfand, wo immer er sei, er wisse, daß er der unselige Urheber des höchsten Übels ist.“

Huldigte die Männerwelt Griechenlands der Knabenliebe, so verfiel die Frauenwelt in das andere Extrem, sie verfiel der Liebe zu Angehörigen des eigenen Geschlechts. Es war dieses besonders bei den Bewohnerinnen der Insel Lesbos der Fall, weshalb diese Verirrung die lesbische Liebe genannt wurde und noch genannt wird, denn sie ist nicht ausgestorben und besteht unter uns fort. Als Hauptrepräsentantin dieser Liebe galt die berühmte Dichterin Sappho, „die lesbische Nachtigall“, die um 600 vor unserer Zeitrechnung lebte. Ihre Leidenschaft findet glühenden Ausdruck in ihrer Ode an Aphrodite, zu der sie fleht:

> Allbeherrscherin, die du thronest auf Blumen,
> O Schaumgeborene, Tochter Zeus', listsinnende,
> Hör' mich rufen,
> Nicht in Jammer und bittrer Qual, o Göttin,
> Laß mich erliegen! —

Und von noch leidenschaftlicherer Sinnlichkeit legt Zeugnis ab ihre Ode an die schöne Atthis.

Während bereits in Athen und im übrigen Griechenland das Vaterrecht herrschte, befand sich das mit Athen um die Macht rivalisierende Sparta noch unter dem Mutterrecht, ein Zustand, der den meisten Griechen ein gänzlich fremder geworden war. Die Überlieferung berichtet: Eines Tages fragte ein Grieche einen Spartaner, was für eine Strafe in Sparta die Ehebrecher treffe. Darauf antwortete dieser: „Fremdling, bei uns gibt's keine Ehebrecher!" Der Fremde: „Wenn aber doch einer wäre?" „So muß er zur Strafe", spottete der Spartaner, „einen Ochsen geben, so groß, daß er mit seinem Kopf über den Taygetus reichen und aus dem Eurotas saufen kann." Auf die verwunderte Antwort des Fremden: „Wie ein Ochse so groß sein könne?" erwiderte der Spartaner lachend: „Wie ist's möglich, daß zu Sparta ein Ehebrecher sein kann!" Dagegen drückte sich das Selbstbewußtsein der spartanischen Frau in der stolzen Antwort aus, die das Weib des Leonidas einer Fremden gab, als diese zu ihr sagte: „Ihr Lakedämonierinnen seid die einzigen Frauen, die über ihre Männer herrschen!", worauf sie antwortete: „Wir sind auch die einzigen Frauen, die Männer zur Welt bringen."

Der freie Zustand der Frau unter dem Mutterrecht förderte ihre Schönheit und hob ihren Stolz, ihre Würde und Selbständigkeit. Das Urteil aller alten Schriftsteller geht dahin, daß diese Eigenschaften bei ihnen im Zeitalter der Mutterfolge in hohem Grade entwickelt waren. Der unfreie Zustand, der später eintrat, wirkte notwendig nachteilig ein; die Veränderung kommt sogar in der Verschiedenartigkeit der Kleidung in den beiden Perioden zum Ausdruck. Das Kleid der dorischen Frau haftete frei und leicht auf der Schulter, es ließ die Arme und die Unterschenkel bloß, es ist das Kleid, das Diana trägt, die in unseren Museen frei und kühn dargestellt ist. Hingegen verhüllte das ionische Kleid die Gestalt und hemmte die Bewegung. Die Art, wie die Frau sich kleidet, ist weit mehr, als man gewöhnlich annimmt, und zwar bis in unsere Tage, ein Zeichen ihrer Abhängigkeit und Ursache ihrer Hilflosigkeit. Die Art der Frauenkleidung macht bis heute die Frau unbehilflich und zwingt ihr das Gefühl der Schwäche auf, was schließlich in ihrer Haltung und in ihrem Charakter zum Ausdruck kommt. Die Gewohnheit der Spartaner, die Mädchen bis ins mannbare Alter nackt gehen zu lassen, ein Zustand, den das Klima des Landes erlaubte, trug nach der Meinung eines alten Schriftstellers wesentlich dazu bei, ihnen Geschmack für Einfachheit und Sorgfalt für äußerlichen Anstand beizubringen, und hatte, nach den Anschauungen jener Zeit, durchaus nichts die Schamhaftigkeit Verletzendes oder die Wollust Erregendes. Auch nahmen die Mädchen gleich den Knaben an allen körperlichen Übungen teil. So wurde ein kräftiges, selbstbewußtes Geschlecht erzogen, das sich seines Wertes bewußt war, wie die Antwort der Frau des Leonidas an die Fremde beweist.

4. Überreste des Mutterrechts in Sitten verschiedener Völker

Im engsten Zusammenhang mit dem geschwundenen Mutterrecht standen gewisse Gebräuche, die moderne Schriftsteller in vollständiger Verkennung ihrer Bedeutung als „Prostitution" bezeichnen. So war es in Babylon *religiöse* Pflicht der mannbar gewordenen Jungfrau, im Tempel der Mylitta einmal zu erscheinen, um ihre Jungfrauschaft zu opfern, indem sie sich einem Manne preisgab. Ähnliches trug sich zu im Serapeum zu Memphis, zu Ehren der Göttin Anaïtis in Armenien, auf Cypern, in Tyrus und Sydon zu Ehren der Astarte oder Aphrodite. Ähnlichen Sitten dienten die Isisfeste der Ägypter. Dieses Opfer der Jungfräulichkeit sollte der Göttin Sühne leisten für die Ausschließlichkeit der Hingabe an einen Mann in der Ehe. „Denn nicht um in den Armen eines einzelnen zu verwelken, wird das Weib von der Natur mit allen Reizen, über welche es gebietet, ausgestattet. Das Gesetz des Stoffes verwirft alle Beschränkung, haßt alle Fesseln und betrachtet jede Ausschließlichkeit als Versündigung an ihrer Göttlichkeit."[1] Das fernere Wohlwollen der Göttin mußte durch jenes Opfer der Jungfräulichkeit an einen Fremden erkauft werden. – Im Sinne der alten Auffassung war es auch, wenn die libyschen Mädchen durch ihre Preisgabe ihre Mitgift erwarben. Nach dem Mutterrecht waren sie während des unehelichen Standes geschlechtlich frei, und die Männer fanden in diesem Erwerb so wenig Anstößiges, daß von ihnen diejenige als Frau vorgezogen wurde, die am meisten begehrt worden war. Ähnlich war es zu Herodots Zeit bei den Thrakern: „Die Jungfrauen bewachen sie nicht, sondern lassen ihnen volle Freiheit, sich mit wem sie mögen zu vermischen. Die Frauen dagegen bewachen sie streng; sie kaufen sie von ihren Eltern um großes Gut." Berühmt waren die Hierodulen im Tempel der Aphrodite zu Korinth, in dem

[1] Bachofen, Das Mutterrecht.

über tausend Mädchen vereinigt waren, die einen Hauptanziehungspunkt für die griechische Männerwelt bildeten. Und von der Tochter des Königs Cheops in Ägypten erzählt die Sage, daß sie aus den Erträgnissen der Preisgabe ihrer Reize eine Pyramide bauen ließ.

Ähnliche Zustände bestehen noch heute auf den Marianen, den Philippinen und polynesischen Inseln, ferner nach Waitz bei verschiedenen afrikanischen Volksstämmen. Eine andere Sitte, die noch spät auf den Balearen bestand und das Recht aller Männer an die Frau zum Ausdruck brachte, war, daß in der Brautnacht die blutsverwandten Männer bei der Braut zugelassen wurden, der Altersreihe nach. Erst zuletzt kam der Bräutigam. Diese Sitte hat sich bei anderen Völkerschaften dahin umgewandelt, daß als die Vertreter der Männer des Stammes Priester oder Stammeshäuptlinge (Könige) dieses Vorrecht bei der Braut üben. So dingen auf Malabar die Caimars Patamaren (Priester), um ihren Frauen die Blüte zu nehmen ... Der oberste Priester (Namburi) ist verpflichtet, dem König (Zamorin) bei seiner Verehelichung diesen Dienst zu erweisen, und der König bezahlt denselben mit fünfzig Goldstücken.[1] In Hinterindien und auf verschiedenen Inseln des Großen Ozeans sind es bald die Priester, bald die Stammeshäuptlinge (Könige), die sich diesem Amte unterziehen.[2] Ähnlich ist es in Senegambien, wo das Stammesoberhaupt die Deflorierung der Jungfrau als Amtspflicht übt und dafür ein Geschenk erhält. Bei anderen Völkern wurde und wird die Deflorierung der Jungfrau, manchmal sogar des wenige Monate alten Kindes weiblichen Geschlechts, durch für diesen Zweck eingerichtete Götzenbilder vorgenommen. Auch darf angenommen werden, daß das jus primae noctis (das Recht der ersten Nacht), das bis ins späte Mittelalter bei uns in Deutschland und in Europa in Anwendung war, der gleichen Tradition seine Entstehung verdankt. Der Grundherr, der sich als Gebieter seiner Hörigen oder Leibeigenen ansah, übte das auf ihn überkommene Recht des Stammesoberhauptes aus. Später mehr hierüber.

Anklänge an das Mutterrecht zeigen sich ferner in der eigentümlichen Sitte bei südamerikanischen Stämmen – die auch bei den Basken, einem Volk mit uralten Sitten und Gebräuchen, sich erhalten haben soll –, daß an Stelle der Wöchnerin sich der Mann ins Bett legt, sich wie eine Kreißende gebärdet und von der Wöchnerin pfle-

[1] K. Kautsky, Die Entstehung der Ehe und der Familie. Kosmos 1883.

[2] Mantegazza, L'amour dans l'humanité.

gen läßt. Die Sitte bedeutet, der Vater anerkennt das Neugeborene als sein Kind. Diese Sitte soll auch noch bei verschiedenen Gebirgsstämmen Chinas bestehen, und sie bestand vor nicht langer Zeit noch auf Korsika.

In den Denkschriften, die die Reichsregierung dem Reichstag (Session 1894/95) über Deutschlands Kolonien vorlegte, befindet sich in der Denkschrift über das südwestafrikanische Gebiet, S. 239 folgende Stelle: „Ohne seinen Rat, die Ältesten und Begütertsten, kann er (der Stammeshäuptling in einem Hererodorf) auch nicht den kleinsten Beschluß fassen, und nicht allein die Männer, sondern *häufig genug auch die Weiber*, selbst die Diener *geben ihren Rat ab.*“ Und im Bericht über die Marschallinseln heißt es auf S. 254: „Die Herrschergewalt über sämtliche Inseln der Marschallgruppe hat niemals in den Händen eines einzelnen Häuptlings gelegen ... *Da aber kein weibliches Mitglied dieser Klasse* (der Irody) *mehr am Leben ist und allein die Mutter dem Kinde Adel und Rang gibt, so sterben die Irodyn mit den Häuptlingen aus.*“ Die Ausdrucks- und Schilderungsweise der Berichterstatter zeigt, wie wildfremd ihnen die von ihnen erwähnten Verhältnisse sind, sie können sich in diesen nicht zurechtfinden.[1]

---

[1] Ähnliche Zustände bestehen noch in der Kolonie Kamerun und sonst in Westafrika. Ein deutscher Schiffsarzt, der Land und Leute aus eigener Anschauung studierte, schreibt uns folgendes: „Bei einer großen Anzahl Stämme besteht das Erbrecht auf Grund der Maternität. Die Vaterschaft ist gleichgültig; Geschwister sind nur die Kinder einer Mutter. Ein Mann vererbt seinen Besitz nicht an seine Kinder, sondern an die Kinder seiner Schwester, also an seine Nichten und Neffen als seine nachweisbar nächsten Blutsverwandten. Ein Chief der Way-Leute machte mir in gräßlichem Englisch klar: ‚Meine Schwester und ich sind bestimmt Blutsverwandte, denn wir sind Kinder derselben Mutter; meine Schwester ist wieder sicher mit ihrem Sohne blutsverwandt, also ist ihr Sohn mein Erbe und wird, wenn ich tot bin, König von meiner Stadt (town).‘ ‚Und Euer Vater?‘ fragte ich. ‚Ich weiß nicht, was das ist, mein Vater‘, antwortete er. Als ich ihm dann die Frage vorlegte: ob *er* denn keine Kinder habe, antwortete er, indem er sich vor Lachen an der Erde wälzte, daß bei ihnen die Männer keine Kinder hätten, sondern nur die Frauen.“

„Ich kann Ihnen die Versicherung geben“, schreibt unser Gewährsmann weiter, „daß selbst der Erbe des King (Königs) Bell in Kamerun *dessen Neffe und nicht einer seiner Söhne ist.* Die sogenannten Kinder Bells, von denen verschiedene in deutschen Städten dressiert werden, sind nur Kinder von seinen Frauen, deren *Väter unbekannt* sind; den einen könnte ich womöglich für mich reklamieren.“

Was sagen die Leugner der Mutterfolge zu dieser Schilderung aus der näch-

Dr. Heinrich v. Wlislocki, der jahrelang unter den Siebenbürger Zigeunern lebte und schließlich von einem ihrer Stämme adoptiert wurde, berichtet[1], daß unter den vier Zigeunerstämmen, die zur Zeit, als er noch unter ihnen lebte, ihre alte Verfassung erhalten hatten, zwei Stämme waren, die Aschani und Tschale, in denen Mutterfolge herrschte. Heiratet der wandernde Zigeuner, so tritt er in die Sippe seiner Frau ein, welche die ganze Einrichtung des zigeunerischen Hauswesens besitzt. Das vorhandene Vermögen ist Eigentum der Frau beziehungsweise der Sippe der Frau, der Mann ist Fremder. Und nach dem Recht der Mutterfolge verbleiben auch die Kinder in der Sippe der Mutter. Sogar im heutigen Deutschland besteht noch Mutterrecht. So berichtet das zweite Blatt der „Westdeutschen Rundschau" unter dem 10. Juni 1902, daß in der Gemeinde Haltern (Westfalen) für die Erbschaft des Bürgervermögens noch das uralte Mutterrecht der Gentes geltend sei. *Die Kinder erbten von der Mutter.* Bis jetzt habe man sich vergeblich bemüht, diesen „alten Zopf" abzuschaffen.

Wie wenig die jetzt bestehende Familienform und Einehe als uralte und ewige Institutionen gelten können, beweist noch die Verbreitung der Kaufehe und Raubehe, der Polygamie und Polyandrie.

Auch in Griechenland wurde die Frau Kaufobjekt. Sobald sie das Haus ihres Eheherrn betrat, hörte sie auf, für ihre Familie zu existieren. Dieses wurde symbolisch dadurch ausgedrückt, daß der schön geschmückte Wagen, der sie in das Haus des Eheherrn gebracht hatte, vor der Tür desselben verbrannt wurde. Bei den Ostiaken in Sibirien verkauft noch heute der Vater die Tochter; er unterhandelt mit den Abgesandten des Bräutigams um die Höhe des zu zahlenden Preises. Ebenso besteht noch bei verschiedenen afrikanischen Stämmen, wie zu Jakobs Zeit, die Sitte, daß der Mann, der um ein Mädchen wirbt, bei der künftigen Schwiegermutter in Dienst tritt. Bekanntlich ist die Kaufehe auch bei uns nicht ausgestorben, sie herrscht sogar in der bürgerlichen Gesellschaft mehr als je. Die Geldehe, die unter unseren besitzenden Klassen fast allgemein üblich ist, ist nichts als Kaufehe.

---

sten Gegenwart? Unser Gewährsmann ist ein Mann mit offenen Augen, der den Dingen auf den Grund geht; wie viele aber von jenen, die unter diesen halbwilden Völkerschaften leben, tun das? Daher die verkehrten Schilderungen über die „Sittenlosigkeit" jener Eingeborenen.

[1] H. v. Wlislocki, Bilder aus dem Leben der Siebenbürger Zigeuner. Geschichtliches, Ethnologisches, Sprache und Poesie. Hamburg 1890.

Als Symbol für die Erwerbung der Frau als Eigentum ist auch das Brautgeschenk anzusehen, das nach bestehendem Brauche der Bräutigam der Braut gewährt.

Neben der Kaufehe bestand die Raubehe. Der Frauenraub wurde nicht nur von den alten Juden, sondern im Altertum überall geübt, er findet sich bei fast allen Völkern. Das bekannteste geschichtliche Beispiel hierfür ist der Raub der Sabinerinnen durch die Römer. Raub der Frauen war eine naheliegende Erwerbung, wo Frauen fehlten oder wo Vielweiberei Sitte ist, wie allgemein im Orient. In diesem hatte sie namentlich während dem Bestand des Araberreichs, vom siebten bis zwölften Jahrhundert unserer Zeit, einen großen Umfang angenommen.

Symbolisch kommt der Frauenraub noch heute zum Beispiel bei den Araukanern im südlichen Chile vor. Während die Freunde des Bräutigams mit dem Vater der Braut unterhandeln, schleicht sich der Bräutigam in die Nähe des Hauses und sucht die Braut zu erhaschen. Sobald er sie erfaßt hat, wirft er sie auf das bereitstehende Pferd und flieht mit ihr nach dem nahen Walde. Darauf erheben Weiber, Männer und Kinder ein großes Geschrei und suchen die Flucht zu verhindern. Sobald aber der Bräutigam mit seiner Braut das Dickicht des Waldes erreicht hat, wird die Ehe als geschlossen angesehen. Dieses ist sie auch, wenn die Entführung wider den Willen der Eltern stattfand. Ähnliche Sitten bestehen bei australischen Völkerschaften.

Bei uns erinnert noch die Sitte der Hochzeitsreisen an den Frauenraub; die Braut wird dem häuslichen Herde entführt. Dagegen erinnert der Ringwechsel an die Unterwürfigkeit und die Kettung der Frau an den Mann. Diese Sitte tauchte ursprünglich in Rom auf. Die Braut bekam als Zeichen ihrer Fesselung an den Mann von diesem einen eisernen Ring. Später wurde dieser Ring aus Gold gefertigt, und erst viel später wurde der gegenseitige Ringtausch, als Zeichen beiderseitiger Verbindung, eingeführt.

Der Vielweiberei (Polygamie), wie wir sie bei den orientalischen Völkern kennenlernten und wie sie bei diesen noch heute besteht, aber in Rücksicht auf die zur Verfügung stehende Zahl der Frauen und die Kosten ihres Unterhalts nur von den Bevorrechteten und Besitzenden geübt werden kann, steht gegenüber die Vielmännerei (Polyandrie). Diese existiert hauptsächlich bei den Hochgebirgsvölkern in Tibet, bei den Garras an der indisch-chinesischen Grenze, den Baïgas in Godwana, den Naïrs im äußersten Süden Indiens, und sie soll auch bei den Eskimos und auf den Aleuten vorhanden sein. Die Abstammung wird, wie nicht anders möglich, nach der Mutter bestimmt, die Kinder gehören ihr. Die Männer der Frau sind in der Regel Brüder. Heiratet der älteste Bruder, so werden die übrigen Brüder ebenfalls Gatten der Frau, doch hat die Frau das Recht, auch andere Männer zu nehmen. Dagegen haben auch die Männer das Recht, mehrere Frauen zu besitzen. Welchen Verhältnissen die Polyandrie ihre Entstehung verdankt, ist noch unaufgeklärt. Da die polyandrischen Völkerschaften ausnahmslos entweder auf hohen Gebirgsländern oder in der kalten Zone leben, so ist wahrscheinlich für die Polyandrie eine Erscheinung maßgebend, über die Tarnowsky berichtet.[1] Tarnowsky vernahm von zuverlässigen Reisenden, daß längerer Aufenthalt auf bedeutenden Höhen den Geschlechtstrieb herabsetzt, der mit neuer Kraft beim Hinabsteigen wiederkehrt. Diese Herabsetzung der Geschlechtstätigkeit, so glaubt Tarnowsky, könne wohl als Erklärung für den verhältnismäßig geringen Anwuchs der Bevölkerung in hochgebirgigen Ländern dienen und, indem sie sich vererbe, eines der Degenerationsmomente werden, die auf die Perversität des Geschlechtssinnes einwirkten.

Die dauernde Wohn- und Lebensweise in sehr hohen oder kalten Länderstrichen wird aber auch alsdann verursachen, daß Vielmännerei keine übermäßigen Anforderungen an eine Frau stellt. Die Frauen selbst sind schon dementsprechend in ihrer Natur beeinflußt, wofür die Tatsache spricht, daß bei den Eskimomädchen die Menstruation in der Regel erst im neunzehnten Lebensjahr eintritt, während sie in der heißen Zone schon im neunten oder zehnten und in der gemäßigten zwischen dem vierzehnten und sechzehnten Lebensjahr sich einstellt. Üben heiße Länder, wie allgemein anerkannt ist, einen sehr stimulierenden Einfluß auf den Geschlechtstrieb aus, weshalb gerade in heißen Ländern die Vielweiberei ihre Hauptverbreitung hat, so dürften kalte Länderstriche, und dazu gehören hohe Gebirgsländer, sehr erheblich restringierend auf den Geschlechtstrieb einwirken. Auch tritt erfahrungsgemäß eine Konzeption seltener ein bei Frauen, die mit mehreren Männern kohabitieren. Die Bevölkerungszunahme ist daher bei der Polyandrie eine schwache und paßt sich der Schwierigkeit der Gewinnung des Lebensunterhaltes an, die in kalten Ländern und

[1] Tarnowsky, Die krankhaften Erscheinungen des Geschlechtssinnes. Berlin 1886.

im Hochgebirge vorhanden ist. Damit wäre bewiesen, daß auch in diesem uns so fremdartig erscheinenden Zustand der Polyandrie die Art der Produktionsweise auf die Beziehungen der Geschlechter von maßgebendem Einfluß ist. Festzustellen wäre noch, ob bei diesen auf hohen Gebirgen oder in der kalten Zone lebenden Völkerschaften Tötung der Kinder weiblichen Geschlechts in Übung ist, wie dies von mongolischen Völkerstämmen in den Hochgebirgen Chinas berichtet wird.

5. Entstehung der Staatsordnung. Auflösung der Gens in Rom

Nach Aufhebung der mutterrechtlichen Gens trat die vaterrechtliche an ihre Stelle, mit wesentlich abgeschwächten Funktionen. Ihre Hauptaufgabe war Pflege der gemeinsamen religiösen Angelegenheiten und des Begräbniswesens, gegenseitige Verpflichtung zu Schutz und Hilfe; das Recht und in gewissen Fällen die Pflicht, in der Gens zu heiraten, namentlich wenn es sich um reiche Erbinnen oder Waisentöchter handelte. Auch verwaltete die Gens den noch vorhandenen gemeinsamen Besitz.

Mit dem Privateigentum und dem damit verbundenen Erbrecht entstanden weiter die Klassenunterschiede und Klassengegensätze. Es fand im Laufe der Zeit ein Zusammenschluß der Besitzenden gegen die nichts Besitzenden statt. Erstere suchten die Verwaltungsstellen in dem neuen Gemeinwesen in ihre Hände zu bekommen und sie erblich zu machen. Die notwendig gewordene Geldwirtschaft schuf früher ungekannte Verschuldungsverhältnisse. Die Kämpfe gegen Feinde nach außen und die gegensätzlichen Interessen im Innern sowie die verschiedenartigen Interessen und Beziehungen, die Ackerbau, Handwerk und Handel untereinander hatten, machten komplizierte Rechtsregeln notwendig und erforderten Organe, die über den ordnungsmäßigen Gang der gesellschaftlichen Maschine wachten und Streitigkeiten entschieden. Dasselbe galt für die Beziehungen zwischen Herren und Sklaven, Schuldnern und Gläubigern. So war eine Macht nötig, die alle diese Verhältnisse übersah, leitete, ordnete, ausglich, schützend und strafend eingriff. *Es entstand der Staat, der das notwendige Produkt der in der neuen Gesellschaftsordnung hervortretenden gegensätzlichen Interessen war.* Dessen Leitung fiel naturgemäß in die Hände derer, die an seiner Begründung das lebhafteste Interesse hatten und kraft ihrer sozialen Macht den größten Einfluß besaßen, *in die Hände der Besitzenden.* Aristokratie des Besitzes und Demokratie standen sich also gegenüber, auch dort, wo völlige Gleichheit der politischen Rechte herrschte.

Unter den alten mutterrechtlichen Verhältnissen bestand kein geschriebenes Recht. Die Verhältnisse waren einfache, und der Gebrauch war geheiligt. In der neuen, viel komplizierteren Ordnung war geschriebenes Recht eines der wichtigsten Erfordernisse und waren besondere Organe nötig, die es handhabten. Als aber die Rechtsbeziehungen und Rechtsverhältnisse immer verwickeltere wurden, bildete sich eine besondere Klasse von Leuten, die sich das Studium der Rechtsregeln zur Aufgabe machte und schließlich auch ein spezielles Interesse gewann, sie immer mehr zu komplizieren. Es entstanden die Rechtsgelehrten, die Juristen, die durch die Bedeutung, die das geschaffene Recht für die ganze Gesellschaft hatte, zum einflußreichsten Stande wurden. Die neue, bürgerliche Rechtsordnung fand im Laufe der Zeit im römischen Staat ihren klassischsten Ausdruck, daher der Einfluß, den das römische Recht bis auf die Gegenwart ausübt.

Die Staatsordnung ist also die notwendige Folge einer Gesellschaft, die auf höherer Stufe der Arbeitsteilung in eine große Zahl verschiedener Berufe gespalten ist, mit verschiedenen sich häufig entgegenstehenden und sich bekämpfenden Interessen. Daher notwendig die Unterdrückung des Schwächeren. Das erkannten auch die Nabatäer, ein Araberstamm, der nach Diodor das Gebot erließ: Nicht zu säen, nicht zu pflanzen, keinen Wein zu trinken und keine Häuser zu bauen, sondern in Zelten zu wohnen, weil, wenn sie dergleichen täten, *sie leicht von einer Obermacht* (Staatsgewalt) *gezwungen werden könnten zu gehorchen.* Auch bei den Rachebiten, den Nachkommen von Moses Schwiegervater, bestanden ähnliche Vorschriften.[1] Überhaupt ist die mosaische Gesetzgebung darauf gerichtet, *die Juden über eine ackerbautreibende Gesellschaft nicht hinauskommen zu lassen, weil sonst, so fürchteten ihre Gesetzgeber, ihr demokratisch-kommunistisches Gemeinwesen untergehen werde.* Daher auch die Auswahl des „gelobten Landes" in einem Länderstrich, der auf der einen Seite von einem wenig zugänglichen Gebirge, dem Libanon, und auf der ande-

[1] Mosaisches Recht, von Joh. David Michaelis. 1. Band, 2. Auflage. Reutlingen 1793.

ren, namentlich im Osten und Süden, von wenig fruchtbaren Gegenden und zum Teil von Wüsten begrenzt war, also die Isolierung ermöglichte. Daher auch die Fernhaltung der Juden vom Meere, das Handel, Kolonisation und Reichtumsanhäufung begünstigt; daher ferner die strengen Gesetze über die Abschließung gegen andere Völkerschaften, die strengen Eheverbote nach außen, die Armengesetze, die Agrargesetze, das Jubeljahr, alles Einrichtungen, darauf berechnet, die Ansammlung großen Reichtums bei einzelnen zu verhindern. Die Juden sollten verhindert werden, ein *staatenbildendes* Volk zu werden. Deshalb blieb auch die auf der Gentilordnung beruhende Stammesorganisation bis zu ihrer gänzlichen Auflösung erhalten und wirkt zum Teil noch heute bei ihnen fort.

Bei der Gründung Roms beteiligten sich augenscheinlich lateinische Stämme, die über die mutterrechtliche Entwicklung hinaus waren. Die ihnen fehlenden Frauen raubten sie, wie schon bemerkt, aus dem Stamme der Sabiner und nannten sich nach diesen Quiriten. Noch in später Zeit wurden die römischen Bürger in der Volksversammlung mit Quiriten angeredet. Populus romanus bedeutete die freie Bevölkerung Roms überhaupt, aber populus romanus quiritium drückte die Abstammung und die Eigenschaft als römischer Bürger aus. Die römische Gens war vaterrechtlich. Die Kinder erbten als Leibeserben; fehlten Kinder, so erbten die Verwandten in männlicher Linie, und waren diese nicht vorhanden, so fiel das Vermögen an die Gens. Durch die Heirat verlor die Frau das Erbrecht an das Vermögen ihres Vaters und an dasjenige von dessen Brüdern, sie trat aus ihrer Gens, und so konnten weder sie noch ihre Kinder von ihrem Vater oder dessen Brüdern erben. Das Erbteil ging sonst der väterlichen Gens verloren. Die Einteilung nach Gentes und Phratrien bildete in Rom noch jahrhundertelang die Grundlage der militärischen Organisation und für die Ausübung bürgerlicher Rechte. Aber mit dem Verfall der vaterrechtlichen Gentes und dem Sinken ihrer Bedeutung gestalteten sich die Verhältnisse günstiger für die römischen Frauen; später erbten sie nicht bloß, sondern es stand ihnen auch die Verwaltung ihres Vermögens zu, sie waren also weit günstiger gestellt als ihre griechischen Schwestern. Diese freiere Stellung, die sie allmählich erlangten, war für den älteren Cato, geboren 234 vor unserer Zeitrechnung, die Veranlassung zu klagen: „Wenn jeder Hausvater nach dem Beispiel der Vorfahren sein Weib in der gehörigen Unterwürfigkeit zu erhalten strebte, so würde man öffentlich mit dem ganzen Geschlecht nicht soviel zu schaffen haben." Und als einige Volkstribunen im Jahre 195 vor Christo den Antrag stellten, ein früher erlassenes Gesetz gegen den weiblichen Luxus an Kleidern und Geschmeide aufzuheben, donnerte er: „Wenn jeder von uns bei seiner Frau Recht und Majorität des Mannes mit Bedacht aufrechterhalten hätte, so würden wir hier weniger Schwierigkeiten mit den sämtlichen Weibern haben: Jetzt wird unsere in der Häuslichkeit überwundene Freiheit auch hier auf dem Forum schon von der weiblichen Unbändigkeit zerbrochen und mit Füßen getreten, und weil wir den einzelnen nicht standhalten können, fürchten wir sie auch insgesamt ... Unsere Vorfahren wollten, daß die Frauen keine, nicht einmal eine private Angelegenheit ohne Eintreten eines Vormundes betreiben könnten, daß sie in der Hand ihrer Väter, Brüder, Männer sein sollten: Wir dulden sogar schon, daß sie von der Republik Besitz ergreifen und sich sogar in die Volksversammlungen einmischen ... Laßt die Zügel ihrer herrschsüchtigen Natur, dem unbändigen Geschöpf, und hofft dann noch, sie selbst würden ihrer Willkür eine Schranke setzen. Dies ist noch das Geringste von dem, was die Frauen unwilligen Geistes als durch Sitten oder Gesetze auferlegt leiden. Sie wünschen, um die Wahrheit zu sagen, Freiheit, nein Zügellosigkeit in allen Dingen ... Und wenn sie erst angefangen haben, uns gleich zu sein, werden sie alsbald überlegen werden."

Solange der Vater lebte, besaß in jener Zeit, die Cato in der vorstehenden Rede erwähnte, dieser über seine Tochter die Vormundschaft, auch wenn sie verheiratet war, es sei denn, er ernannte einen Vormund. Starb der Vater, so trat der nächste männliche Verwandte, auch wenn er als Agnat unfähig erklärt war, als Vormund ein. Der Vormund besaß das Recht, die Vormundschaft jeden Augenblick einem beliebigen Dritten zu übertragen. Die römische Frau besaß also anfangs vor dem Gesetz keinen eigenen Willen.

Die Eheschließungsformen waren verschieden und erhielten im Laufe der Jahrhunderte mannigfache Abänderungen. Die feierlichste Eheschließung wurde vor dem obersten Priester in Gegenwart von mindestens zehn Zeugen geschlossen, hierbei aß das Brautpaar zum Zeichen der Verbindung gemeinsam einen aus Mehl, Salz und Wasser gebackenen Kuchen. Man sieht, es handelt sich hier um eine Zeremonie, die große Ähnlichkeit mit dem Brechen der Hostie bei dem christlichen Abendmahl hat. Eine zweite Form der Eheschließung war die Besitzergreifung, die als vollzogen galt, sobald eine Frau, unter Zustimmung ihres Vaters oder Vormundes, ein Jahr mit ihrem Auserwählten unter einem Dache zusammenlebte. Eine dritte Form war eine Art gegenseitigen Kaufes, indem beide sich gegenseitig Geldmünzen und das Versprechen gaben, Eheleute sein zu wollen. Zu Ciceros Zeit[1] war bereits für beide Teile allgemein die freie Scheidung eingeführt und wurde sogar bestritten, daß eine Ankündigung der Scheidung nötig sei. Die lex Julia de adulteriis schrieb aber dann vor, daß die Scheidung feierlich angekündigt werden müsse, was verordnet wurde, weil häufig Frauen, die Ehebruch begangen hatten und zur Verantwortung gezogen werden sollten, sich darauf beriefen, die Ehe geschieden zu haben. Justinian (der Christ)[2] verbot die Scheidung, es sei denn, daß beide Teile ins Kloster gehen wollten. Sein Nachfolger Justinus II. sah sich aber genötigt, sie wieder zuzulassen.

Mit der wachsenden Macht und dem steigenden Reichtum Roms traten an Stelle der ehemaligen Sittenstrenge Laster und Ausschweifungen der schlimmsten Art. Rom wurde die Zentrale, von der aus sich Unzucht, Schwelgerei und sinnliches Raffinement über die ganze damalige Kulturwelt verbreiteten. Die Ausschweifungen nahmen namentlich in der Kaiserzeit, vielfach begünstigt durch die Kaiser, Formen an, die nur der Wahnsinn eingeben konnte. Männer und Weiber wetteiferten in der Lasterhaftigkeit. Die Zahl der öffentlichen Frauenhäuser wurde immer größer, und daneben fand die griechische Liebe (die Knabenliebe) in der Männerwelt immer mehr Eingang. Zeitweilig war in Rom die Zahl der jungen Männer, die sich prostituierten, größer als die Zahl der prostituierten Frauen.[3]

Die Hetären erschienen, von ihren Verehrern umgeben, pomphaft auf den Straßen, der Promenade, im Zirkus und Theater, oft auf Ruhebetten von Negern getragen, wo sie, einen Spiegel in der Hand, von Schmuck und Edelsteinen funkelnd, stark entblößt lagen, fächerwedelnde Sklaven neben sich, umgeben von einem Schwarm von

[1] Geboren 106 vor unserer Zeitrechnung.

[2] Lebte von 527 bis 565 unserer Zeitrechnung.

[3] St. Pauli an die Römer 1, 26 und 27: Darum hat sie auch Gott dahingegeben in schändliche Lüste. Denn ihre Weiber haben verwandelt den natürlichen Gebrauch in den unnatürlichen. Desselbigengleichen auch die Männer haben verlassen den natürlichen Gebrauch des Weibes und sind aneinander erhitzt in Lüsten und haben Mann mit Mann Schande getrieben.

Knaben, Eunuchen, Flötenspielern; groteske Zwerge schlossen den Aufzug.

Diese Ausschweifungen nahmen im römischen Reich einen Umfang an, daß sie eine Gefahr für den Bestand des Reiches wurden. Dem Beispiel der Männer folgten die Frauen; es gab Frauen, so berichtet Seneca[1], welche die Jahre nicht, wie üblich, nach Konsuln, sondern nach der Zahl ihrer Gatten zählten. Ehebruch war allgemein, und damit die Frauen den schweren Strafen, die auf denselben gesetzt waren, entgingen, ließen sie sich, darunter die vornehmsten Damen Roms, als Prostituierte in die Register der Ädilen eintragen.

Neben diesen Ausschweifungen steigerten Bürgerkriege und Latifundiensystem die Ehe- und Kinderlosigkeit in solchem Grade, daß sich die Zahl der römischen Bürger und Patrizier bedeutend verminderte. Daher erließ im Jahre 16 vor Christo Augustus das sogenannte Julische Gesetz[2], das Belohnung für Kinderzeugung und Strafen auf Ehelosigkeit der römischen Bürger und Patrizier setzte. Wer Kinder besaß, sollte dem Kinder- oder Ehelosen im Range vorgehen. Ehelose durften keine Erbschaft, außer von ihren nächsten Anverwandten, annehmen. Kinderlose konnten nur die Hälfte erben. Das übrige fiel dem Staate zu. Frauen, die eines Ehebruchs bezichtigt werden konnten, mußten einen Teil ihrer Mitgift dem geprellten Ehemann abtreten. Daraufhin gab es Männer, die heirateten, indem sie auf den Ehebruch ihrer Frauen spekulierten. Das veranlaßte Plutarch zu der Bemerkung: Die Römer heiraten nicht, um Erben zu bekommen, sondern um zu erben.

Später wurde das Julische Gesetz noch verschärft. Tiberius gebot, daß keine Frau für Geld sich preisgeben dürfe, deren Großvater, Vater oder Ehemann römischer Ritter gewesen war oder sei. Ehefrauen, die sich in die Register der Prostituierten eintragen ließen, sollten als Ehebrecherinnen außerhalb Italiens verbannt werden. Für die Männer gab's dergleichen Strafen natürlich nicht. Wie ferner Juvenal berichtet, war auch Gattenmord durch Gift in dem Rom seiner Zeit (in der ersten Hälfte des ersten Jahrhunderts vor unserer Zeitrechnung) eine häufige Erscheinung.

---

[1] Er lebte von 2 bis 65 unserer Zeitrechnung.

[2] Augustus, der Adoptivsohn des Cäsar, gehörte durch die Adoption der Gens Julia an, daher die Bezeichnung Julisches Gesetz.

Drittes Kapitel

Das Christentum

Entgegengesetzt den Gewohnheiten der Römer zur Kaiserzeit, Ehe- und Kinderlosigkeit immer mehr überhandnehmen zu lassen, handelten die Juden. Zwar besaß die Jüdin kein Recht zur Wahl, der Vater bestimmte ihr den Gatten, aber die Ehe war eine Pflicht, die sie getreulich befolgte. Der Talmud rät: „Wenn deine Tochter mannbar ist, so schenke einem deiner Sklaven die Freiheit und verlobe sie mit ihm." Ebenso befolgten die Juden redlich das Gebot ihres Gottes: „Seid fruchtbar und mehret euch." Dementsprechend haben sie allen Verfolgungen und Unterdrückungen zum Trotz sich fleißig vermehrt; sie sind die geschworenen Gegner des Malthusianismus.

Schon Tacitus sagt von ihnen: „Unter ihnen herrscht hartnäckiges Zusammenhalten und bereitwillige Freigebigkeit, aber gegen alle anderen feindseliger Haß. Nie speisen, nie schlafen sie mit Feinden, und obwohl zur Sinnlichkeit äußerst geneigt, enthalten sie sich der Begattung mit Ausländerinnen . . . Doch trachten sie auf Vermehrung des Volkes. Denn eines der Nachgeborenen töten, ist ihnen Sünde; und die Seelen der im Treffen oder durch Hinrichtung Umgekommenen halten sie für unsterblich. Daher die Liebe zur Fortpflanzung neben der Verachtung des Todes." Tacitus haßte und verabscheute die Juden, weil sie, ihre väterliche Religion verachtend, Gaben und Schätze zusammenhäuften. Er nennt sie die „schlechtesten Menschen", ein „häßliches Volk".[1]

Unter der Herrschaft der Römer schlossen sich die Juden immer enger untereinander an. Und unter der langen Leidenszeit, die sie von da ab fast das ganze christliche Mittelalter hindurch zu erdulden hatten, erwuchs jenes innige Familienleben, das der heutigen bürgerlichen Welt als eine Art Muster gilt. Dagegen vollzog sich in der römischen Gesellschaft der Zersetzungs- und Auflösungsprozeß, der das Reich seinem Ende entgegenführte. Der an Wahnsinn grenzenden

[1] Tacitus, Historien. 5. Buch.

Ausschweifung trat, als anderes Extrem, die strengste Enthaltsamkeit gegenüber. Wie früher die Ausschweifung, so nahm jetzt die Aszese religiöse Formen an. Ein schwärmerischer Fanatismus machte für sie Propaganda. Die alle Schranken niederreißende Schwelgerei und Üppigkeit der herrschenden Klassen stand im grellsten Gegensatz zu der Not und dem Elend der Millionen und aber Millionen, die das erobernde Rom aus allen Ländern der damals bekannten Welt in die Sklaverei nach Italien schleppte. Unter diesen befanden sich auch zahllose Frauen, die vom häuslichen Herd, von den Eltern und vom Manne getrennt und von den Kindern gerissen, das Elend am tiefsten empfanden und sich nach Erlösung sehnten. Eine große Zahl römischer Frauen, angeekelt von dem, was um sie vorging, befand sich in ähnlicher Geistesverfassung. Jede Veränderung ihrer Lage schien ihnen willkommen. Ein tiefes Sehnen nach Veränderung, nach Erlösung ergriff weite Schichten, und der Erlöser schien zu nahen. Die Eroberung des jüdischen Reiches und Jerusalems durch die Römer hatte die Vernichtung der nationalen Selbständigkeit zur Folge und erzeugte unter den aszetischen Sekten jenes Landes Schwärmer, welche die Entstehung eines neuen Reiches, das allen Freiheit und Glück bringen werde, verkündigten.

Christus kam und das Christentum entstand. Es verkörperte die Opposition gegen den bestialischen Materialismus, der unter den Großen und Reichen des römischen Reiches herrschte, es repräsentierte die Auflehnung gegen die Mißachtung und die Unterdrückung der Massen. Aber da es dem Judentum entstammte, das nur die Rechtlosigkeit der Frau kannte und, in der biblischen Vorstellung befangen, sie als die Urheberin alles Übels ansah, predigte es die Verachtung der Frau, die Enthaltsamkeit und die Vernichtung des Fleisches, das in jener Zeit so schwer sündigte, und verwies mit seinen doppelsinnigen Redewendungen auf ein künftiges Reich, das die einen als himmlisches, die anderen als irdisches deuteten, das Freiheit und Gerechtigkeit allen bringe. Mit diesen Lehren fand es in dem Sumpfboden des römischen Reiches einen fruchtbaren Untergrund. Die Frau, wie alle Elenden, auf Befreiung und Erlösung aus ihrer Lage hoffend, schloß sich eifrig und bereitwillig ihm an. Hat doch bis heute keine große bedeutungsvolle Bewegung in der Welt sich vollzogen, in der nicht auch Frauen als Kämpferinnen und Märtyrerinnen hervorragten. Diejenigen, die das Christentum als eine große Kulturerrungenschaft preisen, sollten nicht vergessen, daß es gerade die Frau war, der es einen großen Teil seiner Erfolge zu danken hat. Ihr Bekehrungseifer spielte sowohl im Römerreiche wie unter den barbarischen Völkern des Mittelalters eine gewichtige Rolle. Durch sie wurden oft die Mächtigsten zum Christentum bekehrt. So war es zum Beispiel Chlothilde, die Chlodwig, den Frankenkönig, zur Annahme des Christentums bewog. Es waren Berta, Königin von Kent, und Gisela, Königin von Ungarn, die in ihren Ländern das Christentum einführten. Dem Einfluß der Frauen ist die Bekehrung vieler Großen zu danken. Aber das Christentum lohnte schlecht der Frau. Es enthält in seinen Lehren dieselbe Verachtung der Frau, die alle Religionen des Orients enthalten. Es gebietet ihr, die gehorsame Dienerin des Mannes zu sein, und noch heute muß sie ihm das Gelöbnis des Gehorsams vor dem Altare ablegen.

Hören wir, wie die Bibel und das Christentum über die Frau und die Ehe sprechen.

Die zehn Gebote des Alten Testaments richten sich nur an den Mann. Im neunten Gebot wird die Frau zugleich mit dem Gesinde und den Haustieren genannt. Der Mann wird gewarnt, sich weder nach des Nächsten Weib noch seines Knechts, noch seiner Magd, noch seines Ochsen, noch seines Esels, noch alles, was der Nächste habe, gelüsten zu lassen. Die Frau ist also Objekt, ein Stück Eigentum, nach dem der Mann, wenn es in fremdem Besitz ist, kein Verlangen haben soll. Jesus, der einer Sekte angehörte, die sich strenge Aszese (Enthaltsamkeit) und die Selbstentmannung auferlegt hatte[1], von seinen Jüngern befragt, ob ehelichen gut sei, antwortet: Das Wort fasset nicht jedermann, sondern denen es gegeben ist. Denn es sind etliche verschnitten, die sind aus Mutterleibe also geboren, und sind etliche verschnitten, die von Menschen verschnitten sind; und sind etliche verschnitten, *die sich selbst verschnitten haben um des Himmelreichs willen.*[2] Die Entmannung erscheint hiernach als ein gottgefälliges Werk und Entsagung der Liebe und Ehe eine gute Tat.

Paulus, der in höherem Grade als selbst Jesus der Gründer des Christentums genannt werden kann, Paulus, der dieser Lehre erst den internationalen Charakter aufdrückte und sie der beschränkten jüdischen Sektiererei entriß, schreibt den Korinthern: „Worüber ihr mir

[1] Mantegazza, L'amour dans l'humanité.

[2] Matthäi Kap. 19, Vers 11 und 12.

geschrieben habt, antworte ich: Es ist dem Menschen gut, daß er kein Weib berühre. Aber um der Hurerei willen soll ein jeglicher sein eigenes Weib und eine jegliche ihren eigenen Mann haben . . ." „Die Ehe ist ein niedriger Stand; heiraten ist gut, nicht heiraten besser." „Wandelt im Geist und widersteht den Wünschen des Fleisches. Das Fleisch verschwört sich wider den Geist und der Geist wider das Fleisch." „Diejenigen, die Christus erworben hat, haben ihr Fleisch gekreuzigt, mitsamt seinen Leidenschaften und Begierden." Er selbst befolgte seine Lehren und heiratete nicht. Dieser Haß gegen das Fleisch, das ist der *Haß gegen die Frau, aber auch die Furcht vor der Frau*, die als die Verführerin des Mannes – siehe die Paradiesszene – dargestellt wird. In diesem Geiste predigten die Apostel und Kirchenväter, in diesem Geiste wirkte die Kirche das ganze Mittelalter hindurch, indem sie die Klöster schuf und das Zölibat der Priester einführte, und sie wirkt noch heute in diesem Geiste.

Die Frau ist nach dem Christentum die *Unreine*, die Verführerin, welche die Sünde in die Welt brachte und den Mann zugrunde richtete. Daher haben die Apostel und die Kirchenväter stets die Ehe nur als ein notwendiges Übel angesehen, wie man das heute von der Prostitution sagt. Tertullian ruft: „Weib, du solltest stets in Trauer und Lumpen gehen, dem Blick deine Augen voll Tränen der Reue darbietend, um vergessen zu machen, daß du das Menschengeschlecht zugrunde gerichtet hast. Weib! Du bist die Pforte zur Hölle!" Und: „Ehelosigkeit muß gewählt werden, wenn auch das Menschengeschlecht zugrunde geht." Hieronymus sagt: „Die Ehe ist immer ein Laster, alles, was man tun kann, ist, sie zu entschuldigen und zu heiligen", weshalb man sie zum kirchlichen Sakrament machte. Origenes erklärt: „Die Ehe ist etwas Unheiliges und Unreines, Mittel der Sinnenlust", und um der Versuchung zu widerstehen, entmannte er sich. Augustin lehrt: „Die Ehelosen werden glänzen am Himmel wie leuchtende Sterne, während ihre Eltern (die sie gezeugt) den dunklen Sternen gleichen." Eusebius und Hieronymus stimmen darin überein, daß der Ausspruch der Bibel: „Seid fruchtbar und mehret euch", nicht länger der Zeit mehr entspreche und die Christen nicht kümmere. Es ließen sich noch Hunderte von Zitaten der einflußreichsten Kirchenlehrer anführen, die alle in der gleichen Richtung lehrten. Und sie haben durch ihr fortgesetztes Lehren und Predigen jene unnatürlichen Anschauungen über geschlechtliche Dinge und den Verkehr der Geschlechter verbreitet, *der doch ein Gebot der Natur und dessen Erfüllung eine der wichtigsten Pflichten des Lebenszwecks ist.* An diesen Lehren krankt die heutige Gesellschaft noch schwer, und sie erholt sich nur langsam davon.

Petrus ruft mit Nachdruck: „Frauen, seid gehorsam euren Männern." Paulus schreibt an die Epheser: „Der Mann ist das Oberhaupt des Weibes, wie Christus das Oberhaupt der Kirche", und an die Korinther: „Der Mann ist das Ebenbild und der Ruhm Gottes und die Frau der Ruhm des Mannes." Danach kann sich jeder Pinsel von Mann für besser halten als die ausgezeichnetste Frau, und in der Praxis ist es bis heute so. Auch gegen die höhere Bildung der Frau erhebt Paulus seine gewichtige Stimme, indem er, 1. Timotheum 2, 11 usw., sagt: „Ein Weib lerne in der Stille mit aller *Untertänigkeit. Einem Weibe aber gestatte ich nicht, daß sie lehre, auch nicht, daß sie des Mannes Herr sei, sondern stille sei.*" Und Korinther 14, 34 und 35: „Eure Weiber lasset *schweigen* unter der Gemeinde, *denn es soll ihnen nicht zugelassen werden, daß sie reden, sondern untertan sein*, wie auch das Gesetz sagt. Wollen sie aber etwas lernen, *so laßt sie daheim die Männer fragen. Es stehet den Weibern übel an, unter der Gemeinde zu reden.*" Der heilige Thomas von Aquino (1227 bis 1274) sagt: „Die Frau ist ein schnell wachsendes Unkraut, sie ist ein unvollkommener Mensch, dessen Körper nur deshalb schneller zur vollständigen Entwicklung gelangt, weil er von geringerem Wert ist und weil die Natur sich weniger mit ihm beschäftigt." „Die Frauen werden geboren, um ewig unter dem Joch ihres Herrn und Meisters gehalten zu werden, den die Natur durch die Überlegenheit, welche sie in jeder Hinsicht dem Manne übertragen, zur Herrschaft bestimmt hat."

Solche Lehren sind dem Christentum nicht allein eigentümlich. Wie das Christentum ein Gemisch von Judentum und griechischer Philosophie ist und beide wieder ihre Wurzeln in den älteren Kulturen der Indier, Babylonier und Ägypter finden, so war die untergeordnete Stellung, die das Christentum der Frau anwies, nach dem Aufhören des Mutterrechts eine der alten Kulturwelt gemeinsame. So heißt es im indischen Gesetzbuch des Manu: „Der Unehre Ursache ist das Weib, der Feindschaft Ursache ist das Weib, des weltlichen Daseins Ursache ist das Weib; darum soll man meiden das Weib." Neben der Herabsetzung der Frau kommt immer wieder die Furcht vor ihr in naiver Weise zum Ausdruck; so heißt es weiter im Manu: „Weiber sind von Natur immer zur Verführung der Männer geneigt: daher darf ein Mann selbst mit seiner nächsten Verwandten nicht an einem einsamen Orte sitzen." Das Weib ist also nach indischer wie nach alttestamentarischer und christlicher Auffassung die Verführerin. Jedes Herrschaftsverhältnis enthält die Degradation des Beherrschten. Und die untergeordnete Stellung der Frau ist bis heute, bei der zurückgebliebenen Kulturentwicklung des Orients noch mehr als unter den Völkern mit christlicher Weltanschauung, aufrechterhalten worden. Was in der sogenannten christlichen Welt die Stellung der Frau allmählich verbesserte, war nicht das Christentum, sondern die im Kampfe *wider die christliche Auffassung gewonnene Kultur des Abendlandes.*

Das Christentum ist nicht Ursache, daß die Stellung der Frau eine höhere heute ist als zur Zeit seiner Entstehung. Nur widerwillig und gezwungen hat es sein wahres Wesen in bezug auf die Frau verleugnet. Diejenigen, welche für die die „Menschheit befreiende Mission des Christentums" schwärmen, sind allerdings anderer Ansicht. Sie behaupten vielmehr, das Christentum habe die Frau aus der früheren niederen Stellung befreit, und sie stützen sich hierbei insbesondere auf den später im Christentum zur Geltung gelangten Marien-, beziehentlich Muttergotteskultus, der ein Zeichen der Achtung für das weibliche Geschlecht sei. Die katholische Kirche, die diesen Kultus pflegt, dürfte diese Auffassung kaum teilen. Die bereits zitierten Aussprüche der Heiligen und Kirchenväter, die leicht vermehrt werden könnten, sprechen sich samt und sonders frauen- und ehefeindlich aus. Das Konzil zu Macon, das im sechsten Jahrhundert darüber stritt, ob die Frau eine Seele habe, und mit einer Stimme Mehrheit sich dafür entschied, spricht ebenfalls gegen jene frauenfreundliche Auffassung. Die Einführung des Zölibats der Geistlichen durch Gregor VII.[1], das veranlaßt war, um in den ehelosen Geistlichen eine Macht zu besitzen, die durch keine Familieninteressen dem Dienst der Kirche entfremdet würden, war nur möglich bei den der Kirche zugrunde liegenden An-

[1] Ein Schritt, gegen den unter anderem die Pfarrgeistlichen der Diözese Mainz sich beschwerten und also äußerten: Ihr Bischöfe und Äbte besitzt große Reichtümer, eine königliche Tafel und üppige Jagdequipagen, wir armen, einfachen Priester haben zu unserer Tröstung nur eine Frau. Die Enthaltsamkeit mag eine schöne Tugend sein, aber sie ist in Wahrheit „schwer und hart". Yves Guyot, Les théories sociales du Christianisme. 2. Auflage. Paris.

schauungen über die Sündigkeit fleischlicher Begehren. Auch verschiedene Reformatoren, namentlich Calvin und die schottischen Geistlichen, haben durch ihr Wüten gegen des „Fleisches Lüste" an der frauenfeindlichen Auffassung des Christentums keinen Zweifel gelassen.[1]

Indem die katholische Kirche den Marienkultus einführte, setzte sie mit kluger Berechnung denselben an Stelle des Kultus der heidnischen Göttinnen, der bei *allen* Völkern, über die das Christentum sich damals ausbreitete, vorhanden war. *Maria* trat an die Stelle der Kybele, Mylitta, Aphrodite, Venus, Ceres usw. der südlichen Völker, an die Stelle der Freia, Frigga usw. der germanischen Völker, sie wurde nur christlich-spiritualistisch idealisiert.

---

[1] Beispiele in großer Menge liefert hierfür Buckle in seiner „Geschichte der Zivilisation in England", ins Deutsche übersetzt von Arnold Ruge. 4. Ausgabe. Leipzig und Heidelberg 1870.

Viertes Kapitel

Die Frau im Mittelalter

1. Die Lage der Frau bei den Germanen

Die urwüchsigen, physisch gesunden und rohen, aber unverdorbenen Völker, die in den ersten Jahrhunderten unserer Zeitrechnung von Osten und Norden wie ungeheure Meereswogen heranfluteten und das erschlaffte römische Weltreich überschwemmten, in dem allmählich das Christentum zum Herrn sich aufgeworfen hatte, widerstanden mit aller Kraft den aszetischen Lehren der christlichen Prediger, und diese mußten wohl oder übel diesen gesunden Naturen Rechnung tragen. Mit Verwunderung sahen die Römer, daß die Sitten jener Völker ganz andere als die ihrigen waren. *Tacitus* zollte dieser Tatsache in bezug auf die Deutschen seine Anerkennung, der er mit den Worten Ausdruck gibt: „Ihre Ehen sind sehr strenge, und keine ihrer Sitten ist mehr zu loben als diese, denn sie sind fast die einzigen Barbaren, die sich mit einem Weibe begnügen; sehr wenig hört man bei diesem zahlreichen Volke von Ehebruch, der aber auch auf der Stelle bestraft wird, welches den Männern selbst erlaubt ist. Mit abgeschnittenen Haaren jagt der Mann die ehebrecherische Frau nackt vor den Verwandten aus dem Dorfe, denn verletzte Sittsamkeit findet keine Nachsicht. Weder durch Schönheit noch durch Jugend oder Reichtum findet eine solche Frau einen Mann. Dort lacht niemand über das Laster; auch wird dort das Verführen oder Verführtwerden nicht als Lebensart bezeichnet. Spät verheiraten sich die Jünglinge, und daher behalten sie ihre Kraft; auch die Jungfrauen werden nicht eilfertig verheiratet, und bei ihnen findet sich dieselbe Jugendblüte, die gleiche körperliche Größe. Von gleichem Alter, gleich kräftig, vermählen sie sich, und die Stärke der Eltern geht auf die Kinder über."

Offenbar hat Tacitus, um den Römern ein Muster vorzuhalten, die ehelichen Zustände der alten Germanen etwas sehr rosig gemalt.

Allerdings wurde bei ihnen die ehebrecherische Frau strenge bestraft, aber das galt nicht von dem ehebrecherischen Manne. Zur Zeit des Tacitus stand die Gens unter den Germanen noch in Blüte. Er, dem unter den vorgeschrittenen römischen Verhältnissen die alte Gentilverfassung und ihre Grundlagen fremd und unverständlich geworden waren, erzählt mit Verwunderung, daß bei den Germanen der Mutter Bruder seinen Neffen wie einen Sohn ansehe, ja einige hielten das Blutband zwischen dem Onkel von der Mutterseite und dem Neffen noch heiliger und enger als das zwischen Vater und Sohn, so daß, wenn Geiseln gefordert würden, der Schwestersohn für eine größere Garantie gelte als der eigene. Engels bemerkt dazu: „Wurde vom Genossen einer solchen Gens der eigne Sohn zum Pfand eines Gelöbnisses gegeben und fiel das Opfer bei Vertragsbruch des Vaters, so hatte dieser das mit sich selbst auszumachen. War es aber der Schwestersohn, der geopfert wurde, so war das heiligste Gentilrecht verletzt; der nächste, zum Schutz des Knaben oder Jünglings vor allen andern verpflichtete Gentilverwandte hatte seinen Tod verschuldet; entweder durfte er ihn nicht verpfänden, oder er mußte den Vertrag halten."[1]

Im übrigen war, wie Engels nachweist, zu Tacitus' Zeit bei den Deutschen das Mutterrecht bereits dem Vaterrecht gewichen. Die Kinder erbten vom Vater, fehlten solche, so erbten die Brüder und der Onkel von Vater- und Mutterseite. Die Zulassung des Mutterbruders als Erben, obgleich die Abstammung vom Vater für das Erbe maßgebend war, erklärt sich dadurch, daß das alte Recht eben erst geschwunden war. Die Erinnerungen an das alte Recht waren auch die Ursache der Achtung der Deutschen vor dem weiblichen Geschlecht, die Tacitus so überraschte. Er fand auch, daß von den Frauen ihr Mut aufs äußerste entfacht wurde. Der Gedanke, ihre Frauen in Gefangenschaft und Sklaverei fallen zu sehen, war der schrecklichste für den alten Deutschen und stachelte ihn zum äußersten Widerstand an. Aber auch die Frauen waren von einem Geiste beseelt, der den Römern imponierte. Als Marius den gefangenen Frauen der Teutonen verweigerte, sie der Vesta (der Göttin jungfräulicher Keuschheit) als Priesterinnen zu widmen, begingen sie Selbstmord.

Zu Tacitus' Zeit waren bereits die Deutschen ansässig geworden; die Austeilung des Landes fand alljährlich nach Losen statt, daneben bestand Gemeineigentum an Wald, Wasser und Weideland. Ihre

[1] Engels, Der Ursprung der Familie usw.

Lebensweise war noch sehr einfach, ihr Reichtum war hauptsächlich Vieh; ihre Kleidung bestand aus grobem Wollmantel oder Tierfellen. Frauen und Vornehme trugen leinene Unterkleider. Metallbearbeitung war nur bei den Stämmen in Gebrauch, die zu entfernt wohnten für die Einfuhr römischer Industrieprodukte. Das Recht sprach in geringeren Sachen der Rat der Vorsteher, in wichtigeren entschied die Volksversammlung. Die Vorsteher wurden gewählt, und zwar meist aus derselben Familie, aber der Übergang zum Vaterrecht begünstigte die Erblichkeit der Stellung und führte schließlich zur Gründung eines Stammadels, dem später das Königtum entsprang. Wie in Griechenland und Rom, so ging die deutsche Gens an dem aufkommenden Privateigentum, der Entwicklung von Gewerbe und Handel und durch die Vermischung mit Angehörigen fremder Stämme und Völker zugrunde. An Stelle der Gens trat die Markgenossenschaft, die demokratische Organisation freier Bauern, die im Laufe vieler Jahrhunderte in den Kämpfen gegen den Adel, Kirche und Fürsten ein festes Bollwerk bildete und selbst dann nicht ganz verschwand, nachdem der Feudalstaat zur Herrschaft gelangt war und die ehemals freien Bauern in Scharen zu Leibeigenen und Hörigen herabgedrückt worden waren.

Die Markgenossenschaft ward repräsentiert durch die Familienhäupter. Ehefrauen, Töchter, Schwiegertöchter waren vom Rate und von der Leitung ausgeschlossen. Die Zeiten, in denen Frauen die Leitung der Geschäfte eines Stammes besorgten – ein Vorgang, der Tacitus aufs höchste befremdete und über den er mit verächtlichen Bemerkungen berichtet –, waren vorüber. Im fünften Jahrhundert hob das Salische Gesetz die Erbnachfolge des weiblichen Geschlechts für Erbstammgüter auf.

Jeder männliche Markgenosse hatte, sobald er heiratete, ein Anrecht auf ein Los vom gemeinsamen Grund und Boden. In der Regel lebten Großeltern, Eltern und Kinder unter einem Dache in Hausgenossenschaft, und so kam es häufig vor, daß, um ein weiteres Los zugeteilt zu erhalten, der noch unmündige, geschlechtsunreife Sohn durch den Vater an eine mannbare Jungfrau verheiratet wurde und der Vater an Stelle des Sohnes die ehemännlichen Pflichten erfüllte.[1]

[1] Dasselbe trug sich unter der Herrschaft des Mir in Rußland zu. Siehe de Laveleye, Das Ureigentum, übersetzt von Karl Bücher. Autorisierte deutsche Auflage. S. 35. Leipzig 1879.

Junge Eheleute erhielten ein Fuder Buchenholz und das Holz zum Blockhaus. Wurde den Eheleuten eine Tochter geboren, so erhielten sie ein Fuder Holz; war das Neugeborene dagegen ein Sohn, zwei.[1] Das weibliche Geschlecht wurde als halbwertig geschätzt.[2]

Die Eheschließung war einfach. Eine religiöse Handlung war unbekannt, die beiderseitige Willenserklärung genügte, und sobald das Paar das Ehebett beschritten hatte, war die Ehe geschlossen. Die Sitte, daß die Ehe zu ihrer Gültigkeit eines kirchlichen Aktes bedurfte, kam erst im neunten Jahrhundert auf, und erst im sechzehnten wurde die Ehe auf Beschluß des Trientiner Konzils für ein Sakrament der katholischen Kirche erklärt.

2. *Feudalismus und das Recht der ersten Nacht*

Mit dem Entstehen des Feudalstaats verschlechterte sich der Zustand einer großen Zahl Gemeinfreier. Die siegreichen Heerführer benutzten ihre Gewalt, um sich großer Länderstrecken zu bemächtigen; sie betrachteten sich als Herren des Gemeinguts, das sie an die ihnen ergebene Gefolgschaft: Sklaven, Leibeigene, Freigelassene meist fremder Abstammung, auf Zeit oder mit dem Rechte der Vererbung vergaben. Sie schufen sich dadurch einen Hof- und Dienstadel, der ihnen in allem zu Willen war. Die Bildung eines großen Frankenreichs machte den letzten Resten der alten Gentilverfassung ein Ende. An die Stelle des Rates der Vorsteher traten die Unterführer des Heeres und der neu aufgekommene Adel.

Allmählich geriet die große Masse der Gemeinfreien durch die fortgesetzten Eroberungskriege und Zwistigkeiten der Großen, für

---

[1] Eyn iglich gefurster man, der ein kindbette hat, ist sin kint eyn dochter, so mag er eyn wagen vorn bornholzes von urholz verkaufen of den samstag. Ist iz eyn sone, so mag he iz tun of den dinstag und of den samstag von ligendem holz oder von urholz und sal der Frauwen davon kaufen win und schon brod, dyeweile sie kintes june lit. G. L. v. Maurer, Geschichte der Markverfassung in Deutschland.

[2] Das kommt auch noch heute vor. Dafür spricht eine in Amrischwend bei St. Blasien übliche Begrüßung, die der Vater bei der Nachricht von der Geburt eines Kindes äußert. Ist es ein Mädchen, so ruft er: Potz hundert Sappermost! Ist es aber ein Sohn, dann: Potz tusig Sappermost! Badisches Volksleben im neunzehnten Jahrhundert, von Eduard Hugo Maier. Straßburg 1900.

die sie die Lasten zu tragen hatten, in einen Zustand der Erschöpfung und Verarmung. Der Verpflichtung, den Heerbann zu stellen, konnten sie nicht mehr nachkommen. An ihrer Stelle warben die Fürsten und der hohe Adel Dienstleute, dafür stellten die Bauern sich und ihr Besitztum in den Schutz eines weltlichen oder geistlichen Herrn – denn die Kirche hatte es verstanden, binnen wenigen Jahrhunderten eine große Macht zu werden –, wofür sie Zins und Abgaben leisteten. So wurde das bisher freie Bauerngut in ein Zinsgut umgewandelt, das mit der Zeit mit immer neuen Verpflichtungen beschwert wurde. Einmal in diese abhängige Lage gekommen, währte es nicht lange, und der Bauer verlor auch die persönliche Freiheit. Hörigkeit und Leibeigenschaft gewannen immer mehr an Ausdehnung.

Der Grundherr besaß die fast unumschränkte Verfügung über seine Leibeigenen und Hörigen. Ihm stand das Recht zu, jeden Mann, sobald er das 18. Lebensjahr erreicht hatte, und jedes Mädchen, sobald es 14 Jahre alt geworden war, zu einer Ehe zu nötigen. Er konnte dem Mann die Frau, der Frau den Mann vorschreiben. Dasselbe Recht hatte er gegen Witwer und Witwen. Als Herr seiner Untertanen betrachtete er sich als Verfüger über die geschlechtliche Benützung seiner weiblichen Leibeigenen und Hörigen, eine Gewalt, die in dem jus primae noctis (Recht der ersten Nacht) zum Ausdruck kam. Dieses Recht besaß auch sein Stellvertreter (Meyer), falls nicht auf die Ausübung desselben gegen Leistung einer Abgabe verzichtet wurde, die schon durch ihren Namen ihre Natur verrät: Bettmund, Jungfernzins, Hemdschilling, Schürzenzins, Bunzengroschen usw.

Es wird vielfach bestritten, daß dieses Recht der ersten Nacht bestand. Dasselbe ist manchen Leuten recht unbequem, weil es noch in einer Zeit geübt wurde, die man gern von gewisser Seite als mustergültig für Sitte und Frömmigkeit hinstellen möchte. Es wurde bereits darauf hingewiesen, wie dieses Recht der ersten Nacht ursprünglich eine Sitte war, die mit der Zeit des Mutterrechts zusammenhing. Mit dem Verschwinden der alten Familienorganisation erhielt sich anfangs der Gebrauch in der Preisgabe der Braut in der Brautnacht an die Männer der Genossenschaft fort. Aber das Recht schränkt sich im Laufe der Zeit ein und geht schließlich auf das Stammesoberhaupt oder den Priester über. Der Feudalherr übernimmt es, als Ausfluß seiner Gewalt über die Person, die zu seinem Grund und Boden gehört, und er übt dieses Recht, falls er will, oder er verzichtet darauf gegen eine

Leistung von Naturalien oder Geld. Wie real dieses Recht der ersten Nacht war, geht hervor aus Jakob Grimms „Weistümer", I, 43, woselbst es heißt: „Aber sprechend die Hoflüt, weller hie zu der helgen see kumbt, der sol einen meyer (Gutsverwalter) laden und ouch sin frowen, da sol der meyer lien dem brütgam ein haffen, da er wol mag ein schaff in geseyden, ouch sol der meyer bringen ein fuder holtz an das hochtzit, ouch sol der meyer und sin frow bringen ein viertenteyl eines schwynsbachen, und so die hochtzit vergat, so sol der brütgam den meyer by sim wib lassen ligen die ersten nacht, oder er sol sy lösen mit 5 schilling 4 pfenning."

Sugenheim[1] meint, das jus primae noctis als ein Recht des Grundherrn stamme daher, daß er die Zustimmung zur Verheiratung zu geben hatte. Aus diesem Rechte entsprang in Béarn, daß alle erstgeborenen Kinder einer Ehe, in der das jus primae noctis geübt worden war, freien Standes waren. Später wurde dieses Recht allgemein durch eine Steuer ablösbar. Am hartnäckigsten hielten, nach Sugenheim, an dieser Steuer die Bischöfe von Amiens fest, und zwar bis zu Beginn des fünfzehnten Jahrhunderts. In Schottland wurde das Recht der ersten Nacht von König Malcolm III. zu Ende des elften Jahrhunderts durch eine Steuer für ablösbar erklärt. In Deutschland bestand es aber noch weit länger. Nach dem Lagerbuch des schwäbischen Klosters Adelberg vom Jahre 1496 mußten zu Börtlingen seßhafte Leibeigene das Recht damit ablösen, daß der Bräutigam eine Scheibe Salz, die Braut aber 1 Pfund 7 Schilling Heller oder eine Pfanne, „daß sie mit dem Hinteren darein sitzen kann oder mag", entrichtete. Anderwärts hatten die Bräute dem Grundherrn als Ablösungsgebühr so viel Käse oder Butter zu entrichten, „als dick und schwer ihr Hinterteil war". An noch anderen Orten mußten sie einen zierlichen Korduansessel, „den sie just damit ausfüllen konnten", geben.[2] Nach den Schilderungen des bayerischen Oberappellationsgerichtsrats Welsch[3] bestand die Verpflichtung zur Ablösung des jus primae noctis

[1] Geschichte der Aufhebung der Leibeigenschaft und Hörigkeit in Europa bis um die Mitte des neunzehnten Jahrhunderts. St. Petersburg 1861.

[2] Memminger, Stälin und andere, Beschreibung der württembergischen Ämter. Heft 20. (Oberamt Göppingen.) Hormayr, Die Bayern im Morgenlande. Anmerkung S. 38. Siehe Sugenheim, a. a. O., S. 360.

[3] Über Stetigung und Ablösung der bäuerlichen Grundlasten mit besonderer Rücksicht auf Bayern, Württemberg, Baden, Hessen, Preußen und Österreich. Landshut 1848.

noch im achtzehnten Jahrhundert in Bayern. Ferner berichtete Engels[1], daß bei den Walisern und Skoten sich das Recht der ersten Nacht durch das ganze Mittelalter erhielt, nur daß hier, bei dem Fortbestand der Gentilorganisation, nicht der Grundherr oder sein Vertreter, sondern der Clanhäuptling, als Vertreter sämtlicher Ehemänner, dieses Recht ausübte, sofern es nicht abgekauft wurde.

Es besteht also kein Zweifel, daß das Recht der ersten Nacht nicht nur während des Mittelalters, sondern noch bis in die Neuzeit bestand und eine Rolle im Kodex des Feudalrechts spielte. In Polen maßten sich die Edelleute das Recht an, jede Jungfrau zu schänden, die ihnen gefiel, und sie ließen hundert Stockstreiche dem geben, der sich beklagte. Daß die Opferung jungfräulicher Ehre auch noch heute dem Grundherrn oder seinen Beamten als etwas Selbstverständliches erscheint, das kommt nicht nur, weit häufiger als man glaubt, in Deutschland vor, sondern auch sehr häufig, wie Kenner von Land und Leuten behaupten, im ganzen Osten und Südosten Europas.

In der Feudalzeit waren die Eheschließungen im Interesse des Grundherrn, denn die daraus erwachsenden Kinder traten zu ihm in dasselbe Untertänigkeitsverhältnis wie ihre Eltern; seine Arbeitskräfte wurden dadurch vermehrt und hoben sein Einkommen. Daher begünstigten *geistliche* und *weltliche* Grundherren die Eheschließungen ihrer Untertanen. Anders gestaltete sich das Verhältnis für die Kirche, wenn sie Aussicht hatte, infolge von Eheverhinderungen durch Vermächtnis Land in kirchlichen Besitz zu bringen. Das betraf aber in der Regel nur die niederen Freien, deren Lage durch Umstände, wie sie angedeutet wurden, immer unhaltbarer wurde und die ihr Besitztum an die Kirche abtraten, um hinter den Klostermauern Schutz und Frieden zu suchen. Andere wieder begaben sich gegen Leistung von Abgaben und Diensten in den Schutz der Kirche. Häufig verfielen aber auf diesem Wege ihre Nachkommen dem Los, dem ihre Vorfahren entrinnen wollten, sie gelangten allmählich in die Hörigkeit der Kirche, oder man machte sie zu Novizen für die Klöster.

[1] A. a. O., S. 97.

3. Das Aufblühen der Städte. Klosterwesen und Prostitution

Die seit dem elften Jahrhundert aufblühenden Städte hatten ein lebhaftes Interesse, den Bevölkerungszuwachs zu begünstigen, indem sie die Niederlassung und die Eheschließung möglichst erleichterten; sie wurden Asyle für die dem unerträglichen Drucke sich entziehenden Landbewohner, für flüchtige Leibeigene und Hörige. Aber später änderten sich wieder diese Verhältnisse. Sobald die Städte Macht erlangt hatten und ein sich behaglich fühlender Handwerkerstand vorhanden war, wuchs bei diesem die Feindseligkeit gegen Neuhinzuziehende, die sich als Handwerker niederlassen wollten, in denen man unbequeme Konkurrenten erblickte. Es wurden Schranken gezogen gegen die Neuanziehenden. Hohe Niederlassungsgebühren, kostspielige Meisterprüfungen, Beschränkung der Gewerbe auf eine gewisse Kopfzahl von Meistern und Gesellen zwangen Tausende zur Unselbständigkeit, zum außerehelichen Leben und zur Vagabondage. Als dann im Laufe des sechzehnten Jahrhunderts, aus später anzuführenden Ursachen, die Blütezeit der Städte vorüber war und ihr Verfall begann, lag es in den beschränkten Anschauungen der Zeit, daß die Hindernisse zur Niederlassung und Selbständigmachung sich noch vermehrten. Andere Ursachen wirkten ebenfalls mit.

Die Tyrannei der Grundherren steigerte sich von Jahrzehnt zu Jahrzehnt so, daß viele ihrer Untertanen vorzogen, ihr Jammerleben mit dem Geschäft des Bettlers, des Landstreichers oder Räubers, das durch die großen Wälder und den schlechten Zustand der Verkehrswege begünstigt wurde, zu vertauschen. Oder sie wurden, bei den vielen kriegerischen Streitigkeiten jener Zeit, Landsknechte (Söldner), die sich dorthin verkauften, wo der Sold am größten war und die reichste Beute lachte. Es entstand ein zahlreiches männliches und weibliches Lumpenproletariat, das zur Landplage wurde. Die Kirche trug zur allgemeinen Verderbnis redlich bei. Lag schon in der zölibatärischen Stellung der Geistlichkeit eine Hauptursache zur Förderung geschlechtlicher Ausschweifungen, so wurden diese durch den unausgesetzten Verkehr mit Italien und Rom noch begünstigt.

Rom war nicht bloß die Hauptstadt der Christenheit, weil Residenz des Papsttums, es war auch, getreu seiner Vergangenheit in der heidnischen Kaiserzeit, das neue Babel, die europäische Hochschule der Unsittlichkeit geworden und der päpstliche Hof ihr vornehmster Sitz.

Das römische Reich hatte bei seinem Zerfall dem christlichen Europa alle seine Laster hinterlassen. Diese wurden in Italien gepflegt, und sie drangen von dort, begünstigt durch den Verkehr der Geistlichkeit mit Rom, nach Deutschland. Die ungemein zahlreiche Geistlichkeit, die zu einem großen Teil aus Männern bestand, deren geschlechtliche Bedürfnisse durch träges und üppiges Leben aufs äußerste gesteigert wurden und durch erzwungene Ehelosigkeit auf illegitime Befriedigung oder auf widernatürliche Wege gewiesen war, trug die Sittenlosigkeit in alle Kreise der Gesellschaft; sie wurde eine pestartige Gefahr für die Moral des weiblichen Geschlechtes in Städten und Dörfern. Mönchs- und Nonnenklöster, und ihre Zahl war Legion, unterschieden sich nicht selten von öffentlichen Häusern nur dadurch, daß darin das Leben noch zügelloser und ausschweifender war. Und zahlreiche Verbrechen, namentlich Kindesmorde, konnten dort um so leichter verborgen werden, weil in ihnen nur diejenigen die Gerichtsbarkeit ausüben durften, die oft mit an der Spitze dieser Verderbnis standen. Vielfach suchten Bauern ihre Frauen und Töchter vor geistlicher Verführung dadurch zu sichern, daß sie keinen als Seelenhirten annahmen, der sich nicht verpflichtete, eine Konkubine zu nehmen. Ein Umstand, der einen Bischof von Konstanz veranlaßte, den Pfarrern seiner Diözese eine Konkubinensteuer aufzuerlegen. Aus solchen Zuständen erklärt sich die historisch beglaubigte Tatsache, daß in dem von unseren Romantikern als so fromm und sittsam dargestellten Mittelalter zum Beispiel 1414 auf dem Konzil zu Konstanz nicht weniger als 1500 fahrende Frauen anwesend waren.

Diese Zustände traten aber keineswegs erst beim Verfall des Mittelalters auf, sie begannen schon frühzeitig und gaben unausgesetzt zu Klagen und Verordnungen Anlaß. So erließ im Jahre 802 Karl der Große eine Verordnung, in der es hieß: „Die Frauenklöster sollen streng bewacht werden, die Nonnen dürfen nicht umherschweifen, sondern sollen mit größtem Fleiß verwahrt werden, auch sollen sie nicht in Streit und Hader untereinander leben und in keinem Stück den Meisterinnen oder Äbtissinnen ungehorsam oder zuwider handeln. Wo sie aber unter eine Klosterregel gestellt sind, sollen sie dieselbe durchaus einhalten. Nicht der Hurerei, nicht dem Volltrinken, nicht der Habsucht sollen sie dienen, sondern auf jede Weise gerecht und nüchtern leben. Auch soll kein Mann in ihr Kloster eintreten als bloß zur Messe, und dann soll er gleich wieder weggehen." Und eine

Verordnung vom Jahre 869 bestimmte: „Wenn Priester *mehrere* Frauen halten, oder das Blut von Christen oder Heiden vergießen, oder die kanonische Regel brechen, so sollen sie des Priestertums beraubt werden, weil sie schlechter sind als Laien!" Die Tatsache, daß in jener Zeit der Besitz mehrerer Frauen den Priestern verboten wurde, spricht dafür, daß noch im neunten Jahrhundert Ehen mit mehreren Frauen keine Seltenheit waren. In der Tat bestanden keine Gesetze, die dieses verboten.

Ja, noch später, zur Zeit der Minnesänger, im zwölften und dreizehnten Jahrhundert, fand man den Besitz mehrerer Frauen nicht anstößig. So heißt es zum Beispiel in einem Gedicht Albrechts von Johansdorf in der Sammlung „Minnesangs-Frühling"[1]:

Waere ez niht unstaete
der zwein wîben wolte sîn für eigen jehen,
bei diu tougenlîche? sprechet, herre, wurre ez iht?
(man sol ez den man erlouben und den vrouwen nicht.)

Besonders verhängnisvoll für den moralischen Zustand der Zeit wirkten auch die Kreuzzüge, die Zehntausende von Männern auf Jahre der Heimat fernhielten und die namentlich im oströmischen Reich Sitten kennenlernten, die bis dahin in Westeuropa so gut wie unbekannt waren.

Die Lage der Frauen wurde auch dadurch besonders ungünstig, daß neben den Hindernissen, die allmählich die Verehelichung und die Niederlassung erschwerten, ihre Zahl die der Männer bedeutend überschritt. Als besondere Ursachen hierfür sind in erster Linie anzusehen die zahlreichen Kriege, Kämpfe und Fehden und die gefahrvollen Handelsreisen jener Zeit. Ferner war infolge von Unmäßigkeit und Völlerei die Sterblichkeit der Männer größer, und die aus dieser Lebensweise hervorgehende erhöhte Disposition zu Krankheiten und Tod machte sich besonders geltend während der Pest, die im Mittelalter so häufig wütete. So zählte man in dem Zeitraum von 1326 bis 1400 zweiunddreißig, von 1400 bis 1500 einundvierzig und von 1500 bis 1600 dreißig Pestjahre.[2]

Scharen von Frauen trieben sich auf den Landstraßen als Gauklerinnen, Sängerinnen, Spielerinnen in Gesellschaft von fahrenden Schülern und Klerikern umher und überschwemmten die Messen und

[1] Sammlung von Karl Lachmann und Moritz Haupt. Leipzig 1857, S. Hirzel.
[2] Dr. Karl Bücher, Die Frauenfrage im Mittelalter. S. 6 bis 7. Tübingen 1882.

Märkte. In den Heeren der Landsknechte bildeten sie besondere Abteilungen mit ihrem eigenen Weibel und wurden, dem Zunftcharakter der Zeit entsprechend, zünftlerisch organisiert und nach Schönheit und Alter den verschiedenen Chargen zugewiesen. Bei schwerer Strafe durften sie sich außerhalb dieses Kreises keinem hingeben. In den Lagern mußten sie mit den Troßbuben Heu, Stroh und Holz herbeischleppen, Gräben, Teiche und Gruben ausfüllen, die Reinigung des Lagers besorgen. Bei Belagerungen hatten sie mit Reisig, Wellen und Büscheln die Gräben auszufüllen, um das Stürmen zu erleichtern; sie waren behilflich, die Geschütze in Position zu bringen, und mußten, wenn diese in den grundlosen Wegen steckenblieben, an der Fortschaffung derselben helfen.[1]

Um dem Elend dieser zahlreichen hilflosen Frauen einigermaßen entgegenzuwirken, errichtete man seit der Mitte des dreizehnten Jahrhunderts in vielen Städten sogenannte Beginenanstalten, die unter städtischer Verwaltung standen. In diesen untergebracht, waren sie gehalten, einen anständigen Lebenswandel zu führen. Aber weder waren diese Anstalten noch die zahlreichen Frauenklöster imstande, alle Hilfesuchenden aufzunehmen.

Die Eheerschwernisse, die Reisen der Fürsten, der Herren weltlichen und geistlichen Standes mit ihrem Troß an Rittern und Knechten, die nach den Städten kamen, die Männerjugend in den Städten selbst, nicht zu vergessen die verheiratete Männerwelt, die lebenslustig, von Skrupeln nicht berührt, nach Abwechslung im Lebensgenuß trachtete, schufen auch in den Städten des Mittelalters das Bedürfnis nach Prostituierten. Und wie jedes Gewerbe in jener Zeit organisiert und reguliert wurde und ohne Zunftordnung nicht bestehen konnte, so geschah das auch mit der Prostitution. Es gab in allen größeren Städten Frauenhäuser, die städtisches, landesfürstliches oder kirchliches Regal waren, deren Reinerträge in die bezüglichen Kassen flossen. Die Frauen in diesen Häusern hatten eine selbstgewählte Altmeisterin, die auf Zucht und Ordnung zu sehen und insbesondere eifrig darüber zu wachen hatte, daß nichtzünftige Konkurrentinnen, die „Bönhasen", dem legitimen Geschäft nicht schadeten. Im Falle des Ertapptwerdens wurden sie behördlich bestraft. So beschwerten sich die Bewohnerinnen eines Nürnberger Frauenhauses über ihre nichtzünftigen Konkurrentinnen bei dem Magistrat, „daß

[1] Dr. Karl Bücher, a. a. O., S. 35.

auch andere Wirte Frauen halten, die nachts auf die Gassen gehen und Ehemänner und andere Männer beherbergen und solches (ihr Gewerbe) inmaßen und viel gröber, denn sie es halten, in dem gemeinen (zünftigen) Tochterhaus, daß solches zum Erbarmen sei, daß solches in dieser löblichen Stadt also gehalten werde"[1]. Die Frauenhäuser genossen besonderen Schutz; Ruhestörungen in ihrer Nähe wurden doppelt hart geahndet. Auch hatten die weiblichen Zunftgenossen das Recht, bei Prozessionen und Festlichkeiten, bei denen die Zünfte stets mitwirkten, ebenfalls im Zuge zu erscheinen. Nicht selten wurden sie auch zu fürstlichen und Ratstafeln als Gäste gezogen. Die Frauenhäuser wurden für dienlich erachtet „zu besserer Bewahrung der Ehe und der Ehre der Jungfrauen". Das ist dieselbe Begründung, mit der man in Athen die Staatsbordelle rechtfertigte und noch heute die Prostitution entschuldigt. Indes fehlte es auch nicht an gewalttätigen Verfolgungen der Freudenmädchen, die ausgingen von derselben Männerwelt, die durch ihre Anforderungen und ihr Geld die Prostituierten unterhielten. So verordnete Kaiser Karl der Große, daß eine Prostituierte nackt auf den Markt geschleppt und ausgepeitscht werden solle; er selbst, der „allerchristlichste" König und Kaiser, hatte nicht weniger als sechs Frauen auf einmal; auch waren seine Töchter, die offenbar dem Beispiel des Vaters folgten, keineswegs Tugendboldinnen. Sie bereiteten ihm durch ihren Lebenswandel manche unangenehme Stunde und brachten auch mehrere uneheliche Kinder ihm heim. Alkuin, Karls des Großen Freund und Ratgeber, warnte seine Schüler vor den „gekrönten Tauben, die nächtlich durch die Pfalz fliegen", worunter er des Kaisers Töchter verstand.

Dieselben Gemeinwesen, die das Bordellwesen offiziell organisierten und es unter ihren Schutz nahmen und den Priesterinnen der Venus allerlei Privilegien einräumten, verhängten die härtesten und grausamsten Strafen über eine arme, verlassene Gefallene. Die Kindsmörderin, die aus Verzweiflung ihre Leibesfrucht getötet hatte, wurde den grausamsten Todesstrafen unterworfen, nach dem gewissenlosen Verführer krähte kein Hahn. Er saß vielleicht mit im Gericht, welches über das arme Opfer das Todesurteil fällte. Dergleichen kommt noch heute vor.[2] Auch der Ehebruch der Frau wurde aufs här-

---

[1] Joh. Scherr, Geschichte der deutschen Frauenwelt. 4. Auflage. Leipzig 1879.

[2] Leon Richter berichtet in „La femme libre" einen Fall, wonach in Paris ein Dienstmädchen wegen Kindesmordes durch den *Vater ihres eigenen Kindes*, einen

teste bestraft, der Pranger war ihr mindestens sicher, aber über den Ehebruch des Mannes wurde der Mantel christlicher Liebe gedeckt.

In Würzburg schwor der Frauenwirt dem Magistrat, „der Stadt treu und hold zu sein und Frauen zu werben“. Ähnlich in Nürnberg, Ulm, Leipzig, Köln, Frankfurt usw. In Ulm, in dem 1537 die Frauenhäuser aufgehoben wurden, beantragten 1551 die Zünfte wieder ihre Einführung, „um größeres Unwesen zu verhüten“! Hohen Fremden wurden auf Stadtkosten Freudenmädchen zur Verfügung gestellt. Als König Ladislaus 1452 in Wien einzog, sandte ihm der Magistrat eine Deputation aus öffentlichen Dirnen entgegen, die, nur mit leichter Gaze bekleidet, die schönsten Körperformen zeigten. Und Kaiser Karl V. wurde bei seinem Einzug in Antwerpen ebenfalls von einer Deputation nackter Mädchen begrüßt, eine Szene, die Hans Makart in einem großen Gemälde, das sich im Museum zu Hamburg befindet, verherrlichte. Solche Vorkommnisse erregten in jener Zeit kaum Anstoß.

4. Rittertum und Frauenverehrung

Phantasiereiche Romantiker und Leute von schlauer Berechnung haben den Versuch gemacht, das Mittelalter als besonders sittlich und als beseelt von wahrer Frauenverehrung darzustellen. Dazu muß besonders die Zeit der Minnesänger – vom zwölften bis zum vierzehnten Jahrhundert – die Folie geben. Der Minnedienst (Liebesdienst) des Rittertums, den es zuerst bei den Moriscos in Spanien kennenlernte, soll Zeugnis für die hohe Achtung ablegen, in der zu jener Zeit die Frau stand. Da ist an einiges zu erinnern. Erstens bildet die Ritterschaft nur einen sehr geringen Prozentsatz der Bevölkerung und dementsprechend auch die Ritterfrauen von den Frauen; zweitens hat nur ein sehr kleiner Teil der Ritterschaft jenen so verherrlichten Minnedienst geübt; drittens ist die wahre Natur dieses Minnedienstes stark verkannt oder entstellt worden. Das Zeitalter, in dem dieser Minnedienst blühte, war das *Zeitalter des schlimmsten Faustrechtes* in Deutschland, in dem alle Bande der Ordnung gelöst waren und die

angesehenen, *frommen* Advokaten, der mit im Schwurgericht saß, verurteilt wurde. Noch mehr. *Der Advokat war sogar selbst der Mörder und die Mutter vollkommen unschuldig,* wie diese *erst nach* ihrer Verurteilung vor dem Gericht bekannte.

Ritterschaft sich ungezügelt der Wegelagerei, dem Raub und der Brandschatzung hingab. Eine solche Zeit der brutalsten Gewalttätigkeiten ist keine, in der milde und poetische Gefühle vorherrschen. Im Gegenteil. Diese Zeit trug wesentlich dazu bei, die etwa noch vorhandene Achtung vor dem weiblichen Geschlecht zu zerstören. Die Ritterschaft, und zwar auf dem Lande wie in den Städten, bestand zu einem großen Teil aus rohen, wüsten Gesellen, deren vornehmste Leidenschaft, neben Fehden und unmäßigem Trinken, die zügelloseste Befriedigung geschlechtlicher Begierden war. Die Chronisten jener Zeit wissen nicht genug von Notzucht und Gewalttat zu erzählen, die sich der Adel sowohl auf dem Lande wie in den Städten zuschulden kommen ließ, in denen er bis zum dreizehnten und teilweise bis ins vierzehnte und fünfzehnte Jahrhundert das Stadtregiment in der Hand hatte. Und die Mißhandelten besaßen selten die Möglichkeit, sich Recht zu verschaffen, denn in der Stadt besetzten die Junker die Schöffenbank, und auf dem Lande war es der Grundherr, dem der Blutbann zustand. Es ist also arge Übertreibung, daß Adel und Herrentum mit solchen Sitten und Gewohnheiten eine besondere Achtung vor den Frauen hatten und sie als eine Art höherer Wesen auf den Händen trugen.

Eine sehr kleine Minderheit der Ritterschaft schien für Frauenschönheit zu schwärmen, aber diese Schwärmerei war keineswegs platonisch, sondern verfolgte sehr reale Zwecke. Selbst jener Harlekin unter den Schwärmern „für minnigliche Frauen", jener Ulrich von Lichtenstein lächerlichen Angedenkens, war nur so lange Platoniker, als er es sein mußte. Im Grunde genommen war jener Minnedienst die Vergötterung der Liebsten auf Kosten — der legitimen Frau, *ein ins Mittelalterlich-Christliche übertragener Hetärismus*, wie er zur Zeit des Perikles in Griechenland bestand. Die gegenseitige Verführung der Frauen war auch in der Ritterschaft ein stark geübter Minnedienst, so wie sich heute ähnliches in gewissen Kreisen unserer Bourgeoisie wiederholt.

Unzweifelhaft lag in jenem Zeitalter in dem *offenen* Rechnungtragen der Sinnenlust die Anerkennung, daß der in jeden gesunden und reifen Menschen eingepflanzte Naturtrieb die Berechtigung hat, befriedigt zu werden. Insofern lag darin ein Sieg der gesunden Natur über die Aszese des Christentums. Andererseits muß immer wieder hervorgehoben werden, daß diese Anerkennung nur für das eine Geschlecht in Betracht kam, daß hingegen das andere behandelt wurde, als könnte und dürfte es nicht die gleichen Triebe haben. Die geringste Übertretung von seiner Seite, der von der Männerwelt vorgeschriebenen Moralgesetze, wurde auf das härteste bestraft. Und das weibliche Geschlecht hat infolge fortgesetzter Unterdrückung und eigenartiger Erziehung sich so in den Ideengang seines Beherrschers hineingelebt, daß es diesen Zustand bis heute natürlich findet.

Gab es nicht auch Millionen Sklaven, die die Sklaverei natürlich fanden und sich nie befreit hätten, erstanden ihnen nicht aus der Klasse der Sklavenhalter die Befreier? Petitionierten doch preußische Bauern, als sie infolge der Steinschen Gesetzgebung aus der Hörigkeit befreit werden sollten, darum, sie darin zu lassen, „denn wer solle für sie sorgen, wenn sie krank würden oder alt seien"? Und ist es bei der modernen Arbeiterbewegung nicht ähnlich? Wie viele Arbeiter lassen sich noch von ihren Ausbeutern beeinflussen und willenlos leiten!

Der Unterdrückte bedarf des Anregers und Anfeuerers, weil ihm die Unabhängigkeit zur Initiative fehlt. So war es in der modernen Proletarierbewegung, und so ist es in dem Kampfe für die Emanzipation der Frau. Sogar dem in seinem Befreiungskampf vergleichsweise günstig gestellten Bürgertum brachen adlige und geistliche Wortführer die Bahn.

Wie viele Mängel das Mittelalter hatte, es besaß eine gesunde Sinnlichkeit, die einer kernhaften, lebensfrohen Volksnatur entsprang, die das Christentum nicht zu unterdrücken vermochte. Die heuchlerische Prüderie und versteckte Lüsternheit unserer Zeit, die sich scheut und sperrt, die Dinge beim rechten Namen zu nennen und über natürliche Dinge natürlich zu sprechen, war ihm fremd. Es kannte auch nicht jene pikante Zweideutigkeit, in die man Dinge, die man aus mangelnder Natürlichkeit oder aus Sitte gewordener Prüderie nicht offen nennen will, einhüllt und damit um so gefährlicher macht, weil eine solche Sprache reizt, aber nicht befriedigt, nur ahnen läßt, aber nicht klar ausspricht. Unsere gesellschaftliche Unterhaltung, unsere Romane und unsere Theater sind voll dieser pikanten Zweideutigkeiten, und die Wirkung davon liegt zutage. Dieser Spiritualismus des Roués, der sich hinter den religiösen Spiritualismus versteckt, hat eine gewaltige Macht.

Fünftes Kapitel

Die Reformation

1. Luther

Die gesunde Sinnlichkeit des Mittelalters fand in Luther ihren klassischen Dolmetsch. Mit dem religiösen Reformator haben wir es hier weniger zu tun als mit Luther als Mensch. Im Menschlichen trat Luthers kräftige urwüchsige Natur unverfälscht hervor; diese zwang ihn, rückhaltlos und treffend sein Liebes- und Genußbedürfnis auszusprechen. Seine Stellung als ehemaliger römischer Geistlicher hatte ihm die Augen geöffnet. Er hatte die Unnatur des Mönchs- und Nonnenlebens in der Praxis, sozusagen am eigenen Leibe kennengelernt. Daher die Wärme, mit der er das priesterliche und klösterliche Zölibat bekämpfte. Seine Worte gelten auch noch heute jenen, die glauben, wider die Natur sündigen zu dürfen, und meinen, mit ihren Begriffen von Moral und Sittlichkeit es vereinigen zu können, wenn die staatlichen und gesellschaftlichen Einrichtungen Millionen verhindern, ihren Naturzweck zu erfüllen. Luther sagt: „Ein Weib, wo nicht die hohe, seltsame Gnade da ist, kann eines Mannes ebensowenig entraten als Essen, Schlafen, Trinken und andere natürliche Notdurft. Wiederum also auch ein Mann kann eines Weibes nicht entraten. Ursache ist die: es ist ebenso tief eingepflanzt der Natur, Kinder zu zeugen als essen und trinken. Darum hat Gott dem Leibe die Glieder, Adern, Flüsse, und alles, was dazu dient, gegeben und eingesetzt. Wer nun diesem wehren will und nicht lassen gehen, wie Natur will, und was tut er anders, denn er will wehren, daß Natur nicht Natur sei, daß Feuer nicht brenne, Wasser nicht netze, der Mensch nicht esse, noch trinke, noch schlafe?" Und in seiner Predigt vom ehelichen Leben sagt er: „Also wenig als in meiner Macht steht, daß ich kein Mannsbild sei, also wenig steht es auch dir, daß du ohne Mann seiest, denn es ist nicht eine freie Willkür oder Rat, sondern ein nötig natürlich Ding, daß alles, was ein Mann ist, muß ein Weib haben, und was ein

Weib ist, muß einen Mann haben." Luther spricht sich aber nicht bloß in dieser energischen Weise für das Eheleben und die Notwendigkeit des Geschlechtsverkehrs aus, er wendet sich auch dagegen, daß Ehe und Kirche etwas miteinander gemein haben. Er stand hierin ganz auf dem Boden der alten Zeit, die in der Ehe einen freien Willensakt der Beteiligten sah, der die Kirche nichts anging. Er sagt darüber: „Darum wisse, daß die Ehe ein äußerlich Ding ist, wie eine andere weltliche Hantierung. Wie ich nun mag mit einem Heiden, Juden, Türken, Ketzer essen, trinken, schlafen, gehen, reiten, kaufen, reden und handeln, *also mag ich auch mit ihm ehelich werden und bleiben. Und kehre dich an der Narren Gesetze, die solches verbieten, nichts* ... Ein Heide ist ebensowohl ein Mann und Weib, von Gott wohl und gut geschaffen, als St. Peter und St. Paul und St. Lukas, schweige denn als ein loser, falscher Christ." Luther erklärte sich ferner, gleich anderen Reformatoren, gegen jede Beschränkung der Ehe und wollte auch die Ehe Geschiedener wieder zulassen, wogegen die Kirche sich sträubte. Er sagt: „Wie aber jetzt bei uns die Ehesachen oder ein Scheiden zu halten sei, hab' ich gesagt, *daß man's den Juristen soll befehlen und unter das weltliche Regiment werfen, weil der Ehestand gar ein weltlich äußerlich Ding ist.*" Entsprechend dieser Anschauung wurde erst gegen Ende des siebzehnten Jahrhunderts die kirchliche Trauung bei den Protestanten Voraussetzung zu einer gültigen Ehe. Bis dahin galt die sogenannte Gewissensehe, das heißt die bloße gegenseitige Verpflichtung, sich als Mann und Weib anzusehen und ehelich zusammenleben zu wollen. Eine solche Ehe wurde nach deutschem Recht als legal angesehen. Luther ging sogar so weit, daß er dem in der Ehe unbefriedigt gebliebenen Teil – auch wenn dieser die Frau war – das Recht zusprach, sich außer der Ehe Befriedigung zu verschaffen, „damit der Natur Genüge getan werde, welcher man nicht widerstehen könne"[1]. Luther stellt hier Grundsätze auf, welche die lebhafte Entrüstung eines großen Teiles der „ehrbaren Männer und Frauen" unserer Zeit hervorrufen werden, die sich gerne in ihrem frommen Eifer auf Luther berufen. In seinem Traktat „Vom ehelichen Leben", II, 146, Jena 1522, sagt er: „Wenn ein tüchtig Weib zur Ehe einen untüchtigen Mann überkäme und könnte doch keinen anderen öffentlich nehmen und wollte auch nicht gerne wider ihre

[1] Dr. Karl Hagen, Deutschlands literarische und religiöse Verhältnisse im Reformationszeitalter. Frankfurt a. M. 1888.

Ehre tun, soll sie zu ihrem Manne also sagen: Siehe, lieber Mann, du kannst mein nicht schuldig werden und hast mich und meinen jungen Leib betrogen, dazu in Gefahr der Ehre und Seligkeit bracht, und ist für Gott keine Ehre zwischen uns beiden, vergönne mir, daß ich mit deinem Bruder oder nächsten Freund eine heimliche Ehe habe und du den Namen habst, *auf daß dein Gut nicht an fremde Erben komme, und laß dich wiederum williglich betrügen durch mich, wie du mich ohne deinen Willen betrogen hast.*" Der Mann, führt Luther weiter aus, habe die Pflicht, solches zu bewilligen. „Will er nicht, hat sie das Recht, von ihm zu laufen in ein ander Land und einen anderen zu freien. Wiederum wenn ein Weib die eheliche Pflicht nicht ausüben will, hat der Mann das Recht, eine andere zu beschlafen, nur soll er es ihr vorher sagen."[1] Man sieht, es sind sehr radikale und in unserer an Heuchelei und Prüderie so reichen Zeit sogar recht unsittliche Anschauungen, die der große Reformator entwickelt.

Luther sprach nur aus, was zu jener Zeit Volksauffassung war. So teilt Jakob Grimm mit[2]:

„Daer ein Man were, der sinen echten wive ver frowelik recht niet gedoin konde, der sall si sachtelik op sinen ruggen setten und draegen sie over negen erstnine und setten si sachtelik neder sonder stoeten, slaen und werpen und sonder enig quaed woerd of oevel sehen, und roipen dae sine naebur aen, dat sie inne sines wives lives noet helpen weren, und of sine naebur dat niet doen wolden of kunden, so sall he si senden up die neiste kermisse daerbi gelegen und dat sie sik süverlik toe make und verzere und hangen ör einen buidel wail mit golde bestickt up die side, dat sie selft wat gewerven kunde; kumpt sie dannoch wider ungeholpen, so help ör dar der duifel."

Der Bauer des Mittelalters wollte in erster Linie durch die Ehe Erben haben, und vermochte er diese selbst nicht zu zeugen, so überließ er als praktischer Mann dieses Vergnügen ohne besondere Skrupel einem anderen. Die Hauptsache war, daß er seinen Zweck erreichte. Wir wiederholen: Der Mensch beherrscht nicht das Eigentum, das Eigentum beherrscht ihn.

Die aus den Schriften und Reden Luthers angezogenen Stellen über die Ehe sind um deswillen besonders wichtig, weil die darin geäußerten Anschauungen mit den in der Kirche heute herrschenden im schärf-

[1] Dr. Karl Hagen, a. a. O., S. 234.

[2] Deutsche Rechtsaltertümer. Weistum aus dem Amte Blankenburg. S. 444.

sten Widerspruch stehen. Die Sozialdemokratie kann sich in dem Kampfe, den sie mit der Geistlichkeit zu führen hat, mit vollstem Fug und Recht auf Luther berufen, der in Fragen der Ehe einen durchaus vorurteilsfreien Standpunkt einnimmt.

Luther und die Reformatoren gingen in der Ehefrage sogar noch weiter, allerdings aus opportunistischen Gründen, aus Gefälligkeit gegen die in Frage kommenden Fürsten, deren kräftige Unterstützung oder dauerndes Wohlwollen sie sich zu erwerben, beziehentlich zu erhalten suchten. Der reformationsfreundliche Landgraf von Hessen, Philipp I., besaß neben seiner legitimen Frau eine Geliebte, die nur unter der Bedingung, daß er sie heirate, ihm zu Willen sein wollte. Der Fall war heikel. Eine Scheidung von der Gemahlin ohne durchschlagende Gründe verursachte großen Skandal, und eine Ehe mit zwei Frauen zugleich war bei einem christlichen Fürsten der neueren Zeit ein unerhörtes Ereignis, das nicht minder Skandal verursachen mußte. Gleichwohl entschloß sich Philipp in seiner Verliebtheit für den letzteren Schritt. Es galt nur festzustellen, daß dieser Schritt nicht mit der Bibel im Widerspruch stand und die Zustimmung der Reformatoren, insbesondere Luthers und Melanchthons, fand. Zunächst begannen die Unterhandlungen des Landgrafen mit Butzer, der sich mit dem Plane einverstanden erklärte und versprach, Luther und Melanchthon zu gewinnen. Butzer motivierte seine Ansicht damit, daß er sagte: Mehrere Weiber zugleich zu besitzen, sei nicht wider das Evangelium. Paulus, der doch viel vermeldet, die das Reich Gottes nicht erben sollten, aber von denen, die zwei Weiber haben, tue er keine Meldung; Paulus sage vielmehr, „daß ein Bischof nur eines Weibes haben, desgleichen die Diener. Wär's nun Not gewesen, daß jeder haben solle ein Weib, so hätt' er's also geboten und mehr Weiber verboten." Luther und Melanchthon schlossen sich diesen Gründen an und billigten die Doppelehe, nachdem auch des Landgrafen Frau unter der Bedingung in die Ehe mit der zweiten Frau willigte, „daß er die ehelichen Pflichten noch mehr als bisher gegen sie erfüllen werde"[1]. Luther hatte schon früher die Frage nach Berechtigung der Bigamie, als es sich um die Billigung einer Doppelehe Heinrichs VIII. von England handelte, Kopfschmerzen verursacht. Das geht aus einem Briefe an den sächsischen Kanzler Brink, Januar 1524, hervor, dem er schrieb: *„Grundsätzlich freilich könne er, Luther, die Bigamie nicht verwer-*

[1] Joh. Janssen, Geschichte des deutschen Volkes 1525 bis 1555. Freiburg i. B.

fen, denn sie widerstreite nicht der Heiligen Schrift[1], aber er halte es für ärgerlich, wenn sie unter den Christen vorkäme, die auch erlaubte Dinge unterlassen müßten." Und nach der Trauung des Landgrafen, die im März 1540 wirklich stattfand, schrieb er (10. April) auf ein Anerkennungsschreiben desselben: „Daß Ew. Gnaden guter Dinge sei über unseren gegebenen Ratschlag, *den wir gern heimlich sehen halten. Sonst möchten zuletzt auch noch die groben Bauern* (dem Beispiel des Landgrafen folgen wollen) *vielleicht ebenso große und größere Ursache fürwenden, dadurch wir denn gar viel zu schaffen möchten kriegen.*"

Melanchthon mochte die Zustimmung zu der Doppelehe des Landgrafen weniger schwergefallen sein, denn er hatte schon früher an Heinrich VIII. geschrieben, „jeder Fürst habe das Recht, in seinem Gebiet die Polygamie einzuführen". Aber die Doppelehe des Landgrafen machte so großes und unliebsames Aufsehen in seinem Lande, daß er – 1541 – eine Schrift verbreiten ließ, in der die Polygamie als nicht wider die Schrift verstoßend verteidigt wurde.[2] Man lebte nicht mehr im neunten oder zwölften Jahrhundert, in denen noch Vielweiberei ohne Anstoß ertragen wurde. Die Doppelehe des Landgrafen von Hessen war übrigens nicht die einzige, welche in weiten Kreisen böses Aufsehen erregte. Solche fürstliche Doppelehen wiederholten sich sowohl im siebzehnten wie im achtzehnten Jahrhundert, wie noch gezeigt werden wird.

Wenn Luther die Befriedigung des Geschlechtstriebs als ein Gebot der Natur erklärte, sprach er nur aus, was die Zeitgenossen dachten und besonders die Männerwelt für sich in Anspruch nahm. Durch die Reformation, welche die Beseitigung des Zölibats der Geistlichen und die Aufhebung der Klöster in den protestantischen Ländern durchsetzte, schuf er Hunderttausenden die Möglichkeit, unter legitimen Formen ihrem Naturtrieb gerecht zu werden. Hunderttausend andere blieben freilich, auf Grund der bestehenden Eigentumsordnung und der auf Grund derselben geschaffenen Gesetze, auch ferner davon ausgeschlossen.

---

[1] Was vollkommen richtig, aber auch erklärlich ist, da die Bibel aus einer Zeit stammt, in der Polygamie unter den Völkern des Abend- und Morgenlandes weit verbreitet war, aber sie widersprach im sechzehnten Jahrhundert aufs stärkste den Sitten. Der Verfasser

[2] Joh. Janssen, a. a. O., 3. Band.

Die Reformation war der Protest des im Entstehen begriffenen Großbürgertums gegen die Gebundenheit der feudalen Zustände in Kirche, Staat und Gesellschaft. Dieses werdende Großbürgertum strebte nach Befreiung aus den engen Banden der Zunft-, Hof- und Bannrechte, nach Zentralisation des Staatswesens, nach Vereinfachung des verschwenderisch ausgestatteten Kirchenwesens, nach Aufhebung der zahlreichen Sitze müßiger Menschen, der Klöster, und Verwendung derselben im praktischen Erwerb.

Luther war auf religiösem Gebiet der Vertreter dieser bürgerlichen Bestrebungen. Trat er für die Freiheit der Ehe ein, so konnte es sich nur um die bürgerliche Ehe handeln, die erst in unserem Zeitalter, durch das Zivilehegesetz und die damit verbundene bürgerliche Gesetzgebung, Freizügigkeit, Gewerbe- und Niederlassungsfreiheit verwirklicht wurde. Wieweit dadurch die Stellung der Frau sich veränderte, soll untersucht werden. Einstweilen waren in der Reformationszeit die Dinge noch nicht so weit gediehen. Wurde durch die Reformation vielen die Ehemöglichkeit gegeben, so wurde andererseits durch die stärkste Verfolgung dem freien Geschlechtsverkehr nachgestellt. Hatte die katholische Geistlichkeit gegen die geschlechtlichen Ausschweifungen eine gewisse Laxheit und Toleranz gezeigt, so eiferte jetzt die protestantische, nachdem sie selbst versorgt war, um so wütender dagegen. Den öffentlichen Frauenhäusern wurde der Krieg erklärt, sie wurden als „Höhlen des Satans" geschlossen, die Prostituierten als „Töchter des Teufels" verfolgt, und jede Frau, die einen „Fehltritt" beging, nach wie vor als Ausbund aller Schlechtigkeit an den Pranger gestellt.

Aus dem lebenslustigen Kleinbürger des Mittelalters, der lebte und leben ließ, wurde ein bigotter, sittenstrenger, finsterer Spießbürger, der sparte, damit seine späteren großbürgerlichen Nachkommen um so flotter leben und um so mehr verschwenden konnten. Der ehrsame Bürger mit seiner steifen Krawatte, seinem engen Gesichtskreis, seiner strengen, aber heuchlerischen Moral ward das Prototyp der Gesellschaft. Die legitime Frau, der die katholischerseits tolerierte Sinnlichkeit des Mittelalters nicht sonderlich behagt hatte, war mit dem puritanischen Geiste des Protestantismus sehr einverstanden. Aber andere Umstände, die die allgemeinen Verhältnisse in Deutschland ungünstig beeinflußten, waren auch für die Frauen von ungünstigem Einfluß.

2. *Die Folgen der Reformation. Der Dreißigjährige Krieg*

Die Umwandlung der Produktions-, der Geld- und Absatzverhältnisse, die besonders durch die Entdeckung Amerikas und des Seewegs nach Ostindien für Deutschland herbeigeführt wurde, rief eine große Reaktion auf sozialem Gebiet hervor. Deutschland hörte auf, der Mittelpunkt des europäischen Verkehrs und Handels zu sein. Das deutsche Gewerbewesen, der deutsche Handel gerieten in Verfall. Gleichzeitig hatte die kirchliche Reformation die politische Einheit der Nation zerstört. Die Reformation wurde der Deckmantel, unter dem sich die deutschen Fürsten von der Kaisergewalt zu emanzipieren suchten. Andererseits unterjochten diese Fürsten den Adel und begünstigten, um ihren Zweck leichter zu erreichen, die Städte. Auch begaben sich nicht wenige der letzteren, angesichts der immer trüber werdenden Zeitläufte, freiwillig unter die Herrschaft der Fürsten. Schließlich suchte das durch den ökonomischen Rückgang in seinem Erwerb bedrohte Bürgertum immer höhere Schranken zu errichten, um sich vor unliebsamer Konkurrenz zu schützen, und die Fürsten kamen diesem Verlangen gerne nach. Die Verknöcherung der Zustände nahm zu, aber damit auch die Verarmung.

Die weiteren Folgen der Reformation waren die religiösen Kämpfe und Verfolgungen – die von den Fürsten als Deckmantel für ihre politischen und ökonomischen Zwecke benutzt wurden –, die Deutschland mit Unterbrechungen länger als ein Jahrhundert durchtobten und mit seiner vollständigen Erschöpfung am Ende des Dreißigjährigen Krieges endeten. Deutschland war ein ungeheures Leichen- und Trümmerfeld geworden. Ganze Länder und Provinzen waren verwüstet, Hunderte von Städten, Tausende von Dörfern waren teilweise oder gänzlich niedergebrannt, viele unter ihnen sind seitdem für immer vom Erdboden verschwunden. In vielen Orten war die Bevölkerung auf den dritten, vierten, fünften, selbst auf den achten und zehnten Teil gesunken. Das galt zum Beispiel von Städten wie Nürnberg und von ganz Franken. In dieser äußersten Not kam man hier und da, um die entvölkerten Städte und Dörfer möglichst rasch wieder mit mehr Menschen zu versehen, zu dem drastischen Mittel, einem Manne ausnahmsweise *zwei Frauen zu erlauben.* Die Männer hatten die Kriege vernichtet, aber Frauen gab es in Überzahl. So faßte am 14. Februar 1650 der Fränkische Kreistag zu Nürnberg den Beschluß,

„daß Männer unter 60 Jahren nicht in Klöster aufgenommen werden durften“; des weiteren befahl er, „denen Jenigen Priestern, Pfarrherrn, so nicht ordensleuth, oder auff den Stifftern Canonikaten, sich Ehelich zu verheyrathen“. „Darzu sollte jeder Mannßperson zwey Weyber zu heyrathen erlaubt sein: dabey doch alle und jede Mannßperson erinnert, auch auff *den Kanzeln* öffters ermanth werden sollen, Sich dergestalten hierinnen zu verhalten und vorzusehen, daß er sich völlig und gebürender Discretion und vorsorg befleißige, damit Er als Ehelicher Mann, der ihm zwei Weyber zu nemmen getraut, beide Ehefrauen nicht allein nothwendig versorge, sondern auch under Ihnen allen Unwillen verhuette.“

Es wurde also sogar die Kanzel benutzt, um die Doppelehe zu propagieren und den Ehemännern Verhaltungsmaßregeln zu geben. Auch stockten Handel und Wandel und Gewerbe in dieser langen Zeit, ja vielfach waren sie gänzlich zugrunde gerichtet und konnten erst nach und nach sich erholen. Ein großer Teil der Bevölkerung war verroht und demoralisiert und aller geordneten Tätigkeit entwöhnt. Waren es während der Kriege die raubenden, plündernden, schändenden und mordenden Söldnerheere, die Deutschland von einem Ende zum anderen durchzogen und gleichzeitig Freund und Feind brandschatzten und niederwarfen, so waren es nach den Kriegen ungezählte Räuber-, Bettler- und Vagabundenscharen, welche die Bevölkerung in Angst und Schrecken setzten und Handel und Verkehr hinderten oder vernichteten. Namentlich war für das weibliche Geschlecht eine große Leidenszeit angebrochen. In dieser Zeit der Zügellosigkeit hatte die Verachtung der Frau die größten Fortschritte gemacht, auf ihren Schultern lastete die allgemeine Erwerbslosigkeit am stärksten. Zu Tausenden bevölkerten Frauen, gleich den vagabundierenden Männern, die Landstraßen und Wälder und füllten Armenhäuser und Gefängnisse. Zu all diesen Leiden kam die gewaltsame Vertreibung zahlreicher Bauernfamilien durch einen landhungrigen Adel. Hatte sich der letztere seit der Reformation immer mehr unter die Fürstenmacht ducken müssen und war er durch Hofämter und militärische Stellen in immer größere Abhängigkeit von diesen geraten, so suchte er jetzt den Schaden, den ihm die Fürsten zugefügt, doppelt und dreifach hereinzubringen durch den Raub am Bauerngut. Dagegen bot die Reformation den Fürsten den erwünschten Vorwand, sich des reichen Kirchenguts zu bemächtigen, das sie in ungezählten Morgen Landes schluckten. Der Kurfürst August von Sachsen zum Beispiel hatte bis zum Ende des sechzehnten Jahrhunderts nicht weniger als dreihundert geistliche Güter ihrem ursprünglichen Zweck entfremdet.[1] Und wie er hatten es seine Herren Brüder und Vettern, die übrigen protestantischen Fürsten, allen voran die Hohenzollern, gemacht. Der Adel ahmte das Beispiel nach, indem er das noch vorhandene Gemeindeland oder herrenlos gewordene Bauerngüter einsackte und sowohl freie wie leibeigene Bauern von Haus und Hof vertrieb und mit deren Gütern sich bereicherte. Die verunglückten Bauernaufstände im sechzehnten Jahrhundert lieferten dazu den erwünschten Vorwand. Und nachdem der Versuch einmal gelungen war, fehlte es nicht an Gründen, um in gleich gewalttätiger Weise weiterzugehen. Mit Hilfe von allerlei Schikanen, Drangsalierungen und Rechtsverdrehungen, zu denen das mittlerweile allgemein eingebürgerte römische Recht die bequeme Handhabe bot, wurden, um des Adels Besitz zu arrondieren, die Bauern zu niedrigsten Preisen ausgekauft oder von ihrem Eigentum verdrängt. Ganze Dörfer, die Bauernhöfe halber Provinzen wurden auf diese Weise niedergeworfen. So waren, um nur einige Beispiele anzuführen, von 12 543 ritterschaftlichen Bauernstellen, die Mecklenburg noch zur Zeit des Dreißigjährigen Krieges besaß, im Jahre 1848 nur noch 1213 vorhanden. In Pommern gingen seit 1628 über 12 000 Bauernhöfe ein. Die Umwandlung in der bäuerlichen Wirtschaftsweise, die sich im Laufe des siebzehnten Jahrhunderts vollzog, war ein weiterer Anreiz, die Expropriation der Bauernhöfe vorzunehmen und die letzten Reste des Gemeindelandes in adliges Besitztum zu verwandeln. Es war die Koppelwirtschaft eingeführt worden, die erlaubte, in bestimmten Zeitabschnitten einen Wechsel in der Bebauung des Grund und Bodens eintreten zu lassen. Getreideland wurde zeitweilig in Weide verwandelt, was die Viehzucht begünstigte und ermöglichte, die Zahl der Arbeitskräfte zu vermindern.

In den Städten sah es nicht besser aus als auf dem Lande. Ehemals hatte man ohne Widerstreben auch den Frauen gestattet, den Meistertitel zu erwerben und Gesellen und Lehrlinge zu beschäftigen, ja man zwang sie sogar in die Zünfte, um sie zu gleichen Konkurrenzbedingungen zu nötigen. So gab es selbständige Frauen in der Leinenweberei, der Wollweberei, der Tuchmacherei und Schneiderei, der Teppichwirkerei; es gab weibliche Goldspinner, Goldschläger, Gürtler,

[1] Joh. Janssen, Geschichte des deutschen Volkes. 3. Band.

Riemenschneider usw. Wir finden zum Beispiel weibliche Kürschner in Frankfurt und in den schlesischen Städten, Bäcker in den mittelrheinischen Städten, Wappensticker und Gürtler in Köln und Straßburg, Riemenschneider in Bremen, Tuchscherer in Frankfurt, Lohgerber in Nürnberg, Goldspinner und Goldschläger in Köln.[1] In dem Maße aber, wie die Verhältnisse der Handwerker sich verschlechterten, verschlechterte sich speziell die Stimmung gegen die weiblichen Konkurrenten. In Frankreich wurden die Frauen schon mit dem Ende des vierzehnten Jahrhunderts vom Gewerbe ausgeschlossen, in Deutschland erst gegen Ende des siebzehnten Jahrhunderts. Anfangs verbot man ihnen, Meister zu werden – mit Ausnahme der Witwen –, später schloß man sie auch als Gehilfinnen aus. Auch die Beseitigung des prunkvollen katholischen Kultus durch Protestantisierung hatte eine Menge Gewerbe, namentlich Kunstgewerbe, aufs schwerste geschädigt oder gänzlich vernichtet, und gerade in diesen Gewerben waren viele Frauen beschäftigt gewesen. Ferner veranlaßte die Konfiskation und Säkularisation der großen Kirchenvermögen einen Rückgang der Armenpflege, unter dem in erster Linie die Witwen und Waisen litten.

Der allgemeine wirtschaftliche Zerfall, der aus all den angeführten Ursachen im sechzehnten Jahrhundert eingetreten war und das siebzehnte Jahrhundert fortdauerte, veranlaßte alsdann eine immer strengere Ehegesetzgebung. Handwerksgesellen und dienenden Personen (Knechten und Mägden) wurde die Ehe überhaupt verboten, es sei denn, sie konnten beweisen, daß keine Gefahr bestand, der Gemeinde, zu der sie gehörten, mit ihrer künftigen Familie zur Last zu fallen. Eheschließungen ohne die gesetzlichen Voraussetzungen wurden mit harten, zum Teil barbarischen Strafen belegt, zum Beispiel nach dem bayerischen Rechte mit Karbatschstreichen und Einsperrung. Besonders harten Verfolgungen waren aber die sogenannten wilden Ehen ausgesetzt, die sich um so häufiger bildeten, je schwerer die Erlangung der Erlaubnis zur Heirat war. Die Angst vor Übervölkerung beherrschte die Gemüter, und um die Zahl der Bettler und Vaganten zu vermindern, jagte ein landesherrliches Dekret das andere, und eines war härter als das andere.

[1] Dr. Karl Bücher, Die Frauenfrage im Mittelalter.

Sechstes Kapitel

Das achtzehnte Jahrhundert

1. Hofleben in Deutschland

Dem Beispiel Ludwigs XIV. von Frankreich folgend, entfaltete die große Mehrzahl der in jener Zeit außerordentlich zahlreichen deutschen Fürstenhöfe eine Verschwendung in allerlei Glanz und Flitter und namentlich durch ihre Mätressenwirtschaft, die im umgekehrten Verhältnis zur Größe und Leistungsfähigkeit der Länder und Ländchen stand. Die Geschichte der Fürstenhöfe des achtzehnten Jahrhunderts gehört zu den häßlichsten Kapiteln der Geschichte. Ein Potentat suchte den anderen an hohler Aufgeblasenheit, verrückter Verschwendungssucht und kostspieligen militärischen Spielereien zu übertreffen. Vor allem aber wurde in toller Weiberwirtschaft das Unglaublichste geleistet. Es ist schwer zu sagen, welchem von den vielen deutschen Höfen in dieser verschwenderischen, das öffentliche Leben korrumpierenden Lebensweise die Palme gebührt. Heute war es dieser, morgen jener Hof, kein deutscher Staat blieb von diesem Treiben verschont. Der Adel machte es den Fürsten nach und in den Residenzstädten die Bürger wieder dem Adel. Hatte die Tochter einer bürgerlichen Familie das Glück, einem hohen Herrn am Hofe oder gar Serenissimus zu gefallen, so war dieselbe unter zwanzig Fällen neunzehnmal von dieser Gnade aufs höchste beglückt, und die Familie war bereit, sie zur adligen oder fürstlichen Mätresse herzugeben. Dasselbe war bei den meisten Adelsfamilien der Fall, wenn eine ihrer Töchter das Wohlgefallen des Fürsten fand. Charakterlosigkeit und Schamlosigkeit beherrschten weite Kreise.

Mit am schlimmsten stand es in den beiden deutschen Hauptstädten, in Wien und Berlin. Im deutschen Capua, in Wien, herrschte zwar einen großen Teil des Jahrhunderts die sittenstrenge Maria Theresia, aber sie war ohnmächtig gegenüber dem Treiben eines reichen, in sinnlichen Genüssen versunkenen Adels und der ihm nacheifernden bürgerlichen Kreise. Mit ihren Keuschheitskommissionen, die sie niedersetzte und mit Hilfe deren ein ausgedehntes Spioniersystem organisiert wurde, rief sie teils Erbitterung hervor, teils machte sie sich lächerlich damit. Der Erfolg war gleich Null. Im frivolen Wien machten in der zweiten Hälfte des achtzehnten Jahrhunderts Sprüchlein die Runde wie jene: „Man muß seinen Nächsten lieben wie sich selbst, das heißt, man muß das Weib eines anderen so lieb haben wie sein eigenes." Oder: „Wenn die Frau rechts geht, darf der Mann links marschieren. Nimmt sie sich einen Aufwärter, so sucht er sich eine Freundin." Wie frivol man in jener Zeit über Ehe und Ehebrüche dachte, geht aus einem Briefe des Dichters E. Chr. v. Kleist hervor, den dieser 1751 an seinen Freund Gleim schrieb. Darin hieß es: „Sie wissen doch schon die Aventure des Markgrafen Heinrich. Er hat seine Gemahlin auf seine Güter geschickt und will sich von ihr separieren, weil er den Prinzen von Holstein bei ihr im Bette getroffen hat ... Der Markgraf hätte wohl besser getan, wenn er den Handel verschwiegen hätte, statt daß er jetzt ganz Berlin und die halbe Welt von sich sprechen macht. Überdem *soll man eine so natürliche Sache nicht so übelnehmen*, zumal wenn man selber nicht so glaubensfest ist wie der Markgraf. Der Ekel ist doch ganz unausbleiblich in der Ehe, *und alle Männer und Frauen sind durch ihre Vorstellungen von anderen liebenswürdigen Personen nezessicret, untreu zu sein. Wie kann dies bestraft werden, wozu man gezwungen ist?*" Über die Zustände in Berlin schrieb 1772 der englische Gesandte Lord Malmesbury: „Eine totale Sittenverderbnis beherrscht beide Geschlechter aller Klassen, wozu noch die Dürftigkeit kommt, die notwendigerweise teils durch die vom jetzigen König ausgehende Besteuerung, teils durch die Liebe zum Luxus, die sie seinem Großvater abgelernt, herbeigeführt worden sind. Die Männer führen mit beschränkten Mitteln ein ausschweifendes Leben, die Frauen aber sind Harpyien ohne alle Scham. Sie geben sich *dem* preis, der am besten bezahlt, Zartgefühl und wahre Liebe sind ihnen unbekannte Dinge."

Mit am schlimmsten ging es in Berlin unter Friedrich Wilhelm II. zu, der von 1786 bis 1797 regierte. Er ging mit dem schlechtesten Beispiel seinem Volke voran. Sein Hofpfaffe Zöllner erniedrigte sich sogar dazu, ihm seine Mätresse, Julie v. Voß, als zweite Ehefrau anzutrauen. Und als diese bald nachher im ersten Wochenbett starb, ging abermals Zöllner darauf ein, ihn mit seiner zweiten Mätresse, der Gräfin Sophie v. Dönhoff, zu vermählen.

Das schlechte Beispiel, das Friedrich Wilhelm II. am Ende des Jahrhunderts gab, hatten ihm einige seiner Herren Vettern schon zu Anfang des Jahrhunderts vorgemacht. Ende Juli 1706 ließ sich der Herzog Eberhard Ludwig von Württemberg seine Mätresse, die Grävenitz, die „Landverderberin", wie man sie noch heute in Württemberg nennt, als zweite Frau antrauen. Diese Ehe schloß ein junger Geistlicher, M. Pfähler, der Pfarrer in Mühlen a. N. war. Und Eberhard Ludwigs leiblicher Vetter, der Herzog Leopold Eberhard zu Mömpelgard, trieb es noch ärger, denn er besaß gleichzeitig *drei* Ehefrauen, von welchen obendrein zwei Schwestern waren. Von seinen dreizehn Kindern vermählte er zwei miteinander. Das Verhalten dieser Landesväter rief zwar große Entrüstung bei ihren Untertanen hervor, aber dabei bewendete es. Nur bei dem Herzog von Württemberg gelang es kaiserlicher Intervention im Jahre 1708, die Ehe mit der Grävenitz rückgängig zu machen. Aber diese ging bald darauf mit einem verkommenen Grafen v. Würben eine Scheinehe ein und blieb nunmehr noch zwanzig Jahre lang die Geliebte des Herzogs und die „Landverderberin" für Schwaben.

2. *Der Merkantilismus und die neue Ehegesetzgebung*

Das Wachstum der Fürstenmacht seit dem sechzehnten Jahrhundert und der damit beginnenden Ära der größeren Staatenbildungen hatte zur Gründung der stehenden Heere geführt, die nicht ohne erhebliche Steuerlasten unterhalten werden konnten, wozu noch das verschwenderische Leben an den meisten Höfen kam, das Unsummen erforderte.

Diese Ansprüche konnten nur durch eine zahlreiche und steuerfähige Bevölkerung gedeckt werden, und so suchten die verschiedenen Regierungen, namentlich der größeren Staaten, vom achtzehnten Jahrhundert ab, durch entsprechende Maßregeln Bevölkerungszahl und Steuerfähigkeit nach Möglichkeit zu heben.

Der Weg dazu war gegeben durch die soziale und ökonomische Umwälzung, die, wie erwähnt, die Entdeckung Amerikas, die Umschiffung Afrikas und die Entdeckung des Seewegs nach Ostindien hervorgerufen hatte und jede neue Erdumsegelung förderte. Diese Umwälzung ergriff zunächst Westeuropa, später aber auch Deutschland. Die neuen Verkehrswege hatten neue Handelsbeziehungen von bisher unbekannter und ungeahnter Ausdehnung geschaffen. Portugiesen, Spanier, Niederländer, Engländer suchten in erster Linie von dem Umschwung der Dinge zu profitieren. Aber auch Frankreich und schließlich auch Deutschland gewannen davon. Letzteres war durch die Religionskriege und seine politische Spaltung am meisten geschädigt worden und wirtschaftlich am weitesten zurückgeblieben. Die neuen Weltmarktsbedürfnisse, hervorgerufen durch Eröffnung immer neuer Absatzgebiete für europäische Gewerbe- und Industrieerzeugnisse, revolutionierten nicht nur die handwerksmäßige Produktionsweise, sondern auch die Anschauungen, das Fühlen und Denken der europäischen Völker und ihrer Regierungen.

An Stelle der bisher ausschließlich handwerksmäßigen Produktion, die nur für die täglichen Bedürfnisse des Ortes und dessen nächste Umgebung arbeitete, trat die Manufaktur, das heißt die Massenproduktion durch Anwendung einer größeren Zahl von Arbeitern bei möglichst entwickelter Arbeitsteilung. Der Kaufmann mit größeren finanziellen Mitteln und weiterem Blicke wurde der Leiter dieser neuen Produktionsform, durch die das Handwerk zum Teil ersetzt, zum Teil verdrängt, aber auch die zünftlerische Organisation desselben zerstört wurde. Damit war eine Periode eingetreten, in der auch wieder die Frau ihre Kräfte in gewerblicher Tätigkeit anwenden konnte. Der hausindustrielle oder fabrikmäßige Betrieb in der Leinenerzeugung, der Wollspinnerei und Weberei, der Wirkerei, der Tuchschererei, der Posamentenherstellung usw. eröffnete ihr ein großes Feld ihrer Tätigkeit. Gegen Ende des achtzehnten Jahrhunderts waren bereits an 100 000 Frauen und 80 000 Kinder in den Spinnereien, Webereien und Druckereien Englands und Schottlands beschäftigt, allerdings vielfach unter Arbeitsbedingungen, die in bezug auf Lohn und Dauer der Arbeitszeit als haarsträubend bezeichnet werden müssen. Ähnlich lagen die Verhältnisse in Frankreich, wo um dieselbe Zeit ebenfalls Zehntausende von Frauen in zahlreichen Fabriken beschäftigt wurden.

Diese ökonomische Entwicklung forderte aber mehr Menschen, und da diese in den Eroberungskriegen des sechzehnten, siebzehnten und achtzehnten Jahrhunderts in Europa und jenseits der Meere stark vermindert worden waren, mit Anfang des achtzehnten Jahrhunderts auch die Auswanderung nach überseeischen Gebieten begann, so stellte sich für die vorgeschritteneren Regierungen das erhöhte Bedürfnis heraus, die Eheschließung und die Niederlassung zu erleichtern.

Das durch seine Weltmachtpolitik frühzeitig an Menschen ausgepowerte Spanien sah sich deshalb bereits 1623 genötigt, ein Gesetz zu erlassen, wonach alle Personen, die zwischen dem 18. und 25. Lebensjahr ehelichten, auf eine Reihe Jahre von allen Abgaben und Steuern befreit wurden. Unbemittelten Personen wurde sogar aus öffentlichen Kassen eine Mitgift gewährt. Ferner wurde Eltern, die wenigstens sechs männliche eheliche Kinder am Leben hatten, volle Steuer- und Abgabenfreiheit zugesagt. Auch begünstigte Spanien die Einwanderung und die Kolonisation.

In Frankreich sah sich Ludwig XIV. genötigt, der Menschenverwüstung, die er durch seine Kriege herbeigeführt hatte, dadurch entgegenzuwirken, daß er allen Taillepflichtigen, und dazu gehörte die sehr große Mehrheit der Bevölkerung, wenn sie vor dem 21. oder 20. Lebensjahr heirateten, auf vier bzw. fünf Jahre Abgabefreiheit bewilligte. Volle Abgabenfreiheit wurde ferner allen Taillepflichtigen gewährt, die zehn lebende Kinder hatten, von denen keines Priester, Mönch oder Nonne geworden war. Edelleute mit der gleichen Zahl Kinder, von denen keines geistlich geworden war, erhielten eine jährliche Pension von 1000 bis 2000 Livres, und die der Taille nicht unterworfenen Bürger erhielten unter den gleichen Bedingungen die Hälfte dieser Summe. Der Marschall Moritz von Sachsen riet sogar Ludwig XV. an, Eheschließungen nur auf die Dauer von fünf Jahren zuzulassen.

In Preußen suchte man durch Verordnungen in den Jahren 1688, 1721, 1726, 1736 und entsprechende staatliche Maßregeln die Einwanderung zu begünstigen, namentlich die der in Frankreich und Österreich wegen ihrer Religion Verfolgten. Die Bevölkerungstheorie Friedrichs des Großen kommt drastisch in einem Briefe zum Ausdruck, den er am 26. August 1741 an Voltaire richtete, dem er schrieb: „Ich betrachte die Menschen als eine Herde Hirsche in dem Wildpark eines großen Herrn, die keine andere Aufgabe haben, als den Park zu pöblieren." Er hat allerdings durch seine Kriege die Notwendigkeit geschaffen, daß sein Wildpark wieder pöbliert wurde. Auch begünstigte man in Österreich, Württemberg und Braunschweig die Einwanderung und erließ in diesen Staaten wie in Preußen Auswanderungsverbote. Ferner beseitigten im achtzehnten Jahrhundert England und Frankreich alle Eheschließungs- und Niederlassungshindernisse – Beispiele, denen andere Staaten folgten. In den ersten drei

Vierteln des achtzehnten Jahrhunderts betrachteten die Nationalökonomen, wie die Regierungen, eine große Bevölkerungszahl als Ursache der höchsten Glückseligkeit der Staaten. Erst mit dem Ende des achtzehnten und dem Anfang des neunzehnten Jahrhunderts trat wieder ein Umschlag ein, hervorgerufen durch große ökonomische Krisen und revolutionäre und kriegerische Ereignisse, die in der ersten Hälfte des neunzehnten Jahrhunderts sich fortsetzten, speziell im südlichen Deutschland und Österreich. Man erhöhte jetzt wieder das Alter, in dem eine Ehe geschlossen werden durfte, und verlangte für die Eheschließung den Nachweis eines bestimmten Vermögens oder eines gesicherten Einkommens und eine bestimmte Lebensstellung. Den Mittellosen wurde die Schließung einer Ehe unmöglich gemacht, und man räumte namentlich den Gemeinden einen großen Einfluß auf Festsetzung der Aufnahme- und Eheschließungsbedingungen ein. Man verbot sogar hier und da den Bauern die Errichtung sogenannter Tagewerkshäuser oder verordnete, wie in Bayern, das noch bis in die Jetztzeit eine rückständige Heimatsgesetzgebung besitzt, die Niederreißung der ohne kurfürstlichen Konsens erbauten Tagewerkshäuser an. Nur in Preußen und Sachsen blieb die Ehegesetzgebung vergleichsweise liberal. Die Folge dieser Ehebeschränkungen war, daß, da die menschliche Natur sich nicht unterdrücken läßt, allen Hemmnissen und Scherereien zum Trotz Konkubinatsverhältnisse in Menge entstanden und die Zahl der unehelichen Kinder in manchen deutschen Kleinstaaten an die Zahl der ehelichen nahe heranreichte. Das waren die Wirkungen eines väterlichen Regiments, das sich auf seine Moral und sein Christentum etwas zugute tat.

3. Die Französische Revolution und die Großindustrie

Die verheiratete Frau des Bürgerstandes lebte in jener Zeit in strenger häuslicher Zurückgezogenheit; die Zahl ihrer Arbeiten und Verrichtungen war eine so große, daß sie als gewissenhafte Hausfrau von früh bis spät auf dem Posten sein mußte, um ihren Pflichten zu genügen, und das war ihr nur mit Hilfe ihrer Töchter möglich. Es waren nicht bloß die täglichen häuslichen Arbeiten zu verrichten, die auch noch heute die kleinbürgerliche Hausfrau zu verrichten hat, sondern auch noch viele andere, von welchen die Frau der Gegenwart durch die moderne Entwicklung befreit worden ist. Sie mußte spinnen, weben, bleichen, die Wäsche und die Kleider selber fertigen, Seife kochen, Lichter ziehen, Bier brauen, kurz, sie war das reine Aschenbrödel und ihre einzige Erholung der Kirchgang am Sonntag. Eheschließungen kamen nur innerhalb desselben gesellschaftlichen Kreises vor, der strengste und lächerlichste Kastengeist beherrschte alle Verhältnisse. Die Töchter wurden in dem gleichen Geiste erzogen und in strengster häuslicher Klausur gehalten; ihre geistige Ausbildung war unbedeutend, und ihr Gesichtskreis ging nicht über den Rahmen der engsten häuslichen Beziehungen hinaus. Dazu kam ein leeres und hohles Formenwesen, das Bildung und Geist ersetzte und das Leben der Frau zu einem wahren Tretmühlengang machte. Der Geist der Reformation war in das ärgste Zopftum ausgeartet, die natürlichsten Triebe im Menschen und seine Lebensfreudigkeit wurden unter einem Wust von „würdig" vorgetragenen, aber geisttötenden Lebensregeln erstickt. Hohlheit und Beschränktheit beherrschten das Bürgertum, und was hinter diesem stand, lebte unter dem bleiernen Drucke und unter den kümmerlichsten Bedingungen.

Es kam die Französische Revolution, die in Frankreich die alte staatliche und gesellschaftliche Ordnung hinwegfegte, aber auch einen Hauch ihres Geistes nach Deutschland sandte, dem auf die Dauer das Alte nicht mehr widerstehen konnte. Speziell die französische Fremdherrschaft hatte für Deutschland die Wirkung einer Revolution; sie stürzte das Alte, Abgelebte oder beschleunigte, wie in Preußen, seinen Sturz. Und was auch immer in der Reaktionsperiode nach 1815 versucht wurde, um das Rad der Zeit wieder zurückzudrehen, das Neue war zu mächtig geworden und blieb schließlich Sieger.

Zunftprivilegien, persönliche Gebundenheit, Markt- und Bannrechte wanderten allmählich in den vorgeschritteneren Staaten in die Rumpelkammer. Neue technische Verbesserungen und Erfindungen, vor allem die Erfindung und Verbesserung der Dampfmaschine und die daraus folgende weitere Verbilligung der Waren, sorgten für Massenbeschäftigung, speziell auch der Frauen. Die große Industrie feierte ihre Geburt. Fabriken, Eisenbahnen und Dampfschiffe wurden geschaffen, der Bergbau, der Hüttenbetrieb, die Glas- und Porzellanmanufaktur, die Textilindustrie in ihren verschiedenen Zweigen, der Maschinenbau, die Werkzeugfabrikation, das Bauwesen usw. wuchsen empor; Universitäten und technische Hochschulen lieferten die geistigen Kräfte, die diese Entwicklung benötigte. Die neuaufkommende Klasse, das kapitalistische Großbürgertum, die Bourgeoisie, unterstützt von allen, die dem Fortschritt huldigten, drängte auf Beseitigung der immer unhaltbarer gewordenen Zustände. Was die Revolution von unten in den Bewegungsjahren von 1848 und 1849 ins Wanken gebracht, beseitigte die Revolution von oben des Jahres 1866. Es kam die politische Einheit nach dem Herzen der Bourgeoisie, der die Niederwerfung der noch vorhandenen wirtschaftlichen und sozialen Schranken folgte. Es kam die Gewerbefreiheit, die Freizügigkeit, die Aufhebung der Ehebeschränkungen, die Niederlassungsfreiheit, kurz jene ganze Gesetzgebung, der der Kapitalismus zu seiner Entwicklung bedurfte. Neben dem Arbeiter war es speziell die Frau, die von dieser neuen Entwicklung profitierte, die ihr freiere Bahn schuf.

Schon vor der neuen Ordnung der Dinge durch das Jahr 1866 waren eine Anzahl Schranken in verschiedenen deutschen Staaten gefallen und hatten verzopfte Reaktionäre veranlaßt, den Untergang von Sitte und Moral zu prophezeien. So klagte bereits 1863 der Bischof von Mainz, Herr v. Ketteler, „daß die Niederreißung der vorhandenen Schranken der Eheschließungen die Auflösung der Ehe bedeute. denn nunmehr sei es den Ehegenossen möglich, nach Belieben auseinanderzulaufen“, eine Klage, die ungewollt das Einverständnis enthält, daß die moralischen Bande in der heutigen Ehe so schwache sind, daß nur der stärkste Zwang die Ehegenossen zusammenhält.

Der Umstand nun, daß die gegen früher viel zahlreicher geschlossenen Ehen eine rasche Bevölkerungszunahme bewirkten und das unter der neuen Ära sich riesenhaft entwickelnde Industriesystem viele früher nicht gekannte soziale Übelstände schuf, rief ähnlich wie in früheren Perioden wieder die Angst vor Übervölkerung hervor. Es wird sich zeigen, was diese Furcht vor Übervölkerung zu bedeuten hat; wir werden sie auf ihren wahren Wert zurückführen.

Zweiter Abschnitt

DIE FRAU
IN DER GEGENWART

Siebentes Kapitel

Die Frau als Geschlechtswesen

1. Der Geschlechtstrieb

In der bürgerlichen Welt rangiert die Frau an zweiter Stelle. Erst kommt der Mann, dann sie. Es besteht also fast das umgekehrte Verhältnis wie im Zeitalter der Mutterfolge. Die Entwicklung vom primitiven Kommunismus zur Herrschaft des Privateigentums hat in erster Linie diese Umwandlung herbeigeführt.

Plato dankte den Göttern für acht Wohltaten, die sie ihm erwiesen hätten. Als die erste Wohltat betrachtete er, daß sie ihn als Freien und nicht als Sklaven geboren sein ließen, aber die zweite war, daß er als Mann und nicht als Frau geboren wurde. Ein ähnlicher Gedanke spricht sich im Morgengebet der Judenmänner aus. Diese beten: „Gelobt seist du Gott unser Herr und Herr aller Welt, *der mich nicht zu einem Weibe gemacht hat.*" Dagegen beten die Judenfrauen an der entsprechenden Stelle: „... *der mich nach seinem Willen geschaffen hat.*" Der Gegensatz in der Stellung der Geschlechter kann nicht schärfer zum Ausdruck kommen, als es im Ausspruch Platos und im Gebet der Juden geschieht. Der Mann ist der eigentliche Mensch nach zahlreichen Stellen in der Bibel, wie nach der englischen und französischen Sprache, in der für Mann und Mensch das gleiche Wort vorhanden ist. Auch wenn wir vom Volke sprechen, denken wir in der Regel nur an die Männer. Die Frau ist eine vernachlässigte Größe und auf alle Fälle der Mann ihr Gebieter. Das findet die Männerwelt in der Ordnung, und die Mehrheit der Frauenwelt nimmt es bis jetzt als unabweisbare Schickung hin. In dieser Auffassung widerspiegelt sich die Lage des weiblichen Geschlechts.

Ganz unabhängig von der Frage, ob die Frau als Proletarierin unterdrückt ist, sie ist es in der Welt des Privateigentums als Geschlechtswesen. Eine Menge Hemmnisse und Hindernisse, die der Mann nicht kennt, bestehen für sie auf Schritt und Tritt. Vieles, was dem Mann erlaubt ist, ist ihr untersagt; eine Menge gesellschaftlicher Rechte und Freiheiten, die jener genießt, sind, wenn von ihr ausgeübt, ein Fehler oder ein Verbrechen. Sie leidet als soziales und als Geschlechtswesen. Es ist schwer zu sagen, in welcher von beiden Beziehungen sie am meisten leidet, und daher ist der Wunsch vieler Frauen begreiflich, daß sie möchten als Mann und nicht als Weib geboren worden sein.

Unter allen Naturtrieben, die der Mensch besitzt, ist nächst dem Trieb zu essen, um zu leben, der Geschlechtstrieb der stärkste. Der Trieb, die Gattung fortzupflanzen, ist der potenzierteste Ausdruck des „Willens zum Leben". Dieser Trieb ist jedem normal entwickelten Menschen tief eingepflanzt, und nach erlangter Reife ist die Befriedigung desselben eine wesentliche Bedingung für seine physische und geistige Gesundheit. Luther hat recht, wenn er sagt: „Wer nun dem Naturtrieb wehren will und nicht lassen gehen, wie Natur will und muß, was tut er anders, denn er will wehren, daß Natur nicht Natur sei, daß Feuer nicht brenne, Wasser nicht netze, der Mensch nicht esse, noch trinke, noch schlafe." Diese Worte sollte man in Stein über die Türen unserer Kirchen meißeln, in welchen so eifrig gegen das „sündhafte Fleisch" gepredigt wird. Treffender kann kein Arzt und Physiologe die Notwendigkeit der Befriedigung des Liebesbedürfnisses im Menschen bezeichnen.

Es ist ein Gebot des Menschen gegen sich selbst, das er erfüllen muß, will er in normaler und gesunder Weise sich entwickeln, daß er kein Glied seines Körpers in der Übung vernachlässigt und keinem natürlichen Trieb seine normale Befriedigung versagt. Jedes Glied soll die Funktionen, für die es von Natur bestimmt ist, erfüllen, bei Strafe der Schädigung des Organismus. Die Gesetze der physischen Entwicklung des Menschen müssen ebenso studiert und befolgt werden, wie die der geistigen Entwicklung. Die geistige Tätigkeit des Menschen hängt von der physiologischen Beschaffenheit seiner Organe ab. Die volle Gesundheit beider hängt auf das innigste zusammen. Eine Störung in dem einen muß auch störend auf den anderen Teil wirken. Die sogenannten tierischen Bedürfnisse nehmen keine andere Stufe ein als die sogenannten geistigen. Die einen und die anderen sind Wirkung desselben Organismus und sind die einen von den anderen beeinflußt. Das gilt für den Mann wie für die Frau.

Daraus folgt, daß die Kenntnis der Eigenschaften der Geschlechtsorgane ebenso notwendig ist wie die aller anderen Organe und der Mensch ihrer Pflege die gleiche Sorge angedeihen lassen muß. Er muß wissen, daß Organe und Triebe, die jedem Menschen eingepflanzt sind und einen sehr wesentlichen Teil seiner Natur ausmachen, ja in gewissen Lebensperioden ihn *vollständig* beherrschen, nicht Gegenstand der Geheimnistuerei, falscher Scham und kompletter Unwissenheit sein dürfen. Daraus folgt weiter, daß Kenntnis der Physiologie und Anatomie der verschiedenen Organe und ihrer Funktionen bei Männern und Frauen ebenso verbreitet sein sollte als irgendein anderer Zweig menschlichen Wissens. Ausgestattet mit einer genauen Kenntnis seiner physischen Natur, wird der Mensch viele Lebensverhältnisse mit anderen Augen ansehen. Es würde die Beseitigung von Übelständen sich von selbst aufdrängen, an denen gegenwärtig die Gesellschaft schweigend in heiliger Scheu vorübergeht, die aber fast in jeder Familie sich Beachtung erzwingen. In allen sonstigen Dingen gilt Wissen für eine Tugend, als das erstrebenswerteste, menschlich schönste Ziel, aber nur nicht Wissen in *den* Dingen, die mit dem Wesen und der Gesundheit unseres eigenen Ichs und mit der Grundlage aller gesellschaftlichen Entwicklung in engster Beziehung stehen.

Kant sagt: „Mann und Frau bilden erst zusammen den vollen und ganzen Menschen, ein Geschlecht ergänzt das andere.“ *Schopenhauer* erklärt: „Der Geschlechtstrieb ist die vollkommenste Äußerung des Willens zum Leben, mithin Konzentration allen Wollens ... Die Bejahung des Willens zum Leben konzentriert sich im Zeugungsakt, und dieser ist ihr entschiedenster Ausdruck.“ Und lange vor diesen äußerte *Buddha*: „Der Geschlechtstrieb ist schärfer als der Haken, womit man wilde Elefanten zähmt; er ist heißer als Flammen, er ist wie ein Pfeil, der in den Geist des Menschen getrieben wird.“

Bei solcher Intensität des Geschlechtstriebs darf es nicht verwundern, daß geschlechtliche Enthaltsamkeit im reifen Alter nicht selten bei dem einen wie bei dem anderen Geschlecht derart auf das Nervenleben und den ganzen Organismus einwirkt, daß sie zu schweren Störungen und Verirrungen, unter Umständen zu Wahnsinn und zum Selbstmord führt. Allerdings macht sich der Geschlechtstrieb nicht bei allen Naturen gleich heftig geltend: Es kann auch viel zu seiner Zügelung geschehen durch Erziehung und Selbstbeherrschung, namentlich durch Vermeidung des Anreizes dazu infolge von entsprechender Unterhaltung, Lektüre, Alkoholismus und dergleichen. Im allgemeinen soll der Reiz sich weniger bei Frauen als bei Männern bemerkbar machen, ja sogar manchmal bei Frauen ein gewisser Widerwille gegen den Geschlechtsakt bestehen. Aber das ist eine kleine Minderzahl, bei der physiologische und psychologische Anlagen diesen Zustand herbeiführen.

Man darf also sagen, daß in dem Maße, wie die Triebe und Lebensäußerungen bei den Geschlechtern sich ausprägen, sowohl in organischer als in seelischer Ausbildung und in Form und Charakter zum Ausdruck kommen, um so vollkommener ist der Mensch, sei er Mann oder Frau. Jedes Geschlecht ist zur höchsten Vollendung seiner selbst gekommen. „Bei dem sittlichen Menschen", sagt *Klencke* in seiner Schrift „Das Weib als Gattin", „ist allerdings der Zwang des Gattungslebens unter die Leitung des von der Vernunft diktierten sittlichen Prinzips gestellt, aber es wäre selbst der höchstmöglichen Freiheit *nicht möglich*, die zwingende Mahnung der Gattungserhaltung, welche die Natur in den normalen organischen Ausdruck beider Geschlechter legte, gänzlich zum Schweigen zu bringen, und wo gesunde männliche oder weibliche Individuen dieser *Pflicht* gegen die Natur zeitlebens *nicht* nachkommen, da war es *nicht der freie Entschluß des Widerstandes*, auch wo er als solcher ausgegeben oder in *Selbsttäuschung* als Willensfreiheit bezeichnet werden sollte, *sondern die Folge sozialer Hemmungen* und Folgerungen, *die das Naturrecht schmälerten* und die Organe verwelken ließen, aber auch dem Gesamtorganismus den Typus der Verkümmerung, des geschlechtlichen Gegensatzes, sowohl in der Erscheinung als im Charakter aufdrücken und durch Nervenverstimmung krankhafte Richtungen und Zustände des Gemüts und Körpers hervorrufen. Der Mann wird weibisch, das Weib männlich in Gestalt und Charakter, weil der Geschlechtsgegensatz nicht zur Verwirklichung im Naturplan gelangte, der Mensch *einseitig* blieb und *nicht zur Ergänzung seiner selbst, nicht zum vollen Höhepunkt seines Daseins kam.*" Und Dr. Elisabeth *Blackwell* sagt in ihrer Schrift „The moral education of the young in relation to sex": „Der Geschlechtstrieb existiert als eine unerläßliche Bedingung des Lebens und der Begründung der Gesellschaft. Er ist die stärkste Kraft in der menschlichen Natur ... Unentwickelt, kein Gegenstand der Gedanken, aber nichtsdestoweniger *das Zentralfeuer des Lebens*, ist dieser unvermeidliche Trieb der natürliche Hüter vor jeder Möglichkeit der Vernichtung."[1] Der praktische Luther kommt gleich mit positiven Ratschlägen. Er empfiehlt: „Wer sich nicht findet geschickt zur Keuschheit, der tue beyzeiten dazu, daß er etwas schaffe und zu arbeiten habe, und wage es danach in Gottes Namen und greife zur Ehe. Ein Knabe aufs längste, wenn er zwanzig; ein Mägdlein, wenn's fünfzehn oder achtzehn Jahre ist, so sind sie noch gesund und geschickt und lassen Gott sorgen, wie sie mit ihren Kindern ernährt werden. Gott macht Kinder, der wird sie wohl auch ernähren."[2] Die Befolgung der guten Ratschläge Luthers ist leider bei unseren sozialen Verhältnissen unmöglich, und von dem Gottvertrauen auf die Ernährung der Kinder will weder der christliche Staat noch die christliche Gesellschaft etwas wissen.

Die Wissenschaft stimmt also mit den Ansichten der Philosophen und mit dem gesunden Menschenverstand Luthers überein, woraus folgt, daß der Mensch in normaler Weise Triebe soll befriedigen können, die mit seinem innersten Sein aufs innigste verknüpft, ja das Sein selbst sind. Wird ihm dieses durch die gesellschaftlichen Einrichtungen oder Vorurteile unmöglich gemacht, so wird er in der Entwicklung seines Wesens gehemmt. Was die Folgen davon sind, darüber wissen unsere Ärzte, die Spitäler, Irrenhäuser und Gefängnisse zu erzählen, von den Tausenden zerstörter Familienleben zu schweigen. In einer in Leipzig erschienenen Schrift äußert zwar der Verfasser: „Der Geschlechtstrieb ist weder moralisch noch unmoralisch, er ist eben nur naturlich wie Hunger und Durst, und die Natur weiß nichts von Moral"[3], aber von der Anerkennung dieses Satzes ist die Gesellschaft weit entfernt.

2. *Ehelosigkeit und Selbstmordhäufigkeit*

Unter Ärzten und Physiologen ist die Anschauung sehr verbreitet, daß selbst eine mangelhafte Ehe besser ist als Ehelosigkeit, und die Erfahrungen sprechen dafür. „Daß die Sterblichkeit unter den Verheirateten (wenn man etwa vergleichen wollte zwischen 1000 dreißigjährigen Ledigen und 1000 dreißigjährigen Verheirateten) sich gerin-

[1] E. Blackwell, Essays in medical sociology. S. 177. London 1906.
[2] Luthers sämtliche Werke. 10. Band, S. 742. Halle a. S. 1744.
[3] Veritas, Die Prostitution vor dem Gesetz. Leipzig 1893.

ger stellt, scheint nachgerade feststehend, und diese Erscheinung ist recht frappant. Namentlich bei den Männern handelt es sich um große Differenzen. Sie beträgt in manchen Altersklassen geradezu das Doppelte. Sehr merkwürdig ist auch die hohe Sterblichkeit der Männer, die in frühen Jahren Witwer werden."[1]

Man behauptet, daß insbesondere auch die Selbstmordziffer durch ungesunde geschlechtliche Verhältnisse erhöht würde. Im allgemeinen ist in allen Ländern die Zahl der Selbstmorde bei den Männern erheblich höher als bei den Frauen. So kamen zum Beispiel:

	In den Jahren	Auf 100 000 Lebende Selbstmörder		Verhältnis der weiblichen zu den männlichen Selbstmördern
		männlich	weiblich	
Deutschland	1899–1902	33,0	8,4	25,5
Österreich	1898–1901	25,4	7,0	27,6
Schweiz	1896–1903	33,3	6,4	19,2
Italien	1893–1901	9,8	2,4	24,5
Frankreich	1888–1892	35,5	9,7	27,3
Niederlande	1901–1902	9,3	3,0	32,3
England	1891–1900	13,7	4,4	32,1

	In den Jahren	Auf 100 000 Lebende Selbstmörder		Verhältnis der weiblichen zu den männlichen Selbstmördern
		männlich	weiblich	
Schottland	1891–1900	9,0	3,2	35,6
Irland	1901	2,3	1,2	52,2
Norwegen	1891–1900	10,0	2,5	25
Schweden	1891–1900	21,1	8,6	40,8
Finnland	1891–1900	7,8	1,8	23,1
Europ. Rußland	1885–1894	4,9	1,6	32,7[2]

Im Deutschen Reiche war in den Jahren 1898 bis 1907 die Zahl der Selbstmörder:

	1898	1899	1900	1902	1904	1907
Männlich	8544	8460	8987	9765	9704	9753
Weiblich	2291	2301	2406	2571	2764	3024
Insgesamt	10835	10761	11393	12336	12468	12777

[1] Dr. G. Schnapper-Arndt, Sozialstatistik. S. 196. Leipzig 1908.

[2] F. Prinzing, Handbuch der medizinischen Statistik. S. 356. Jena 1906.

Auf je 100 männliche Selbstmörder kamen weibliche 1898 26,8, 1899 27,2, 1900 26,8, 1904 28,5, 1907 31. Aber im Lebensalter zwischen 15 und 30 Jahren ist allgemein die prozentuale Selbstmordziffer *der Frauen* höher als der Männer. So betrug der Prozentsatz der Selbstmörder im Lebensalter zwischen 15 bis 20 und 21 bis 30 Jahren im Durchschnitt:

	In den Jahren	15 bis 20 Jahre		21 bis 30 Jahre	
		männlich	weiblich	männlich	weiblich
Preußen	1896–1900	5,3	10,7	16	20,2
Dänemark	1896–1900	4,6	8,3	12,4	14,8
Schweiz	1884–1899	3,3	6,7	16,1	21
Frankreich	1887–1891	3,5	8,2	10,9	14[1]

In Sachsen kamen auf 1000 Selbstmörder im Lebensalter zwischen 21 und 30 Jahren im Durchschnitt der Jahre:

	Männer	Frauen
1854 bis 1868	14,95	18,64
1868 bis 1880	14,71	18,79
1881 bis 1888	15,3	22,3

Die höhere Selbstmordziffer zeigt sich auch bei Verwitweten und Geschiedenen im Vergleich zur Durchschnittsziffer der Selbstmörder. In Sachsen kommen auf die geschiedenen Männer *siebenmal*, auf die geschiedenen Frauen *dreimal* soviel Selbstmorde, als die Durchschnittsziffer der Selbstmorde bei Männern oder Frauen beträgt. Auch ist der Selbstmord unter geschiedenen oder verwitweten Männern und Frauen *häufiger*, wenn dieselben keine Kinder haben. Unter den unverheirateten Frauen, die im Alter von 21 bis 30 Jahren zum Selbstmord getrieben werden, ist gar manche, die wegen verratener Liebe oder infolge eines „Fehltritts" sich das Leben nimmt. Die Statistik zeigt, daß fast durchweg einer Steigerung des Prozentsatzes unehelicher Geburten eine Steigerung der Zahl der Selbstmörderinnen entspricht. Auch ist unter den weiblichen Selbstmördern die Zahl derselben im Alter von 16 bis 21 Jahren ungewöhnlich groß, was ebenfalls darauf schließen läßt, daß unbefriedigter Geschlechtstrieb, Liebesgram, heimliche Schwangerschaft oder Betrug seitens der Männerwelt stark in Frage kommen.

[1] H. Krose, Die Ursachen der Selbstmordhäufigkeit. S. 28. Freiburg 1906.

Über die Lage der Frauen als Geschlechtswesen äußert sich Prof. *v. Krafft-Ebing*[1]: „Eine nicht zu unterschätzende Quelle für das Irresein beim Weib liegt dagegen wieder in der sozialen Position desselben. Das Weib, von Natur aus geschlechtsbedürftiger als der Mann, wenigstens im idealen Sinne, kennt keine andere ehrbare Befriedigung dieses Bedürfnisses als die Ehe (Maudsley).

Diese bietet ihm auch die einzige Versorgung. Durch unzählige Generationen hindurch ist sein Charakter nach dieser Richtung hin ausgebildet. Schon das kleine Mädchen spielt Mutter mit seiner Puppe. Das moderne Leben mit seinen gesteigerten Anforderungen bietet immer weniger Aussichten auf Befriedigung durch die Ehe. Dies gilt namentlich für die höheren Stände, in welchen die Ehen später und seltener geschlossen werden.

Während der Mann als der Stärkere, durch seine größere intellektuelle und körperliche Kraft und seine freie soziale Stellung, sich geschlechtliche Befriedigung mühelos verschafft oder in einem Lebensberuf, der seine ganze Kraft beansprucht, leicht ein Äquivalent findet, sind diese Wege ledigen Weibern aus besseren Ständen verschlossen. Dies führt zunächst bewußt oder unbewußt zu Unzufriedenheit mit sich und der Welt, zu krankhaftem Brüten. Eine Zeitlang wird vielfach in der Religion ein Ersatz gesucht, allein vergeblich. Aus der religiösen Schwärmerei, mit oder ohne Masturbation, entwickelt sich ein Heer von Nervenleiden, unter denen Hysterie und Irresein nicht selten sind. Nur so begreift sich die Tatsache, daß die größte Frequenz des Irreseins bei ledigen Weibern in die Zeit des 25. bis 35. Lebensjahres fällt, das heißt die Zeit, wo Blüte und damit Lebenshoffnungen schwinden, während bei Männern das Irresein am häufigsten im 35. bis 50. Jahre, der Zeit der größten Anforderungen im Kampfe ums Dasein, auftritt.

Es ist gewiß kein Zufall, daß mit der zunehmenden Ehelosigkeit die Frage der Frauenemanzipation immer mehr auf die Tagesordnung gelangt ist. Ich möchte sie als Notsignal eines mit der fortschreitenden Ehelosigkeit immer unerträglicher werdenden sozialen Verhältnisses des Weibes in der modernen Gesellschaft betrachtet wissen, einer berechtigten Forderung an diese, dem Weibe ein Äquivalent für das zu verschaffen, worauf es von der Natur angewiesen ist und was ihm die modernen sozialen Zustände zum Teil versagen."

[1] Lehrbuch der Psychiatrie. 1. Band, 2. Auflage. Stuttgart 1883.

Und Dr. *H. Ploß* sagt in seinem Werke „Das Weib in der Natur und Völkerkunde“[1], indem er die Wirkungen erörtert, die mangelnde Befriedigung des Geschlechtstriebs für unverheiratete Frauen im Gefolge hat: „Es ist im höchsten Grade bemerkenswert, nicht allein für den Arzt, sondern auch für den Anthropologen, daß es ein wirksames und niemals versagendes Mittel gibt, diesen Prozeß des Verwelkens (bei alternden Jungfrauen) nicht nur in seinem Fortschreiten aufzuhalten, sondern auch die bereits geschwundene Blüte, wenn auch nicht ganz in der alten Pracht, doch in nicht unerheblichem Grade wieder zurückkehren zu lassen, nur schade, daß unsere sozialen Verhältnisse in den allerseltensten Fällen seine Anwendung zulassen und ermöglichen. Dieses Mittel besteht in einem regelmäßigen und geordneten Geschlechtsverkehr. Man sieht nicht eben selten, daß bei einem bereits verblühten oder dem Verwelktsein nicht mehr fernstehenden Mädchen, wenn sich ihm noch die Gelegenheit zur Ehe bietet, bereits kurze Zeit nach seiner Vermählung alle Formen sich wieder runden, die Rosen auf den Wangen zurückkehren und die Augen ihren einstigen frischen Glanz wieder erhalten. *Die Ehe ist also der wahre Jugendbrunnen für das weibliche Geschlecht.* So hat die Natur ihre feststehenden Gesetze, welche mit unerbittlicher Strenge ihr Recht fordern, und jede vita praeter naturam, jedes unnatürliche Leben, jeder Versuch der Anpassung an Lebensverhältnisse, welche der Art nicht entsprechen, kann nicht ohne bemerkenswerte Spuren der Degeneration an dem Organismus, dem tierischen sowohl als auch dem menschlichen, vorübergehen.“

Es entsteht nun die Frage: Erfüllt die Gesellschaft die Anforderungen an eine vernünftige Lebensweise insbesondere des weiblichen Geschlechts? Und falls sie verneint wird, entsteht die Frage: Kann sie dieselben erfüllen? Müssen aber beide Fragen verneint werden, so entsteht die dritte: Wie können dieselben erfüllt werden?

[1] Achte Auflage, 2. Band, S. 606. Leipzig 1905.

Achtes Kapitel

Die moderne Ehe

1. Die Ehe als Beruf

„Ehe und Familie sind die Grundlagen des Staates; wer daher Ehe und Familie angreift, greift die Gesellschaft und den Staat an und untergräbt beide", rufen die Verteidiger der heutigen Ordnung. Die monogamische Ehe ist, wie zur Genüge bewiesen wurde, Ausfluß der bürgerlichen Erwerbs- und Eigentumsordnung, sie bildet also unbestreitbar eine der wichtigsten Grundlagen der bürgerlichen Gesellschaft, ob sie aber den natürlichen Bedürfnissen und einer gesunden Entwicklung der menschlichen Gesellschaft entspricht, ist eine andere Frage. Wir werden zeigen, daß diese auf den bürgerlichen Eigentumsverhältnissen beruhende Ehe mehr oder weniger Zwangsehe ist, die viele Übelstände aufweist und vielfach ihren Zweck nur unvollkommen oder gar nicht erreicht. Wir werden ferner zeigen, daß sie eine soziale Einrichtung ist, die für Millionen unerreichbar bleibt und keineswegs jene auf freier Liebeswahl beruhende Ehe ist, die, wie ihre Lobredner behaupten, allein dem Naturzweck entspricht.

Mit Bezug auf die heutige Ehe ruft John Stuart *Mill: „Die Ehe ist die einzige wirkliche Leibeigenschaft, welche das Gesetz kennt."* Nach der Auffassung Kants bilden Mann und Frau erst den ganzen Menschen. Auf der normalen Verbindung der Geschlechter beruht die gesunde Entwicklung des Menschengeschlechtes. Die Befriedigung des Geschlechtstriebs ist eine Notwendigkeit für die gesunde physische und geistige Entwicklung des Mannes wie der Frau. Aber der Mensch ist kein Tier, und so genügt ihm für die höhere Befriedigung seines ungestümsten Triebes bloß physische Stillung nicht, er verlangt auch geistige Anziehungskraft und Übereinstimmung mit dem Wesen, mit dem er eine Verbindung eingeht. Sind diese nicht vorhanden, so vollzieht sich die geschlechtliche Vermischung rein mechanisch, und sie ist alsdann eine unsittliche. Der höherstehende Mensch verlangt, daß die beiderseitige Anziehungskraft auch über die Vollziehung des Geschlechtsaktes hinaus dauere *und seine veredelnde Wirkung auf das aus der beiderseitigen Verbindung entsprießende Lebewesen ausdehne.*[1] Die Tatsache, daß solche Ansprüche in der heutigen Gesellschaft an unzählige Ehen nicht gestellt werden können, veranlaßte auch *Varnhagen v. Ense* zu schreiben: „Was wir in dieser Art vor Augen hatten, sowohl von geschlossenen als von noch zu schließenden Ehen, war nicht gemacht, uns von solcher Verbindung einen guten Begriff zu geben; im Gegenteil, die ganze Einrichtung, der nur Liebe und Achtung zugrunde liegen sollte und die wir in allen diesen Beispielen eher auf alles andere gegründet sahen, wurde uns gemein und verächtlich, und wir stimmten schreiend in den Spruch von Friedrich Schlegel ein, den wir in den Fragmenten des ‚Athenäums' lasen: Fast alle Ehen sind Konkubinate, Ehen an der linken Hand oder vielmehr provisorische Versuche und entfernte Annäherungen zu einer wirklichen Ehe, deren eigentliches Wesen nach allen geistigen und weltlichen Rechten darin besteht, daß mehrere Personen nur eine werden sollen."[2] Das ist ganz im Sinne Kants gedacht.

Die Freude an der Nachkommenschaft und die Verpflichtung gegen diese machen das Liebesverhältnis zweier Menschen zu einem länger dauernden. Ein Paar, das in ein Eheverhältnis treten will, soll sich also darüber klar sein, ob sich die beiderseitigen Eigenschaften zu einer solchen Verbindung eignen. Die Antwort müßte aber auch unbeeinflußt erfolgen können. Das kann aber nur geschehen *durch die Fernhaltung jedes anderen Interesses*, das mit dem eigentlichen Zwecke der Verbindung, Befriedigung des Naturtriebs und Fortpflanzung des eigenen Wesens in der Fortpflanzung der Rasse, nichts zu tun hat, und durch ein Maß von Einsicht, das die blinde Leidenschaft zügelt. Da jedoch diese Bedingungen in der gegenwärtigen Gesellschaft in ungemein zahlreichen Fällen nicht vorhanden sind, so ergibt sich, daß die heutige Ehe vielfach entfernt ist, ihren wahren Zweck

[1] „Die Stimmungen und Gefühle, mit denen zwei Gatten sich nahen, üben unzweifelhaft einen ausschlaggebenden Einfluß auf die Wirkung des Geschlechtsaktes aus und übertragen gewisse Charaktereigenschaften auf das werdende Wesen." Dr. Elisabeth Blackwell, The moral education of the young in relation to sex. Siehe auch Goethes „Wahlverwandtschaften", der dort deutlich schildert, welche Wirkung die Gefühle ausüben, die zwei Menschen zu intimem Umgang führen.

[2] Denkwürdigkeiten, 1. Band, S. 239. Leipzig, F. A. Brockhaus.

zu erfüllen, und daß es daher nicht gerechtfertigt ist, sie als eine ideale Institution anzusehen.

Wie viele Ehen von ganz anderen Anschauungen aus als den dargelegten geschlossen werden, läßt sich nicht beweisen. Die Beteiligten sind interessiert, ihre Ehe vor der Welt anders erscheinen zu lassen, als sie in Wirklichkeit ist. Es besteht hier ein Zustand der Heuchelei, wie ihn keine frühere Gesellschaftsperiode in ähnlichem Maße kannte. Und der Staat, der politische Repräsentant dieser Gesellschaft, hat kein Interesse, Untersuchungen anzustellen, deren Resultat die Gesellschaft in ein bedenkliches Licht setzte. Die Maximen, die der Staat selbst in bezug auf die Verehelichung seiner Beamten und Diener verfolgt, *vertragen einen Maßstab nicht, wie er der Ehe zugrunde liegen soll.*

2. *Der Rückgang der Geburten*

Die Ehe soll eine Verbindung sein, die zwei Menschen aus gegenseitiger Liebe eingehen, um ihren Naturzweck zu erreichen. Dieses Motiv ist aber gegenwärtig in den seltensten Fällen *rein* vorhanden. Die große Mehrzahl der Frauen sieht die Ehe als eine Versorgungsanstalt an, in die sie um jeden Preis eintreten muß. Umgekehrt betrachtet ein großer Teil der Männerwelt die Ehe vom reinen Geschäftsstandpunkt aus und erwägt und berechnet aus materiellen Gesichtspunkten die Vorteile und Nachteile derselben. Und selbst in die Ehen, für die niedrige und egoistische Motive nicht maßgebend waren, bringt die rauhe Wirklichkeit so viel Störendes und Auflösendes, daß nur in seltenen Fällen die Hoffnungen erfüllt werden, welche die Eheschließenden in ihrem Enthusiasmus erwarteten.

Das ist natürlich. Soll die Ehe beiden Gatten ein befriedigendes Zusammenleben gewähren, so erfordert sie neben der gegenseitigen Liebe und Achtung *die Sicherung der materiellen Existenz, das Vorhandensein desjenigen Maßes von Lebensnotwendigkeiten und Annehmlichkeiten, das sie glauben für sich und ihre Kinder notwendig zu haben.* Die schwere Sorge, der harte Kampf um das Dasein sind der erste Nagel zum Sarge ehelicher Zufriedenheit und ehelichen Glückes. Die Sorge wird aber um so größer, je fruchtbarer sich die eheliche Gemeinschaft erweist, *also in je höherem Grade sie ihren Zweck erfüllt.* Der Bauer zum Beispiel ist vergnügt über jedes Kalb, das seine Kuh ihm bringt, er zählt mit Behagen die Zahl der Jungen, die ein Mutterschwein ihm wirft, und mit Befriedigung berichtet er das Ergebnis seinen Nachbarn; aber er blickt düster, wenn seine Frau ihm zu *der* Zahl seiner Sprößlinge, die er glaubt ohne schwere Sorgen erziehen zu können – und *groß* darf sie *nicht* sein – einen neuen Zuwachs schenkt, um so düsterer, wenn das Neugeborene das Unglück hat, ein *Mädchen* zu sein.

Man darf also sagen, sowohl die Eheschließungen wie die Geburten werden von den ökonomischen Zuständen beherrscht. Am klassischsten zeigt sich dieses in Frankreich. Dort herrscht in der Landwirtschaft das Parzellensystem. Aber Grund und Boden, unter eine gewisse Grenze zerstückelt, ernährte keine Familie mehr. Daher das berühmt und berüchtigt gewordene Zweikindersystem, das sich in Frankreich zur sozialen Institution ausgebildet hat und sogar die Bevölkerung in vielen Provinzen, zum Schrecken der Staatslenker, fast stationär erhält, ja einen erheblichen Rückgang derselben verursacht. Was die Entwicklung der Warenproduktion und der Geldwirtschaft auf dem Lande verursacht, das erzeugt noch in stärkerem Maße die Industrie in den Städten. Hier nimmt die eheliche Fruchtbarkeit am schnellsten ab.

Die Zahl der Geburten fällt in Frankreich stetig, trotz Vermehrung der Zahl der Eheschließungen, aber nicht bloß in Frankreich, sondern in den meisten Kulturländern. Es drückt sich darin eine Entwicklung als Folge unserer sozialen Zustände aus, die den herrschenden Klassen zu denken geben sollte. In Frankreich wurden 1881 937 057 Kinder geboren, aber 1906 nur noch 806 847, 1907 773 969. Die Geburten blieben also im Jahre 1907 gegen das Jahr 1881 um 163 088 zurück. Charakteristisch ist aber, daß die Zahl der unehelichen Geburten, die in Frankreich im Jahre 1881 70 079 betrug und in der Periode von 1881 bis 1890 im Jahre 1884 mit 75 754 den höchsten Stand erreichte, 1906 immer noch 70 866 Köpfe stark war, so daß die Verminderung der Geburten ausschließlich auf die ehelichen fiel. Diese Abnahme der Geburten ist ein Charakteristikum, das durch das ganze Jahrhundert sich bemerkbar macht. Es fielen Geburten in Frankreich auf je 10 000 Einwohner im Jahre:

1801 bis 1810	333	1841 bis 1850	273	1891 bis 1900	221
1811 bis 1820	316	1851 bis 1860	262	1905	206
1821 bis 1830	308	1861 bis 1870	261	1906	206
1831 bis 1840	290	1881 bis 1890	239	1907	197

Das ist eine Abnahme der Geburten im Jahre 1907 im Vergleich zu 1801 (333) um 136 auf je 10 000 Einwohner. Man kann sich vorstellen, daß dieses Resultat den französischen Staatsmännern und Sozialpolitikern große Kopfschmerzen bereitet. Aber Frankreich steht in dieser Beziehung nicht allein. Deutschland, insbesondere Sachsen, weist seit geraumer Zeit eine ähnliche Erscheinung auf, und die Abnahme der Geburtsziffer vollzieht sich noch schneller. So kamen in Deutschland auf je 10 000 Einwohner Geburten im Jahre:

1875	423	1890	370	1905	340
1880	391	1895	373	1906	341
1885	385	1900	368	1907	332

Die Mehrzahl der übrigen Staaten Europas zeigt uns ein ähnliches Bild.

So kamen auf 1000 Einwohner Geburten in:

	1871–1880	1881–1890	1891–1900	1901–1905	1907
England u. Wales	35,4	32,5	29,9	28,1	26,3
Schottland	34,9	32,3	30,2	28,9	27
Irland	26,5	23,4	23	23,2	23,2
Italien	36,9	37,8	34,9	32,6	31,5
Schweden	30,5	29,1	27,2	26,1	25,5
Österreich	39	37,9	37,1	35,8	35 (1906)
Ungarn	44,3	44,0	40,6	37,2	36
Belgien	32,3	30,2	29	27,7	25,7 (1906)
Schweiz	30,8	28,1	28,1	28,1	26,8
Niederlande	36,2	34,2	32,5	31,5	30,0

Die Abnahme der Geburten ist also ganz allgemein, und obwohl Frankreich und Irland die niedrigsten Quoten aufweisen, vollzieht sich diese Verminderung der Geburtenziffer am schnellsten in England, Deutschland (Sachsen) und Schottland. Die gleiche Erscheinung finden wir in den Vereinigten Staaten und Australien. Noch stärker tritt diese Tendenz hervor, wenn wir statt der allgemeinen Geburtenziffer die eheliche Fruchtbarkeit in Betracht ziehen, das heißt die Beziehung der ehelich Geborenen zu dem mittleren Bestand der verheirateten Frauen in gebärfähigem Alter, also vom 15. bis zum vollendeten 49. Jahre:

Lebendgeborene eheliche Kinder auf 1000 verheiratete Frauen im Alter von 15 bis 49 Jahren (im Jahresdurchschnitt)

Jahrzehnte	England und Wales	Schottland	Irland	Dänemark	Norwegen	Schweden	Finnland	Österreich	Ungarn (Königreich)	Schweiz
1876–1885	250	271	250	244	262	240	259	246	234	239
1886–1895	229	255	245	235	259	231	246	250	225	230
1896–1905	203	235	264	217	246	219	244	242	216	225

Jahrzehnte	Deutsches Reich	Preußen	Bayern	Sachsen	Württemberg	Baden	Niederlande	Belgien	Frankreich	Italien
1876–1885	268	273	276	267	288	266	293	264	167	248
1886–1895	258	265	263	250	259	248	286	236	150	249
1896–1905	243	250	259	216	262	251	272	213	132	232

Die angeführten Tatsachen zeigen, daß die Geburt eines Menschen, „Gottes Ebenbild“, wie die Religiösen sagen, durchschnittlich unterwertiger taxiert wird als ein neugeborenes Haustier, das spricht aber für den unerfreulichen Zustand, in dem wir uns befinden. In mancher Beziehung unterscheiden sich unsere Anschauungen wenig von denen barbarischer Völker. Bei diesen wurden häufig Neugeborene getötet, insbesondere traf dieses Schicksal die Mädchen, und manche Völkerschaften halten es noch heute so. Wir töten die Mädchen nicht mehr, dazu sind wir zu zivilisiert, aber sie werden nur zu oft als Parias behandelt. Der stärkere Mann drängt die Frau überall im Kampfe um das Dasein zurück, und nimmt sie dennoch den Kampf auf, so wird sie nicht selten von dem stärkeren Geschlecht als unliebsame Konkurrentin mit Haß verfolgt. Besonders sind es die Männer der höheren Schichten, die gegen die weibliche Konkurrenz am erbittertsten sind und sie am heftigsten bekämpfen. Daß auch Arbeiter den Ausschluß der Frauenarbeit fordern, kommt nur ausnahmsweise vor. Als zum Beispiel ein solcher Antrag im Jahre 1876 auf einem französischen Arbeiterkongreß gestellt wurde, erklärte sich die große Mehrheit dagegen. Seitdem aber hat gerade unter den klassenbewußten Arbeitern aller Länder die Auffassung, daß die Arbeiterin ein gleichberechtigtes Wesen ist, gewaltige Fortschritte gemacht, was insbesondere die Beschlüsse der internationalen Arbeiterkongresse zeigen. Der klassenbewußte Arbeiter weiß, daß die gegenwärtige ökonomische Entwicklung die Frau zwingt, sich zum Konkurrenten des Mannes aufzuwerfen, er weiß aber auch, daß die Frauenarbeit zu verbieten ebenso unsinnig wäre wie ein Verbot der Anwendung von Maschinen, und so trachtet er danach, die Frau über ihre Stellung in der Gesellschaft aufzuklären *und sie zur Mitkämpferin in dem Befreiungskampf des Proletariats gegen den Kapitalismus zu erziehen.*

3. Die Geldehe und die Ehebörse

Die heutige Gesellschaft steht zweifellos höher als jede frühere, aber die Auffassung in bezug auf das Verhältnis der beiden Geschlechter ist vielfach dieselbe geblieben. Professor L. v. Stein veröffentlichte 1876 eine Schrift, „Die Frau auf dem Gebiet der Nationalökonomie", die wenig ihrem Titel entspricht, in der er ein sehr poetisch gefärbtes Gemälde der Ehe gibt. In diesem Gemälde zeigt sich aber die untertänige Stellung der Frau gegenüber dem „Löwen" Mann. Stein schreibt: „Der Mann will ein Wesen, das ihn nicht bloß liebt, das ihn auch versteht. Er will jemanden, dem nicht bloß das Herz für ihn schlägt, sondern dessen Hand ihm auch die Stirn glättet, das in seiner Erscheinung den Frieden, die Ruhe, die Ordnung, die stille Herrschaft über sich selbst und die tausend Dinge ausstrahlt, zu denen er täglich zurückkehrt; er will jemanden, der um alle diese Dinge jenen unaussprechlichen Duft der Weiblichkeit verbreitet, der die belebende Wärme für das Leben des Hauses ist."

In diesem anscheinenden Lobgesang auf die Frau verbirgt sich ihre Erniedrigung und der Egoismus des Mannes. Der Herr Professor malt die Frau als ein duftiges Wesen, das aber, mit der nötigen praktischen Rechenkunst ausgestattet, das Soll und Haben der Wirtschaft im Gleichgewicht zu erhalten versteht und im übrigen zephirartig, wie holder Frühling, um den Herrn des Hauses, den gebietenden Löwen, schwebt, um ihm jeden seiner Wünsche an den Augen abzusehen und ihm mit der weichen Hand die Stirn zu glätten, die er, der „Herr des Hauses", vielleicht im Brüten über seine eigenen Dummheiten runzelt. Kurz, der Herr Professor schildert eine Frau und eine Ehe, wie unter hundert kaum *eine* vorhanden ist und vorhanden sein kann. Von den vielen Tausenden unglücklicher Ehen und der großen Zahl derjenigen Frauen, die nie dazu kommen, eine Ehe zu schließen, wie von den Millionen, die von früh bis spät neben dem Ehegatten als Lasttiere zu sorgen haben und sich abrackern müssen, um das bißchen Brot für den laufenden Tag zu erwerben, sieht und weiß er nichts. Bei diesen allen streift die herbe, rauhe Wirklichkeit die poetische Färbung leichter ab als die Hand den Farbenstaub von den Flügeln des Schmetterlings. Ein Blick auf jene ungezählten Dulderinnen würde dem Herrn Professor sein poetisch gefärbtes Gemälde arg zerstört und ihm sein Konzept verdorben haben. Die Frauen, die er sieht, bilden nur eine winzige Minorität, und daß diese auf der Höhe ihrer Zeit stehen, darf man bezweifeln.

Ein oft zitierter Ausspruch lautet: „Der beste Maßstab für die Kultur eines Volkes ist die Stellung, welche die Frau einnimmt." Wir lassen das gelten, aber es wird sich dann zeigen, daß unsere so gerühmte Kultur noch nicht weit her ist. In seiner Schrift „Die Hörigkeit der Frau" – der Titel charakterisiert die Auffassung, die der Verfasser von der Stellung der Frau hat – äußert John Stuart Mill: „Das Leben der Männer ist häuslicher geworden. Die steigende Zivilisation legt dem Manne gegen die Frau mehr Fesseln an." Das ist in bedingtem Maße richtig, insofern zwischen Mann und Frau ein aufrichtiges eheliches Verhältnis besteht, aber man darf bezweifeln, daß dieser Ausspruch für eine starke Minderheit gilt. Der verständige Mann wird es für sich selbst von Vorteil erachten, daß die Frau mehr aus dem engen Kreis der häuslichen Tätigkeit in das Leben tritt und mit den Zeitströmungen vertraut wird. Die „Fesseln", die er sich damit auferlegt, drücken nicht. Dagegen entsteht die Frage, ob das moderne Leben nicht Faktoren in das Eheleben einführte, die in höherem Grade als früher die Ehe zerstören.

Die Ehe ist in hohem Grade Gegenstand materieller Spekulation geworden. Der Mann, der heiraten will, trachtet danach, mit der Frau auch Eigentum zu erheiraten. Dieses war schon in früherer Zeit der vornehmste Grund, daß die Töchter, die man anfangs, als die Vaterfolge maßgebend wurde, vom Erbe ausgeschlossen hatte, wieder Erbrecht erlangten. Aber in keiner früheren Zeit war die Ehe in so zynischer Weise, sozusagen auf offenem Markte, Gegenstand der Spekulation und bloßes Geldgeschäft wie heute. Gegenwärtig wird der Eheschacher häufig mit einer Schamlosigkeit betrieben, daß die stetig wiederholte Phrase von der „Heiligkeit" der Ehe als purer Hohn erscheint. Diese Erscheinung hat, wie alles, ihren zulänglichen Grund. In keiner früheren Zeit wurde es der großen Mehrzahl der Menschen schwerer, sich zu einem gewissen Wohlstand emporzuschwingen, als gegenwärtig; zu keiner Zeit war aber auch das berechtigte Streben nach menschenwürdiger Existenz und Lebensgenuß so *allgemein.* Wer das gesteckte Ziel nicht erreicht, empfindet dieses um so schwerer, weil alle glauben, das *gleiche* Recht zu genießen zu haben. *Formell* besteht *kein* Stände- und Klassenunterschied. Jeder will erlangen, was er, nach seiner Lebenslage, als erstrebenswertes Ziel ansieht. Aber viele fühlen sich berufen, und wenige sind auserwählt. Damit einer in der bürgerlichen Gesellschaft in Behaglichkeit leben kann, müssen zwanzig andere darben. Und damit einer in allen Genüssen schwelgen kann, müssen Hunderte oder Tausende elend bleiben. Aber jeder will zu den Begünstigten gehören und ergreift jedes Mittel, das ihn zum Ziele zu führen scheint, vorausgesetzt, daß er sich nicht zu stark kompromittiert. Eines der bequemsten und naheliegendsten Mittel, eine bevorzugte soziale Stellung zu erreichen, ist die *Geldehe.* Das Verlangen nach möglichst viel Geld auf der einen und die Sehnsucht nach Rang, Titeln und Würden auf der anderen Seite findet auf diese Weise in den höheren Schichten der Gesellschaft gegenseitige Befriedigung. Hier wird die Ehe meist als Geschäft angesehen, sie ist ein konventionelles Band, das beide Teile äußerlich respektieren, im übrigen handelt nur zu oft jeder Teil nach seinen Neigungen.[1]

---

[1] Die Ehe aus Politik in den höchsten Kreisen sei nur der Vollständigkeit halber erwähnt. In diesen Ehen hat auch in der Regel, und zwar für den Mann wieder in höherem Grade als für die Frau, stillschweigend das Privilegium bestanden, sich *außerehelich* nach Laune und Bedürfnis schadlos zu halten. Es gab Zeiten, in denen es für einen Fürsten zum guten Ton gehörte, wenigstens *eine* Mätresse zu unterhalten; das gehörte sozusagen zu den fürstlichen Attributen. So unterhielt, nach Scherr, der sonst als solid bekannte Friedrich Wilhelm I. von Preußen (1713—1740) wenigstens zum Schein ein Verhältnis mit einer Generalin. Dagegen ist allgemein bekannt, daß zum Beispiel August der Starke von Sachsen, König von Polen, an 300 unehelichen Kindern das Leben gab und König Viktor Emanuel von Italien, der re galantuomo, 32 uneheliche Kinder hinterließ. Vor nicht langer Zeit existierte noch eine romantisch gelegene kleine deutsche Residenz, in der sich ungefähr ein Dutzend der reizendsten Villen befinden, die der betreffende „Landesvater" als Ruhesitze seinen abgedankten Mätressen erbauen ließ. Über dieses Kapitel ließen sich dicke Bücher schreiben, wie auch bekanntlich eine umfängliche Bibliothek über diese pikanten Vorkommnisse vorhanden ist. Die interne Geschichte der meisten europäischen Fürstenhöfe und Adelsfamilien

In jeder größeren Stadt gibt es bestimmte Orte und Tage, an denen die höheren Klassen wesentlich zu dem Zweck zusammentreffen, um den Abschluß von Ehen zu befördern. Diese Zusammenkünfte werden deshalb passend „Ehebörsen“ genannt. Denn wie an der Börse, so spielen auch hier die Spekulation und der Schacher die Hauptrolle und bleiben Betrug und Schwindel nicht aus. Mit Schulden überladene Offiziere, die aber einen alten Adelstitel präsentieren können, durch die Debauche brüchig gewordene Roués, die im ehelichen Hafen die ruinierte Gesundheit wiederherstellen möchten und einer Pflegerin bedürfen, Fabrikanten, Kaufleute, Bankiers, die manchmal vor dem Bankrott und vor dem Zuchthaus stehen und gerettet sein wollen, endlich alle, die nach Erlangung oder Vermehrung von Geld und Reichtum trachten, erscheinen neben Beamten, die Aussicht auf Avancement besitzen, aber einstweilen in Geldnöten sind, als Kunden und schließen den Ehehandel ab. Dabei ist es nicht selten einerlei, ob die künftige Frau jung oder alt, hübsch oder häßlich, gerade oder bucklig, gebildet oder ungebildet, fromm oder frivol, Christin oder Jüdin ist. Lautete nicht der Ausspruch eines sehr berühmten Staatsmannes: „Eine Ehe zwischen einem christlichen H. und einer jüdischen St. ist sehr empfehlenswert“?[1] Das bezeichnenderweise dem Pferdestall entnommene Bild findet, wie die Erfahrung lehrt, in den hohen Kreisen unserer Gesellschaft lebhaften Beifall. Das Geld gleicht alle Schäden aus und wiegt alle Untugenden auf. Das deutsche Strafgesetzbuch (§§ 180 und 181) bestraft die Kuppelei mit schwerer Zuchthausstrafe oder Gefängnis, aber wenn Eltern, Vormünder und Verwandte ihre Kinder, Mündel oder Anverwandte an einen ungeliebten Mann oder an eine ungeliebte Frau für das Leben verkuppeln, nur des Geldes, des Gewinnes, des Ranges oder eines sonstigen Vorteiles wegen, kann kein Staatsanwalt eingreifen, und doch liegt ein Verbrechen vor. Es gibt zahlreiche wohlorganisierte Heiratsbüros und

---

ist für jeden Wissenden eine fast ununterbrochene Chronique scandaleuse. Gegenüber solchen Tatsachen ist es allerdings recht nötig, daß Geschichte malende Sykophanten die „Legitimität“ der verschiedenen sich folgenden „Landesväter und Landesmütter“ nicht nur unbezweifelt lassen, sondern sich auch bemühen, alle als Muster häuslicher Tugenden, als treue Ehemänner oder gute Mütter darzustellen. Die Auguren sind noch nicht ausgestorben, und sie leben wie die römischen noch heute von der Unwissenheit der Massen.

[1] Siehe „Fürst Bismarck und seine Leute“, von Busch.

Kuppler und Kupplerinnen aller Art, die auf Beute ausgehen und die Kandidaten und Kandidatinnen für den „heiligen Stand der Ehe" suchen. Solche Geschäfte sind besonders profitabel, wenn sie für die Glieder der höheren Stände „arbeiten". 1878 fand in Wien ein Kriminalprozeß gegen eine Kupplerin wegen Giftmischerei statt, der mit ihrer Verurteilung zu fünfzehn Jahren Zuchthaus endete. In demselben wurde unter anderem festgestellt, daß der frühere französische Gesandte in Wien, Graf Banneville, diesem Weibe für die Beschaffung seiner Frau 22 000 Gulden Kuppellohn bezahlte. Andere Mitglieder der hohen Aristokratie wurden in diesem Prozeß ebenfalls aufs schwerste kompromittiert. Gewisse staatliche Organe ließen das Weib in seinem dunklen und verbrecherischen Treiben jahrelang gewähren. Das Warum dürfte nach dem Mitgeteilten nicht zweifelhaft sein. In der deutschen Reichshauptstadt erzählt man sich ähnliche Geschichten, sie sind ein alltägliches Vorkommnis, wo immer Ehesuchende sich befinden. Besonderer Gegenstand des Eheschachers sind in den letzten Jahrzehnten für den geldbedürftigen europäischen Adel die Töchter und Erbinnen der reichen nordamerikanischen Bourgeoisie, die wieder ihrerseits Bedürfnis nach Rang und Würden hat, die es in ihrer amerikanischen Heimat nicht gibt. Über dieses Treiben gab charakteristische Aufschlüsse eine Reihe von Veröffentlichungen, die im Herbst 1889 in einem Teile der deutschen Presse erschienen. Danach hatte ein adliger Industrieritter in Kalifornien sich als Eheagent in deutschen und österreichischen Zeitungen empfohlen. Die Anerbietungen, die er erhielt, zeigten zur Genüge, welche Auffassung über die „Heiligkeit" der Ehe und ihre „ethische" Seite in den betreffenden Kreisen herrschen. Zwei preußische Gardeoffiziere, dem ältesten preußischen Adel angehörend, waren bereit, auf die Heiratsanerbietungen einzugehen, weil sie, wie sie offenherzig erklärten, zusammen über 60 000 Mark Schulden hätten. In ihrem Schreiben an den Kuppler sagten sie wörtlich: „Es ist selbstverständlich, daß wir kein Geld im voraus bezahlen. Ihre Remuneration erhalten Sie nach der Hochzeitsreise. Empfehlen Sie uns nur Damen, gegen deren Familien kein Anstand erhoben werden kann. Ebenso wäre es sehr *erwünscht*, mit Damen von möglichst einnehmendem Äußeren bekannt gemacht zu werden. Wenn verlangt, übergeben wir Ihrem Agenten, der uns die näheren Umstände erklären und Photographien usw. zeigen wird, unsere Photographien für diskretionäre Zwecke. Wir betrachten die ganze Angelegenheit im vollsten Vertrauen als eine Sache der *Ehre* (!) und verlangen natürlich dasselbe von Ihnen. Wir erwarten baldigst Antwort durch Ihren hiesigen Agenten, falls Sie einen solchen haben.

Berlin, Friedrichstraße 107,
15. Dezember 1889 *Baron v. M .....*
Artur v. W ....."

Ein junger deutscher Adliger, Hans v. H., schrieb aus London, er sei 5 Fuß 10 Zoll groß, von altadliger Familie und im diplomatischen Dienst beschäftigt. Er machte das Geständnis, daß sein Vermögen durch unglückliche Wetten bei Pferderennen sehr zusammengeschmolzen sei und er sich deshalb in die Notwendigkeit versetzt sehe, Ausschau nach einer reichen Braut zu halten, um das Defizit decken zu können. Auch sei er bereit, sofort eine Reise nach den Vereinigten Staaten zu unternehmen.

Der erwähnte Industrieritter behauptete, außer vielen Grafen, Baronen usw. hätten sich drei Prinzen und sechzehn Herzöge als Heiratskandidaten gemeldet. Aber nicht nur Adlige, auch Bürgerliche gelüstet es nach reichen Amerikanerinnen. So verlangte ein Architekt Max W. aus Leipzig eine Braut, die nicht nur Geld, sondern auch Schönheit und Bildung besitzen müsse. Aus Kehl am Rhein schrieb ein junger Fabrikbesitzer, Robert D., daß er sich mit einer Braut, die bloß 400 000 Mark habe, zufriedengebe und versprach im voraus, sie glücklich zu machen. Doch wozu in die Ferne schweifen, liegt das Gute doch so nahe. Man werfe nur einen Blick in die zahlreichen Heiratsannoncen der größeren bürgerlichen Zeitungen, und man findet oft Ehegesuche, die nur einer total verlotterten Gesinnung entsprungen sein können. Die Straßendirne, die aus bitterer Not ihr Gewerbe betreibt, ist zuweilen ein Ausbund von Anstand und Tugend gegen diese Ehesucher. Ein sozialdemokratischer Expedient, der einer solchen Annonce Aufnahme in sein Blatt gewährte, würde aus seiner Partei ausgestoßen. Die bürgerliche Presse genieren aber solche Annoncen nicht, sie bringen Geld ein, und sie denkt wie Kaiser Vespasian: non olet (es riecht nicht). Das verhindert aber diese Presse nicht, gegen die ehezerstörerischen Tendenzen der Sozialdemokratie zu eifern. Ein heuchlerischeres Zeitalter als das unsere hat es nie gegeben.

Werbebüros für Heiraten sind heute die Annoncenblätter der meisten unserer Zeitungen. Wer immer, sei es Männlein oder Weiblein, unterderhand nichts Passendes zur Heirat findet, vertraut sein Herzensbedürfnis frommen konservativen oder moralisch liberalen Zeitungen an, die für Geld und *ohne* gute Worte sorgen, daß die gleichgesinnten Seelen sich finden. Mit der Ausbeute eines einzigen Tages aus einer Anzahl der größeren Zeitungen ließen sich ganze Seiten füllen. Auch kommt ab und zu die interessante Tatsache zum Vorschein, daß man auf dem Wege der Annonce sogar *Geistliche* als Ehemänner zu erobern sucht und umgekehrt Geistliche nach einer Ehefrau angeln. Manchmal erbieten sich auch die Bewerber unter der Bedingung, daß die gesuchte Frau reich sei, einen *Fehltritt* zu übersehen. Kurz, die moralische Verkommenheit gewisser Kreise unserer Gesellschaft kann nicht besser als durch diese Art von Heiratsbewerbung an den Pranger gestellt werden.

Neuntes Kapitel

Zerrüttung der Familie

1. Das Wachstum der Ehescheidungen

Auch Staat und Kirche spielen bei einer solchen „heiligen Ehe“ eine keineswegs hübsche Rolle. Mag der staatliche Beamte oder der Geistliche, dem die Eheschließung obliegt, überzeugt sein, daß das vor ihm stehende Brautpaar durch die schmutzigsten Praktiken zueinander geführt wurde; mag es offenbar sein, daß beide weder nach ihrem Alter noch nach ihren körperlichen oder geistigen Eigenschaften zueinander passen; mag zum Beispiel die Braut zwanzig, der Bräutigam siebzig Jahre alt sein oder umgekehrt; mag die Braut jung, schön, lebenslustig, der Bräutigam alt, mit Gebresten behaftet, mürrisch sein, den Vertreter des Staats oder der Kirche ficht es nicht an. Der Ehebund wird „gesegnet“, und mit um so größerer Feierlichkeit gesegnet, je reichlicher die Bezahlung für die „heilige Handlung“ fließt.

Stellt sich aber nach einiger Zeit heraus, daß eine solche Ehe, wie *jedermann* vorausgesehen und das unglückliche Opfer, das in der Mehrzahl der Fälle die Frau ist, selbst voraussah, eine höchst unglückliche wurde, und entschließt sich der eine Teil zur Trennung, dann erheben Staat wie Kirche, die vorher nicht fragen, ob Liebe und moralische Triebe oder nackter, schmutziger Egoismus das Band knüpfte, die größten Schwierigkeiten. Jetzt wird nicht als genügender Grund für die Trennung der moralische Abscheu angesehen, jetzt werden handgreifliche Beweise verlangt, Beweise, die den einen Teil in der öffentlichen Meinung entehren oder herabsetzen, sonst wird die Trennung nicht ausgesprochen. Daß die katholische Kirche die Ehescheidung überhaupt nicht zuläßt, es sei denn durch besonderen Dispens des Papstes, der sehr schwer zu erlangen ist und äußerstenfalls sich nur zu einer Trennung von Tisch und Bett versteht, verschlimmert den Zustand, unter dem alle katholischen Bevölkerungen leiden. Auch das deutsche Bürgerliche Gesetzbuch hat die Ehescheidung bedeutend erschwert. So ist die Ehescheidung auf gegenseitige Einwilligung, die zum Beispiel nach dem preußischen Landrecht zulässig war, weggefallen, eine Bestimmung, auf Grund deren eine erhebliche Zahl von Ehescheidungen ausgesprochen wurde, häufig auch solche, bei denen viel gravierendere Ursachen vorlagen, die aber aus Rücksicht auf die Schädigung des schuldigen Teils verschwiegen wurden. So kamen zum Beispiel in Berlin unter 5623 Ehescheidungsfällen, die von 1886 bis 1892 verhandelt wurden, 1400, rund 25 Prozent, auf gegenseitige Einwilligung. In zahlreichen Fällen kann die Ehescheidung nur eintreten, wenn der Antrag innerhalb sechs Monaten von dem Zeitpunkt an, in dem der klagende Ehegatte von dem Scheidungsgrund Kenntnis erlangte, gestellt wird (§ 1565 bis 1568 BGB). Nach dem preußischen Landrecht währte der Termin ein Jahr. Man nehme zum Beispiel den Fall an, eine junge Ehefrau entdeckt kurz nach der Ehe, daß sie einen Mann ehelichte, der kein Ehemann ist. Da ist es ihr unter Umständen viel zugemutet, innerhalb sechs Monaten den Scheidungsantrag zu stellen, zu dem eine gewisse moralische Stärke gehört. Als Grund für die Erschwerungen wurde angeführt: „Nur durch möglichste Erschwerung der Ehescheidung könne man der *fortschreitenden* Auflösung der Familie entgegentreten und die Familie neu festigen." Das ist eine Begründung, die an innerem Widerspruch leidet. Eine zerrüttete Ehe wird dadurch nicht wieder erträglich, daß man die Ehegatten zwingt, trotz innerlicher Entfremdung und gegenseitigem Widerwillen beisammen zu bleiben. Ein solcher Zustand, vom Gesetz gestützt, ist durch und durch unmoralisch. Die Folge ist, daß in soundso vielen Fällen ein Ehebruchsgrund, den der Richter beachten *muß*, geschaffen wird, wodurch weder Staat noch Gesellschaft gewinnen. Eine Konzession an die katholische Kirche ist es auch, daß man die Scheidung von Tisch und Bett aufnahm, die dem früheren bürgerlichen Recht fremd war. Auch ist es kein Ehescheidungsgrund mehr, wenn durch Verschulden des einen Teiles die Ehe kinderlos bleibt. Daß man auch die Bestimmung in das Bürgerliche Gesetzbuch aufnahm (§ 1588): „Die kirchlichen Verpflichtungen in Ansehung der Ehe werden durch die Vorschriften dieses Abschnitts (über die Ehe) nicht berührt", ist ebenfalls eine Konzession an die Kirchen; sie hat zwar nur eine mehr dekorative Bedeutung, sie charakterisiert aber den

Geist, der zu Anfang des zwanzigsten Jahrhunderts in Deutschland herrscht. Uns genügt das Zugeständnis, daß man die Ehescheidung erschwert, um der fortschreitenden Auflösung der Familie entgegenzuarbeiten.

Es bleiben also Menschen wider ihren Willen ihr Leben lang aneinandergekettet. Der eine Teil wird zum Sklaven des anderen und gezwungen, sich den intimsten Umarmungen des anderen Teiles aus „ehelicher Pflicht" zu unterwerfen, die er vielleicht mehr verabscheut als Schimpfworte und schlechte Behandlung. Mit vollem Recht sagt Mantegazza: „Es gibt wohl keine größere Tortur als die, welche ein menschliches Wesen zwingt, sich die Liebkosungen einer ungeliebten Person gefallen zu lassen . . ."[1] Ist eine solche Ehe nicht schlimmer als Prostitution? Die Prostituierte hat bis zu einem gewissen Grade die Freiheit, sich ihrem schmählichen Gewerbe zu entziehen, und sie hat, wenn sie nicht in einem öffentlichen Hause lebt, das Recht, den Kauf der Umarmung desjenigen zurückzuweisen, der ihr aus irgendeinem Grunde nicht zusagt. Aber eine verkaufte Ehefrau muß sich die Umarmungen ihres Mannes gefallen lassen, habe sie auch hundert Gründe, ihn zu hassen und zu verachten.

Ist von vornherein die Ehe, mit Wissen beider Teile, als Geld- oder Standesehe geschlossen, dann liegt die Sache günstiger. Man akkommodiert sich gegenseitig und trifft einen modus vivendi. Man will keinen Skandal, und namentlich zwingt die Rücksicht auf etwa vorhandene Kinder, ihn zu vermeiden, obgleich es gerade diese sind, die unter einem kalten, liebeleeren Leben der Eltern am meisten leiden, auch wenn es nicht in offene Feindschaft, Zank und Hader übergeht. Noch häufiger akkommodiert man sich, um materiellen Schaden zu verhüten. In der Regel ist es der Mann, dessen Verhalten in der Ehe den Stein des Anstoßes bildet, das zeigen die Ehescheidungsprozesse. Kraft seiner Herrschaftsstellung weiß er sich anderwärts zu entschädigen, wenn die Ehe ihm nicht zusagt und er in ihr keine Befriedigung findet. Die Frau kann Abwege weit weniger betreten, einmal aus physiologischen Gründen, weil, als empfangender Teil, das weit gefährlicher für sie ist, dann weil jede Übertretung ehelicher Treue ihr als Verbrechen angerechnet wird, das auch die Gesellschaft nicht verzeiht. Die Frau allein begeht einen „Fehltritt" – sei sie Ehefrau, Witwe oder Jung-

---

[1] Die Physiologie der Liebe.

frau –, der Mann handelt im gleichen Falle höchstens „inkorrekt". Es wird also ein und dieselbe Handlung ganz verschieden beurteilt, je nachdem sie ein Mann oder eine Frau begeht, und die Frauen selbst urteilen in der Regel über eine „gefallene" Schwester am härtesten und unbarmherzigsten.[1]

In der Regel wird die Frau nur in Fällen schwerster männlicher Untreue oder Mißhandlung sich entschließen, die Scheidung zu beantragen, weil sie meist in einer materiell abhängigen Lebenslage sich befindet und gezwungen ist, die Ehe als Versorgungsanstalt anzusehen; dann weil sie sich als geschiedene Frau gesellschaftlich in keiner beneidenswerten Lage befindet. Sie wird sozusagen als Neutrum angesehen und behandelt. Gehen dennoch die meisten Ehescheidungsklagen von Frauen aus, so ist dies ein Beweis, unter welch moralischer Tortur sie leiden. In Frankreich stellten schon die Frauen, bevor noch die neuere Ehescheidungsgesetzgebung in Kraft trat (1884), die weitaus meisten Anträge auf Trennung von Tisch und Bett. Auf Ehescheidung konnten sie gegen den Mann nur klagen, falls dieser die Frau, mit der er intimen Umgang pflog, gegen den Willen der Ehefrau in die eheliche Wohnung aufnahm. So wurden Anträge auf Trennung von Tisch und Bett gestellt durchschnittlich pro Jahr von:

	1856–1861	1861–1866	1866–1871	1901–1905
Frauen	1729	2135	2591	2368
Männern	184	260	330	591

Aber die Frauen stellten nicht allein die weitaus meisten Anträge, die Zahlen zeigen auch, daß dieselben von Periode zu Periode zunehmen.

Auch anderwärts zeigt sich, soweit uns zuverlässige Mitteilungen vorliegen, daß die Anträge auf Ehescheidung in der Mehrzahl von der Frau ausgehen. Die folgende Tabelle ermöglicht diesen Vergleich.[2]

[1] Alexandre Dumas sagt sehr richtig in „Monsieur Alphonse": „Der Mann hat zwei Arten von Moral gemacht: eine für sich selbst, eine für das Weib; eine, die ihm die Liebe mit allen Frauen erlaubt, und eine, die der Frau als Ersatz für ihre auf immer verlorene Freiheit die Liebe mit bloß einem Manne gestattet." Siehe auch Selbstanklage Gretchens im Faust.

[2] Georg v. Mayr, Statistik und Gesellschaftslehre. 3. Band, S. 253. Tübingen 1909.

	in den Jahren	Prozentanteile der Klagen des Mannes	der Frau	beider Ehegatten
		Scheidungen		
Österreich	1893–1897	4,4	5,0	90,6
Rumänien	1891–1895	30,6	38,9	0,5
Schweiz	1895–1899	26,4	45,4	8,2
Frankreich	1895–1899	40,0	59,1	–
Baden	1895–1899	36,0	59,1	4,9
England und Wales	1895–1899	60,4	39,6	–
Schottland	1898–1899	43,3	56,7	–
		Trennungen		
Österreich	1897–1899	4,9	16,6	78,5
Frankreich	1895–1899	15,9	84,1	–
England und Wales	1895–1899	3,0	97,0	–
Schottland	1898–1899	–	100	–

In den Vereinigten Staaten, wo wir jetzt eine Statistik haben, die sich über vierzig Jahre erstreckt, verteilen sich die Ehescheidungsklagen wie folgt:

	1867–1886	Prozent	1887–1906	Prozent	1906	Prozent
Von Männern	112 540	34,2	316 149	33,4	23 455	32,5
Von Frauen	216 176	65,8	629 476	66,6	48 607	67,5
Zusammen	328 716	100	945 625	100	72 062	100

Wir sehen also, daß die Frauen mehr als zwei Drittel aller Anträge auf Ehescheidung stellten.[1] Und ein ähnliches Bild zeigt uns Italien. Es wurden dort in den Jahren 1887 und 1904 1221 und 2103 Ehescheidungsklagen erledigt. Von diesen hatten die Frau 593 und 1142, der Mann 214 und 454, beide Ehegatten 414 und 507 veranlaßt.

Die Statistik belehrt uns aber nicht allein, daß die Frauen die meisten Anträge auf Ehescheidung stellen, sie belehrt uns auch, daß die Zahl der Ehescheidungen in rascher Zunahme begriffen ist. In Frankreich ist seit 1884 die Ehescheidung gesetzlich neu geregelt, und seitdem haben die Ehescheidungen von Jahr zu Jahr erheblich zugenommen. Es fielen Ehescheidungen in die Jahre: 1884: 1657, 1885: 4123, 1890: 6557, 1895: 7700, 1900: 7820, 1905: 10 019, 1906: 10 573, 1907: 10 938.

Auch in der Schweiz sind die Ehescheidungen im Steigen. Im Jahresdurchschnitt von 1886 bis 1890 wurden durchschnittlich 882 Ehen

[1] Marriage and divorce. 1887 bis 1906. Bureau of the Census. Bulletin 96, S. 12. Washington 1908.

geschieden, im Jahresdurchschnitt von 1891 bis 1895: 898, 1897: 1011, 1898: 1018, 1899: 1091, 1905: 1206, 1906: 1343.

In Österreich kam es im Jahre 1899 zu 856 Ehescheidungen und 133 Ehetrennungen, 1900: 1310 und 163, 1905: 1885 und 262. Es hat sich also im Laufe eines Jahrzehntes die Zahl der Ehescheidungen und Ehetrennungen mehr als verdoppelt. In Wien fanden 1870 bis 1871 148 Ehescheidungen statt, sie stiegen Jahr für Jahr und beliefen sich 1878 bis 1879 auf 319 Fälle. Aber in Wien, als einer überwiegend katholischen Stadt, sind Ehescheidungen sehr schwer durchzusetzen; nichtsdestoweniger konnte schon Mitte der achtziger Jahre ein Wiener Richter die Äußerung machen: „Die Klagen wegen gebrochener Ehe sind so häufig wie die wegen zerbrochener Fensterscheiben."

In den Vereinigten Staaten betrug die Zahl der Ehescheidungen im Jahre 1867: 9937, 1886: 25 535, 1895: 40 387, 1902: 61 480, 1906: 72 062. Wäre die Zahl der Ehescheidungen im Verhältnis zu der Bevölkerung im Jahre 1905 dieselbe geblieben wie im Jahre 1870, so wäre die absolute Zahl der Ehescheidungen im Jahre 1905 nur 24 000 und nicht 67 791 stark gewesen, wie sie in der Wirklichkeit war. Im ganzen betrug dort die Zahl der Ehescheidungen in dem Zeitraum von 1867 bis 1886: 328 716, von 1887 bis 1906: 945 625. Überhaupt finden in den Vereinigten Staaten absolut und relativ die meisten Ehescheidungen statt. Auf je 100 000 bestehende Ehen kamen Ehescheidungen: 1870: 81, 1880: 107, 1890: 148, 1900: 200.

Die Gründe, warum diese dort häufiger sind als in jedem anderen Lande, dürften darin zu suchen sein, daß erstens die Ehescheidung, insbesondere in einzelnen Staaten, leichter ist als in den meisten anderen Ländern, und zweitens, *daß die Frauen eine weit unabhängigere Stellung einnehmen als in jedem anderen Lande und sich daher von ihren Eheherren weniger tyrannisieren lassen.*

In Deutschland war die Zahl der rechtskräftigen Urteile für Ehescheidungen von 1891 bis 1900 folgende:

1891	1892	1893	1894	1895	1896	1897	1898	1899	1900
6678	6513	6694	7502	8326	8601	9005	9143	9563	7928

Wir sehen, daß von 1899 bis 1900 die Zahl der Ehescheidungen um 1635 sank, und zwar, weil mit dem 1. Januar 1900 das Bürgerliche Gesetzbuch mit seinen erschwerenden Bestimmungen in Kraft trat.

Aber das Leben war stärker als das Gesetz. Die Ehescheidungen haben, nachdem ihre Zahl in den Jahren 1900 bis 1902 zurückging, seither wieder von Jahr zu Jahr noch schneller zugenommen. Die Zunahme geschieht auf Grund der häufigeren Anwendung des § 1568 BGB (Zerrüttung des ehelichen Verhältnisses). Wie groß die Scheidungshäufigkeit nach 1900 geworden ist, zeigen folgende Zahlen: 1901: 7964, 1902: 9069, 1903: 9933, 1904: 10 868, 1905: 11 147, 1906: 12 180, 1907: 12 489. In Sachsen bewegt sich die Ehescheidungsziffer trotz aller Schwankungen auch in aufsteigender Linie. So entfielen:

Im Jahrfünft	Ehescheidungen	Auf 100 000 Ehen	Im Jahrfünft	Ehescheidungen	Auf 100 000 Ehen
1836–1840	356	121	1891–1895	921	138
1846–1850	395	121	1896–1900	1131	151
1871–1875	581	122	1901–1905	1385	168

Von 100 000 bestehenden Ehen wurden in Preußen im Durchschnitt jährlich geschieden von 1881 bis 1885: 67,62, 1886 bis 1890: 80,55, 1891 bis 1895: 86,77, 1896: 101,97, 1905: 106, 1908: 121 Ehen.

Das ist eine bedeutende Steigerung. Dieses Wachsen der Scheidungshäufigkeit ist eine internationale Erscheinung. So kamen auf je 100 000 bestehende Ehen im Durchschnitt jährlich Ehelösungen durch Scheidung oder Trennung in:

	1876–1880	1881–1885	1886–1890	Gegen die Jahrhundertwende
Österreich	–	19,4	19,7	31
Ungarn	31,6	30,4	30,5	58
Rumänien	37,3	52,3	73,1	98
Italien	11,8	11,3	10,6	15
Frankreich	33,9	75,9	80,9	129
England und Wales	6,5	7,4	7	10,6
Schottland	12,3	13	16,7	26
Irland	0,6	0,4	1,1	1
Belgien	25,5	31,9	43	72
Niederlande	–	–	–	78
Norwegen	13,9	12,1	19,3	33
Schweden	28,5	28,6	31,6	45
Finnland	16,1	7,8	10,0	29
Schweiz	220	200	188	199,9

Es wäre verkehrt, wollte man aus der großen Verschiedenheit der Zahlen zwischen den verschiedenen Ländern zu günstigen oder ungünstigen Schlußfolgerungen über den so verschiedenen „Moralzustand" kommen. Niemand wird behaupten wollen, daß die schwedische Bevölkerung viermal mehr Ursachen zu Ehescheidungen habe als die englische. In erster Linie ist die Gesetzgebung ins Auge zu fassen, die in einem Lande die Ehescheidung erschwert und sie in anderen bald mehr, bald weniger erleichtert.[1] Erst in zweiter Linie kommt der Moralzustand in Betracht, das heißt ein Durchschnittsmaß von Gründen, das bald der Mann, bald die Frau als maßgebend für die Stellung eines Antrags auf Trennung ansieht. Aber die Zahlen bestätigen: Im allgemeinen wachsen die Ehescheidungen *rascher* als die Bevölkerung, und sie *wachsen, während die Eheschließungen vielfach fallen*. Darüber weiter unten.

Sehr erheblich wirken auf die Ehescheidungen größere Altersunterschiede der Eheleute ein, sei es, daß der Mann wesentlich älter ist als die Frau oder die Frau als der Mann. Das beweist die folgende Zusammenstellung auf Grund der schweizerischen amtlichen Statistik:

Jährliche Zahl der Scheidungen auf je 100 000 Ehen desselben Altersunterschiedes	1881–1890	1891–1900
Mann älter 26 und mehr Jahre	271	328
,, ,, 11 bis 25 Jahre	189	198
,, ,, 1 bis 10 Jahre	193	181
Mann und Frau gleich alt	195	190
Mann jünger 1 bis 10 Jahre	226	226
,, ,, 11 bis 25 Jahre	365	431
,, ,, 26 und mehr Jahre	759	870

Über die Frage, wie sich die Ehescheidungsklagen auf die verschiedenen Schichten der Bevölkerung verteilen, liegen uns unter anderem Angaben vor aus Sachsen aus den Jahren 1905 bis 1906 und aus Preußen 1895 bis 1905.[2]

	Jährliche Scheidungen auf 100 000 verheiratete Männer	
	Sachsen	Preußen
Land- und Forstwirtschaft	59	34
Industrie	220	158
Handel und Verkehr	297	229
Öffentlicher Dienst und freie Berufe	346	165

[1] In England ist die Ehescheidung ein Privileg der Reichen. Die Prozeßkosten sind so hoch, daß die Ehescheidung für unbemittelte Leute, die noch dazu gezwungen sind, eine Reise nach London zu machen, fast zur Unmöglichkeit wird. Im ganzen Lande gibt es bloß ein einziges Ehescheidungsgericht — in London.

[2] Paul Kollmann, Die Ehescheidungen in Sachsen. Zeitschrift des Königl.

Die Ehescheidungen waren also am häufigsten in Sachsen in der Beamtenwelt und in freien Berufen, in Preußen im Handel und Verkehr. Dann folgen für Sachsen Handel und Verkehr, für Preußen Beamte und freie Berufe. Die Industrie mit 220 für Sachsen und 158 für Preußen nimmt den dritten Rang ein. Am niedrigsten ist die Zahl in der Landwirtschaft. Die wachsende Zahl der Ehescheidungen in der städtischen Bevölkerung im Vergleich mit der ländlichen spricht dafür, daß im allgemeinen mit der zunehmenden Industrialisierung der ganzen Gesellschaft und der abnehmenden Stabilität des öffentlichen Lebens die Eheverhältnisse immer ungünstiger werden und die Faktoren sich vermehren, welche die Ehe zerstören. Andererseits sind sie ein Beweis, daß eine immer größere Zahl Frauen sich entschließt, das ihr unerträglich dünkende Joch abzuschütteln.

2. *Bürgerliche und proletarische Ehe*

Die ehelichen Übel aber wachsen, und die Korrumpierung der Ehe nimmt zu in dem Maße, wie der Kampf ums Dasein sich verschärft und die Ehe immer mehr Geld- beziehentlich Kaufehe wird. Die immer größer werdende Schwierigkeit, eine Familie zu unterhalten, bestimmt auch viele Männer, auf die Ehe überhaupt zu verzichten, und so wird die Redensart, die Frau müsse in ihrer Tätigkeit auf das Haus beschränkt bleiben, sie müsse als Hausfrau und Mutter ihren Beruf erfüllen, immer mehr *gedankenlose Phrase*. Andererseits müssen diese Zustände die außereheliche Befriedigung des Geschlechtsverkehrs begünstigen und die Zahl der Prostituierten vermehren; auch steigt die Zahl derer, die an unnatürlicher Befriedigung des Geschlechtstriebs kranken.

In der besitzenden Klasse sinkt die Frau nicht selten, ganz wie im alten Griechenland, zum bloßen Gebärapparat für legitime Kinder herab, zur Hüterin des Hauses oder zur Pflegerin des in der Debauche ruinierten Gatten. Der Mann unterhält zu seinem Vergnügen und für sein Liebesbedürfnis Hetären – bei uns Kurtisanen oder Mätressen genannt –, die in den schönsten Stadtvierteln wohnen. Andere, denen

---

Sächs. Stat. Landesamtes 1907, II, und F. Kühnert, Die Ehescheidungsbewegung in Preußen in den Jahren 1895 bis 1905. Zeitschrift des Königl. Preuß. Stat. Landesamtes 1907, II.

die Mittel keine Mätresse zu unterhalten gestatten, halten es in wie vor der Ehe mit den Phrynen, für die ihr Herz mehr als für die Ehefrau schlägt; mit ihnen amüsieren sie sich, und ein Teil unserer Ehefrauen ist korrupt genug, solche Unterhaltungen in der Ordnung zu finden.[1]

In den oberen und mittleren Klassen der Gesellschaft ist also die Hauptquelle der Übel in der Ehe die Geld- und Standesheirat. Die Ehe wird aber noch mehr verderbt durch die Lebensweise dieser Klassen. Dieses trifft auch die Frau, die sich häufig dem Müßiggang oder korrumpierenden Beschäftigungen überläßt. Ihre geistige Nahrung besteht oft nur im Lesen zweideutiger Romane und in Zotenlektüre, im Besuch frivoler Theaterstücke, im Genuß sinnenkitzelnder Musik, in berauschenden Nervenstimulanzien, in Unterhaltungen über die Skandalaffären aller Art. Oder der Müßiggang und die Langeweile verleitet sie zu galanten Abenteuern, die noch häufiger der Mann sucht. Sie jagt von einem Vergnügen in das andere, von einem Gastmahl zum anderen, und im Sommer eilt sie in die Bäder der Sommerfrischen, um sich von den Strapazen des Winters zu erholen und neue Unterhaltung zu finden. Die Chronique scandaleuse findet bei dieser Lebensweise ihre Rechnung; man verführt und läßt sich verführen.

In den unteren Klassen ist die Geldehe so gut wie unbekannt. In der Regel heiratet der Arbeiter aus Neigung, aber an störenden Ursachen in der Ehe fehlt es nicht. Reicher Kindersegen schafft Sorgen und Mühen, und nur zu oft kehrt die Not ein. Krankheiten und Tod sind in den Arbeiterfamilien häufig gesehene Gäste. Arbeitslosigkeit treibt das Elend auf seinen Gipfel. Und wie vieles schmälert dem Arbeiter den Verdienst oder raubt ihm zeitweilig denselben ganz. Handels- und Industriekrisen machen ihn arbeitslos, die Einführung neuer

[1] Bücher beklagt in seiner schon mehrfach zitierten Schrift „Die Frauenfrage im Mittelalter" den Zerfall der Ehe und des Familienlebens; er verurteilt die zunehmende Frauenarbeit in der Industrie und verlangt die „Rückkehr" auf das „eigenste Gebiet der Frau", wo sie allein „Werte" schaffe, ins Haus und in die Familie. Die Bestrebungen der modernen Frauenfreunde erscheinen ihm als „Dilettantismus", und er hofft schließlich, „daß man bald in richtigere Bahnen einlenke", ist aber offenbar außerstande, einen erfolgreichen Weg zu zeigen. Das ist auch, vom bürgerlichen Standpunkt aus, unmöglich. Die Ehezustände wie die Lage der gesamten Frauenwelt sind nicht willkürlich geschaffen, sie sind das natürliche Produkt unserer gesellschaftlichen Entwicklung. Diese Kulturentwicklung vollzieht sich aber nach immanenten Gesetzen.

Maschinen oder Arbeitsmethoden wirft ihn als überzählig aufs Pflaster; Kriege, ungünstige Zoll- und Handelsverträge, Einführung neuer indirekter Steuern, Maßregelung seitens der Unternehmer wegen Betätigung seiner Überzeugung usw. vernichten seine Existenz oder schädigen sie schwer. Bald tritt das eine, bald das andere ein, wodurch er bald längere, bald kürzere Zeit ein Arbeitsloser, das heißt ein Hungernder, wird. Unsicherheit ist die Signatur seiner Existenz. Solche Schicksalsschläge erzeugen Mißstimmung und Verbitterung, und diese Stimmung kommt zunächst im häuslichen Leben zum Ausbruch, wenn täglich und stündlich Anforderungen für das Allernotwendigste gestellt werden, die nicht befriedigt werden können. Zank und Streit brechen aus. Ruin der Ehe und Familie ist die Folge.

Oder beide, Mann und Frau, gehen auf Arbeit. Die Kinder sind sich selbst oder der Überwachung älterer Geschwister überlassen, die selbst der Überwachung und Erziehung bedürften. In fliegender Eile wird in der Mittagstunde das meist elende Essen hinabgeschlungen, vorausgesetzt, daß die Eltern überhaupt Zeit haben, nach Hause zu eilen, was in Tausenden von Fällen wegen der Entfernung der Arbeitsstätte von der Wohnung und der Kürze der Pausen nicht möglich ist; müde und abgespannt kehren beide abends heim. Statt einer freundlichen, anmutenden Häuslichkeit finden sie eine enge, ungesunde Wohnung, die oft der Luft und des Lichtes entbehrt, und in der meist auch die nötigsten Bequemlichkeiten fehlen. Die zunehmende Wohnungsnot mit den daraus erwachsenden entsetzlichen Mißständen ist eine der dunkelsten Seiten unserer sozialen Ordnung, die zu zahlreichen Übeln, zu Lastern und Verbrechen führt. Und die Wohnungsnot wird trotz aller Versuche zur Abhilfe in den Städten und Industriebezirken mit jedem Jahre größer. Immer weitere Schichten werden von ihr erfaßt: kleine Gewerbetreibende, Beamte, Lehrer, kleine Kaufleute usw. Die Frau des Arbeiters, die abends müde und abgehetzt nach Hause kommt, hat von neuem alle Hände voll zu tun; Hals über Kopf muß sie arbeiten, um in der Wirtschaft nur das Notwendigste instand zu setzen. Die Kinder werden eiligst ins Bett gebracht, die Frau sitzt und näht und flickt bis in die späte Nacht. Die ihr so nötige Unterhaltung und Aufrichtung fehlt ihr. Der Mann ist oft unwissend, die Frau weiß noch weniger, und das wenige, was man sich sonst zu sagen hat, ist rasch erledigt. Der Mann geht ins Wirtshaus, um dort die Annehmlichkeiten zu finden, die ihm zu Hause fehlen; er trinkt, und ist es noch sowenig, er verbraucht für seine Verhältnisse zuviel. Unter Umständen verfällt er dem Laster des Spieles, das auch in den höheren Kreisen der Gesellschaft viele Opfer fordert, und verliert noch mehr, als er vertrinkt. Unterdes sitzt die Frau zu Hause und grollt; sie muß wie ein Lasttier arbeiten, für sie gibt es keine Ruhepause und Erholung; der Mann benutzt so gut er kann die Freiheit, die ihm der Zufall gibt, als Mann geboren zu sein. So entsteht die Disharmonie. Ist aber die Frau weniger pflichtgetreu, sucht sie am Abend, nachdem sie müde von der Arbeit heimgekehrt ist, eine berechtigte Erholung, so geht die Wirtschaft rückwärts, und das Elend ist doppelt groß. Aber wir leben trotzdem in „der besten aller Welten".

So wird auch die Ehe des Proletariers immer mehr zerrüttet. Sogar günstige Arbeitszeiten üben ihren zersetzenden Einfluß, denn sie zwingen ihn zur Sonntags- und Überstundenarbeit und nehmen ihm die Zeit, die er für seine Familie noch übrig hatte. In unzähligen Fällen hat er ganze Stunden bis zur Arbeitsstätte; die Mittagspause zum Heimweg zu benutzen, ist für ihn eine Unmöglichkeit; er steht morgens mit dem frühesten auf, wenn die Kinder noch im tiefsten Schlaf liegen, und kehrt erst spät am Abend, wenn sie bereits wieder in dem gleichen Zustand sich befinden, an den Herd zurück. Tausende von Arbeitern, namentlich die Bauarbeiter in den größeren Städten, bleiben der weiten Entfernung wegen die ganze Woche von Hause fern und kehren erst am Schlusse derselben zu ihrer Familie zurück. Bei solchen Zuständen soll das Familienleben gedeihen! Nun nimmt aber auch die Frauenarbeit immer mehr überhand, insbesondere in der Textilindustrie, die ihre Tausende von Dampfwebstühlen und Spindelmaschinen von billigen Frauen- und Kinderhänden bedienen läßt. Hier hat sich das frühere Verhältnis umgekehrt. Frau und Kind gehen in die Fabrik, und nicht selten sitzt der brotlos gewordene Mann zu Hause und besorgt die häuslichen Verrichtungen. „So findet man im Chemnitzer Bezirk in Appreturanstalten viele Frauen, die nur im Winter daselbst tätig sind, weil ihre Männer als Handarbeiter, Maurer, Zimmerer usw. im Winter gar keinen oder nur geringen Verdienst haben. In anderen Bezirken suchen die Frauen von Bauarbeitern während der Wintermonate Beschäftigung in Fabriken. Es kommt sehr häufig vor, daß während der Abwesenheit der Frau der Mann die Wirtschaft besorgt."[1] In Nordamerika, das bei seiner rapi-

[1] Technik und Wirtschaft. August 1909. S. 377.

den kapitalistischen Entwicklung alle Übel europäischer Industriestaaten in viel größerem Umfang erzeugt, hat man für den Zustand, den diese Verhältnisse hervorriefen, einen sehr charakteristischen Namen. Man nennt Industrieorte, in denen hauptsächlich die Frauen beschäftigt sind, während die Männer zu Hause sitzen, she towns, wörtlich „Siestädte", Frauenstädte.[1]

Die Zulassung der Frauen zu allen gewerblichen Berufen ist heute allseitig zugestanden. Die bürgerliche Gesellschaft, jagend nach Profit und Gewinn, hat längst erkannt, welch ein vortreffliches Ausbeutungsobjekt im Vergleich mit dem Manne die sich leichter fügende und schmiegende und anspruchslosere Arbeiterin ist.[2] So ist die Zahl der Berufe und Beschäftigungsarten, in welchen Frauen als Arbeiterinnen Anwendung finden, eine mit jedem Jahr wachsende. Die Ausdehnung und Verbesserung der Maschinerie, die Vereinfachung des Arbeitsprozesses durch immer größere Arbeitsteilung, der wachsende Konkurrenzkampf der Kapitalisten unter sich wie der auf dem Weltmarkt in Rivalität stehenden Industrieländer begünstigen die immer weitere Anwendung der Frauenarbeit. Das ist eine Erscheinung, die allen Industriestaaten gemeinsam ist. Aber in dem Maße, wie die Zahl der Arbeiterinnen sich vermehrt, werden diese vielfach Konkurrenten der männlichen Arbeiter. Zahlreiche Äußerungen in den Berichten der

---

[1] Dafür spricht folgende Notiz im „Levest. Journ." aus dem Jahre 1893, in der es heißt: „Eine der *Sonderbarkeiten* der *Fabrikdörfer* Maines ist die Klasse von Männern, welche zutreffend als ‚Haushälter' bezeichnet werden können. Fast in *jeder* Stadt, wo es viel *Industrie* gibt, findet man diese Männer in *großer* Zahl. Wer kurz nach der Mittagszeit vorspricht, wird sie mit vorgebundenen Schürzen beim Schüsselwaschen finden. Zu anderen Zeiten kann man sie scheuern, die Betten machen, die Kinder waschen, aufräumen oder kochen sehen ... Diese Männer besorgen die Wirtschaft aus dem *einfachen* Grunde, weil ihre Frauen *mehr in den Fabriken verdienen können als sie* und es eine Geldersparnis bedeutet, wenn die Frauen arbeiten gehen."

[2] „Herr E., ein Fabrikant, unterrichtet mich, daß er ausschließlich Weiber bei seinen mechanischen Webstühlen beschäftigt; er gebe *verheirateten* Frauen den Vorzug, besonders solchen mit Familie zu Hause, *die von ihnen für den Unterhalt abhängt;* sie sind viel aufmerksamer und gelehriger als unverheiratete und *zur äußersten Anstrengung ihrer Kräfte gezwungen,* um die notwendigen Lebensmittel beizuschaffen. So werden die Tugenden, die eigentümlichen Tugenden des weiblichen Charakters, zu seinem Schaden verkehrt — so wird alles Sittliche und Zarte ihrer Natur zum Mittel ihrer Sklaverei und ihres Leidens gemacht." Rede des Lord Ashley über die Zehnstundenbill, 1844. Karl Marx, Das Kapital. 2. Auflage.

Fabrikinspektoren wie in den statistischen Angaben über die Beschäftigung von Arbeiterinnen bestätigen dieses.

Am schlimmsten ist die Lage der Frauen in denjenigen Gewerbezweigen, in welchen sie überwiegend beschäftigt sind, wie zum Beispiel in der Bekleidungs- und Wäscheindustrie, namentlich in den Arbeitszweigen, in welchen die Arbeit in der eigenen Wohnung für den Unternehmer verrichtet wird. Die stattgehabten Untersuchungen über die Lage der Arbeiterinnen in der Wäschefabrikation und der Konfektionsbranche, die im Jahre 1886 der Bundesrat veranstaltete, haben auch ergeben, daß die erbärmlichen Lohnverhältnisse dieser Arbeiterinnen sie vielfach zu Nebenverdienst durch Preisgabe ihres Körpers zwingen.

Unser christlicher Staat, dessen Christentum man in der Regel dort vergeblich sucht, wo es angewendet werden sollte, und dort findet, wo es überflüssig oder schädlich ist, dieser christliche Staat handelt wie der christliche Bourgeois, was den nicht wundert, der weiß, daß der christliche Staat nur der Kommis unseres christlichen Bourgeois ist. Der Staat entschließt sich schwer zu Gesetzen, welche die Frauenarbeitszeit auf ein erträgliches Maß beschränken und die Kinderarbeit verbieten, wie er auch vielen seiner Beamten weder ausreichende Sonntagsruhe noch eine normale Arbeitszeit gewährt und so ihr Familienleben schädigt. Post-, Eisenbahn-, Gefängnisbeamte usw. müssen häufig weit über das zulässige Zeitmaß ihren Dienst versehen, aber ihre Entlohnung steht im umgekehrten Verhältnis.

Da ferner die Wohnungsmieten im Vergleich zum Einkommen des Arbeiters, des niederen Beamten und des kleinen Mannes viel zu hoch sind, müssen sie sich aufs äußerste einschränken. Es werden Schlafburschen oder Logiermädchen in die Wohnung genommen, öfter auch beide zugleich.[1] Alte und Junge wohnen auf engstem Raume, ohne Scheidung der Geschlechter zusammengepfercht, oft Zeuge der intim-

[1] Nach den Ergebnissen der preußischen Volkszählung von 1900 wurden 3 467 388 Personen gezählt, die nicht mit dem Haushaltungsvorstand verwandt sind, und im Gesamtdurchschnitt für Preußen bestanden diese Fremdelemente der Familienhaushaltungen zu etwa einem Viertel aus fremden Wohn- und Schlafgenossen (378 348 Zimmerabmieter und 455 322 Schlafgänger), auf dem Lande nur zu einem Siebentel, in den Städten dagegen zu einem Drittel und in Berlin zu erheblich mehr als zur Hälfte (57 180 Zimmerabmieter und 99 795 Schlafgänger). G. v. Mayr, Statistik und Gesellschaftslehre. 3. Band, S. 89. Tübingen 1909.

sten Vorgänge. Wie dabei Schamgefühl und Sittlichkeit fahren, darüber gibt es schauerliche Tatsachen. Die vielfach erörterte Zunahme der Verrohung und Verwilderung der Jugend ist vorzugsweise solchen Zuständen geschuldet, die in der Stadt und auf dem Lande bestehen. Und welche Wirkung muß für die Kinder die Erwerbsarbeit haben? Die schlechteste, die sich denken läßt, sowohl physisch wie moralisch.

Die immer mehr zunehmende industrielle Beschäftigung auch der verheirateten Frau ist namentlich bei Schwangerschaften, Geburten und in der ersten Lebenszeit der Kinder, während diese auf die mütterliche Nahrung angewiesen sind, von den verhängnisvollsten Folgen. Es entstehen während der Schwangerschaft eine Menge Krankheiten, die sowohl auf die Leibesfrucht als auf den Organismus der Frau zerstörend wirken und Früh- und Totgeburten hervorrufen. Ist das Kind zur Welt, so ist die Mutter gezwungen, wieder so rasch als möglich zur Fabrik zurückzukehren, damit ihr Platz nicht von einer Konkurrentin besetzt wird. Die unausbleiblichen Folgen für die kleinen Würmer sind: vernachlässigte Pflege, unpassende Nahrung, auch gänzlicher Mangel an Nahrung; sie werden, um ruhig zu sein, mit Opiaten gefüttert. Und die weiteren Folgen sind: massenhaftes Sterben oder Siechtum und Verkümmerung, mit einem Worte: Degeneration der Rasse. Vielfach wachsen die Kinder auf, ohne rechte mütterliche oder väterliche Liebe genossen und wahre Elternliebe empfunden zu haben. So gebiert, lebt und stirbt das Proletariat. Und Staat und Gesellschaft wundern sich, daß sich Roheit, Sittenlosigkeit und Verbrechen häufen.

Als im Anfang der sechziger Jahre des vorigen Jahrhunderts in den englischen Baumwollendistrikten infolge des nordamerikanischen Sklavenbefreiungskriegs viele Tausende von Arbeiterinnen feiern mußten, machten die Ärzte die auffallende Entdeckung, daß ungeachtet der großen Not der Bevölkerung die Kindersterblichkeit *abnahm*. Die Ursache war, die Kinder genossen jetzt die Nahrung von der Mutter und erhielten eine bessere Pflege, als sie je gehabt hatten. Die gleiche Tatsache ist seitens der Ärzte in der Krise der siebziger Jahre in Nordamerika, besonders in New York und Massachusetts, konstatiert worden. Die Arbeitslosigkeit zwang die Frauen zu feiern und ließ ihnen Zeit zur Kinderpflege. Ähnliche Beobachtungen hat man während des Generalstreiks in Schweden (August und September 1909) gemacht. Die Sterblichkeitsziffer in Stockholm und auch in anderen größeren schwedischen Städten hat sich seit langen Zeiten nicht so günstig gestaltet wie in den Wochen dieses Riesenstreiks. Eine der hervorragendsten medizinischen Autoritäten Stockholms hat sich dahin ausgesprochen, daß diese ungemein befriedigenden Sterblichkeits- wie überhaupt Gesundheitsverhältnisse ganz zweifellos mit dem Riesenstreik in unmittelbarem Zusammenhang stehen. Am wichtigsten sei zweifellos der Umstand, daß die großen Scharen, aus denen sich die „Armee des Müßiggangs" während der Streikwochen zusammensetzte, Gelegenheit gehabt hätten, sich fast *unausgesetzt unter freiem Himmel*, in frischer Luft, aufzuhalten, was der körperlichen Gesundheit natürlich äußerst dienlich gewesen sei. Wie umfassend die für die Arbeitsräume geltenden sanitären Vorschriften auch sein mögen, so sei die Luft in den Arbeitslokalen doch im allgemeinen immer so beschaffen, daß sie in gesundheitlicher Beziehung mehr oder weniger schädlich wirken müsse. Die Bedeutung des *Alkoholverbots* während des Riesenstreiks dürfe auch nicht unterschätzt werden.

In der Hausindustrie, die volkswirtschaftliche Romantiker so idyllisch darstellen, liegen die Verhältnisse nicht besser. Hier ist neben dem Manne die Frau von früh bis in die Nacht an die Arbeit gekettet, und die Kinder werden vom frühesten Alter zu gleichem Werke angehalten. Zusammengepfercht auf den kleinsten Raum leben Mann, Frau, Familie und etwaige Hilfspersonen mitten unter den Arbeitsabfällen und bei den unangenehmsten Dünsten und Gerüchen. Dem Wohn- und Arbeitslokal entsprechen die Schlafräume. In der Regel dunkle Löcher, ohne Ventilation, sind diese schon für die Gesundheit bedenklich, wenn darin nur ein Teil der in ihnen untergebrachten Menschen hauste.

Der immer schwerer werdende Kampf ums Dasein zwingt auch oft Frauen und Männer zu Handlungen, die sie unter anderen Verhältnissen verabscheuten. So wurde 1877 in München konstatiert, daß unter den polizeilich eingetragenen und überwachten Prostituierten nicht weniger als 203 Frauen von Arbeitern und Handwerkern waren. Und wie viele verheiratete Frauen geben aus Not sich preis, ohne daß sie sich der polizeilichen Kontrolle unterwerfen, die Schamgefühl und Menschenwürde aufs tiefste verletzt.

Zehntes Kapitel

Die Ehe als Versorgungsanstalt

1. Die Abnahme der Eheschließungen

Es bedarf wohl keines weiteren Nachweises, daß unter den geschilderten Verhältnissen die Zahl derer wächst, die die Ehe nicht als Paradies ansehen und Bedenken tragen, in eine solche einzutreten. Daher die Erscheinung, daß die Zahl der Eheschließungen in den meisten Kulturstaaten im Rückgang begriffen ist oder stationär bleibt. Erfahrungsgemäß wirkten früher schon die hohen Kornpreise eines einzigen Jahres nachteilig auf die Zahl der Eheschließungen wie der Geburten ein. Aber je mehr die Industrialisierung eines Landes fortschreitet, desto mehr wird diese Zahl bedingt durch das Auf und Ab der gesamten ökonomischen Konjunktur. Wirtschaftliche Krisen und wachsende Verschlechterung der allgemeinen Wirtschaftslage müssen dauernd ungünstig wirken. Das bestätigt die Ehestatistik fast aller Kulturländer.

Nach der neuesten Regierungsenquete wurden in den Vereinigten Staaten im Zeitraum von 1887 bis 1906 12 832 044 Ehen geschlossen.

1887	483 096	1902	746 733
1891	562 412	1903	786 132
1892	577 870	1904	781 145
1893	578 673	1905	804 787
1894	566 161	1906	853 290

Wir sehen also, daß infolge der Krise 1893/94 die Zahl der Eheschließungen im Jahre 1894 nicht nur keine Steigerung erfährt, sondern um 12 512 sinkt. Dieselbe Erscheinung wiederholt sich im Jahre 1904, das ein Minus von 4987 Ehen aufweist.

In Frankreich zeigten die Eheschließungen folgendes Bild:

1873 bis 1877	299 000	1893 bis 1897	288 000
1878 bis 1882	281 000	1898 bis 1902	296 000
1883 bis 1887	284 000	1903 bis 1907	306 000
1888 bis 1892	279 000		

Die höchste Zahl weist das Jahr 1873 mit 321 238 Ehen auf. Von da an vermindert sich die Zahl der Eheschließungen, um mit dem Aufschwung des Wirtschaftslebens wieder in die Höhe zu gehen. Im Jahre 1907 zeigt Frankreich die höchste Zahl nach 1873: 314 903 Eheschließungen. Diese Zunahme ist in einem gewissen Grade die Folge des neuen Gesetzes vom 21. Juni 1907, das die zur Eheschließung notwendigen Formalitäten vereinfacht und in den armen Bezirken zum Aufschnellen der Eheziffer geführt hat.

Es kamen auf 1000 der mittleren Bevölkerung Eheschließende:

Staaten	1871 bis 1875	1876 bis 1880	1881 bis 1885	1886 bis 1890	1891 bis 1895	1896 bis 1900	1901 bis 1905	1907
Deutsches Reich	18,84	15,68	15,40	15,68	15,88	16,83	16	16,2
davon Preußen	18,88	15,86	15,92	16,32	16,40	16,86	16,2	16,4
„ Bayern	18,92	14,65	13,64	13,96	14,76	16,09	15,2	15,4
„ Sachsen	19,96	17,70	17,62	18,64	17,52	18,76	16,6	16,8
Österreich	18,30	15,52	15,88	15,40	15,76	16,04	15,8	15,8[1]
Ungarn	21,50	19,30	20,24	17,72	17,92	16,05	17,2	19,6
Italien	15,54	15,06	14,08	17,64	14,96	14,40	14,8	15,4
Schweiz	16,06	14,90	13,80	14,00	14,72	15,59	15	15,6
Frankreich	16,96	15,16	15,04	14,48	14,90	15,14	15,2	16
England und Wales	17,08	15,34	15,14	14,70	15,16	16,14	15,6	15,8
Schottland	14,98	13,76	13,76	18,02	13,68	14,94	14	14
Irland	9,72	9,04	8,66	8,66	9,48	9,87	10,4	10,2
Belgien	15,44	13,94	13,94	14,34	15,24	16,45	16,2	16,2
Niederlande	16,64	15,76	14,28	14,04	14,48	14,88	15	15,2
Dänemark	15,88	15,54	15,38	13,94	13,84	14,79	14,4	15,2
Norwegen	14,58	14,40	13,82	12,76	12,92	13,73	12,4	11,8
Schweden	14,04	13,20	12,84	12,20	11,45	12,04	11,8	12
Finnland	17,68	15,72	14,90	14,40	12,98	15,34	13	13,6
Europ. Rußland exkl. Weichselgebiet	19,62	17,62	18,06	17,94	17,08	17,80	–	–
Bulgarien	–	–	18,04	17,24	16,07	–	–	–
Serbien	22,80	23,32	22,14	21,76	19,84	–	–	–

Daß die Zahl der Eheschließungen in den meisten Ländern, je nachdem industrielle Prosperität oder Krise herrscht, schwankt, zeigt sich ganz eklatant in Deutschland. 1872, das Jahr nach dem Deutsch-Französischen Kriege, ergab für Deutschland, wie das Jahr 1873 für Frankreich, die höchste Zahl der Eheschließenden (423 900). Von 1873 ab fällt diese Zahl und erreicht im Jahre 1879, dem Jahre des Tief-

[1] Vom Jahre 1906.

standes der Krise, ihren niedersten Grad (335 113); sie steigt dann langsam bis zum Jahre 1890, das noch ein Prosperitätsjahr war; sie fällt abermals im Jahre 1892 und steigt wieder mit den Jahren der Prosperität, um im Jahre 1899 und 1900, dem Höchststand der industriellen Blüte, den Höhepunkt zu erreichen (476 491 im Jahre 1900, 471 519 im Jahre 1899). Die neue Krise bringt einen Niedergang. Im Jahre 1902 fällt die Zahl der Eheschließungen abermals auf 457 208, um in den Jahren 1906 und 1907 (498 990 und 503 964) wieder den Höhepunkt zu erreichen. Und wenn im Jahre 1906 die Zahl der Eheschließungen um 13 004 höher war als 1905, so zeigen sich schon die Wirkungen der Krise von 1907 in einer verminderten absoluten Zunahme (nur 4974 im Vergleich mit 1906) und einer relativen Abnahme (statt 8,2 auf 1000 Einwohner nur 8,1).

Im allgemeinen aber verraten die Zahlen in den meisten Ländern eine sinkende Tendenz der Eheschließungen. Der Höchststand der Eheschließenden um die Mitte der siebziger Jahre wird bis Ende der neunziger Jahre nur ausnahmsweise erreicht, und wie aus der nachfolgenden Tabelle ersichtlich ist, bleibt die große Mehrzahl der europäischen Länder dahinter zurück.

Aber nicht bloß die Erwerbsverhältnisse, auch die *Eigentumsverhältnisse* wirken in hohem Grade auf die Eheschließungen ein. Schmollers Jahrbuch für 1885, Heft 1, gibt Mitteilungen über die Bevölkerungsstatistik des Königreichs Württemberg, aus welchen schlagend hervorgeht, daß mit der Zunahme des *Groß*grundbesitzes die Zahl der *verheirateten* Männer im Alter von 25 bis 30 Jahren *abnimmt* und die Zahl der *unverheirateten* Männer zwischen 40 und 50 Jahren *zunimmt.* (Siehe die Tabelle auf Seite 166.) Der kleine Grundbesitz begünstigt die Eheschließungen, er ermöglicht einer größeren Zahl von Familien eine, wenn auch bescheidene Existenz, dagegen wirkt der große Grundbesitz den Eheschließungen entgegen. Mit fortschreitender Industrialisierung des Landes steigt die Zahl der Eheschließungen in städtischen Berufen. So treffen in Schweden auf je 1000 Berufsangehörige Eheschließungen in den Jahren 1901 bis 1904:

Landwirtschaft	4,78
Industrie und Bergbau	7,17
Handel und Verkehr	7,75
Freie und sonstige Berufe	6,63
Im Durchschnitt	5,92

Alle diese Zahlen beweisen aber, daß nicht *moralische*, sondern *materielle* Ursachen entscheidend sind. *Die Zahl der Eheschließungen ist wie der Moralzustand einer Gesellschaft einzig von ihren materiellen Grundlagen abhängig.*

	Prozentanteil des Grundbesitzes in Hektar			Prozentanteil der Männer	
	bis 5	5–20	über 20	verheirateter im Alter von 25-30 Jahren	unverheirateter im Alter von 40-50 Jahren
Oberamt Neuenbürg	79,6	20,4	0,0	63,6	4,4
Östlich von Stuttgart	78,9	17,7	3,4	51,3	8,1
Südlich von Stuttgart	67,6	24,8	7,6	48,6	8,7
Nördlich von Stuttgart	56,5	34,8	8,8	50,0	10,0
Schwarzwald	50,2	42,2	7,6	48,6	10,1
Oberer Neckar	43,6	40,3	16,1	44,3	10,8
Übergang zum Osten	39,5	47,6	12,8	48,7	10,0
Nordosten, außer nördl. von Hall	22,2	50,1	27,7	38,8	10,6
Schwäbische Alb	20,3	40,8	38,3	38,8	7,5
Nördliches Oberschwaben	19,7	48,0	32,3	32,5	9,7
Von Hall nach Osten	15,5	50,0	34,5	32,5	13,8
Bodenseegebiet	14,2	61,4	24,4	23,5	26,4
Mittl. und südl. Oberschwaben	12,6	41,1	46,3	30,0	19,1

2. *Kindesmord und Fruchtabtreibung*

Furcht vor Mangel und Bedenken, die Kinder nicht standesgemäß erziehen zu können, ist es auch hauptsächlich, was Frauen aus *allen* Klassen zu Handlungen treibt, die nicht mit dem Naturzweck, oft auch nicht mit dem Strafgesetzbuch in Übereinstimmung sind. Dahin gehören die verschiedensten Mittel zur Verhinderung der Empfängnis oder, wenn diese wider Willen stattgefunden hat, die Beseitigung der Leibesfrucht, der Abortus. Es wäre falsch zu behaupten, daß diese Mittel nur von leichtfertigen, gewissenlosen Frauen angewandt würden. Vielmehr sind es oft sehr pflichttreue Frauen, welche die Kinderzahl einschränken möchten; und um dem Dilemma zu entgehen, sich dem Gatten versagen zu müssen oder ihn auf Abwege zu drängen, die zu wandeln er Neigung hat, sich lieber der Gefahr der Anwendung abortativer Mittel unterwerfen. Daneben gibt es wieder Frauen, die, um einen „Fehltritt“ zu verdecken, oder aus Widerwillen gegen die Unbequemlichkeiten der Schwangerschaft, des Gebärens und der Erziehung, oder aus Furcht, ihre Reize rascher einzubüßen und bei dem Gatten oder der Männerwelt an Ansehen zu verlieren, solche Handlungen begehen und für schweres Geld bereitwillig ärztliche und geburtshelferische Unterstützung finden.

Der künstliche Abortus kommt, nach verschiedenen Anzeichen zu schließen, immer mehr in Übung. Schon bei den alten Völkern war der Abortus vielfach in Anwendung, und er ist es heute von den zivilisiertesten bis hinab zu den barbarischen. Die alten Griechen betrieben ihn offen, ohne daß die Landesgesetze ihm entgegentraten. Zur Zeit Platos war es Hebammen erlaubt, Aborte herbeizuführen, und Aristoteles ordnete die vorzeitige Geburt bei den Verheirateten in den Fällen an, in denen „die Frau entgegen aller Voraussicht schwanger wurde“[1]. Nach Jules Rouyer nahmen die Frauen Roms aus mehreren Gründen Zuflucht zum Abortus. Einmal wollten sie das Ergebnis ihrer unerlaubten Beziehungen verschwinden machen, ferner wollten sie sich der Ausschweifung ununterbrochen hingeben können, sie wollten aber auch die Veränderungen vermeiden, die Schwangerschaft und Geburt am Körper der Frau herbeiführen.[2] Bei den Römern war eine Frau mit 25 bis 30 Jahren alt, und so ging diese allem aus dem Wege, was ihre Reize beeinträchtigen konnte. Im Mittelalter war der Abortus mit schweren Leibesstrafen, sogar mit der Todesstrafe bedroht, und eine freie Frau, die ihn ausführte, wurde Leibeigene.

In der Gegenwart ist besonders der Abortus in der Türkei und in den Vereinigten Staaten in Übung. „Die Türken sind der Ansicht, daß der Fötus bis zum fünften Monat kein wirkliches Leben besitzt; sie haben auch keine Skrupel, einen Abort herbeizuführen. Auch in der Zeit, wo der Abort strafbar wird, wird er nicht weniger ausgeübt. Allein im Zeitraum von sechs Monaten wurden 1872 zu Konstantinopel mehr als 3000 Fälle von künstlichem Abort verhandelt.“[3]

Noch öfter wird er geübt in den Vereinigten Staaten. In allen größeren Städten der Union gibt es Anstalten, in welchen Mädchen und Frauen eine frühzeitige Entbindung bewerkstelligen können; viele

---

[1] E. Metschnikoff, Studien über die Natur des Menschen. S. 135. Leipzig 1904.
[2] Jules Rouyer, Études médicales sur l'ancienne Rome. Paris 1859.
[3] E. Metschnikoff, a. a. O., S. 134, 135.

amerikanische Zeitungen enthalten Anzeigen solcher Anstalten.[1] Man spricht in der dortigen Gesellschaft fast ebenso ungeniert über einen künstlichen Abortus wie über eine regelrechte Geburt. In Deutschland und anderen europäischen Ländern bestehen darüber andere Begriffe, und das deutsche Strafgesetzbuch bedroht beispielsweise den Täter wie den Helfer eventuell mit Zuchthausstrafe.

In vielen Fällen ist der Abortus von den schlimmsten Folgen begleitet, nicht selten tritt der Tod ein, in vielen Fällen ist Zerstörung der Gesundheit für immer das Endergebnis. „Die Beschwerden der beschwerlichsten Schwangerschaft und Geburt sind unendlich geringer als die künstlichem Abortus folgenden Leiden."[2] Unfruchtbar werden ist eine seiner gewöhnlichsten Wirkungen. Trotz alledem wird er auch in Deutschland immer häufiger angewandt. So wurden wegen Abtreibung verurteilt in den Jahren 1882 bis 1886 839 Personen, 1897 bis 1901 1565, 1902 bis 1906 2236.[3] Die Chronique scandaleuse der letzten Jahre hatte sich mehrfach mit Fällen von Abortus zu befassen, die großes Aufsehen erregten, weil dabei angesehene Ärzte und Frauen aus der vornehmen Gesellschaft eine Rolle spielten. Auch mehren sich, nach der steigenden Zahl der bezüglichen Offerten in unseren Zeitungen zu schließen, die Anstalten und Orte, in welchen verheirateten und unverheirateten Frauen Gelegenheit geboten wird, die Folgen von „Fehltritten" in aller Heimlichkeit abzuwarten.[4]

Die Furcht vor zu großer Kinderzahl in Rücksicht auf das vorhandene Eigentum und die Kosten der Erziehung hat auch in ganzen Klassen und bei ganzen Völkern die Anwendung von Präventivmaßregeln zu einem System entwickelt, das zur öffentlichen Kalamität zu werden droht. So ist es eine allgemein bekannte Tatsache, daß fast in allen Schichten der französischen Gesellschaft das Zweikindersystem durchgeführt wird. In wenig Kulturländern der Welt sind verhältnismäßig die Ehen so zahlreich als in Frankreich, aber in keinem Lande

---

[1] P. Brouardel, L'avortement. S. 36 bis 39. Paris 1901. Nach einer offiziellen Enquete wurden in New York bis zu 200 Personen gezählt, die aus der Fruchtabtreibung ein Gewerbe machen.

[2] Ed. Reich, Geschichte und Gefahren der Fruchtabtreibung. 2. Auflage. Leipzig 1893.

[3] Statistik des Deutschen Reiches. 85. Band. Kriminalstatistik für das Jahr 1906.

[4] In Schweden kamen auf 100 000 Einwohner kriminelle Aborte zur gerichtlichen Untersuchung: 1851 bis 1880 3,04, 1881 bis 1890 6,66 und 1891 bis 1900 19,01. F. Prinzing, a. a. O., S. 44.

ist durchschnittlich die Kinderzahl eine so geringe und die Bevölkerungsvermehrung eine so langsame. Der französische Bourgeois wie der Kleinbürger und der Parzellenbauer befolgen dieses System, und der französische Arbeiter schließt sich ihnen an. In manchen Gegenden Deutschlands scheinen die eigenartigen bäuerlichen Verhältnisse zu ähnlichen Zuständen geführt zu haben. So gibt es eine reizende Gegend in Südwestdeutschland, in welcher in dem Garten eines jeden Bauernhofs der Sevenbaum steht, dessen Bestandteile als abortatives Mittel angewandt werden. In einem anderen Bezirk desselben Landes besteht schon längst unter den Bauern das Zweikindersystem; sie wollen ihre Höfe nicht teilen. Auffällig ist auch, in welchem Maße die Literatur in Deutschland an Umfang und Absatz zunimmt, in der Mittel für „fakultative Sterilität" behandelt und anempfohlen werden. Natürlich stets unter „wissenschaftlicher" Flagge und mit Hinweis auf die angeblich gefahrdrohende Überbevölkerung.

Neben dem Abortus und der künstlichen Verhinderung der Empfängnis spielt das Verbrechen eine Rolle. In Frankreich sind Kindermorde und Kinderaussetzungen im Steigen, beides befördert durch das Verbot des französischen Zivilgesetzes, nach der Vaterschaft zu forschen. Der § 340 des Code civil bestimmt: „La recherche de la paternité est interdite", dagegen der § 314: „La recherche de la maternité est admise." Nach der Vaterschaft eines Kindes zu forschen ist verboten, aber nach der Mutterschaft zu forschen gestattet, ein Gesetz, das unverhüllt die Ungerechtigkeit gegen die Verführte zum Ausdruck bringt. Die Männer Frankreichs können so viele Frauen und Mädchen verführen, als sie vermögen, sie sind von jeder Verantwortung frei und haben keine Alimente zu bezahlen. Diese Bestimmungen sind unter dem Vorwand erlassen worden, das weibliche Geschlecht müsse abgeschreckt werden, Männer zu verführen. Man sieht, es ist überall der schwache Mann, dieser Angehörige des starken Geschlechts, der verführt wird und nie verführt. Die Konsequenz des Artikels 340 des Code civil war der Artikel 312, der bestimmt: „L'enfant conçu pendant le mariage a pour père le mari" (das während der Ehe empfangene Kind hat den Ehemann zum Vater). Ist die Nachforschung nach der Vaterschaft verboten, so muß sich logischerweise der mit Hörnern gekrönte Ehemann auch gefallen lassen, daß er ein Kind, das seine Ehefrau von einem Fremden empfing, als das seine ansehen muß. Man kann der französischen Bourgeoisie wenigstens nicht die Konsequenz absprechen. Alle Versuche, den Artikel 340 aufzuheben, sind bis jetzt gescheitert.

Andererseits suchte die französische Bourgeoisie die Grausamkeit, die sie beging, als sie durch Gesetz den betrogenen Frauen unmöglich machte, sich um Alimente an den Vater ihres Kindes zu wenden, durch die Gründung von Findelhäusern auszugleichen. Man nahm also dem Neugeborenen nicht nur den Vater, sondern auch die Mutter. Nach französischer Fiktion sind Findelkinder Waisenkinder, und so läßt die französische Bourgeoisie ihre unehelichen Kinder auf *Staatskosten* als „Kinder des Vaterlandes" erziehen. Eine herrliche Einrichtung. In Deutschland lenkt man auch mehr in französische Bahnen ein. Die Bestimmungen des Bürgerlichen Gesetzbuchs für das Deutsche Reich enthalten über die Rechtsverhältnisse der unehelichen Kinder Grundsätze, die zum Teil mit dem früher geltenden humaneren Recht im Widerspruch stehen. So heißt es darin: „Ein uneheliches Kind und dessen Vater gelten nicht als verwandt." Dagegen dekretierte schon Kaiser Josef II. die Gleichstellung der unehelichen mit den ehelichen Kindern. „Keinen Vater hat das uneheliche Kind, für dessen Mutter die conceptio plurium (der Umgang mit mehreren Männern) in die Zeit der Empfängnis fällt." Der Leichtsinn, die Schwachheit oder Armut der Mutter wird an dem Kinde bestraft. Leichtsinnige Väter kennt das Gesetz nicht. „Die Mutter hat das Recht und die Pflicht, für die Person des unehelichen Kindes zu sorgen. Die elterliche Gewalt steht ihr nicht zu. Der Vater des unehelichen Kindes ist verpflichtet, dem Kinde bis zur Vollendung des sechzehnten Lebensjahres den der *Lebensstellung der Mutter* entsprechenden Unterhalt zu gewähren, einschließlich der Kosten der Erziehung und der Vorbildung. Diese Verpflichtung besteht für den Vater über das sechzehnte Lebensjahr des Kindes hinaus, wenn dieses infolge von Gebrechen unfähig ist, sich selbst zu erhalten. Der Vater ist verpflichtet, der Mutter die Kosten der Entbindung sowie die Kosten des Unterhalts für die ersten sechs Wochen nach der Entbindung und etwaige notwendige Aufwendungen als Folgen der Schwangerschaft oder der Entbindung zu ersetzen." Und so weiter. Nach dem preußischen Landrecht war aber eine außer der Ehe geschwängerte, unbescholtene ledige Frauensperson oder Witwe von dem Schwängerer nach dessen Stande und Vermögen abzufinden, doch durfte die Abfindungssumme den vierten Teil des Vermögens des Schwängerers nicht übersteigen. Dem unehelichen Kinde stand ein Anspruch gegen den Vater auf Unterhalt und Erziehung zu, ohne Rücksicht darauf, ob die Mutter eine unbescholtene Person war, jedoch nur in dem Betrage, den die Erziehung eines ehelichen Kindes Leuten vom Bauern- oder gemeinen Bürgerstand kostete. Hatte der außereheliche geschlechtliche Verkehr unter der Zusage einer künftigen Ehe stattgefunden, so hatte der Richter der Geschwächten den Namen, Stand und Rang des Schwängerers sowie alle Rechte einer geschiedenen, für den unschuldigen Teil erklärten Ehefrau zuzuerkennen, und hatte in einem solchen Falle das uneheliche Kind die Rechte der aus einer vollgültigen Ehe erzeugten Kinder. Das hat nun aufgehört. Die Rückwärtserei ist in unserer Gesetzgebung Leitmotiv.

In der Periode von 1831 bis 1880 wurden vor den französischen Assisen 8568 Kindesmorde verhandelt, und zwar stieg ihre Zahl von 471 in den Jahren 1831 bis 1835 auf 970 in den Jahren 1876 bis 1880. In demselben Zeitraum wurden über 1032 Fälle Abortus abgeurteilt, und zwar im Jahre 1880 100.[1] Selbstverständlich kommt nur der kleinste Teil der Fälle von künstlichem Abortus zur Kenntnis der Gerichte, in der Regel nur, wenn schwere Erkrankungen oder Todesfälle folgen. Bei den Kindesmorden waren die Landbevölkerung mit 75 Prozent und beim Abortus die Städte mit 67 Prozent beteiligt. Die Frauen in der Stadt haben mehr Mittel an der Hand, die normale Geburt zu verhindern, daher viele Fälle von Abortus und verhältnismäßig wenig Kindesmorde. Auf dem Lande liegen die Verhältnisse umgekehrt. In Deutschland wurden wegen Kindesmordes verurteilt in den Jahren 1882 bis 1886 884, 1897 bis 1901 887, 1902 bis 1906 745 Personen.[2]

Das ist das Bild, das die heutige Gesellschaft in bezug auf ihre intimsten Beziehungen bietet. Es weicht stark ab von dem Gemälde, das poetische Phantasten von ihr entwerfen, nur hat es den Vorzug – wahr zu sein. Aber es müssen noch einige charakterisierende Pinselstriche hinzugefügt werden.

[1] A. Pouzol, La recherche de la paternité. S. 134, 471. Paris 1902.
[2] Statistik des Deutschen Reiches. 185. Band.

3. Erziehung zur Ehe

Daß gegenwärtig das weibliche Geschlecht geistig im Durchschnitt unter dem männlichen steht, darüber dürfte keine Meinungsverschiedenheit bestehen. Balzac, der durchaus kein Frauenfreund war, behauptete zwar: „Eine Frau, die eine männliche Bildung erhalten, besitzt in der Tat die glänzendsten und fruchtbarsten Eigenschaften zur Begründung ihres eigenen Glückes und das ihres Gatten", und Goethe, der Frauen und Männer seiner Zeit gut kannte, äußert bissig in Wilhelm Meisters Lehrjahren (Bekenntnisse einer schönen Seele): „Man hat die gelehrten Weiber lächerlich gemacht, und man wollte auch die unterrichteten nicht leiden, wahrscheinlich, weil man für unhöflich hielt, so viel unwissende Männer zu beschämen", aber dadurch wird an der Tatsache, daß im allgemeinen die Frauen geistig hinter den Männern zurückstehen, nichts geändert. Dieser Unterschied *muß* auch vorhanden sein, *weil die Frau nur ist, wozu sie der Mann als ihr Beherrscher gemacht hat*. Die Bildung der Frau ist noch mehr als jene des Proletariers von jeher vernachlässigt worden, und was gegenwärtig Besseres geleistet wird, ist unzulänglich. Wir leben in einer Zeit, in der das Bedürfnis nach Ideenaustausch in allen Kreisen wächst, und da stellt sich die vernachlässigte geistige Ausbildung der Frau als ein großer Fehler heraus, der sich an dem Manne rächt.

Bei dem Manne richtet sich die Ausbildung, das behauptet man wenigstens, obgleich oft der Zweck durch die angewandten Mittel nicht erreicht wird, vielfach auch nicht erreicht werden soll, auf die Entwicklung des Verstandes, die Schärfung des Denkvermögens, die Erweiterung des realen Wissens und die Festigung der Willenskraft, kurz, auf die Ausbildung der Verstandesfunktionen. Hingegen erstreckt sich bei der Frau die Ausbildung der höheren Stände hauptsächlich auf die Vertiefung des *Gemüts*, auf formale und schöngeistige Bildung, durch die nur ihre Nervenreizbarkeit und Phantasie erhöht wird, wie Musik, Belletristik, Kunst, Poesie. Das ist das Verkehrteste, was geschehen kann. Hier zeigt sich, daß die Mächte, die über das Bildungsmaß der Frau zu bestimmen haben, sich nur leiten lassen von ihren Vorurteilen über das Wesen des weiblichen Charakters und die beschränkte Lebensstellung der Frau. Das Gemütsleben und die Phantasie der Frau darf nicht noch mehr entwickelt werden, was ihre Anlage zur Nervosität nur steigert, sondern es soll, so gut wie bei dem

Mann, auch bei ihr die Verstandestätigkeit entwickelt und sie mit den Erscheinungen des praktischen Lebens vertraut gemacht werden. Für beide Geschlechter wäre es von größtem Vorteil, besäße die Frau an Stelle überschüssigen Gemüts, das oft recht ungemütlich wird, eine gute Portion geschärften Verstandes und exakter Denkfähigkeit, an Stelle nervöser Überreiztheit und verschüchterten Wesens Charakterfestigkeit und physischen Mut, statt des schöngeistigen Wissens, soweit sie solches überhaupt besitzt, Kenntnis von Welt und Menschen und natürlichen Kräften.

Im allgemeinen ist bisher das Gemüts- und Seelenleben der Frau ins Maßlose genährt, hingegen ihre Verstandesentwicklung gehemmt, schwer vernachlässigt und unterdrückt worden. Sie leidet infolgedessen buchstäblich an Hypertrophie des Gemüts- und Geisteslebens und ist darum meist jedem Aberglauben und Wunderschwindel zugänglich, ein überdankbarer Boden für religiöse und sonstige Scharlatanerien, ein gefügiges Werkzeug für jede Reaktion. Die bornierte Männerwelt beklagt das häufig, weil sie darunter leidet, aber sie ändert es nicht, weil sie noch selbst in der großen Mehrheit bis über die Ohren in Vorurteilen steckt.

Dadurch, daß die Frauen fast allgemein wie geschildert sind, sehen sie die Welt anders als die Männer, und damit ist abermals eine starke Quelle von Differenzen zwischen beiden Geschlechtern geschaffen.

Die Beteiligung am öffentlichen Leben ist heute für jeden Mann eine seiner wesentlichsten Pflichten; daß viele Männer das noch nicht begreifen, ändert an der Sache nichts. Aber der Kreis derjenigen wird immer größer, die erkennen, daß die öffentlichen Institutionen im *innigsten* Zusammenhang stehen mit den privaten Beziehungen des einzelnen, daß Wohl und Wehe der Person und Familie weit mehr vom Zustand der öffentlichen Einrichtungen, als von persönlichen Eigenschaften und Handlungen abhängen. Man erkennt, daß die höchste Kraftanstrengung des einzelnen gegen Mängel, die in dem Zustand der Dinge liegen und seine Lage bestimmen, machtlos ist. Andererseits erfordert der Kampf um die Existenz weit höhere Anstrengungen als früher. Es werden heute fast allgemein Anforderungen an den Mann gestellt, die seine Zeit und Kräfte in immer höherem Maße in Anspruch nehmen. Aber die unwissende, indifferente Frau steht ihm verständnislos gegenüber. Man kann sogar sagen, daß die geistige Differenzierung zwischen Mann und Frau heute größer ist als früher, als die Verhältnisse noch kleine und enge waren und dem Verständnis der Frau näher lagen. Ferner nimmt gegenwärtig die Beschäftigung mit öffentlichen Angelegenheiten eine große Zahl Männer in einem früher nicht gekannten Maße in Anspruch, was ihren Gesichtskreis erweitert, sie aber auch dem häuslichen Kreise mehr und mehr entfremdet. Die Frau fühlt sich dadurch zurückgesetzt, und eine neue Quelle zu Differenzen ist geöffnet. Nur selten versteht der Mann, sich mit der Frau zu verständigen und die Frau zu überzeugen. In der Regel hat der Mann die Ansicht, daß, was er wolle, die Frau nichts angehe, sie verstehe es nicht. Er nimmt sich nicht die Mühe, sie aufzuklären. „Das verstehst du nicht", ist die stereotype Antwort, sobald die Frau klagt, daß er sie hintansetze. Das Nichtverständnis der Frauen wird durch den Unverstand der meisten Männer nur gefördert. Ein günstigeres Verhältnis bildet sich zwischen Mann und Frau im Proletariat heraus, insofern beide erkennen, daß sie an dem gleichen Strange ziehen und es für ihre menschenwürdige Zukunft nur ein Mittel gibt: die gründliche gesellschaftliche Umgestaltung, die alle zu freien Menschen macht. In dem Maße, wie diese Erkenntnis sich auch unter den Frauen des Proletariats immer mehr verbreitet, *idealisiert* sich, trotz Not und Elend, ihr Eheleben. Beide Teile haben jetzt ein gemeinsames Ziel, nach dem sie streben, und eine unversiegbare Quelle der Anregung durch den Meinungsaustausch, zu dem ihr gemeinsamer Kampf sie führt. Die Zahl der Proletarierfrauen, die zu dieser Erkenntnis kommt, wird mit jedem Jahre größer. Hier entwickelt sich eine Bewegung, die von ausschlaggebender Bedeutung für die Zukunft der Menschheit ist.

In anderen Ehen machen sich die Bildungs- und Anschauungsdifferenzen, die im Anfang der Ehe, wenn die Leidenschaft noch vorherrscht, leicht übersehen werden, in reiferen Jahren immer fühlbarer. Je mehr aber die geschlechtliche Leidenschaft erlischt, um so mehr sollte sie durch geistige Übereinstimmung ersetzt werden. Aber davon abgesehen, ob der Mann einen Begriff von staatsbürgerlichen Pflichten hat und sie erfüllt, er tritt schon durch seine berufliche Stellung und den beständigen Verkehr mit der Außenwelt in fortgesetzte Berührung mit den verschiedensten Elementen und Anschauungen bei den verschiedensten Gelegenheiten und kommt dadurch in eine geistige Atmosphäre, die seinen Gesichtskreis erweitert. Er befindet sich meist, im Gegensatz zur Frau, in einer Art geistiger Mauserung, wohingegen der Frau durch die häusliche Tätigkeit, die sie von früh bis spät in Anspruch nimmt, die Zeit zur Ausbildung geraubt wird und sie so geistig versauert und verkümmert.

Diese häusliche Misere, in der die Mehrzahl der Ehefrauen in der Gegenwart lebt, schildert durchaus richtig der bürgerlich denkende Gerhard v. Amyntor in „Randglossen zum Buche des Lebens“[1]. Dort heißt es in dem Kapitel „Tödliche Mückenstiche“ unter anderem:

„Nicht die erschütternden Ereignisse, die für keinen ausbleiben und hier den Tod des Gatten, dort den moralischen Untergang eines geliebten Kindes bringen, hier in langer schwerer Krankheit, dort in dem Scheitern eines warm gehegten Planes bestehen, untergraben ihre (der Hausfrau) Frische und Kraft, sondern die kleinen, täglich wiederkehrenden, Mark und Knochen auffressenden Sorgen ... Wie viele Millionen braver Hausmütterchen verkochen und verscheuern ihren Lebensmut, ihre Rosenwangen und Schelmengrübchen im Dienste der häuslichen Sorgen, bis sie runzlige, vertrocknete, gebrochene Mumien geworden sind. Die ewig neue Frage: ‚Was soll heute gekocht werden‘, die immer wiederkehrende Notwendigkeit des Fegens und Klopfens und Bürstens und Abstäubens ist der stetig fallende Tropfen, der langsam, aber sicher, Geist und Körper verzehrt. Der Kochherd ist der Ort, wo die traurigsten Bilanzen zwischen Einnahme und Ausgabe gezogen, die deprimierendsten Betrachtungen über die steigende Verteuerung der Lebensmittel und die immer schwieriger werdende Beschaffung der nötigen Geldmittel angestellt werden. Auf dem flammenden Altar, wo der Suppentopf brodelt, wird Jugend und Unbefangenheit, Schönheit und frohe Laune geopfert, und wer erkennt in der alten kummergebeugten, triefäugigen Köchin die einst blühende, übermütige, züchtigkokette Braut in dem Schmucke ihrer Myrtenkrone? – Schon den Alten war der Herd heilig, und neben ihm stellten sie ihre Laren und Schutzgötter auf – lasset auch uns den Herd heilig halten, auf dem die pflichtgetreue deutsche Bürgerfrau einen langsamen Opfertod stirbt, um das Haus behaglich, den Tisch gedeckt und die Familie gesund zu erhalten.“

Das ist der Trost, den die bürgerliche Welt der an der gegenwärtigen Ordnung der Dinge elend zugrunde gehenden Frau bietet.

Jene Frauen, die durch ihre sozialen Verhältnisse in freierer Stel-

[1] Sam. Lucas, Elberfeld.

lung sich befinden, besitzen in der Regel eine einseitige und oberflächliche Erziehung, die in Verbindung mit ererbten weiblichen Charaktereigenschaften sich nachdrücklich geltend macht. Meist haben sie nur Sinn für reine Äußerlichkeiten, sie bekümmern sich nur um Tand und Putz und suchen in der Befriedigung eines verdorbenen Geschmacks und in der Frönung üppig wuchernder Leidenschaften ihren Lebenszweck. Für die Kinder und ihre Erziehung haben sie kaum Interesse; diese verursachen ihnen zu viel Mühe und Langeweile, und sie überlassen sie deshalb den Ammen und Dienstboten und überantworten sie später der Pension. Allenfalls betrachten sie als Aufgabe, die Töchter zu Zierpuppen und die Söhne für die jeunesse dorée (goldene Jugend) heranzubilden, aus der sich das Gigerltum rekrutiert, jene verächtliche Klasse von Männern, die man so ziemlich mit dem Zuhältertum auf eine Stufe stellen darf. Diese jeunesse dorée stellt auch ein Hauptkontingent zur Verführung der Töchter des arbeitenden Volkes, sie betrachtet Nichtstun und Verschwendung als Beruf.

Aus den geschilderten Zuständen haben sich mancherlei Charaktereigenschaften der Frau gebildet, die sich von Generation zu Generation immer vollkommener entwickelten. Die Männerwelt hält sich mit Vorliebe darüber auf, sie vergißt aber, daß sie selbst die Ursache ist und durch ihr Verhalten denselben Vorschub leistet. Zu diesen vielfach getadelten weiblichen Eigenschaften gehören die gefürchtete Zungenfertigkeit und Klatschsucht, die Neigung, über die nichtigsten und unbedeutendsten Dinge unendliche Unterhaltungen zu führen, die Gedankenrichtung auf das rein Äußerliche, die Putz- und Gefallsucht und der daraus folgende Hang für alle Modetorheiten; ferner leicht erregbarer Neid und Eifersucht gegen die Geschlechtsgenossinnen, die Neigung zur Unwahrheit und die Verstellungskunst.

Diese Eigenschaften machen sich bei dem weiblichen Geschlecht allgemein, nur im Grade verschieden, schon im jugendlichen Alter bemerkbar. Es sind Eigenschaften, die unter dem Drucke der sozialen Verhältnisse entstanden und durch Vererbung, Beispiel und Erziehung weiterentwickelt werden. Ein unvernünftig Erzogener kann andere nicht vernünftig erziehen.

Um über Entstehungsursachen und Entwicklung der Eigenschaften bei den Geschlechtern und bei ganzen Völkern sich klarzuwerden, muß man nach derselben Methode verfahren, die die moderne Naturwissenschaft anwendet, um die Entstehung und Entwicklung der

Lebewesen und ihrer Charaktereigenschaften festzustellen. Es sind die materiellen Lebensbedingungen, die jedem Lebewesen in hohem Grade seine Charaktereigenschaften aufprägen; es wird genötigt, sich den vorhandenen Lebensbedingungen anzupassen, die schließlich zur Natur desselben werden.

Der Mensch macht keine Ausnahme von dem, was in der Natur für alle Lebewesen gilt[1]; der Mensch steht nicht außerhalb der Naturgesetze, er ist, physiologisch betrachtet, das höchst entwickelte Tierwesen. Das will man allerdings nicht gelten lassen. Die Alten hatten schon vor Jahrtausenden, obgleich sie die moderne Naturwissenschaft nicht kannten, in vielen menschlichen Dingen vernünftigere Anschauungen als die Modernen, und die Hauptsache ist, sie wandten ihre auf Erfahrungen begründeten Anschauungen praktisch an. Man preist mit Bewunderung die Schönheit und Kraft der Männer und Frauen Griechenlands, übersieht aber, daß es nicht das glückliche Klima und die bezaubernde Natur des Landes an dem buchtenreichen Meere war, das auf Wesen und Entwicklung der Bevölkerung so günstig einwirkte, sondern daß es die mit Konsequenz von Staats wegen durchgeführten Körperausbildungs- und Erziehungsmaximen waren, darauf berechnet, Schönheit, Kraft und Gewandtheit mit Schärfe und Elastizität des Geistes zu verbinden. Allerdings wurde auch damals schon das Weib im Vergleich zum Mann in geistiger Beziehung vernachlässigt, aber nicht in bezug auf körperliche Entwicklung.[2] In Sparta, das am weitesten ging in der körperlichen Ausbildung beider Geschlechter, wandelten Knaben und Mädchen bis ins mannbare Alter nackt und übten sich gemeinsam in körperlichen Exerzitien, in Spielen und Ringkämpfen. Die nackte Schaustellung des menschlichen Körpers und die natürliche Behandlung des Natürlichen hatte die Wirkung, daß sinnliche Überreizungen, die vorzugsweise durch die Trennung des Verkehrs der beiden Geschlechter von Jugend auf künstlich erzeugt werden, nicht entstanden. Der Körper des einen Geschlechtes war dem anderen kein Geheimnis. Da konnte kein Spiel mit Zweideu-

[1] Siehe das Urteil von Krafft-Ebing auf S. 132.

[2] *Plato* fordert in seinem „Staat", „daß die Frauen den Männern ähnlich erzogen werden", und verlangt sorgfältig vorgenommene *Zuchtwahl*; er kannte also die Wirkung sorgfältiger Auslese auch für die Entwicklung des Menschen. *Aristoteles* stellt in seiner „Politik" als Erziehungsgrundsatz auf: „Erst muß der Körper und dann der Verstand gebildet werden." Bei uns denkt man, wenn überhaupt, zuletzt an den Körper, der dem Verstand erst das Rüstzeug liefert.

tigkeiten aufkommen. Natur war Natur. Ein Geschlecht freute sich an den Schönheiten des anderen.

Und zu einem ungezwungenen, natürlichen Verkehr der Geschlechter muß die Menschheit zurückkehren, sie muß die jetzt herrschenden ungesunden spiritualistischen Anschauungen über den Menschen von sich werfen und Erziehungsmethoden schaffen, die eine physische und geistige Regeneration herbeiführen.

Bei uns herrschen, insbesondere über weibliche Erziehung, noch sehr rückständige Begriffe. Daß auch die Frau Kraft, Mut und Entschlossenheit haben soll, wird als ketzerisch, als „unweiblich" angesehen, obgleich niemand wird leugnen können, daß durch solche Eigenschaften sie sich vor vielen Unbilden und Unannehmlichkeiten schützen könnte.

Dahingegen wird ihre körperliche Entwicklung, genau wie ihre geistige, möglichst gehemmt, wobei auch die Unvernunft der Kleidung eine wesentliche Rolle spielt. Diese hemmt sie nicht nur in unverantwortlicher Weise in ihrer physischen Entwicklung, sie richtet sie oft direkt zugrunde, und doch wagen selbst die wenigsten Ärzte, dagegen einzuschreiten. Die Furcht, der Patientin zu mißfallen, veranlaßt sie zu schweigen, oder sie schmeicheln sogar ihren Verrücktheiten. Die moderne Kleidung hindert in hohem Grade die Frau an dem freien Gebrauch ihrer Kräfte, sie schädigt ihre körperliche Ausbildung und erweckt in ihr das Gefühl der Ohnmacht und der Schwäche. Auch ist diese Kleidung eine Gefahr für die Gesundheit ihrer Umgebung, denn die Frau ist in der Wohnung und auf der Straße eine wandelnde Stauberzeugerin. Die strenge Scheidung der Geschlechter in der Schule und im geselligen Verkehr, die ganz den spiritualistischen Anschauungen entspricht, die das Christentum uns tief eingepflanzt hat, hemmt ebenfalls die Entwicklung der Frau.

Die Frau, die nicht zur Entfaltung ihrer Anlagen und Fähigkeiten gelangt, im engsten Ideenkreis befangen gehalten wird und fast nur in Verkehr mit Angehörigen ihres Geschlechts kommt, kann sich *unmöglich* über das Alltägliche und Gewöhnliche erheben. Ihr geistiger Gesichtskreis dreht sich nur um die Vorgänge in ihrer nächsten Umgebung, um verwandtschaftliche Beziehungen und was damit zusammenhängt. Die breitspurige Unterhaltung um die größten Nichtigkeiten, die Neigung zur Klatschsucht wird dadurch mit aller Macht gefördert, denn die in ihr lebenden geistigen Eigenschaften drängen nach Betätigung und Übung. Und der hierdurch oft in Unannehmlichkeiten verwickelte, zur Verzweiflung getriebene Mann verwünscht dann Eigenschaften, die er, das „Haupt der Schöpfung", hauptsächlich auf dem Gewissen hat.

Es soll nicht verkannt werden, daß neuerdings vielfach Ansätze zu vernünftigerer Lebensauffassung Platz greifen, aber es sind nur Anfänge, und sie berühren nur kleine Schichten der Gesellschaft.

4. Das Elend des heutigen Ehelebens

Durch unsere sozialen und geschlechtlichen Beziehungen ist die Frau mit allen Fasern ihrer Existenz auf die Ehe hingewiesen, ganz natürlich bilden Ehe- und Heiratsangelegenheiten einen wesentlichen Teil ihrer Unterhaltung und Aspiration. Auch ist für die physisch schwächere, durch Sitten und Gesetze dem Manne unterworfene Frau die Hauptwaffe gegen ihn die Zunge, und selbstverständlich benutzt sie dieselbe. Ähnlich verhält es sich mit der heftig getadelten Putz- und Gefallsucht, die ihre abschreckende Höhe in den immer exzentrischer werdenden Modetorheiten erreicht und oft Väter und Ehemänner in die größten Nöte und Verlegenheiten bringt. Die Erklärung hierfür liegt nahe. Die Frau ist für den Mann in erster Linie Genußobjekt; ökonomisch und gesellschaftlich unfrei, muß sie ihre Versorgung in der Ehe erblicken, sie hängt also vom Manne ab und wird ein Stück Eigentum von ihm. Ihre Lage wird noch ungünstiger dadurch, daß in der Regel die Zahl der Frauen größer ist als die der Männer – ein Kapitel, das noch näher besprochen werden wird. Durch dieses Mißverhältnis steigt die Konkurrenz der Frauen unter sich, die noch verstärkt wird, weil aus den verschiedensten Gründen eine Anzahl Männer nicht heiratet. Die Frau ist so genötigt, durch möglichst günstige Darstellung ihrer äußeren Erscheinung mit ihren Geschlechtsgenossinnen in den Wettbewerb um den Mann einzutreten.

Man beachte nun die lange Dauer dieser Mißverhältnisse durch viele Generationen, und man wird sich nicht mehr wundern, daß diese Erscheinungen bei dauernd wirkenden gleichen Ursachen ihre heutige extreme Gestalt angenommen haben. Dazu kommt, daß vielleicht in keinem Zeitalter der Konkurrenzkampf der Frauen um die Männer so heftig war als im gegenwärtigen, teils aus schon angeführten, teils aus noch zu erörternden Ursachen. Auch weisen sowohl die immer größeren Schwierigkeiten, eine auskömmliche Existenz zu erlangen, als auch die steigenden gesellschaftlichen Anforderungen die Frau mehr als je zuvor auf die Ehe als „Versorgungsanstalt" hin.

Die Männer lassen sich diesen Zustand gerne gefallen, denn sie ziehen die Vorteile daraus. Es sagt ihrem Stolz, ihrer Eitelkeit und ihrem Interesse zu, die Rolle des Herrn zu spielen, und in dieser Herrscherrolle sind sie, wie alle Herrschenden, schwer Vernunftgründen zugänglich. Um so mehr liegt es im Interesse der Frauen, sich für Herstellung von Zuständen zu erwärmen, die sie aus dieser entwürdigenden Stellung befreien. Die Frauen dürfen so wenig auf die Hilfe der Männer warten, wie die Arbeiter auf die Hilfe der Bourgeoisie warteten.

Erwägt man ferner, welche Charaktereigenschaften der Kampf um die bevorzugte Stellung auch auf anderen Gebieten, zum Beispiel auf dem industriellen, zur Entfaltung bringt, sobald die Unternehmer sich gegenüberstehen, mit welch niederträchtigen, selbst schurkenhaften Mitteln gekämpft wird, wie Haß, Neid und Verleumdungssucht geweckt werden, so hat man die Erklärung für die Tatsache, daß sich in dem Konkurrenzkampf der Frauen um die Männer ähnliche Charaktereigenschaften zeigen. Daher kommt es, daß sich Frauen durchschnittlich weniger miteinander vertragen als Männer, daß sogar die besten Freundinnen leicht in Streit geraten, handelt es sich um das Ansehen bei einem Manne, um die einnehmendere Persönlichkeit usw. Daher auch die Wahrnehmung, daß, wo immer Frauen sich begegnen, und seien sie sich wildfremd, sie sich in der Regel wie zwei Feinde ansehen. Mit einem einzigen Blick haben sie gegenseitig entdeckt, wo die andere eine unpassende Farbe anwandte oder eine Schleife unrichtig anbrachte oder ein ähnliches Kardinalvergehen beging. In den Blicken, mit denen beide sich begegnen, liegt unwillkürlich das Urteil zu lesen, das die eine über die andere fällt. Es ist, als wollte jede zu der anderen sagen: „Ich verstehe es doch besser als du, mich zu putzen und die Blicke auf mich zu lenken."

Andererseits ist die Frau von Natur impulsiver als der Mann, sie reflektiert weniger als dieser, sie ist selbstloser, naiver, daher ist sie von größerer Leidenschaftlichkeit beherrscht, die sich in der wahrhaft heroischen Aufopferung, mit der sie für ihr Kind eintritt oder für Angehörige sorgt und sie in Krankheitsfällen pflegt, im schönsten

Lichte zeigt. In der Furie dagegen findet diese Leidenschaftlichkeit ihren häßlichen Ausdruck. Aber die guten wie die schlimmen Seiten werden in erster Linie durch die soziale Stellung beeinflußt, begünstigt, gehemmt oder umgewandelt. Derselbe Trieb, der unter ungünstigen Verhältnissen als ein Fehler sich darstellt, wird unter günstigen eine Quelle des Glücks für die Person und für andere. Fourier hat das Verdienst, den Nachweis glänzend geführt zu haben, wie ein und dieselben Triebe des Menschen unter verschiedenen Verhältnissen ganz entgegengesetzte Resultate erzeugen.[1]

Neben den Einwirkungen einer verkehrten geistigen Erziehung laufen nicht minder wichtige Einwirkungen von verkehrter oder mangelnder physischer Erziehung, in Rücksicht auf den Naturzweck. Alle Ärzte stimmen darin überein, daß die Vorbildung der Frau für ihren Beruf als Mutter und Kindererzieherin fast alles zu wünschen übrig läßt. „Man übt den Soldaten in der Führung seiner Waffe und den Handwerker in der Handhabung seiner Werkzeuge, jedes Amt erfordert seine Studien; selbst der Mönch hat sein Noviziat. Nur die Frau wird für ihre ernsten Mutterpflichten nicht erzogen."[2] Neun Zehntel der Jungfrauen, die zu heiraten Gelegenheit bekommen, treten mit fast vollkommener Unwissenheit über die Mutterschaft und ihre Pflichten in die Ehe. Die unverantwortliche Scheu selbst der Mütter, mit der erwachsenen Tochter über die so wichtigen geschlechtlichen Funktionen zu sprechen, läßt sie über ihre Pflichten gegen sich und ihren Gatten in der schwärzesten Unwissenheit. Mit dem Eintritt in die Ehe betritt die Frau in der Regel ein ihr vollkommen fremdes Gebiet; sie hat sich davon ein Phantasiegemälde entworfen, meist aus Romanen der nicht empfehlenswertesten Art, das zu der Wirklichkeit sehr wenig paßt.[3] Die mangelnden Wirtschaftskenntnisse, die, wie

---

[1] A. Bebel, Charles Fourier, sein Leben und seine Theorien. Stuttgart 1907, J. H. W. Dietz.

[2] Irma v. Troll-Borostyani, Die Mission unseres Jahrhunderts. Eine Studie zur Frauenfrage. Preßburg und Leipzig.

[3] In „Les femmes qui tuent et les femmes qui votent" erzählt Alexandre Dumas Sohn, ein hochgestellter katholischer Geistlicher habe ihm in einer Unterhaltung mitgeteilt, daß von hundert seiner früheren weiblichen Zöglinge, die sich verheirateten, nach Verlauf eines Monats wenigstens achtzig zu ihm kamen und ihm sagten, sie seien von der Ehe enttäuscht, sie bereuten, geheiratet zu haben. Das klingt sehr wahrscheinlich. Die voltairianisch gesinnte französische Bourgeoisie findet es mit ihrem Gewissen vereinbar, ihre Töchter in den Klöstern

noch die Dinge liegen, für die Ehe notwendig sind, wenn auch viele früher als selbstverständlich angesehene Tätigkeiten der Frau abgenommen wurden, geben ebenfalls manchen Anlaß zu Differenzen. Die einen verstehen von der Wirtschaft nichts, weil sie sich zu gut dafür halten, sich darum zu bekümmern, und meinen, das sei Sache der Dienstboten; die anderen, aus den breiten Massen, verhindert der Kampf um die Existenz, sich für den Beruf als Wirtschaftlerinnen auszubilden, sie müssen von früh bis spät in die Werkstatt oder Fabrik. Es zeigt sich immer mehr, daß die Einzelwirtschaft durch die Entwicklung der Verhältnisse ihren Boden verliert und nur durch unsinnige Opfer an Geld und Zeit aufrechterhalten wird.

Eine andere Ursache, die für nicht wenige Männer den Ehezweck aufhebt, liegt in der physischen Entwicklung vieler Frauen. Unsere Nahrungs-, Wohn-, Arbeits- und Unterhaltungsweise, kurz die ganze Lebensweise wirkt vielfach mehr zerstörend als fördernd auf uns ein. Mit Fug und Recht kann man von einem nervösen Zeitalter sprechen; aber die Nervosität geht Hand in Hand mit physischer Degeneration. Anämie (Blutarmut) und Nervosität sind namentlich bei dem weiblichen Geschlecht in ganz enormem Maße verbreitet. Diese werden immer mehr zu einer gesellschaftlichen Kalamität, die, falls sie noch einige Generationen währte, ohne daß es gelingt, unsere gesellschaftliche Organisation auf normalere Entwicklungsbedingungen zu stellen, unser Geschlecht dem Verderben entgegenführte.[1]

Der weibliche Organismus bedarf in Rücksicht auf den Geschlechtszweck ganz besonderer Pflege, namentlich guter Ernährung und in besonderen Perioden auch auskömmlicher Schonung. Beides ist für die

---

erziehen zu lassen, sie geht von der Ansicht aus, eine unwissende Frau sei leichter zu leiten als eine wissende. Da müssen Konflikte und Enttäuschungen entstehen. Rät doch Laboulaye direkt, die Frauen in mäßiger Unwissenheit zu erhalten, denn „notre empire est détruit, si l'homme est reconnu" (unsere Herrschaft ist zerstört, sobald der Mann erkannt ist).

[1] Die progressive Paralyse (Gehirnerweichung) nimmt weit rascher zu unter den Frauen als unter den Männern. Es kamen zum Beispiel in Preußen Erkrankungen an paralytischer Seelenstörung auf je 100 Aufnahmen:

	Männer	Frauen		Männer	Frauen
1876–1879	17,0	3,7	1895–1897	18,5	7,6
1880–1891	17,3	5,4	1898–1901	16,2	7,5
1892–1894	17,7	6,8			

Siehe F. Prinzing, a. a. O., S. 177.

sehr große Mehrzahl des weiblichen Geschlechtes nicht vorhanden und unter den heutigen Verhältnissen auch kaum zu schaffen. Auch hat sich die Frau so an die Bedürfnislosigkeit gewöhnt, daß zum Beispiel zahllose Frauen es für eine eheliche Pflicht halten, die guten Bissen dem Manne vorzusetzen und sich selbst mit dürftiger Nahrung zu begnügen. Ebenso werden häufig die Knaben in der Ernährung vor den Mädchen bevorzugt. Der Glaube ist allgemein verbreitet, daß sich die Frau nicht nur mit weniger, sondern auch mit schlechterer Nahrung begnügen könne als der Mann. Daher das traurige Bild, das insbesondere unsere weibliche Jugend dem Sachverständigen bietet.[1] Ein großer Teil unserer jungen Frauen ist körperlich schwach, blutarm, extrem nervös. Die Folgen sind Menstruationsbeschwerden, Krankheiten der Organe, die mit dem Geschlechtszweck in Verbindung stehen, die sich oft bis zur Unfähigkeit oder Lebensgefährlichkeit, Kinder zu gebären oder zu säugen, steigern. „Wenn diese Degeneration unserer Frauen noch weiterhin in derselben Weise wie bisher fortschreiten sollte, so dürfte der Zeitpunkt nicht mehr fern sein, wo es zweifelhaft werden könnte, ob die Kulturmenschen noch länger zu den Säugetieren zu zählen seien oder nicht."[2] Statt einer gesunden und heiteren Gefährtin, einer fähigen Mutter, einer ihren häuslichen Obliegenheiten nachkommenden Gattin hat der Mann eine kranke, nervöse Frau, bei welcher der Arzt nicht aus dem Hause kommt, die keinen Luftzug und nicht das geringste Geräusch vertragen kann. Wir wollen uns über diesen Gegenstand nicht weiter verbreiten, jeder kann sich das Bild weiter ausmalen; im eigenen Familien- und Bekanntenkreise gibt es Beispiele in Fülle.

Erfahrene Ärzte versichern, die größere Hälfte der Ehefrauen, namentlich in den Städten, befinde sich in mehr oder weniger anormalen Zuständen. Nach dem Grade der Übel und dem Charakter der Eheleute müssen solche Verbindungen unglückliche sein, und sie geben in der öffentlichen Meinung dem Manne das Recht, sich außereheliche Freiheiten zu erlauben, deren Kenntnis die unglücklichste Stimmung bei der Frau erzeugen müssen. Auch sind manchmal die sehr verschiedenen geschlechtlichen Anforderungen des einen oder

[1] Ausführlicheres hierüber in „Das Frauenbuch" von Frau H. S. Adams, Dr. med., Stuttgart.

[2] Dr. F. B. Simon, Die Gesundheitspflege des Weibes. 7. Auflage, S. 240. Stuttgart 1909, J. H. W. Dietz.

anderen Teils Veranlassung zu tiefgehenden Differenzen, ohne daß die so wünschbare Trennung möglich wäre.

Hierbei darf nicht verschwiegen werden, *daß ein erheblicher Teil der Männer der schuldige Teil ist an den schweren physischen Leiden, von welchen ihre Frauen in der Ehe betroffen werden.* Ein erheblicher Teil der Männerwelt leidet infolge von Ausschweifungen an chronischen Geschlechtskrankheiten, die oft, weil sie ihnen keine großen Unbequemlichkeiten verursachen, auf die leichte Achsel genommen werden. Aber im geschlechtlichen Verkehr mit der Frau erzeugen sie bei dieser sehr unangenehme und verhängnisvoll wirkende Unterleibskrankheiten, die alsbald nach der Eheschließung sich einstellen und häufig bis zur Unfähigkeit, zu empfangen oder Kinder zu gebären, sich steigern. Gewöhnlich hat die unglückliche Frau keine Ahnung von der wahren Ursache ihrer Krankheit, die ihr Gemüt bedrückt, ihr das Leben verbittert und den Zweck der Ehe zerstört, und sie macht sich und empfängt Vorwürfe über einen Zustand, den der andere Teil verschuldete. Manches blühende Weib verfällt nach kaum geschlossener Ehe chronischem Siechtum, für das weder sie noch die Angehörigen eine Erklärung haben, denn der Arzt muß schweigen.

Wie neuere Untersuchungen ergeben haben, ist dieser Umstand – daß infolge von Gonorrhöe die Samenflüssigkeit des Mannes keine Samenzellen mehr enthält und daher der Mann zeitlebens unfähig ist, Kinder zu zeugen – *eine verhältnismäßig häufige Ursache ehelicher Unfruchtbarkeit, im Gegensatz zu der alten bequemen Tradition der Herren der Schöpfung, welche immer bereit sind, die Schuld an dem mangelnden Kindersegen auf die Frau abzuwälzen.*[1]

Man sieht, es sind eine große Menge Ursachen wirksam, die in der überwiegenden Zahl der Fälle das heutige Eheleben nicht zu dem werden lassen, was es sein soll. Es ist also immerhin eine Anweisung von zweifelhaftem Wert, wenn selbst Gelehrte die Emanzipationsbestrebungen der Frau damit abgetan glauben, daß sie dieselbe auf die Ehe verweisen, die durch unsere sozialen Zustände immer mehr zu einem Zerrbild wird und immer weniger ihrem wahren Zweck entspricht.

---

[1] Dr. F. B. Simon, a. a. O., S. 267. Simon widmet diesem und dem verwandten Thema, warum so viele Ehefrauen nach der Hochzeit krank werden, ohne zu wissen woher, eine ausführliche Besprechung, in der namentlich unserer Männerwelt der Spiegel vorgehalten wird.

Elftes Kapitel

Die Chancen der Ehe

1. Das Zahlenverhältnis der Geschlechter

Der Rat an die Frau, in der Ehe, als ihrem eigentlichen Beruf, ihr Heil zu suchen, ein Rat, der von der Mehrzahl der Männer gedankenlos applaudiert wird, klingt aber wie der bitterste Hohn, wenn Ratgeber wie Beifallklatscher das Gegenteil tun. Schopenhauer, der Philosoph, hat für die Frau und ihre Stellung nur das Verständnis des Spießbürgers. Er sagt: „Das Weib ist nicht zu großen Arbeiten berufen. Sein Charakteristikon ist nicht das Tun, sondern das *Leiden*. Es bezahlt die Lebensschuld durch die Wehen der Geburt, Sorge für das Kind, *Unterwürfigkeit unter den Mann*. Die heftigsten Äußerungen der Lebenskraft und Empfindung sind ihm versagt. Sein Leben soll stiller und unbedeutsamer sein als das des Mannes. Zur Pflegerin und Erzieherin der *Kindheit* ist das Weib berufen, *weil es, selbst kindisch, zeitlebens ein großes Kind bleibt*, eine Art Mittelstufe zwischen Kind und Mann, *welcher der eigentliche Mensch ist* ... Zur Häuslichkeit und *Unterwürfigkeit* sollen die Mädchen erzogen werden ... *Die Weiber sind die gründlichsten und unheilbarsten Philister*."

Im Geiste Schopenhauers ist auch das Werk von Lombroso und Ferrero gehalten, „Das Weib als Verbrecherin und Prostituierte"[1]. Wir haben kein wissenschaftliches Werk von solchem Umfang kennengelernt — es umfaßt 590 Seiten —, das über das darin abgehandelte Thema ein so wenig beweiskräftiges Material enthält. Das statistische Material, aus dem die kühnsten Schlüsse gezogen werden, ist meist sehr dürftig. Oft genügt den Verfassern ein Dutzend Fälle, um die schwerwiegendsten Konsequenzen daraus zu ziehen. Das Material, das als das brauchbarste in dem Werk gelten kann, ist charakteristischerweise von einer Frau — Frau Dr. Tarnowskaja — beschafft worden. Der Einfluß der sozialen Verhältnisse, der kulturellen Entwicklung wird fast gänzlich beiseite gelassen, alles wird vom einseitig

[1] Autorisierte Übersetzung von Dr. med. H. Kurella. Hamburg 1894.

physiologisch-psychologischen Standpunkt beurteilt, und werden eine große Zahl ethnographischer Mitteilungen von den verschiedensten Völkerschaften in die Beweisführung verwebt, ohne daß man die Natur dieser Mitteilungen tiefer untersuchte. Nach den Verfassern ist, ganz wie bei Schopenhauer, das Weib ein großes Kind, eine Lügnerin par excellence, urteilsschwach, in der Liebe wankelmütig, keiner eigentlich heroischen Tat fähig. Die Inferiorität des Weibes gegenüber dem Mann sei durch eine große Zahl körperlicher Unterscheidungen und Eigenschaften erwiesen. „Die Liebe des Weibes ist im Grunde nichts als sekundärer Charakter der Mutterschaft; all die Gefühle der Zuneigung, welche die Frau an den Mann fesseln, entstehen nicht aus sexuellen Impulsen, sondern *aus den durch Anpassung erworbenen Instinkten der Unterwerfung und Hingabe.*"[1] Wie diese „Instinkte" erworben wurden und sich anpaßten, unterlassen die Verfasser zu untersuchen; sie würden alsdann die soziale Stellung der Frau im Laufe der Jahrtausende zu untersuchen gehabt haben, welche sie zu dem gemacht hat, was sie ist. Die Verfasser schildern zwar die Sklaverei- und Abhängigkeitszustände der Frau unter den verschiedensten Völkern und Kulturperioden, aber als Darwinianer, die Scheuklappen an den Augen haben, leiten sie das alles aus physiologischen und nicht aus gesellschaftlichen und ökonomischen Ursachen ab, welche die physiologische und psychologische Entwicklung der Frau aufs allerstärkste beeinflussen.

Die Verfasser kommen auch auf die Eitelkeit der Frau zu sprechen und stellen die Ansicht auf, bei Völkern niedrigerer Kulturstufe seien die Männer das eitle Geschlecht, das sehe man zum Beispiel noch heute auf den Neuen Hebriden, auf Madagaskar, bei den Orinokovölkern, auf vielen Inseln des polynesischen Archipels und bei einer Anzahl afrikanischer und Südseevölker. Dagegen seien bei Völkern höherer Kulturstufe die Frauen das eitle Geschlecht. Aber warum und woher? Die Antwort liegt sehr nahe. Bei den Völkern auf niedrigerer Kulturstufe herrschen mutterrechtliche Zustände, oder dieselben sind noch nicht lange überwunden. Die Rolle, die bei solchen die Frau spielt, überhebt diese der Notwendigkeit, sich um den Mann zu bewerben, der Mann wirbt um sie, und zu diesem Zwecke schmückt er sich, er wird eitel. Bei den Völkern auf höherer Kulturstufe, und namentlich bei allen Kulturvölkern, wirbt mit wenig Ausnahmen nicht der Mann

[1] A. a. O., S. 140.

um die Frau, sondern die Frau um den Mann, wenn es auch selten vorkommt, daß die Frau die Initiative ergreift und sich dem Mann anbietet. Das verbietet ihr der sogenannte Anstand; tatsächlich aber geschieht das Anbieten durch die Art ihres Auftretens, durch die Kleiderpracht, den Luxus, den sie entfaltet, die Art, wie sie sich schmückt und gesellschaftlich präsentiert und kokettiert. Ihre Überzahl und die soziale Notwendigkeit, die Ehe als Versorgungsanstalt zu betrachten oder als eine Institution, durch die allein sie ihren Geschlechtstrieb befriedigen kann und gesellschaftlich etwas gilt, zwingt dieses Verhalten ihr auf. Es sind also auch hier wieder *rein ökonomische und soziale Ursachen*, die eine Eigenschaft, bald bei dem Mann, bald bei der Frau hervorrufen, die man als gänzlich unabhängig von sozialen und ökonomischen Ursachen anzusehen gewohnt ist. Daraus darf man weiter schließen, daß, sobald die Gesellschaft in soziale Zustände kommt, unter denen jede Abhängigkeit des einen Geschlechtes vom anderen aufhört und beide gleich frei sind, *die Eitelkeit und die Modetorheiten ebenso verschwinden werden wie viele andere Untugenden, die wir heute für unausrottbar halten, weil angeblich sie den Menschen angeboren sind.*

Was speziell Schopenhauer betrifft, so beurteilt er als Philosoph die Frau ebenso einseitig wie die meisten unserer Anthropologen und Mediziner, die in ihr nur das Geschlechtswesen, nie das Gesellschaftswesen sehen. Schopenhauer war auch nie verheiratet, er hat also für sein Teil nicht dazu beigetragen, daß eine Frau mehr die von ihm denselben zugeschriebene Lebensschuld erfüllte. Und hier kommen wir zu der anderen Seite der Medaille, die keineswegs die schönere ist.

Viele Frauen heiraten nicht, weil sie nicht heiraten können, das weiß jeder. Die Sitte verbietet der Frau, sich anzubieten; sie muß sich freien, das heißt wählen lassen, sie selbst darf nicht freien. Findet sich kein Freier, so tritt sie zu der großen Armee jener Armen, die ihren Lebenszweck verfehlten und bei dem Mangel eines sicheren materiellen Bodens meist der Not und dem Elend verfallen und oft genug auch dem Spotte preisgegeben sind. Wodurch entsteht aber das Mißverhältnis der Geschlechter? Viele sind rasch mit der Antwort zur Hand: Es werden zu viel Mädchen geboren. Die das behaupten, sind falsch unterrichtet, wie sich zeigen wird. Andere schließen aus der Tatsache, daß, wenn die Frauen in der Mehrzahl der Kulturstaaten zahlreicher sind als die Männer, wohl oder übel Polygamie (Vielweiberei) zugelassen werden müsse. Die Polygamie widerspricht aber nicht nur unseren Sitten, sie ist auch für die Frau eine *Herabwürdigung*, was allerdings Schopenhauer bei seiner Geringschätzung und Verachtung der Frau nicht abhält, zu erklären: *„Für das weibliche Geschlecht im ganzen ist Polygamie eine Wohltat.“*

Viele Männer heiraten nicht, weil sie der Ansicht sind, *eine* Frau und die etwa nachfolgenden Kinder nicht standesgemäß erhalten zu können. Zwei Frauen zu erhalten ist aber nur einer kleinen Minderheit möglich, und unter dieser sind viele, die zwei und mehr Frauen besitzen, eine legitime und eine oder mehrere illegitime. Diese durch Reichtum Privilegierten lassen sich durch nichts abhalten, zu tun, was sie gelüstet.

Auch im Orient, in dem die Polygamie nach Sitte und Gesetz seit Jahrtausenden besteht, besitzen vergleichsweise wenige Männer mehr als eine Frau. Man spricht von dem entsittlichenden Einfluß des türkischen Haremlebens. Aber man übersieht, daß dieses nur einem *winzigen* Bruchteil der Männer, und zwar in der *herrschenden Klasse*, möglich ist, während die Masse der Männer in Einehe lebt. In der Stadt Algier waren Ende der sechziger Jahre unter 18 282 Ehen nicht weniger als 17 319 mit nur einer Frau, in 888 Ehen waren zwei Frauen und nur in 75 mehr als zwei Frauen. Konstantinopel, die Hauptstadt des türkischen Reiches, dürfte kein wesentlich anderes Resultat aufweisen. Unter der Landbevölkerung im Orient ist das Verhältnis zugunsten der Einehe noch auffälliger. Im Orient kommen wie bei uns auch die materiellen Verhältnisse in Betracht, welche die meisten Männer zur Beschränkung auf eine Frau nötigen.[1] Wären aber diese für alle Männer gleich günstig, die Polygamie wäre dennoch nicht durchführbar, weil es an Frauen fehlte. *Die unter normalen Verhältnissen fast gleiche Kopfzahl der beiden Geschlechter weist überall auf die Einehe hin.* Wir lassen zum Beweis hierfür die Zusammenstellung folgen, welche Bücher in einem Aufsatz im „Allgemeinen Statistischen Archiv“ veröffentlichte.[2]

1 „Was die Polygamie anlangt, so ergibt sich im ganzen in Indien nur eine mäßige Verbreitung derselben. Im ganzen Reiche treffen nach dem Zensus von 1901 bei Zusammenfassung aller Religionen auf 1000 Ehemänner 1011 Ehefrauen; die Störung des monogamischen Gleichgewichtes durch die Polygamie ist hiernach nicht bedeutend.“ G. v. Mayr, a. a. O., S. 77.

2 Karl Bücher, Über die Verteilung der beiden Geschlechter auf der Erde. Vortrag, gehalten am 6. Januar 1892 im Verein für Geographie und Statistik zu

	männliche Personen	weibliche Personen	Bevölkerung überhaupt	Auf je 1000 männliche Personen kommen weibliche
Europa	170 818 561	174 914 119	345 732 680	1024
Amerika	41 643 389	40 540 386	82 183 775	973
Asien	177 648 044	170 269 179	347 917 223	958
Australien	2 197 799	1 871 821	4 069 620	852
Afrika	6 994 064	6 771 360	13 765 424	968
	399 301 857	394 366 865	793 668 722	988

Das Resultat dieser Zusammenstellung dürfte für viele ein überraschendes sein. Mit Ausnahme von Europa, in dem durchschnittlich auf 1000 männliche 1024 weibliche Einwohner kommen, ist in allen übrigen Erdteilen das Gegenteil Tatsache. Nimmt man auch an, daß in den fremden Weltteilen, auch dort, wo Zählungen stattfanden, dieselben in bezug auf das weibliche Geschlecht besonders mangelhaft ausgefallen sind – das ist zum Beispiel anzunehmen von allen Ländern mit mohammedanischer Bevölkerung, in denen die Zahl der weiblichen Einwohner niedriger angegeben sein dürfte, als sie in Wirklichkeit ist –, so steht doch fest, daß, abgesehen von einzelnen europäischen Ländern, nirgends die Kopfzahl des weiblichen Geschlechts die des männlichen erheblich übertrifft.

Inzwischen hat das Kaiserliche Statistische Amt in Berlin in seiner Bearbeitung der Volkszählungsergebnisse von 1900 eine neue Zusammenstellung für europäische und außereuropäische Staaten gegeben, welche sich auf 838 Millionen Menschen erstreckt. „Berücksichtigt man hierzu weiter das darunter nicht begriffene Ergebnis der Volkszählungen in Italien, Bosnien und Herzegowina, Costarica, Argentinien, Transvaal, Oranjestaat, Cypern, Formosa und Pescadores, so steigt der Betrag der gezählten Erdbevölkerung auf 882 Millionen mit einem Gesamtdurchschnittsverhältnis von 991 weiblichen Personen auf 1000 männliche ... Für die gezählte Erdbevölkerung wird man hiernach eine nahezu ganz gleiche Vertretung beider Geschlechter – wahrscheinlich mit einem ganz minimalen Männerüberschuß – annehmen dürfen."[1]

Frankfurt a. M. Allgemeines Statistisches Archiv. Herausgegeben von Dr. Georg v. Mayr. 2. Jahrgang. Tübingen 1892.

[1] G. v. Mayr, a. a. O., S. 36 bis 37. Zu demselben Ergebnis kommt auch Dr. G. Schnapper-Arndt, Sozialstatistik. S. 105. Leipzig 1908: „Im großen und

Anders liegen die Verhältnisse in Europa, das uns vorzugsweise interessiert. Hier ist mit Ausnahme der südosteuropäischen Länder Bosnien und Herzegowina, Serbien, Bulgarien, Rumänien und Griechenland überall die weibliche Bevölkerung stärker vertreten als die männliche. Von den Großstaaten ist dieses Verhältnis am günstigsten in Ungarn und Italien: auf 1000 männliche kommen 1009 bzw. 1010 weibliche Einwohner; nächstdem in Belgien, in dem auf 1000 männliche 1013 weibliche Einwohner entfallen. Dagegen weisen Portugal (1093) und Norwegen (1082) das ungünstigste Verhältnis auf. Diesen zunächst steht Großbritannien mit Irland: auf 1000 männliche 1063 weibliche Einwohner. Frankreich, Deutschland, Österreich und Rußland liegen in der Mitte, es kommen auf 1000 männliche 1033 bzw. 1032, 1035 und 1029 weibliche Einwohner.[1]

In Deutschland hat sich in den letzten zwei Jahrzehnten das Verhältnis zwischen der weiblichen und männlichen Bevölkerung mit jeder Volkszählung günstiger gestaltet. Am 1. Dezember 1885 war die weibliche Bevölkerung um 988 376 Köpfe zahlreicher als die männliche, bei der Volkszählung am 1. Dezember 1890 betrug dieser Überschuß noch 966 806 Köpfe, 1895: 957 401, 1900: 892 684, und er war bei der Volkszählung am 1. Dezember 1905 auf 871 916 Köpfe gesunken (1029 weibliche auf 1000 männliche Einwohner). Eine Hauptursache dieser Abnahme der Differenz bildet die starke Verminderung der Auswanderung, bei der ganz überwiegend das männliche Geschlecht beteiligt ist. Das zeigt sich deutlich an dem Verhältnis der Geschlechter in der nordamerikanischen Union, nach welcher der Hauptstrom der Auswanderer geht, die einen fast ebenso großen Mangel an Frauen hat, wie Deutschland darin Überschuß besitzt (auf 1000 Männer kamen im Jahre 1900 nur 953 weibliche Personen). Die Auswanderung aus Deutschland sank von 220 902 Köpfen im Jahre 1881 auf 22 073 im Jahre 1901 und auf 19 883 im Jahre 1908.

Die starke Auswanderung der Männer im Vergleich zu der der Frauen verursacht also in erster Linie die Differenz zwischen der Kopfzahl der beiden Geschlechter. So hat sich Italien, das noch anfangs der vierziger Jahre ein Land mit Männerüberschuß war, infolge der

---

ganzen dürfte es auf eine ziemliche Gleichheit zwischen beiden Geschlechtern hinauslaufen."

[1] Nach G. Schnapper-Arndt, a. a. O., S. 107 bis 108. Auf Grund der neueren Zählungsergebnisse — in der Hauptsache um die Jahrhundertwende.

außerordentlich starken Auswanderung in ein Land mit Frauenüberschuß verwandelt.

Ferner verunglücken weit mehr Männer als Frauen in der Landwirtschaft, im Gewerbe, in der Industrie und im Verkehr, auch sind vorübergehend weit mehr Männer als Frauen im Ausland abwesend – Kaufleute, Seeleute, Marinemannschaften usw.

Eine andere Erscheinung, die statistisch feststeht und erheblich ins Gewicht fällt, ist, daß die Frauen durchschnittlich *älter* werden als die Männer und es deshalb in den *höheren* Lebensaltern mehr Frauen als Männer gibt. Nach der Volkszählung von 1900 stellen sich die Altersverhältnisse der beiden Geschlechter folgendermaßen:

Es standen im Alter	männlich	weiblich	Mehr männlich	Mehr weiblich	Frauenüberschuß
Unter 10 Jahren	6904732	6871599	33133	—	—
10 bis unter 15 Jahren	2925918	2912573	13345	—	—
Von 15 bis 21 „	3179813	3162448	17365	—	—
„ 21 „ 30 „	4251204	4293775	—	42571	—
„ 30 „ 40 „	3669656	3731556	—	61900	—
„ 40 „ 50 „	2770451	2923228	—	152777	—
„ 50 „ 60 „	2053085	2320273	—	267188	—
„ 60 „ 70 „	1300637	1545808	—	245171	—
„ 70 u. mehr „	681751	868671	—	186920	—
	27737247	28629931	63843	956527	892684

Diese Tabelle zeigt, daß bis zum 21. Lebensjahr die Zahl der Knaben die der Mädchen übersteigt.[1]

In erster Linie ist dieser Knabenüberschuß in dem Verhältnis der Geburten begründet. Überall werden mehr Knaben als Mädchen geboren; so wurden zum Beispiel im Deutschen Reich geboren:

Im Jahre	1872	auf	100 Mädchen	106,2	Knaben
„ „	1884	„	100 „	106,2	„
„ „	1900	„	100 „	106,0	„
„ „	1905	„	100 „	106,3	„
„ „	1907	„	100 „	106,3	„

Aber das männliche Geschlecht stirbt früher als das weibliche, und zwar schon im Kindesalter, in dem mehr Knaben als Mädchen sterben.

[1] Nach der Volkszählung von 1890 gab es einen Knabenüberschuß nur in der Altersklasse bis unter 10 Jahren und nach der Volkszählung von 1895 bis unter 16 Jahren.

So zeigt die Tabelle, daß vom 21. Lebensjahr an das weibliche Geschlecht an Zahl das männliche übertrifft.

Es starben von je 100 männlichen beziehungsweise weiblichen Einwohnern der mittleren Bevölkerung:

In den Jahren	männlich	weiblich	In den Jahren	männlich	weiblich
1872–1875	29,5	26,3	1891–1895	24,6	22,1
1876–1880	27,8	24,5	1896–1900	22,6	20,0
1881–1885	27,3	24,2	1901–1905	21,0	18,8[1]
1886–1890	25,8	23,1			

Die Tabelle auf Seite 191 zeigt weiter, daß im eigentlichen eheschließenden Alter zwischen 21 und 50 Jahren das weibliche Geschlecht das männliche um 257 248 (im Jahre 1890 um 422 519) Köpfe überragt und im Alter von 50 bis 70 und mehr Jahren sogar um 699 279 (im Jahre 1890 um 566 400) Köpfe. Wie in England, so in Deutschland wächst mit jedem Jahre die Zahl der Greisinnen.

Ein sehr starkes Mißverhältnis der Geschlechter, das von Jahr zu Jahr wächst, stellt sich ferner unter den verwitweten und geschiedenen Personen heraus. Bei der Volkszählung von 1890 und 1900 betrug die Zahl der Verwitweten:

	1890	1900
Männer	774 967	809 238
Frauen	2 157 870	2 352 921
Mehr Frauen	1 382 903	1 543 683

Von diesen Verwitweten standen im Alter von

	1890		1900	
	Männer	Frauen	Männer	Frauen
40 bis 60 Jahren	222 286	842 920	225 191	900 357
60 und mehr Jahren	506 319	1 158 712	537 116	1 299 905

Die Zahl der Geschiedenen betrug 1890 25 271 Männer und 49 601 Frauen, 1900 31 279 Männer und 60 738 Frauen.

Davon standen im Alter von

	1890		1900	
	Männer	Frauen	Männer	Frauen
40 bis 60 Jahren	13 825	24 842	16 976	30 385
60 und mehr Jahren	4 917	7 244	5 713	8 452

[1] Das Deutsche Reich in gesundheitlicher und demographischer Beziehung. S. 29. Berlin 1907. Im Jahre 1907 kamen auf 100 weibliche Gestorbene 109,3 männliche.

Diese Zahlen belehren uns weiter, daß in erster Linie die *verwitweten* und geschiedenen Frauen von einer Wiederverheiratung ausgeschlossen sind, und zwar auch im heiratsfähigsten Alter, denn im Alter von 15 bis 40 Jahren gab es verwitwete Männer im Jahre 1890: 46 362, 1900: 46 931, verwitwete Frauen im Jahre 1890: 156 235, 1900: 152 659, geschiedene Männer im Jahre 1890: 6519, 1900: 8590, geschiedene Frauen im Jahre 1890: 17 515, 1900: 21 901. Hier ist zahlenmäßig der Beweis erbracht für den Nachteil, der geschiedenen Ehefrauen aus der Ehescheidung erwächst.

Unter den *Ledigen* gab es 1900 im Alter von

	Männer	Frauen
15 bis 40 Jahren	6 700 352	5 824 464
40 bis 60 „	426 388	503 406
60 und mehr Jahren	141 416	252 134[1]

Es ist also unter den Ledigen im Alter zwischen 15 und 40 Jahren das männliche Geschlecht um 875 888 Köpfe stärker als das weibliche, was für das letztere sehr günstig zu sein scheint. Aber die Männer im Alter von 15 bis 21 Jahren können mit wenig Ausnahmen nicht heiraten, das waren 3 175 453 gegen 3 064 567 Frauen. Ebenso ist von den Männern im Alter von 21 bis 25 Jahren ein großer Teil außerstande, eine Familie zu gründen – wir verweisen nur auf die Militärpersonen, Studierenden usw. –, wohingegen die Frauen in diesem Alter sämtlich heiratsfähig sind. Nehmen wir ferner an, daß eine große Anzahl Männer aus den verschiedensten Ursachen überhaupt nicht heiratet – allein die Zahl der ledigen Männer über 40 Jahre betrug 567 804, wozu noch die verwitweten und geschiedenen kommen, denen 812 181 ledige Frauen gegenüberstanden, denen ebenfalls noch die verwitweten und geschiedenen mit über 2 Millionen Köpfen hinzuzurechnen sind –, so ergibt sich, daß in bezug auf Eheschließung die Lage des weiblichen Geschlechts eine sehr ungünstige ist. Eine große Zahl Frauen ist also unter den heutigen Zuständen gezwungen, auf die legitime Befriedigung des Geschlechtstriebs zu verzichten, wohingegen die Männerwelt in der Prostitution Befriedigung desselben sucht und findet. Die Lage der Frauen würde eine

[1] Statistik des Deutschen Reiches: Die Volkszählung am 1. Dezember 1900 im Deutschen Reiche. 150. Band, S. 98 bis 99.

ganz andere, sobald durch Umgestaltung unserer sozialen Zustände die Hindernisse beseitigt würden, die gegenwärtig viele hunderttausend Männer verhindern, eine Ehe zu gründen.

Wie bemerkt, führt eine erhebliche Verschiebung der Zahl der Geschlechter die überseeische Auswanderung herbei. Auch die Militärpflicht treibt viele junge Männer, und zwar die kräftigsten, ins Ausland. Im Jahre 1900 waren nach der dem Reichstag offiziell vorgelegten Übersicht über das Ergebnis des Heeresergänzungsgeschäftes 135 168 Mann wegen unerlaubter Auswanderung verurteilt, und 13 055 waren aus dem gleichen Grunde noch in Untersuchung. Die Zahlen umfassen die Jahrgänge bis zum 45. Lebensjahr. Der Verlust, der aus dieser unerlaubten Auswanderung an Männern Deutschland erwächst, ist bedeutend. Besonders stark ist die Auswanderung in den Jahren nach großen Kriegen, das zeigte sich nach 1866 und in den Jahren 1871 bis 1874.

Große Verluste an Männerleben haben wir ferner durch Unfälle. Die Zahl der in Preußen mit tödlichem Ausgang verunglückten Personen betrug in den Jahren 1883 bis 1905 nicht weniger als 297 983 Personen (davon im Jahre 1905 11 792 männliche und 2922 weibliche Verunglückte). Im Laufe der Jahre 1886 bis 1907 betrug die Zahl der getöteten Personen in versicherungspflichtigen Betrieben in Industrie, Landwirtschaft, Staats- und Kommunalverwaltung 150 719, darunter ein Bruchteil Frauen. Ein anderer erheblicher Teil der in diesen Betrieben beschäftigten Personen sind infolge von Unfällen *dauernd* Krüppel und unfähig, eine Familie zu gründen (von 1886 bis 1907 40 744), andere sterben frühzeitig und lassen ihre Familie in Not und Elend zurück. Größere Verluste an Männerleben sind auch mit der Seeschiffahrt verbunden. In der Periode von 1882 bis Anfang 1907 gingen 2848 Seeschiffe in Verlust und verloren dabei 4913 Personen der Besatzung – mit wenigen Ausnahmen männliche Personen – und 1275 Passagiere das Leben.

Die Gesellschaft wird, wenn erst volle Wertschätzung des Menschenlebens Platz gegriffen hat – was in einer sozialistischen Gesellschaft im höchsten Maße der Fall sein wird –, die weitaus größte Zahl der Unfälle verhüten können, insbesondere auch im Seeverkehr. In unzähligen Fällen fallen durch die übel angebrachte Sparsamkeit der Unternehmerklasse Menschenleben oder Gliedmaßen zum Opfer, in vielen anderen Fällen ist Hast und Übermüdung in der Arbeit die

Ursache. Menschenfleisch ist billig; geht ein Arbeiter zugrunde, so sind andere vorhanden, die an seine Stelle treten.

Namentlich wird auf dem Gebiet der Seeschiffahrt vielfach unverantwortlich gewirtschaftet. Durch die Enthüllungen Plimsolls im englischen Parlament Mitte der siebziger Jahre ist die Tatsache allgemein bekannt geworden, daß aus verbrecherischer Gewinnsucht zahlreiche Schiffseigentümer *seeuntüchtige* Schiffe hoch versichern und sie samt ihrer Bemannung dem geringsten Seeunfall gewissenlos preisgeben, um die hohen Versicherungsprämien zu erhalten. Es sind dies die sogenannten *Sargschiffe*, die auch in Deutschland nicht unbekannt sind. Es vergeht kein Jahr, in dem nicht die Seeämter in die Lage kommen, über eine größere Zahl von Seeschiffsunfällen ihr Urteil abzugeben, dahin lautend, daß zu hohes Alter oder Überladung oder mangelhafter Zustand oder ungenügende Ausrüstung des Schiffes oder mehrere dieser Ursachen zusammen die Verunglückung verschuldeten. Bei einem großen Teil der verunglückten Schiffe kann überhaupt nicht die Ursache ihres Unterganges festgestellt werden, weil sie mitten auf der See verunglücken und kein Überlebender übrigbleibt, der Auskunft über die Ursache des Unterganges geben könnte. Es wird gerade auf diesem Gebiet aufs schwerste gesündigt. Die Schutzmaßregeln an den Küsten zur Rettung Schiffbrüchiger sind ebenfalls noch sehr mangelhaft und unzulänglich, weil die Einrichtung derselben fast ausschließlich auf die Privatwohltätigkeit angewiesen ist. Ganz trostlos sieht es mit der Rettung Schiffbrüchiger an den fernen fremden Küsten aus. Ein Gemeinwesen, das die gleiche Förderung aller zu seiner höchsten Aufgabe macht, wird dafür Sorge tragen, daß alle diese Unglücksfälle zu den größten Seltenheiten gehören. Aber das herrschende wirtschaftliche Raubsystem, das mit Menschen wie mit Zahlen rechnet, um möglichst großen Gewinn herauszuschlagen, vernichtet nicht selten ein Menschenleben, wenn dabei ein Taler Profit herausspringt.

2. *Ehehemmnisse und Ehehindernisse. Der Frauenüberschuß*

Es gibt aber noch andere Momente, welche Eheschließungen erschweren oder unmöglich machen. Eine erhebliche Zahl von Männern wird durch den Staat an der Eheschließung gehindert. Man verdreht die Augen über das Zölibat, das der katholischen Geistlichkeit auferlegt ist, aber man hat kein Wort des Tadels über die weit größere Zahl der Soldaten, die dazu verurteilt sind. Die Offiziere bedürfen zur Ehe nicht allein des Konsenses ihrer Vorgesetzten, sie sind auch in der freien Wahl der Frau eingeschränkt, indem vorgeschrieben ist, daß dieselbe ein gewisses Vermögen besitzen muß. So erhielt zum Beispiel 1889 das *österreichische Offizierskorps* eine gesellschaftliche „Aufbesserung". Seitdem ist der Offizier als *Heiratskandidat* im Preise gestiegen. Der Hauptmann, wenn er *über dreißig* ist, stieg um volle *8000 Gulden*, während der Hauptmann *unter dreißig* schwer zu haben ist, und keinesfalls unter 30 000 Gulden Mitgift. Der Offizier, der heiraten wollte, hatte bis dahin, wenn die Dreißig überschritten waren, ein gemeinsames Vermögen von 12 000 Gulden oder 600 Gulden Nebeneinkommen nachzuweisen, und selbst bei diesem geringen Nebeneinkommen sah man bisweilen durch die Finger und gewährte Erleichterungen. Die neuen Heiratsvorschriften sind strenger. Der Hauptmann unter dreißig muß nunmehr 30 000 Gulden, über dreißig 20 000 Gulden, der Stabsoffizier bis zum Obersten 16 000 Gulden Kaution sicherstellen, jedoch darf nur der *vierte Teil* der Truppenoffiziere verheiratet sein, und von der Braut fordert man makelloses Vorleben und standesgemäße Lebensstellung. Dies gilt für Truppenoffiziere und Militärärzte. Für andere Militärbeamte mit Offiziersrang sind die neuen Heiratsvorschriften milder, für Generalstabsoffiziere aber noch strenger. Der dem Generalstab zugeteilte Offizier darf künftig *gar nicht heiraten*, der wirkliche Generalstabshauptmann unter dreißig Jahren bedarf einer Kaution von 36 000, später von 24 000 Gulden. In Deutschland sind seit 1902 in der Hauptsache folgende Bestimmungen in Kraft: Die Erlaubnis zur Verheiratung eines Offiziers oder Sanitätsoffiziers mit geringerem Gehalt als demjenigen eines Hauptmanns (Rittmeisters) erster Gehaltsklasse darf nur dann nachgesucht werden, wenn zuvor der Nachweis geführt ist, daß der Offizier oder Sanitätsoffizier ein *außerdienstliches Einkommen* hat, das mindestens betragen muß: bei einem Hauptmann (Rittmeister) zweiter Gehaltsklasse und bei einem Distriktsoffizier der Landgendarmerie mit einem Gehalt von 4500 Mark jährlich 1500 Mark, bei einem Distriktsoffizier der Landgendarmerie mit einem Gehalt von 3300 Mark jährlich 2100 Mark, bei einem Oberleutnant und Leutnant einschließlich Oberjäger und Feldjäger des reitenden Feldjägerkorps jährlich 2500 Mark. Auch das Unteroffizierskorps ist in bezug auf Eheschließungen hemmenden Bestimmungen unterworfen und bedarf der Unteroffizier zur Eheschließung der Genehmigung seiner höheren Vorgesetzten. Das sind drastische Beweise für die *materialistische Auffassung*, die der Staat von der Ehe hat.

Im allgemeinen erachtet die öffentliche Meinung, daß Männer unter 24 oder 25 Jahren nicht heiraten sollten, und zwar in Rücksicht auf die in der Regel erst in diesem Alter zu erwerbende bürgerliche Selbständigkeit. Nur bei Personen, die in der angenehmen Lage sind, sich nicht erst eine unabhängige Stellung erobern zu müssen, zum Beispiel bei Personen fürstlichen Standes, findet man es in Ordnung, daß eventuell der Mann mit dem 18. oder 19., die Jungfrau mit dem 15. oder 16. Lebensjahr heiratet. Der Fürst wird auch mit dem 18. Lebensjahr mündig und damit für fähig gehalten, das zahlreichste Volk zu regieren. Gewöhnliche Sterbliche erlangen ihre Mündigkeit erst mit dem 21. Lebensjahr.

Diese Verschiedenheit in den Ansichten über das Alter, in dem eine Eheschließung wünschbar ist, zeigt, daß hierfür nur soziale Rücksichten maßgebend sind, mit dem Menschen als Geschlechtswesen haben dieselben nichts zu tun. Aber der Naturtrieb bindet sich nicht an bestimmte soziale Zustände und die daraus hervorgegangenen Ansichten. Sobald der Mensch seine Reife erlangt hat, macht sich der Geschlechtstrieb mit ganzer Heftigkeit geltend.

Der Eintritt der Geschlechtsreife bei dem weiblichen Geschlecht ist nach dem Individuum, dem Klima und der Lebensweise verschieden. In der heißen Zone tritt sie schon im Alter von neun bis zehn Jahren ein, und man trifft dort Frauen, die bereits in diesem Alter den ersten Sprößling auf den Armen tragen, aber sie sind auch mit dem 25. bis 30. Lebensjahr verblüht.[1] In der gemäßigten Zone ist die Regel das 14. bis 16. Lebensjahr, in manchen Fällen noch später; auch ist der Eintritt der Geschlechtsreife bei Mädchen auf dem Lande und in der Stadt verschieden. Bei gesunden, robusten Landmädchen, die kräftig arbeiten, tritt durchschnittlich die Menstruation später ein als bei unseren schlecht genährten, verweichlichten, nervenüberreizten, ätherischen Stadtfräuleins. Dort entwickelt sich die Geschlechtsreife in der Regel normal, hier ist die normale Entwicklung Ausnahme, es treten allerlei Erkrankungserscheinungen auf, die nicht selten den Arzt zur

[1] E. Metschnikoff, Studien über die Natur des Menschen. S. 118 bis 119. Leipzig 1904.

Verzweiflung treiben. Wie oft sind Ärzte genötigt zu erklären, das gründlichste Mittel zur Heilung sei die Heirat. Aber wie dieses Mittel zur Anwendung bringen? Unüberwindliche Hindernisse stellen sich der Ausführung dieses Vorschlags entgegen.

Alles das zeigt, wo die Änderung gesucht werden muß. Einmal handelt es sich um eine total veränderte Erziehung, die den physischen wie den geistigen Menschen berücksichtigt, weiter darum, eine gänzlich veränderte Lebens- und Arbeitsweise zu schaffen. Beides für alle zu schaffen ist aber nur möglich *in gänzlich veränderten sozialen Zuständen.*

Unsere sozialen Verhältnisse haben einen tiefen Widerspruch zwischen dem Menschen als Geschlechts- und als Gesellschaftswesen erzeugt. Dieser Widerspruch ist in keinem Zeitalter so bemerkbar geworden wie in dem gegenwärtigen, und er erzeugt eine Menge Übel und Krankheiten, die vorzugsweise das weibliche Geschlecht treffen. Einmal hängt in weit höherem Grade als bei dem Manne sein Organismus mit seiner geschlechtlichen Bestimmung zusammen und wird davon beeinflußt – zum Beispiel regelmäßige Wiederkehr der Perioden –, dann ergeben sich für das Weib die meisten Hemmungen, die es verhindern, seinen stärksten Naturtrieb in natürlicher Weise zu befriedigen. Dieser Widerspruch zwischen Naturbedürfnis und Gesellschaftszwang führt zur Unnatur, zu geheimen Lastern und Ausschweifungen, die jeden nicht starken Organismus untergraben.

Der widernatürlichen Befriedigung wird vielfach in schamloser Weise Vorschub geleistet. Man preist mehr oder weniger versteckt gewisse Fabrikate an, die meist in dem Annoncenteil der in die Familie dringenden Zeitungen und Unterhaltungsblätter empfohlen werden. Diese Anpreisungen sind vorzugsweise auf den besser situierten Teil der Gesellschaft berechnet, denn die Preise der Fabrikate sind so hoch, daß ein gering Bemittelter sie kaum erschwingen kann. Hand in Hand mit diesen Ankündigungen geht die auf beide Geschlechter berechnete Anpreisung obszöner Bilder (namentlich ganzer Serien Photographien), von Poesien und prosaischen Werken ähnlichen Gehaltes, deren Titel schon auf die geschlechtliche Erregung berechnet sind und die Verfolgung der Polizei und Staatsanwälte herausfordern. Aber diese haben zuviel mit der „Kultur, Ehe und Familie" zerstörenden Sozialdemokratie zu tun, um diesem Treiben volle Aufmerksamkeit zu schenken. Ein Teil unserer Romanliteratur arbeitet in derselben

Richtung. Da müßte es wundernehmen, wenn die geschlechtlichen Ausschweifungen, auch noch künstlich erregt, sich nicht zu einer sozialen Krankheit steigerten.

Das träge üppige Leben vieler Frauen in den bemittelten Klassen, das Nervenstimulans durch die raffiniertesten Mittel, die Überfütterung mit einer bestimmten Art von Kunstgenuß, der in gewissen Genres treibhausartig gepflegt wird und von dem an Gemütshypertrophie und nervöser Überreizung leidenden Teil des weiblichen Geschlechts oft als vornehmstes Unterhaltungs- und Bildungsmittel betrachtet wird, steigert die geschlechtlichen Erregungen und führt notwendig zu Exzessen. Bei den Armen sind es gewisse anstrengende Beschäftigungsweisen, namentlich sitzender Natur, die Blutansammlungen in den Unterleibsorganen begünstigen und geschlechtliche Erregungen fördern. Eine der gefährlichsten Beschäftigungen in dieser Richtung ist die gegenwärtig sehr verbreitete an der Nähmaschine. Diese wirkt so zerstörend, daß bei zehn- bis zwölfstündiger täglicher Arbeit binnen wenig Jahren der kräftigste Organismus zerrüttet ist. Übermäßige geschlechtliche Erregungen fördert auch das lange Arbeiten in Arbeitsräumen mit dauernd hoher Temperatur, zum Beispiel in Zuckersiedereien, Bleichereien, Zeugdruckereien, Nachtarbeit bei Gaslicht in überfüllten Arbeitsräumen, besonders bei gemeinsamer Arbeit beider Geschlechter.

Das ist abermals eine Reihe von Erscheinungen, die die Unvernunft und Ungesundheit unserer heutigen Zustände scharf beleuchten. Aber diese tief in unseren sozialen Zuständen wurzelnden Übel lassen sich weder durch Moralpredigten noch durch Palliativmittel, mit welchen soziale und religiöse Quacksalber und Quacksalberinnen bei der Hand sind, beseitigen. Die Axt muß an die Wurzel des Übels gelegt werden. Es handelt sich darum, soziale Zustände zu schaffen, die naturgemäße Erziehung, gesunde Lebens- und Beschäftigungsweisen und jedem normale Befriedigung natürlicher und gesunder Triebe ermöglichen.

Für den Mann bestehen eine Menge Rücksichten nicht, die für die Frau bestehen. Kraft seiner Herrschaftsstellung liegt auf seiner Seite, soweit nicht soziale Schranken ihn hindern, die freie Liebeswahl. Der Charakter der Ehe als Versorgungsanstalt, die weibliche Überzahl, die Sitte verhindern die Frau, ihren Willen kundzutun, und zwingen sie, abzuwarten, ob sie gesucht wird. In der Regel greift sie bereitwillig zu, sobald sich die Gelegenheit bietet, einen Mann zu finden, der sie vor der gesellschaftlichen Ächtung und Vernachlässigung rettet, die dem armen Wesen „alte Jungfer“ zuteil wird. Oft sieht sie mit Geringschätzung auf diejenigen ihrer Mitschwestern herab, die sich im Gefühl ihrer Menschenwürde nicht an den ersten besten zu ehelicher Prostitution verkaufen und es vorziehen, allein den dornenreichen Weg durchs Leben zu wandern.

Andererseits ist der Mann, der die Befriedigung seines Liebesbedürfnisses in der Ehe erreichen will, meist an soziale Schranken gebunden. Er muß sich die Frage stellen: Kannst du eine Frau und etwa folgende Kinder so ernähren, daß drückende Sorgen dir fern bleiben? Je idealer seine Absichten für die Ehe sind, je mehr er entschlossen ist, nur aus Neigung eine Frau zu ehelichen, um so ernster muß er sich die erwähnte Frage stellen. Für viele ist unter den heutigen Erwerbs- und Eigentumsverhältnissen ihre Bejahung ein Ding der Unmöglichkeit, sie ziehen vor, unverheiratet zu bleiben. Anderen, die weniger gewissenhaft sind, drängen sich andere Bedenken auf. Tausende von Männern kommen erst verhältnismäßig spät zu einer selbständigen, ihren Ansprüchen angemessenen Stellung, aber sie können „standesgemäß“ eine Frau nur ernähren, wenn diese größeres Vermögen besitzt. Allerdings haben viele junge Männer von einem sogenannten standesgemäßen Leben übertriebene Begriffe, aber sie müssen sich auch, infolge falscher Erziehung und sozialer Gewohnheiten einer großen Zahl Frauen, von dieser Seite auf Ansprüche gefaßt machen, die über ihre Kräfte gehen. Die guten, in ihren Ansprüchen bescheidenen Frauen lernen sie häufig nicht kennen, diese halten sich zurück und sind dort nicht zu finden, wo man sich gewöhnt hat, die Frau zu suchen. Und die ihnen begegnen, sind nicht selten solche, die mehr durch äußere Erscheinung, durch den Schein, den Mann zu gewinnen suchen und ihn über ihre persönlichen Eigenschaften und ihre materielle Stellung täuschen. Lockmittel aller Art werden aber um so eifriger angewandt, je mehr diese Damen in das Alter kommen, in dem, um zu heiraten, Eile not tut. Gelingt es einer solchen, einen Mann zu erobern, dann ist sie so an Repräsentation, Tand, Flitter und kostspielige Vergnügungen gewöhnt, daß sie das auch in der Ehe nicht vermissen will. Hier öffnet sich für die Männer ein Abgrund, so daß viele vorziehen, die Blume, die am Rande desselben blüht und nur mit Gefahr des Halsbruchs gepflückt werden kann, stehen zu lassen. Sie gehen allein ihren Weg und suchen sich Unterhaltung und Genuß unter Wahrung ihrer Freiheit. Täuschung und Betrug sind Praktiken, die im Verkehr der bürgerlichen Gesellschaft überall im Schwange sind. Kein Wunder, daß sie auch bei Eheschließungen in Anwendung kommen, und falls sie gelingen, beide Teile in schwere Mitleidenschaft ziehen.

Die Statistik zeigt, daß die sozial bessergestellten und gebildeten Klassen durchschnittlich in einem höheren Alter eine Ehe zu schließen pflegen als die unteren. So betrug das durchschnittliche Heiratsalter in Kopenhagen 1878 bis 1882 (nach Westergaard) für freie Berufe, Fabrikanten, Großhändler und Bankiers 32,2 Jahre; für Handwerker und Kleinhändler 31,2; für Handelskommis und Angestellte 29,7; für Kellner und Dienstboten 28; für Fabrikarbeiter, Matrosen und Taglöhner 27,5. In Preußen betrug 1881 bis 1886 das durchschnittliche Heiratsalter beim männlichen Geschlecht für Bergbau 27,6; Fabrikarbeiter 27,7; Metallarbeiter 28; Industrie der Steine 28,2; Baugewerbe 28,6; Holzindustrie 28,7; Maschinenfabrikation 29; Erziehung, Unterricht 29,1; Landwirtschaft 29,6; Verkehrsgewerbe 30; Handel 30,9; Gesundheitspflege, Kirche, Beamte 31,8 bis 33,4. In England betrug von 1840 bis 1871, nach Ansell, das Heiratsalter der Bessersituierten und Gebildeten durchschnittlich 29,95 Jahre, seitdem hat es sich aber für diese Klassen erhöht. Für die verschiedenen Berufe war in den Jahren 1880 bis 1885 das durchschnittliche Heiratsalter bei den

	Jahre		Jahre
Bergwerksarbeitern	23,56	Handlungsgehilfen	25,75
Textilarbeitern	23,88	Kaufleuten	26,17
Bekleidungsgewerben	24,42	Pächtern	28,73
Handwerkern	24,85	Freien Berufen und	
Taglöhnern	25,06	Rentiers	30,72

Diese Zahlen beweisen wieder schlagend, wie die soziale Lage die Eheschließungen beeinflußt. Wenn in den meisten europäischen Staaten das durchschnittliche Heiratsalter in den letzten Dezennien des neunzehnten Jahrhunderts etwas gesunken ist, so ist es wiederum eine Folge der starken Industrialisierung der Gesellschaft. So im Deutschen Reiche, Österreich und Schweden, wo die Zunahme der Jungheiraten mit der bedeutenden Vermehrung der industriellen Arbeiterschaft im Zusammenhang steht. Dagegen ist das Heiratsalter in den alten industriellen Ländern, in Frankreich und England, höher geworden. Eine

Ausnahme bildet Rußland, wo die Erhöhung des Heiratsalters eine Folge der Verdrängung des Gemeindebesitzes ist.

Die Zahl der Männer, die aus den verschiedensten Gründen der Ehe ferngehalten werden, nimmt stetig zu. Und zwar sind es die sogenannten höheren Stände und Berufe, in welchen öfter die Männer nicht heiraten, einmal weil die Ansprüche zu große sind, dann weil gerade die Männer dieser Kreise außerhalb der Ehe Genuß und Unterhaltung finden. Andererseits sind für die Frauen die Verhältnisse an Orten besonders ungünstig, an welchen viele Pensionäre mit Familien sich aufhalten und wenig junge Männer. Dort steigt die Zahl der Frauen, die nicht heiraten können, auf 20 bis 30 und mehr von hundert. Der Ausfall an Ehestandskandidaten trifft überhaupt jene weiblichen Schichten am stärksten, die infolge ihrer sozialen Stellung höhere Ansprüche machen, aber dem auf Vermögen sehenden Manne kein solches bieten können. Dies trifft namentlich die weiblichen Glieder der zahlreichen Familien, die von Gehalt existieren, sozial als respektabel gelten, aber unbemittelt sind. Das Leben der weiblichen Wesen dieser Schicht ist verhältnismäßig das traurigste ihrer Leidensgenossinnen. Aus diesen Schichten rekrutiert sich auch vorzugsweise die bedenkliche Konkurrenz, die den Arbeiterinnen in der Stickerei, Wäschenäherei, Blumenmacherei, Putzmacherei, Handschuh- und Strohhutnäherei, kurz in all den Arbeitszweigen gemacht wird, deren Erzeugnisse der Unternehmer mit Vorliebe in der Wohnung der Arbeiterin herstellen läßt. Diese Damen arbeiten für die niedrigsten Löhne, weil in vielen Fällen es sich für sie nicht darum handelt, den ganzen Lebensunterhalt zu gewinnen, sondern nur um einen Zuschuß zu demselben, um Gewinnung der Ausgabe für Garderobe und Luxuszwecke. Der Unternehmer benutzt mit Vorliebe die Konkurrenzarbeit dieser Damen, um der armen Proletarierin den Lohn zu drücken und ihr den letzten Blutstropfen auszupressen, sie wird zur Anspannung ihrer Kräfte bis zur Erschöpfung gezwungen. Auch viele Beamtenfrauen, deren Männer schlecht bezahlt sind und ihnen nicht die „standesgemäße“ Lebensweise ermöglichen können, benutzen ihre freie Zeit zu dieser Schmutzkonkurrenz, die so drückend auf weiten Schichten weiblicher Proletarier lastet.

Die von den bürgerlichen Frauenvereinen entfaltete Tätigkeit zur Hebung der weiblichen Arbeit und für Zulassung der Frauen zu höheren Berufen ist hauptsächlich darauf gerichtet, Frauen aus den höheren Schichten eine bessere Lebensstellung zu schaffen. Um das mit mehr Aussicht auf Erfolg erreichen zu können, lieben sie es, sich unter das Protektorat hoher und höchster Damen zu stellen. Die bürgerlichen Frauen ahmen hier nur das Beispiel der bürgerlichen Männerwelt nach, die ebenfalls solche Protektorate liebt und sich für Bestrebungen ereifert, die *nur Erfolge im kleinen*, nie im großen haben können. Man verrichtet Sisyphusarbeit und täuscht sich und andere über die Notwendigkeit grundumwandelnder Reformen. Auch unterdrückt man von jener Seite alle Zweifel an der Vernünftigkeit der Grundlagen unserer Staats- und Gesellschaftsorganisation. Die konservative Natur dieser Bestrebungen verhindert, daß solche Vereine von sogenannten destruktiven Tendenzen erfaßt werden. Als auf dem Berliner Frauentag im Frühjahr 1894 von einer Minorität der Gedanke ausgesprochen wurde, die bürgerlichen Frauen sollten mit den proletarischen, das heißt den sozialdemokratischen, Hand in Hand gehen, erhob sich bei der Majorität ein Sturm der Entrüstung. Es wird aber den bürgerlichen Frauen nicht gelingen, sich an dem eigenen Zopf aus dem Sumpf zu ziehen.

Wie groß die Zahl der Frauen ist, die durch die angeführten Umstände auf eheliches Leben verzichten müssen, läßt sich nicht genau feststellen.

Der Frauenüberschuß, den Deutschland besitzt, verteilt sich sowohl auf die einzelnen Länder und Bezirke wie nach den Altersklassen sehr ungleich. Nach der Volkszählung von 1900 (Statistik des Deutschen Reiches. 150. Band, S. 92) kamen beispielsweise

	auf 1000 männliche Personen weibliche in der Altersklasse von Jahren			
	unter 15	15–40	40–60	über 60
Berlin	1012	1044	1191	1659
Königreich Sachsen	1015	1030	1107	1360
Königreich Bayern rechts des Rheins	1015	1024	1083	1163
Königreich Bayern links des Rheins	986	997	1070	1157
Königreich Württemberg	1015	1041	1134	1179
Baden	1000	974	1079	1173
Hamburg	999	1031	1038	1454
Provinz Brandenburg	993	1015	1089	1276
Provinz Pommern	989	1035	1099	1214
Provinz Rheinland	991	954	1009	1120
Deutsches Reich	995	1008	1087	1218

Im eigentlich heiratsfähigen Alter von 15 bis 40 Jahren beträgt also der Frauenüberschuß im gesamten Deutschen Reiche 8 auf 1000 Männer, und da innerhalb dieser Altersklassen 11 100 673 männliche Einwohner auf 11 187 779 weibliche Einwohner fallen, ergibt sich ein Überschuß von 87 106 Frauen. Und es ist leicht begreiflich, denn unter denjenigen 11 146 833 deutschen Frauen, welche 1900 im gebärfähigen Alter (18 bis 45 Jahren) standen, befanden sich nur 6 432 772 (57,71 Prozent) verheiratete, 283 629 (2,54 Prozent) verwitwete, 31 176 (0,28 Prozent) geschiedene und 4 399 286 (39,47 Prozent) ledige.

In denselben vier Altersklassen stellte sich (nach der Statistik des Deutschen Reiches, 150. Band, S. 91) das Verhältnis der Geschlechter in anderen Ländern folgendermaßen:

	Im Jahre	Auf 1 000 männliche Personen kamen weibliche in der Altersklasse von Jahren			
		unter 15	15–40	40–60	über 60
Deutschland	1 900	995	1 008	1 087	1 218
Österreich	1 890	1 005	1 046	1 079	1 130
Ungarn	1 900	998	1 029	982	1 033
Serbien	1 896	969	952	925	804
Italien	1 881	963	1 021	1 005	980
Schweiz	1 888	999	1 059	1 103	1 148
Frankreich	1 896	998	1 012	1 029	1 108
Luxemburg	1 900	992	853	988	1 063
Belgien	1 890	992	984	1 018	1 117
Niederlande	1 899	986	1 031	1 031	1 145
Dänemark	1 890	978	1 080	1 073	1 179
Schweden	1 899	971	1 016	1 146	1 252
England und Wales	1 891	1 006	1 075	1 096	1 227
Schottland	1 891	973	1 073	1 165	1 389
Irland	1 901	968	1 037	1 103	1 032
Vereinigte Staaten von Amerika	1 900	979	969	889	987
Ägypten	1 897	943	996	943	1 015
Japan	1 891	978	962	951	1 146
Neusüdwales	1 891	978	827	679	665
Queensland	1 891	976	698	559	611
Tasmanien	1 891	977	877	898	632
Neuseeland	1 891	979	927	661	654
Kap der Guten Hoffnung	1 891	989	1 008	939	1 019

Wir sehen, in fast allen Ländern mit gleicher oder ähnlicher ökonomischer Struktur bestehen ähnliche Zustände in bezug auf die Verteilung der Geschlechter nach Altersklassen. Es hat also in diesen allen ein erheblicher Teil der Frauen – abgesehen von den sonstigen schon erwähnten Gründen – keine Aussicht, in die Ehe zu treten. So waren in England im Jahre 1901 von 1000 Frauen über 15 Jahren verheiratet 496,4; in Schottland 442,8; in Irland 370,9; in Schweden 468,2; in Norwegen 469,9.

Was sagen dazu diejenigen, die das Bestreben der Frauen nach unabhängiger, gleichberechtigter Lebensstellung abweisen, indem sie dieselben auf die Ehe und die Häuslichkeit verweisen? Am bösen Willen der Frau liegt es nicht, wenn so viele nicht heiraten.

Was geschieht aber mit diesen Opfern unserer sozialen Zustände? Die Rache der beleidigten und verletzten Natur drückt sich in den eigentümlichen Gesichts- und Charakterzügen aus, durch die sich sogenannte alte Jungfern wie alte aszetische Junggesellen in allen Ländern und unter allen Klimaten von anderen Menschen unterscheiden, und legt Zeugnis ab von dem mächtigen und verderblichen Einfluß unterdrückter Naturtriebe. Die sogenannte Nymphomanie bei Frauen wie zahlreiche Arten der Hysterie entspringen in den meisten Fällen dieser Quelle. Zu hysterischen Anfällen führt ferner das Unbefriedigtsein in der Ehe, das oft auch Unfruchtbarkeit verschuldet.

Das ist in den Hauptzügen unser heutiges Eheleben und seine Wirkungen. Das Resultat ist: Die heutige Ehe ist eine Einrichtung, *die mit dem bestehenden sozialen Zustand aufs engste verknüpft ist und mit ihm steht und fällt. Aber diese Ehe ist in der Auflösung und im Verfall begriffen, genau wie die bürgerliche Gesellschaft selbst.* Denn was stellten wir über die bürgerliche Ehe fest?

1. Es sinkt relativ die Zahl der Geburten, obgleich die Bevölkerung im ganzen wächst, was dafür spricht, daß die Lebenslage der Familie sich verschlechtert.
2. Es steigt die Zahl der Ehescheidungsanträge, und zwar erheblich stärker, als die Bevölkerung sich vermehrt, und in der Mehrzahl der Fälle sind es die Frauen, welche die Anträge stellen, obgleich sie wirtschaftlich und gesellschaftlich am meisten unter der Scheidung leiden. Das spricht dafür, daß die ungünstig wirkenden Faktoren in der Zunahme begriffen sind, die Ehe sich also auflöst und zerfällt.

3. Es *sinkt relativ* die Zahl der Eheschließungen, obgleich die Bevölkerung wächst, was beweist, daß die Ehe in den Augen vieler ihren sozialen und moralischen Zwecken nicht mehr entspricht und als wertlos oder bedenklich angesehen wird.
4. Es besteht in fast allen Kulturstaaten ein Mißverhältnis in der Zahl der Geschlechter, und zwar zuungunsten des weiblichen Geschlechts, das nicht durch die Geburten erzeugt wird – denn es werden durchschnittlich *mehr* Knaben als Mädchen geboren –, sondern ungünstig wirkenden *sozialen* und *politischen* Ursachen geschuldet ist, die im Staats- und Gesellschaftszustand liegen.

Da alle diese unnatürlichen, vorzugsweise der Frau schädlichen Zustände im Wesen der bürgerlichen Gesellschaft begründet sind und mit der Dauer ihres Bestandes sich steigern, so erweist sich dieselbe als unfähig, diese Übel zu heben und die Frau zu befreien. Es ist also hierzu eine andere gesellschaftliche Ordnung nötig.

Zwölftes Kapitel

Die Prostitution – eine notwendige soziale Institution der bürgerlichen Welt

1. Prostitution und Gesellschaft

Die Ehe stellt eine Seite des Geschlechtslebens der bürgerlichen Welt dar, die Prostitution die andere. Die Ehe ist der Avers, die Prostitution der Revers der Medaille. Findet die Männerwelt in der Ehe keine Befriedigung, so sucht sie dieselbe in der Regel bei der Prostitution. Und wer von der Männerwelt aus irgendeinem Grunde auf die Ehe verzichtet, sucht ebenfalls in der Regel Befriedigung bei der Prostitution. Für die freiwillig oder gezwungen in Ehelosigkeit lebenden Männer wie für jene, denen die Ehe das Erwartete nicht bietet, liegen also die Verhältnisse für Befriedigung des Geschlechtstriebs ungleich günstiger als für die Frauen.

Die Männerwelt hat stets die Benutzung der Prostitution als ein ihr von „Rechts wegen" zukommendes Privilegium betrachtet. Um so härter und strenger wacht und urteilt sie, wenn eine Frau, die keine Prostituierte ist, einen „Fehltritt" begeht. Daß die Frau die gleichen Triebe hat wie der Mann, ja daß diese in gewissen Zeiten ihres Lebens sich heftiger als sonst geltend machen, beirrt sie nicht. Kraft seiner Herrschaftsstellung zwingt sie der Mann, ihre heftigsten Triebe gewaltsam zu unterdrücken und macht von ihrer Keuschheit ihr gesellschaftliches Ansehen und die Eheschließung abhängig. Durch nichts kann drastischer, aber auch in empörenderer Weise die Abhängigkeit der Frau von dem Manne dargetan werden als durch diese grundverschiedene Auffassung und Beurteilung der Befriedigung desselben Naturtriebs.

Die Verhältnisse liegen für den Mann besonders günstig. Die Natur hat die Folgen des Zeugungsaktes der Frau zugewiesen, der Mann hat außer dem Genuß weder Mühe noch Verantwortung. Diese vorteilhafte Stellung gegenüber der Frau hat jene Zügellosigkeit in den geschlechtlichen Anforderungen gefördert, durch die sich ein großer Teil der Männerwelt auszeichnet. Da aber viele Ursachen vorhanden sind, welche die legitime Befriedigung des Geschlechtstriebs verhindern oder ungenügend erreichen lassen, ist die Folge Befriedigung desselben in der Wildnis.

Die Prostitution wird also zu einer notwendigen sozialen Institution für die bürgerliche Gesellschaft, ebenso wie Polizei, stehendes Heer, Kirche, Unternehmerschaft.

Das ist nicht übertrieben, es soll bewiesen werden.

Es wurde dargelegt, wie die alte Welt die Prostitution ansah und für notwendig hielt, ja sie staatlich organisierte, und zwar sowohl in Griechenland als in Rom. Welche Ansichten darüber im christlichen Mittelalter bestanden, ist ebenfalls vorgeführt worden. Sogar der heilige Augustin, der nach Paulus als die bedeutendste Stütze des Christentums gelten muß und die Aszese eifrig predigte, konnte sich nicht enthalten, auszurufen: „Unterdrückt die öffentlichen Dirnen, und die Gewalt der Leidenschaften wird alles über den Haufen werfen." Und der heilige Thomas Aquin, der bis jetzt als die größte Autorität auf dem Gebiet der Theologie gilt, hat es noch drastischer ausgesprochen: „Die Prostitution in den Städten gleicht der Kloake im Palast; schafft die Kloake ab, und der Palast wird ein unreiner und stinkender Ort werden." Das Provinzialkonzil zu Mailand im Jahre 1665 sprach sich im gleichen Sinne aus.

Hören wir, was die Modernen sagen.

Dr. F. S. Hügel sagt: „Die fortschreitende Zivilisation wird die Prostitution allmählich in gefälligere Formen hüllen, aber nur mit dem *Untergang der Welt* wird sie vom Erdball vertilgt werden können."[1] Das ist eine kühne Behauptung, aber wer nicht über die bürgerliche Form der Gesellschaft hinausdenken kann, nicht anerkennt, daß sich die Gesellschaft umwandeln wird, um zu gesunden und natürlichen Zuständen zu kommen, muß Dr. Hügel zustimmen.

Ähnlich äußert sich der berühmte Hygieniker M. Rubner, Professor an der Berliner Universität und Direktor des Hygienischen Instituts: „Die Prostitution beim Weibe hat zu allen Zeiten und bei allen Völkern der Erde bestanden, sie ist etwas Unzerstörbares, weil sie dem Geschlechtsverkehr dient, *aus der Natur des Menschen* sich ableitet

[1] F. Hügel, Zur Geschichte, Statistik und Regelung der Prostitution in Wien. 1865.

und weil der Trieb zur Prostitution in vielen Fällen sozusagen auf *angeborene* Fehler mancher Frauen zurückzuführen ist. Gerade wie in einer Bevölkerung das Genie und der Blödsinn, das Riesen- und Zwergwachstum und andere Abweichungen von dem allgemeinen Mittel, dem gewöhnlichen, vertreten zu sein pflegen, ebenso treten durch das Spiel der Geburt auch jene Abnormitäten zutage, welche zur Prostitution führen müssen."[1]

Keinem der Genannten kommt der Gedanke, daß durch eine andere gesellschaftliche Ordnung die Ursachen für die Prostitution verschwinden könnten, keiner versucht, die Ursachen derselben zu untersuchen. Wohl dämmert diesem und jenem, der sich mit dieser Frage beschäftigt, daß die traurigen sozialen Zustände, unter denen zahlreiche Frauen leiden, die Hauptursache sein möchten, warum so viele ihren Leib verkaufen, aber dieser Gedanke ringt sich nicht zu der Konsequenz durch, daß alsdann notwendig sei, andere soziale Zustände zu schaffen. Zu den wenigen, die erkennen, daß die Hauptursache der Prostitution die wirtschaftlichen Verhältnisse sind, gehört Th. Bade[2]: „Die Ursachen der bodenlosen moralischen Versunkenheit, aus der das prostituierte Mädchen hervorgeht, liegen in den dermaligen *sozialen* Zuständen ... *Es ist namentlich die bürgerliche Auflösung der Mittelklassen und ihrer Existenz, insbesondere des Handwerkerstandes*, der heute nur noch zu einem kleinen Bruchteil eine selbständige, gewerbsmäßige Arbeit betreibt." Bade schließt seine Betrachtungen damit, daß er sagt: „Die Not der materiellen Existenz, welche die Familien der Mittelklasse teils schon aufgerieben hat, teils noch aufreiben wird, führt auch zur moralischen Zerrüttung der Familie und im besonderen zu der des weiblichen Geschlechts."[3]

Aber die Prostitution ist nicht nur eine von der Natur geschaffene Institution, die, wie sich R. Schmölder ausdrückt, „nach mensch-

---

[1] Max Rubner, Lehrbuch der Hygiene. 8. Auflage, S. 654. Leipzig 1907.

[2] Th. Bade, Über Gelegenheitsmacherei und öffentliches Tanzvergnügen. Berlin 1858.

[3] In der Tat zeigte schon eine Statistik, die das Berliner Polizeipräsidium in den Jahren 1871/72 über die Herkunft von 2224 eingeschriebenen Prostituierten aufnehmen ließ, daß 1015 = 47,9 Prozent aus dem Handwerkerstand, 467 = 22,0 Prozent aus dem Fabrikarbeiterstand, 305 = 14,4 Prozent aus dem kleinen Beamtenstand, 222 = 10,4 Prozent aus den Handels- und Verkehrstreibenden, 87 = 4,1 Prozent aus der Landwirtschaft und 26 = 1,2 Prozent aus dem Militärstand stammten. Von 102 war der Beruf des Vaters nicht zu ermitteln.

lichem Ermessen *ein steter Begleiter der Menschheit bleiben wird*“[1]. Sie ist auch eine soziale Institution, ohne welche die bürgerliche Gesellschaft undenkbar wäre.

Der Leipziger Polizeiarzt Dr. J. Kühn sagt: „Die Prostitution ist nicht bloß ein zu duldendes, *sondern ein notwendiges Übel*, denn sie schützt die Weiber vor Untreue (die nur die Männer zu begehen ein Recht haben. D. Verf.) und die Tugend (natürlich die weibliche, die Männer bedürfen derselben nicht. D. Verf.) vor Angriffen (sic!) und somit vor dem Falle.“[2] Diese Worte charakterisieren in der unverhülltesten Form den krassen Egoismus der Männerwelt. Kühn nimmt den korrekten Standpunkt eines Polizeiarztes ein, der die Aufgabe hat, durch Überwachung der Prostitution die Männerwelt vor unangenehmen Krankheiten zu retten. Man denkt nur an den Mann, dem das zölibatäre Leben ein Greuel und eine Marter ist; aber die Millionen zölibatärer Frauen haben sich zu bescheiden. Was bei den Männern Recht ist, ist bei den Frauen Unrecht, Unmoralität und Verbrechen.

Ein anderer interessanter Herr ist Dr. Fock, der die Prostitution als „ein notwendiges Korrelat unserer zivilisierten Einrichtungen“[3] betrachtet. Er fürchtet Überproduktion an Menschen, wenn nach Erlangung der Zeugungsfähigkeit alle heirateten, und darum hält er für wichtig, die Prostitution staatlich zu „regulieren“. Er findet es gerechtfertigt, daß der Staat die Prostitution regelt und überwacht und die Sorge für Lieferung syphilisfreier Dirnen an die Männer übernimmt. Er erklärt sich für schärfste Überwachung aller Frauenzimmer, denen ein liederlicher Lebenswandel nachgewiesen wird. Auch dann, wenn die Damen mit „liederlichem Lebenswandel“ den vornehmen Klassen angehören? Es ist das alte Lied. Dr. Fock verlangt auch die Besteuerung der Prostituierten und die Konzentration der Prostituierten *in bestimmten Straßen*. Mit anderen Worten, der *christliche Staat* soll sich aus der Prostitution eine Geldeinnahme schaffen, indem er zum Besten der Männerwelt die Prostitution staatlich orga-

---

[1] R. Schmölder, Die Bestrafung und polizeiliche Behandlung der gewerbsmäßigen Unzucht. Düsseldorf 1892.

[2] J. Kühn, Die Prostitution im neunzehnten Jahrhundert vom sanitätspolizeilichen Standpunkt. Leipzig 1892.

[3] Dr. Fock, Die Prostitution in *ethischer* und sanitärer Beziehung. Deutsche Vierteljahresschrift für öffentliche Gesundheitspflege. 20. Band, 1. Heft.

nisiert und schützt. Wie sagte Kaiser Vespasian in einem ähnlichen Falle? Non olet! (Es riecht nicht.) Einen eigenartigen Standpunkt nimmt ein Dr. Heinrich Severus[1] ein, der sich ebenfalls für die gesetzliche Anerkennung der Prostitution erklärt. Er sieht eben in dieser eine sehr *nützliche* Einrichtung, weil sie eine notwendige Begleiterscheinung der Ehe sei, ohne welche die Freiheit der Entschließung zur Ehe verkümmern würde. Die Prostitution ist ihm zufolge eine Art Sicherheitsventil für die bürgerliche Gesellschaft. Er behauptet: „Ein großer Teil der Not, deren Vorhandensein heute so mißliche soziale Zustände schafft, ist darauf zurückzuführen, daß Ehen unüberlegt, ohne Prüfung der Frage, woher der nötige Lebensunterhalt beschafft werden soll, geschlossen worden sind. Der Staat hat ein Interesse daran, daß derartige Ehen nicht zustande kommen, denn die daraus hervorgehenden Kinder, für deren Unterhalt von den Eltern nicht genügend gesorgt werden kann, die aber als eheliche auch nicht ins Findelhaus gehören, bedrohen die *Sicherheit der Gesellschaft*." Die Prostitution verhüte aber, daß „unter dem Zwange des Naturgesetzes Ehen geschlossen werden, die zu einer *Vermehrung des Volkes um Elemente* führen, deren aus Not unterbliebene Erziehung und aus einer freudlosen Jugend entspringende *staatsfeindliche Gesinnung sie zu Gegnern der Gesellschaft* macht". Damit wäre also in der staatlich regulierten Prostitution sogar ein Heil- und Schutzmittel gegen die Sozialdemokratie gefunden, eine Ansicht, die wenigstens Originalität beanspruchen kann.

Also! Es bleibt dabei: Die Prostitution ist eine notwendige soziale Institution der bürgerlichen Welt, ebenso wie Polizei, stehendes Heer, Kirche und Unternehmerschaft!

2. Die Prostitution und der Staat

Im Deutschen Reiche ist die Prostitution nicht wie in Frankreich staatlich organisiert und überwacht, sondern nur geduldet. Die offiziellen öffentlichen Häuser sind von Gesetzes wegen verboten, und die Kuppelei wird mit schwerer Strafe bedroht. Das verhinderte aber bisher nicht, daß in einer großen Anzahl deutscher Städte, unter anderem in Mainz, Magdeburg, Altona, Kiel, Nürnberg, Worms, Freiburg

[1] Dr. H. Severus, Prostitution und Staatsgewalt. Dresden 1899.

i. Br., Leipzig, Regensburg, Hamburg, Augsburg, Würzburg usw., nach wie vor öffentliche Häuser bestehen, welche die Polizei duldet.[1] Ein kaum faßbarer Zustand, dessen Widerspruch mit dem Gesetz unseren Staatenlenkern wohlbekannt ist. Das deutsche Strafgesetz bedroht auch die Gewährung von Wohnung an eine Prostituierte mit Strafe. Andererseits aber sieht sich die Polizei gezwungen, Tausende von Frauen als Prostituierte zu dulden und sie in ihrem Gewerbe zu schützen, sobald sich dieselben in die Polizeiregister als Prostituierte eintragen lassen und sich den für die Prostituierten vorgeschriebenen Regeln – zum Beispiel der periodisch wiederkehrenden Untersuchung durch einen Arzt usw. – unterwerfen. Konzessioniert aber der Staat Prostituierte und unterstützt er damit die Ausübung ihres Gewerbes, so müssen sie auch eine Wohnung haben; ja, es liegt sogar im Interesse der öffentlichen Gesundheit und Ordnung, daß sie eine solche besitzen, in der sie ihr Gewerbe ausüben können. Welche Widersprüche! Auf der einen Seite erkennt der Staat offiziell an: die Prostitution ist notwendig, auf der anderen verfolgt und bestraft er die Prostituierten und die Kuppelei. Außerdem bestätigt diese Haltung des Staates, daß die Prostitution für die moderne Gesellschaft eine Sphinx ist, deren Rätsel sie nicht lösen kann. Die herrschende Religion und Moral verurteilen die Prostitution, die Gesetze bestrafen ihre Begünstigung, und doch duldet und schützt sie der Staat. Mit anderen Worten, unsere mit ihrer Sittlichkeit, ihrer Religiosität, ihrer Zivilisation und Kultur sich brüstende Gesellschaft muß dulden, daß Sittenlosigkeit und Korruption wie schleichendes Gift ihren Körper durchwühlen. Aber noch eins geht aus diesem Zustand hervor. *Der christliche Staat gibt zu, daß die Ehe ungenügend ist und der Mann ein Recht hat, die illegitime Befriedigung des Geschlechtstriebs zu beanspruchen.* Bei demselben Staat zählt die Frau nur insofern, als sie sich den illegitimen männlichen Begierden hingeben will, das heißt Prostituierte wird. Auch trifft die von den staatlichen Organen ausgeübte Überwachung und Kontrolle der eingeschriebenen Prostituierten nicht auch den Mann, der die Prostituierte sucht, was, wenn die polizeiärztliche Kontrolle einen Sinn und halbwegs Erfolg haben sollte, selbstverständlich wäre – davon abgesehen, daß die Gerechtigkeit die gleiche Anwendung des Gesetzes auf beide Geschlechter erfordert.

[1] Paul Kampffmeyer, Die Prostitution als soziale Klassenerscheinung und ihre sozialpolitische Bekämpfung. S. 41. Berlin 1905.

Dieser Schutz des Mannes vor der Frau durch den Staat stellt die Natur der Verhältnisse auf den Kopf. *Es sieht aus, als seien die Männer das schwächere und die Frauen das stärkere Geschlecht, als sei die Frau die Verführerin und der arme, schwache Mann der Verführte.* Die Verführungsmythe zwischen Adam und Eva im Paradies wirkt in unseren Anschauungen und Gesetzen fort und gibt dem Christentum recht: „Die Frau ist die große Verführerin, das Gefäß der Sünde." Die Männerwelt sollte sich dieser traurigen und unwürdigen Rolle schämen. Aber sie gefällt sich in dieser Rolle des „Schwachen" und „Verführten", *denn je mehr sie geschützt wird, um so mehr kann sie sündigen.*

Wo Männer in Masse zusammenkommen, scheinen sie ohne Prostituierte sich nicht vergnügen zu können. Das zeigten unter anderem die Vorgänge auf dem deutschen Schützenfest in Berlin im Sommer 1890, Vorgänge, die 2300 Frauen veranlaßten, sich also in einer Petition an den Oberbürgermeister der deutschen Reichshauptstadt auszulassen: „Gestatten Ew. Hochwohlgeboren allergütigst, daß wir über das diesjährige, bei Pankow vom 6. bis 13. Juli abgehaltene deutsche Bundesschießen dasjenige erwähnen, was durch die Presse und andere Mitteilungen über jenes Fest in die Provinzen gedrungen ist. Die Berichte, welche wir darüber mit tiefster Entrüstung und mit Abscheu vernommen haben, führten unter anderem die Schaustellungen jenes Festes also auf: ‚Erster deutscher Herold, größtes Chantant der Welt.' ‚Hundert Damen und vierzig Herren.' Daneben kleinere Tingeltangel und Schießbuden, aus denen überaus zudringliche Frauenzimmer der Männerwelt sich anwarfen. Ferner ‚Freikonzert', dessen luftigst gekleidete Kellnerinnen frech und ungehindert den Gymnasiasten wie den Familienvater, den Jüngling wie den Mann verführerisch lächelnd zur ‚Schützenruh' einluden ... Allein die kaum bekleidete ‚Dame', welche zum Besuch der Bude ‚Die Geheimnisse Hamburgs oder eine Nacht in St. Pauli' einlud, hätte doch wohl füglich von Polizei wegen beseitigt werden können. Und dann das Entsetzliche, was einfache Bürger und Bürgerinnen der Provinz von der so viel gerühmten Reichshauptstadt kaum zu fassen vermögen, die verlautende Kunde: Daß die Festleitung es zugelassen haben soll, anstatt der sich anbietenden Kellner ‚junge Frauenzimmer' in großer Zahl als Schenkmädchen ohne Bezahlung anzustellen ... Wir deutschen Frauen haben als Gattinnen, Mütter und als Schwestern unsere Ehemänner, Kinder,

Töchter und Brüder in tausendfacher Veranlassung zum Dienst des Vaterlandes nach Berlin zu schicken, und so bitten wir Ew. Hochwohlgeboren in aller Untertänigkeit und in zuversichtlichem Vertrauen, bei dem großen, schwerwiegenden Einfluß, welchen Sie als oberster Beamter der Reichshauptstadt in Händen haben, über jene unwürdigen Vorgänge derartige Untersuchungen anordnen zu wollen oder sonstige Ew. Hochwohlgeboren zweckdienlich erscheinende Verordnungen zu treffen, welche eine Wiederkehr jener Orgien, namentlich auch auf dem bevorstehenden *Sedanfeste*, keinesfalls befürchten lassen ..." (!!!)

Bei allen großen, auch sogenannten nationalen Festen, bei denen Männer in größerer Zahl zusammenkommen, wiederholt sich ähnliches.[1]

Die deutschen Regierungen machten wiederholt den Versuch, aus dem Widerspruch herauszukommen, in dem sich in bezug auf die Prostitution die Praxis der Staatsgewalt mit der Strafgesetzgebung befindet. Sie brachten Gesetzentwürfe ein, die unter anderem die Polizei bevollmächtigten, den Prostituierten bestimmte Wohnplätze anzuweisen. Man gab zu, daß die Prostitution nicht unterdrückt werden könne und es deshalb am praktischsten sei, sie an bestimmten Orten zu dulden und zu kontrollieren. Ein solches Gesetz würde – darüber war alle Welt einig – die Bordelle wieder ins Leben gerufen haben, die in den vierziger Jahren des verflossenen Jahrhunderts offiziell in Preußen aufgehoben wurden. Diese Gesetzesversuche verursachten große Erregung und eine Menge Proteste, in welchen Verwahrung dagegen eingelegt wurde, daß der Staat sich zum Beschützer der Prostitution aufwerfe und damit den Glauben hervorrufe, die Benutzung der Prostitution sei nicht wider die Moral und sie sei ein staatlich gebilligtes Gewerbe. Diese Gesetzentwürfe, die im Plenum und in der Kommission des Reichstags den heftigsten Widerspruch fanden, blieben bisher unerledigt. Aber daß solche vorgelegt werden konnten, zeigt die Verlegenheit, in der man sich befindet.

Die staatliche Regulierung und Kontrolle der Prostitution erzeugt nicht nur den Glauben bei der Männerwelt, der Staat begünstige die Prostitution, sondern die staatliche Kontrolle schütze sie auch vor Er-

[1] „Wenn im Zirkus Busch der Bund der Landwirte tagt oder große Kongresse in Berlin abgehalten werden, dann steigen die Preise ... für Menschenfleisch." Satyr, Lebeweltnächte der Friedrichstraße. S. 16. Berlin 1907.

krankung, und dieser Glaube befördert die Benutzung der Prostitution und den Leichtsinn der Männer. Die Bordelle vermindern nicht die Geschlechtskrankheiten, sie fördern sie, *die Männer werden leichtsinniger und unachtsamer.* Welche Auffassung der staatliche Schutz der Bordelle hervorruft, dafür spricht, daß sich die auf Grund der Prostitutionsakte in England eingeschriebenen Prostituierten scherzhaft die *Frauen der Königin* nannten, weil sie durch ein von der Königin verkündetes Gesetz privilegiert worden waren.

Die Erfahrung hat gelehrt, daß weder die Errichtung polizeilich kontrollierter Prostitutionsanstalten (Toleranzhäuser, Bordelle) noch auch die polizeilich angeordnete ärztliche Untersuchung Sicherheit vor Ansteckung gibt.

So schrieb der Geheime Medizinalrat Dr. Albert Eulenburg im Jahre 1898 auf eine Anfrage an das Wiener Frauenkomitee zur Bekämpfung der Kasernierung der Prostitution: „In der Frage der polizeilichen Überwachung der Prostituierten stehe ich – ohne natürlich die praktischen Schwierigkeiten sofortiger Durchführung zu verkennen – prinzipiell voll und ganz auf dem Standpunkt Ihrer Petition und betrachte die in den meisten Ländern seither übliche Praxis als ungerecht, unwürdig und überdies ganz ungeeignet, den angeführten Zweck mit einiger Sicherheit zu erreichen."

Am 20. Juli 1892 sprach sich die Berliner Medizinische Gesellschaft dahin aus, daß die Wiedereinführung von Bordellen weder vom hygienischen noch vom moralischen Standpunkt zu empfehlen sei.

Die Natur dieser Krankheiten ist vielfach derart, daß sie nicht leicht und nicht sofort sich erkennen läßt, und sollte einige Sicherheit vorhanden sein, so müßte eine mehrmalige tägliche Untersuchung eintreten. Diese ist aber bei der Zahl der in Frage kommenden Frauen und in Rücksicht auf die Kosten unmöglich. Wo dreißig bis vierzig Prostituierte in einer Stunde „abgefertigt" werden müssen, ist die Untersuchung kaum mehr als eine bloße Farce, und ebenso ist die Zahl von ein oder zwei Untersuchungen in der Woche gänzlich unzulänglich. So sagt Dr. Blaschko[1]: „Die Annahme, daß die Kontrolle der Prostituierten einen Schutz gegen Ansteckung gewährt, ist ein leider sehr verbreiteter und verhängnisvoller Irrtum. Man kann viel-

[1] Handbuch der Hygiene. Herausgegeben von Dr. med. Th. Weyl. 10. Band. „Hygiene der Prostitution und venerischen Krankheiten." Bearbeitet von Dr. A. Blaschko, Berlin. S. 111. Jena 1901.

mehr sagen, daß jeder, der mit einer Prostituierten oder mit einem leichtsinnigen Mädchen verkehrt, sich jedesmal in eine große Gefahr begibt."

Der Erfolg dieser Maßregeln scheitert aber auch daran, daß die Männer, die den Krankheitsstoff von einer Frau auf die andere übertragen, von jeder Belästigung befreit bleiben. Eine Prostituierte, die eben untersucht und gesund befunden wurde, wird in derselben Stunde von einem geschlechtskranken Manne angesteckt und überträgt den Ansteckungsstoff bis zum nächsten Kontrolltag, oder bis sie selbst die Krankheit gewahr wird, auf eine Reihe anderer Besucher. Die Kontrolle ist nicht bloß illusorisch, es kommt hinzu, daß diese auf Kommando erfolgenden Untersuchungen durch männliche Ärzte, statt durch weibliche, das Schamgefühl aufs tiefste verletzen und zu seiner gänzlichen Vernichtung beitragen. Das wird von einer großen Zahl Ärzte, die mit dieser Kontrolle zu tun haben, bestätigt.[1] Das gesteht sogar der offizielle Verwaltungsbericht des Berliner Polizeipräsidiums ein, in dem es heißt: „Es mag auch zugegeben werden, *daß die Einschreibung die von ihr Betroffenen moralisch noch tiefer sinken läßt.*"[2] Die Prostituierten bieten auch alles auf, sich dieser Kontrolle zu entziehen. Eine weitere Folge dieser polizeilichen Maßregeln ist, daß den Prostituierten außerordentlich erschwert, ja unmöglich gemacht wird, wieder zu einem anständigen Erwerb zurückzukehren. *Eine der polizeilichen Kontrolle verfallene Frau ist für die Gesellschaft verloren; sie geht meist in wenig Jahren elend zugrunde.* Zutreffend und erschöpfend sprach sich der fünfte Kongreß zur Bekämpfung der Unsittlichkeit wider die polizeiliche Regelung der Prostitution zu Genf aus, indem er erklärte: „Die obligatorische ärztliche Untersuchung der Prostituierten ist eine um so grausamere Strafe für die Frau, als sie die ihr gewaltsam unterworfenen Unglücklichen vollends in das Verderben reißt, indem sie den Rest von Schamgefühl zerstört, der noch

[1] „Tatsächlich aber werden durch das ganze Regulierungssystem die venerischen Krankheiten in keiner Weise erfolgreich bekämpft oder auch nur nachweisbar vermindert. Die trügerische Sicherheit, die den Männern gegeben wird, macht sie unvorsichtiger; die Vermehrung der Wechselbeziehungen vergrößert die Ansteckungsgefahr um mindestens ebensoviel, als die Ausschaltung einiger Schwerkranker durch den Arzt sie vermindert." August Forel, Die sexuelle Frage. S. 338/339. München 1907.

[2] Zweiter Verwaltungsbericht des königlichen Polizeipräsidiums von Berlin für die Jahre 1881 bis 1890. S. 351 bis 359.

bei den Verworfensten vorhanden sein kann. Der Staat, der die Prostitution polizeilich regeln will, vergißt, daß er beiden Geschlechtern gleichen Schutz schuldet, er verdirbt moralisch und entwürdigt die Frau. Jedes System offizieller Regelung der Prostitution hat Polizeiwillkür zur Folge sowie Verletzung gerichtlicher Garantien, die jedem Individuum, selbst dem größten Verbrecher, gegen willkürliche Verhaftung und Einsperrung zugesichert sind. Da diese Rechtsverletzung nur zum Nachteil der Frau geschieht, so folgt daraus eine widernatürliche Ungleichheit zwischen ihr und dem Manne. Die Frau wird zum bloßen Mittel herabgewürdigt und nicht mehr als Person behandelt. *Sie steht außerhalb des Gesetzes.*"

Wie wenig die polizeiärztliche Kontrolle nützt, dafür liefert England ein schlagendes Beispiel. Vor Beginn der gesetzlichen Reglementierung im Jahre 1867 betrugen die Fälle von geschlechtlichen Infektionskrankheiten beim Militär laut Armeebericht 91 pro 1000. Im Jahre 1886, also nach neunzehnjährigem Bestand der Reglementierung, 110 pro 1000, aber im Jahre 1892, sechs Jahre nach Aufhebung der Reglementierung, nur 79 pro 1000. In der Zivilbevölkerung betrugen in den Jahren 1879 bis 1882 – also während der Reglementierung – die Fälle von Syphilis 10 pro 1000, in den Jahren 1885 bis 1889, also nach Aufhebung derselben, 8,1 pro 1000.

Auf die der Untersuchungsakte unterworfenen Prostituierten wirkte aber das Gesetz ganz anders als auf die Truppen: 1866 kamen auf je 1000 Prostituierte 121 Erkrankungen, 1868, als das Gesetz zwei Jahre bestanden hatte, 202, sie sanken dann allmählich, sie überschritten aber 1874 immer noch um 16 Fälle die Zahl von 1866. Auch die Todesfälle bei den Prostituierten vermehrten sich unter der Herrschaft des Gesetzes erschreckend. 1865 betrugen diese auf 1000 Prostituierte 9,8, dagegen im Jahre 1874 23. Als gegen Ende der sechziger Jahre die englische Regierung den Versuch machte, die Untersuchungsakte auf alle englischen Städte auszudehnen, erhob sich ein Sturm der Entrüstung in der englischen Frauenwelt. Sie betrachteten das Gesetz als eine Beleidigung für das ganze Geschlecht. Die Habeaskorpusakte, jenes Grundgesetz, hieß es, das den englischen Bürger vor den Übergriffen der Polizei schütze, solle für die Frauen aufgehoben sein; es solle jedem rohen, rachsüchtigen oder von anderen niederen Motiven getriebenen Polizeibeamten gestattet sein, die ehrbarste Frau anzugreifen, wenn er gegen sie den Verdacht habe, eine Prostituierte zu sein, wohingegen die Zügellosigkeit der Männer unbehelligt bleibe, ja durch das Gesetz geschützt und genährt würde.

Obgleich dieses Eintreten der englischen Frauen, unter der Führung der Josephine Butler, für den Auswurf ihres Geschlechts sie Mißdeutungen und herabwürdigenden Bemerkungen beschränkter Männer aussetzte, lehnten sie sich mit großer Energie gegen die Einführung desselben auf. In Zeitungsartikeln und Broschüren wurde das „Für“ und „Wider“ erörtert und seine Ausdehnung verhindert, dem 1886 die Aufhebung folgte.[1]

Die deutsche Polizei besitzt eine ähnliche Gewalt, und häufige in die Öffentlichkeit gedrungene Fälle aus Berlin, Leipzig, Köln, Hannover und vielen anderen Orten beweisen, daß Mißbrauch oder „Mißverständnisse“ leicht sind bei Ausübung dieser Gewalt, aber man vernimmt bei uns wenig von einer energischen Opposition gegen solche Befugnisse.[2] Sogar im kleinbürgerlichen Norwegen wurden 1884 die Bordelle *verboten* und 1888 in der Hauptstadt Christiania die zwangsweise Eintragung der Prostituierten und die damit verbundene Untersuchung *aufgehoben. Im Januar 1893 wurde die gleiche Verordnung für das ganze Land erlassen.* Sehr richtig sagt Frau Guillaume-

---

[1] Die zuverlässigsten Helfer der Frauen waren die englischen Arbeiter. „Wir beschlossen“, so schreibt Josephine Butler in ihrer berühmten Schrift „Zur Geschichte eines Kreuzzugs“, „die Nation anzurufen. Schon im Herbst 1869 hatten wir an jedes Parlamentsmitglied beider Häuser und an viele andere Führer weltlicher und kirchlicher Parteien persönlich geschrieben. Von all den Antworten, die wir auf diese Briefe erhielten, äußerten sich einige wenige völlig zustimmend . . . Da uns von den Kreisen, auf deren Interesse an der Sache wir zunächst gehofft hatten, eine so geringe Ermutigung zuteil wurde, wandten wir uns an die Arbeiterbevölkerung des Landes. Hier kam man uns ganz anders entgegen. Ich bin mir wohl bewußt, daß die arbeitenden Klassen ihre Fehler haben und ebensowenig wie andere Volksschichten frei von Egoismus sind; aber die Überzeugung steht bei mir unerschütterlich fest, daß das Volk, sobald es im Namen der Gerechtigkeit angerufen wird, fast immer eine loyale und zuverlässige Gesinnung beweist.“ Zitiert bei P. Kampffmeyer, a. a. O., S. 69.

[2] „Im Jahre 1901 wurde in Wien eine Französin unter dem Gejohle der Menge von dem Polizeiagenten Neuhofer mißhandelt, in das Gefängnis zu Dirnen geworfen und gewaltsam ärztlich untersucht. Fünf Interpellationen provozierte dieser Fall im Reichsrat. Im Jahre 1902 wurden in Hamburg und Kiel Damen unter dem Verdacht der Prostitution verhaftet und zum Teil roh behandelt. Diese Fälle führten am 8. September zu einer riesigen Demonstrationsversammlung in Hamburg, die von Mitgliedern aller Parteien besucht war.“ P. Kampffmeyer, a. a. O., S. 66.

Schack mit Bezug auf die „Schutzmaßregeln" des Staates für die Männer: „Wozu lehren wir unsere Söhne Tugend und Sitte achten, wenn der Staat die Unsittlichkeit als ein notwendiges Übel erklärt? Wenn er dem jungen Manne, ehe er überhaupt noch zu geistiger Reife gelangt ist, die Frau, von der Obrigkeit zur Ware gestempelt, als ein Spielzeug seiner Leidenschaft zuführt?"

Mag ein geschlechtlich kranker Mann in seiner Zügellosigkeit noch so viele dieser armen Wesen anstecken, die meist aus bitterer Not oder durch Verführung dieses schmachvolle Handwerk treiben, der räudige Mann bleibt unbehelligt, aber wehe der kranken Prostituierten, die sich nicht sofort ärztlicher Behandlung unterworfen hat. Die Garnisons- und Universitätsstädte, Seestädte usw. mit ihrer Anhäufung kräftiger, gesunder Männer sind die Hauptherde der Prostitution und ihrer gefährlichen Krankheiten, die von hier in die entferntesten Winkel des Landes getragen werden und überall Verderben verbreiten. Wie moralisch qualifiziert ein großer Teil unserer Studierenden ist, darüber äußert sich das „Korrespondenzblatt zur Bekämpfung der öffentlichen Sittenlosigkeit"[1] also: *„Im weitaus größten Teile der Studentenschaft sind heute die Anschauungen über sittliche Dinge erschreckend niedrig, ja geradezu verlumpt."* Und aus diesen Kreisen, die sich mit ihrem Deutschtum und „deutscher Sitte" brüsten, rekrutieren sich unsere Verwaltungsbeamten, unsere Staatsanwälte und Richter.

Wie schlimm die Zustände speziell unter der Studentenschaft geworden sein müssen, geht daraus hervor, daß im Herbst 1901 eine größere Anzahl Professoren und Ärzte, darunter die ersten Namen des Faches, sich in einem Aufruf an die deutsche Studentenschaft wandten, indem sie nachdrücklich auf die traurigen Folgen geschlechtlicher Ausschweifungen aufmerksam machten und auch vor dem Übermaß des Alkoholgenusses warnten, der in so vielen Fällen stimulierend auf geschlechtliche Ausschweifungen wirkt. Man begreift endlich, daß es mit dem Vertuschen nicht mehr geht, sondern daß man die Dinge beim rechten Namen nennen muß, um einigermaßen unabsehbarem Unheil zu steuern. Auch in anderen Klassen darf man sich diese Mahnungen zu Herzen nehmen.

„Du sollst für die Sünde heimgesucht werden an deinen Nachkommen bis ins dritte und vierte Glied." Dieser Ausspruch der Bibel trifft den ausschweifenden, geschlechtskranken Menschen in vollstem Sinne

[1] 15. August 1893. Berlin.

des Wortes, leider auch die unschuldige Ehefrau. „Die Schlaganfälle jugendlicher Männer und auch Frauen, Formen von Rückenmarksschwindsucht und Gehirnerweichung, Nervenleiden verschiedener Art, Sehstörungen, Knochenfraß und Darmentzündung, Sterilität und Siechtum beruhen vielfach auf nichts anderem, als veralteter, verkannter, aus naheliegenden Gründen mit Stillschweigen übergangener Syphilis ... Wie die Sache jetzt liegt, so führen Ignoranz und Leichtsinn dazu, aus blühenden Töchtern des Landes sieche, lebenswelke Geschöpfe zu machen, die unter der Last ihrer chronischen Beckenentzündungen für die vor- und außerehelichen Extravaganzen ihrer Gatten büßen müssen."[1] Und Dr. A. Blaschko sagt u. a.: „Epidemien wie Cholera und Pocken, Diphtheritis und Typhus, deren vorhandene Wirkung in ihrer Plötzlichkeit sich einem jeden unmittelbar aufdrängt, sind, obwohl sie an Bösartigkeit der Syphilis kaum gleich, an Verbreitung sich mit ihr entfernt nicht vergleichen lassen, der Schrecken der Bevölkerung ... Der Syphilis hingegen steht die Gesellschaft mit, man möchte sagen erschreckender Gleichgültigkeit gegenüber."[2] Die Schuld liegt daran, daß es für „unanständig" gehalten wird, über solche Dinge öffentlich zu sprechen. Hat doch nicht einmal der deutsche Reichstag sich entschließen können, im Gesetz dafür zu sorgen, daß Geschlechtskranke gleich anderen Kranken durch die Krankenkassen behandelt werden müssen.[3]

Das syphilitische Gift ist in seiner Wirkung das zäheste und am schwersten ausrottbare aller Gifte. Viele Jahre, nachdem eine Krankheit überstanden ist und der Genesene jede Spur vernichtet wähnt, zeigen sich häufig die Folgen bei der Frau in der Ehe oder bei den Neugeborenen, und ein Heer von Krankheiten bei Ehefrauen und Kindern verdankt ehemännlichen beziehungsweise elterlichen Geschlechtskrankheiten seinen Ursprung. In einer Petition, die der Verein Jugendschutz im Herbst 1899 an den Reichstag richtete, wird an-

[1] Die gesundheitsschädliche Tragweite der Prostitution. Von Dr. Oskar Lassar. Berlin 1892, August Hirschwald.

[2] Die Behandlung der Geschlechtskrankheiten in Krankenkassen und Heilanstalten. Berlin 1890, Fischers Medizinische Buchhandlung.

[3] Diese Bestimmung des Krankenversicherungsgesetzes (§ 6a), welche den Gemeinden ermöglichte, zu beschließen, daß bei Erkrankungen durch geschlechtliche Ausschweifung das Krankengeld überhaupt nicht oder nur teilweise gewährt werde, ist durch die Novelle vom 25. Mai 1903 beseitigt worden, die mit dem 1. Januar 1904 in Kraft getreten ist.

gegeben, daß in Deutschland zirka 30 000 Kinder infolge von Ansteckung durch Gonorrhöe (Tripper) von Geburt erblindet seien und daß bei 50 Prozent der kinderlosen Ehefrauen dieselbe Ursache ihre Unfruchtbarkeit verschuldete.[1] Tatsächlich ist es erschreckend, wie groß die Zahl der kinderlosen Ehen ist, und dieselben nehmen zu. Auch schwachsinnige oder blödsinnige Kinder haben häufig ihr Gebrechen derselben Ursache zuzuschreiben, und was für Unheil durch ein winziges Tröpfchen syphilitischen Blutes bei der Pockenimpfung angerichtet werden kann, dafür gibt es krasse Beispiele.

Die große Zahl der an Geschlechtskrankheiten Leidenden hat wiederholt Anregungen veranlaßt, ein Reichsgesetz zu erlassen, das speziell die Behandlung Geschlechtskranker vorschreibt. Bis jetzt hat man sich zu einem solchen Schritte noch nicht entschließen können, wahrscheinlich aus Furcht vor der Größe der dann zutage tretenden Übel. In den fachmännischen Kreisen ist man allgemein zu der Überzeugung gekommen, daß der früher als harmlos angesehene Tripper mit die gefährlichste Krankheitserscheinung ist. Scheinbar geheilt, wirkt derselbe im menschlichen Körper fort, so daß, wie Dr. Blaschko in einem Vortrag in Berlin am 20. Februar 1898 mitteilte, bei den sittenpolizeilichen Untersuchungen in Berlin nur ein Viertel bis höchstens ein Drittel der tripperkranken Prostituierten als solche erkannt werden. Tatsächlich ist aber der weitaus überwiegende Teil der Prostituierten tripperkrank, was also bei der Kontrolle nur bei einem kleinen Bruchteil festgestellt wird. Und da von diesem letzteren wiederum nur ein kleiner Teil geheilt wird, so befindet sich die Gesellschaft hier einem Übel gegenüber, für das sie vorläufig kein Heilmittel hat, das aber namentlich den weiblichen Teil der Bevölkerung mit schweren Gefahren bedroht.

3. Der Mädchenhandel

In dem Maße, wie die Männerwelt, freiwillig oder gezwungen, auf die Ehe verzichtet und die Befriedigung des Geschlechtstriebs in der Wildnis sucht, in dem Maße steigen auch die verführerischen Ge-

[1] Unter den Insassen der Blindenanstalten waren nämlich erblindet durch Infektion bei der Geburt in Berlin 21,3, Wien 31, Breslau 35,1, Budapest 47,9, München 73,8. Th. Weyl, Soziale Hygiene. S. 62. Jena 1904.

legenheiten dazu. Der große Gewinn, den alle auf die Unsittlichkeit berechneten Unternehmungen abwerfen, lockt zahlreiche, nicht skrupulöse Geschäftsleute an, mit Aufbietung aller Raffinements die Kunden anzulocken. Da wird jedem Bedürfnis der Kundschaft nach Rang und Stellung, jeder materiellen Leistungs- und Opferfähigkeit Rechnung getragen. Könnten die „öffentlichen Häuser" ihre Geheimnisse ausplaudern, es zeigte sich, daß ihre Bewohnerinnen, die oft ohne Herkunft und ohne höhere Bildung und Erziehung sind, aber um so größere körperliche Reize besitzen, in den intimsten Beziehungen mit Spitzen der Gesellschaft, mit Männern von hoher Intelligenz und Bildung stehen. Da gehen Minister, hohe Militärs, Geheimräte, Volksvertreter, Richter usw. neben den Repräsentanten der Geburts-, Finanz-, Handels- und Industriearistokratie aus und ein, Männer, die am Tage und in der Gesellschaft als „Vertreter und Wächter von Moral, Ordnung, Ehe und Familie" gar würdevoll und ernst einherschreiten und an der Spitze christlicher Wohltätigkeitsanstalten und Vereine zur „Unterdrückung der Prostitution" stehen. Der Inhaber eines dieser der Gelegenheitsmacherei dienenden Lokale in der ... straße in Berlin gibt sogar ein eigenes illustriertes Blatt heraus, in dem das Treiben der dort verkehrenden Gesellschaft geschildert wird. Das Lokal verfügt über 400 Sitzplätze, in dem allabendlich ein elegantes Publikum, das als Stammpublikum – wie es in dem Blatt heißt – der höchsten Geburts- und Finanzaristokratie angehört, verkehrt. Der Trubel und Jubel nehme geradezu beängstigende Dimensionen an, wenn, wie fast täglich, zahlreiche Damen der Theaterwelt und bekannte Beautés der Lebewelt anwesend sind und wenn die findige Direktion, um der Heiterkeit die Krone aufzusetzen, in vorgerückter Morgenstunde ein Aalgreifen veranstaltet ... Rings um das Bassin herum kauern mit hochgeschürzten Kleidern die schönen Besucherinnen der Bar und haschen nach dem Aal. Und so weiter. Die Polizei kennt dieses Treiben genau, aber sie hütet sich, die vornehme Gesellschaft in ihren Vergnügungen zu stören. Nichts als Kuppelei gemeinster Art ist es auch, wenn ein Berliner Ball-Etablissement folgende Einladung an die vornehme Männerwelt versendet: „Die unterzeichnete Jagdsaalverwaltung, deren Direktion Sie, hochgeehrter Herr, als passionierter Jäger empfohlen worden, gibt sich die hohe Ehre, Ew. Hochwohlgeboren auf ein neuerschlossenes, herrliches Jagdterrain mit reichem, vorzüglichem Wildstand aufmerksam zu machen und zur ersten Edelwildjagd am 26. August a. c. in den Jagdsälen höflichst einzuladen. Ein besonderer Umstand läßt unser neues Forstrevier in hervorragender Weise angenehm und bequem erscheinen: die Jagdgründe befinden sich im Mittelpunkt der Residenz, das Wild ist keinerlei Schonung unterworfen.“ Unsere bürgerliche Gesellschaft gleicht einer großen Karnevalsgesellschaft, in der einer den anderen zu täuschen und zum Narren zu halten sucht. Jeder trägt seine offizielle Verkleidung mit Würde, um nachher inoffiziell um so ungezügelter seinen Neigungen und Leidenschaften zu frönen. Und *äußerlich* trieft alles von Moral, Religion und Sittlichkeit. In keinem Zeitalter war die Heuchelei größer als in dem unseren. Die Zahl der Auguren wächst täglich.

Das Angebot von Frauen zu Lustzwecken steigt rascher als die Nachfrage. Die immer mißlicher werdenden sozialen Verhältnisse, Not, Verführung, Gefallen an einem äußerlich glänzenden, scheinbar freien Leben liefern aus allen Gesellschaftsschichten die Kandidatinnen. Charakteristisch schildert die Zustände in der deutschen Reichshauptstadt ein Roman von Hans Wachenhusen.[1] Der Verfasser läßt sich über den Zweck seines Romans also aus: „Mein Buch spricht namentlich von den Opfern des weiblichen Geschlechtes und der zunehmenden Entwertung desselben durch *die Unnatur unserer gesellschaftlichen und bürgerlichen Verhältnisse*, durch eigene Schuld, durch Vernachlässigung der Erziehung, durch das Bedürfnis nach Luxus und das steigende, leichtfertige Angebot auf dem Markte des Lebens. Es spricht von der wachsenden Überzähligkeit dieses Geschlechtes, die täglich hoffnungsloser macht, was geboren wird, aussichtsloser, was heranwächst ... Ich schrieb, wie etwa der Staatsanwalt den Lebenslauf eines Verbrechers zusammenstellt, um daraus die Schuld desselben zu resumieren. Versteht man also unter dem Roman etwas Erfundenes, das straffreie Gegenteil der Wahrheit, so ist in diesem Sinne das Nachfolgende kein Roman, sondern ein wahres Lebensbild ohne Retusche.“ In Berlin sind die Verhältnisse nicht besser und nicht schlechter als in anderen Großstädten. Ob mehr das griechisch-orthodoxe Petersburg oder das katholische Rom, das christlich-germanische Berlin oder das heidnische Paris, das puritanische London oder das lebenslustige Wien dem alten Babylon gleicht, ist schwer zu entscheiden. Die gleichen sozialen Zustände erzeugen die gleichen Erschei-

[1] „Was die Straße verschlingt“. Sozialer Roman in 3 Bänden. Berlin, A. Hoffmann & Komp.

nungen. „Die Prostitution besitzt ihre geschriebenen und ungeschriebenen Gesetze, ihre Hilfsquellen, ihre Rekrutierungsorte (various resorts) von der ärmsten Hütte bis zum glänzendsten Palast; ihre zahllosen Grade, und zwar vom niedrigsten bis zum verfeinertsten und kultiviertesten; sie hat ihre speziellen Vergnügungen und öffentlichen Zusammenkunftsorte; ihre Polizei, ihre Hospitäler, ihre Gefängnisse und ihre Literatur."[1] „Wir feiern nicht mehr die Feste des Osiris, die Bacchanalien und die indischen Orgien im Frühlingsmonat, aber in Paris und anderen großen Städten überläßt man sich im Dunkel der Nacht, hinter den Mauern der öffentlichen und der Privathäuser Orgien und Bacchanalien, welche die kühnste Feder nicht zu beschreiben wagt."[2]

Unter solchen Verhältnissen hat der Handel mit Frauenfleisch großartige Dimensionen angenommen. Er wird in der bestorganisiertesten Weise auf größter Stufenleiter, und selten von den Augen der Polizei bemerkt, mitten in den Stätten der Zivilisation und Kultur betrieben. Ein Heer von Maklern, Agenten und Transporteuren männlichen und weiblichen Geschlechts betreiben das Geschäft mit derselben Kaltblütigkeit, als handle es sich um den Vertrieb irgendeiner Ware, Legitimationen werden gefälscht und Zertifikate ausgestellt, die eine genaue Beschreibung der Qualifikation der einzelnen „Stücke" enthalten, und werden an die Transporteure behändigt zur Anweisung für die Käufer. Der Preis richtet sich, wie bei jeder Ware, nach der Qualität, und die Ware wird nach dem Geschmack und den Anforderungen der Kundschaft in den verschiedenen Orten und Ländern assortiert und expediert. Durch die raffiniertesten Manipulationen sucht man der Aufmerksamkeit und den Nachstellungen der Polizei zu entgehen, nicht selten werden aber auch große Summen angewandt, um das Auge der Wächter des Gesetzes zu schließen. Eine Anzahl solcher Fälle sind namentlich in Paris konstatiert worden.[3]

---

[1] Dr. Elisabeth Blackwell, The moral education.

[2] Mantegazza, L'amour dans l'humanité.

[3] Die Stellung der Polizei zur Prostitution ist überhaupt in mehr als einer Beziehung interessant. So wurde 1899 in Berlin in einem Prozeß festgestellt, daß ein Polizeikommissar eine Prostituierte benutzte, um einen Studenten zu überwachen und auszuhorchen, den der Polizeikommissar im Verdacht hatte, Anarchist zu sein. Und gar in Prag teilte der Polizeidirektor im August 1902 einem dortigen Blatte mit, daß der Frau eines dortigen niederen Polizeibeamten die Konzession für ein toleriertes Freudenhaus entzogen wurde, weil ihr Mann einen

Deutschland genießt mit den traurigen Ruhm, Frauenmarkt für die halbe Welt zu sein. Der dem Deutschen innewohnende Drang zum Wandern scheint auch einen Teil der deutschen Frauen zu beseelen, so daß sie mehr als die Frauen anderer Völker, das österreichisch-ungarische ausgenommen, für die Versorgung der internationalen Prostitution ihr Kontingent stellen. Deutsche Frauen bevölkern die Harems der Türken wie die öffentlichen Häuser im Innern Sibiriens bis nach Bombay, Singapore, San Franzisko und Chikago. In seinem Reisewerk „Aus Japan nach Deutschland durch Sibirien" spricht sich der Verfasser W. Joest über den deutschen Mädchenhandel also aus: „Man ereifert sich in unserem moralischen Deutschland oft über den Sklavenhandel, den irgendein westafrikanischer Negerfürst treibt, oder über die Zustände in Kuba und Brasilien und sollte sich lieber doch des Balkens im eigenen Auge erinnern, *denn in keinem Lande wird mit weißen Sklavinnen in solcher Weise gehandelt, aus keinem Lande wird so viel dieser lebenden Ware expediert, wie gerade aus Deutschland und Österreich.* Der Weg, den diese Mädchen nehmen, läßt sich ganz genau verfolgen. Von Hamburg werden dieselben nach Südamerika verschifft, Bahia, Rio de Janeiro erhält seine Quote, der größte Teil aber ist für Montevideo und Buenos Aires bestimmt, während ein kleiner Rest durch die Magellanstraße bis Valparaiso geht. Ein anderer Strom wird über England oder direkt nach Nordamerika dirigiert, kann aber hier nur schwer mit dem einheimischen Produkt konkurrieren, er verteilt sich daher den Mississippi hinab bis nach New Orleans und Texas oder gen Westen nach Kalifornien. Von dort wird die Küste bis Panama hinunter versorgt, während Kuba, Westindien und Mexiko ihren Bedarf von New Orleans beziehen. Unter dem Titel ‚Böhminnen' werden weitere Scharen deutscher Mädchen über die Alpen nach Italien exportiert und dann weiter südlich nach Alexandrien, Suez, Bombay, Kalkutta bis Singapore, ja nach Hongkong bis Schanghai hin. Holländisch-Indien und Ostasien, zumal Japan, sind schlechte Märkte, da Holland in seinen Kolonien keine weißen Mädchen dieser Sorte duldet und in Japan die Töchter des Landes selbst zu hübsch und billig sind; auch verdirbt die amerikanische Konkurrenz von San Franzisko aus die günstige Konjunktur. Rußland wird von Ostpreußen, Pommern und Polen aus versorgt. Die erste

Häftling mißhandelt hatte. Die Prager Polizei belohnt also ihre Beamten durch Erteilung von Konzessionen für öffentliche Häuser. Ein herrlicher Zustand.

Station ist meistens Riga. Hier assortieren sich die Petersburger und Moskauer Händler und schicken ihre Ware in großen Quantitäten nach Nishni Nowgorod bis über den Ural nach Irbit und Krestowsky, ja bis in das innerste Sibirien hinein; so traf ich zum Beispiel ein deutsches auf diese Weise verhandeltes Mädchen in Tschita. Dieser großartige Handel ist vollkommen organisiert, er wird durch Agenten und Handlungsreisende vermittelt, und *wenn das auswärtige Amt des deutschen Reiches einmal hierüber Berichte seiner Konsuln verlangen würde, so ließen sich recht interessante statistische Tabellen feststellen.*"

Dieser Handel blüht in vollem Maße, wie wiederholt durch sozialdemokratische Abgeordnete im deutschen Reichstag konstatiert wurde.

Besonders stark wird der Frauenfleischhandel von Galizien und Ungarn aus nach Konstantinopel und den übrigen Städten der Türkei betrieben. Namentlich sind es viele Jüdinnen, die man sonst selten in öffentlichen Häusern trifft, die dorthin verschachert wurden. Das Geld für die Reise und die Auslagen wird dem Agenten meistens schon im voraus eingesandt. Um die Behörden zu täuschen und irrezuleiten, werden unauffällige Telegramme an den Besteller aufgegeben.

Einige solcher Depeschen lauten: „*5 Faß Ungarwein langen dann und dann in Varna an*", womit fünf sehr schöne Mädchen gemeint sind; oder: „*3 Sack Kartoffeln abgeschickt per Dampfer Lloyd Minerva*". Hier handelt es sich um drei minder schöne Mädchen oder um „gewöhnliche Ware". Eine andere Depesche lautet: „*Treffe am Freitag mit der Kobra ein. Habe zwei Ballen feine Seide an Bord.*"

4. Das Wachstum der Prostitution. Uneheliche Mütter

Die Zahl der Prostituierten läßt sich schwer schätzen, genau gar nicht angeben. Die Polizei kann annähernd die Zahl derjenigen feststellen, deren hauptsächlichster Erwerb die Prostitution ist, sie vermag dies aber nicht von der viel größeren Zahl jener, die sie als teilweisen Erwerb benutzen. Immerhin sind die annähernd bekannten Zahlen erschreckend hoch. Nach von Öttingen wurde schon Ende der sechziger Jahre die Zahl der Prostituierten in London auf 80 000 geschätzt. In Paris belief sich die Zahl der eingeschriebenen Prostituierten am 1. Januar 1906 auf 6196, aber von diesen entzieht sich mehr als ein Drittel der polizeiärztlichen Kontrolle.

In ganz Paris gab es 1892 zirka 60 Bordelle mit 600 bis 700 Prostituierten, im Jahre 1900 42. Diese Zahl ist beständig in der *Abnahme* begriffen (im Jahre 1852 gab es 217 Bordelle). Dagegen ist die Zahl der heimlichen Prostituierten viel größer geworden. Auf Grund einer Untersuchung, die im Jahre 1889 der Munizipalrat von Paris veranstaltete, ist die Zahl der Frauen, die sich prostituieren, auf die enorme Ziffer von 120 000 angegeben. Der Polizeipräfekt von Paris, Léfrine, schätzt die Zahl der eingeschriebenen auf 6000 durchschnittlich und bis 70 000 heimliche Prostituierten. Im Laufe der Jahre 1871 bis 1903 hat die Polizei 725 000 Dirnen sistiert, und 150 000 wurden ins Gefängnis gesteckt. Im Jahre 1906 betrug die Zahl der Sistierten nicht weniger als 56 196.[1]

In Berlin betrug die Zahl der bei der Polizei eingeschriebenen Prostituierten: 1886 3006, 1890 4039, 1893 4663, 1897 5098, 1899 4544, 1905 3287.

Im Jahre 1890 waren sechs Ärzte angestellt, die täglich jeder zwei Stunden Untersuchungen vorzunehmen hatten. Seitdem wurde die Zahl der Ärzte auf zwölf vermehrt, auch ist seit einigen Jahren gegen den Widerspruch vieler männlicher Ärzte für diese Untersuchungen ein weiblicher Arzt angestellt worden. Die polizeilich eingeschriebenen Prostituierten bilden auch in Berlin nur einen sehr *kleinen* Bruchteil der Prostituierten, die von sachkundiger Seite auf *mindestens* 50 000 geschätzt werden. (Andere, wie Lesser, rechnen 24 000 bis 25 000 und Raumer 30 000.) Es gab im Jahre 1890 allein in Berliner Schanklokalen 2022 Kellnerinnen, die fast sämtlich sich der Prostitution ergaben. Auch zeigt die von Jahr zu Jahr gestiegene Zahl der wegen Übertretung der sittenpolizeilichen Vorschriften sistierten Dirnen, daß die Prostitution in Berlin stetig im Wachsen ist. Die Zahl dieser Sistierten betrug im Jahre 1881 10 878, 1890 16 605, 1896 26 703, 1897 22 915. Von den im Jahre 1897 sistierten Dirnen wurden 17 018 dem Amtsrichter zur Aburteilung vorgeführt – es kamen demnach auf jeden Gerichtstag zirka 57.

Wie groß ist die Zahl der Prostituierten in ganz Deutschland? Manche behaupten, daß diese Zahl auf ungefähr 200 000 sich belaufen dürfte. Ströhmberg schätzt die Zahl der öffentlichen und geheimen Prostituierten Deutschlands auf 92 200 oder zwischen 75 000 und 100 000. Kamillo K. Schneider machte im Jahre 1908 den Versuch,

[1] Dr. Sicard de Plauzoles, La fonction sexuelle. S. 67. Paris 1908.

die Zahl der eingeschriebenen Prostituierten genau zu ermitteln. Seine Tabelle umfaßt für das Jahr 1905 79 Städte. „Da große Orte, in denen eine bedeutendere Zahl Mädchen noch zu erwarten wäre, nicht fehlen, so glaube er, würde mit 15 000 die Gesamtzahl ziemlich genau angegeben sein. Das ergibt im Durchschnitt bei einer Einwohnerzahl von rund 60 600 000 eine Eingeschriebene auf 4040 Einwohner.“ In Berlin kommt eine Prostituierte auf 608, in Breslau 514, Hannover 529, Kiel 527, Danzig 487, Köln 369, Braunschweig 363 Einwohner. Die Zahl der kontrollierten Prostituierten geht konstant zurück.[1] Nach verschiedenen Rechnungen verhält sich die Zahl der offiziellen Prostituierten zur Zahl der heimlichen wie 1 zu 5 bis 10. Man hat es also mit einer großen Armee zu tun, welche die Prostitution als Lebensunterhalt betrachtet, und dementsprechend ist die Zahl der Opfer, die Krankheit und Tod erfordert.[2]

Daß die Überzahl der Prostituierten ihre Lebensweise herzlich satt hat, ja dieselbe sie anekelt, ist eine Erfahrung, die alle Sachverständigen zugeben. Doch einmal der Prostitution verfallen, bietet sich für die wenigsten Gelegenheit, sich aus derselben zu retten. Der Hamburger Zweigverein der britischen, kontinentalen und allgemeinen Föderation veranstaltete 1899 eine Enquete unter den Prostituierten. Obgleich nur wenige die gestellten Fragen beantworteten, sind diese doch sehr charakteristisch. Auf die Frage: Würden Sie dieses Gewerbe beibehalten, wenn Sie sich anders ernähren könnten? antwortete eine: Was soll man anfangen, wenn einen die Menschen alle verachten? Eine andere antwortete: Ich habe vom Krankenhaus aus um Hilfe gebeten. Eine dritte: Mein Freund hat mich dadurch ausgelöst, daß er meine Schulden bezahlte. Unter der Schuldsklaverei der Bordellwirte leiden alle. Eine teilt mit, daß sie ihrer Wirtin 700 Mark schulde. Kleider, Wäsche, Putzgegenstände, alles liefere der

[1] Kamillo Karl Schneider, Die Prostituierte und die Gesellschaft. Eine soziologisch-ethische Studie. S. 40 bis 41, 188 bis 189. Leipzig 1908.

[2] Auf 1000 Mitglieder der Berliner Gewerbskrankenkasse kamen Erkrankungen an

	Gonorrhöe		Weicher Schanker		Syphilis	
	männl.	weibl.	männl.	weibl.	männl.	weibl.
1892 bis 1895	34,6	9,8	8,8	1,5	10,2	7,7
1896 bis 1900	42,4	8,4	11,9	1,6	12,1	4,5
1901 bis 1902	45,8	9,7	13,0	2,0	15,9	7,0

F. Prinzing, a. a. O., S. 229.

Wirt zu horrenden Preisen, ebenso wird ihnen Essen und Trinken zu den höchsten Preisen angerechnet. Außerdem haben sie noch einen bestimmten Satz pro Tag für Wohnung an den Wirt abzugeben. Diese Miete beläuft sich auf 6, 8, 10 Mark und mehr für den Tag; eine schreibt, sie habe ihrem Louis täglich 20 bis 25 Mark zu bezahlen. Ohne daß die Schulden bezahlt werden, entläßt sie kein Wirt; auch werden in den Aussagen allerlei Streiflichter auf das Verhalten der Polizei geworfen, die mehr auf Seite der Wirte als der hilflosen Mädchen steht. Kurz, wir haben hier mitten in der christlichen Zivilisation eine Sklaverei schlimmster Art. Und um ihre *Standesinteressen* besser wahren zu können, gründeten sogar die Bordellwirte ein *Fachorgan*, das einen internationalen Charakter trägt.

Die Zahl der Prostituierten wächst in dem Maße, wie die Zahl der Frauen wächst, die in den verschiedensten Industrie- und Gewerbezweigen als Arbeiterinnen beschäftigt und oft mit Löhnen abgefunden werden, die zum Sterben zu hoch, zum Leben zu niedrig sind. Die Prostitution wird gefördert durch die in der bürgerlichen Welt zur Notwendigkeit gewordenen industriellen Krisen, die Not und Elend in Hunderttausende von Familien tragen. Nach einem Briefe des Oberkonstablers Bolton an einen Fabrikinspektor vom 31. Oktober 1865 hatte sich während der englischen Baumwollenkrise, hervorgerufen durch den nordamerikanischen Sklavenbefreiungskrieg, die Zahl der jungen Prostituierten mehr als in den letzten 25 Jahren vermehrt.[1] Aber nicht nur fallen die Arbeiterinnen der Prostitution zum Opfer, diese findet auch in den „höheren Berufen“ ihr Rekrutierungsgebiet. Lombroso und Ferrero zitieren Macé[2], der von Paris sagt, „daß das Gouvernantenzeugnis höheren oder niederen Grades weniger eine Anweisung auf Brot, als auf *Selbstmord, Diebstahl und Prostitution ist*“.

Parent-Duchâtelet hat seinerzeit eine Statistik aufgestellt, nach der unter 5180 Prostituierten sich 1441 befanden, die aus Mangel und Elend sich prostituierten, 1255 waren eltern- und mittellos, 86 prostituierten sich, um arme Eltern, Geschwister oder Kinder zu ernähren, 1425 waren von ihren Liebhabern verlassene Konkubinen, 404 waren von Offizieren und Soldaten verführte und nach Paris verschleppte Mädchen, 289 waren durch den Hausherrn verführte und entlassene

[1] Karl Marx, Das Kapital. 2. Auflage, 1. Band, S. 480.
[2] A. a. O., S. 458.

Dienstmädchen, 280 übersiedelten nach Paris, um dort einen Broterwerb zu finden.

Mrs. Butler, die so eifrige Vorkämpferin für die Ärmsten und Elendesten ihres Geschlechts, sagt: „Zufällige Umstände, der Tod eines Vaters, einer Mutter, Arbeitslosigkeit, unzulänglicher Lohn, Elend, trügerische Versprechungen, Verführung, gestellte Netze haben sie ins Verderben geführt." Sehr lehrreich sind die Mitteilungen, die Karl Schneidt in einer Broschüre „Das Kellnerinnenelend in Berlin"[1] über die Ursachen macht, die jene der Prostitution so häufig in die Arme führen. Auffallend sei die große Zahl der Dienstmädchen, die Kellnerinnen, und das heiße fast immer Prostituierte, würden. In den Antworten, die Schneidt auf seine Fragebogen an die Kellnerinnen empfing, heißt es zum Beispiel: „Weil ich von meinem Herrn ein Kind bekam und verdienen mußte." Andere geben an: „Weil mir mein Buch verdorben wurde", wieder andere: „Weil mit Hemdennähen und dergleichen zuwenig verdient wird", oder: „Weil ich, als Arbeiterin aus der Fabrik entlassen, keine Arbeit mehr bekam", oder: „Weil der Vater gestorben und noch vier kleine Geschwister da waren." Daß besonders Dienstmädchen, nachdem sie der Verführung ihrer *Dienstherren* zum Opfer fielen, ein großes Kontingent zu den Prostituierten stellen, ist bekannt. Über die auffällig große Zahl der Verführungen von Dienstmädchen durch ihre *Dienstherren* oder deren Söhne äußert sich sehr anklagend Dr. Max Taube in einer Schrift.[2] Aber auch die höheren Klassen liefern ihr Kontingent zur Prostitution, nur ist es nicht die Not, sondern Verführung und Neigung zu einem leichtfertigen Leben, zu Putz und Vergnügungen. Darüber heißt es in einer Schrift „Die gefallenen Mädchen und die Sittenpolizei"[3]:

„Starr vor Schreck, vor Entsetzen, hört so mancher brave Bürger, so mancher Pastor, Lehrer, hochgestellte Beamte und hochgestellte Militär unter anderem, daß seine Tochter heimlich sich der Prostitution ergeben hat, und *wäre es statthaft, alle diese Töchter namhaft zu machen, es müßte dann entweder eine soziale Revolution vor sich gehen, oder die Begriffe von Ehre und Tugend im Volke würden schweren Schaden leiden.*"

---

[1] Berlin 1893, Moderner Verlag.

[2] Dr. med. Max Taube, Der Schutz der unehelichen Kinder. Leipzig 1893, Veit & Komp.

[3] Berlin 1889, Wilh. Ißleib (Gustav Schuhr).

Es sind namentlich die feineren Prostituierten, die Hautevolee unter ihnen, die sich aus diesen Kreisen rekrutieren. Auch ein großer Teil der Schauspielerinnen, deren Garderobekosten zu ihrem Gehalt im krassesten Mißverhältnis stehen[1], ist auf eine solche schmutzige Erwerbsquelle angewiesen. Das gleiche gilt von zahlreichen Mädchen, die sich als Verkäuferinnen und dergleichen vermieten. Es gibt auch Unternehmer in Menge, die ehrlos genug sind, mit dem Hinweis auf die Unterstützung durch „Freunde" die Niedrigkeit des Lohnes zu rechtfertigen.

Näherinnen, Schneiderinnen, Modistinnen, Fabrikarbeiterinnen, in der Kopfzahl von Hunderttausenden, befinden sich in ähnlicher Lage. Arbeitgeber und ihre Beamte, Kaufleute, Gutsbesitzer usw. betrachten es häufig als eine Art Privilegium, weibliche Arbeiter und Bedienstete ihren Lüsten dienstbar zu sehen. Unsere frommen Konservativen lieben es, die Verhältnisse auf dem Lande in sittlicher Beziehung als eine Art Idylle gegenüber den Großstädten und Industriebezirken auszuspielen. Wer die Verhältnisse kennt, weiß, daß sie das nicht sind. Das bestätigt auch ein Vortrag, den ein Rittergutsbesitzer im Herbst 1889 hielt, über den sächsische Blätter also berichteten:

„*Grimma.* Der Rittergutsbesitzer Dr. *v. Wächter* auf Röcknitz hat kürzlich in einer Diözesanversammlung, welche hierselbst stattfand, einen Vortrag gehalten über die *geschlechtliche Unsittlichkeit* in unseren *Landgemeinden* und dabei die hiesigen Verhältnisse nicht gerade rosig geschildert. Mit großer Offenheit erkannte der Vortragende bei dieser Gelegenheit an, daß vielfach auch die *Arbeitgeber*, selbst die *verheirateten*, mit ihrem weiblichen Gesinde in sehr *intimen Beziehungen stehen*, deren Folgen dann entweder durch *Zahlung an Geld* beglichen oder durch ein *Verbrechen* dem Auge der Welt entzogen würden. Leider dürfe man es nicht verhehlen, daß die Unsittlichkeit in den Landgemeinden nicht allein durch Mädchen, die als Ammen in der Stadt das Gift in sich aufgenommen haben, und durch Burschen, die es beim Militärdienst kennengelernt, großgezogen wurde, sondern daß leider auch durch die *gebildeten Kreise*, durch

---

[1] In seiner Schrift „Kapital und Presse", Berlin 1891, konstatiert Dr. F. Mehring, daß eine nicht unbefähigte Schauspielerin an einem sehr bekannten Theater mit 100 Mark monatlicher Gage angestellt war, daß aber ihre Ausgaben allein für Garderobe in einem Monat sich auf 1000 Mark beliefen. Das Defizit deckte ein „Freund".

Verwalter auf den Rittergütern und durch *Offiziere* bei Gelegenheit der Truppenübungen die Sittenlosigkeit auch auf das Land hinausgetragen werde. Wie Herr Dr. v. Wächter mitteilte, soll es tatsächlich *hier auf dem Lande nur wenig Mädchen geben, die 17 Jahre alt werden, ohne gefallen zu sein.*" Der offenherzige Vortragende hat seine Wahrheitsliebe mit einem gesellschaftlichen Boykott beantwortet bekommen, den die sich beleidigt fühlende Offizierswelt über ihn verhängte. Ähnlich erging es dem Pastor Wagner in Pritzerbe in der Mark, der in seiner Schrift „Die Sittlichkeit auf dem Lande" den Herren Großgrundbesitzern unangenehme Wahrheiten sagte.[1]

Die Mehrzahl der Prostituierten wird diesem Gewerbe in einem Alter in die Arme getrieben, in dem sie kaum als urteilsfähig angesehen werden kann. Von den in den Jahren 1878 bis 1887 in Paris arretierten heimlichen Prostituierten waren 12 615 = 46,7 Prozent minorenn, in den Jahren 1888 bis 1898 waren minorenn 14 072 = 48,8 Prozent. „Eine ebenso lakonische wie traurige Zusammenfassung Le Pileurs stellt für die Mehrzahl der Pariser Dirnen das Schema auf: defloriert mit 16 Jahren, prostituiert mit 17 Jahren, syphilitisch mit 18 Jahren."[2] In Berlin fanden sich 1898 unter den 846 neu eingeschriebenen Prostituierten 229 Minderjährige, und zwar:

7	im Alter von 15 Jahren	59	im Alter von 18 Jahren
21	„ „ „ 16 „	49	„ „ „ 19 „
33	„ „ „ 17 „	66	„ „ „ 20[3] „

Im September 1894 spielte sich in Budapest eine Skandalaffäre ersten Ranges ab, bei der sich herausstellte, daß an 400 zwölf bis fünfzehn Jahre alte Mädchen einer Schar reicher Wüstlinge zum Opfer fielen. Auch die Söhne unserer „besitzenden und gebildeten Klassen" sehen es vielfach als ein ihnen zustehendes Recht an, die Töchter des Volkes zu verführen, und lassen sie dann im Stiche. Nur zu leicht fallen die leicht vertrauenden, lebens- und erfahrungsunkundigen, meist freud- und freundlosen Töchter des Volkes der Verfüh-

---

[1] Auf Anregung des Pastors Wagner wurde auf der Konferenz der Sittlichkeitsvereine vom 20. September 1894 eine Enquete beschlossen. Die Resultate sind veröffentlicht in einem zweibändigen Werk, „Die geschlechtlich-sittlichen Verhältnisse der evangelischen Landbewohner im Deutschen Reiche. 1895 bis 1896".

[2] Professor S. Bettmann, Die ärztliche Überwachung der Prostituierten. „Handbuch der sozialen Medizin". 8. Band, S. 82. Jena 1905.

[3] S. Bettmann, a. a. O., S. 194.

rung zum Opfer, die sich ihnen in glänzender, einschmeichelnder Gestalt naht. Enttäuschungen und Jammer und schließlich Verbrechen sind die Folgen. Unter 2 060 973 im Jahre 1907 in Deutschland geborenen Kindern waren 179 178 unehelich geboren. Man stelle sich das Maß von Sorge und Herzeleid vor, das einem großen Teil dieser Mütter die Geburt ihres unehelichen Kindes bereitet, auch wenn man annimmt, daß später ein Teil dieser Kinder durch ihre Väter legitimiert wird. *Die Frauenselbstmorde und Kindermorde sind vielfach in der Not und dem Elend* verlassener Frauen zu suchen. Die Gerichtsverhandlungen wegen Kindesmord geben darüber ein düsteres, lehrreiches Bild. So wurde im Herbst 1894 vom Schwurgericht in Krems (Niederösterreich) ein junges Mädchen, das acht Tage nach seiner Entbindung aus der Entbindungsanstalt in Wien mit seinem Kinde mittellos auf die Straße gestellt worden war und dieses in seiner Verzweiflung tötete, *zum Tode mit dem Strange verurteilt.* Von dem Schuft von Vater vernahm man nichts. Und im Frühjahr 1899 wurde aus Posen gemeldet: „Unter der Anklage des Mordes stand am Montag die *22jährige Arbeiterin Katharina Gorbacki* aus Alexanderruh bei Neustadt a. W. vor dem Schwurgericht *zu Posen.* Die Angeklagte war in den Jahren 1897 und 1898 bei dem *Probst Merkel in Neustadt bedienstet.* Aus dem intimen Umgang mit jenem genas sie im Juni vorigen Jahres eines Mädchens, das bei Verwandten in Pflege gegeben wurde. Der *Probst* zahlte die beiden ersten Monate je $7^1/_2$ Mark Kostgeld für das Kind, wollte aber anscheinend weitere Aufwendungen *nicht* machen, wenigstens stellte es die Gorbacki so dar. Da diese für das Kind die Wäsche waschen mußte, auch Ausgaben hatte, beschloß sie, *das Kind zu beseitigen.* Eines Sonntags im September vorigen Jahres *erstickte sie das Kind in einem Kissen. Die Geschworenen erklärten sie der vorsätzlichen Tötung ohne Überlegung für schuldig und billigten mildernde Umstände zu.* Der Staatsanwalt beantragte die höchste Strafe *von fünf Jahren Gefängnis.* Der Gerichtshof erkannte wegen Totschlags auf drei Jahre Gefängnis." So greift das verführte, schmählich verlassene, in Verzweiflung und Schande hilflos gestoßene Weib zum Äußersten, es tötet seine Leibesfrucht, wird prozessiert und erhält Zuchthaus oder wird mit dem Tode bestraft. Der gewissenlose eigentliche Mörder – geht straflos aus, er heiratet vielleicht kurz darauf die Tochter einer „honetten, rechtschaffenen" Familie und wird ein sehr geehrter und frommer Mann. Es läuft mancher in Ehren und Würden umher, der in solcher Weise seine Ehre und sein Gewissen besudelte. Hätten die Frauen ein Wort in der Gesetzgebung mitzusprechen, in dieser Richtung würde manches anders. Offenbar werden viele Kindesmorde gar nicht entdeckt. Ende Juli 1899 wurde in Frankenthal a. Rh. ein Dienstmädchen unter Anklage gestellt, ihr neugeborenes uneheliches Kind im Rhein ertränkt zu haben. Die Staatsanwaltschaft forderte sämtliche Polizeibehörden von Ludwigshafen rheinabwärts bis an die holländische Grenze auf, zu berichten, ob innerhalb einer bestimmten Zeit eine Kindesleiche gelandet sei. Das überraschende Resultat dieser Aufforderung war, daß die Behörden in der betreffenden Zeit nicht weniger als 38 Kindesleichen, die aus dem Rhein gezogen worden waren, meldeten, deren Mütter aber bis dahin nicht ermittelt werden konnten.

Am grausamsten verfährt, wie schon erwähnt, die französische Gesetzgebung, welche die Frage nach der Vaterschaft verbietet, dafür aber die Findelhäuser gründete. Der bezügliche Beschluß des Konventes vom 28. Juli 1793 lautet: „La nation se charge de l'éducation physique et morale des enfants abandonnés. Désormais, ils seront désignés sous le seul nom d'orphelins. Aucune autre qualification ne sera permise.“ (Die physische und moralische Erziehung der verlassenen Kinder ist Sache der Nation. Sie werden von Stund an unter dem einzigen Namen Waisen bezeichnet werden. Keine andere Bezeichnung ist erlaubt.) Das war für die Männerwelt sehr bequem, die damit die Verpflichtung des einzelnen auf die Gesamtheit abwälzte, um ihn öffentlich und vor seiner Frau nicht bloßzustellen. Man errichtete Landeswaisen- und Findelhäuser. Die Zahl der Waisen und Findlinge belief sich im Jahre 1833 auf 130 945; jedes zehnte Kind wurde als ein eheliches geschätzt, das die Eltern los sein wollten. Aber diese Kinder empfingen keine besondere Pflege, und so war ihre Sterblichkeit sehr groß. Es starben zu jener Zeit im ersten Lebensjahr volle 59 Prozent, also über die Hälfte; bis zum zwölften Lebensjahr starben 78 Prozent, so daß von je 100 nur 22 ein Alter von zwölf Jahren erreichten. Anfangs der sechziger Jahre existierten noch 175 Findelhäuser, 1861 wurden daselbst 42 194 enfants trouvés (Findlinge) eingeliefert, dazu kamen 26 156 enfants abandonnés (verlassene Kinder) und 9716 Waisen, zusammen 78 066 Kinder, die auf öffentliche Kosten verpflegt wurden. Im Jahre 1905 waren 3348 Findlinge verzeichnet. Die Zahl der verlassenen Kinder betrug 84 271. Im ganzen ist die Zahl der verlassenen Kinder in den letzten Dezennien kaum vermindert.

In Österreich und Italien wurden ebenfalls Findelhäuser gegründet, deren Unterhaltung der Staat übernimmt. „Ici on fait mourir les enfants“ (hier tötet man die Kinder) soll ein Monarch als passende Inschrift für die Findelhäuser empfohlen haben. Aber in Österreich verschwinden diese allmählich; es gibt gegenwärtig deren nur noch 8, in welchen selbst anfangs der neunziger Jahre über 9000 Kinder verpflegt wurden, während über 30 000 außerhalb der Anstalt untergebracht waren. Der Aufwand für dieselben belief sich auf gegen zwei Millionen Gulden. In den letzten Jahren hat die Zahl der Findelkinder eine bedeutende Abnahme erfahren, denn noch im Jahre 1888 wurden in Österreich einschließlich Galiziens 40 865 Kinder verpflegt, von denen 10 466 in Anstalten, 30 399 in Privatpflege untergebracht waren und einen Aufwand von 1 817 372 Gulden erforderten. Die Sterblichkeit war in den Anstalten geringer als bei den in Privatpflege untergebrachten Kindern, namentlich in Galizien. Hier starben im Jahre 1888 in den Anstalten 31,25 Prozent der Kinder, mithin mehr als in den Anstalten der anderen Länder; aber in der Privatpflege starben 84,21 Prozent, ein wahrhafter Massenmord. Es scheint, als sehe es die polnische Schlachtschitzenwirtschaft darauf ab, diese armen Würmer möglichst rasch ums Leben zu bringen.

In ganz Italien wurden während der Jahre 1894 bis 1896 aufgenommen 118 531 Kinder. Jährlicher Durchschnitt 29 633: Knaben 58 901, Mädchen 59 630; unehelich 113 141, ehelich 5390 (nur 5 Prozent). Wie groß die Sterblichkeit war, ist aus der folgenden Zusammenstellung ersichtlich[1]:

	1890–1892	1893–1896	1897
Zahl der Kinder, welche aufgenommen werden	91 549	109 899	26 661
Davon starben im ersten Lebensjahr	34 186	41 386	9711
Dies gibt pro Hundert	37,3	37,6	36,4
Sterblichkeit der unehelichen Kinder in Italien	25,0	27,2	23,4
Sterblichkeit der ehelichen Kinder	18,0	17,5	15,9

[1] S. Turcsanyi und S. Engel, Das italienische Findelwesen. Vierteljahrshefte für öffentliche Gesundheitspflege 1903. 35. Band, S. 771.

Den Rekord schoß das Findelhaus Santa Cosa dell'Annunziata in Neapel, in dem im Jahre 1896 von 853 Säuglingen 850 starben. Noch im Jahre 1907 nahmen die Findelhäuser 18 896 Kinder auf. Für die Jahre 1902 bis 1906 betrug die Sterblichkeit dieser unglücklichen Würmer 37,5 Prozent, das heißt, mehr als ein Drittel der unterstützten Kinder stirbt innerhalb des ersten Lebensjahres.[1]

Es ist überhaupt eine allgemein anerkannte Tatsache, daß die unehelich geborenen Kinder in weit höherem Prozentsatz sterben als die ehelich geborenen. Nach der preußischen Statistik starben von je 10 000 Lebendgeborenen:

		1881–1885	1886–1890	1891–1895	1896–1900	1904
Eheliche	Stadt	211	210	203	195	179
	Land	186	187	187	185	172
Uneheliche	Stadt	398	395	385	374	333
	Land	319	332	336	336	306

„Es ist charakteristisch und für den engen Zusammenhang zwischen Prostitution und der traurigen Lage der Dienstboten und des ländlichen Gesindes ein entscheidender Beweis, daß von 94 779 unehelich Geborenen im Jahre 1906 nach dem Erwerbszweig ihrer Mütter beruflich zugehörig waren: zu den häuslichen Dienstboten 21 164, zu dem ländlichen Gesinde 18 869, also zusammen 40 033 oder 42 Prozent. Faßt man ländliches Gesinde und ländliche Tagelöhnerinnen und Arbeiterinnen zusammen, so stellt sich deren Beteiligung auf 30 Prozent, während die Abhängigen in Industrie und Handwerk mit 14 Prozent (13 460) beteiligt sind."[2]

Die Differenz in den Todesfällen zwischen ehelichen und unehelichen Kindern macht sich namentlich im ersten Lebensmonat bemerkbar; in diesem ist durchschnittlich die Sterblichkeit der unehelich Geborenen *dreimal* so groß als die der ehelich Geborenen. Mangelnde Pflege während der Schwangerschaft, schwächliche Geburt und schlechte Pflege nach derselben sind die einfachen Ursachen. Die berüchtigte „Engelmacherei" und die Mißhandlungen helfen die Opfer vermehren. Auch die Zahl der totgeborenen Kinder ist bei den unehelich geborenen größer als bei den ehelichen, hauptsächlich wohl durch

[1] Handwörterbuch der Staatswissenschaften. 3. Auflage. 4. Band. 1919. Artikel Findelhäuser oder Findelanstalten.

[2] G. v. Mayr, a. a. O., S. 140.

die Versuche eines Teiles der Mütter, schon während der Schwangerschaft den Tod des Kindes herbeizuführen. Dazu kommen noch die Kindesmorde, die sich der Kenntnis entziehen, weil das getötete Kind unter den Totgeborenen verborgen wird. „Den 205 Kindesmorden, welche die gerichtlichen Dokumente in Frankreich aufführen, sind sonach – meint Bertillon – noch wenigstens 1500 angebliche Totgeburten hinzuzuzählen und 1400 Fälle absichtlicher Tötung durch Aushungerung."[1]

Es kamen auf 100 Geborene Totgeborene:

	In den Jahren	ehelich	unehelich
Deutschland	1891–1900	3,15	4,25
Preußen	1900–1902	3,02	4,41
Sachsen	1891–1900	3,31	4,24
Bayern	1891–1900	2,98	3,61
Württemberg	1891–1900	3,30	3,48
Baden	1891–1900	2,62	3,35
Österreich	1895–1900	2,64	3,86
Schweiz	1897–1903	3,40	6,14
Frankreich	1891–1895	4,40	7,54
Niederlande	1891–1900	4,38	8,13
Dänemark	1893–1894	2,40	3,20
Schweden	1891–1895	2,46	3,30
Norwegen	1891–1900	2,47	4,06
Finnland	1891–1900	2,54	4,43
Italien	1891–1896	3,89	5,16[2]

Die Überlebenden rächen sich an der Gesellschaft für die ihnen widerfahrene Mißhandlung, indem sie einen *ungewöhnlich großen* Prozentsatz zu den Verbrechern aller Grade stellen.

5. Verbrechen gegen die Sittlichkeit und Geschlechtskrankheiten

Ein anderes Übel, das sich häufig zeigt, muß ebenfalls noch kurz berührt werden. Ein Übermaß geschlechtlicher Genüsse ist weit schädlicher als ein Zuwenig. Auch ein durch Übermaß mißhandelter Organismus geht zugrunde. Impotenz, Unfruchtbarkeit, Rückenmarks-

[1] Schnapper-Arndt, a. a. O., S. 181.

[2] F. Prinzing, Die Ursachen der Totgeburten. Allgemeines Statistisches Archiv 1907. 7. Band, S. 43 bis 44.

leiden, Blödsinn, geistige Schwäche und andere Krankheiten sind die Folge. *Maßhalten* im Geschlechtsverkehr ist ebenso nötig wie im Essen und Trinken und anderen menschlichen Bedürfnissen. Aber Maßhalten erscheint namentlich der im Überfluß lebenden Jugend schwer. Daher die große Zahl „jugendlicher Greise" in den höheren Gesellschaftsschichten. Die Zahl junger und alter Roués ist groß, und sie haben, weil durch Übermaß abgestumpft und übersättigt, ein Bedürfnis nach besonderen Reizungen. Auch abgesehen von jenen, welchen die Liebe zum eigenen Geschlecht (die Homosexualität) angeboren ist, verfallen viele in die Widernatürlichkeiten des griechischen Zeitalters. Die Männerliebe ist viel weiter verbreitet, als sich die meisten von uns träumen lassen; darüber könnten die geheimen Akten mancher Polizeibüros erschreckende Tatsachen veröffentlichen.[1] Aber auch unter den Frauen leben die Widernatürlichkeiten des alten Griechenland in stärkerem Maße wieder auf. Die lesbische Liebe, der Sapphismus, soll unter den verheirateten Frauen in Paris ziemlich verbreitet sein und, nach Taxel, unter den vornehmen Pariser Damen sogar in enormem Maße. In Berlin soll ein Viertel der Prostituierten Tribadie treiben, aber auch in den Kreisen unserer vornehmen Frauenwelt fehlt es nicht an Jüngerinnen der Sappho.

Eine andere unnatürliche Befriedigung des Geschlechtstriebs sind die Notzuchtverbrechen an Kindern, die sich in den letzten Jahrzehnten vervielfacht haben. So wurden in Deutschland wegen Verbrechen und Vergehen wider die Sittlichkeit verurteilt im Jahre 1895: 10 239, 1905: 13 432, 1906: 13 557 Personen. Darunter auf Grund des § 174 (unzüchtige Handlungen mit Kindern) im Jahre 1902: 58, 1907: 72 Personen, und auf Grund des § 176 Absatz 3 (unzüchtige Handlungen mit Personen unter 14 Jahren) im Jahre 1902: 4090, 1906: 4548, 1907: 4397. In Italien belief sich die Zahl der Verbrechen wider die Sittlichkeit 1887 bis 1889 auf 4590, 1903 auf 8461 oder 19,44 und 25,67 auf 100 000 Einwohner. Die gleiche Tatsache ist in Österreich konstatiert worden. „Das starke Emporschnellen der Sittlichkeitsdelikte im Zeitraum 1880 bis 1890" — sagt mit vollem Recht H. Herz — „zeigt, daß die wirtschaftliche Struktur der Gegenwart mit

[1] Seitdem haben die Prozesse Moltke, Lynar, Eulenburg noch ein viel schrecklicheres Bild aufgerollt, als man erwarten konnte. Sie haben bewiesen, wie weit diese Perversität in höheren Gesellschaftskreisen, besonders in den Militär- und Hofkreisen, verbreitet ist.

der Erhöhung der Ledigkeitsziffer und ihrer Bedingtheit durch die Wanderungen im Lande nicht zum geringsten Teile die Ursache der schlechten moralischen Verhältnisse geworden ist."[1]

Die „liberalen Berufe", zu denen wesentlich Angehörige der höheren Klassen gehören, stellen in Deutschland zirka 5,6 Prozent zu den kriminellen Verbrechen, aber zu den Notzuchtverbrechen an Kindern zirka 13 Prozent. Dieser Prozentsatz würde noch höher sein, hätte man in jenen Kreisen nicht reichliche Mittel, das Verbrechen zu verheimlichen. Die schreckenerregenden Enthüllungen, die in den achtziger Jahren des vorigen Jahrhunderts die „Pall Mall Gazette" über den Mißbrauch von Kindern in England brachte, zeigten, was für Zustände auf diesem Gebiet vorhanden sind.

Über die venerischen Krankheiten und ihre Zunahme geben die folgenden Zahlen Aufschluß über die in den Krankenhäusern des Deutschen Reiches zugegangenen Fälle venerischer Krankheiten:

	Tripper	Syphilis		Tripper	Syphilis		Tripper	Syphilis
1877–1879	23344	67750	1886–1888	32275	53664	1895–1897	53587	74092
1880–1882	28700	79220	1889–1891	41381	60793	1898–1901	83374	101225
1883–1885	30038	65980	1892–1894	50541	78093	1902–1904	68350	76678

Wenn wir den durchschnittlichen Jahresbetrag nehmen, so ist er im Zeitraum von 25 Jahren von 7781 (Tripper) und 22583 (Syphilis) auf 22 750 und 25 559 gestiegen. Die Bevölkerungszahl hat nur um 25 Prozent zugenommen, die Zahl der Tripperkranken aber um 182 und die Zahl der Syphilitiker um 19 Prozent!

Wir haben noch eine Statistik, die sich zwar nicht über viele Jahre erstreckt, sondern nur einen einzigen Tag herausgreift und angibt, wie viele Patienten am 30. April 1900 wegen Tripper, Schanker und Syphilis in ärztlicher Behandlung standen. Diese Statistik ist vom preußischen Kultusministerium veranlaßt. Ein Fragebogen war an sämtliche Ärzte Preußens gerichtet. Obwohl von diesen nur 63,5 Prozent geantwortet haben, ergab diese Anfrage, daß am 30. April 1900 in Preußen nahezu 41 000 Geschlechtskranke in ärztlicher Behandlung standen. 11 000 von diesen waren mit frischer Syphilis behaftet. In Berlin allein fanden sich an diesem Tage 11 600 Geschlechtskranke, darunter 3000 frische Syphilitiker. Auf je 100 000 erwachsene Einwohner standen in ärztlicher Behandlung:

[1] Dr. Hugo Herz, Verbrechen und Verbrechertum in Österreich. S. 65. Tübingen 1908.

	Männer	Frauen
In Berlin	1419	457
In 17 Städten mit über 100000 Einwohnern	999	279
In 42 Städten mit 30000 bis 100000 Einwohnern	584	176
In 47 Städten mit unter 30000 Einwohnern	450	169
In den übrigen Städten und Landgemeinden	80	27
In ganz Deutschland	282	92

Im einzelnen sind von den Städten besonders stark belastet die Hafenstädte, die Städte mit Hochschulen, Garnison und Industrie sowie Städte mit Handel und Industrie und Garnison. (Königsberg auf 100 000 2152 Männer und 619 Frauen, Köln 1309 und 402, Frankfurt a. M. 1505 und 399.)

Was Berlin betrifft, so findet Blaschko, „daß in einer Großstadt wie Berlin alljährlich von 1000 jungen Männern zwischen 20 und 30 Jahren fast 200, also beinahe der fünfte Teil, an Tripper erkrankt und etwa 24 an frischer Syphilis. Nun beträgt aber die Zeit, während welcher die männliche Jugend der Gefahr einer geschlechtlichen Infektion ausgesetzt ist, länger als ein Jahr; sie beträgt für manche Bevölkerungsschichten fünf, für manche zehn Jahre und darüber. Ein junger Mann also wird nach fünfjährigem Zölibat einmal einen Tripper erwerben, in zehn Jahren zweimal. Nach vier bis fünf Jahren würde jeder zehnte, nach acht bis zehn jeder fünfte junge Mann Syphilis akquirieren. Oder mit anderen Worten: von den Männern, die über dreißig Jahre alt in die Ehe treten, würde jeder zweimal Tripper gehabt haben und jeder vierte und fünfte syphilitisch sein. Das sind Zahlen, die unter der denkbar vorsichtigsten Berechnung gewonnen sind und die uns Ärzten, denen so manches vor der Welt verschwiegen gehaltene Unglück gebeichtet wird, nicht übertrieben vorkommen."

Die Resultate der Enquete vom 30. April 1900 finden ihre Bestätigung in einer ausführlichen Arbeit über diesen Gegenstand für die preußische Armee, die aus dem Jahre 1907 stammt und von dem Stabsarzt Dr. Schwiening verfaßt worden ist.[1]

Es ergibt sich, daß die einzelnen Armeekorpsbezirke, die sich im großen ganzen – doch nicht immer vollständig – mit den Bezirken der Provinzen decken, alljährlich ungefähr immer dieselbe Quote an venerisch kranken Rekruten liefern. Einige Armeekorps aber zeich-

[1] Siehe Generaloberarzt Professor Dr. Schumburg, Die Geschlechtskrankheiten, ihr Wesen, ihre Verbreitung. Leipzig 1909.

nen sich durch besonders hohe Ziffern aus. So zunächst das dritte, aus Brandenburg sich rekrutierende Korps. Es ist Berlin, dem im wesentlichen die Schuld an den 2 Prozent geschlechtskranken Rekruten beizumessen ist. Im neunten Korps wird Berlin durch Altona (Hamburg), im zwölften durch Dresden und im neunzehnten durch Leipzig ersetzt. Noch genauer geht die Verbreitung der Geschlechtskrankheiten in der Zivilbevölkerung hervor aus Schwienings Berechnung des auf die einzelnen Regierungsbezirke entfallenden Prozentsatzes venerischer Rekruten. Von 1000 Eingestellten waren venerisch krank:

	1903	1904	1905
Berlin	40,9	37,2	45,2
27 Städte mit mehr als 100 000 Einwohnern	14,9	16,7	15,8
26 Städte mit 50 000 bis 100 000 Einwohnern	11,6	9,6	9,5
33 Städte mit 25 000 bis 50 000 Einwohnern	8,2	6,8	9,1
Städte mit weniger als 25 000 Einwohnern und Landgemeinden	4,3	5,0	4,0
Staat	7,6	8,1	7,8

Den ersten Platz nimmt Schöneberg ein mit 58,4 venerisch kranken Rekruten von 1000 Eingestellten. Für außerpreußische Großstädte stellte Hamburg von 1000 Rekruten 29,8, Leipzig 29,4, Dresden 19, Chemnitz 17,8, München 16,4 geschlechtskrank ein.

Nach G. v. Mayr betrug der Jahreszugang an venerischen Krankheiten pro Tausend der durchschnittlichen Kopfstärke für 1903/04 in Preußen 19,6, in Österreich-Ungarn 60,3, in Frankreich 27,1, in Italien 85,2, in England 125, in Belgien 28,3, in Niederlanden 31,4, in Rußland 40,5, in Dänemark 45. Besonders hoch ist der Krankenzugang an venerischen Krankheiten in der Marine: In der deutschen betrug er für 1905/06 an Bord im Ausland 113,6 pro Tausend, in den heimischen Gewässern 58,8, am Lande 57,8 und in der englischen im Jahre 1905 121,55, 1906 121,94.

Wir sehen also, wie infolge unserer sozialen Zustände Laster, Ausschweifungen, Vergehen und Verbrechen aller Art erzeugt werden und zunehmen. Die ganze Gesellschaft kommt in einen Zustand der Unruhe, unter dem die Frauen am meisten leiden.

Die Frauen fühlen dieses immer mehr und suchen Abhilfe. Sie verlangen in erster Linie ökonomische Selbständigkeit und Unabhängigkeit, die Frau soll wie der Mann zu allen Tätigkeiten zugelassen werden, zu denen sich ihre Kräfte und Fähigkeiten eignen; sie verlangen insbesondere auch die Zulassung zu den mit dem Namen der „liberalen Berufe“ bezeichneten Gewerben. Sind diese Bestrebungen berechtigt? Sind sie ausführbar? Helfen sie? Das sind Fragen, deren Beantwortung sich aufdrängt.

Dreizehntes Kapitel

Die Erwerbsstellung der Frau

1. Entwicklung und Verbreitung der Frauenarbeit

Das Streben der Frau nach selbständigem Erwerb und persönlicher Unabhängigkeit wird bis zu einem gewissen Grade von der bürgerlichen Gesellschaft als berechtigt anerkannt, ähnlich wie das Bestreben der Arbeiter nach freier Bewegung. Der Hauptgrund für dieses Entgegenkommen liegt in dem Klasseninteresse der Bourgeoisie. Die Bourgeoisie braucht die volle Freigabe der männlichen und weiblichen Arbeitskräfte, um die Produktion aufs höchste entwickeln zu können. In dem Maße, wie Maschinerie und Technik sich vervollkommnen, der Arbeitsprozeß in immer mehr Einzelverrichtungen sich teilt und geringere technische Ausbildung und Kraft erfordert, andererseits die Konkurrenz der Industriellen untereinander und der Konkurrenzkampf ganzer Produktionsgebiete – Land gegen Land, Erdteil gegen Erdteil – sich steigert, wird die Arbeitskraft der Frau immer mehr gesucht.

Die speziellen Ursachen, die zu dieser stets steigenden Anwendung der Frau in einer stets steigenden Anzahl von Erwerbszweigen führen, sind schon oben ausführlicher dargelegt worden. Die Frau findet neben dem Manne oder an seiner Stelle auch immer häufiger Beschäftigung, weil ihre materiellen Forderungen geringer sind als jene des Mannes. Ein aus ihrer Natur als Geschlechtswesen hervorgehender Umstand zwingt sie, sich billiger anzubieten; sie ist durchschnittlich öfter als der Mann körperlichen Störungen unterworfen, die eine Unterbrechung der Arbeit herbeiführen und bei der Kombination und Organisation der Arbeitskräfte, die in der Großindustrie besteht, leicht Arbeitsunterbrechungen erzeugen. Schwangerschaft und Wochenbett verlängern solche Pausen.[1] Der Unternehmer nutzt diesen Umstand

[1] Nach den vom Fabrikinspektor Schuler angefertigten Listen zahlreicher Krankenkassen bezifferte sich die Zahl der jährlich auf den Kopf entfallenden

aus und findet für die *Unannehmlichkeiten*, die er aus solchen Störungen hat, *einen doppelten Ersatz in der Zahlung erheblich geringerer Löhne*. Auch ist die Frau an den Ort ihres Aufenthaltes oder dessen nächste Umgebung gebunden; sie kann nicht, wie in den meisten Fällen der Mann, ihren Aufenthaltsort wechseln.

Weiter hat die Arbeit, namentlich der verheirateten Frauen – wie aus dem Zitat auf Seite 128 aus Marx' „Kapital" zu ersehen ist –, noch ihren besonderen Anreiz für den Unternehmer. Als Arbeiterin ist die verheiratete Frau „viel aufmerksamer und gelehriger" als die unverheiratete; die Rücksicht auf ihre Kinder nötigt sie zur äußersten Anstrengung ihrer Kräfte, um den notwendigsten Lebensunterhalt zu erwerben, und so läßt sie sich manches bieten, was sich die unverheiratete Frau nicht bieten läßt und erst recht nicht der Arbeiter. Im allgemeinen wagt die Arbeiterin noch selten, sich mit ihren Arbeitsgenossen zur Erlangung besserer Arbeitsbedingungen zu verbinden. Auch das erhöht in den Augen des Unternehmers ihren Wert; oft bildet sie sogar in seinen Händen einen guten Trumpf gegen widerspenstige männliche Arbeiter; sie besitzt ferner größere Geduld, gewandtere Fingerfertigkeit, einen entwickelteren Geschmackssinn, Eigenschaften, die sie für eine Menge Arbeiten geschickter machen als den Mann.

Diese weiblichen Tugenden weiß der tugendhafte Kapitalist voll zu würdigen, und so findet die Frau mit der Entwicklung unserer Industrie von Jahr zu Jahr ein immer größeres Anwendungsgebiet, aber – und das ist das Entscheidende – *ohne ihre soziale Lage merkbar zu verbessern*. Wird weibliche Arbeitskraft angewandt, so setzt sie häufig männliche Arbeitskraft frei. Aber die verdrängte männliche Arbeitskraft will leben, sie bietet sich zu einem geringeren Lohne an, und dieses Angebot drückt wieder auf die Löhne der Arbeiterin. Das Herabdrücken des Lohnes wird zu einer Schraube, die durch die stets in der Umwälzung begriffene Technik des Arbeitsprozesses in Bewegung gesetzt wird, namentlich da dieser Umwälzungsprozeß auch *weibliche* Arbeiter durch Ersparnis von Arbeitskräften freisetzt, was abermals

Krankheitstage für die weiblichen Krankenkassenmitglieder auf 7,17, für die männlichen nur auf 4,78. Die Dauer der einzelnen Erkrankungen betrug bei den weiblichen Mitgliedern 24,8, bei den männlichen 21,2 Tage. O. Schwarz, Die Folgen der Beschäftigung verheirateter Frauen in Fabriken vom Standpunkt der öffentlichen Gesundheitspflege. Deutsche Vierteljahrshefte für öffentliche Gesundheitspflege 1903. 35. Band, S. 424.

das Angebot von „Händen“ vermehrt. Neu auftauchende Industriezweige wirken dieser beständigen Erzeugung von relativ überschüssiger Arbeitskraft einigermaßen entgegen, aber nicht stark genug, um dauernd bessere Arbeitsbedingungen zu erzielen. Wird doch in diesen Industrien, wie zum Beispiel in der elektrotechnischen, die männliche Arbeitskraft von der weiblichen verdrängt. So werden in der gesamten Kleinmotorenfabrik der Allgemeinen Elektrizitätsgesellschaft die meisten Arbeitsmaschinen von Mädchen bedient. Jedes Steigen des Lohnes über ein gewisses Maß veranlaßt den Unternehmer, auf weitere Verbesserung seiner Maschinen zu sehen, die willenlose, automatische Maschine an Stelle von menschlichen Händen und menschlichem Hirn zu setzen. Im Beginn der kapitalistischen Produktion steht auf dem Arbeitsmarkt der männliche Arbeiter fast nur dem männlichen Arbeiter gegenüber, jetzt wird Geschlecht gegen Geschlecht und in der Reihe weiter Alter gegen Alter ausgespielt. Die Frau verdrängt den Mann, und die Frau wird wieder durch die Arbeit der jungen Leute und der Kinder verdrängt. Das ist die „sittliche Ordnung“ in der modernen Industrie.

Dieser Zustand würde schließlich unerträglich, wirkte nicht die Macht der Organisation der Arbeiter in ihren Gewerkschaften demselben mit aller Macht entgegen. Diesen Organisationen sich anzuschließen ist auch speziell für die Arbeiterin ein Gebot der Notwendigkeit, weil sie als einzelne noch weit weniger widerstandsfähig gegenüber dem Unternehmer ist als der Arbeiter. Allmählich begreifen das auch die Arbeiterinnen. So waren den freien Gewerkschaften angeschlossen in Deutschland 1892: 4355, 1899: 19 280, 1900: 22 884, 1905: 74 411, 1907: 136 929, 1908: 138 443.[1] Im Jahre 1892 waren es nur 1,8 Prozent aller Mitglieder der Gewerkschaften, im Jahre 1908 7,6 Prozent. Nach dem fünften internationalen Bericht über die Gewerkschaftsbewegung betrug die Zahl der weiblichen Mitglieder in Großbritannien 201 709, Frankreich 88 906, Österreich 46 401.

Das Bestreben der Unternehmer, den Arbeitstag zu verlängern, um größeren Mehrwert aus ihren Arbeitern zu pumpen, wird durch die geringere Widerstandskraft der Arbeiterinnen erleichtert. Daher die Erscheinung, daß zum Beispiel in der Textilindustrie, in der die Frauen weit über die Hälfte der Gesamtzahl der Arbeitskräfte stellen,

[1] In allen deutschen Gewerkschaften 168 111.

Die Erwerbstätigen unter der Bevölkerung

Staaten	Zählungsjahr	Gesamtbevölkerung männlich	Gesamtbevölkerung weiblich	Gesamtbevölkerung überhaupt	Erwerbstätige männlich	Erwerbstätige weiblich	Erwerbstätige überhaupt	Erwerbstätige in Prozent der männlichen Bevölkerung	Erwerbstätige in Prozent der weiblichen Bevölkerung	Erwerbstätige in Prozent der Gesamtbevölkerung
Deutsches Reich	1907	30 461 100	31 259 429	61 720 529	18 599 236	9 492 881	28 092 117	61,1	30,4	45,5
Österreich	1900	12 852 693	13 298 015	26 150 708	8 257 294	5 850 158	14 107 452	64,2	44,0	53,9
Ungarn	1900	9 582 152	9 672 407	19 254 559	6 162 298	2 668 697	8 830 995	64,3	27,6	45,9
Rußland	1897	62 477 348	63 162 673	125 640 021	25 995 237	5 276 112	31 271 349[1]	41,6	8,4	24,9
Italien	1901	16 155 130	16 320 123	32 475 253	10 988 462	5 284 064	16 272 526	68,0	32,4	50,1
Schweiz	1900	1 627 025	1 688 418	3 315 443	1 057 817	498 760	1 556 577	65,0	29,5	46,9
Frankreich	1901	18 916 889	19 533 899	38 450 788	12 910 565	6 804 510	19 715 075	68,2	34,8	51,3
Belgien	1900	3 324 834	3 368 714	6 693 548	2 123 072	948 229	3 071 301	63,8	28,1	45,9
Niederlande	1899	2 520 603	2 583 535	5 104 138	1 497 159	433 548	1 930 707	59,4	16,8	37,8
Dänemark	1901	1 193 448	1 256 092	2 449 540	752 559	353 980	1 106 539	63,1	28,2	45,2
Schweden	1900	2 506 436	2 630 005	5 136 441	1 422 979	551 021	1 974 000	56,8	21,0	38,4
Norwegen	1900	1 066 693	1 154 784	2 221 477	599 057	277 613	876 670	56,1	24,0	39,5
England und Wales	1901	15 728 613	16 799 230	32 527 843	10 156 976	4 171 751	14 328 727	64,6	24,8	44,1
Schottland	1901	2 173 755	2 298 348	4 472 103	1 391 188	591 624	1 982 812	64,0	25,8	44,3
Irland	1901	2 200 040	2 258 735	4 458 775	1 413 943	549 874	1 963 817	64,3	24,3	44,0
Großbritannien und Irland	1901	20 102 408	21 356 313	41 458 721	12 962 107	5 313 249	18 275 356	64,5	24,9	44,1
Ver. St. v. Amerika[2]	1900	39 059 242	37 244 145	76 303 387	23 956 115	5 329 807	29 285 922	61,3	14,3	38,4

[1] Ausschließlich der unselbständigen erwerbstätigen Angehörigen.

[2] Diese Zahlen enthalten 91 219 Personen des Heeres und der Marine, die am Tage der Zählung außerhalb des Landes waren.

überall die Arbeitszeit am *längsten* ist, weshalb auch gerade hier der staatliche Schutz durch gesetzliche Beschränkung der Arbeitszeit einsetzen mußte. Durch die häusliche Tätigkeit daran gewöhnt, daß es für sie kein Zeitmaß für die Arbeit gibt, läßt sie die gesteigerten Anforderungen über sich ergehen, ohne Widerstand zu leisten.

In anderen Erwerbszweigen, wie der Putzmacherei, der Blumenfabrikation usw.[1], verderben sie sich Löhne und Arbeitszeit dadurch, daß sie Extraarbeiten mit nach Hause nehmen und nicht beachten, daß sie dadurch nur sich selbst Konkurrenz machen und bei sechzehnstündiger Arbeitszeit nicht mehr verdienen, als sie bei geregelter zehnstündiger Arbeitszeit verdienen würden.

Welche Bedeutung die gewerbliche Beschäftigung des weiblichen Geschlechts in den verschiedenen Kulturstaaten erlangt hat, darüber gibt die Tabelle auf S. 246 Aufschluß, sowohl in bezug auf die Erwerbstätigen nach dem Geschlecht als auch im Verhältnis zur Bevölkerung.[2]

Dieselbe Tabelle zeigt ferner, daß die Zahl der erwerbstätigen Frauen in allen Kulturstaaten einen sehr erheblichen Prozentsatz von der Gesamtbevölkerung in Anspruch nimmt. In Österreich, Frankreich und Italien am meisten – vermutlich liegt dieses, insbesondere für Österreich und Italien, an der Art der Zählung, insofern nicht nur die in einem Hauptberuf beschäftigten, sondern auch die im Nebenberuf beschäftigten weiblichen Personen gezählt wurden –, in den Vereinigten Staaten am geringsten. Wichtig ist aber auch ein Vergleich über das Wachstum der erwerbstätigen Bevölkerung zu früheren Perioden. Nehmen wir zuerst Deutschland.

Zählungsjahr	Gesamtbevölkerung		Erwerbstätige		Erwerbstätige in Prozent der		Von 100 Erwerbstätigen waren	
	männlich	weiblich	männlich	weiblich	männlichen Bevölkerung	weiblichen Bevölkerung	weiblich	männlich
1882	22150749	23071364	13415415	5541517	60,57	24,02	71,24	28,76
1895	25409161	26361123	15531841	6578350	61,13	24,96	70,25	29,75
1907	30461100	31259429	18599236	9492881	61,06	30,37	66,21	33,79

1 „Ganz besonders in den Konfektionsbetrieben. Aber auch in anderen Fabriken. So in den Sonneberger Spielwarenfabriken, in Wäschefabriken, Zigarettenfabriken, Schuhfabriken, Papierwarenfabriken." R. Wilbrandt, Arbeiterinnenschutz und Heimarbeit. S. 84. Jena 1906.

2 Handwörterbuch der Staatswissenschaften. 2. Band, S. 832. 3. Auflage. F. Zahn, Beruf und Berufsstatistik.

Die Tabelle ergibt, daß der Kreis der Erwerbstätigen weit über die Bevölkerungszunahme hinausgeht, daß das Zuströmen weiblicher Arbeitskräfte zur Erwerbsarbeit diesen Steigerungsgrad noch mehr überflügelt, daß die Zahl der männlichen erwerbstätigen Bevölkerung relativ stationär bleibt, indem die weibliche erwerbstätige Bevölkerung relativ und absolut wächst, daß die Frauenarbeit je weiter, desto mehr die männliche Arbeit verdrängt.

Die Zahl der Erwerbstätigen ist von 1882 bis 1895 um 16,6 Prozent und von 1895 bis 1907 um 19,34 Prozent gestiegen, und zwar die der erwerbstätigen Männer um 15,8 resp. 19,35 Prozent, die der erwerbstätigen Frauen aber um 18,7 Prozent von 1882 bis 1895 und um 44,44 Prozent von 1895 bis 1907! Da die Steigerung der Bevölkerung von 1882 bis 1895 nur 19,8 und von 1895 bis 1907 nur 19,34 Prozent betrug, so ist die Zahl der erwerbstätigen Personen überhaupt gewachsen, aber indem das Wachstum der Zahl der erwerbstätigen Männer relativ Schritt hielt mit dem Wachstum der Gesamtbevölkerung, ist die Zahl der weiblichen am stärksten gewachsen, was dafür spricht, daß der Kampf ums Dasein größere Anstrengungen als früher erfordert.

Seit 1882 bis 1895 und seit 1895 bis 1907 nahmen in Deutschland in der Gesamtbevölkerung zu (+) beziehungsweise ab (–):

	Seit 1882 bis 1895	Seit 1895 bis 1907
Die weiblichen Erwerbstätigen	+ 1 005 290 = 23,60 Prozent	+ 2 979 105 = 56,59 Prozent
Die männlichen Erwerbstätigen	+ 2 133 577 = 15,95 Prozent	+ 3 077 382 = 19,85 Prozent
Die weiblichen Dienenden	+ 31 543 = 2,46 Prozent	– 64 574 = 4,91 Prozent
Die männlichen Dienenden	– 17 151 = 40,35 Prozent	– 9 987 = 39,38 Prozent

Es kamen erwerbstätige Personen auf:

	1882		1895		1907	
	weibl.	männl.	weibl.	männl.	weibl.	männl.
Land- und Forstwirtschaft	2 534 909	5 701 587	2 753 154	5 539 538	4 598 986	5 284 271
Industrie und Bergbau	1 126 976	5 269 489	1 521 118	6 760 102	2 103 924	9 152 330
Handel und Verkehr	298 110	1 272 208	579 608	1 758 903	931 373	2 546 253
Lohnarbeit wechselnder Art	183 836	213 746	233 865	198 626	320 904	150 791
Öffentliche Dienste und freie Berufe	115 272	373 593	176 648	618 335	288 311	799 025
Armee und Marine	–	542 282	–	630 978	–	651 149

Es vermehrten beziehungsweise verminderten sich die erwerbstätigen Personen in der

	Seit 1882 bis 1895				Seit 1895 bis 1907			
	weibliche	Prozent	männliche	Prozent	weibliche	Prozent	männliche	Prozent
Land- und Forstwirtschaft	+ 218 245	8,60	+ 162 049	2,80	+ 1 845 832	67,04	− 255 267	4,61
Industrie und Bergbau	+ 394 142	35,00	+ 1 490 613	28,30	+ 582 806	38,31	+ 2 392 228	35,39
Handel u. Verkehr	+ 281 498	98,40	+ 486 695	38,30	+ 351 765	60,69	+ 787 350	44,76
Lohnarbeit wechselnder Art	+ 50 029	27,20	− 15 120	7,10	+ 87 039	37,22	− 47 835	24,08
Öffentl. Dienste u. freie Berufe	+ 61 376	53,25	+ 154 285	33,25	+ 111 663	−	+ 180 690	−
Armee und Marine	−	−	+ 179 153	39,65	−	−	+ 20 216	−
Im ganzen	+ 1 005 290	23,60	+ 2 133 577	15,90	+ 2 979 105	−	+ 3 077 382	−

Unter den erwerbstätigen Personen waren

	1895				1907			
	weiblich	Prozent	männlich	Prozent	weiblich	Prozent	männlich	Prozent
Selbständige	1 069 007	22,1	4 405 039	31,3	1 052 165	−	4 438 123	−
Angestellte	39 418	0,81	582 407	4,1	159 889	−	1 130 839	−
Arbeiter usw. (Dienende ausgeschlossen)	3 745 455	77,09	9 071 097	64,6	6 422 229	−	11 413 892	−
	4 853 880	= 100,00	14 058 543	= 100,00	7 634 283	= 100,00	16 982 854	= 100,00

Von den *selbständigen* Frauen kamen 1907 gegen 1895 auf

	1907	1895
Industrie (Hausindustrie)	477 290	519 492 — 42 202 = 8,10 Prozent
Handel und Verkehr	246 641	202 616 + 44 025 = 21,77 Prozent
Landwirtschaft	328 237	346 896 — 18 659 = 9,04 Prozent

Am stärksten waren die weiblichen Personen vertreten in der

	1907	1895
Landwirtschaft	4 585 749	2 745 840
Bekleidung und Reinigung	883 184	713 021
Handelsgewerbe	545 177	299 829
Textilindustrie	528 235	427 961
Gast- und Schankwirtschaft	339 555	261 450
Nahrungs- und Genußmittelgewerbe	248 962	140 333
Metallverarbeitung	73 039	36 210
Industrie der Steine und Erden	72 270	39 555
Papierindustrie	67 322	39 222
Industrie der Holz- und Schnitzstoffe	48 028	30 346

Erwerbszweige, in welchen die weiblichen Arbeiter in Deutschland an Zahl die männlichen erheblich übertreffen, sind hauptsächlich folgende:

	weiblich	männlich
Landwirtschaft	4217132	2737768
Textilindustrie	466210	390312
Bekleidungsgewerbe	403879	303264
Reinigungsgewerbe	85684	58035
Gast- und Schankwirtschaft	266930	139002
Häusliche Dienste	279208	36791
Gesundheitspflege und Krankenwartung	129197	78520

Diese Zahlen geben ein klares Bild von dem Stande der Dinge in Deutschland. Obwohl der Kreis der Erwerbstätigen weit über die Bevölkerungszunahme hinausgeht, hat das Zuströmen weiblicher Arbeitskräfte zur Erwerbsarbeit diesen Steigerungsgrad noch mehr überflügelt. Die Beschäftigung der Frauen ist auf allen Gebieten im raschen Vordringen begriffen. Während die Zahl der männlichen erwerbstätigen Bevölkerung relativ stationär bleibt, wächst die weibliche erwerbstätige Bevölkerung relativ und absolut. Noch mehr. Die Zunahme des weiblichen Geschlechts bei den Erwerbstätigen trägt den Hauptanteil an der Steigerung des Anteils der Erwerbenden an der Gesamtbevölkerung. Der Anteil der weiblichen Angehörigen an der weiblichen Volkszahl sank von 70,81 Prozent in 1895 auf 63,90 Prozent in 1907 herab. Die Frauenarbeit hat somit einen solchen Umfang, eine solche Bedeutung gewonnen, die die ganze lächerliche Hohlheit des Philistersprüchleins erweisen: Die Frau gehört ins Haus.

In England wurden industriell beschäftigt:

	Insgesamt	männliche	weibliche	Von 100 Erwerbstätigen	
				männliche	weibliche
1871	11593466	8270186	3323280	–	–
1881	11187564	7783646	3403918	69,59	30,41
1891	12751995	8883254	4016230	68,09	31,91
1901	14328727	10156976	4171751	70,09	29,91

Innerhalb 30 Jahren stieg also die Zahl der beschäftigten männlichen Personen um 1 886 790 Köpfe = 22,8 Prozent, die Zahl der weiblichen um 848 471 = 25,5 Prozent. Besonders bemerkenswert ist in der Tabelle, daß, obgleich im Jahre 1881, das ein Krisenjahr war, die Zahl der beschäftigten männlichen Personen im Vergleich zu 1871 um 486 540 Köpfe abnahm, die Zahl der weiblichen um 80 638 zunahm. Die relative Abnahme der weiblichen Arbeitskräfte im Jahre 1901 ist nur scheinbar, weil die Zahl für die Landwirtschaft nicht ver-

gleichbar ist mit der entsprechenden Zahl in 1891, da die Mehrzahl der Frauen und Töchter der Pächter jetzt in der Gruppe der Berufslosen figurieren. Außerdem haben in den letzten zwanzig Jahren diejenigen Industrien besonders stark zugenommen, in welchen die männliche Arbeitskraft vorherrschend ist, dagegen ist die Textilindustrie relativ und von 1891 an auch absolut zurückgegangen:

	1881	1901	Zunahme Prozent	darunter weibliche
Industrie der Steine und Erden	528 474	805 185	53	5 006
Metallverarbeitung und Maschinenindustrie	812 915	1 228 504	52	61 233
Baugewerbe	764 911	1 128 680	47	2 485
Textilindustrie	1 094 636	1 155 397	5	663 222

Trotzdem hat die Frauenarbeit wieder auf Kosten der männlichen Arbeitskraft zugenommen. Nur die Vermehrungsquote der Frauenarbeit, die von 1851 bis 1861 noch 12,6 Prozent und von 1871 bis 1881 7,6 Prozent betrug, hat sich von 1891 bis 1901 auf 1,8 Prozent vermindert. Im Jahre 1907 wurden in der Textilindustrie gezählt: 407 360 Arbeiter = 36,6 Prozent und 679 863 Arbeiterinnen = 63,4 Prozent.

Dagegen hat die Frauenarbeit in der Konfektionsindustrie und in dem Handelsgewerbe viel stärker zugenommen. Im weiteren zeigte sich aber auch, daß die jüngeren weiblichen Arbeitskräfte die älteren verdrängen. Und da die Frauen unter 25 Jahren meist unverheiratet, die älteren aber meist verheiratet beziehungsweise verwitwet sind, treten an Stelle von verheirateten oder verwitweten Frauen Mädchen.

Erwerbszweige, in welchen die weiblichen Arbeiter Englands an Zahl die männlichen erheblich übertrafen, waren hauptsächlich folgende:

	weiblich	männlich
Häusliche Dienste	1 690 686	124 263
Konfektionsindustrie	711 786	414 637
Textilindustrie	663 222	492 175
darunter Baumwollindustrie	328 793	193 830
,, Woll- und Garnindustrie	153 311	106 598
,, Hanf, Jute	104 587	45 732
,, Seidenindustrie	22 589	8 966
,, Stickerei	28 962	8 587

Die Bezahlung der Frauen ist in fast allen Branchen erheblich niedriger als jene der Männer *bei gleicher Arbeitszeit*. In der Textilindustrie betrug nach der neuesten Enquete der Durchschnittswochenverdienst 1906 für Männer 28 Shilling 1 Penny (28,55 Mark) und für die Frauen nur 15 Shilling 5 Pence (15,66 Mark).[1] In der Fahrradindustrie, wo in der letzten Zeit, infolge Einführung des maschinellen Betriebs, die Frauenarbeit sich rasch entwickelt, bekommen die Frauen pro Woche nur 12 bis 18 Shilling, wo die Männer 30 bis 40 Shilling verdienten.[2] Dieselbe Erscheinung begegnet uns in der Papierindustrie, in der Buchbinderei und in der Schuhwarenindustrie. Besonders schlecht wird bezahlt die Frauenarbeit in der Wäschekonfektion 10 Shilling pro Woche ist schon ein guter Verdienst. „Im allgemeinen verdient eine Frau ein Drittel oder die Hälfte des Wochenlohnes eines Mannes."[3]

Ähnliche Unterschiede in der Bezahlung bestehen zwischen Männern und Frauen im Postdienst, im Lehrfach. Nur in der Baumwollindustrie in Lancashire verdienten beide Geschlechter bei gleicher Arbeitszeit fast die gleichen Löhne.

In den Vereinigten Staaten entwickelte sich die Frauenarbeit folgendermaßen:

	1880	%	1890	%	1900	%
Landwirtschaft	594 510		678 884		977 336	
Freie Berufe	177 255		311 687		430 597	
Häusliche und persönliche Dienste	1 181 300		1 667 651		2 095 449	
Handel und Transport	63 058		228 421		503 347	
Fabriken	631 034		1 027 928		1 312 668	
Total Frauen	2 647 157	14,7	3 914 571	17,4	5 319 397	18,8
„ Männer	14 774 942	85,3	18 821 090	82,6	23 753 836	81,2
	17 422 099	100	22 735 661	100	29 073 233	100

Wir sehen hier, daß die Zahl der erwerbstätigen Frauen von 3 914 571 im Jahre 1890 auf 5 319 397 im Jahre 1900 gestiegen ist, also bedeutend schneller als die Gesamtbevölkerung, die sich von 1890 mit

[1] Textile Trades in 1906. London 1909.

[2] E. Cadbury, C. Matheson und G. Shann, Women's work and wages. S. 121. London 1906.

[3] E. Cadbury und G. Shann, Sweating. S. 76. London 1907.

62 622 250 bis 1900 mit 76 303 387 Köpfen nur um 21 Prozent vermehrt hat. Ebenso unaufhaltsam fällt relativ die Zahl der beschäftigten Männer, die von Frauen verdrängt werden. So kommen jetzt von 100 Erwerbstätigen auf Frauen 18,8, dagegen im Jahre 1880 nicht mehr als 14,7 Prozent.

Es gibt fast keinen Beruf, außer 9 (aus 312), in dem die Frauen nicht beschäftigt wären. Nach dem Zensus von 1900 gibt es unter ihnen sogar 5 Lotsen, 45 Lokomotivführer und Heizer, 185 Schmiede, 508 Maschinisten, 11 Bohrer, 8 Kesselschmiede. „Diese Zahlen haben selbstverständlich keine große soziologische Bedeutung. Sie beweisen nur, daß es sehr wenig Berufe gibt, von denen die Frauen absolut ausgeschlossen sind, sei es infolge ihrer Naturbeschaffenheit oder aus Rücksichten auf das Gesetz."[1]

Besonders stark sind die Frauen vertreten in folgenden Berufen: Dienstmädchen und Kellnerinnen 1 213 828, Frauenkleiderfabrikation 338 144, Landarbeiterinnen 497 886, Wäscherinnen 332 665, Lehrerinnen 327 905, Farmbesitzerinnen 307 788, Textilarbeiterinnen 231 458, Haushälterinnen 147 103, Verkäuferinnen 146 265, Näherinnen 138 724, Krankenwärterinnen und Hebammen 108 691, Unqualifizierte 106 916. In diesen zwölf Berufen sind gezählt 3 583 333 = 74,1 Prozent aller erwerbstätigen Frauen. Außerdem gibt es noch 85 086 Stenographinnen, 82 936 Hutarbeiterinnen, 81 000 Handlungsgehilfinnen, 72 896 Buchhalterinnen usw., zusammen in 19 Berufen mit mehr als 50 000 Frauen 4 293 894 = 88,8 Prozent aller erwerbstätigen Frauen.

Eine vorherrschende Stellung nehmen die Frauen in folgenden Berufen ein. Von 100 Erwerbstätigen kommen auf:

	Frauen	Männer
Wäschekonfektion	99,4	0,6
Putzmacherei	98	2
Näher und Näherinnen	96,8	3,2
Kragenfabrikation	77,6	22,4
Wirkerei	72,8	27,2
Handschuhmacher	62,6	37,4
Buchbinderei	50,5	49,5
Textilfabrikarbeiter	50	50
Haushalter	94,7	5,3
Krankendienst	89,9	10,1

[1] Statistics of women at work. S. 31. Washington 1908.

	Frauen	Männer
Waschanstalten	86,8	13,2
Dienstpersonal	81,9	18,1
Zimmervermieter	83,4	16,6
Stenographen	76,7	23,3
Lehrer und Lehrerinnen	73,4	26,6
Musiklehrer und Musiklehrerinnen	56,9	43,1

Von 4 833 630 erwerbstätigen Frauen, die im Alter von 16 und mehr Jahren standen, waren 3 143 712 ledig, 769 477 verheiratet, 857 005 verwitwet, 63 436 geschieden.

„Die Zunahme im Prozentverhältnis der Erwerbstätigen", sagt der amerikanische Bericht, „war am stärksten für die verheirateten Frauen, da dieses Prozentverhältnis 1900 um ein Viertel größer war als 1890. 1890 war nur eine Frau auf 22 erwerbstätig, 1900 eine auf 18."

Sehr groß ist, relativ und absolut, die Zahl der verwitweten und geschiedenen Frauen. Von 2 721 438 verwitweten Frauen waren 1900 erwerbstätig 857 005 = 31,5 Prozent, und noch größer war das Verhältnis in der Gruppe der geschiedenen Frauen. Von 114 935 waren erwerbstätig im Jahre 1900 55,3 Prozent, 1890 49 Prozent. So werden mit jedem Jahre mehr und mehr Frauen auf sich gestellt.

Von 303 Berufen, in denen die Frauen beschäftigt sind, gibt es:

79	mit weniger als	100 Frauen
59	mit weniger als 100 bis	500 Frauen
31	mit weniger als 500 bis	1000 Frauen
125	mit mehr als	1000 Frauen
63	mit mehr als	5000 Frauen

Von 100 beschäftigten Personen im Alter von 16 Jahren und mehr bekommen:

	Männer	%	Frauen	%
	Weniger als 7 Doll.	18	Weniger als 7 Doll.	66,3
	7 bis 9 Doll.	15,4	7 bis 9 Doll.	19,6
	9 bis 20 Doll.	60,6	9 bis 15 Doll.	13,2
	20 bis 25 Doll.	4,8	15 bis 20 Doll.	0,8
	Mehr als 25 Doll.	2	20 bis 25 Doll.	0,1
Durchschnittswochenlohn	11,16 Doll.		6,17 Doll.	

Wir sehen, daß 60,6 Prozent aller Männer mehr als 9 Dollar bekommen, dagegen nur 14,1 Prozent der Arbeiterinnen mehr als 9 und mehr als zwei Drittel (66,3 Prozent) weniger als 7 Dollar.[1] Der Durchschnittswochenlohn beträgt für Männer 11,16 Dollar, für Frauen 6,17, also beinahe zweimal weniger.

Der Unterschied ist ebenso groß in der Beamtenwelt. Von 185 874 Zivilbeamten wurden gezählt: 172 053 männliche = 92,6 Prozent und 13 821 weibliche = 7,4 Prozent. In Kolumbia, wo der Sitz der Zentralverwaltung sich befindet, steigt das Prozentverhältnis der Frauenarbeit bis 29 Prozent. Und doch bekommen weniger als 720 Dollar 47,2 Prozent aller Frauen, dagegen nur 16,7 Prozent der Männer.[2]

In Frankreich betrug nach dem Zensus von 1901 die erwerbstätige Bevölkerung 19 715 075, darunter 12 910 565 Männer und 6 804 510 Frauen. Auf einzelne Berufe verteilen sie sich wie folgt:

	männliche	Prozent	weibliche	Prozent
Landwirtschaft	5 517 617	72	2 658 952	28
Handel	1 132 621	65	689 999	35
Häusliche Dienste	223 861	23	791 176	77
Freie Berufe	226 561	67	173 278	33
Industrie	3 695 213	63,5	2 124 642	36,5

„Die weibliche Arbeiterbevölkerung beträgt also die Hälfte der männlichen Arbeiterbevölkerung.“[3]

So, wie in allen anderen Ländern, ist das Prozentverhältnis am kleinsten in allen Berufen, die eine große physische Kraft fordern. (Im Bergbau 2,03 Frauen auf 100 Männer, in Steinbrüchen 1,65, in der Metallurgie 1,06.) Dahingegen ist der Anteil der Frauen am stärksten in der Textilindustrie – 116 Frauen auf 100 Männer, in der Konfektionsindustrie, in den Wäscheanstalten 1247, in der Wäschekonfektion 3286.[4]

Im allgemeinen, wie es Frau C. Milhaud konstatiert, ist der Zustrom der Frauen am stärksten in jenen Industrien, wo die Arbeitszeit extra lang ist und der Lohn am niedrigsten. „Eine traurige Tatsache: Währenddem die Industrien mit kurzer Arbeitszeit nur einige tausend Frauen beschäftigen, sind in den Gewerben mit langer Arbeitszeit Hunderttausende beschäftigt.“[5]

[1] Earnings of wage-earners. Bulletin 93, S. 11. Washington 1908.

[2] Executive civil service of the United States. Washington 1908.

[3] C. Milhaud, L'ouvrière en France. S. 4 bis 5. Paris 1907.

[4] E. Levasseur, Questions ouvrières et industrielles en France sous la troisième république. S. 275 bis 276. Paris 1907.

[5] C. Milhaud, a. a. O., S. 522.

Was den Arbeitslohn betrifft, so sagt der bürgerliche E. Levasseur, daß fast in allen Fällen der Arbeitslohn der Frauen nur sehr selten bis zu zwei Dritteln des Lohnes der männlichen Arbeiter steigt und viel öfter die Hälfte beträgt.[1]

2. *Die Fabrikarbeit der verheirateten Frauen Hausindustrie und gesundheitsgefährliche Industrien*

Es ist ein sehr hoher Prozentsatz, den die verheirateten Arbeiterinnen unter den Arbeiterinnen überhaupt bilden, ein für das Familienleben der Arbeiter sehr bedenklicher Zustand, und die Zahl der beschäftigten verheirateten Frauen wird stetig größer. Die deutschen Gewerbeinspektoren hatten für das Jahr 1899 den Auftrag, über die Dauer der Arbeit und die Gründe, die verheiratete Frauen zur gewerblichen Arbeit veranlassen, Erhebungen zu veranstalten.[2]

Hiernach sind insgesamt 229 334 Frauen als in Fabriken tätig ermittelt worden. Außerdem wurden im Betrieb von Bergwerken nach den Berichten der preußischen Bergbehörden 1063 Frauen über Tage beschäftigt. In Baden stieg in den der Gewerbeinspektion unterstellten Betrieben die Zahl der verheirateten Arbeiterinnen im Zeitraum von 1894 bis 1899 von 10 878 =27,05 Prozent auf 15 046= 31,27 Prozent sämtlicher erwachsener Arbeiterinnen.

In welchem Umfang die Hauptindustriezweige an der ermittelten Summe von 229 334 beteiligt sind, geht aus der folgenden Zusammenstellung hervor:

Textilindustrie	111 194
Industrie der Nahrungs- und Genußmittel	39 080
Industrie der Steine und Erden	19 475
Bekleidungs- und Reinigungsgewerbe	13 156
Papierindustrie	11 049
Metallverarbeitung	10 739
Industrie der Holz- und Schnitzstoffe	5 635
Polygraphische Gewerbe	4 770

[1] E. Levasseur, a. a. O., S. 537.

[2] Die Beschäftigung verheirateter Frauen in Fabriken. Nach den Jahresberichten der Gewerbeaufsichtsbeamten für das Jahr 1899 bearbeitet im Reichsamt des Innern. S. 18, 21, 23, 49, 53, 62, 63. Berlin 1901.

Maschinenindustrie	4493
Chemische Industrie	4380
Andere	5363
Zusammen	229334

Nächst der Textilindustrie wird die starke Beteiligung der Industrie der Nahrungs- und Genußmittel hervorgehoben, in welcher vor allem die Zigarren- und Tabakfabrikation zahlreichen Frauen Beschäftigung gibt. Dann folgen die Papierindustrie, insbesondere die Lumpensortieranstalten, und Ziegeleien. „Die Frauen werden vorwiegend in anstrengenden Berufen (Steinbrüchen, Ziegeleien, Färbereien, chemischen Fabriken, Zuckerfabriken usw.) mit schwerer, oft unsauberer Arbeit beschäftigt, während sich die jüngeren Arbeiterinnen unter 21 Jahren in Porzellanfabriken, Spinnereien, Webereien, Papierfabriken, Zigarrenfabriken und im Bekleidungsgewerbe finden. Für die schlechteste, von anderen gemiedene Arbeit sind nur die älteren Arbeiterinnen und besonders verheiratete zu haben."[1]

Unter den vielen Äußerungen über die Gründe und Ursachen der Verbreitung der Arbeit der verheirateten beziehungsweise geschiedenen und verwitweten Frauen seien einige wenige erwähnt. Im Bezirk Potsdam wurde als Grund für die Fabrikbeschäftigung von den Frauen sehr häufig die Unzulänglichkeit des Verdienstes des Mannes angegeben. In Berlin behaupteten nach dem Bericht zweier Inspektoren 53,62 Prozent der mitverdienenden Frauen, daß der Verdienst der Ernährer unzulänglich sei. Ganz ähnlich äußern sich die Aufsichtsbeamten der Bezirke Westpreußen, Frankfurt a. O., Mittelfranken, Württemberg II, Unterelsaß usw. Der Magdeburger Beamte gibt denselben Grund für die Mehrzahl der beschäftigten Frauen an; andere müßten aber auch arbeiten, weil der Mann für sich zuviel verbrauche oder liederlich sei. Andere Frauen arbeiteten wieder aus Gewohnheit und weil sie für den Beruf der Frau nicht erzogen seien. Zugegeben, daß für einen kleinen Teil der Fälle solche Gründe gelten, die große Mehrzahl arbeitet, weil sie muß. Das hat auch die Gewerkschaft der Holzarbeiter in Stuttgart konstatiert anläßlich einer

[1] „In den Gegenden, wo die Webfabriken konzentriert sind, steigt der Prozentsatz der verheirateten unter den Fabrikarbeiterinnen weit über die durchschnittlichen 26 Prozent, zum Beispiel in Sachsen-Altenburg auf 56 Prozent, in Reuß auf 58 Prozent." R. Wilbrandt, Die Weber in der Gegenwart. S. 143. Jena 1906.

Enquete im Jahre 1900. Der Beamte für Unterelsaß konstatiert, daß der Hauptgrund für die Ehefrauenarbeit in der modernen Kultur, den Verkehrsmitteln und dem durch den unbeschränkten Wettbetrieb geschaffenen Verlangen der Industrie *nach billigen Arbeitskräften* zu suchen sei. Auch werde die verheiratete Frau gern beschäftigt, weil bei ihr *eine größere Zuverlässigkeit und Stetigkeit im Arbeitsverhältnis vorhanden sei.* Der badische Fabrikinspektor (Dr. Wörishoffer) sagt:

„Vor allem aber sind es die niedrigen Löhne der Arbeiterinnen, die ihre Verwendung den Arbeitgebern überall erwünscht scheinen lassen, wo sie stattfinden kann. Genügender Beweis hierfür ist, daß die Löhne in den Industriezweigen am niedrigsten sind, in denen Arbeiterinnen in größerer Zahl verwendet werden ... In diesen Industriezweigen bewirkt daher die Möglichkeit, weibliche Arbeiter in großem Umfang zu beschäftigen, in den Arbeiterfamilien die Notwendigkeit, sie auch tatsächlich eintreten zu lassen."

Der Koblenzer Beamte äußert: „Die Frauen sind allgemein zuverlässiger und arbeiten fleißiger als junge Mädchen. Jüngere Arbeiterinnen haben durchgängig eine Abneigung gegen unsaubere und unangenehme Arbeiten, welche infolgedessen mit Vorliebe den anspruchsloseren Frauen überlassen bleiben. So müssen zum Beispiel die Lumpensortierereien vielfach Frauen beschäftigen."[1]

Was die Arbeitslöhne betrifft, so ist es eine bekannte Tatsache, daß allgemein Frauenarbeit schlechter bezahlt wird als Männerarbeit, auch dort, wo sie das gleiche leistet. Darin unterscheidet sich der Privatunternehmer weder vom Staat noch von der Gemeinde. Frauen im Eisenbahn- und Postdienst erhalten weniger als Männer für die gleiche Arbeit; Lehrerinnen bezahlt jede Gemeinde schlechter als Lehrer. Gründe dafür sind: Die Frau ist bedürfnisloser und vor allen Dingen hilfloser; ihr Erwerb ist in sehr vielen Fällen nur eine Ergänzung zu dem Einkommen des Gatten oder des Vaters als des eigentlichen Ernährers; der dilettantische, provisorische und zufällige Charakter der Frauenarbeit; die große industrielle Reservearmee der Arbeiterinnen und daher ihre geringere Widerstandsfähigkeit; der „unlautere Wettbewerb" des sogenannten „Mittelstandes" in der Schneiderei, Putzmacherei, Blumen- und Papierindustrie; die Frau ist auch in der

[1] A. a. O., S. 57, 63.

Regel an ihren Wohnort gebunden. Daher währt die Arbeitszeit der Frauen am längsten, wenn nicht die Gesetzgebung schützend eingreift.

In einer Untersuchung über die Löhne der Fabrikarbeiter in Mannheim im Jahre 1893 teilte der verstorbene Dr. Wörishoffer den wöchentlichen Arbeitsverdienst in drei Klassen ein[1]: Die unterste Klasse umfaßte den Wochenlohn bis zu 15 Mark, die mittlere von 15 bis 24 Mark und die hohe über 24 Mark.

Hiernach ergaben die Löhne folgendes Bild. Es erhielten Löhne:

	Niedere	Mittlere	Hohe
Sämtliche Arbeiter	29,8 Prozent	49,8 Prozent	20,4 Prozent
Männliche	20,9 „	56,2 „	22,9 „
Weibliche	99,2 „	0,7 „	0,1 „

Die Arbeiterinnen verdienten zum größten Teil wahre Hungerlöhne, denn es erhielten:

Einen Wochenlohn	unter 5 Mark	4,62 Prozent
„ „ von	5 bis 6 „	5,47 „
„ „ „	6 „ 8 „	43,96 „
„ „ „	8 „ 10 „	27,45 „
„ „ „	10 „ 12 „	12,38 „
„ „ „	12 „ 15 „	5,38 „
Der Rest	über 15 „	0,74 „

Nach den Ergebnissen einer Umfrage, die von der Berliner Gewerbeinspektion veranstaltet war, betrug der durchschnittliche Wochenlohn der Arbeiterinnen 11,36 Mark. Unter 6 Mark erhielten 4,3 Prozent, 6 bis 8 Mark 7,8 Prozent, über 12 bis 15 Mark 27,6 Prozent, über 15 bis 20 Mark 11,1 Prozent, über 20 bis 30 Mark 1,1 Prozent. Die meisten Löhne liegen zwischen 8 und 15 Mark (75,7 Prozent). In Karlsruhe beläuft sich der durchschnittliche Wochenverdienst sämtlicher Arbeiterinnen auf 10,02 Mark.[2]

Am elendsten ist die Bezahlung der Arbeiter in der Hausindustrie, und zwar sowohl die der Männer wie der Frauen, aber für die Frauen ist sie noch erbärmlicher. Dabei ist die Arbeitszeit ohne Grenze und maßlos in der Saison. Auch ist vielfach in der Hausindustrie das Schwitzsystem in Übung, das heißt die Arbeit wird durch Mittelsper-

[1] Wörishoffer, Die soziale Lage der Fabrikarbeiter in Mannheim.

[2] Marie Baum, Drei Klassen von Lohnarbeiterinnen in Industrie und Handel der Stadt Karlsruhe. S. 60. Karlsruhe 1906.

sonen an die Arbeiter vergeben, wofür die Mittelsperson – Faktor, Meister usw. – einen erheblichen Teil des vom Unternehmer gezahlten Lohnes als Entschädigung für Mühewaltung beansprucht.

Wie erbärmlich weibliche Arbeit in der Hausindustrie bezahlt wird, zeigen folgende Angaben über Berliner Verhältnisse. Bunte Männerhemden (Barchenthemden), die 1889 pro Dutzend noch mit 2 bis 2,50 Mark bezahlt wurden, bekam der Unternehmer 1893 für 1,20 DM geliefert. Eine Näherin mittlerer Qualität muß von früh bis spät arbeiten, will sie pro Tag 6 bis 8 Stück Hemden fertigstellen; der Verdienst pro Woche beträgt 4 bis 5 Mark. Eine Schürzenarbeiterin verdient 2,50 bis 5 Mark pro Woche, eine Krawattennäherin 5 bis 6 Mark, eine *geschickte* Blusennäherin 6 Mark, eine *sehr tüchtige Arbeiterin* auf Knabenanzüge 8 bis 9 Mark, eine geübte Jackettarbeiterin 5 bis 6 Mark. Eine sehr geübte Näherin auf feine Oberhemden kann bei flotter *Saison* und wenn sie von früh 5 Uhr bis abends 10 Uhr arbeitet, 12 Mark verdienen. Putzarbeiterinnen, die selbständig Modelle kopieren können, verdienen *pro Monat* 30 Mark, flotte Garniererinnen, die schon jahrelang tätig sind, verdienen während der *Saison pro Monat* 50 bis 60 Mark. Die Saison nimmt im ganzen fünf Monate in Anspruch. Eine Schirmmacherin verdient bei zwölfstündiger Arbeit wöchentlich 6 bis 7 Mark. Solche Hungerlöhne zwingen die Arbeiterinnen zur Prostitution, denn unter den *bescheidensten* Ansprüchen kann in Berlin keine Arbeiterin die Woche unter 9 bis 10 Mark existieren.

Die angeführten Tatsachen zeigen, daß die Frau durch die moderne Entwicklung mehr und mehr dem Familienleben und der Häuslichkeit entrissen wird. Ehe und Familie werden untergraben und aufgelöst, und so ist es auch vom Standpunkt dieser Tatsachen aus absurd, die Frau auf die Häuslichkeit und die Familie zu verweisen. Das kann nur der tun, der gedankenlos in den Tag lebt, die Dinge, die sich um ihn herum entwickeln, nicht sieht oder nicht sehen will.

In einer großen Anzahl von Industriezweigen sind weibliche Arbeiter ausschließlich beschäftigt, in einer größeren Anzahl bilden sie die Mehrheit, und in den meisten der übrigen Arbeitszweige sind Arbeiterinnen mehr oder weniger zahlreich beschäftigt, ihre Zahl wird immer größer, und sie dringen in immer neue Berufszweige ein.

Durch die deutsche Gewerbeordnungsnovelle vom Jahre 1891 war für die Beschäftigung von erwachsenen Arbeiterinnen in Fabriken eine Normalarbeitszeit von elf Stunden täglich festgesetzt worden, die aber durch eine Menge Ausnahmen, welche die Behörden zulassen konnten, oft durchbrochen wurde. Die Nachtarbeit der Arbeiterinnen in Fabriken wurde auch verboten, doch konnte auch hier der Bundesrat Ausnahmen für Fabriken mit ununterbrochenem Betrieb oder für bestimmte Saisonbetriebe (zum Beispiel Zuckerfabriken) zulassen. Nur nachdem die internationale Berner Konvention vom 26. September 1906 die Einführung einer elfstündigen Nachtruhe (für Fabriken) vorschreibt, nachdem jahrelang die Sozialdemokratie energisch die Forderung des Verbots der gewerblichen Nachtarbeit der Frauen und der Herabsetzung der täglichen Arbeitszeit bis auf acht Stunden befürwortet hat, geben endlich nach langem Widerstand Regierung und bürgerliche Parteien nach. Dann wurde aus der in der Kommission steckengebliebenen umfassenden Novelle zur Gewerbeordnung das Stück herausgegriffen, das sich auf die Regelung der Frauenarbeit bezieht. Außer dieser Bestimmung war in dem Gesetz vom 28. Dezember 1908 eine *zehnstündige Maximalarbeitszeit* für Frauen vorgesehen in allen Betrieben, in denen *mindestens zehn Arbeiter* beschäftigt sind. An Vorabenden der Sonn- und Feiertage darf die Dauer acht Stunden nicht überschreiten. Arbeiterinnen dürfen vor und nach ihrer Niederkunft im ganzen während acht Wochen nicht beschäftigt werden. Ihr Wiedereintritt ist an den Ausweis geknüpft, daß seit ihrer Niederkunft wenigstens sechs Wochen verflossen sind. Arbeiterinnen dürfen weiter nicht in Kokereien und nicht zum Transport von Materialien bei Bauten aller Art verwendet werden. Trotz des energischen Widerstandes der Sozialdemokratie wurde ein Antrag angenommen, daß die höheren Verwaltungsbehörden die Überarbeit für fünfzig Tage gestatten können.

Besondere Beachtung verdient § 137a, der den ersten Eingriff in die Ausbeutung durch Heimarbeit bildet. Diese Bestimmung lautet: „Arbeiterinnen und jugendlichen Arbeitern darf für die Tage, an welchen sie in dem Betrieb die gesetzlich zulässige Arbeit hindurch beschäftigt waren, Arbeit zur Verrichtung außerhalb des Betriebs vom Arbeitgeber überhaupt nicht übertragen oder für Rechnung Dritter überwiesen werden." Ungeachtet seiner Mängel bedeutet das neue Gesetz immerhin einen Fortschritt gegenüber dem gegenwärtigen Zustand.

Die immer stärkere Heranziehung der Frau zu industrieller Beschäftigung trifft aber nicht nur jene Beschäftigungsarten, für die sie sich entsprechend ihrer schwächeren physischen Kraft eignet, sondern alle Tätigkeiten, in welchen das Ausbeutertum aus ihrer Anwendung höheren Profit schlagen kann. Dazu gehören sowohl die *anstrengendsten* wie die *unangenehmsten* und für die Gesundheit *gefährlichsten* Tätigkeiten, und so wird auch hierdurch jene *phantastische* Auffassung auf ihre wahre Bedeutung reduziert, die in der Frau nur das zarte, fein besaitete Wesen sieht, wie es vielfach Dichter und Romanschreiber für den Kitzel des Mannes schildern.

Tatsachen sind halsstarrige Dinger, und wir haben es nur mit Tatsachen zu tun, denn diese bewahren uns vor falschen Schlüssen und sentimentalen Faseleien. Die Tatsachen aber lehren uns, wie wir schon wissen, daß unter anderem die Frauen beschäftigt werden: in der Textilindustrie, in der chemischen Industrie, in der Metallverarbeitungsindustrie, in der Papierindustrie, in der Maschinenindustrie, in der Holzindustrie, in der Industrie der Nahrungs- und Genußmittel, im Bergbau über Tage — in Belgien auch beim Bergbau unter Tage, sobald die Arbeiterin das 21. Lebensjahr überschritten hat. Ferner auf dem weiten Gebiet des Garten- und Feldbaus und der Viehzucht und den damit zusammenhängenden Industrien, endlich in den verschiedenen Erwerbszweigen, in denen sie schon seit langem, gewissermaßen als Privilegierte, ausschließlich zu tun hatten: bei dem Herstellen der Wäsche und der Frauenkleider, in den verschiedenen Zweigen des Modefachs, in der Stellung als Verkäuferinnen, Kontoristinnen, Lehrerinnen, Kindergärtnerinnen, Schriftstellerinnen, Künstlerinnen aller Art usw. Zehntausende von Frauen des kleinen Mittelstandes sind als Ladensklavinnen in Verwendung und im Marktwesen tätig und sind damit fast jeder häuslichen Tätigkeit und namentlich der Kindererziehung entzogen. Endlich finden jüngere und namentlich hübsche Frauen immer mehr Verwendung, zum höchsten Nachteil ihrer ganzen Persönlichkeit, in öffentlichen Lokalen aller Art als Bedienungspersonal, Sängerinnen, Tänzerinnen usw. zur Anlockung der genußgierigen Männerwelt, ein Gebiet, auf dem die scheußlichsten Mißstände herrschen und das weiße Sklavenhaltertum die wüstesten Orgien feiert.

Unter den angeführten Beschäftigungen gibt es viele von der *höchsten* Gefährlichkeit. So ist die Gefahr der Einwirkung von schwefligsauren und alkalischen Gasen in hohem Grade vorhanden in der Strohhutfabrikation und den Strohhutwäschereien, die Gefahr der

Einatmung von Chlordämpfen bei dem Bleichen pflanzlicher Stoffe; Vergiftungsgefahren gibt es in der Buntpapier- und bunten Oblaten- und Blumenfabrikation, bei der Herstellung der Metachromotypie, der Gifte und Chemikalien, dem Bemalen von Bleisoldaten und bleiernen Spielwaren. Das Belegen der Spiegel mit Quecksilber ist für die Leibesfrucht der Schwangeren geradezu tödlich.

Wenn von den lebendgeborenen Kindern im preußischen Staate durchschnittlich 22 Prozent während des ersten Lebensjahres gestorben sind, so, nach Dr. Hirt, von den lebendgeborenen Kindern der Spiegelbelegerinnen 65 Prozent, der Glasschleiferinnen 55 Prozent, der Bleiarbeiterinnen 40 Prozent. Im Jahre 1890 wurden von 78 Wöchnerinnen, die in den Schriftgießereien des Regierungsbezirkes Wiesbaden tätig gewesen waren, nur 37 normal entbunden. Nach Dr. Hirt ist von der zweiten Hälfte der Schwangerschaft an besonders gefährlich die Tätigkeit bei der Fabrikation von buntem Papier und von künstlichen Blumen, das sogenannte Einstäuben der Brüsseler Spitzen mit Bleiweiß, die Herstellung von Abziehbildern, das Belegen von Spiegeln, die Kautschukindustrie und alle Fabrikbetriebe, in denen die Arbeiterinnen der Einatmung schädlicher Gase — Kohlenoxydgas, Kohlensäure und Schwefelwasserstoffgas — ausgesetzt sind. Höchst gefährlich ist auch die Phosphorzündholzfabrikation und die Beschäftigung am Shoddywolfe. Nach den Mitteilungen des badischen Gewerbeinspektors für das Jahr 1893 stieg die *jährliche* Durchschnittszahl der vorzeitigen Geburten bei erwerbstätigen Frauen von 1039 in den Jahren von 1882 bis 1886 auf 1244 in den Jahren 1887 bis 1891. Die Zahl der Geburten, denen eine Operation vorhergehen mußte, betrug im Jahresdurchschnitt von 1882 bis 1886 1118, von 1887 bis 1891 aber 1385. Noch viel bedenklichere Tatsachen würden zutage treten, fänden ähnliche Untersuchungen überall in Deutschland statt. In der Regel begnügen sich aber die Gewerbeinspektoren in ihren Berichten mit der Bemerkung: „Besondere Nachteile bei der Beschäftigung von Frauen in Fabriken wurden nicht beobachtet." Wie sollten sie dieselben auch bei ihren kurzen Besuchen, und ohne ärztliche Gutachten zu Rate zu ziehen, beobachten? Daß ferner große Gefahren für das Leben und die Gliedmaßen vorhanden sind, besonders in der Textilindustrie, in der Zündwarenfabrikation und der Beschäftigung bei landwirtschaftlichen Maschinen, ist festgestellt. Außerdem gehört eine Menge der angeführten Arbeiten zu den schwersten und anstrengendsten, selbst für Männer, das sagt uns ein Blick auf die sehr unvollständige Liste. Man sage nur immer, diese und jene Beschäftigung ist der Frau unwürdig, was hilft's, wenn man ihr nicht eine andere, entsprechendere Tätigkeit zuweisen kann.

Als Industriezweige oder als Manipulationen in Industriezweigen, in denen junge Mädchen gar nicht beschäftigt werden sollten, wegen Gefahr für ihre Gesundheit, speziell wegen der Schädlichkeit für ihre sexuellen Funktionen, bezeichnet Dr. Hirt[1]: Herstellung von Bronzefarben, Samtpapier und Schmirgelpapier, Fachen (Hutmacherei), Schleifen (von Glassachen), Abfegen der Bronze von den Steinen (Lithographie), Flachshecheln, Roßhaarzupfen, Barchentraufen, Verzinnen von Eisenblech, Arbeiten an der Flachsmühle und am Shoddywolfe.

In folgenden Beschäftigungen sollten junge Mädchen nur Anwendung finden dürfen, wenn die nötigen Schutzmaßregeln (Ventilationsanlagen usw.) vorhanden und geprüft sind: bei der Herstellung von Papiertapeten, Porzellan, Bleistiften, Bleischrot, ätherischen Ölen, Alaun, Blutlaugensalz, Brom, Chinin, Soda, Paraffin und Ultramarin, (giftigen) bunten Papieren, (gifthaltigen) Oblaten, Metachromotypien, Phosphorzündhölzern[2], Schweinfurter Grün und künstlichen Blumen. Ferner mit dem Schneiden und Sortieren von Lumpen, mit dem Sortieren und Mahlen von Tabakblättern, dem Baumwolleschlagen, Wolle- und Seidehaspeln, Bettfedern reinigen, Sortieren von Pinselhaaren, mit Waschen (Schwefeln) der Strohhüte, mit Vulkanisieren und Lösen von Kautschuk, mit Färben und Bedrucken von Zeugstoffen, Bemalen von Bleisoldaten, Einpacken von Schnupftabak, mit dem Anstreichen von Drahtgeweben, dem Belegen von Spiegeln, dem Schleifen von Nähnadeln und Stahlfedern.

Es ist wahrlich kein schöner Anblick, Frauen, sogar im schwangeren Zustand, mit den Männern um die Wette beim Eisenbahnbau

[1] Die gewerbliche Tätigkeit der Frauen. 1878.

[2] Durch ein internationales Übereinkommen vom 26. September 1906 zwischen Dänemark, Deutschland, Frankreich, Italien, Luxemburg, den Niederlanden und der Schweiz wurde in diesen Staaten die Verwendung von weißem Phosphor für Zündhölzchen vom 1. Januar 1911 ab verboten. In Deutschland dürfen solche Zündwaren seit 1. Januar 1907 nicht mehr angefertigt werden, vom 1. Januar 1908 ab auch nicht mehr gewerbsmäßig feilgehalten, verkauft oder sonst in Verkehr gebracht werden. In England ist ein ähnliches Gesetz im Jahre 1909 angenommen.

schwer beladene Karren fahren zu sehen oder sie als Handlanger, Kalk und Zement anmachend oder schwere Lasten Steine tragen, beim Hausbau zu beobachten, oder beim Kohlen- und Eisensteinwaschen. Dabei wird der Frau alles Weibliche abgestreift und ihre Weiblichkeit mit Füßen getreten, wie umgekehrt unseren Männern in vielen verschiedenen Beschäftigungsarten jedes Männliche genommen wird. Das sind die Folgen der sozialen Ausbeutung und des sozialen Krieges. Unsere korrupten sozialen Zustände stellen die Dinge auf den Kopf.

Es ist begreiflich, daß bei dem Umfang, den die weibliche Arbeit auf allen Gebieten gewerblicher Tätigkeit einnimmt und weiter einzunehmen droht, die interessierte Männerwelt wenig freundlich dazu steht. Unzweifelhaft geht bei dieser Ausdehnung der Frauenarbeit das Familienleben des Arbeiters immer mehr zugrunde, ist Auflösung von Ehe und Familie die natürliche Folge und nehmen Sittenlosigkeit, Demoralisation, Degeneration, Krankheiten aller Art und Kindersterblichkeit in erschreckendem Maße zu. Nach der Bevölkerungsstatistik des Deutschen Reiches hat sich in den Städten, die in den letzten Jahrzehnten echte und rechte Fabrikstädte wurden, die Kindersterblichkeit bedeutend gesteigert. Außerdem steigt sie in den Landgemeinden, wo durch die Milchverteuerung und Milchentziehung die Güte der Kost sinkt. Am höchsten ist die Säuglingssterblichkeit in der Oberpfalz, in Oberbayern und Niederbayern, in einigen Kreisen der Regierungsbezirke Liegnitz und Breslau und der Kreishauptmannschaft Chemnitz. So starben im Jahre 1907 von 100 Lebendgeborenen im ersten Lebensjahre in Stadtamhof (Oberpfalz) 40,14, in Parsberg (Oberpfalz) 40,06, in Friedberg (Oberbayern) 39,28, in Kelheim (Niederbayern) 37,71, in München 37,63, in Glauchau (Sachsen) 33,48, in Waldenburg (Schlesien) 32,49, in Chemnitz 32,49, in Reichenbach (Schlesien) 32,18, in Annaberg 31,41 usw. Noch schlimmer lagen die Verhältnisse in der Mehrzahl der großen Fabrikdörfer, von welchen manche eine Sterblichkeitsziffer von 40 bis 50 Prozent aufzuweisen hatten. Trotz alledem ist diese soziale Entwicklung, die so traurige Resultate erzeugt, ein Fortschritt, genauso ein Fortschritt, wie es die Gewerbefreiheit, die Freizügigkeit, die Verehelichungsfreiheit usw. ist, welche die großkapitalistische Entwicklung begünstigen, wodurch aber unserem Mittelstand der Todesstoß versetzt wird.

Die Arbeiter sind nicht geneigt, dem Kleinhandwerk zu helfen, wenn dieses eine Einschränkung der Gewerbefreiheit und Freizügigkeit und die Wiederaufrichtung der Innungs- und Zunftschranken versucht, um künstlich das Zwerggewerbe am Leben zu erhalten, denn um nichts anderes kann es sich handeln. Ebensowenig läßt sich aber auch in bezug auf die Frauenarbeit der alte Zustand zurückführen, was nicht ausschließt, daß strenge Schutzgesetze das Übermaß von Ausbeutung der Frauenarbeit verhindern und die gewerbliche Arbeit für schulpflichtige Kinder verboten wird. Hierin treffen die Interessen des Arbeiters mit den staatlichen und den allgemein menschlichen Kulturinteressen zusammen. Ist zum Beispiel der Staat genötigt, wie das in den letzten Jahrzehnten mehrfach der Fall war, zuletzt 1893, als es sich um eine abermalige große Verstärkung der Armee handelte, das Minimalmaß für das Militär herabzusetzen, weil infolge der degenerierenden Wirkungen unseres Wirtschaftssystems die Zahl der militäruntauglichen jungen Männer immer größer wird, so sind alle an schützenden Gegenmaßregeln interessiert.[1] Das Endziel muß sein, die *Nachteile*, die das Maschinenwesen, verbesserte Arbeitswerkzeuge und die moderne Arbeitsweise hervorrufen, zu beseitigen, dagegen die enormen *Vorteile*, die sie der Menschheit geschaffen haben und in noch höherem Maße schaffen können, durch eine entsprechende Organisation der menschlichen Arbeit allen Gesellschaftsgliedern zustatten kommen zu lassen.

Es ist ein Widersinn und ein schreiender Mißstand, daß Kulturfortschritte und Errungenschaften, die das Produkt der Gesamtheit sind, nur denen zugute kommen, die kraft ihrer materiellen Gewalt sie sich aneignen können, daß dagegen Tausende fleißiger Arbeiter und Arbeiterinnen, Handwerker usw. von Schrecken und Sorge befallen werden, vernehmen sie, daß der menschliche Geist wieder eine Erfindung machte, die das Vielfache der Handarbeit leistet, wodurch sie Aussicht haben, als unnütz und überzählig aufs Pflaster geworfen zu werden.[2] Dadurch wird das, was von allen mit Freuden begrüßt werden

[1] Es waren militärtauglich in Prozent der endgültig Abgefertigten 1902 58,5, 1903 57,1, 1904 56,4, 1905 56,3, 1906 55,9 und 1907 54,9. Es mußten von dem Heeresstande nach erfolgter Einstellung wegen Unbrauchbarkeit entlassen werden 1881 bis 1885 2,07 Prozent, 1891 bis 1895 2,30, 1900 bis 1905 2,47 Prozent. W. Claassen, Die abnehmende Kriegstüchtigkeit im Deutschen Reiche in Stadt und Land von 1902 bis 1907. Archiv für Rassen- und Gesellschaftsbiologie, 1909, Heft 1.

[2] Fabrikinspektor *A. Redgrave* hielt Ende Dezember 1871 einen Vortrag zu *Bradford*, worin er unter anderem sagte: „Was mich seit einiger Zeit frappiert

sollte, ein Gegenstand der feindseligsten Gesinnung, die in früheren Jahrzehnten mehr als einmal zu Fabriksturm und Maschinendemolierung die Ursache wurde. Eine ähnliche feindselige Gesinnung besteht heute vielfach zwischen Mann und Frau als Arbeiter. Diese ist ebenfalls unnatürlich. Es muß also ein Gesellschaftszustand zu begründen versucht werden, in dem die volle Gleichberechtigung aller ohne Unterschied des Geschlechts zur Geltung kommt.

Das ist durchführbar, sobald die gesamten Arbeitsmittel Eigentum der Gesellschaft werden, die gesamte Arbeit durch Anwendung aller technischen und wissenschaftlichen Vorteile und Hilfsmittel im Arbeitsprozeß den höchsten Grad der Fruchtbarkeit erlangt und für alle Arbeitsfähigen die Pflicht besteht, ein bestimmtes Maß von Arbeit zu leisten, das zur Befriedigung der gesellschaftlichen Bedürfnisse notwendig ist, wofür die Gesellschaft wieder jedem einzelnen die Mittel zur Entwicklung seiner Fähigkeiten und zum Lebensgenuß gewährt.

Die Frau soll wie der Mann nützliches und gleichberechtigtes Glied der Gesellschaft werden, sie soll wie der Mann alle ihre körperlichen und geistigen Fähigkeiten voll entwickeln können und, indem sie ihre Pflichten erfüllt, auch ihre Rechte beanspruchen können. Dem Manne als Freie und Gleiche gegenüberstehend, ist sie vor unwürdigen Zumutungen gesichert.

Die gegenwärtige Entwicklung der Gesellschaft drängt immer mehr auf einen solchen Zustand hin, und es sind gerade die großen und schweren Übel in unserer Entwicklung, die einen neuen Zustand herbeizuführen nötigen.

---

hat, war die veränderte Erscheinung der Wollfabriken. Früher waren sie mit Frauen und Kindern gefüllt, jetzt scheint die Maschinerie alles Werk zu tun. Auf Anfrage gab mir ein Fabrikant folgenden Aufschluß: Unter dem alten System beschäftigte ich 63 Personen; nach Einführung verbesserter Maschinen reduzierte ich meine Hände auf 33, und jüngst, infolge neuer großer Veränderungen, war ich imstande, sie von 33 auf 13 zu reduzieren." Es fand also innerhalb weniger Jahre eine Verminderung der Arbeiterzahl um fast 80 Prozent statt bei mindestens gleichbleibender Produktenmasse. — Zahlreiche interessante Mitteilungen in gleicher Richtung gibt „Das Kapital" von Karl Marx.

Vierzehntes Kapitel

Der Kampf der Frau um die Bildung

1. Die Revolution im häuslichen Leben

Obgleich die gekennzeichnete Entwicklung in der Stellung der Frau mit Händen zu greifen ist, jeder sie sehen muß, der offene Augen hat, hört man noch täglich das Geschwätz vom „Naturberuf" der Frau, der sie auf Häuslichkeit und Familie hinweise. Diese Redeweise wird am lautesten dort gehört, wo die Frau den Versuch macht, in den Kreis der höheren Berufsarten einzudringen, zum Beispiel in die höheren Lehr- und Verwaltungsfächer, den ärztlichen und juristischen Beruf, die Naturwissenschaften usw. Die lächerlichsten Einwendungen werden hervorgesucht und unter dem Scheine der Gelehrsamkeit verteidigt. Als gelehrt geltende Herren berufen sich hier, wie in vielen anderen Dingen, auf die Wissenschaft, um das Absurdeste und Widersinnigste zu verteidigen. Ihr Haupttrumpf ist, die Frau sei an geistiger Befähigung dem Mann inferior, sie könne auf geistigem Gebiet nichts Bemerkenswertes leisten.

Diese Einwände entsprechen so sehr dem Vorurteil der meisten Männer über Beruf und Fähigkeiten der Frau, daß, wer sie erhebt, auf ihren Beifall rechnen kann.

Neue Ideen werden, solange allgemeine Bildung und Einsicht noch so tief stehen wie heute, stets harten Widerspruch finden, namentlich wenn es im Interesse der herrschenden Klassen liegt, Einsicht und Bildung möglichst auf ihre Schicht zu beschränken. Daher werden neue Ideen anfangs nur eine kleine Minderheit für sich gewinnen, und diese wird in der Regel verspottet, verlästert und auch verfolgt. Sind aber die neuen Ideen gute und vernünftige, sind sie als notwendige Konsequenz aus den bestehenden Zuständen erwachsen, so werden sie an Verbreitung gewinnen, die Minderheit wird schließlich Mehrheit. So erging es bisher allen neuen Ideen im Laufe der Geschichte, und die Idee, die wirkliche und volle Emanzipation der Frau herbeizuführen, wird den gleichen Erfolg haben.

Waren einst nicht auch die Bekenner des Christentums eine kleine Minderheit? Hatten nicht die Reformatoren, das moderne Bürgertum übermächtige Gegner? Trotzdem haben sie gesiegt. Oder wurde die Sozialdemokratie vernichtet, weil sie im Deutschen Reiche zwölf Jahre ausnahmegesetzlich geknebelt wurde? Nie war ihr Sieg gewisser, als da man glaubte, sie tot gemacht zu haben.

Die Berufung auf den Naturberuf der Frau, wonach sie Haushälterin und Kinderwärterin sein soll, ist ebenso sinnreich als die Berufung darauf, daß es ewig Könige geben müsse, weil, solange es eine Geschichte gebe, es irgendwo solche gab. Wir wissen nicht, wo der erste König entstand, sowenig wie wir wissen, wo der erste Kapitalist sich zeigte, aber wir wissen und sehen, daß sich das Königtum im Laufe der Jahrtausende wesentlich verändert hat, und die Tendenz der Entwicklung ist, es mehr und mehr seiner Macht zu entkleiden, bis eine Zeit kommt, und sie ist nicht mehr fern, in der es überflüssig ist. Wie das Königtum, so ist jede staatliche und gesellschaftliche Institution beständigen Wandlungen und Umformungen und schließlich dem Untergang unterworfen. Wir sahen in den historischen Darlegungen dieser Schrift, daß die heute geltende Form der Ehe und die Stellung der Frau keineswegs „ewig" so war wie heute, daß vielmehr beide das Produkt eines geschichtlichen Entwicklungsganges sind, der keineswegs seinen Abschluß gefunden hat. Konnte es vor ca. 2350 Jahren Demosthenes als den einzigen Beruf der Frau hinstellen, „legitime Kinder zu gebären und treue Hüterin des Hauses zu sein", so ist heute dieser Standpunkt überwunden. Wer wagte heute solches als „naturgemäß" zu verteidigen, ohne sich den Vorwurf der Geringschätzung der Frau zuzuziehen? Allerdings gibt es auch noch heute solche Käuze, die im stillen die Auffassung des alten Atheners teilen, aber keiner wagt öffentlich auszusprechen, was vor Jahrtausenden einer der bedeutendsten Männer Griechenlands frei und offen als *selbstverständlich* erklären durfte. Darin liegt der Fortschritt.

Hat nun die moderne Entwicklung Millionen Ehen untergraben, so hat sie auch andererseits wieder die Entwicklung der Ehe günstig beeinflußt. Vor wenigen Jahrzehnten galt es in jedem Bürger- und Bauernhause nicht nur als selbstverständlich, daß die Frau nähte, strickte und wusch, obgleich auch das schon vielfach aus der Mode gekommen ist, sie buk auch das Brot, spann, webte, bleichte, braute Bier, kochte Seife, zog Lichte. Außerhalb des Hauses ein Kleidungsstück anfertigen zu lassen wurde als maßlose Verschwendung angesehen. Wasserleitung, Gasbeleuchtung, Gas- oder Petroleumkocher usw. – von der Elektrizität zu schweigen – nebst einer Unzahl anderer, heute in Haus und Küche vorhandenen Einrichtungen waren unbekannte Dinge. Allerdings bestehen auch noch heute veraltete Zustände, aber sie sind Ausnahmen. Die Mehrzahl der Frauen unterläßt viele früher als selbstverständlich angesehene Verrichtungen, weil sie durch die Industrie besser, praktischer und billiger besorgt werden, als es die Hausfrau vermag, weshalb auch, wenigstens in den Städten, jede häusliche Einrichtung dazu fehlt. So hat in wenigen Jahrzehnten sich innerhalb unseres Familienlebens eine große Revolution vollzogen, der wir nur so wenig Beachtung schenken, weil wir sie für selbstverständlich halten. Veränderungen, die dem Menschen sozusagen unter den Augen hervorwachsen, beachtet er nicht, wenn sie nicht plötzlich vor ihn treten und die gewohnte Ordnung stören, aber gegen neue Meinungen, die ihn aus dem gewohnten Schlendrian zu reißen drohen, lehnt er sich auf.

Diese Revolution, die sich in unserem häuslichen Leben vollzog und immer weiter vorschreitet, hat die Stellung der Frau in der Familie auch nach anderer Richtung wesentlich verändert. Die Frau ist freier, unabhängiger geworden. Unsere Großmütter durften, waren sie ehrsame Meistersfrauen, nicht daran denken und dachten nicht daran, zum Beispiel Arbeiter und Lehrburschen fern vom Haushalt und vom Tische zu halten, dafür aber Theater, Konzerte und Vergnügungslokale, sogar an einem Wochentage, zu besuchen. Und welche von jenen guten, alten Frauen wagte daran zu denken, sich um öffentliche Angelegenheiten zu bekümmern, wie das bereits von vielen Frauen geschieht. Man gründet Vereine für die verschiedensten Zwecke, hält und gründet Zeitungen, beruft Kongresse. Als Arbeiterinnen treten sie in Gewerkschaften zusammen, sie kommen in die Versammlungen und Vereine der Männer und besaßen bereits hier und da – wir reden jetzt von Deutschland – das Recht, zu Gewerbeschiedsgerichten wählen zu dürfen, ein Recht, das ihnen die rückständige Reichstagsmehrheit im Jahre des Heils Eintausendachthundertundneunzig wieder aberkannte.

Welcher Zopf wollte die geschilderten Veränderungen beseitigen, obgleich sich nicht bestreiten läßt, daß neben den Licht- auch Schattenseiten vorhanden sind, die mit unseren gärenden und faulenden Zuständen zusammenhängen – aber es überwiegen die Lichtseiten. Die Frauen selbst, so konservativ sie bis jetzt im ganzen sind, besitzen auch gar keine Neigung mehr, in die alten, engen, patriarchalischen Verhältnisse früherer Zeit zurückzukehren.

In den Vereinigten Staaten steht die Gesellschaft zwar auch auf bürgerlichem Boden, aber sie hat sich weder mit alten europäischen Vorurteilen noch überlebten Einrichtungen herumzuschlagen und ist daher weit geeigneter, neue Ideen und Einrichtungen anzunehmen, wenn sie Vorteil versprechen. Dort sieht man seit geraumer Zeit die Stellung der Frau anders an als bei uns. Dort ist man zum Beispiel in bessersituierten Kreisen schon längst auf den Gedanken gekommen, daß es nicht bloß mühselig und umständlich und für den Geldbeutel nicht einmal vorteilhaft ist, wenn die Frau noch selber Brot bäckt und Bier braut, man hält es auch für überflüssig, daß sie *in der eigenen Küche kocht.* Die mit allen möglichen Maschinen und zweckmäßigen Hilfsmitteln eingerichtete Zentralküche der Speisegenossenschaft hat die Privatküche ersetzt; die Frauen der Genossenschaft versehen abwechselnd den Dienst, und das Essen wird billiger und wohlschmekkender hergestellt, es bietet mehr Abwechslung, und seine Herstellung verursacht bedeutend weniger Mühe. Unsere Offiziere, die keine Sozialisten und Kommunisten sind, machen es ähnlich; sie bilden in ihren Kasinos eine Wirtschaftsgenossenschaft, ernennen einen Verwalter, der den Einkauf der Lebensmittel im großen besorgt, der Speisezettel wird vereinbart und die Fertigstellung der Speisen in der Dampfküche der Kaserne bewerkstelligt. Sie leben weit billiger als im Hotel und haben ein mindestens ebenso gutes Essen. Wie bekannt, leben auch Tausende der reichsten Familien das ganze Jahr oder Teile des Jahres hindurch in Pensionen und Hotels, ohne daß sie die häusliche Küche vermissen; sie halten es für eine große Annehmlichkeit, von der Privatküche befreit zu sein. Die ablehnende Haltung namentlich wohlhabender und reicher Frauen gegen die Beschäftigung in oder mit der Küche spricht auch nicht dafür, daß diese Tätigkeit zum „Naturberuf" der Frau gehört, ja die Tatsache, daß fürstliche und vornehme Familien, wie die größeren Hotels, sämtlich *Köche* zur Herstellung der Speisen engagieren, könnte sogar dafür sprechen, daß Kochen eine männliche Beschäftigung ist. Das denen zur gefälligen Beachtung, die sich die Frau nicht ohne schwingenden Kochlöffel vorstellen können.

Nun liegt nichts näher, als mit der Zentralküche die Zentralwaschanstalt und entsprechende Trockenvorrichtungen – wie solche bereits in allen größeren Städten von reichen Privaten oder Spekulanten errichtet sind und sich vortrefflich bewähren – für den allgemeinen Gebrauch einzurichten, ferner mit der Zentralküche die Zentralfeuerung, neben der Kaltwasser- die Warmwasserleitung einzurichten, und eine Menge lästiger und zeitraubender Arbeiten sind beseitigt. Große Hotels, viele Privathäuser, Krankenhäuser, Schulen, Kasernen, öffentliche Gebäude aller Art usw. haben diese und ähnliche Einrichtungen – elektrisches Licht, Badeeinrichtungen usw. –, der Fehler ist, daß es nur öffentliche Anstalten und die wohlhabenden Klassen sind, die diese Vorteile genießen, die, allen zugängig gemacht, ein enormes Maß von Zeit, Mühe, Arbeitskraft und Material ersparen und die Lebenshaltung und das Wohlsein aller erheblich steigern würden. Im Sommer 1890 brachten die Zeitungen eine Beschreibung der Fortschritte, die in den Vereinigten Staaten betreffs der zentralen Beheizung und Luftversorgung im Werke waren. Darin hieß es unter anderem:

„Die in neuerer Zeit hauptsächlich in Nordamerika angestellten Versuche, die Beheizung ganzer Häuserviertel oder Stadtteile von einer Stelle aus zu bewirken, haben nicht unbeträchtliche Erfolge zu verzeichnen und sind in konstruktiver Beziehung so sorgfältig und zweckmäßig durchgeführt, daß in Anbetracht der günstigen Erfahrungen und der gebotenen finanziellen Vorteile eine weitere Verbreitung erwartet werden darf. Neuerdings ist man noch weiter bemüht, nicht allein die Beheizung, sondern auch die Versorgung mit *frischer* Luft, sei es in erwärmtem, sei es in abgekühltem Zustande, für einzelne räumlich nicht allzuweit ausgedehnte Stadtteile von Zentralstellen aus zu bewirken."

Was damals projektiert wurde, ist heute vielfach und verbessert verwirklicht. Die spießbürgerliche Engherzigkeit und Beschränktheit zuckt gern bei uns die Achsel über solche und ähnliche Pläne, obgleich wir uns auch in Deutschland in jener technischen Revolution befinden, welche die Privatküche und andere bisher in der Häuslichkeit vorgenommenen Verrichtungen geradeso überflüssig erscheinen lassen, wie es der handwerksmäßige Betrieb durch die Maschine und die moderne Technik geworden ist. Zu Anfang des neunzehnten Jahrhunderts erklärte selbst ein Napoleon die Idee, ein Schiff durch Dampf in Bewegung zu setzen, für die Idee eines Verrückten; die Idee, eine Eisenbahn zu bauen, wurde von für klug geltenden Leuten als eine Albernheit erklärt, kein Mensch könne auf solch einem Fahrzeug am Leben bleiben, weil die Raschheit des Fahrens dem Passagier den Atem benehme, und so werden noch heute eine Menge neuer Ideen ähnlich behandelt. Wer unseren Frauen vor hundert Jahren den Vorschlag gemacht hätte, das Wasserholen durch eine Wasserleitung abzunehmen, wäre der Anklage ausgesetzt gewesen, er wolle Frauen und Dienstboten zur Faulheit verleiten.

Aber die große technische Revolution ist auf allen Gebieten in vollem Marsche, nichts hält sie mehr auf, und die bürgerliche Gesellschaft hat die geschichtliche Aufgabe, diese Revolution, wie sie dieselbe ins Leben rief, auch ihrem Höhepunkt entgegenzutreiben und auf allen Gebieten die Keime zu Umgestaltungen *ans Licht zu fördern, die eine auf neuer Grundlage stehende Gesellschaft nur ins Große und Allgemeine zu entwickeln und zum Gemeingut aller zu machen hat.*

Die Entwicklung unseres sozialen Lebens geht also nicht dahin, die Frau wieder ins Haus und an den Herd zu bannen, wie unsere Häuslichkeitsfanatiker wollen und wonach sie, wie die Juden in der Wüste nach den verlorenen Fleischtöpfen Ägyptens, schreien, *sondern sie fordert das Heraustreten der Frau aus dem engen Kreise der Häuslichkeit und ihre volle Teilnahme an dem öffentlichen Leben* – zu dem man alsdann die Männer nicht mehr allein zählen wird – *und an den Kulturaufgaben der Menschheit.* Laveleye hat recht, wenn er schreibt: „In dem Maße, in welchem das, was wir Zivilisation zu bezeichnen pflegen, zunimmt, schwächen sich die Gefühle der Pietät und die Bande der Familie ab und üben weniger Einfluß auf die Handlungen der Menschen aus. Diese Tatsache ist so allgemein, daß man in derselben ein soziales Entwicklungsgesetz erblicken kann."[1] Nicht allein ist die Stellung der Frau eine andere geworden, sondern auch die Stellung von Sohn und Tochter zur Familie, die allmählich eine Selbständigkeit erlangt haben, die früher unbekannt war, namentlich in den Vereinigten Staaten, in welchen die Erziehung zur Selbständigkeit und Unabhängigkeit des einzelnen in weit höherem Grade als bei uns stattfindet. Die Schattenseiten, die auch heute diese Form der Entwicklung besitzt, sind nicht notwendig mit ihr verbunden, sie liegen in den sozialen Zuständen unserer Zeit.

[1] Das Ureigentum. Kapitel 20, Hausgemeinschaft. Leipzig 1879.

Die bürgerliche Gesellschaft ruft keine neue erfreuliche Erscheinung hervor, die nicht auch ihre dunkle Seite hat, sie ist in allen ihren Fortschritten, wie schon Fourier sehr scharfsinnig hervorhob, doppelseitig und zwieschlächtig.

Wie Laveleye erkennt auch Dr. Schäffle den veränderten Charakter der Familie unserer Zeit als Wirkung der sozialen Entwicklung an. Er sagt:

„Durch die Geschichte zieht sich allerdings die unter II. erörterte Tendenz, die Zurückbildung der Familie auf ihre *spezifischen* Funktionen, hindurch. Die Familie gibt eine provisorisch und stellvertretend gehandhabte Funktion um die andere ab, sie weicht, soweit sie bloß surrogativ in die Lücke sozialer Funktionen eingetreten war, den selbständigen Anstalten für Recht, Ordnung, Macht, Gottesdienst, Unterricht, Technik usw., sobald sich diese Anstalten ausbilden."[1]

2. *Die geistigen Fähigkeiten der Frau*

Die Frauen drängen weiter, wenn zunächst auch nur in einer Minorität und darunter nur ein Teil mit vollkommen klaren Zielen. Sie wollen nicht bloß ihre Kräfte auf dem gewerblichen und industriellen Gebiet mit jenen des Mannes messen, sie wollen nicht nur eine freiere, unabhängigere Stellung in der Familie einnehmen, sie wollen auch ihre geistigen Fähigkeiten in höheren Lebensstellungen und im öffentlichen Leben verwerten. Man macht ihnen mit Vorliebe den Einwand, daß sie dazu nicht fähig, weil von Natur nicht veranlagt seien. Die Frage der höheren Berufstätigkeit geht in der heutigen Gesellschaft nur eine kleine Zahl Frauen an, aber sie ist von prinzipieller Wichtigkeit. Die große Mehrzahl der Männer glaubt allen Ernstes, die Frauen müßten stets ihnen auch geistig untergeordnet bleiben und besäßen kein Recht auf Gleichstellung, und sie sind deshalb die entschiedensten Gegner dieser Bestrebungen.

Dieselben Männer, die nichts dagegen einzuwenden haben, daß die Frau in Beschäftigungsarten Stellung findet, von denen viele äußerst anstrengend, oft gefährlich sind, in welchen ihrer Weiblichkeit die höchste Gefahr droht, in denen sie ihre Mutterpflichten in eklatantester Weise verletzt, wollen sie von Berufen ausschließen, in welchen

[1] Bau und Leben des sozialen Körpers. 1. Band. Tübingen 1878.

diese Hemmnisse und Gefahren weit weniger vorhanden sind und die ihrer Körperverfassung weit besser zusagen.

Namentlich hat die in Deutschland reger gewordene Agitation für die Zulassung von Frauen zum Studium auf den Universitäten eine starke Gegnerschaft auf den Plan getrieben, die sich namentlich gegen ihre Zulassung zum Studium der Medizin wendet. So Pochhammer, Fehling, S. Binder, Hegar usw. v. Bärenbach glaubte namentlich die Befähigung der Frau zur Wissenschaft damit zurückweisen zu können, daß bisher unter den Frauen noch kein Genie erstanden sei und sie offenbar für das philosophische Studium unfähig seien. Hat die Welt genug männliche Philosophen, so kann sie ohne Schaden auf weibliche verzichten. Auch der Einwand, die Frauen hätten noch keine Genies hervorgebracht, ist weder stichhaltig noch beweiskräftig. Genies fallen nicht vom Himmel, sie müssen Gelegenheit zur Ausbildung und Entwicklung haben, und diese hat den Frauen bisher gemangelt, man hat sie Jahrtausende unterdrückt und ihnen Gelegenheit und Möglichkeit zur Ausbildung ihrer geistigen Kräfte genommen oder verkümmert. Sagt man, die Frauen besitzen keine Anlage zum Genie, weil man glaubt, der immerhin leidlich großen Zahl bedeutender Frauen Genie absprechen zu müssen, so ist das ebenso schief, als behauptete man, in der Männerwelt seien nicht mehr Genies vorhanden gewesen, als die man als solche betrachtet. Jeder Dorfschullehrer weiß aber, welche Menge von Fähigkeiten unter seinen Schülern nicht zur vollen Entwicklung kommt, weil die Möglichkeit ihrer Ausbildung fehlt. Ja, jeder einzelne von uns hat im Leben Menschen kennengelernt, von denen er sich sagen muß, daß, wenn sie unter glücklicheren Umständen ihre Fähigkeiten hätten entfalten können, sie Zierden des Gemeinwesens, geniale Menschen geworden wären. Die Zahl der Talente und Genies unter den Männern ist weit größer, als bisher sich offenbaren konnte. Genauso verhält es sich mit den Fähigkeiten des weiblichen Geschlechts, das seit Jahrtausenden noch weit mehr als das männliche geistig unterdrückt, gehemmt und verkrüppelt wurde. Wir haben keinen Maßstab, wonach wir genau beurteilen könnten, welche Fülle von geistigen Kräften und Fähigkeiten sich bei Männern und Frauen entwickeln, sobald diese sich unter naturgemäßen Bedingungen zu entfalten vermögen.

Heute ist es in der Menschenwelt wie in der Pflanzenwelt. Millionen kostbarer Samenkeime gelangen nicht zur Entfaltung, weil der

Boden, auf den sie fallen, ungünstig ist oder bereits okkupiert wurde und so dem jungen Pflänzlein Luft, Licht und Nahrung geraubt wird. Dieselben Gesetze wie in der Natur gelten im Menschenleben. Wenn ein Gärtner oder Landwirt von einer Pflanze behaupten wollte, dieselbe ließe sich nicht vervollkommnen, obgleich er den Versuch dazu nicht machte, so würde er von jedem seiner aufgeklärteren Nachbarn für einen Einfaltspinsel erklärt. Dasselbe geschähe, wenn er es ablehnte, eines seiner weiblichen Haustiere mit dem männlichen einer vollkommeneren Rasse zu kreuzen, um ein vollkommeneres Tier zu erhalten.

Heute gibt es keinen Bauer mehr, der so unwissend ist, nicht die Vorteile einer vernünftigen Behandlungsweise seines Pflanzen- oder Viehbestandes einzusehen — eine andere Frage ist, ob seine Mittel ihm erlauben, die bessere Methode durchzuführen —; nur in der Menschenwelt wollen selbst gelehrte Leute nicht gelten lassen, was von ihnen für die übrige Welt als unumstößliches Gesetz angesehen wird. Und doch kann jeder, ohne Naturforscher zu sein, im Leben seine lehrreichen Beobachtungen machen. Woher kommt es, daß Bauernkinder sich von Stadtkindern unterscheiden? Woher kommt es, daß Kinder der bessersituierten Klassen sich in der Regel von Kindern armer Leute in der Gesichts- wie der Körperbildung und in gewissen geistigen Eigenschaften unterscheiden? Es kommt von der Verschiedenartigkeit der Lebens- und Erziehungsbedingungen.

Die Einseitigkeit, die in der Ausbildung zu einem bestimmten Beruf liegt, drückt dem Menschen einen besonderen Charakter auf. In den meisten Fällen wird mit Leichtigkeit ein Pfarrer oder ein Schullehrer durch seine Haltung und seinen Gesichtsausdruck erkannt, ebenso ein Militär, auch wenn er im Zivilrock steckt. Ein Schuhmacher wird sehr leicht von einem Schneider, ein Tischler von einem Schlosser unterschieden. Zwei Zwillingsbrüder, die in der Jugend sich sehr ähnlich waren, werden im späteren Alter bedeutende Abweichungen zeigen, wenn die Berufsart eine ganz verschiedene ist, der eine harter Handarbeit, zum Beispiel ein Schmied, der andere dem Studium der Philosophie oblag. Vererbung auf der einen, Anpassung auf der anderen Seite spielen in der menschlichen Entwicklung so gut wie im Tierreich eine entscheidende Rolle, und zwar ist der Mensch das bieg- und schmiegsamste aller Geschöpfe. Oft genügen wenige Jahre einer anderen Lebens- und Berufsweise, um aus einem Menschen einen anderen zu machen. Veränderungen im Äußeren treten nirgends auffallender hervor, als wenn ein Mensch aus ärmlichen und kleinen Verhältnissen in wesentlich bessere versetzt wird. Seine Vergangenheit wird er vielleicht am wenigsten in seiner Geisteskultur verleugnen; das liegt daran, daß die meisten Menschen über ein gewisses Alter hinaus kein Streben nach geistiger Weiterbildung empfinden und oft auch nicht nötig haben. Ein Emporkömmling hat unter diesem Fehler selten zu leiden. In unserer Zeit, die auf Geld und materielle Mittel sieht, beugt man sich weit bereitwilliger *vor dem Manne mit großem Geldbeutel als vor dem Manne von Wissen und großen Geistesgaben, namentlich wenn dieser das Unglück hat, arm zu sein und keinen Rang zu besitzen.* Die Anbetung des goldenen Kalbes stand zu keiner Zeit höher als in unseren Tagen. Dafür leben wir „in der besten der Welten".

Das schlagendste Beispiel dafür, was grundverschiedene Lebensbedingungen und Erziehung aus dem Menschen machen, sehen wir in unseren Industriebezirken. Dort bilden schon äußerlich Arbeiter und Unternehmer einen solchen Gegensatz, als gehörten sie zwei verschiedenen Menschenrassen an. In einer fast erschreckenden Weise kam uns dieser Gegensatz anläßlich einer Wahlversammlung vor Augen, die im Winter 1877 in einer erzgebirgischen Industriestadt stattfand. Die Versammlung, in der ein Disput mit einem liberalen Professor stattfinden sollte, war so arrangiert, daß beide Parteien gleich stark vertreten waren. Den vorderen Teil des Saales hatten die Gegner eingenommen, fast ohne Ausnahme gesunde, kräftige, oft große Gestalten, im hinteren Teile des Saales und auf den Galerien standen die Arbeiter und Kleinbürger, zu neun Zehntel Weber, meist kleine, schmalbrüstige, bleichwangige Gestalten, denen Kummer und Not aus dem Gesicht sah. Die einen repräsentierten die satte Tugend und zahlungsfähige Moral der bürgerlichen Welt, die anderen die arbeitenden Bienen und Lasttiere, aus deren Arbeitsertrag die Herren so wohl aussahen. Man setze eine Generation unter gleich günstige Lebensbedingungen, und der Gegensatz wird bei der Mehrzahl verschwinden, er ist sicher bei ihren Nachkommen getilgt.

Im allgemeinen ist es bei den Frauen schwerer, ihre soziale Stellung festzustellen, als bei den Männern, sie finden sich mit großer Leichtigkeit in neue Verhältnisse und nehmen rasch höhere Lebensgewohnheiten an. Ihre Anpassungsfähigkeit ist größer als die des schwerfälligeren Mannes.

Was für die Pflanze guter Boden, Licht und Luft, sind für den Menschen gesunde soziale Verhältnisse, die ihm die Entfaltung seiner geistigen und körperlichen Anlagen gestatten. Der bekannte Satz: „Der Mensch ist, was er ißt“, drückt etwas zu einseitig einen ähnlichen Gedanken aus. Es handelt sich nicht bloß um das, was der Mensch ißt, sondern um seine ganze Lebenshaltung, um das soziale Milieu, in dem er sich bewegt, das seine körperliche und geistige Entwicklung hemmt oder fördert, sein Fühlen, sein Denken, sein Handeln in günstigem oder ungünstigem Sinne beeinflußt. Wir sehen jeden Tag, daß Menschen auch in guten materiellen Verhältnissen geistig und moralisch zugrunde gehen, weil außerhalb des engen Rahmens ihrer häuslichen oder persönlichen Verhältnisse ungünstige Einflüsse *sozialer* Natur auf sie einwirken und so übermächtigen Einfluß auf sie erlangen, daß sie in falsche Bahnen gelenkt werden. Die allgemeinen Zustände, unter denen jemand lebt, sind sogar von weit größerer Bedeutung als die in der Familie. Sind aber die sozialen Entwicklungsbedingungen für beide Geschlechter die gleichen, besteht für keines irgendeine Hemmung und ist der Sozialzustand der Gesellschaft ein gesunder, *so erhebt auch die Frau sich auf eine Höhe der Vollkommenheit ihres Wesens, von dem wir noch keine rechte Vorstellung besitzen, weil bisher ein solcher Zustand in der Entwicklungsgeschichte der Menschen fehlte.* Was zeitweilig einzelne Frauen leisteten, läßt das Beste erwarten, denn diese ragen über die Masse ihres Geschlechts ebenso bedeutend hervor wie die männlichen Genies über die Masse ihrer Geschlechtsgenossen. Mit dem Maßstab gemessen, mit dem man zum Beispiel Fürsten zu messen pflegt, haben sogar die Frauen durchschnittlich zum Regieren mehr Talent bewiesen als die Männer. Als Beispiele seien erwähnt Isabella und Blanche von Kastilien, Elisabeth von Ungarn, Katharina Sforza, Herzogin von Mailand und Imola, Elisabeth von England, Katharina von Rußland, Maria Theresia usw. Gestützt auf die Tatsache, daß Frauen unter allen Rassen und in allen Teilen der Welt ausgezeichnet regierten, selbst über die wildesten, turbulentesten Horden, veranlaßt Burbach zu der Bemerkung, *daß aller Wahrscheinlichkeit nach die Frauen sich besser für die Politik eignen würden als die Männer.*[1] Als im Jahre 1901 die Königin Viktoria von England starb, machte ein großes englisches

[1] Dr. Havelock Ellis, Mann und Weib. Autorisierte deutsche Ausgabe von Dr. Hans Kurella. S. 201. Leipzig 1894, Georg H. Wigands Verlag.

Blatt den Vorschlag, man solle in England ausschließlich die weibliche Thronfolge einführen, da die Geschichte Englands zeige, daß seine weiblichen Könige besser regierten als seine männlichen.

Mancher große Mann würde in der Geschichte bedeutend zusammenschrumpfen, wüßte man immer, was er sich selbst, was er anderen zu danken hat. Als eines der größten Genies der Französischen Revolution wird von den deutschen Geschichtsschreibern, zum Beispiel von Sybel, Graf Mirabeau angesehen. Aber die Forschung hat ergeben, daß er die Konzepte fast aller seiner Reden der bereitwilligen Hilfe einiger Gelehrten zu danken hatte, die im stillen für ihn arbeiteten und die er zu benutzen verstand. Auf der anderen Seite verdienen Erscheinungen wie eine Sappho, eine Diotima zur Zeit des Sokrates, eine Hypatia von Alexandrien, eine Madame Roland, Mary Wollstonecraft, Olympe de Gouges, Frau v. Staël, George Sand usw. die größte Hochachtung; neben ihnen erbleicht mancher männliche Stern. Was Frauen als Mütter bedeutender Männer wirkten, ist ebenfalls bekannt. Die Frauen haben geleistet, was unter den für sie im ganzen *äußerst ungünstigen* Umständen möglich war, und das berechtigt für die Zukunft zu den besten Hoffnungen. Tatsächlich hat erst die zweite Hälfte des neunzehnten Jahrhunderts begonnen, den Frauen in größerer Anzahl die Wege zu ebnen und sie zum Wettbewerb mit dem Manne auf den verschiedensten Gebieten zuzulassen. Die erlangten Resultate sind sehr zufriedenstellende.

Aber gesetzt den Fall, die Frauen wären durchschnittlich nicht so entwicklungsfähig als die Männer, es gäbe unter ihnen keine Genies und großen Philosophen, war denn dieser Umstand für die Männer maßgebend, als man ihnen, nach dem Wortlaut der Gesetze, die volle Gleichberechtigung mit den „Genies" und „Philosophen" einräumte? Dieselben Gelehrten, die der Frau die höhere Befähigung absprechen, sind geneigt, dies auch gegenüber dem Handwerker und Arbeiter zu tun. Beruft sich der Adel auf sein „blaues" Blut und seinen Stammbaum, so lächeln sie spöttisch und zucken die Achseln; aber gegenüber dem Manne niederen Standes halten sie sich für eine Aristokratie, die, was sie geworden ist, nicht den günstigeren Lebensumständen zu verdanken hat, sondern einzig dem ihnen eigentümlichen Talent. Dieselben Männer, die auf dem einen Gebiet zu den vorurteilslosesten gehören und eine geringe Meinung von jenen besitzen, die gleich ihnen nicht frei denken, sind auf anderen Gebieten, sobald es sich um ihr Standes- oder Klasseninteresse, um ihre Eitelkeit oder Eigenliebe handelt, beschränkt bis zur Borniertheit und gegnerisch gesinnt bis zum Fanatismus. Die höhere Männerwelt urteilt absprechend über die niedere und ähnlich fast die gesamte Männerwelt über die Frauen. Die Männer sehen in ihrer großen Mehrzahl in den Frauen nichts als Mittel zu ihrem Nutzen und Vergnügen, sie als *Gleichberechtigte* anzusehen, widerstrebt ihrem Vorurteil. Die Frau soll demütig und bescheiden sein, sie soll sich auf das Haus beschränken und alles übrige dem „Herrn der Schöpfung" als Domäne überlassen. Die Frau soll ihren Gedanken und Neigungen jeden denkbaren Zügel anlegen und abwarten, was ihre irdische Vorsehung, der Vater oder Gatte, über sie beschließt. Je mehr sie allen diesen Forderungen nachkommt, um so „vernünftiger, sittsamer und tugendhafter" wird sie gepriesen, mag sie als Folge ihrer Zwangsstellung unter der Last physischer und moralischer Leiden zugrunde gehen. Spricht man aber von *der Gleichheit aller Menschen*, dann ist es ein Unding, davon die Hälfte des Menschengeschlechts ausschließen zu wollen.

Die Frau hat das *gleiche* Recht wie der Mann auf Entfaltung ihrer Kräfte und auf freie Betätigung derselben; sie ist Mensch wie der Mann, und sie soll wie er die Freiheit haben, über sich zu verfügen als ihr eigener Herr. Der Zufall, als Frau geboren worden zu sein, darf daran nichts ändern. Die Frau, weil sie als Frau und nicht als Mann geboren ist – woran der Mann so unschuldig ist wie die Frau –, von der Gleichberechtigung auszuschließen ist ebenso ungerecht, als wenn Rechte und Freiheiten von dem Zufall der Religion oder der politischen Gesinnung abhängig gemacht werden, und ebenso unsinnig wie, daß sich zwei Menschen als Feinde betrachten, weil sie durch den Zufall der Geburt verschiedenen Volksstämmen oder verschiedenen Nationalitäten angehören. Das sind eines freien Menschen unwürdige Anschauungen. Der Fortschritt der Menschheit besteht darin, alles zu beseitigen, was einen Menschen von dem anderen, eine Klasse von der anderen, ein Geschlecht von dem anderen in Abhängigkeit oder Unfreiheit erhält. *Es hat keine andere Ungleichheit Berechtigung als jene, welche die Natur in der Verschiedenheit des Wesens der einzelnen und zur Erreichung des Naturzwecks schuf. Die Naturschranken wird aber kein Geschlecht überschreiten, weil es damit seinen Naturzweck vernichtete.*

3. Die Verschiedenheiten in der körperlichen und geistigen Beschaffenheit von Mann und Frau

Die Gegner der *Gleichberechtigung* der Frau mit dem Manne spielen als Haupttrumpf aus, die Frau habe ein kleineres Gehirn als der Mann, auch stehe sie in anderen Eigenschaften hinter dem Manne zurück, damit sei ihre dauernde Inferiorität (Unterbürtigkeit) bewiesen. Fest steht, daß Mann und Frau zwei Menschen verschiedenen Geschlechts sind, daß jedes dem Geschlechtszweck entsprechend besondere Organe hat und daß auf Grund der Aufgaben, die jedes Geschlecht zur Erreichung des Naturzwecks erfüllen muß, eine Reihe Verschiedenheiten in ihren physiologischen und psychischen Zuständen vorhanden sind. Das sind Tatsachen, die niemand bestreiten kann und bestreiten wird, *aber diese begründen keinen Unterschied in der sozialen oder politischen Gleichberechtigung von Mann und Frau.* Die Menschheit, die Gesellschaft besteht aus *beiden* Geschlechtern, *beide* sind für den Bestand der Fortentwicklung derselben *unentbehrlich.* Auch der genialste Mann wurde von einer Mutter geboren, der er oft das Beste, was er besitzt, verdankt. Mit welchem Recht will man also der Frau die Gleichberechtigung mit dem Manne versagen?

Die wesentlichsten Verschiedenheiten, die sich in der körperlichen und geistigen Beschaffenheit von Mann und Weib nach Anschauung hervorragender Autoritäten ergeben, sind folgende: Bezüglich der Körpergröße finden wir zum Beispiel bei Havelock Ellis 170 Zentimeter als Durchschnittsgröße für den Mann, für das Weib 160 Zentimeter (bei Vierordt 172 und 160, in Norddeutschland nach Krause 173 und 163 Zentimeter). Der Unterschied beträgt also durchschnittlich 10 bis 12 Zentimeter. Das Verhältnis der Körpergrößen ist gleich 100:93. Als rundes Gewichtsmittel kann für Erwachsene 65 bis 54 Kilogramm gelten. Das Überwiegen der relativen Rumpflänge beim weiblichen Geschlecht ist ein lange bekannter Unterschied; er wird aber, wie genaue, messende Untersuchung ergibt, zumeist beträchtlich überschätzt. Die Beine sind bei einer mittelgroßen Frau um bloß 15 Millimeter kürzer als bei einem gleichfalls mittelgroßen Manne, und Pfitzner bezweifelt, daß dieser Unterschied bei Betrachtung der Figur merklich werden könne. „Die Gliederung der Körperlänge in Stammlänge und Beinlänge wird ausschließlich durch die Statur beeinflußt und ist vom Geschlecht durchaus unabhängig." Dagegen ist der weibliche Arm ausgesprochen kürzer als der männliche (100:91,5). Abgesehen von Größe und Breite der männlichen Hand ist beim Manne der Ringfinger in der Regel länger als der Zeigefinger, bei der Frau umgekehrt. Die männliche Hand wird hierdurch affenähnlicher, wie ja auch der längere Arm ein „pithekoides" (affenähnliches) Merkmal ist.

Was die Größe des Kopfes betrifft, so läßt sich ein Verhältnis der absoluten Werte für männliche und weibliche Kopfhöhe gleich 100:94 berechnen; die relativen Kopfhöhen verhalten sich aber wie 100:100,8, was einen absolut kleineren, aber relativ etwas größeren Kopf für das Weib ergibt. Nach Pfitzner verhalten sich nun die absoluten Kopflängen wie 100:96,1. Die relative Kopflänge des Mannes aber verhält sich zu der des Weibes wie 100:103; hier wird der relativ größere Kopf des Weibes etwas deutlicher ersichtlich. Die Knochen der Frau sind kleiner, dünner, zarter gebaut und an der Oberfläche glatter, denn die schwächere Muskulatur bedarf weniger rauher Flächen zum Ansatz. Diese geringere Entwicklung der Muskulatur ist eine der hervorstechendsten Eigenschaften des Weibes; sie äußert sich in der geringeren Dicke der einzelnen Muskeln, überdies sind die Muskeln des Weibes weicher und wasserreicher. (Der Wassergehalt der Muskulatur beträgt nach v. Bibra beim Manne 72,5 Prozent, beim Weibe 74,4 Prozent.) Diesem Verhalten der Muskulatur steht ein umgekehrtes des Fettgewebes gegenüber. Es ist beim Weibe bedeutend reichlicher entwickelt als beim Manne. Der Brustkorb ist verhältnismäßig kürzer und gedrungener, andere Verschiedenheiten hängen direkt mit dem Geschlechtszweck zusammen. Die Angaben verschiedener Autoren über absolutes und relatives Gewicht der Eingeweide widersprechen sich oft sehr bedeutend. So verhält sich das Herzgewicht zum Körpergewicht beim Mann nach Vierordt wie 1:215, nach Cleudinning wie 1:158, beim Weibe nach denselben Autoren wie 1:206 bzw. 1:149. Im allgemeinen kann man wohl annehmen, daß die weiblichen Eingeweide, wenn auch meist absolut kleiner, so doch relativ, auf das Körpergewicht bezogen, schwerer sind. Das Herzgewicht des Mannes stellt sich auf 350, das der Frau auf 310 Gramm.

Für das Blut ergibt sich ein etwas größerer Wassergehalt (80,11 Prozent gegen 78,15), eine geringere Zahl von Blutzellen (Blutkörperchen) in der Raumeinheit (4,5 gegen 3 Millionen im Kubikmillimeter) und ein geringerer Gehalt an Blutfarbstoff (der Unterschied beträgt nach Ellis 8 Prozent). Bei dem Weibe bewirkt die geringere Größe des Herzens, das engere Gefäßsystem und wahrscheinlich auch der größere Wassergehalt des Blutes einen weniger intensiven Stoffverbrauch und eine geringere Ernährung. Auch der schwächere Kieferapparat mag hieraus verständlich werden. „So erklärt es sich, daß auch der zivilisierte Mann noch in manchem dem Tiere, besonders dem Affen, nähersteht als das Weib, daß er ‚pithekoide' Charaktere aufweist, zu denen außer der Entwicklung des Gesichtsskeletts auch die Länge der Gliedmaßen genannt werden kann."

Was die Schädelunterschiede der Geschlechter betrifft, so muß gleich hervorgehoben werden, daß nach Bartels ein durchgreifendes, in jedem einzelnen Falle nachweisbares Merkmal für die Zugehörigkeit eines Schädels zu einem der beiden Geschlechter bisher nicht bekannt ist und wohl überhaupt nicht existiert. Absolut genommen ist der männliche Schädel in sämtlichen Dimensionen größer als beim Weibe. Dementsprechend ist auch der Schädelinnenraum und das Gewicht größer (Verhältnis 1000:888). Die gesonderte Betrachtung von Hirn- und Gesichtsschädel führt aber zu etwas anderen Ergebnissen. Der letztere ist beim Manne nicht nur absolut, sondern auch relativ größer. Dagegen sind die Dimensionen des Hirnschädels beim Weibe durchweg relativ größer. Auch aus den Zahlen für den Schädelinhalt ergibt sich ein relativ größerer Schädel für das Weib.

Als Mittelzahl für sämtliche normale Gehirne erwachsener Personen ergibt sich für den Mann (nach Grosser) ein Gewicht von 1388 Gramm, für das Weib von 1252 Gramm.[1] Die überwiegende Mehrzahl der Gewichte für das männliche Geschlecht (84 Prozent) liegt zwischen 1250 und 1550, für das weibliche (91 Prozent) zwischen 1100 und 1450 Gramm. Diese Gewichte sind aber nicht direkt vergleichbar, da das Weib kleiner ist als der Mann. Wir sind also auf Feststellung des relativen Hirngewichts angewiesen. Beim Vergleich mit dem Körpergewicht entfallen beim Manne 21,6 Gramm, beim Weibe 23,6 Gramm Hirnsubstanz auf das Kilogramm Körpergewicht.

[1] Es wiegt im Durchschnitt nach

	männliches Gehirn	weibliches Gehirn
Bischoff (Bayern)	1362	1219
Boyd (England)	1325	1183
Marchand (Hessen)	1399	1248
Retzius (Schweden)	1388	1252

Die Erklärung für das Überwiegen wird hauptsächlich in der Tatsache gesucht, daß die weibliche Statur kleiner ist.[1]

Andere Resultate gibt der Vergleich von gleich großen Individuen verschiedenen Geschlechts. Nach Marchand ist das weibliche Hirngewicht für alle Größenklassen ausnahmslos geringer als das gleich großer Männer. Aber dies Verfahren ist ebensowenig korrekt wie der Vergleich mit der Körperlänge. Er setzt voraus als bewiesen, was noch zu beweisen ist: eine direkte Beziehung zwischen Körperlänge und Hirngewicht. Blakeman, Alice Lee und Karl Pearson haben auf Grund englischer Daten und Messungen festgestellt, daß im Hirngewicht kein merklicher relativer Unterschied zwischen Mann und Weib besteht, das heißt, ein Mann mit gleicher Körpergröße, Lebensalter und Kopfmaßen wie das Durchschnittsweib würde von diesem keine Differenz im Hirngewicht zeigen.[2]

Sogar Marchand hebt hervor, daß die Kleinheit des weiblichen Gehirns vielleicht durch größere Feinheit seiner Nervenelemente bedingt ist. „Allerdings", sagt Grosser, „ist dies noch nicht mikroskopisch nachgewiesen und würde auch nur schwer festzustellen sein. Doch muß im Wege der Analogie darauf hingewiesen werden, daß ja auch Augapfel und Ohrlabyrinth beim Weibe etwas kleiner sind als beim Manne, ohne daß deswegen diese Apparate in irgendeiner Hinsicht weniger fein und leistungsfähig wären. Ein weiterer, ja wohl der Hauptgrund für eine wirklich geringere Entwicklung des weiblichen Gehirnes liegt in dem Umstand, daß die weibliche Muskulatur schwächer entwickelt ist."[3]

Soweit die angegebenen Verschiedenheiten auf der Natur des Geschlechtsunterschieds beruhen, sind sie selbstverständlich nicht zu ändern. Wieweit diese Verschiedenheiten in der Blut- und Gehirnverfassung durch andere Lebensweise (Ernährung, geistige und physische Gymnastik, Beschäftigungsweise usw.) sich modifizieren lassen, ent-

[1] „Geniale Männer sind in der Regel von kleiner Statur und massigem Gehirn, das sind auch die beiden Hauptmerkmale des Kindes, und ihr allgemeiner Gesichtsausdruck wie ihr Temperament erinnern an das Kind." Havelock Ellis, Mann und Weib. S. 392. 1894.

[2] J. Blakeman, Alice Lee und K. Pearson, A Study of the biometric constants of english Brainweights. Biometrika 1905. Vol. IV.

[3] Privatdozent Dr. Otto Grosser, Der Körperbau des Weibes in „Mann und Weib". Herausgegeben von Professor Dr. Koßmann in Berlin und Dr. S. Waliß in Wien. S. 40. Stuttgart 1907.

zieht sich zunächst jedem bestimmten Urteil. *Daß die Frau der heutigen Zeit sich in stärkerer Differenzierung vom Manne befindet als die Frau der Urzeit oder Frauen rückständigerer Völker, scheint festzustehen und ist nach der sozialen Entwicklung, welche die letzten 1000 bis 1500 Jahre unter den Kulturvölkern für die Frau hervorriefen, nur zu erklärlich.*

Nach Havelock Ellis betrug die Schädelkapazität des Weibes (die des Mannes mit 1000 angenommen):

Neger	984	Russen	884
Hottentotten	951	Deutsche	838 bis 897[1]
Hindu	944	Chinesen	870
Eskimo	931	Engländer	860 bis 862
Holländer	919 (909)	Pariser (19. Jahr)	858

Die widersprechenden Angaben bei den Deutschen zeigen, daß die Messungen an sehr verschiedenem Material – quantitativ und qualitativ – vorgenommen worden sind und daher nicht absolut zuverlässig sind. Eines aber geht sicher aus den Zahlen hervor. Neger-, Hottentotten-, Hindufrauen haben eine erheblich größere Schädelkapazität als Deutsche, Engländerinnen und Pariserinnen, und doch sind die letzteren sämtlich intelligenter.

Bei der Vergleichung des Hirngewichtes bekannter verstorbener Männer stellen sich ähnliche Widersprüche und Seltsamkeiten heraus. Nach Professor Reclam wog das Gehirn des Naturforschers Cuvier 1830 Gramm, das Byrons 1807, das des berühmten Mathematikers Gauß 1492, des Philologen Hermann 1358, des Pariser Präfekten Hausmann 1226 Gramm. Letzterer hatte ein Hirn, das unter dem Durchschnittsgewicht eines weiblichen Gehirns wog. Auch das Gehirn Gambettas wog erheblich unter allem Durchschnitt weiblicher Gehirne, es war nur 1180 Gramm schwer. Auch Dante soll ein Gehirn gehabt haben, das unter dem Durchschnittsgewicht eines Männerhirnes lag. Angaben ähnlicher Art finden wir bei Havelock Ellis. Danach hatte ein gewöhnliches Individuum, dessen Hirn Bischoff wog, 2222 Gramm, das Hirn des Dichters Turgenjew 2012 Gramm, dagegen war das drittgrößte Hirn das eines Narren aus der Grafschaft Hants; das Hirn eines gewöhnlichen Arbeiters wog 1925 Gramm, das

[1] Nach fünf verschiedenen Autoren 838, 864, 878, 883, 897. Für Preußen (Kupfer) 918, für Bayern (Rause) 893.

ebenfalls Bischoff untersuchte. Die schwersten Frauenhirne wogen zwischen 1742 und 1580 Gramm, zwei von diesen rührten von geisteskranken Frauen her. Auf dem deutschen Anthropologenkongreß, der im August 1902 zu Dortmund stattfand, konstatierte Professor Waldeyer, daß eine Untersuchung des Schädels des im Jahre 1716 verstorbenen Philosophen Leibniz ergeben habe, daß dessen Inhalt nur 1450 Kubikzentimeter beträgt, was einem Hirngewicht von 1300 Gramm entspricht. Nach Hansemann, der die Gehirne von Mommsen, Bunsen und Adolph v. Menzel untersucht hatte, wog das Gehirn Mommsens 1429,4 Gramm und war also nicht schwerer als das mittlere Gehirngewicht eines erwachsenen Mannes. Menzels Gehirn wog nur 1298 Gramm und Bunsens noch weniger – 1295 Gramm, also niedriger als das Durchschnittsgewicht und nicht bedeutend größer als das Gehirngewicht einer Frau. Das sind frappante Tatsachen, welche die alte Auffassung, daß die geistigen Fähigkeiten nach dem Schädelinhalt bemessen werden könnten, vollständig über den Haufen werfen.

Raymond Pearl kommt nach einer Untersuchung der englischen Daten zu folgendem Schlusse: „Es gibt keinen Beweis, daß zwischen den geistigen Fähigkeiten und dem Gehirngewicht engere Beziehungen vorhanden sind.“[1]

Der englische Anthropologe W. Duckworth sagt: „Es gibt keinen bestimmten Beweis, daß bei den Menschen ein großes Hirngewicht von hohen geistigen Fähigkeiten begleitet ist Weder das Hirngewicht, weder die Schädelkapazität noch der Kopfumfang, wo sie festgestellt werden konnten, sind als Gradmesser der geistigen Fähigkeiten von irgendwelchem Nutzen.“[2]

Kohlbrügge, der in den letzten Jahren mit einer Reihe von Untersuchungen über Gehirne der Menschenrassen hervorgetreten ist, äußert: „Intelligenz und Gehirngewicht sind zwei ganz voneinander unabhängige Größen. Auch das oft hervorgehobene höhere Gehirngewicht berühmter Männer wird als nicht beweiskräftig zurückgewiesen, weil es wohl das mittlere allgemeine Gehirngewicht übertrifft, aber nicht das der oberen gesellschaftlichen Klasse, zu welcher doch alle diese Männer gehörten. Mit diesen Ausführungen soll aber nicht

---

[1] Raymond Pearl, Variation or Correlation in brainweight. Biometrika. Vol. IV, June 1905, S. 83.

[2] W. Duckworth, Morphology and Anthropology. S. 421 bis 422. Cambridge 1904.

bestritten werden, daß das Gehirngewicht besonders durch übermäßigen Arbeitsreiz in der Jugend zunehmen kann, wodurch das größere Gehirn der höheren Gesellschaftsklasse oder der besseren Schüler (Schädelkapazität) sich erklären ließe, zumal wenn, wie bei bessersituierten Leuten Regel ist, Überernährung hinzutritt. Diese durch geistige Überanstrengung hervorgerufene Gewichtszunahme hat bekanntlich auch ihre Schattenseite: Gehirne von Irren sind häufig sehr schwer. Hauptsache ist, daß nicht nachgewiesen werden kann, daß Intelligenz (ganz etwas anderes als Arbeitsleistung) irgendwelche Beziehungen zum Gewicht hat. Auch für die äußere Formbildung gilt, daß bisher keine Beziehungen zwischen bestimmten Formen und höherer geistigen Ausbildung, Genialität oder Intelligenz nachgewiesen werden konnten."[1]

Es steht also fest, daß sowenig wie die Körpergröße einen Schluß auf die Körperkraft zuläßt, ebensowenig gestattet das Gewicht der Gehirnmasse einen Schluß auf die geistigen Fähigkeiten. Die großen Säugetiere, Elefant, Walfisch, Delphin usw., besitzen größere und schwerere Gehirne. In bezug auf das relative Hirngewicht übertreffen sie die meisten Vögel und kleinen Säugetiere. Wir haben sehr kleine Tiere (Ameisen, Bienen), die an Intelligenz weit größere (zum Beispiel Schaf, Kuh) übertreffen, ebenso wie oft Menschen von großer Gestalt an Geistesfähigkeit weit hinter solchen von kleiner und unscheinbarer Gestalt zurückstehen. Es kommt mit größter Wahrscheinlichkeit weniger auf die Gehirnmasse an, als *auf die Gehirnorganisation und auf die Übung und Anwendung der Gehirnkräfte*.

„Es ist meiner Ansicht nach" – sagt Professor L. Stieda – „der feinere Bau der Hirnrinde die unzweifelhafte Ursache für die Verschiedenheit der psychischen Funktionen: die Nervenzellen, die Zwischensubstanz, die Anordnung der Blutgefäße, die Beschaffenheit, Form, Größe, Anzahl der Nervenzellen und nicht zu vergessen ihre Ernährung, der Stoffwechsel in ihnen."[2]

Das Gehirn muß, wenn es seine Fähigkeiten voll entwickeln soll, so gut wie jedes andere Organ fleißig geübt und entsprechend genährt

---

[1] Kohlbrügge, Untersuchungen über Großhirnfurchen der Menschenrassen. Zeitschrift für Morphologie und Anthropologie. 1. Band, 3. Heft, S. 598. Stuttgart 1908.

[2] L. Stieda, Das Gehirn eines Sprachkundigen. Zeitschrift für Morphologie und Anthropologie 1907. 11. Band, 1. Heft, S. 135.

werden; unterbleibt dieses oder wird die Ausbildung nach falscher Richtung unternommen, so tritt statt normaler Entwicklung nicht nur Hemmung, sondern geradezu Verkrüppelung ein. Die eine Richtung wird auf Kosten der anderen gefördert.

Es gibt mehrere Anthropologen, wie Manouvrier und andere, die sogar beweisen, daß das Weib in morphologischer Beziehung höher steht als der Mann. Das ist eine Übertreibung. „Wenn wir die beiden Geschlechter vergleichen" – sagt Duckworth –, „so stellt sich heraus, daß es keinen konstanten Unterschied gibt, der ein Geschlecht in morphologischer Beziehung höher erscheinen läßt als das andere."[1]

Havelock Ellis will nur eine Beschränkung gelten lassen. Er glaubt, daß die Variationsbreite der Merkmale beim weiblichen Geschlecht geringer ausfällt als beim männlichen. Aber Karl Pearson hat in einer Gegenkritik ausführlich bewiesen, daß es nur ein pseudowissenschaftlicher Aberglaube ist.[2]

Niemand, der einigermaßen die Geschichte der Frauenentwicklung kennt, wird aber bestreiten, daß seit Jahrtausenden an der Frau stark gesündigt wurde und noch gesündigt wird. Wenn dagegen Professor Bischoff behauptet, die Frau habe so gut als der Mann ihr Gehirn und ihre Intelligenz ausbilden können, so zeigt diese Behauptung in bezug auf den erörterten Gegenstand ein unerlaubtes und unerhörtes Maß von Ignoranz. Die in dieser Schrift gegebene Darstellung über die Stellung der Frau im Laufe unserer Kulturentwicklung läßt es vollkommen erklärlich erscheinen, daß die Jahrtausende währende Herrschaftsstellung des Mannes wesentlich die großen Unterschiede in der geistigen und physischen Entwicklung verschuldete.

Unsere Naturforscher sollten anerkennen, daß die Gesetze ihrer Wissenschaft auch voll auf den Menschen anzuwenden sind. Vererbung und Anpassung gelten für den Menschen wie für jedes andere Naturwesen. Macht aber der Mensch keine Ausnahme in der Natur, so muß auch die Entwicklungslehre auf ihn angewandt werden, wodurch sonnenklar wird, was sonst trübe und dunkel bleibt und dann Gegenstand wissenschaftlicher Mystik oder mystischer Wissenschaft wird.

Entsprechend der verschiedenen Erziehung der Geschlechter – wenn

---

[1] Duckworth, a. a. O., S. 422.

[2] K. Pearson, Variation in Man and Woman in Chances of death. 1. Band, S. 376. London 1897.

diese Bezeichnung für einen großen Teil der Vergangenheit, namentlich für die Frau erlaubt und der Ausdruck Aufziehung nicht richtiger ist – hat sich auch die Gehirn*bildung* bei den Geschlechtern entwickelt. Die Physiologen sind einig darüber, daß die Hirnpartien, die den Verstand beeinflussen, in den vorderen Partien des Gehirns liegen, und diejenigen, die vorzugsweise das Gefühls- und Gemütsleben beeinflussen, im Mittelkopf zu suchen sind. Bei dem Manne ist der Vorderkopf, bei der Frau der Mittelkopf mehr entwickelt. *Demgemäß hat sich der Schönheitsbegriff für Mann und Frau gebildet.* Nach dem griechischen Schönheitsbegriff, der noch heute maßgebend ist, *soll die Frau eine schmale, der Mann eine hohe und namentlich breite Stirne haben.* Und dieser Schönheitsbegriff, der ein Ausdruck ihrer Erniedrigung ist, ist unseren Frauen so eingeprägt, daß sie eine höhere Stirne als eine Unschönheit betrachten, und die Natur durch die Kunst zu verbessern suchen, indem sie sich die Haare über die Stirne ziehen, damit sie niedriger erscheint.

4. Der Darwinismus und der Zustand der Gesellschaft

Es ist also nicht erwiesen, daß die Frauen infolge ihrer Gehirnmasse gegenüber den Männern unterbürtig sind, demnach braucht man sich nicht zu wundern, daß gegenwärtig die Frauen geistig sind, wie sie sind. Darwin hat sicher recht, zu sagen, daß eine Liste der ausgezeichnetsten Männer in Poesie, Malerei, Skulptur, Musik, Wissenschaft und Philosophie neben einer gleichen Liste der ausgezeichnetsten Frauen auf diesen Gebieten nebeneinander gestellt, keinen Vergleich miteinander aushalten. Aber kann es anders sein? *Verwunderlich würde sein, wenn es nicht so wäre.* Deshalb antwortet auch Dr. Dodel-Zürich[1], daß dies sich anders verhalten würde, wenn eine Reihe von Generationen hindurch Frauen und Männer gleichmäßig erzogen und in der Ausübung jener Künste und Disziplinen unterwiesen würden. Die Frau ist durchschnittlich genommen auch physisch schwächer als der Mann, was bei vielen wilden Völkern keineswegs der Fall ist.[2] Was Übung und Erziehung von Jugend auf vermögen, sieht

[1] Die neuere Schöpfungsgeschichte.

[2] Belege hierfür gibt, wie schon erwähnt, Dr. Havelock Ellis in seinem mehrfach zitierten Buche. Danach ist die Frau bei vielen wilden und halbwilden Völ-

man zum Beispiel an Zirkusdamen und Akrobatinnen, die an Mut, Waghalsigkeit, Gewandtheit und Körperkraft das Erstaunlichste leisten.

Da eine solche Entwicklung Sache der Lebensbedingungen und der Erziehung, naturwissenschaftlich derb ausgedrückt der „Züchtung" ist, darf als sicher angenommen werden, daß das physische und geistige Leben der Menschen zu den schönsten Resultaten führt, sobald der Mensch *zweck- und zielbewußt in seine Entwicklung eingreift.*

Wie Pflanzen und Tiere von ihren Existenzbedingungen abhängen, günstige sie fördern, ungünstige sie hemmen und Zwangsverhältnisse sie nötigen, ihr Wesen und ihren Charakter zu ändern, vorausgesetzt, daß sie unter deren Einwirkung nicht zugrunde gehen, so ergeht es auch dem Menschen. Die Art und Weise, wie der Mensch seine Existenz gewinnt und erhält, beeinflußt nicht nur sein äußeres Wesen, sondern auch sein Fühlen, sein Denken und Handeln. Sind ungünstige Existenzbedingungen der Menschen – das heißt Mangelhaftigkeit des Sozialzustandes – Ursache mangelhafter individueller Entwicklung, so folgt daraus, daß durch Veränderung seiner Existenzbedingungen, das heißt seines Sozialzustandes, der Mensch selbst verändert wird. Es handelt sich also darum, die sozialen Zustände in der Weise zu gestalten, daß jeder Mensch die Möglichkeit zur vollen, ungehinderten Entwicklung seines Wesens erhält, daß die Gesetze der Entwicklung und Anpassung, die nach Darwin mit der Bezeichnung des Darwinismus belegt werden, zweck- und zielbewußt für alle Menschen zur Wirksamkeit kommen. Das ist aber nur möglich im Sozialismus.

Die Menschen müssen als denkende und erkennende Wesen ihre Lebensbedingungen, das heißt ihre sozialen Zustände und alles, was damit zusammenhängt, zielbewußt ändern und vervollkommnen, und zwar dergestalt, daß für alle gleich günstige Daseinsbedingungen vorhanden sind. Jeder einzelne soll seine Anlagen und Fähigkeiten zu seinem eigenen wie zum Wohle der Gesamtheit entwickeln können, er darf aber nicht die Macht haben, anderen oder der Gesamtheit zu schaden. Sein eigener Vorteil und derjenige aller sollen sich decken.

---

kerschaften an physischer Kraft und Körpergröße dem Manne nicht nur gleich, sondern zum Teil überlegen. Dagegen stimmt Ellis auch darin mit anderen überein, daß infolge unserer Kulturentwicklung sich der Unterschied in dem Schädelinhalt beider Geschlechter fortschreitend gesteigert habe.

Die Interessenharmonie muß an Stelle der Interessengegensätze treten, die heute die Gesellschaft beherrschen.

Der Darwinismus ist wie jede wirkliche Wissenschaft eine eminent demokratische Wissenschaft[1]; behauptet ein Teil seiner Vertreter das Gegenteil, so weiß dieser die Tragweite seiner eigenen Wissenschaft nicht zu beurteilen. Die Gegner, insbesondere die Geistlichkeit, die stets eine feine Nase hat, sobald es sich für sie um Vorteile oder Schaden handelt, haben das begriffen, und deshalb denunzieren sie den Darwinismus als sozialistisch oder atheistisch. Hierin stimmt auch Professor *Virchow* mit seinen heftigsten Gegnern überein, der auf der Naturforscherversammlung in München im Jahre 1877 gegen Professor *Haeckel* austrumpfte: „Die Darwinsche Theorie führt zum Sozialismus."[2] Virchow versuchte den Darwinismus zu diskreditieren, weil Haeckel die Aufnahme der Entwicklungslehre in den Schulplan verlangte. Die Naturwissenschaft im Sinne Darwins und der neueren Naturforschung in der Schule zu lehren, dagegen kämpft alles, was an der gegenwärtigen Ordnung der Dinge festhalten will. Man kennt die revolutionäre Wirkung dieser Lehren, deshalb das Verlangen, sie nur im Kreise der Auserwählten gelehrt zu sehen. Wir denken aber: Führen die Darwinschen Theorien zum Sozialismus, wie Virchow behauptet, so beweist das nichts gegen diese Theorien, sondern für den Sozialismus. Männer der Wissenschaft dürfen nicht danach fragen, ob die

[1] „Die Halle der Wissenschaft ist der Tempel der Demokratie." Buckle, Geschichte der Zivilisation in England. 2. Band, 2. Teil, 4. Auflage. Übersetzt von A. Ruge. Leipzig und Heidelberg 1870.

[2] Ziegler, a. a. O., S. 11 und 12, bestreitet, daß dies der Sinn der Virchowschen Ausführungen sei. Aber seine eigene Angabe der Ausführungen Virchows bestätigt es. Virchow sagte: „Nun stellen Sie sich einmal vor, wie sich *die Deszendenztheorie heute schon im Kopfe eines Sozialisten darstellt!* (Heiterkeit.) Ja, meine Herren, das mag manchem lächerlich erscheinen, aber es ist sehr ernst, und ich will hoffen, daß die Deszendenztheorie für uns nicht *alle die Schrecken bringen möge, die ähnliche Theorien wirklich im Nachbarlande angerichtet haben. Immerhin hat auch diese Theorie, wenn sie konsequent durchgeführt wird, ihre ungemein bedenkliche Seite, und daß der Sozialismus mit ihr Fühlung genommen hat, wird Ihnen hoffentlich nicht entgangen sein. Wir müssen uns das ganz klarmachen.*" Nun, wir haben getan, was Virchow fürchtete, wir haben die Konsequenzen der Darwinschen Theorien gezogen, die Darwin selbst und ein großer Teil seiner Anhänger entweder nicht oder falsch gezogen haben. Und Virchow warnt vor der Bedenklichkeit dieser Lehren, weil er voraussah, daß der Sozialismus Konsequenzen daraus ziehen werde *und müsse, die in denselben liegen.*

Konsequenzen einer Wissenschaft zu dieser oder jener Staatseinrichtung, zu diesem oder jenem Sozialzustand führen oder ihn rechtfertigen, sie haben zu prüfen, ob die Theorien richtig sind, *und sind sie das, so sind sie mit allen Konsequenzen anzunehmen.* Wer anders handelt, sei es aus persönlichem Vorteil, sei es wegen Gunst von oben, oder aus Klassen- oder Parteiinteresse, handelt verächtlich und macht der Wissenschaft keine Ehre. Die Vertreter der zünftigen Wissenschaft, insbesondere an unseren Universitäten, können allerdings nur in seltenen Fällen auf Selbständigkeit und Charakter Anspruch machen. Die Furcht, die Pfründe zu verlieren, an Gunst von oben einzubüßen, auf Titel, Orden und Beförderung Verzicht leisten zu müssen, veranlaßt die meisten dieser Vertreter, sich zu ducken und ihre Überzeugungen zu verbergen oder gar öffentlich das Gegenteil von dem zu sagen, was sie glauben und wissen. Wenn ein Du Bois-Reymond gelegentlich einer Huldigungsfeier an der Berliner Universität 1870 ausrief: „Die Universitäten sind die Erziehungsstätten für die geistige Leibwache der Hohenzollern", dann kann man beurteilen, wie die Mehrzahl der übrigen über den Zweck der Wissenschaft denkt, die an Bedeutung tief unter Du Bois-Reymond steht.[1] Die Wissenschaft wird zur dienenden Magd der Gewalt herabgewürdigt.

Es ist erklärlich, daß Professor Haeckel und seine Anhänger, Professor O. Schmidt, v. Hellwald und andere, sich energisch gegen den entsetzlichen Vorwurf wehren, der Darwinismus arbeite dem Sozialismus in die Hände, und behaupten, das Gegenteil sei richtig, der Darwinismus sei aristokratisch, indem er lehre, daß überall in der Natur das höher organisierte und stärkere Lebewesen das niedere unterdrücke. Und da, nach ihnen, die besitzenden und gebildeten Klassen diese höher organisierten und stärkeren Lebewesen innerhalb der Gesellschaft darstellten, so betrachten sie deren Herrschaft als selbstverständlich, weil naturgesetzlich berechtigt.

Diese Richtung unter unseren Darwinianern hat keine Ahnung von den wirtschaftlichen Gesetzen, welche die bürgerliche Gesellschaft beherrschen, deren blinde Herrschaft weder den Besten noch den Geschicktesten, noch den Tüchtigsten auf die gesellschaftliche Höhe erhebt, oft aber den *Geriebensten* und *Verdorbensten* und diesen in die

[1] Du Bois-Reymond hat, mit Hinweis auf frühere Angriffe gegen ihn, den zitierten Satz im Februar 1883, bei der Geburtstagsfeier Friedrichs des Großen, wiederholt.

Lage setzt, die Daseins- und Entwicklungsbedingungen für seine Nachkommen zu den angenehmsten zu machen, ohne daß diese dafür einen Finger zu krümmen brauchen. Unter keinem Wirtschaftssystem besitzen, durchschnittlich genommen, Individuen mit menschlich guten und edlen Eigenschaften so wenig Aussicht auf Emporkommen und Obenbleiben als unter der kapitalistischen Wirtschaftsordnung. Man kann ohne Übertreibung sagen, diese Unwahrscheinlichkeit wächst, wie dieses Wirtschaftssystem seinem Höhepunkt entgegenstrebt. Rücksichtslosigkeit und Gewissenlosigkeit in der Wahl und Anwendung der Mittel sind unendlich wirksamere, mehr Erfolg versprechende Waffen als alle menschlichen Tugenden zusammengenommen. Und eine auf solcher Basis aufgebaute Gesellschaft als eine Gesellschaft „der Fähigsten und Besten" anzusehen, das kann nur jemand, dessen Kenntnis von dem Wesen und der Natur dieser Gesellschaft gleich Null ist oder der, von bürgerlichen Vorurteilen beherrscht, in bezug auf sie das Denken und das Schlüsseziehen verlernt hat. Der Kampf ums Dasein ist bei allen Organismen vorhanden, ohne Einsicht in die Umstände, die sie dazu nötigen, er vollzieht sich ihnen unbewußt. Dieser Kampf ums Dasein ist auch in der Menschenwelt, unter den Gliedern jeder Gesellschaft vorhanden, in der die Solidarität verschwand oder noch nicht zur Geltung kam. Dieser Kampf ums Dasein ändert sich nach den Formen, welche im Laufe der Entwicklung die sozialen Beziehungen der Menschen untereinander nehmen; er nimmt den Charakter von Klassenkämpfen an, die sich auf immer höherer Stufenleiter abspielen. Aber diese Kämpfe führen – und darin unterscheiden sich die Menschen von allen anderen Wesen – zu immer höherer Einsicht in das Wesen der Gesellschaft und schließlich zur Erkenntnis der Gesetze, welche ihre Entwicklung beherrschen und bedingen. *Schließlich haben die Menschen nur nötig, diese Erkenntnis auf ihre politischen und sozialen Einrichtungen anzuwenden und diese entsprechend umzuformen.* Der Unterschied zwischen Mensch und Tier ist also, daß *der Mensch ein denkendes Tier genannt werden kann, das Tier aber kein denkender Mensch ist.* Das begreift ein großer Teil unserer Darwinianer in ihrer Einseitigkeit nicht. Daher der falsche Zirkelschluß, den sie machen.[1]

---

[1] Aus der Feder des Professors Enrico *Ferri* rührt eine Schrift, betitelt „Sozialismus und moderne Wissenschaft, Darwin-Spencer-Marx" (übersetzt und ergänzt von Dr. Hans Kurella. Leipzig 1895, Georg H. Wigands Verlag), in welcher

Professor Haeckel und seine Anhänger bestreiten auch, daß der Darwinismus zum Atheismus führe, und so machen sie, nachdem sie durch alle ihre wissenschaftlichen Ausführungen und Beweise den „Schöpfer" *beseitigt* haben, krampfhafte Versuche, ihn durch die Hintertür hereinzuschmuggeln. Zu diesem Zwecke bildet man sich seine eigene Art von „Religion", die man „höhere Sittlichkeit", „sittliche Prinzipien" usw. nennt. Professor Haeckel machte 1882 auf der Naturforscherversammlung in Eisenach in Gegenwart der großherzoglich Weimarschen Familie den Versuch, nicht nur die Religion zu retten, sondern auch seinen Meister Darwin als religiös hinzustellen. Der Versuch scheiterte, wie jeder, der jenen Vortrag und den dabei zitierten Brief Darwins gelesen, bestätigen wird.[1] Der Brief Darwins besagte das Gegenteil von dem, allerdings in vorsichtigen Ausdrücken, was er nach Professor Haeckel besagen sollte. Darwin mußte Rücksicht auf die „Frömmigkeit" seiner Landsleute, der Engländer, nehmen, deshalb wagte er nie, öffentlich über die Religion seine wahre

---

er speziell *Haeckel* gegenüber nachweist, daß Darwinismus und Sozialismus in vollkommener Harmonie sich befinden und es ein Grundirrtum Haeckels ist — wie er das bis in die neueste Zeit getan —, den Darwinismus als *aristokratisch* zu charakterisieren. Wir sind mit Ferris Schrift nicht allenthalben einverstanden und teilen insbesondere nicht seinen Standpunkt in Beurteilung der Eigenschaften der Frau, indem er wesentlich auf dem Standpunkt von Lombroso und Ferrero steht. *Ellis* hat in seinem „Mann und Weib" nachgewiesen, daß, wenn die Eigenschaften von Mann und Frau verschiedenartige sind, sie doch *gleichwertige* seien — eine Bestätigung des Kantschen Ausspruchs, daß Mann und Frau *zusammen* erst den Menschen bilden. Nichtsdestoweniger kommt die Ferrische Schrift ganz apropos, nur hätte sich ihr Übersetzer ersparen können, in einer Note auf S. 10 bei der Erwähnung Zieglers „von den leichtfertigen Behauptungen Bebels" zu sprechen. Diese „Leichtfertigkeit" nachzuweisen, dürfte Herrn Kurella schwerfallen, und recht *leichtfertig* angebracht ist diese Note bei Sätzen Ferris, mit welchen wir *vollkommen* übereinstimmen.

[1] Professor Haeckel veröffentlichte in Nr. 8 der „Zukunft" (Berlin 1895) einen Artikel über die dem Reichstag vorliegende Umsturzvorlage, an dessen Schluß er unter anderem bemerkt: „Ich bin gewiß kein Freund des Herrn Bebel, der mich wiederholt angegriffen und unter anderem in seinem Buche über die Frau geradezu *verleumdet* hat." Der Vorwurf, den Herr Haeckel mir hier macht, ist der *stärkste*, den man jemand machen kann, er bedeutet — was Professor Haeckel nicht zu wissen scheint —, man habe *wider besseres Wissen* Angriffe gemacht. Ich bin mir nicht bewußt, das getan zu haben, und muß abwarten, daß Professor Haeckel seine Behauptung beweist; solange er das nicht tut, weise ich sie als *leichtfertig* zurück.

Der Verfasser

Meinung zu sagen. Aber privatim tat er dieses, wie kurz nach der Weimarer Versammlung bekannt wurde, gegenüber Dr. L. Büchner, dem er mitteilte, *daß er seit seinem vierzigsten Lebensjahr – also seit 1849 – nichts mehr glaube, weil er keine Beweise für den Glauben habe erlangen können.* Darwin unterstützte auch in den letzten Jahren seines Lebens eine in New York erscheinende atheistische Zeitung.

5. Die Frau und die freien Berufe

Die Frauen sollen auch auf geistigem Gebiet den Wettkampf mit dem Manne aufnehmen; sie haben nicht zu warten, bis es den Männern beliebt, ihre Gehirnfunktionen zu entwickeln und ihnen freie Bahn zu schaffen. Diese Bewegung ist in vollem Fluß. Schon haben die Frauen viele Hindernisse hinweggeräumt und sich in die geistige Arena begeben – in einer Reihe von Ländern mit besonderem Erfolg. Die Bewegung, die sich unter ihnen für die Zulassung zum Studium auf Universitäten und Hochschulen und zu den diesem Studium entsprechenden Wirkungskreisen immer mehr bemerkbar macht, ist nach der Natur unserer Verhältnisse auf die bürgerlichen Frauenkreise beschränkt. Die proletarischen sind dabei nicht direkt interessiert, denn ihnen sind vorläufig diese Studien und die auf Grund derselben zugängigen Stellungen verschlossen. Gleichwohl ist diese Bewegung und ihr Erfolg von allgemeinem Interesse. Einmal handelt es sich um eine prinzipielle Forderung, welche die Stellung der Frau im allgemeinen gegenüber der Männerwelt betrifft, dann soll bewiesen werden, was die Frauen schon gegenwärtig, unter im ganzen für ihre Entwicklung höchst ungünstigen Verhältnissen, zu leisten vermögen. Weiter haben die Frauen ein Interesse, zum Beispiel in Krankheitsfällen von Ärzten ihres Geschlechtes, welchen sie sich ungenierter anvertrauen als männlichen, behandelt zu werden, falls sie dies für notwendig erachten. Für einen großen Teil unserer Frauen sind weibliche Ärzte eine Wohltat, denn der Umstand, daß sie sich in Krankheitsfällen und in ihren so verschiedenartigen, mit dem Geschlechtszweck zusammenhängenden körperlichen Störungen Männern anvertrauen sollen, hindert sie häufig, rechtzeitig oder überhaupt ärztliche Hilfe in Anspruch zu nehmen. Daraus entstehen eine Menge von Unannehmlichkeiten und die schlimmsten Folgen nicht bloß für die Frauen, sondern auch für ihre

Männer. Es gibt kaum einen Arzt, der über diese manchmal verbrecherische Zurückhaltung der Frauen und ihre Abneigung, ihre Übel einzugestehen, nicht zu klagen hätte. Das ist begreiflich, unvernünftig ist, daß die Männer, und namentlich auch viele Ärzte, nicht einsehen wollen, wie berechtigt und notwendig deshalb auch das Studium der Medizin für Frauen ist.

Weibliche Ärzte sind keine neue Erscheinung. Bei den meisten alten Völkern, insbesondere auch den alten Deutschen, waren es Frauen, die dem Beruf der Heilpflege oblagen. Ärztinnen und Operateurinnen von großem Rufe gab es im neunten und zehnten Jahrhundert im Araberreich, insbesondere unter der Herrschaft der Araber (Mauren) in Spanien, wo sie an der Universität Cordoba studierten. Dem Einfluß der Mauren war auch das Studium der Frauen auf verschiedenen italienischen Universitäten, wie zu Bologna und Palermo, geschuldet. Als später der „heidnische" Einfluß in Italien schwand, ging man zum Verbot dieser Studien über. So dekretierte 1377 das Universitätskollegium zu Bologna:

„Und weil das Weib das Haupt der Sünde, die Waffe des Teufels, die Ursache der Vertreibung aus dem Paradies und das Verderbnis des alten Gesetzes ist, und weil deswegen jede Unterhaltung mit demselben eifrigst zu vermeiden ist, so untersagen und verbieten wir ausdrücklich, daß irgendeiner sich unterfange, irgendein Weib, und sei dasselbe auch noch so ehrbar, in das genannte Kollegium einzuführen. Und wenn solches einer dennoch tut, so soll er vom Rektor schwer bestraft werden."

Die Zulassung der Frauen zum Studium hat vor allen Dingen den Erfolg, daß die weibliche Konkurrenz sehr vorteilhaft auf den Lerneifer unserer männlichen Jugend wirkt, der viel zu wünschen übrig läßt, wie von den verschiedensten Seiten bestätigt wird. Das allein ist schon ein großer Gewinn. Auch würden dadurch ihre Sitten wesentlich verbessert; die Trunk- und Händelsucht, das Kneipleben unserer studierenden Jugend erhielte einen derben Stoß; an den Stätten, von denen unsere Staatslenker, Richter, Staatsanwälte, höheren Polizeibeamten, Geistlichen und Volksvertreter usw. hauptsächlich ausgehen, würde sich ein Ton einbürgern, der mehr den Aufgaben entspricht, für die sie gegründet wurden und unterhalten werden. Und nach dem einstimmigen Urteil unparteiischer Sachverständiger ist eine Verbesserung dieses Tones dringend geboten.

Die Zahl der Staaten, die Frauen zum Studium auf ihren Universitäten und Hochschulen zulassen, ist in den letzten Jahrzehnten in rascher Zunahme begriffen. Keiner, der Anspruch darauf macht, ein Kulturstaat zu sein, kann sich auf die Dauer diesem Verlangen verschließen. Allen voran gingen die Vereinigten Staaten, ihnen folgte Rußland, zwei Staatswesen, die in jeder Beziehung die schroffsten Gegensätze darstellen. In der Nordamerikanischen Union sind die Frauen in allen Staaten zum Studium zugelassen; in Utah seit 1850, in Iowa seit 1860, in Kansas seit 1866, in Wisconsin seit 1868, in Minnesota seit 1869, in Kalifornien und Missouri seit 1870, in Ohio, Illinois und Nebraska seit 1871, und seitdem folgten alle übrigen Staaten nach. Entsprechend dieser Ausdehnung des Frauenstudiums haben sich in den Vereinigten Staaten auch die Frauen ihre Stellungen erobert. Nach dem Zensus von 1900 gab es 7399 weibliche Ärzte und Wundärzte, 5989 Schriftstellerinnen, 1041 weibliche Architekten, 3405 weibliche Geistliche, 1010 weibliche Rechtsanwälte, 327 905 Lehrerinnen.

In Europa war es vorzugsweise die Schweiz, die ihre Universitäten dem Studium der Frauen öffnete. Die Gesamtheit der Studierenden einschließlich der Hörer und Hörerinnen betrug:

		Darunter Studentinnen	Einschließlich der Hörerinnen
1896/97	4 181	391	728
1900/01	5 301	854	1 429
1905/06	7 676	1 502	2 757
1906/07	8 521	1 904	3 156

Auf die verschiedenen Fakultäten verteilten sich die Studentinnen im Wintersemester 1906/07: Rechtswissenschaft 75, Medizin 1181, Philosophie 648. Nach der Nationalität waren 172 Schweizerinnen und 1732 Ausländerinnen. Die Zahl der studierenden weiblichen Deutschen hat abgenommen, weil diese nunmehr auf den deutschen Universitäten, wenn auch unter gewissen Beschränkungen, zugelassen werden. Im Jahre 1906/07 betrug die Zahl der regelrecht immatrikulierten Studentinnen zirka 30 Prozent aller immatrikulierten Studenten und einschließlich der Hörerinnen 37 Prozent aller Studierenden und Hörer. In England sind die Frauen zu den Universitätsvorlesungen zugelassen, aber in Oxford und Cambridge bleibt ihnen die Zulassung zu den Graden verwehrt. In Frankreich gab es im Jahre

1905 33 168 Studierende, darunter 1922 Studentinnen (774 Ausländerinnen). Sie verteilten sich folgendermaßen: Rechtswissenschaft 57, Medizin 386, Naturwissenschaften 259, Literatur 838, Sonstige 382. Staaten, in denen die Frauen zum Studium zugelassen werden, sind die Vereinigten Staaten, England, Holland, Belgien, Dänemark, Schweden, Norwegen, Rußland, Deutschland, Österreich-Ungarn, Italien, Schweiz, Frankreich, Türkei und Australien. Weibliche Ärzte sind zugelassen in Indien, Abessinien, Persien, Marokko, China usw. Insbesondere finden in den orientalischen Staaten weibliche Ärzte immer mehr Boden. Die Beschränkungen, die in diesen Ländern Religion und Sitte der Frau auferlegen, lassen hier weibliche Ärzte als eine große Wohltat erscheinen.

Nach langen Kämpfen und großen Anstrengungen ist endlich auch Deutschland, wenn auch erst zaghaft, in neue Bahnen eingelenkt. Durch Beschluß des Bundesrats vom 24. April 1899 sind den Frauen die medizinischen und zahnärztlichen Prüfungen sowie die Prüfung zum Apothekerberuf unter den gleichen Bedingungen wie den Männern freigegeben. Durch einen zweiten Beschluß des Bundesrats vom 28. Juli 1900 wurden die im Ausland approbierten Ärztinnen im Deutschen Reiche, wenn sie Reichsangehörige sind, zugelassen, auch werden Ärztinnen ihre im Ausland begonnenen Studien angerechnet. Schon vor dem Jahre 1898 war an einzelnen deutschen Universitäten, so in Heidelberg und Göttingen, Frauen das Studium gestattet worden. Im Wintersemester 1901/02 wurden bereits in den Universitätsverzeichnissen 1270 Hörerinnen aufgeführt. Auch wurden von einer Reihe deutscher Städte Mädchengymnasien und Realgymnasien gegründet, so in Karlsruhe, Stuttgart, Hannover, Königsberg, Hamburg, Frankfurt a. M., Breslau, Berlin, Schöneberg, Mannheim usw. Erst im Frühjahr 1902 war wiederum das Gesuch um Immatrikulation weiblicher Studierender, wenn sie das Reifezeugnis eines deutschen Gymnasiums haben, vom Senat der Berliner Universität abgelehnt worden. Der Widerstand sehr einflußreicher Kreise in Deutschland gegen das Frauenstudium war noch nicht gebrochen. So hielt der preußische Kultusminister im März 1902 im preußischen Landtag eine Rede, in der er unter anderem ausführte: Die Mädchengymnasien seien ein Experiment, das die Unterrichtsverwaltung ablehnen müsse; er fürchte, daß die durch die Natur gegebenen und durch die Kultur entwickelten Unterschiede zwischen Mann und Frau durch den Gymnasiums- und Universitätsbesuch leiden könnten. Der deutschen Familie müsse die Eigentümlichkeit der deutschen Frau nach Möglichkeiten erhalten werden. Das ist ganz nach der alten Schablone gedacht. Auch ein großer Teil der deutschen Professoren war nach wie vor dem weiblichen Studium abgeneigt, obgleich andere zugaben, daß viele der zum Studium zugelassenen Frauen den an sie gestellten Ansprüchen im vollsten Maße entsprechen, manche sogar in ausgezeichneter Weise. Und wie ein Teil der Studentenschaft – wahrscheinlich die sehr große Mehrheit – über das Frauenstudium dachte, davon legt ein Protest der Klinikerschaft zu Halle aus dem März 1902 Zeugnis ab, den diese zur Unterstützung an die Kliniker Deutschlands veröffentlichte. Nachdem darin auseinandergesetzt worden war, daß die Agitation des Vereins „Frauenbildung – Frauenstudium" in Berlin für Zulassung der Frauen zum medizinischen Studium ihren Protest veranlaßt habe, heißt es: „Nachdem durch diesen Schritt die Frage vor das Forum der Öffentlichkeit gezogen ist, wendet sich die Hallenser Klinikerschaft an die Kreise, für welche die Entscheidung in dieser Frage in erster Linie Interesse und Bedeutung hat, an die Kliniker der deutschen Universitäten, weil sie entweder die erwähnten Unerträglichkeiten aus eigener Erfahrung kennen oder sich doch vorstellen können, *welche peinlichen und jeder Schamhaftigkeit spottenden Situationen dieser gemeinsame klinische Unterricht* hier und da herbeiführen muß, *Situationen, welche zu widerwärtig sind, als daß man sie, ohne Anstoß zu erregen, hier genauer präzisieren könnte.* Die medizinische Fakultät der Universität Halle hat als eine der ersten im Deutschen Reiche den Versuch gemacht, Frauen zum medizinischen Studium zuzulassen, und dieser Versuch ist als *durchaus mißglückt* zu bezeichnen. *In den Stätten ehrlichen Strebens ist mit den Frauen der Zynismus eingezogen*, und Szenen, für Lehrer und Schüler wie für die Patienten in gleichem Maße anstoßerregend, sind an der Tagesordnung. *Hier wird die Emanzipation der Frau zur Kalamität, hier gerät sie mit der Sittlichkeit in Konflikt*, und deshalb muß ihr hier ein Riegel vorgeschoben werden. Kollegen! Wer könnte es wagen, angesichts dieser Tatsachen noch Stellung zu nehmen gegen unsere berechtigten Forderungen! Wir fordern *die Ausschließung der Frauen vom klinischen Unterricht*, weil uns die Erfahrung gelehrt hat, daß ein gemeinsamer klinischer Unterricht der männlichen und weiblichen Zuhörer sich mit dem Interesse eines gründlichen medizinischen Studiums ebensowenig verträgt als *mit den Grundsätzen der Schicklichkeit und Moral*. Die von uns angeregte Frage hat jetzt ihren lokalen Charakter verloren. Schon hat man höheren Ortes von einer definitiven Zulassung der Frauen zum medizinischen Studium etwas verlauten lassen. Ihr alle seid jetzt in gleicher Weise an unserer Sache interessiert, und deshalb fordern wir euch auf: Nehmt Stellung zu dieser Frage und vereinigt euch mit uns zum gemeinsamen Protest."

Dieser „Protest" ist ein schlagender Beweis für die Beschränktheit, aber auch für den Konkurrenzneid der studierenden Kliniker, denn auf diesen sind die moralischen Bedenken zurückzuführen. Was in den meisten Kulturstaaten ohne jeden Schaden für Moral und Schicklichkeitsgefühl der Studierenden, zum Teil seit Jahrzehnten, zulässig ist, sollte für Deutschland eine Gefahr sein. Die deutschen Studenten stehen nicht im Rufe besonderer Tugendboldigkeit und sollten solche Scherze unterlassen.[1] Verschlägt es der Schicklichkeit und Moral nichts, daß Pflegerinnen in Gegenwart der Ärzte allen möglichen Operationen an männlichen und weiblichen Kranken beiwohnen und dabei die ausgiebigste Hilfe leisten, ist es schicklich und moralisch, daß Dutzende junger Männer Studienzwecke halber als Zuschauer am Bette einer Kreißenden oder bei Operationen weiblicher Kranken teilnehmen, dann ist es lächerlich, weiblichen Studenten nicht das gleiche Recht einräumen zu wollen.

Einen ganz anderen Grund wie die Hallenser Kliniker führte der verstorbene Professor Bischoff gegen die Zulassung der Frauen zum medizinischen Studium an, nämlich: *die Rohheit der Studenten!*, worüber er wohl am besten urteilen konnte. Doch wie immer man sich von seiten beschränkter oder konkurrenzneidischer Männerkreise zum Studium der Frauen stellte, die Frage ist zugunsten des weiblichen Geschlechts entschieden. Am 18. August 1908 erschien ein Erlaß, betreffend die Zulassung der Frauen zum Universitätsstudium in Preußen, das bisher Frauen nur als Hörerinnen zuließ. Die Vorschriften für die Studierenden der Landesuniversitäten finden auf Frauen mit der Maßgabe Anwendung, daß Reichsinländerinnen in einem Falle und Ausländerinnen in allen Fällen zur Immatrikulation der Geneh-

---

[1] Eine von Blaschko zusammengestellte Statistik gibt folgende Auskunft über die Verbreitung der Geschlechtskrankheiten in den einzelnen Berufsarten. Zuerst kommen die geheim Prostituierten mit 30 Prozent, dann folgen die Studenten mit 25 Prozent, Kaufleute mit 16 und Arbeiter mit 9 Prozent.

migung des Ministers bedürfen.[1] Die Gesamtzahl der im Wintersemester 1908/09 an den deutschen Universitäten immatrikulierten studierenden Frauen betrug 1077 gegenüber 377 im Sommer 1908 und 254 in 1906. Davon studierten in Berlin 400, in Bonn 69, in Breslau 50, in Erlangen 11, in Freiburg 67, in Gießen 23, in Göttingen 71, in Greifswald 5, in Halle 22, in Heidelberg 109, in Jena 13, in Kiel 2, in Königsberg 17, in Leipzig 44, in Marburg 27, in München 134, in Tübingen 6, in Würzburg 7. Nur an den Universitäten Straßburg, Rostock und Münster ist das noch nicht der Fall. Die Zahl der Hörerinnen betrug im Sommersemester 1908 1787 und im Wintersemester 1908/09 1767, davon in Berlin 313, Straßburg 249, Breslau 168, München 131, Bonn 120, Königsberg 116, Leipzig 95, Gießen 93, Göttingen 73, Tübingen 67, Halle 54, Freiburg 50 und in allen anderen weniger als 50. Von den immatrikulierten Frauen studierten Theologie 3, Jurisprudenz 31, Medizin 334, Philosophie 709.

Die Zulassung der Frauen zum Universitätsstudium machte eine durchgreifende Reform des höheren Mädchenschulwesens notwendig. Die Bestimmungen vom 31. März 1899 hatten eine Schulzeit von neun Jahren für die höhere Mädchenschule als Regel vorgesehen und eine zehnjährige Dauer als Ausnahme hingestellt. Demgegenüber drängte die Entwicklung immer stärker auf die feste Einfügung einer zehnten Klasse in den Lehrplan der höheren Mädchenschule. Während nach der Statistik vom Jahre 1901 unter den 213 öffentlichen höheren Mädchenschulen 90 mit neun und 54 mit zehn aufsteigenden Klassen waren, war im Oktober 1907 die Zahl der neunklassigen Schulen von 90 auf 69 gesunken, die Zahl der zehnklassigen dagegen von 54 auf 132 gestiegen. Und auch unter den privaten höheren Mädchenschulen waren im Oktober 1907 neben 110 neunklassigen schon 138 zehnklassige vorhanden. Es blieb nichts übrig, als dieser tatsächlichen Entwicklung das bürokratische Siegel zu geben und soviel als möglich „die Eigentümlichkeit der deutschen Frau“ zu retten. Nach der Reform vom 18. August 1908 soll fortan die höhere Mädchenschule aus zehn aufsteigenden Klassenstufen bestehen. Für „eine Ergänzung ihrer Bildung in der Richtung der künftigen Lebensaufgabe einer deutschen Frau“ ist der Aufbau eines zweijährigen oder einjährigen

[1] Aus besonderen Gründen können mit Genehmigung des Ministers Frauen von der Teilnahme an einzelnen Vorlesungen ausgeschlossen werden.

Lyzeums in Aussicht genommen. Und um die Vorbereitung der jungen Mädchen der höheren Stände auch für akademische Berufe zu ermöglichen, sind *Studienanstalten* geplant, die mit der höheren Mädchenschule unter einer Leitung zu vereinigen sind.

Damit wird ein Experiment, das die Unterrichtsverwaltung noch im März 1902 ablehnte, jetzt von demselben Ministerium nach sechs Jahren, unter dem Drucke der ökonomischen Entwicklung, in einem nationalen Maßstab durchgeführt. Hören wir die offizielle Begründung:

„Die rasche Entwicklung unserer Kultur und die damit gegebene Verschiebung der Gesellschafts-, Erwerbs- und Bildungsverhältnisse der Gegenwart haben es mit sich gebracht, daß gerade in den mittleren und höheren Ständen viele Mädchen unversorgt bleiben und viele für die Gesamtheit wertvolle Frauenkraft brachliegt. Der Überschuß der weiblichen über die männliche Bevölkerung und die zunehmende Ehelosigkeit der Männer in den höheren Ständen zwingen einen größeren Prozentsatz der Mädchen gebildeter Kreise zum Verzicht auf ihren natürlichen Beruf als Gattin und Mutter. Ihnen sind die Wege zu einem ihrer Erziehung angemessenen Berufe zu bahnen, bei den meisten auch zwecks Erwerbung der nötigen Mittel zum Lebensunterhalt, nicht allein in der Oberlehrerinnenlaufbahn, sondern auch in anderen, auf Universitätsstudien begründeten Lebensstellungen, soweit sie für Frauen in Betracht kommen." Man könnte fast glauben, daß man einen Auszug aus meinem Buche lese!

Wie dem auch sei, das Frauenstudium ist nicht mehr rückgängig zu machen. Weibliche Ärzte sind bereits in allen Kulturländern der Erde und sogar in Ländern, die noch nicht als Kulturstaaten gelten, in mehr oder weniger großer Zahl beschäftigt. Der verstorbene Li Hung-chang hatte eine chinesische Ärztin, die im Frauenhospital ihrer Vaterstadt Futschang praktizierte, zu seinem Hausarzt ernannt. Die verstorbene Frau v. Kowalewska, die berühmte Mathematikerin, war von 1889 an bis zu ihrem Tode im Jahre 1891 Professor der Mathematik in Stockholm. Weibliche Professoren gibt es in den Vereinigten Staaten eine große Anzahl, vereinzelt auch in Italien, in der Schweiz, in England, Frankreich, wo die berühmte Physikerin Marie Curie, die mit ihrem Manne die radioaktiven Elemente Radium und Polonium entdeckte, jetzt nach dem Tode ihres Mannes (1906) seine Nachfolgerin an der Universität wurde. Wir sehen Frauen als Ärzte, Zahnärzte,

Juristen, Richter, Chemiker, Physiker, Geologen, Botaniker, höhere Lehrerinnen usw. in öffentlichen oder in Privatstellungen tätig, und es ist einzig Sache der Frauen, selbst durch ihre Tätigkeit zu beweisen, daß sie die ihnen anvertrauten Posten ebensogut und gewissenhaft wie die Männer auszufüllen vermögen. Im Sommer 1899 hat sogar die Mehrheit der Wähler im Kanton Zürich bei der Volksabstimmung sich dafür ausgesprochen, Frauen zur Ausübung der Advokatur zuzulassen. Der betreffende Beschluß wurde mit 21 717 gegen 20 046 Stimmen gefaßt. In Amerika sind die Frauen in 34 Staaten als Advokatinnen zugelassen, außerdem in Frankreich, Holland, Schweden, Dänemark, Finnland, Rußland, Kanada und Australien.

Was viele Männer, namentlich auch in gelehrten Kreisen, gegen das Studium der Frauen einnimmt, ist, daß sie dadurch eine Herabwürdigung der Wissenschaft befürchten, deren Ansehen im allgemeinen leiden müsse, wenn sogar auch Frauen wissenschaftliche Studien betreiben könnten. Sie sehen im wissenschaftlichen Studium eine besondere Bevorzugung, das nur für Auserwählte des männlichen Geschlechts zugängig sein solle.

Leider befindet sich unser Universitätswesen wie das gesamte Bildungswesen noch in einer mangelhaften Verfassung. Wie in der Volksschule dem Kinde die kostbarste Zeit geraubt wird, um sein Hirn mit Dingen anzufüllen, die weder mit der Vernunft noch wissenschaftlicher Erkenntnis im Einklang stehen, wie ihm eine Masse Ballast aufgebürdet wird, den es im Leben nicht verwenden kann, der es vielmehr in seinem Fortkommen und seiner Entwicklung hemmt, so auch in unseren höheren Schulen. In den Vorbereitungsanstalten zu den Universitäten wird den Schülern eine Masse trockenen, unbrauchbaren Lehr- und Memorierstoffs eingepaukt, der ihre meiste Zeit, ihre kostbarsten Gehirnkräfte in Anspruch nimmt, und auf der Universität wird meist in derselben Richtung fortgewirkt. Eine Masse von Althergebrachtem, Überlebtem und Überflüssigem wird ihnen neben Nützlichem und Gutem gelehrt. Die einmal geschriebenen Kollegienhefte werden von den meisten Professoren Semester für Semester bis auf die eingestreuten Witze heruntergeleiert. Das hohe Lehramt wird bei vielen zum gewöhnlichen Handwerk, und für die Lernenden bedarf es keines Scharfsinns, das herauszufühlen. Auch sorgen die überkommenen Begriffe vom Universitätsleben dafür, daß die jungen Leute die Studienjahre nicht zu ernst nehmen, und mancher, der sie ernst nehmen will, wird durch die pedantische und ungenießbare Lehrweise vieler Professoren abgeschreckt. Die Abnahme des Lern- und Studieneifers ist eine auf unseren Universitäten und höheren Schulen allgemein beobachtete Tatsache, die selbst in maßgebenden Kreisen Bedenken erweckt. Damit steht in engster Beziehung das Streber- und Gönnertum, das in unserer charakterarmen Zeit die größten Fortschritte macht und die Hochschulen immer mehr überwuchert. Gute Familienbeziehungen, „gute Gesinnung" treten an Stelle des Wissens und Könnens und machen sich breit; ein Patriot zu sein, das heißt ein Mann, der keine eigene Meinung hat, sondern sich sorgsam nach oben richtet, sieht, wie dort der Wind weht, und kriecht und sich schmiegt, gilt mehr als ein Charakter und ein Mann von Können und Wissen. Kommt für diese Streber die Examenszeit, so wird rasch in ein paar Monaten eingepaukt, was unumgänglich notwendig erscheint, um notdürftig bestehen zu können. Ist schließlich das Examen glücklich vorüber und eine amtliche oder berufliche Stellung erlangt, so arbeiten die meisten dieser Studierten nur rein mechanisch und handwerksmäßig fort, sie nehmen es aber sehr übel, wenn ein „Nichtstudierter" ihnen nicht mit der größten Hochachtung begegnet und sie nicht als eine höhere Menschenrasse ansieht und behandelt. Die Mehrzahl der Angehörigen unserer höheren Berufe, der Rechtsanwälte, Richter, Mediziner, Professoren, Beamten, Künstler usw., *sind nichts als Handwerker in ihrem Fache, die froh sind, an der Krippe zu stehen.* Nur der *strebsame* Mann entdeckt später erst, wieviel Unnützes er gelernt, oft gerade das nicht lernte, was er am nötigsten braucht, und fängt nun erst an zu lernen. Während des besten Teils seines Lebens hat man ihn mit viel Unnützem oder Schädlichem gequält; einen zweiten Teil des Lebens braucht er, um das Unnütze und Schädliche abzustreifen und sich zur Höhe der Zeitanschauung durchzuarbeiten, und nun erst kann er ein nützliches Glied der Gesellschaft werden. Viele kommen über das erste Stadium nicht hinaus, andere bleiben im zweiten stecken, und wenige haben die Energie, sich zum dritten emporzuarbeiten.

Aber das Dekorum erfordert, daß der mittelalterliche Plunder und der unnütze Lernstoff beibehalten bleibe, und da bisher die Frauen, infolge ihres Geschlechts, von vornherein von den Vorschulen und Präparieranstalten ausgeschlossen waren und vielfach noch sind, so bildet dieser Umstand den bequemen Vorwand, ihnen die Türen zum

Hörsaal zu verschließen. In Leipzig machte in den siebziger Jahren einer der berühmtesten Professoren der Medizin einer Dame gegenüber unverhohlen das Geständnis: „*Die Gymnasialbildung ist zwar nicht notwendig zum Verständnis der Medizin, aber man muß sie zur Vorbedingung des Eintritts machen, damit das Ansehen der Wissenschaft nicht leidet.*“

Allmählich machte sich auch in Deutschland die Opposition gegen die Notwendigkeit der klassischen Bildung für das Studium der Medizin bemerkbar. Die ungeheuren Fortschritte in den Naturwissenschaften und ihre Bedeutung für das gesamte Leben bedingen das Einweihen in dieselben; die gymnasiale Erziehung mit ihrer Bevorzugung der klassischen Sprachen, Griechisch und Latein, betrachtet aber die Naturwissenschaften als minderwertig und vernachlässigt sie, und so kommt es, daß die angehenden Studenten häufig nicht die nötigen naturwissenschaftlichen Vorkenntnisse besitzen, die für gewisse Studienfächer, wie zum Beispiel die Medizin, von entscheidender Bedeutung sind.

Gegen diese einseitige Art der Bildung hat sich endlich die Opposition selbst in den Lehrerkreisen erhoben. Im Ausland, zum Beispiel in der Schweiz, hat man längst dem naturwissenschaftlichen Studium das Hauptgewicht beigelegt und läßt jeden, auch ohne die sogenannte klassische Vorbildung, zum Studium der Medizin zu, der ausreichende Vorkenntnisse in den Naturwissenschaften und der Mathematik besitzt.

Im gleichen Sinne handelt man in Rußland, in den Vereinigten Staaten usw.

In Rußland, in dem die Verfolgung und Rechtloshaltung der Juden zu den Staatsmaximen gehört, ist durch einen kaiserlichen Ukas vom Jahre 1897 vorgeschrieben worden, daß in das damals neu zu eröffnende medizinische Fraueninstitut nur 5 Prozent Hörerinnen nichtchristlicher Konfession aufgenommen werden dürfen. Und zwar sollen von diesen nur 3 Prozent von Jüdinnen gestellt werden dürfen, während die übrigen 2 Prozent Hörerinnen muselmännischer Abstammung vorbehalten bleiben sollen. Das ist einer der Rückschritte, die in Rußland an der Tagesordnung sind. Die russische Regierung hätte um so weniger Ursache zu solchen Bestimmungen, weil es einesteils in dem ungeheuren Reiche noch sehr an Ärzten fehlt und andererseits die russischen Ärztinnen ohne Unterschied des Religionsbekenntnisses oder der Abstammung sich das Zeugnis größter Aufopferung in ihrem Beruf erworben haben. So teilt Prof. Dr. Erismann, der viele Jahre in Rußland tätig war, in einem Vortrag, den er auf der 54. Versammlung des ärztlichen Zentralvereins in Olten hielt, folgendes mit: „Sehr günstige Erfahrungen hatte man in diesen ersten Jahren auch in bezug auf die Tätigkeit der weiblichen Ärzte gemacht. Dieselben verstanden es von Anfang an, sich das Zutrauen der Bevölkerung zu erwerben; in dem edlen Wettstreit mit ihren männlichen Kollegen trugen sie sogar den Sieg davon; es stellte sich bald heraus, daß auf jeden weiblichen Arzt im Jahresdurchschnitt mehr Patienten kamen als auf die männlichen Ärzte, obgleich auch die letzteren mit großer Hingabe und Selbstaufopferung ihres Amtes walteten, namentlich wandten sich die kranken Frauen massenhaft um ärztlichen Beistand an die weiblichen Äskulapen."[1]

Auf der anderen Seite hat sich die von der interessierten Männerwelt vielfach befürchtete Konkurrenz der Frauen, namentlich bei der ärztlichen Praxis, nirgends nachteilig bemerkbar gemacht. Einmal scheint es, daß weibliche Ärzte einen Patientenkreis aus ihrem eigenen Geschlecht erhalten, der selten und nur im äußersten Notfall einen männlichen Arzt zu Rate zieht, dann aber hat sich auch die Tatsache herausgestellt, daß ein erheblicher Teil der Frauen, die sich dem Studium widmeten, sobald sie später in die Ehe traten, entweder eine Praxis überhaupt nicht eröffneten oder sie in kurzer Zeit aufgaben. Es zeigt sich, daß die in der bürgerlichen Welt an die Ehefrau gestellten häuslichen Pflichten, namentlich wenn auch noch Kinder in Betracht kommen, so große sind, daß es vielen Frauen unmöglich ist, zwei Herren zugleich zu dienen. Insbesondere muß die Ärztin jede Stunde, bei Tag und bei Nacht, für die Ausübung ihres Berufs bereit sein. Und das ist nicht vielen möglich.[2]

---

[1] „Die Organisation der unentgeltlichen polyklinischen Krankenpflege in den großen Städten Rußlands. (St. Petersburg und Moskau.)" Deutsche Vierteljahresschrift für öffentliche Gesundheitspflege. Braunschweig.

[2] Über die Schwierigkeiten, die es für Frauen hat, die eine Familie besitzen und zugleich eine erwerbende Stellung ausfüllen wollen beziehungsweise müssen, enthält das Buch von Adele Gerhard und Helene Simon „Mutterschaft und geistige Arbeit" (Berlin 1901, Georg Reimer) eine Fülle interessanten Materials. Es sind Schriftstellerinnen, Künstlerinnen, Sängerinnen, Schauspielerinnen usw., die darin zu Worte kommen und auf Grund ihrer eigenen Erfahrungen ihre Urteile abgeben. Und diese Urteile sprechen dafür, daß die Gesellschaft ihre so-

Nachdem England[1] nebst den Vereinigten Staaten und Frankreich damit vorangegangen waren, Frauen auch für die Gewerbeinspektion zu verwenden, wofür das Bedürfnis um so größer ist, da, wie gezeigt, die Zahl der Arbeiterinnen mit jedem Jahre wächst und auch die Zahl der Betriebe sich vermehrt, in denen Arbeiterinnen ausschließlich oder überwiegend beschäftigt werden, sind auch eine Reihe deutscher Staaten diesem Beispiel gefolgt. Baden, Bayern, Hessen, das Königreich Sachsen, Weimar, Württemberg usw. haben weibliche Hilfsbeamte den Gewerbeinspektoren beigegeben, und einige derselben haben sich bereits durch ihre Tätigkeit große Anerkennung erworben. In Preußen stehen der Gewerbeaufsicht zur Verfügung in Berlin drei Beamtinnen, in Düsseldorf, Breslau und Wiesbaden je eine. Diese Tatsache beweist, daß Preußen auch in dieser Beziehung sehr weit hinter dem zurückgeblieben ist, was unbedingt notwendig wäre. Gibt es doch keine einzige weibliche Hilfskraft selbst in Bezirken wie Potsdam (mit 32 229 Arbeiterinnen), Frankfurt a. O. (mit 31 971) und Liegnitz (mit 31 798) und anderen mehr, wo sie unbedingt notwendig sind. Es zeigt sich auch hier, daß die Arbeiterin zu einer Vertreterin ihres Geschlechts größeres Vertrauen besitzt und die weiblichen Inspektionsbeamten manche Aufschlüsse erhalten, die ihren männlichen Kollegen versagt bleiben. Ein Mangel der Einrichtung ist noch, daß diese Hilfsbeamten nicht überall die selbständige Stellung besitzen, die für ihre Tätigkeit notwendig ist, und auch die Bezahlung läßt zu wünschen übrig. Man ging seitens der meisten Regierungen nur tastend und zagend mit der neuen Einrichtung vor.[2]

In Deutschland ist das Mißtrauen und die Konkurrenzfeindschaft gegen die Anwendung von Frauen in öffentlichen Berufsstellungen besonders stark, weil der Militärstand alljährlich so viele ausrangierte Offiziere und ausgediente Unteroffiziere zu Anwärtern für alle möglichen Stellungen im Staats- und Gemeindedienst schafft, daß für Arbeitskräfte aus anderen Kreisen kaum Platz vorhanden ist. Stellt man

---

zialen Beziehungen erst von Grund aus umgestalten muß, soll die große Fülle weiblicher Intelligenz, die vorhanden ist und nach Betätigung ringt, zur vollen Betätigung kommen, was im höchsten Interesse der Gesellschaft selbst liegt.

[1] Nach dem letzten Bericht für 1908 gibt es in England 16 weibliche Gewerbeinspektoren, darunter Miß A. M. Anderson als Chef und 15 Gehilfinnen.

[2] Von 1897, als in Bayern die erste Fabrikinspektorin ernannt wurde, stieg bis 1909 die Zahl der weiblichen Beamten auf 26. Vierzehn Bundesstaaten stellten überhaupt noch keine an.

aber dennoch Frauen an, so nur mit erheblich geringerem Gehalt, wodurch sie von vornherein der mißgünstigen Männerwelt einmal als unterwertig, dann aber auch als Lohn- und Gehaltsdrücker erscheinen.

Die Vielseitigkeit weiblicher Befähigung kam besonders auf der Weltausstellung zu Chikago im Jahre 1893 zur Geltung. Nicht nur war der Prachtbau für die Ausstellung für weibliche Kunst- und Gewerbeerzeugnisse von weiblichen Architekten erstellt worden, auch die Ausstellungserzeugnisse, die nur von Frauen herrührten, wurden vielfach wegen ihres Geschmacks und ihrer künstlerischen Ausführung bewundert. Auch auf dem Gebiet der Erfindungen haben die Frauen schon Erkleckliches geleistet und werden in Zukunft mehr leisten. So veröffentlichte ein amerikanisches Fachblatt eine Liste von Erfindungen, die Frauen zu Urhebern haben, die sich auf folgende Gegenstände beziehen: eine verbesserte Spinnmaschine; ein rotierender Webstuhl (rotary loom), der dreimal soviel leistet als ein gewöhnlicher; ein Kettenelevator; eine Kurbel für Schraubendampfer; ein Rettungsapparat für Feuersgefahr; ein Apparat zum Wiegen der Wolle, eine der empfindlichsten Maschinen, die je erfunden wurden und von unschätzbarem Werte für die Wollindustrie; ein tragbares Wasserreservoir zum Löschen von Schadenfeuern; ein Verfahren zur Anwendung von Petroleum an Stelle von Holz und Kohlen als Brennmaterial bei Dampfmaschinen; ein verbesserter Funkenfänger für Lokomotiven; ein Signal für Straßenübersetzungen an Eisenbahnen; ein System der Waggonheizung ohne Feuer; ein ölender Filz (lubricating felt) zur Verminderung der Reibung (im Eisenbahnbetrieb); eine Schreibmaschine; eine Signalrakete für die Marine; ein Tiefseeteleskop; ein System zur Dämpfung des Lärms bei Hochbahnen; Rauchverzehrer; eine Maschine zum Falzen von Papiersäcken usw. Namentlich sind viele Verbesserungen an Nähmaschinen von Frauen gemacht worden, so zum Beispiel ein Behelf zum Nähen von Segeln und schweren Tüchern, ein Apparat zum Einfädeln während des Ganges der Maschine, eine Verbesserung der Maschine zum Nähen von Leder usw. Letztere Erfindung ist von einer Frau gemacht, die seit Jahren eine Sattlerei in New York betreibt. Das Tiefseeteleskop, erfunden von Frau Mather und verbessert von deren Tochter, ist eine Erfindung von höchster Wichtigkeit, indem sie es ermöglicht, den Kiel des größten Schiffes zu besichten, ohne daß dieses in das Trockendock gebracht werden muß. Mit Hilfe dieses Fernrohrs kann man vom Schiffsbord aus versunkene Wracks besichtigen, Schiffahrtshindernisse und Torpedos aufsuchen usw.

Zu den Maschinen, die wegen ihrer außerordentlichen Kompliziertheit und genialen Konstruktion in Amerika wie in Europa Aufsehen erregten, ist eine zur Fabrikation von Papiersäcken zu zählen. Viele Männer, darunter hervorragende Mechaniker, hatten bisher ohne Erfolg eine solche Maschine herzustellen versucht. Eine Frau, Miß Maggi Knight, erfand dieselbe; seitdem hat die Dame wieder eine Maschine zum Falzen von Papiersäcken konstruiert, welche die Arbeit von dreißig Personen verrichtet; sie selbst leitete die Aufstellung dieser Maschine zu Amherst in Massachusetts.

Fünfzehntes Kapitel

Die rechtliche Stellung der Frau

1. Der Kampf um die zivilrechtliche Gleichberechtigung

Die soziale Abhängigkeit einer Rasse, einer Klasse oder eines Geschlechts erhält stets ihren Ausdruck in den Gesetzen und politischen Einrichtungen des betreffenden Landes. Die Gesetze sind der in Paragraphen formulierte Ausdruck der maßgebenden Interessen, der zum Rechte eines Landes erhoben wird. *Die Frauen als abhängiges, unterdrücktes Geschlecht finden dementsprechend ihre Stellung im Rechte eines Landes zugewiesen.* Die Gesetze sind negativer und positiver Art. Negativ, insofern sie bei der Verteilung von Rechten von dem Unterdrückten keine Notiz nehmen, positiv, indem sie ihm seine unterdrückte Stellung anweisen und etwaige Ausnahmen bezeichnen.

Unser gemeines Recht beruht auf dem römischen Rechte, das den Menschen nur als besitzendes Wesen kennt. Das alte germanische Recht, das die Frau würdiger behandelte, hat nur teilweise seine Wirksamkeit behalten. Wie in der französischen Sprache der Mensch und der Mann durch ein und dasselbe Wort, „l'homme", bezeichnet werden, und ebenso in der englischen durch „man", so kennt das französische Recht den Menschen nur als Mann, und ganz ähnlich war es bis vor wenigen Jahrzehnten in England, woselbst die Frau sich in sklavischer Abhängigkeit vom Manne befand. So einst auch in Rom. Es gab römische Bürger und Frauen römischer Bürger, keine Bürgerinnen.

In Deutschland hat sich der Rechtszustand für die Frau insofern verbessert, als an Stelle der bunten Musterkarte ein einheitliches bürgerliches Recht getreten ist, und dadurch Rechte, die sie hier und dort besaß, verallgemeinert wurden. Danach erlangte die unverheiratete Frau die unbeschränkte Zulassung zur Vormundschaft; Frauen erhielten das Recht, als Zeugen bei Eheschließungen und Testamentsaufnahmen zu fungieren; die Frau erlangte ferner vollkommene Geschäftsfähigkeit, das heißt das Recht, Verträge abzuschließen, ausgenommen sie verpflichtet sich (als Ehefrau) in Person zu einer Leistung, auch darf sie ohne Zustimmung des Ehemannes keine Vormundschaft übernehmen. Die Verpflichtung zur ehelichen Gemeinschaft besteht für beide Teile, soweit nicht die Ansprüche des anderen Teiles sich als Mißbrauch seines Rechtes herausstellt. Bestehen aber hierüber widersprechende Ansichten der Ehegatten, so steht dem *Manne* die Entscheidung zu, namentlich hat er auch über Wohnort und Wohnung zu bestimmen. Rechtsmißbrauch des Mannes entbindet die Frau von der Folgeleistung. Die Leitung des Hauswesens steht allein der Frau zu; sie besitzt die sogenannte Schlüsselgewalt, kraft deren sie im häuslichen Wirkungskreis die Geschäfte des Mannes besorgen und ihn vertreten kann. Der Mann muß für die von ihr eingegangenen Verpflichtungen haften. Doch kann der Mann die Schlüsselgewalt seiner Frau ganz aufheben oder beschränken. Mißbraucht er dieses Recht, so kann das Vormundschaftsgericht die Beschränkung aufheben. Zur Übernahme von Arbeiten im Hauswesen und im Geschäft des Mannes ist die Ehefrau verpflichtet, doch nur, wenn eine solche Tätigkeit nach den Lebensverhältnissen des Gatten üblich ist.

Das Verlangen, die eheliche Gütertrennung als Regel einzuführen, lehnte der Reichstag ab. Diese kann nur durch den Ehevertrag gesichert werden, was bei Abschluß der Ehe oft genug unterlassen werden wird und nachher zu Unzuträglichkeiten führt. Dagegen wurde die sogenannte Verwaltungsgemeinschaft eingeführt. Hiernach steht die Verwaltung und Nutznießung des Vermögens der Frau dem Manne zu, aber sie ist auf das eingebrachte Gut beschränkt. Dagegen steht der Frau die uneingeschränkte Verwaltung und Verfügung über das zu, was von ihr während der Ehe durch ihre Arbeit und durch den Betrieb eines Geschäftes erworben wird. Der Mann hat nicht das Recht, die Frau durch Rechtsgeschäfte auf das von ihr eingebrachte Vermögen zu verpflichten. Auch kann die Frau Sicherheitsleistung verlangen, im Falle sie begründete Besorgnis hat, daß ihr Eingebrachtes gefährdet ist, was sie häufig zu spät erfahren dürfte. Auch kann sie Klage auf Aufhebung der Verwaltungsgemeinschaft erheben, falls der Mann durch sein Verhalten den Unterhalt von Frau und Kindern erheblich gefährdet. Der Mann haftet für den Schaden, der aus schlechter Verwaltung entstanden ist.

Großes Unrecht kann der Frau durch die Ehescheidung zugefügt werden. Im Falle der Scheidung verbleibt nämlich dem Manne das in gemeinsamer Arbeit der Eheleute erworbene Vermögen, auch wenn der *Mann der Schuldige ist* und die Frau am meisten erworben hat, wohingegen die Frau den standesgemäßen Unterhalt nur insoweit beanspruchen kann, als sie ihn nicht aus den Einkünften ihres eigenen Vermögens oder dem Ertrag ihrer Arbeit zu bestreiten vermag. Ferner verbleibt im Scheidungsfall dem Manne das Vermögen, das etwa aus nicht verwendeten Einkünften des Vermögens der Frau angesammelt wurde.

Die väterliche Gewalt ist durch die elterliche ersetzt, aber bei Meinungsverschiedenheiten zwischen den Eltern geht die Meinung des Vaters vor. Stirbt der Vater, so geht die Ausübung der elterlichen Gewalt einschließlich der Nutznießung vom Vermögen des Kindes auf die Mutter über. Eine geschiedene Frau, auch wenn ihr die Erziehung zufällt, entbehrt des Rechtes der Vertretung und der Vermögensverwaltung der Kinder, wohingegen der Vater die vollen Elternrechte genießt.

In England schrieb bis 1870 das Gewohnheitsrecht des Landes dem Manne das Besitztum der Ehefrau an beweglichen Gütern zu. Nur an unbeweglichen Gütern blieb das Eigentumsrecht ihr bewahrt, aber der Ehemann besaß das Recht der Verwaltung und der Nutznießung. Vor Gericht war die englische Frau eine Null; sie konnte keinerlei Rechtshandlungen begehen und nicht einmal ein gültiges Testament abfassen; sie war Leibeigene ihres Mannes. Für ein Verbrechen, das sie in Gegenwart des Mannes beging, war dieser verantwortlich; sie wurde als Unmündige angesehen. Fügte sie jemand Schaden zu, so wurde dieser beurteilt, als sei er durch *Haustiere* begangen worden; der Mann hatte dafür einzustehen. Nach einem Vortrag, den im Jahre 1888 Bischof J. N. Wood in der Kapelle zu Westminster hielt, durfte die Frau noch vor hundert Jahren nicht bei Tische essen und nicht eher sprechen, als bis sie gefragt wurde. Über dem Bette hing als Zeichen der eheherrlichen Gewalt eine Peitsche, die der Mann handhaben durfte, wenn die Gattin üble Laune zeigte. Nur die Töchter hatten ihren Befehlen zu gehorchen, die Söhne sahen in ihr eine Dienerin.

Durch die betreffenden Gesetze von 1870, 1882 und 1893 bleibt die Frau nicht nur alleinige Besitzerin alles dessen, das sie in die Ehe bringt, sie ist auch Besitzerin alles dessen, was sie erwirbt oder durch Erbschaft und Schenkung erhält. Diese Rechtsverhältnisse können nur durch besonderen Vertrag zwischen den Ehegatten geändert werden. Die englische Gesetzgebung folgte hier dem Beispiel jener der Vereinigten Staaten. Seit der Custody of Infants Act von 1886 geht die elterliche Gewalt nach dem Tode des Vaters auf die Mutter über. In dem seit der Intestate Estates Act von 1890 geltenden reformierten Erbrecht ist der Mann nach wie vor bevorzugt. Beide Gatten besitzen Testierfreiheit. Sind aber keine Verfügungen getroffen, so behält der Vater das ganze *bewegliche* Vermögen der verstorbenen Frau. Die Witwe dagegen erbt nur ein Drittel des beweglichen Gutes und bezieht ein Drittel der Rente des Grundbesitzes, das übrige fällt den Kindern zu. Nach der neuen Married Women's Property Act von 1908 ist die verheiratete Frau den Eltern und dem Manne Unterhalt schuldig. Es bleiben aber noch viele Reste des alten mittelalterlichen Rechtes geltend, die noch sehr stark die Lage der verheirateten Frau beeinträchtigen. Wie wir sahen, ist noch bis jetzt das Ehescheidungsrecht für die Frau sehr ungünstig. Ein Ehebruch des Mannes ist noch kein Scheidungsgrund für die Frau, sondern nur in Verbindung mit Grausamkeit, Bigamie, Notzucht usw.[1]

Besonders rückständig bleibt noch im allgemeinen für die Frau das bürgerliche Recht in Frankreich und in allen Ländern – meistens romanischen Ländern –, die vom französischen Code civil stark beeinflußt sind oder wo er mit einigen Änderungen noch bisher direkt gilt. So in Belgien, Spanien, Portugal, Italien, Russisch-Polen, in den Niederlanden und den meisten Kantonen der Schweiz. Über die Auffassung Napoleons I. bezüglich der Stellung der Frau existiert ein bezeichnendes Wort, das noch heute gilt: „Eins ist nicht französisch, eine Frau, die tun kann, was ihr gefällt."[2] Sobald sie heiratet, kommt die Frau unter die Vormundschaft des Mannes. Nach § 215 des Code civil darf sie ohne Zustimmung des Gatten nicht vor Gericht auftreten, auch wenn sie einen öffentlichen Handel hat. Nach § 213 soll der Mann die Frau schützen, und sie hat ihm Gehorsam zu leisten. Er verwaltet das in die Ehe gebrachte Vermögen seiner Frau, er kann die Güter derselben verkaufen, veräußern und mit Hypotheken belasten, ohne daß er ihrer Mitwirkung oder Zustimmung bedarf. Die Folge ist, daß die Frau sich häufig in einem Zustand reiner Sklaverei befin-

[1] A. Chapman und M. Chapman, The statuts of women under the english Law. London 1909.

[2] L. Briedel, La puissance maritale. Lausanne 1879.

det. Der Mann verschlemmt mit liederlichen Dirnen oder im Wirtshaus, was die Frau erwirbt, oder er macht Schulden oder verspielt den Erwerb der Frau und läßt sie und die Kinder darben, ja, er hat sogar das Recht, vom Arbeitgeber die Auszahlung des Verdienstes seiner Frau zu beanspruchen. Wer könnte ihr verdenken, wenn sie bei solcher Sachlage auf die frivole Eheschließung verzichtete, wie das zum Beispiel in Frankreich so häufig der Fall war.

Sie kann weiter in den meisten romanischen Ländern – in Frankreich bis 1897 – auch nicht als Zeuge auftreten bei dem Abschluß von Verträgen, Testamenten und notariellen Akten. Dagegen läßt man sie – seltsamer Widerspruch – als Zeugin vor Gericht fungieren in allen Kriminalfällen, wo unter Umständen ihr Zeugnis die Hinrichtung eines Menschen herbeiführen kann. *Kriminalrechtlich wird sie allerwärts für vollwertig angesehen, und sie wird für jedes Verbrechen und Vergehen mit gleichem Maße gemessen wie der Mann.* Dieser Widerspruch kommt unseren Herren Gesetzgebern nicht zum Bewußtsein. Als Witwe darf sie ein Testament über ihren Nachlaß verfassen, aber als Testamentszeugin wird sie in einer großen Anzahl Staaten nicht zugelassen, doch kann sie nach Artikel 1029 des Code civil als *Testamentsvollstreckerin* ernannt werden. In Italien ist sie seit dem Jahre 1877 auch zivilrechtlich als vollwertige Zeugin zugelassen.

Die Bevorzugung des Mannes tritt besonders grell in der Ehescheidungsgesetzgebung zutage. Nach dem Code civil war in Frankreich dem Ehemann der Antrag auf Ehescheidung gestattet, sobald die Ehefrau sich des Ehebruchs schuldig machte, dagegen konnte nach Artikel 230 die Frau einen solchen Antrag nur stellen, wenn der Ehemann seine Konkubine in den gemeinsamen Haushalt aufnahm. Dieser Artikel ist durch das Gesetz über die Ehescheidung vom 27. Juli 1884 gefallen, aber im französischen Strafrecht ist der Unterschied geblieben, was sehr bezeichnend für die französischen Gesetzgeber ist. Wird die Frau des Ehebruchs überführt, so wird sie mit Gefängnis von 3 Monaten bis zu 2 Jahren bestraft. Der Mann wird nur bestraft, wenn er, nach dem früheren Artikel 230 des Code civil, eine Konkubine im Hause des Ehepaares unterhält und daraufhin die Ehefrau klagt. Er erhält aber, wenn für schuldig erkannt, nur eine Geldbuße von 100 bis zu 2000 Franc. (Artikel 337 und 339 des Code penal.) Eine solche Rechtsungleichheit wäre unmöglich, wenn auch Frauen im französischen Parlament säßen. Ähnliches Recht besteht in Belgien. Die Strafe für den Ehebruch der Frau ist dieselbe wie in Frankreich, der Ehemann kann nur bestraft werden, falls der Ehebruch in der Wohnung der Eheleute begangen wurde, alsdann tritt für den Ehemann Gefängnisstrafe von einem Monat bis zu einem Jahre ein. Etwas gerechter ist man in Belgien als in Frankreich, aber zweierlei Recht besteht hier wie dort für Mann und Frau. Ähnliche Bestimmungen gelten unter dem Einfluß des französischen Rechts in Spanien und Portugal. Das italienische gemeine Recht (Zivilrecht) vom Jahre 1865 ermöglicht der Frau nur die Scheidung, wenn der Ehemann seine Konkubine im Hause unterhält, oder an einem Orte, an dem der Aufenthalt der Konkubine als eine besonders schwere Beleidigung für die Ehefrau angesehen werden muß. Im Jahre 1907, zugleich mit dem Gesetz (vom 21. Juni), das eine Reihe Artikel des Code civil, betreffend Eheschließungen, geändert hat, wurde endlich von beiden Kammern das Gesetz vom 13. Juli angenommen, das die Frau zur alleinigen Besitzerin alles dessen macht, was sie selbständig erwirbt oder durch Erbschaft und Schenkung erhält. Der Mann hat sein Verfügungsrecht über das Sondergut der Frau verloren. Das ist die erste Bresche in der französischen Gesetzgebung, und die französische Frau steht jetzt auf derselben Stufe, auf die die englische Frau durch das Gesetz von 1870 gestellt wurde.

Viel weiter nicht nur im Vergleich mit dem Code civil, sondern auch mit dem Bürgerlichen Gesetzbuch geht das neue schweizerische Zivilgesetzbuch, das am 10. Dezember 1907 angenommen ist und am 1. Januar 1912 in Kraft tritt. An Stelle der verschiedenen Gesetze der einzelnen Kantone, die teils im Anschluß an den Code civil, wie in Genf, Waadt und in der italienischen Schweiz, oder an das österreichische Recht, wie in Bern und Luzern, oder an das alte Gewohnheitsrecht in Schwyz, Uri, Unterwalden usw. galten, bekommt jetzt die Schweiz ein einheitliches Gesetz. Die Freiheit der Frau und der Kinder ist gesichert. Das neue Gesetz zuerkennt auch dann der Frau einen Anteil am Gewinn der Ehe (ein Drittel davon), wenn sie nur als Gehilfin oder Hausfrau mittätig gewesen ist. Auch im Erbrecht ist sie besser gestellt als nach dem deutschen Recht. So erhält sie neben den Eltern des Mannes außer der Hälfte des Nachlasses noch lebenslänglichen Nießbrauch an der anderen Hälfte. Schuldner solcher Ehemänner, welche die Sorge für Weib und Kind vernachlässigen, können vom

Richter angewiesen werden, ihre Zahlungen an die Ehefrau zu leisten. Das Verbot der Eheschließung des geschiedenen Ehegatten mit demjenigen, mit welchem er den Ehebruch begangen hat, ist unter die Ehehindernisse nicht aufgenommen. (Der betreffende § 298 des Code civil ist auch in Frankreich im Jahre 1904 weggefallen.) Das eheliche Güterrecht ist im wesentlichen ebenso wie im Bürgerlichen Gesetzbuch geordnet. In erster Reihe entscheidet der Ehevertrag, der sowohl vor als während der Ehe geschlossen werden kann. Uneheliche Kinder haben, wenn die Ehe der Mutter versprochen war, Anspruch nicht nur auf Alimente wie im deutschen Recht, sondern auch auf Zusprechung der Standesfolge gegen den Vater, und erlangen damit die Rechte der ehelichen Kinder.

Schweden sicherte durch Gesetz vom 11. Dezember 1874 der Ehefrau das Recht der freien Verfügung über das, was sie durch persönliche Arbeit erwirbt. Dänemark hat 1880 den gleichen Grundsatz zum geltenden Recht erhoben. Auch kann nach dänischem Recht das Besitztum der Frau nicht durch Schulden des Mannes in Anspruch genommen werden. Ganz ähnlich lautet das norwegische Gesetz vom Jahre 1888 und das finnländische vom Jahre 1889: Die verheiratete Frau hat dieselbe Fähigkeit der Verfügung über ihre Güter wie die nichtverheiratete, nur sind einige Ausnahmen vorgesehen, die im Gesetz erwähnt werden. Im norwegischen Gesetz wird dieses ausgesprochen, *daß die Frau durch die Ehe unfrei wird.*

„In den skandinavischen wie in fast allen anderen Ländern geriet diese universelle Bewegung zur Erweiterung des ‚Sondergutes‘ der Frau an ganz demselben Punkte in Fluß, an dem sie auch in England einsetzte: dem *Arbeits*erwerb der Ehefrau. Die herrschenden Klassen gaben eben weit bereitwilliger die patriarchale Position des kleinen Mannes über die arbeitende, als diejenige des Mannes ihrer eigenen Schichten über die besitzende Frau preis.“[1]

In dem Gesetz vom 27. Mai 1908 macht die dänische Gesetzgebung einen weiteren Schritt. Entzieht sich der Ehemann beziehungsweise Vater seiner Unterhaltspflicht, so können die Frau beziehungsweise die Kinder verlangen, daß, nachdem die Höhe des zu gewährenden Unterhalts von der Verwaltungsbehörde festgesetzt ist, der Unterhalt ihnen aus öffentlichen Mitteln vorgeschossen wird.

[1] Marianne Weber, Ehefrau und Mutter in der Rechtsentwicklung. S. 377. Tübingen 1907.

Das Recht der Erziehung der Kinder und das Recht, über die Erziehung derselben Bestimmungen zu treffen, steht nach der in den meisten Ländern bestehenden Gesetzgebung dem Vater zu; hier und dort wird der Mutter eine untergeordnete Mitwirkung eingeräumt. Der alte römische Grundsatz, der im strikten Gegensatz zur mutterrechtlichen Zeit stand, daß der Vater alle Rechte und Gewalt über die Kinder habe, bildet allerwärts den Grundton der Gesetzgebung.

In Rußland hat die verheiratete Frau das Recht der Verfügung nur über ihr Vermögen. Was ihre Erwerbstätigkeit betrifft, so bleibt sie in vollständiger Abhängigkeit von ihrem Manne. Ohne dessen Erlaubnis wird ihr nie ein Paß ausgestellt, der unentbehrlich ist bei jedem Wechsel des Wohnortes. Um eine Stelle zu übernehmen oder irgendeine Erwerbstätigkeit auszuüben, muß sie ebenfalls die Genehmigung des Mannes haben. Die Ehescheidung ist durch das geltende Gesetz so erschwert, daß sie nur in sehr seltenen Fällen durchgeführt werden kann. Viel unabhängiger war früher die Stellung der Frau in den alten Bauerngemeinden, was den noch vorhandenen kommunistischen Einrichtungen oder der Erinnerung an dieselben geschuldet ist. Sie war die Verwalterin ihres Besitztums. Der Kommunismus ist überhaupt der den Frauen günstigste Sozialzustand, das zeigte uns schon die Darlegung aus dem Zeitalter des Mutterrechts.[1] In den Vereinigten Staaten haben sich die Frauen die volle zivilrechtliche Gleichberechtigung erkämpft, auch haben sie verhindert, daß die englischen oder ähnliche Prostitutionsgesetze eingeführt wurden.

---

[1] Wie richtig diese Auffassung ist, geht auch aus Aristophanes' Lustspiel „Die Frauenvolksversammlung“ (übersetzt von Hieronymus Müller, Leipzig 1846) hervor. Aristophanes schildert in jenem Lustspiel, wie das athenische Staatswesen so verfahren war, daß niemand mehr aus noch ein wußte. Die Prytanen stellen in der Volksversammlung der Bürger Athens die Frage zur Erörterung, wie der Staat zu retten sei. Darauf macht eine als Mann verkleidete Frau den Vorschlag, den Frauen die Führung des Staatsruders anzuvertrauen, und dieser Vorschlag wurde, „weil es das einzige sei, was noch nie in Athen geschah“, ohne Widerspruch angenommen. Die Frauen ergreifen das Staatsruder und führen sofort den *Kommunismus* ein. Selbstverständlich macht Aristophanes diesen Zustand lächerlich, aber das Charakteristische an seiner Dichtung ist, daß er die Frauen, sobald sie ein entscheidendes Wort in den öffentlichen Angelegenheiten erhalten, den Kommunismus als die von ihrem Standpunkt aus einzig vernünftige Staats- und Gesellschaftsverfassung einführen läßt. Aristophanes ahnte nicht, wie er im Scherz das Richtige traf.

2. Der Kampf um die politische Gleichberechtigung

Die handgreifliche Rechtsungleichheit der Frauen gegenüber den Männern hat bei den vorgeschritteneren unter ihnen die Forderung nach politischen Rechten hervorgerufen, um durch die Gesetzgebung für ihre Gleichberechtigung zu wirken. Es ist derselbe Gedanke, der auch die Arbeiterklasse leitete, auf die Eroberung politischer Macht ihre Agitation zu richten. Was für die Arbeiterklasse recht ist, kann für die Frauen nicht unrecht sein. Unterdrückt, rechtlos, vielfach hintangesetzt, haben sie nicht bloß das Recht, sondern die Pflicht, sich zu wehren und jedes ihnen gut scheinende Mittel zu ergreifen, um sich eine unabhängige Stellung zu erobern. Gegen diese Bestrebungen erheben sich natürlich wieder die reaktionären Unkenrufe. Sehen wir zu, mit welchem Recht.

Hervorragend geistig veranlagte Frauen haben in den verschiedenen Zeitaltern und unter den verschiedensten Völkern, auch dort, wo sie nicht als Fürstinnen die Macht in Händen hatten, eine einflußreiche politische Rolle zu spielen verstanden. Davon war sogar der päpstliche Hof nicht ausgeschlossen. Konnten sie einen Einfluß nicht direkt und auf dem Wege ihnen zustehender Rechte erlangen, so auf dem Wege geistigen Übergewichts, selbst der Kabale und Intrige. Groß war insbesondere ihr Einfluß während Jahrhunderten am französischen Hofe, aber nicht minder an den spanischen und italienischen Höfen. So war gegen Ende des siebzehnten Jahrhunderts am Hofe Philipps V. von Spanien die Großkämmerin Marie von Trémouille, Herzogin von Bracciano und Fürstin von Ursins, während dreizehn Jahren der erste Minister Spaniens, und sie leitete während dieser Zeit die spanische Politik in ausgezeichneter Weise. Auch als fürstliche Mätressen haben sie es vielfach meisterhaft verstanden, sich einen oft gewaltigen politischen Einfluß zu sichern; wir erinnern nur an die altbekannten Namen, die Maintenon, die Mätresse Ludwigs XIV., und die Pompadour, die Mätresse Ludwigs XV. Die große geistige Bewegung, die sich im achtzehnten Jahrhundert unter Männern wie Montesquieu, Voltaire, d'Alembert, Holbach, Helvetius, Lamettrie, Rousseau und vielen anderen vollzog, ließen die Frauen nicht unberührt. Mochten viele unter ihnen, um die Mode mitzumachen oder ihrem Hang zur Intrige Rechnung zu tragen, oder aus sonstigen nicht immer rühmlichen Motiven sich an dieser großen Bewegung beteiligen, welche die Berechtigung aller Grundlagen des Staates und der feudalen Gesellschaft in Zweifel zog und untergrub, eine ganze Anzahl derselben nahm aus lebhaftem Interesse und aus Begeisterung für die großen Ziele an ihr teil. Schon Jahrzehnte vor dem Ausbruch der großen Revolution, die wie ein reinigendes Gewitter Frankreich durchtobte, alles Alte aus den Fugen trieb und zu Boden warf und die vorgeschrittensten Geister in der ganzen Kulturwelt zu hellem Jubel begeisterte, strömten die Frauen in Mengen in die wissenschaftlichen und politischen Klubs, in denen philosophische, naturwissenschaftliche, religiöse, soziale, politische Fragen mit bis dahin unerhörter Kühnheit erörtert wurden, und beteiligten sich an den Debatten. Und als endlich im Juli 1789 mit dem Bastillesturm die Ouvertüre zur großen Revolution begann, da waren es sowohl die Frauen aus den oberen Schichten wie aus dem Volke, die sehr aktiv in die Bewegung eingriffen und einen merkbaren Einfluß pro und kontra ausübten. Exzessiv im Guten wie im Schlimmen beteiligten sie sich, wo die Gelegenheit sich dazu fand. Die Mehrzahl der Geschichtschreiber hat mehr von den Ausschreitungen der Revolution, die unter den gegebenen Verhältnissen nur zu natürlich waren, denn sie waren die Folge all der ungeheuren Erbitterung über die unsägliche Korruption, die Ausbeutung, den Betrug, die Niedertracht, die Schmach und den Verrat der herrschenden Klassen am Volke, als von ihren Großtaten Akt genommen. Unter dem Einfluß dieser einseitigen Schilderungen dichtete Schiller sein: „. . . da werden Weiber zu Hyänen und treiben mit Entsetzen Spott." Und doch haben sie in jenen Jahren so viel Beispiele von Heroismus, Seelengröße und bewundernswerter Aufopferungsfähigkeit gegeben, daß ein unparteiisches Buch „Über die Frauen in der großen Revolution" schreiben hieße, ihnen eine weithin leuchtende Ehrensäule errichten.[1] Waren doch selbst nach Michelet die Frauen die Avantgarde der Revolution. Die allgemeine Not, unter der das französische Volk unter dem Raub- und Schandregiment der Bourbonen litt, traf wie immer unter gleichen Verhältnissen namentlich die Frauen. Von fast jedem ehrlichen Erwerb durch die Gesetze ausgeschlossen, fielen sie zu Zehntausenden der Prostitution zum Opfer. Dazu kam die Hungersnot des Jahres 1789, die ihr und ihrer Angehörigen Elend auf die Spitze trieb. Diese zwang sie im Oktober zum

[1] Siehe Emma Adler, Die berühmten Frauen der französischen Revolution. Wien 1906.

Rathaussturm und zum Massenzug nach Versailles, dem Sitz des Hofes; sie veranlaßte aber auch eine Anzahl von ihnen, bei der Nationalversammlung zu petitionieren, „daß die Gleichheit zwischen Mann und Frau wiederhergestellt, ihnen Arbeit und Beschäftigung freigegeben werde und ihnen Stellen eingeräumt würden, für die ihre Fähigkeit sie eigneten". Und da sie begriffen, daß, um zu ihrem Recht zu kommen, sie Macht haben müßten, Macht sich aber nur erobern ließ, wenn sie sich organisierten und in Massen zusammenständen, so riefen sie in ganz Frankreich Frauenvereine ins Leben, die zum Teil eine überraschend hohe Mitgliederzahl erlangten, und beteiligten sich auch an den Versammlungen der Männer. Wenn die geniale Madame Roland es vorzog, unter den „Staatsmännern" der Revolution, den Girondisten, eine leitende politische Rolle zu spielen, so nahm die feurige und beredte Olympe de Gouges die Führung der Frauen des Volkes in ihre Hand und trat mit der ganzen Begeisterung, zu der ihr Temperament sie befähigte, für diese ein.

Als 1793 der Konvent die Menschenrechte (les droits de l'homme) proklamierte, erkannte sie sofort, daß es nur Männerrechte seien. Diesen stellte Olympe de Gouges im Verein mit Rose Lacombe und anderen in 17 Artikeln die „Frauenrechte" gegenüber, die sie 1793 vor der Pariser Kommune des längeren begründeten mit Ausführungen, die auch noch heute ihre volle Berechtigung haben und in denen der der Situation entsprechende Satz enthalten war: „Hat die Frau das Recht, das Schafott zu besteigen, so muß sie auch das Recht haben, die Tribüne zu besteigen." Ihre Forderungen blieben unerfüllt. Dagegen fand ihr Hinweis auf das Recht der Frau, gegebenenfalls das Schafott besteigen zu müssen, blutige Bestätigung. Ihr Eintreten für die Rechte der Frauen auf der einen und ihr Kampf gegen die Gewalttaten des Konvents auf der anderen Seite ließen sie dem Konvent für das Schafott reif erscheinen; ihr Kopf fiel noch am 3. November desselben Jahres. Fünf Tage später fiel auch der Kopf der Madame Roland. Beide starben wie Helden. Kurz vor ihrem Tode, am 30. Oktober 1793, hatte der Konvent seine frauenfeindliche Gesinnung auch dadurch bestätigt, daß er die Unterdrückung aller Frauenvereine beschloß, und später ging er sogar so weit, als die Frauen fortfuhren, gegen das an ihnen verübte Unrecht zu protestieren, daß er ihnen den Besuch des Konvents und der öffentlichen Versammlungen verbot und sie als Aufrührer behandelte.

Als der Konvent gegen das heranmarschierende monarchische Europa „das Vaterland in Gefahr“ erklärt hatte und das Massenaufgebot anordnete, erboten sich die Pariser Frauen zu tun, was zwanzig Jahre später begeisterte preußische Frauen ausführten, mit dem Gewehr in der Hand das Vaterland zu verteidigen, hoffend, damit ihr Recht auf Gleichheit zu beweisen. Aber da trat ihnen in der Kommune der radikale Chaumette entgegen, der ihnen zurief: „Seit wann ist es den Frauen gestattet, ihr Geschlecht abzuschwören und sich zu Männern zu machen? Seit wann ist es Gebrauch, sie die fromme Sorge ihres Haushaltes, die Wiege ihrer Kinder verlassen zu sehen, um auf die öffentlichen Plätze zu kommen, von der Tribüne herab Reden zu halten, in die Reihe der Truppen zu treten, mit einem Worte Pflichten zu erfüllen, welche die Natur dem Manne allein zugeteilt hat? – Die Natur hat zu dem Manne gesagt: Sei Mann! Die Wettrennen, die Jagd, der Ackerbau, die Politik und die Anstrengungen aller Art sind dein *Vorrecht!* Sie hat zu dem Weibe gesagt: Sei Weib! Die Sorge für deine Kinder, die Details des Haushaltes, die süße Unruhe der Mutterschaft, das sind deine *Arbeiten!* – Unkluge Frauen, warum wollt ihr Männer werden? Sind die Menschen nicht genug geteilt? Was bedürft ihr mehr? Im Namen der Natur, bleibt, was ihr seid; und weit entfernt, uns um die Gefahren eines so stürmischen Lebens zu beneiden, begnügt euch damit, sie uns im Schoße unserer Familien vergessen zu machen, indem ihr unsere Augen ruhen lasset auf dem entzückenden Schauspiel unserer durch eure zärtliche Sorge glücklichen Kinder.“

Ohne Zweifel sprach der radikale Chaumette den meisten unserer Männer aus der Seele. Auch wir glauben, daß es eine zweckmäßige Arbeitsteilung ist, den Männern die Verteidigung des Landes zu überlassen, dagegen den Frauen die Sorge für Heimat und Herd. Im übrigen ist der rednerische Erguß Chaumettes nur Phrase. Was er von der Mühe des Mannes im Ackerbau sagt, trifft nicht zu, denn im Ackerbau hat von uralter Zeit bis zur Stunde die Frau nicht die leichteste Rolle gehabt. Die Anstrengungen der Jagd und des Wettrennens sind keine „Anstrengungen“, sondern ein Vergnügen der Männer. Die Politik aber hat nur Gefahren für *die*, die *gegen* den Strom schwimmen, im übrigen bietet sie wenigstens ebensoviel Vergnügen als Anstrengung. Es ist der Egoismus des Mannes, der aus dieser Rede spricht.

Gleiche Bestrebungen, wie sie das Auftreten der Enzyklopädisten und die große Revolution in Frankreich hervorgerufen hatten, waren auch in den Vereinigten Staaten aufgetaucht, als diese in den siebziger und achtziger Jahren des achtzehnten Jahrhunderts ihre Unabhängigkeit von England erkämpften und sich eine demokratische Verfassung gaben. Hier waren es in erster Linie Mercy Ottis Warren und die Gattin des späteren zweiten Präsidenten der Vereinigten Staaten, Mrs. Adams, und ihnen gleichgesinnte Frauen, die für die politische Gleichberechtigung eintraten. Ihrem Einfluß war es zu danken, daß wenigstens der Staat New Jersey den Frauen das Stimmrecht gewährte, es aber bereits im Jahre 1807 wieder beseitigte. Noch vor dem Ausbruch der Revolution in Frankreich (1787) war es hier Condorcet, der spätere Girondist, der in einem glänzend geschriebenen Essay für das Frauenstimmrecht und die volle politische Gleichheit der Geschlechter eintrat.

Angeregt durch die gewaltigen Ereignisse im Nachbarlande erhob jenseits des Kanals die 1759 geborene tapfere Mary Wollstonecraft ihre Stimme. 1790 schrieb sie gegen Burke, den heftigsten Gegner der Französischen Revolution, ein Buch, in dem sie die Forderung der Menschenrechte verteidigte. Sehr bald ging sie aber dazu über, auch für ihr eigenes Geschlecht die Menschenrechte zu verlangen. Das geschah in ihrem 1792 erschienenen Buche „A Vindication of the Rights of Women“ (Eine Rechtfertigung der Rechte der Frauen), in dem sie, scharfe Kritik an dem eigenen Geschlecht übend, für die Frauen die volle Gleichberechtigung zum Besten des Ganzen in Anspruch nahm und kühn verteidigte. Aber sie fand wie natürlich den heftigsten Widerstand und die schwersten und ungerechtesten Angriffe. An schweren seelischen Kämpfen ging sie (1797), von ihren Zeitgenossen verkannt und verhöhnt, zugrunde.

Das Merkwürdigste aber ist, daß um dieselbe Zeit, in der in Frankreich, England und den Vereinigten Staaten die ersten ernsten Bestrebungen auftauchten, die politische Gleichheit der Frauen zu erkämpfen, auch in dem damals so rückständigen Deutschland ein deutscher Schriftsteller – Th. G. v. Hippel – sich fand, der ein Buch erscheinen ließ, in dem er, zunächst anonym, unter dem Titel „Über die bürgerliche Verbesserung der Weiber“, Berlin 1792, für die Gleichberechtigung der Frauen eintrat. Das war zu einer Zeit, in der ein Buch „Über die bürgerliche Verbesserung der Männer“ in Deutschland die gleiche Berechtigung gehabt hätte. Um so mehr ist der Mut des Mannes zu bewundern, der in diesem Buche alle Konsequenzen für die soziale und politische Gleichberechtigung der Geschlechter zog und sehr geschickt und geistvoll verteidigte.

Seitdem ruhte lange Zeit die Forderung der politischen Gleichberechtigung der Frauen mit den Männern, aber die Forderung ist allmählich ein Postulat in der vorgeschritteneren Frauenbewegung aller Kulturländer geworden und ist zum Teil in einer Anzahl Staaten verwirklicht. In Frankreich traten die St. Simonisten und Fourieristen für die gesellschaftliche Gleichheit der Geschlechter ein, und der Fourierist Considérant beantragte 1848 in der Verfassungskommission des französischen Parlaments die Gewährung der gleichen politischen Rechte an die Frauen. 1851 wiederholte Pierre Leroux den Antrag in der Kammer, aber ebenfalls ohne Erfolg.

Heute liegen die Dinge wesentlich anders. Die ganze Entwicklung, alle Verhältnisse haben sich seitdem mächtig umgestaltet und haben auch die Stellung der Frauen verändert. Sie sind mehr als je mit allen Fasern ihrer Existenz mit dem gesellschaftlichen Entwicklungsgang verbunden und greifen mehr als je auch selbsttätig ein. Wir sehen, wie in allen Kulturstaaten Hunderttausende und Millionen Frauen gleich den Männern in den verschiedensten Berufen tätig sind und die Zahl derjenigen von Jahr zu Jahr wächst, die auf die eigene Kraft und die eigenen Fähigkeiten angewiesen, den Kampf um die Existenz zu führen haben. Es kann also den Frauen sowenig wie den Männern gleichgültig sein, wie unsere sozialen und politischen Verhältnisse beschaffen sind. Fragen zum Beispiel wie die: Welche innere und welche äußere Politik gehandhabt wird, ob eine solche Kriege begünstigt oder nicht, ob der Staat jährlich Hunderttausende von gesunden Männern in der Armee festhält und Zehntausende ins Ausland treibt, ob die notwendigsten Lebensbedürfnisse durch Steuern und Zölle verteuert werden und die Familie um so härter treffen, je zahlreicher diese ist, und das in einer Zeit, in der die Mittel zum Leben für die große Mehrzahl äußerst knapp bemessen sind, gehen die Frau ebenso nahe an wie den Mann. Auch bezahlt die Frau direkte und indirekte Steuern von ihrer Lebenshaltung und aus ihrem Einkommen. Das Erziehungssystem ist für sie vom höchsten Interesse, denn die Art der Erziehung entscheidet in hohem Grade über die Stellung ihres Geschlechts; als Mutter hat sie daran ein doppeltes Interesse.

Ferner sind die Hunderttausende und Millionen Frauen in Hunderten von Berufsarten persönlich sehr lebhaft beteiligt an dem Zustand unserer Sozialgesetzgebung. Fragen, betreffend die Länge der Arbeitszeit, die Nacht-, Sonntags- und Kinderarbeit, die Lohnzahlungs- und Kündigungsfristen, die Schutzmaßregeln in Fabriken und Werkstätten, mit einem Worte der Arbeiterschutz, weiter die ganze Versicherungsgesetzgebung, das Gewerbegerichtswesen usw. sind auch für sie vom höchsten Interesse. Die Arbeiter haben über den Zustand vieler Industriezweige, in welchen Arbeiterinnen ausschließlich oder überwiegend beschäftigt sind, nur eine unvollkommene oder keine Kenntnis. Die Unternehmer haben alles Interesse, Mißstände, die sie verschulden, zu vertuschen, aber die Gewerbeinspektion erstreckt sich vielfach nicht auf Gewerbszweige, in welchen Frauen ausschließlich beschäftigt sind, auch ist sie noch äußerst unzureichend, und gerade hier sind Schutzmaßregeln am notwendigsten. Man braucht nur an die Arbeitslokale zu erinnern, in welchen in unseren größeren Städten Näherinnen, Schneiderinnen, Putzmacherinnen usw. zusammengepfercht werden. Von dort kommt kaum eine Klage, und dorthin dringt bis jetzt keine Untersuchung. Auch ist die Frau als Erwerbende an der Handels- und Zollgesetzgebung und dem gesamten bürgerlichen Rechte interessiert. Es kann also gar keinem Zweifel unterliegen, daß sie so gut wie der Mann das größte Interesse hat, Einfluß auf die Gestaltung unserer Zustände durch die Gesetzgebung zu erlangen. Ihre Beteiligung am öffentlichen Leben würde demselben einen bedeutenden Aufschwung geben und eine Menge neuer Gesichtspunkte eröffnen.

Auf solche Ansprüche folgt die kurz abweisende Antwort: Die Frauen verstehen nichts von Politik, sie wollen auch in der großen Mehrzahl nichts davon wissen, auch verstehen sie das Stimmrecht nicht zu benutzen. Das ist wahr und nicht wahr. Allerdings haben bis jetzt noch nicht große Frauenkreise, wenigstens in Deutschland, die politische Gleichberechtigung gefordert. Die erste Frau, die schon Ende der sechziger Jahre in Deutschland dafür eintrat, war Frau Hedwig Dohm. Neuerdings sind es hauptsächlich die sozialdemokratisch gesinnten Arbeiterinnen, die kräftig agitatorisch dafür eintreten.

Mit dem Einwand, daß bisher die Frauen der politischen Bewegung nur schwaches Interesse entgegenbrachten, ist nichts bewiesen. Bekümmerten sich bisher die Frauen nicht um Politik, so ist damit nicht bewiesen, daß sie es nicht *müßten*. Dieselben Gründe, die gegen das Stimmrecht der Frauen angeführt werden, wurden in der ersten Hälfte der sechziger Jahre gegen das allgemeine Stimmrecht der Männer geltend gemacht. Der Verfasser dieser Schrift gehörte selbst noch 1863 zu denen, die sich *gegen* dasselbe erklärten, vier Jahre später verdankte er ihm seine Wahl in den Reichstag. Zehntausenden erging es ähnlich, sie wurden aus einem Saulus zu einem Paulus. Gleichwohl gibt es noch viele Männer, die ihr wichtigstes politisches Recht entweder nicht benutzen oder nicht zu benutzen verstehen, aber das ist kein Grund, ihnen dasselbe vorzuenthalten, und es kann keiner sein, es ihnen entziehen zu wollen. Bei den Reichstagswahlen stimmen in der Regel 25 bis 30 Prozent der Wähler nicht, und diese rekrutieren sich aus *allen* Klassen. Und unter den 70 bis 75 Prozent, die an der Wahl sich beteiligen, stimmt nach unserer Auffassung die Mehrzahl *so*, wie sie *nicht* stimmen dürfte, begriffe sie ihr wahres Interesse. Daß sie dieses noch nicht begriffen hat, liegt an dem Mangel politischer Bildung.

Politische Bildung wird dadurch aber nicht gewonnen, daß man die Massen von öffentlichen Angelegenheiten fernhält, sondern dadurch, daß man sie zur Ausübung politischer Rechte zuläßt. Ohne Übung keine Meister. Die herrschenden Klassen haben es bisher in ihrem Interesse verstanden, die große Mehrheit des Volkes in politischer Unmündigkeit zu erhalten. Bis zu dieser Stunde war es deshalb die Aufgabe einer klassen- und zielbewußten Minorität, mit Energie und Begeisterung für die Interessen der Allgemeinheit zu kämpfen und die große träge Masse aufzurütteln und zu sich emporzuziehen. So war es aber bisher in allen großen Bewegungen, und so kann es weder verwundern noch entmutigen, daß es auch in der Frauenbewegung nicht anders ist. Die bisherigen Erfolge zeigen, daß Mühe und Opfer belohnt werden, und die Zukunft bringt den Sieg.

In dem Augenblick, in dem die Frauen gleiche Rechte mit den Männern erlangen, wird auch das Bewußtsein der Pflichten in ihnen lebendig werden. Aufgefordert, ihre Stimmen abzugeben, werden sie sich fragen: Wozu? Für wen? Mit diesem Augenblick werden zwischen Mann und Frau eine Reihe von Anregungen gegeben, die, weit entfernt, ihr gegenseitiges Verhältnis zu verschlechtern, es im Gegenteil wesentlich verbessern werden. Die ununterrichtetere Frau wird sich naturgemäß an den unterrichteteren Mann wenden. Daraus folgt

Ideenaustausch und gegenseitige Belehrung, ein Zustand, wie er bisher in den seltensten Fällen zwischen Mann und Frau bestand. Dies wird ihrem Leben einen neuen Reiz geben. Der unglückliche Bildungs- und Auffassungsunterschied unter den Geschlechtern, der so vielfach zu Meinungsdifferenzen und Streitigkeiten führt, den Mann mit seinen verschiedenseitigen Pflichten in Zwiespalt setzt und das Gemeinwohl schädigt, wird mehr und mehr ausgeglichen. Statt eines Hemmschuhs wird der Mann in der gleichgesinnten Frau eine Unterstützerin erhalten; sie wird, wenn sie selbst durch Pflichten abgehalten ist, sich zu beteiligen, den Mann anspornen, seine Schuldigkeit zu tun. Sie wird es auch in der Ordnung finden, daß ein Bruchteil des Einkommens für eine Zeitung und für Agitationszwecke ausgegeben wird, weil auch ihr die Zeitung zur Belehrung und Unterhaltung dient und weil sie die Notwendigkeit der Opfer für die Agitation begreift, damit erobert wird, was ihr, dem Manne und ihren Kindern fehlt – ein menschenwürdiges Dasein.

So wird das beiderseitige Eintreten für das Gemeinwohl, das mit dem eigenen aufs engste verknüpft ist, im höchsten Grade veredelnd wirken. Es wird das Gegenteil von dem geschehen, was Kurzsichtige oder die Feinde eines auf voller Gleichberechtigung aller beruhenden Gemeinwesens behaupten. Dieses Verhältnis zwischen den beiden Geschlechtern wird in demselben Maße sich verschönern, wie die gesellschaftlichen Einrichtungen Mann und Frau von materieller Sorge und übermäßiger Arbeitslast befreien. Übung und Erziehung werden hier wie in anderen Fällen weiterhelfen. Gehe ich nicht ins Wasser, so lerne ich nie schwimmen; studiere ich keine fremde Sprache und übe ich sie nicht, so werde ich sie nie sprechen lernen. Das findet jeder natürlich, aber viele begreifen nicht, daß dasselbe auch für die Angelegenheiten des Staates und der Gesellschaft gilt. Sind unsere Frauen unfähiger als die weit tiefer stehenden Neger, denen man in Nordamerika die politische Gleichberechtigung zuerkannte? Oder soll eine geistig hochstehende Frau weniger Recht haben als der roheste, ungebildetste Mann; zum Beispiel als ein unwissender, hinterpommerscher Tagelöhner oder ein ultramontaner polnischer Kanalarbeiter, und nur deshalb, weil der Zufall diese als Männer zur Welt kommen ließ? Der Sohn hat mehr Recht als die Mutter, von der er vielleicht seine besten Eigenschaften erbte, die ihn zu dem erst machte, was er ist. In der Tat sonderbar!

Überdies riskieren wir nicht mehr, in das Dunkle, Unbekannte zu springen. Nordamerika, Neuseeland, Australien und Finnland haben bereits die Bahn gebrochen. Über die Wirkung desselben schrieb schon am 12. November 1872 Richter Kingmann aus Laramie City an die Frauenzeitung (Women's Journal) in Chikago folgendes:

„Es sind heute drei Jahre, daß in unserem Territorium die Frauen das Stimmrecht erhielten sowie das Recht, an den Ämtern teilzunehmen wie die anderen Wähler. In dieser Zeit haben sie gewählt und sind erwählt worden zu verschiedenen Ämtern; sie sind als Geschworene und Friedensrichter in Funktion gewesen. Sie haben sich allgemein beteiligt bei allen unseren Wahlen, und obschon ich glaube, daß einige unter uns im Prinzip das Eintreten der Frauen nicht gutheißen, so wird, glaube ich, niemand verweigern können anzuerkennen, daß dieses Eintreten auf unsere Wahlen einen *erzieherischen* Einfluß geübt hat. Es veranlaßte, daß sie ruhig und ordentlich verliefen und daß zu gleicher Zeit unsere Gerichtshöfe in die Lage kamen, verschiedene Arten von Verbrechern zu erreichen und zu bestrafen, die bis dahin ungestraft blieben.

Als zum Beispiel das Territorium organisiert ward, gab es fast niemand, der nicht einen Revolver bei sich trug und bei dem geringsten Streit Gebrauch davon machte. Ich erinnere mich nicht eines einzigen Falles, daß eine aus Männern gebildete Jury einen derjenigen, die mit dem Revolver geschossen hatten, für überführt erachtete; aber mit zwei oder drei Frauen unter den Geschworenen haben dieselben stets den Belehrungen (instructions) des Gerichtshofes Folge geleistet ..."

Und wie man nach fünfundzwanzigjähriger Einführung des Frauenstimmrechts in Wyoming über dasselbe dachte, spricht die Adresse aus, die am 12. November 1894 die Volksvertretung des Staates an alle Parlamente der Welt erließ. Darin hieß es:

„Der Besitz und die Ausübung des Stimmrechts durch Frauen in Wyoming hat keinerlei schlechte, *sondern nach vielen Richtungen hin sehr gute Folgen gehabt;* es hat in hervorragender Weise dazu beigetragen, Verbrechen und Armut aus diesem Staate zu verbannen, und zwar ohne alle Gewaltmaßregeln; es hat friedliche und ordentliche Wahlen, eine gute Regierung, einen bemerkenswerten Grad von Zivilisation und öffentlicher Ordnung herbeiführen helfen; und wir weisen mit Stolz auf die Tatsache hin, daß seit fünfundzwanzig Jahren, seit die Frauen das Stimmrecht besitzen, kein Distrikt von Wyoming ein Armenhaus besitzt, daß unsere Gefängnisse so gut wie leer und Verbrechen so gut wie unbekannt sind. Gestützt auf unsere Erfahrung dringen wir darauf, daß jeder zivilisierte Staat auf Erden den Frauen ohne Verzug das Stimmrecht gewährt."

Bei aller Anerkennung für die politische Tätigkeit der Frauen im Staate Wyoming gehen wir nicht so weit wie die begeisterten Verteidiger des Frauenstimmrechts in der dortigen Volksvertretung, ausschließlich dem Stimmrecht der Frauen die beneidenswerten Zustände zuzuschreiben, deren sich, nach der Schilderung der Adresse, der Staat erfreut – hierfür sind eine Reihe sozialer Momente verschiedener Art mit entscheidend; aber feststeht, daß die Ausübung des Frauenstimmrechts von den *wohltätigsten* Folgen für Wyoming begleitet war und nicht *ein* Nachteil daraus entstand. Das ist die *glänzendste* Rechtfertigung für die Einführung desselben.

Das Beispiel von Wyoming fand Nachahmung. In den Vereinigten Staaten erhielten die Frauen im Jahre 1893 in Kolorado das politische Stimmrecht, im Jahre 1895 in Utah, im Jahre 1896 in Idaho, im Jahre 1908 in Süd-Dakota, im Jahre 1909 in Washington, und sie wählten auch sofort eine Anzahl Vertreterinnen. Im Jahre 1899, nachdem die Neuerung in Kolorado fünf Jahre bestanden hatte, beschloß das Parlament mit 45 gegen 3 Stimmen folgende Resolution:

„In Erwägung, daß *gleiches Wahlrecht* für *beide* Geschlechter seit fünf Jahren in Kolorado besteht, während welcher Zeit die Frauen es ebenso allgemein ausgeübt haben als die Männer, und zwar mit dem Erfolg, daß für öffentliche Ämter *geeignetere* Kandidaten gewählt wurden, die Wahlmethode *verbessert*, die Gesetzgebung *vervollkommnet*, die allgemeine Bildung *gehoben*, das politische Verantwortlichkeitsgefühl infolge des weiblichen Einflusses *stärker entwickelt* worden ist, beschließt das Unterhaus, daß im Hinblick auf diese Resultate die *politische Gleichstellung* der Frauen jedem Staate und jedem Territorium der nordamerikanischen Union als eine gesetzgeberische Maßnahme *empfohlen* werde, die geeignet ist, eine höhere und bessere Ordnung herbeizuführen."

In einer Reihe Staaten haben die Parlamente die Einführung des Frauenwahlrechts beschlossen, die Volksabstimmung hat jedoch diese Beschlüsse annulliert. So in Kansas, Oregon, Nebraska, Indiana und Oklahoma; in Kansas und Oklahoma hat sich der Vorgang bereits zweimal, in Oregon gar dreimal wiederholt, und zwar sind die Majoritäten gegen die politische Emanzipation des weiblichen Geschlechts immer kleiner geworden.

„Äußerst buntscheckig ist, was die Frauen an Recht auf kommunalem Gebiet erreicht haben; alles in allem sind diese ihre Errungenschaften aber nicht sehr bedeutend. Selbstverständlich besitzen die Frauen volles kommunales Bürgerrecht in den vier Staaten, in denen ihnen das politische Wahlrecht eignet. Davon abgesehen, ist ihnen aber nur in einem einzigen Staate, in Kansas, das aktive und passive Gemeindewahlrecht zuerkannt worden, das auch das aktive und passive Wahlrecht zu den Schulverwaltungen und das Referendumrecht in Steuerbewilligungsfragen in sich begreift. Das aktive Gemeindewahlrecht besitzen die Frauen in Michigan seit 1893, doch es ist kein allgemeines, da es an einen Bildungsnachweis geknüpft ist. Die Staaten Louisiana, Montana, Iowa und New York haben ihnen das Abstimmungsrecht in kommunalen Steuerbewilligungsfragen erteilt. Mehr Einfluß als auf die allgemeinen Gemeindeangelegenheiten haben die Frauen auf dem Gebiet der Schulverwaltung erlangt. Das aktive und passive Wahlrecht zu den Schulverwaltungen steht ihnen zu in Connecticut, Delaware, Illinois, Massachusetts, Minnesota, Montana, Nebraska, New Hampshire, New Jersey, New York, Nord- und Süd-Dakota, Ohio, Oregon, Vermont, Wisconsin, Washington und dem Territorium Arizona. Das aktive Schulwahlrecht allein besitzen sie in Kentucky und dem Territorium Oklahoma, in dem erstgenannten Staate ist es jedoch nur gewissen Klassen von Frauen und unter gewissen Bedingungen eingeräumt. In Kalifornien, Iowa, Louisiana, Maine, Pennsylvanien und Rhode-Island ist den Frauen das passive Schulwahlrecht gewährt worden, aber nur zu gewissen Ämtern in der Schulverwaltung.“[1]

In Neuseeland besitzen die Frauen das politische Wahlrecht seit 1893. Sie haben sich sehr lebhaft an den Parlamentswahlen beteiligt, und zwar lebhafter als die Männer; doch besitzen sie nur das aktive Wahlrecht, gewählt können nur Männer werden. Von 139 915 volljährigen Frauen haben sich im Jahre 1893 nicht weniger als 109 461 in die Wählerlisten eintragen lassen, 785 auf je 1000. An den Wah-

[1] Clara Zetkin, Zur Frage des Frauenwahlrechts. S. 64 bis 65. Berlin 1907. Im Jahre 1909 haben die Frauen das Wahlrecht auch in Süd-Dakota und in Washington bekommen.

len nahmen 90 290 teil, 645 auf je 1000. Im Jahre 1896 war die Zahl der Abstimmenden 108 783 (68 Prozent), im Jahre 1902 138 565, im Jahre 1905 175 046.

In Tasmanien erhielten die Frauen das Gemeindewahlrecht im Jahre 1884 und das politische Wahlrecht im Jahre 1903. In Südaustralien besitzen die Frauen das politische Wahlrecht seit 1895, in Westaustralien seit 1900, in Neu-Südwales seit 1902, in Queensland seit 1905, in Victoria seit 1908. Der Bund dieser Kolonialstaaten hat noch im Jahre 1902 das Frauenstimmrecht zu dem Bundesparlament eingeführt. Mit der Zuerkennung des Wahlrechts ist auch das Recht der Wählbarkeit verbunden, aber bisher ist noch keine Frau ins Parlament gewählt.

Den großjährigen Frauen wurde das aktive und passive Parlamentswahlrecht unter den gleichen Bedingungen zuerkannt, wie sie für Männer gelten. Weniger demokratisch ist die Gemeindeverwaltung geregelt. Das Recht der Anteilnahme an der Gemeindeverwaltung ist an die Heerespflicht geknüpft. Seit 1889 können die steuerzahlenden Frauen in den Armenrat der städtischen und ländlichen Gemeinden gewählt werden. Auch als Armenhausvorsteherinnen können Frauen gewählt werden, sie sind ferner wählbar in die Schulräte und Schuldirektionen.

Infolge des grandiosen Generalstreiks im Oktober 1905 und des Sieges der russischen Revolution wurde in Finnland die Konstitution wiederhergestellt. Der Arbeiterklasse gelang, es durch äußeren Druck so weit zu bringen, daß der Ständelandtag das allgemeine Wahlrecht – auch für Frauen – als Gesetz annahm. Ausgeschlossen wurden solche, die Armenunterstützung genießen oder die Personalsteuer für den Staat, 2 Mark für Männer, 1 Mark für Frauen, schulden. Im Jahre 1907 wurden in die Volksvertretung 19, im Jahre 1908 25 Frauen gewählt.

In Norwegen nehmen seit 1889 die Frauen an der Schulverwaltung teil. Sie können in Städten vom Gemeinderat in die Schulräte entsandt werden. Frauen, welche Kinder haben, dürfen bei der Wahl von Schulinspektoren mitstimmen. Auf dem Lande sind alle, die Schulsteuer zahlen, ohne Unterschied des Geschlechts zur Teilnahme an den Versammlungen der Schulgemeinden berechtigt. Frauen können das Amt eines Schulinspektors bekleiden. Auch auf andere kommunale Angelegenheiten wurde den Frauen nach und nach Einfluß gewährt.

Im Jahre 1901 erhielten das aktive und passive Gemeindewahlrecht alle norwegischen Frauen, die das 25. Lebensjahr erreicht haben, die norwegische Staatsbürgerinnen und fünf Jahre im Lande ansässig sind und entweder selbst für das letzte Steuerjahr Staats- oder Gemeindesteuer für ein jährliches Mindesteinkommen von 337,50 Mark (300 Kronen) in den Landbezirken, 450 Mark (400 Kronen) in der Stadt entrichtet haben oder aber in Gütergemeinschaft mit einem Manne leben, der die festgelegten Einkommensätze versteuert hat. 200 000 Frauen erhielten das Wahlrecht, davon allein 30 000 in Christiana. Bei der ersten Wahl, die unter Beteiligung der Frauen stattfand, wurden in die Land- und Stadtverordnetenversammlungen 90 Frauen gewählt (und 160 Stellvertreterinnen), davon in Christiana sechs Stadtverordnete und eine Stellvertreterin. Am 1. Juli 1907 erhielten die norwegischen Frauen auch das politische Wahlrecht, doch nicht unter denselben Bedingungen wie für Männer. Für die politische Wahlberechtigung der Frauen gelten die gleichen Bestimmungen wie für das kommunale Wahlrecht. Gegen 250 000 großjährige Proletarierinnen bleiben politisch noch rechtlos.

In Schweden haben seit 1862 unverheiratete Frauen das aktive Wahlrecht für Provinzialrats- und Gemeindewahlen unter den gleichen Bedingungen wie die Männer, das heißt, wenn sie volljährig sind, ein Einkommen von mindestens 562,50 Mark versteuern und ihre Steuern bezahlt haben. Noch im Jahre 1887 haben von 62 000 Frauen nur 4000 abgestimmt. Das Recht, zu kommunalen Ämtern gewählt zu werden, blieb den Frauen zunächst ganz versagt, 1889 gewährte jedoch ein Gesetz ihnen Wählbarkeit zu den Armen- und Schulräten. Und im Februar 1909 bekamen die schwedischen Frauen das passive Wahlrecht zu allen Gemeinde- und Stadtverordnetenversammlungen. Im Jahre 1902 wurde das politische Frauenwahlrecht in der Zweiten Kammer mit 114 gegen 64 Stimmen abgelehnt, im Jahre 1905 mit 109 gegen 88.

In Dänemark erhielten die Frauen nach einer langjährigen Agitation im April 1908 das aktive und passive Gemeindewahlrecht. Stimmrecht besitzen alle Frauen, die das 25. Lebensjahr erreicht haben und entweder selbst ein jährliches Einkommen von mindestens 900 Mark in der Stadt (in Landdistrikten weniger) oder in Gütergemeinschaft mit einem Manne leben, der die festgesetzten Einkommensätze versteuert hat. Außerdem haben noch das Wahlrecht die weiblichen Dienstboten, denen Kost und Logis als Lohn zugerechnet werden. Bei der ersten Wahl, die 1909 stattfand, wurden in Kopenhagen sieben Frauen in die Stadtverordnetenversammlung gewählt. In Island haben die Frauen das aktive und passive Gemeindewahlrecht seit 1907.

Eine förmliche Geschichte hat die Erkämpfung des Frauenstimmrechts in England hinter sich. Nach altem Rechte besaßen im Mittelalter Frauen, die Grundherrinnen waren, Stimmrecht, als solche übten sie auch die richterliche Gewalt. Im Laufe der Zeit verloren sie diese Rechte. In der Wahlreformakte von 1832 war das Wort „person" gebraucht worden, was nach englischen Begriffen Angehörige beider Geschlechter, Mann und Frau, einschließt. Gleichwohl fand das Gesetz in bezug auf die Frauen eine einschränkende Auslegung, man wies sie zurück, wo sie den Versuch zu wählen machten. In der Wahlreformbill von 1867 hatte man dagegen statt des Wortes „person" das Wort „man" gesetzt. John Stuart Mill beantragte, an Stelle von „man" wieder „person" zu setzen, mit der ausdrücklichen Begründung, daß alsdann Frauen unter den gleichen Bedingungen wie Männer das Stimmrecht besitzen sollten. Der Antrag wurde mit 194 gegen 73 Stimmen abgelehnt. Sechzehn Jahre später (1883) wurde aufs neue im Unterhaus der Versuch gemacht, den Frauen das Stimmrecht einzuräumen. Der Antrag wurde mit einer Majorität von nur 16 Stimmen verworfen. Ein weiterer Versuch im Jahre 1884 wurde, bei ungleich stärkerer Besetzung des Hauses, mit einem Mehr von 136 Stimmen abgelehnt. Aber die Minorität ließ sich nicht werfen. Im Jahre 1886 gelang es ihr, in zwei Lesungen einen Antrag auf Erteilung des Parlamentsstimmrechts an die Frauen zur Annahme zu bringen. Die Auflösung des Parlaments verhinderte die endgültige Entscheidung.

Am 29. November 1888 hielt Lord Salisbury eine Rede in Edinburgh, in der er unter anderem ausführte: „Ich hoffe ernstlich, daß der Tag nicht mehr fern sein wird, an dem die Frauen das Stimmrecht für die Parlamentswahlen mit den Männern teilen und die politische Richtung des Landes mitbestimmen." Und Alfred Russel Wallace, bekannt als Naturforscher und Anhänger Darwins, äußerte sich über dieselbe Frage: „Wenn Männer und Frauen die Freiheit haben, ihren besten Impulsen zu folgen, wenn beide die bestmögliche Erziehung erhalten, wenn keine falschen Beschränkungen einem menschlichen Wesen wegen des Zufalls des Geschlechts auferlegt werden und wenn die öffentliche Meinung von den Weisesten und Besten reguliert und der Jugend systematisch eingeschärft werden wird, dann werden wir finden, daß ein System der menschlichen Auswahl sich geltend machen wird, welche eine reformierte Menschheit zur Folge haben muß. Solange Frauen gezwungen sind, die Heirat als ein Mittel anzusehen, vermöge dessen sie der Armut entgehen und der Verlassenheit sich entziehen können, sind und bleiben sie im Vergleich mit den Männern im Nachteil. Der erste Schritt daher in der Emanzipation der Frauen ist die Hinwegräumung aller Beschränkungen, welche sie verhindern, mit den Männern auf allen Gebieten der Industrie und Beschäftigungen zu konkurrieren. Aber wir müssen weitergehen und den Frauen die Ausübung ihrer *politischen Rechte* gestatten. Viele der Beschränkungen, unter denen die Frauen bisher gelitten, wären ihnen erspart worden, hätten sie eine direkte Vertretung im Parlament gehabt."

Am 27. April 1892 wurde wieder mit 175 gegen 152 Stimmen der Eintritt in die zweite Lesung eines Antrags von Sir A. Rollit verweigert. Dagegen nahm am 3. Februar 1897 das Unterhaus einen Antrag auf Stimmrechtserteilung an, aber infolge allerhand Manöver seiner Gegner gelangte der betreffende Entwurf nicht zur dritten Lesung. Im Jahre 1904 hat sich der gleiche Vorgang wiederholt. Von den 1906 gewählten Mitgliedern des Unterhauses hatte die große Majorität vor ihrer Wahl sich zugunsten des Frauenstimmrechts erklärt. Am 21. Juni 1908 fand im Hydepark eine grandiose Demonstration statt. Schon am 28. Februar wurde der Antrag Stangers, der das Frauenstimmrecht innerhalb der Grenzen fordert, die heute für das Männerwahlrecht gelten, mit 271 gegen 92 Stimmen angenommen.

Auf dem Gebiet der Lokalverwaltung breitet sich das Frauenstimmrecht immer mehr aus. In den Versammlungen der Kirchengemeinde haben die steuerzahlenden Frauen Zutritt und Stimme so gut wie die Männer. Seit 1899 haben die Frauen in England unter den gleichen Bedingungen wie die Männer das aktive und passive Wahlrecht für den Gemeinderat, den Bezirksrat und Grafschaftsrat. In den ländlichen Gemeinde- und den Bezirksräten sowie den Armenpflegschaften sind alle Besitzer und Mieter – die weiblichen einbegriffen – stimmberechtigt, welche in der Gemeinde oder im Bezirk wohnen. Das passive Wahlrecht zu den sogenannten Körperschaften besitzen alle volljährigen Einwohner ohne Unterschied des Geschlechts. In den

Schulräten besitzen die Frauen das aktive, seit 1870 auch das passive Wahlrecht unter den gleichen Bedingungen wie die Männer. 1903 hat das reaktionäre englische Schulgesetz den Frauen jedoch das passive Wahlrecht zu den Schulverwaltungen der Grafschaft London entzogen. Seit 1869 besitzen die unabhängigen und unverheirateten Frauen das Stimmrecht zu den Staatsräten. Zwei Gesetze aus dem Jahre 1907 statuieren für England und Schottland die Wählbarkeit der unverheirateten Frauen in die Grafschafts- und Gemeinderäte. Jedoch soll einer Frau, die zur Vorsitzenden einer dieser Versammlungen gewählt wird, das damit verbundene Friedensrichteramt nicht zufallen. Außerdem sind sie jetzt auch in Distriktskirchenspiel- und Armenräte wählbar. Die erste Bürgermeisterin war am 9. November 1908 in Aldeburgh gewählt. 1908 saßen in den englischen Armenräten 1162, in den Schulräten 615 Frauen. In Irland haben die Frauen, soweit sie selbständige Steuerzahler sind, das aktive Gemeindewahlrecht seit 1887 und seit 1896 auch aktives und passives Wahlrecht für die Armenpflege. In dem britischen Kolonialreich von Nordamerika haben die meisten einzelnen Provinzen das Frauenstimmrecht auf kommunalem Gebiet im allgemeinen unter den gleichen Bedingungen eingeführt, wie es in England besteht. In den afrikanischen Kolonien Englands ist das Frauenstimmrecht auf kommunalem Gebiet ebenfalls eingeführt worden.

In Frankreich brachte den ersten kleinen Fortschritt das Gesetz vom 27. Februar 1880. Durch dasselbe wird ein Wahlkörper geschaffen, dem Schulvorsteherinnen, Oberinspektorinnen, Inspektorinnen der Asyle angehören. Dieser Wahlkörper hat sich mit dem Volksschulwesen zu befassen. Ein weiteres Gesetz vom 23. Januar 1898 gewährt den handeltreibenden Frauen das Recht, an den Wahlen der Handelsgerichte teilzunehmen. Das Gesetz vom 27. März 1907, welches die Gewerbegerichte reformiert, hat auch den Frauen das aktive Wahlrecht zu dieser Körperschaft verliehen, und seit 25. November 1908 besitzen die Frauen das passive Wahlrecht.

In Italien haben die Frauen seit 1893 im Gegensatz zu Deutschland das aktive und passive Wahlrecht zu den Gewerbegerichtswahlen eingeräumt erhalten. Sie sind auch wählbar zu Mitgliedern des Vorstandes und der Verwaltung von Krankenhäusern, Waisenhäusern, Fürsorge-Erziehungsanstalten und Schulkommissionen.

In Österreich können Frauen, die kraft ihres Besitzes zur Großgrundbesitzerkurie gehören, das aktive Wahlrecht für die Wahlen zum Reichsrat und zum Landtag persönlich oder durch einen männlichen Bevollmächtigten ausüben. In der Gemeinde steht den Frauen das Wahlrecht für die Gemeindevertretung insofern zu, als sie, wenn sie über 24 Jahre alt sind, als Gemeindemitglieder von ihrem Realbesitz, Gewerbe oder Einkommen eine direkte Steuer entrichten; Ehefrauen üben ihr Stimmrecht durch den Ehemann, andere durch einen Bevollmächtigten aus. Was das Wahlrecht zu Landtagen betrifft, so haben in der Klasse des Großgrundbesitzes die Frauen überall das Wahlrecht, das sie jedoch – von Niederösterreich abgesehen – nicht persönlich ausüben müssen. Nur in dem genannten Kronland bestimmt das Landgesetz von 1896, daß die Großgrundbesitzer ohne Unterschied des Geschlechts persönlich abstimmen müssen. Zu den Gewerbegerichten besitzen die Frauen, wie in den Niederlanden, nur das aktive Wahlrecht.

In Deutschland sind die Frauen ausdrücklich vom aktiven und passiven Wahlrecht zu den eigentlichen parlamentarischen Körperschaften ausgeschlossen. Zu den Gemeinderatswahlen haben die Frauen in einzelnen Ländern beziehungsweise Landesteilen das Stimmrecht. Das passive Wahlrecht besitzen die Frauen in keiner einzigen Stadt- oder Landgemeinde. In den Städten sind sie auch vom aktiven Wahlrecht ausgeschlossen. Ausnahmen von dieser Regel bilden lediglich die Städte des Großherzogtums Sachsen-Weimar-Eisenach; der Fürstentümer Schwarzburg-Rudolstadt und Schwarzburg-Sondershausen, des rechtsrheinischen Bayern und das lübeckische Städtchen Travemünde.

In den bayerischen Städten steht allen *Hausbesitzerinnen*, in den sachsen-weimarischen und schwarzburgischen allen *Bürgerinnen* das Stimmrecht zu. Aber nur in Travemünde sind sie zu seiner *persönlichen* Ausübung berechtigt.[1] Was die Landgemeinden betrifft, so besitzen die Frauen fast regelmäßig das aktive Wahlrecht in allen Gemeinden, in denen das Stimmrecht am Grundbesitz oder an bestimmten Steuerleistungen haftet. Jedoch müssen sie das Stimmrecht durch Vertreter ausüben lassen, auch sind sie nicht wählbar. So in Preußen, Braunschweig, Schleswig-Holstein, Sachsen-Weimar, Hamburg und Lübeck. Im Königreich Sachsen kann nach der Landgemeindeordnung die Frau das Stimmrecht ausüben, wenn sie Grundbesitzerin und *unverheiratet* ist. Ist sie verheiratet, so geht das Stimmrecht auf den

[1] Politisches Handbuch für Frauen. S. 86. Berlin 1909.

Ehemann über. In den Staaten, in denen in Gemeinden das Stimmrecht am Gemeindebürgerrecht haftet, besitzen es die Frauen in den meisten Fällen nicht. So in Württemberg, in der bayrischen Pfalz, in Baden, Hessen, Oldenburg, Anhalt, Gotha und Reuß j. L. In Sachsen-Weimar-Eisenach, Koburg, Schwarzburg-Rudolstadt und Schwarzburg-Sondershausen können Frauen aber nicht nur das Bürgerrecht unter denselben Bedingungen wie Männer erwerben, sondern sie besitzen auch das gleiche vom Besitz gänzlich losgelöste Stimmrecht. Allerdings ist ihnen auch hier eine persönliche Ausübung versagt.

In den preußischen Landesteilen, wo das beschränkte kommunale Frauenwahlrecht besteht, nehmen die wahlberechtigten Frauen auch direkt oder indirekt teil an den Wahlen zu den Vertretungen der Landkreise, den Kreistagen. Im Wahlverband der größeren Grundbesitzer, der Vertreter von Bergwerks- und Gewerbebetrieben wählen die Frauen die Kreistagsabgeordneten direkt, in den Landgemeinden aber indirekt, da dort die Gemeindeversammlungen oder Gemeinderäte nicht diese Vertreter selbst wählen, vielmehr nur Wahlmänner. Da die Kreistage Abgeordnete für die Provinziallandtage wählen, so kann die kleine Zahl wahlberechtigter Frauen indirekt einen äußerst bescheidenen Einfluß auf die Verwaltung der Provinz ausüben.

In den letzten Jahren werden die Frauen in immer größerer Zahl und mit bestem Erfolg zur Armen- und Waisenpflege herangezogen (eine Ausnahme bildet nur Bayern), in manchen Städten auch zu Schulkommissionen (Preußen, Baden, Württemberg, Bayern, Sachsen) und Wohnungsuntersuchungskommissionen (Mannheim). Das einzige öffentliche Gebiet, auf dem die Frauen das aktive und passive Wahlrecht besitzen, bleibt die Krankenversicherung; das Wahlrecht zu den Gewerbe- und Kaufmannsgerichten ist ihnen verwehrt geblieben.

Das Wahlrecht ist also in den angeführten Fällen in Deutschland und Österreich fast ausnahmslos nicht an die Person, sondern an den Besitz gebunden. Das ist sehr lehrreich für die herrschende Staatsmoral und das geltende Recht. Der Mensch ist politisch eine Null, hat er kein Geld und Gut. Nicht Verstand und Intelligenz, der Besitz entscheidet.

Das Prinzip, der Frau als einer Unmündigen kein Stimmrecht einzuräumen, ist also tatsächlich durchbrochen. Dennoch wehrt man sich, ihr das volle Recht zuzuerkennen. Man sagt, der Frau das Stimmrecht einzuräumen sei gefährlich, weil sie leicht religiösen Vorurteilen zugänglich und konservativ sei. Aber sie ist beides nur, weil sie unwissend ist; man erziehe sie und lehre sie, wo ihr wahres Interesse liegt. Übrigens wird der religiöse Einfluß bei Wahlen übertrieben. Die ultramontane Agitation war in Deutschland nur so erfolgreich, weil sie das *soziale Interesse mit dem religiösen* zu verbinden wußte. Die ultramontanen Kapläne wetteiferten lange Zeit mit den Sozialdemokraten, die soziale Fäulnis aufzudecken. Daher ihr Einfluß bei den Massen. Mit dem Ende des Kulturkampfes schwindet derselbe allmählich. Die Geistlichkeit ist genötigt, ihre Opposition wider die staatliche Gewalt aufzugeben. gleichzeitig zwingt sie der wachsende Klassengegensatz, auf die katholische Bourgeoisie und den katholischen Adel mehr Rücksichten zu nehmen, und so muß sie auf sozialem Gebiet eine größere Zurückhaltung beobachten. Damit verliert sie an Einfluß bei dem Arbeiter, namentlich auch, wenn Rücksichtnahme auf die Staatsgewalt und die herrschenden Klassen sie zwingt, Handlungen und Gesetze gutzuheißen oder zu dulden, die gegen das Interesse der Arbeiterklasse gerichtet sind. Die gleichen Gründe bringen schließlich auch bei der Frau den Einfluß der Geistlichkeit zu Falle. Hört diese aus Versammlungen und Zeitungen und lernt sie aus eigener Erfahrung, wo ihr wahres Interesse liegt, so wird sie sich von der Geistlichkeit ebenso emanzipieren wie der Mann.[1]

In Belgien, in dem der Ultramontanismus weite Volkskreise noch fast unbeschränkt beherrscht, sieht ein Teil der katholischen Geistlichkeit in der Gewährung des Stimmrechts an die Frauen eine wirksame Waffe gegen die Sozialdemokratie, weshalb sie dasselbe fordert. Auch in Deutschland haben einzelne konservative Abgeordnete, sooft im Reichstag die Sozialdemokratie die Forderung der Gewährung des

[1] Daß diese Gefahr eintreten kann, hat die Geistlichkeit sehr bald eingesehen. Bei der großen Bedeutung und dem Umfang, den die Frauenbewegung selbst in den bürgerlichen Kreisen angenommen hat, erkannten die führenden Köpfe des katholischen Zentrums, daß es mit dem Negieren nicht mehr gehe; sie nahmen eine vollständige Frontveränderung vor. Mit jener Schlauheit, die von jeher die Diener der Kirche auszeichnete, unterstützt man jetzt, was man früher bekämpfte. Man tritt nicht nur für das weibliche Studium ein, man gewährt den Frauen auch die volle Vereins- und Versammlungsfreiheit. Die Weiterblickenden erklären sich sogar für die Erteilung des Stimmrechts an die Frauen, in der Hoffnung, daß hiervon die Kirche am meisten profitiert. Ebenso fördert man die Organisation des weiblichen Geschlechts, sogar diejenige der Dienstboten. Man fördert aber diese Bestrebungen nicht aus Rechtsgefühl, sondern um die Frau nicht den kirchlichen und politischen Gegnern in die Arme zu treiben.

Frauenstimmrechts stellte, sich mit der Motivierung dafür erklärt, daß sie in demselben eine Waffe gegen die Sozialdemokratie erblicken. Ohne Zweifel haben diese Ansichten bei der noch vorhandenen politischen Unwissenheit der Frauen und bei der Macht, die namentlich die Geistlichkeit auf sie ausübt, etwas für sich. Aber das ist kein Grund, ihnen das Stimmrecht zu verweigern. Es gibt gegenwärtig auch noch Millionen Arbeiter, die wider ihr Klasseninteresse Vertreter bürgerlicher und kirchlicher Parteien wählen und damit ihre politische Unmündigkeit beweisen, ohne daß man aus diesem Grunde ihnen das Stimmrecht nehmen will. Die Stimmrechtsvorenthaltung oder der Stimmrechtsraub wird nicht praktiziert, weil man die Unwissenheit der Massen – einschließlich der Frauen – fürchtet, denn was diese sind, das haben die herrschenden Klassen aus ihnen gemacht, sondern weil man fürchtet, sie möchten allmählich klug werden und gingen dann ihre eigenen Wege.

Einstweilen war man in einzelnen deutschen Staaten noch so rückständig, daß man den Frauen nicht einmal das politische Vereinsrecht gestattete. In Preußen, Bayern, Braunschweig und einer Reihe anderer deutscher Staaten durften sie keine politischen Vereine bilden, in Preußen durften sie nicht einmal an Festlichkeiten politischer Vereine teilnehmen, wie das Oberverwaltungsgericht noch 1901 ausdrücklich entschied. Der Rektor der Berliner Universität beging sogar im Herbst 1901 die für unmöglich gehaltene Geschmacklosigkeit, zu verbieten, daß eine Frau im sozialwissenschaftlichen Studentenverein einen Vortrag hielt. Auch verbot in demselben Jahre die Braunschweiger Polizei Frauen die Teilnahme an den Verhandlungen des evangelisch-sozialen Kongresses. Daß der preußische Minister des Innern sich im Jahre 1902 gnädigst bereit erklärte, Frauen das Recht des Zuhörens in Versammlungen politischer Vereine zu gewähren, vorausgesetzt, daß sie, ähnlich wie die jüdischen Frauen in der Synagoge, in einem besonderen Abteil des Saales Platz nehmen, charakterisierte die Kleinlichkeit unserer öffentlichen Zustände. Noch im Februar 1904 konnte Posadowsky im Reichstag feierlich erklären: „Von der Politik sollen die Frauen die Hand weglassen." Der bisherige Zustand wurde selbst den bürgerlichen Parteien unbequem. Hat doch die proletarische Frauenbewegung die Hindernisse des Vereinsrechtes am besten überwunden. Und da brachte endlich das neue Reichsvereinsgesetz vom 19. April 1908 – es ist die einzige Verbesserung, die als wesentlich bezeichnet werden kann – die Herstellung der Gleichberechtigung der Frauen im Vereins- und Versammlungsleben.

Mit dem aktiven muß natürlich das passive Wahlrecht verbunden sein. „Eine Frau auf der Tribüne des Reichstags, das müßte sich schön machen", hören wir rufen. Tatsächlich stehen sie schon in anderen Staaten auf den Parlamentstribünen, auch haben wir uns längst gewöhnt, Frauen bei ihren Kongressen und in Versammlungen aller Art auf der Tribüne zu sehen. In Nordamerika erscheinen sie auch auf der Kanzel und auf der Geschworenenbank, warum also nicht auch auf der Tribüne des Reichstags? Die erste Frau, die in den Reichstag kommt, weiß zu imponieren. Als die ersten Arbeiter in denselben traten, glaubte man auch über sie witzeln zu können und behauptete, die Arbeiter würden bald einsehen, welche Torheit sie begingen, solche Leute zu wählen. Aber ihre Vertreter wußten sich schnell Respekt zu verschaffen, und jetzt fürchtet man, daß es ihrer zu viele werden möchten. Frivole Witzlinge wenden ein: „Aber stellt euch eine schwangere Frau auf der Tribüne des Reichstags vor, wie ‚unästhetisch'!" Dieselben Herren finden es aber in der Ordnung, daß schwangere Frauen bei den unästhetischsten Beschäftigungen Verwendung finden, bei welchen Frauenwürde, Anstand und Gesundheit untergraben werden. *Der* Mann ist ein elender Wicht, der über eine schwangere Frau zu witzeln vermag. Der bloße Gedanke, daß einst seine eigene Mutter so ausgesehen, bevor sie ihn in die Welt setzte, müßte ihm die Schamröte auf die Wangen treiben, und der andere Gedanke, daß er, der rohe Spötter selbst, von einem ähnlichen Zustand seiner Frau die Gewährung seiner höchsten Wünsche erwartet, sollte ihn beschämt zum Verstummen bringen.[1]

---

[1] „Die Hälfte der weiblichen Abgeordneten Finnlands sind Mütter respektive Ehefrauen ... Von den verehelichten sozialdemokratischen Volksvertreterinnen wurden drei während der bisherigen Landtagstätigkeit Mütter, und zwar ohne andere störende Folgen, als daß dieselben den Sitzungen einige Wochen fernblieben. Ihre Schwangerschaft während der parlamentarischen Tätigkeit wurde allgemein als etwas Natürliches aufgefaßt, war also weder etwas Wunderbares noch Aufsehenerregendes. Man könnte viel eher davon sprechen, daß dieser Umstand auf die Versammlung erzieherisch gewirkt hat. Was nun die parlamentarische Arbeit der Frauen im engeren Sinne anlangt, so sei betont, daß auch sie seitens ihrer Parteien in die Spezialkommissionen gewählt wurden. Und dies ist der Beweis dafür, daß die Parteien von der Arbeitsfähigkeit der Frauen überzeugt waren. In der Kommission für die Arbeiterangelegenheiten, wo die Gesetze

Eine Frau, die Kinder gebiert, leistet dem Gemeinwesen mindestens denselben Dienst wie ein Mann, der gegen einen eroberungssüchtigen Feind Land und Herd mit seinem Leben verteidigt; sie gebiert und erzieht auch den späteren Mann, dessen Leben leider nur zu oft auf dem sogenannten „Felde der Ehre" verblutet. Außerdem. Das Leben der Frau steht in jedem Mutterschaftsfalle *auf dem Spiele;* alle unsere Mütter haben bei unserer Geburt dem Tode ins Angesicht geblickt, und viele von ihnen sind dem Akt erlegen. „Übertrifft doch zum Beispiel in Preußen die Zahl der im Kindbett gestorbenen Frauen – darunter befinden sich die Opfer des Kindbettfiebers – die Verluste an Typhus ganz erheblich. Es starben an Typhus 1905 und 1906 je 0,73 und 0,62, im Kindbett aber 2,13 und 1,97 auf 10 000 lebende Frauen berechnet. Wie würden sich die Verhältnisse gestaltet haben" – bemerkt mit Recht Professor Herff –, „wenn Männer in gleicher Zahl diesen Leiden ausgesetzt wären? Würde nicht alles in Bewegung gesetzt werden?"[1] *Die Zahl der Frauen, die infolge von Geburten sterben oder siechen, ist weit größer als die Zahl der Männer, die auf dem Schlachtfeld fallen oder verwundet werden.* Vom Jahre 1816 bis 1876 fielen in Preußen nicht weniger als 321 791 Frauen allein dem Kindbettfieber zum Opfer – durchschnittlich pro Jahr 5363. In England betrug die Zahl der Frauen, die im Kindbett gestorben sind, vom Jahre 1847 bis 1901 213 533, und es sterben, trotz aller hygienischen Maßnahmen, nicht weniger als 4000 jährlich.[2]

Das ist eine weit größere Zahl, als innerhalb derselben Zeit in den verschiedenen Kriegen Männer getötet wurden oder an ihren Wunden starben. Und zu dieser enorm großen Zahl am Kindbettfieber gestorbener Frauen kommt die weit größere Zahl derjenigen, die infolge

---

für den Arbeiterschutz, Arbeiterversicherung und das neue Gewerbegesetz ausgearbeitet wurden, befanden sich neben zwölf Männern auch vier Frauen, und drei Frauen waren zu Stellvertreterinnen gewählt worden. In die Kommission für Gesetze wie auch in die für Verfassung waren je zwei Frauen als ordentliche Glieder und je eine als Stellvertreterin gewählt worden. Und die Frauen haben in den Ausschüssen ihre Plätze redlich behauptet." Fräulein H. Pärssinen, Mitglied des Landtages von Finnland, Das Frauenstimmrecht und die Beteiligung der Frauen an den parlamentarischen Arbeiten in Finnland. „Dokumente des Fortschritts" 1909, Juli, S. 542 bis 548.

[1] Professor Dr. Otto v. Herff, Im Kampfe gegen das Kindbettfieber. S. 266. Leipzig 1908.

[2] W. Williams, Deaths in Childbed. S. 6 bis 7. London 1904.

eines Wochenbetts dauernd siechen oder frühzeitig sterben.[1] Auch aus diesem Grunde hat die Frau Anspruch auf volle Gleichberechtigung mit dem Manne. Dies muß namentlich denen gesagt werden, die die Vaterlandsverteidigungspflicht des Mannes als ein bevorzugtes Moment gegen die Frau geltend machen. Zudem leisten die meisten Männer, infolge unserer militärischen Einrichtungen, diese Pflicht nicht einmal, sie steht für die Mehrzahl nur auf dem Papier.

Alle diese oberflächlichen Einwendungen gegen eine öffentliche Tätigkeit der Frau wären undenkbar, wäre das Verhältnis der beiden Geschlechter ein natürliches und bestände nicht ein künstlich großgezogener Antagonismus zwischen den Geschlechtern. Trennt man doch beide schon von Jugend an im gesellschaftlichen Verkehr und in der Erziehung. Insbesondere ist es der dem Christentum geschuldete Antagonismus, der beständig die Geschlechter auseinander und eins über das andere in Unwissenheit erhält, was freieren geselligen Verkehr, gegenseitiges Vertrauen und gegenseitige Ergänzung der Charaktereigenschaften verhindert.[2]

Eine der ersten und wichtigsten Aufgaben einer vernünftig organisierten Gesellschaft muß sein, diesen unheilvollen Zwiespalt aufzuheben und die Natur in ihre Rechte einzusetzen. Die Unnatur beginnt schon in der Schule. Einmal Trennung der Geschlechter, dann verkehrten oder keinen Unterricht in dem, was den Menschen als Geschlechtswesen betrifft. Zwar wird in jeder leidlich guten Schule heute Naturgeschichte gelehrt: Das Kind erfährt, daß die Vögel Eier legen und sie ausbrüten; es erfährt auch, wann die Paarungszeit beginnt, daß Männchen und Weibchen dazu notwendig sind, daß beide den Nestbau, das Brütegeschäft und die Pflege der Jungen übernehmen. Es erfährt ferner, daß die Säugetiere lebendige Junge gebären; es hört von der Brunstzeit und dem Kampfe der Männchen um die Weibchen während derselben; es erfährt auch die gewöhnliche Zahl der Jungen, vielleicht

[1] „Auf jede Frau, welche heute im Kindbett stirbt, müssen wir fünfzehn bis zwanzig rechnen, welche mehr oder weniger schwer infiziert werden und Störungen der Unterleibsorgane und der allgemeinen Gesundheit davontragen, an denen sie häufig ihr ganzes Leben kränkeln." Frau Dr. med. H. B. Adams, Das Frauenbuch. 1. Band, S. 363. Stuttgart 1894, Süddeutsches Verlagsinstitut.

[2] Verweigerten doch im Jahre des Heils 1902 die Gemeindevertreter von Neuß a. Rhein einen Zuschuß zu einer öffentlichen Badeanstalt, weil es die Sittlichkeit nicht fördern könne, wenn Knaben nur mit einem Badehöschen bekleidet ihre nackten Körper gegenseitig sähen!

auch die Trächtigkeitszeit der Weibchen. Aber über die Entstehung und Entwicklung seines eigenen Geschlechts bleibt es im dunkeln, das wird in geheimnisvollen Schleier gehüllt. Wenn alsdann das Kind seine natürliche Wißbegierde durch Fragen an die Eltern, namentlich an die Mutter — an den Lehrer wagt es sich nicht — zu befriedigen sucht, werden ihm die albernsten Märchen aufgebunden, die es nicht zufriedenstellen können und eine um so üblere Wirkung erzielen, wenn es eines Tages dennoch die Natur seines Ursprunges erfährt. Es wird wenig Kinder geben, die bis zum zwölften Jahre diese *nicht* erfahren haben. Dazu kommt, daß in jeder kleinen Stadt, und insbesondere auf dem Lande, die Kinder schon von frühester Jugend an die Paarung des Federviehs, die Begattung der Haustiere aus nächster, unmittelbarster Nähe auf dem Hofe, der Straße, beim Austreiben des Viehs usw. beobachten. Sie hören, daß die Befriedigung der Brunst ebenso wie der Akt der Geburt bei den verschiedenen Haustieren seitens der Eltern, des Gesindes und der älteren Geschwister mit der ungeniertesten Gründlichkeit zum Gegenstand wichtiger Diskussionen gemacht wird. Das alles erweckt Zweifel bei dem Kinde über die elterliche Darstellung seines eigenen Eintritts in das Leben. Schließlich kommt doch der Tag der Erkenntnis, aber in anderer Weise, als er bei natürlicher und vernünftiger Erziehung gekommen wäre. Das Geheimnis des Kindes trägt zur Entfremdung zwischen Kind und Eltern, namentlich zwischen Kind und Mutter bei. Man erreicht das Gegenteil von dem, was man in Unvernunft und Kurzsichtigkeit erreichen wollte. Wer an seine eigene Kindheit denkt und an die seiner Jugendgenossen, weiß, was häufig die Folgen sind.

Eine amerikanische Frau[1] teilt in einer Schrift unter anderem mit, daß sie, um die fortgesetzten Fragen ihres achtjährigen Sohnes nach seiner Herkunft zu befriedigen und weil sie Märchen ihm nicht habe aufbinden wollen, ihm seinen wahren Ursprung entdeckte. Das Kind habe ihr mit größter Aufmerksamkeit zugehört und habe von jenem Tage, an dem es erfahren, welche Sorgen und Schmerzen es seiner Mutter bereitete, mit einer bis dahin ungekannten Zärtlichkeit und Hochachtung an ihr gehangen und habe diese auch auf andere Frauen übertragen. Die Verfasserin geht von der richtigen Anschauung aus, daß nur durch natürliche Erziehung eine wesentliche Besserung, na-

[1] Womanhood, Its Sanctities and Fidelities by Isabella Becher-Hooker, Boston, Lee and Shepard, Publishers. New York 1874, Lee, Shepard and Dillingham.

mentlich eine größere Achtung und Selbstbeherrschung des männlichen Geschlechts gegen das weibliche zu erwarten sei. Wer vorurteilsfrei denkt, wird zu keinem anderen Schlusse kommen. –

Von welchem Punkte man immer bei der Kritik unserer Zustände ausgeht, man kommt schließlich stets wieder darauf zurück: Eine *gründliche Umgestaltung unserer sozialen Zustände* und durch sie eine gründliche Umgestaltung in der Stellung der Geschlechter ist notwendig. Die Frau muß, um rascher zum Ziele zu kommen, sich nach Bundesgenossen umsehen, die ihr naturgemäß in der Proletarierbewegung begegnen. Das klassenbewußte Proletariat hat schon seit geraumer Zeit den Sturm auf die Festung, den Klassenstaat, der auch die Herrschaft des einen über das andere Geschlecht aufrechterhält, begonnen. Die Festung muß mit Laufgräben von allen Seiten umgeben und durch Geschütze jeden Kalibers zur Übergabe gezwungen werden. Die belagernde Armee findet ihre Offiziere und die geeigneten Waffen auf allen Seiten. Die Sozialwissenschaft und die Naturwissenschaften, die Geschichtsforschung, die Pädagogik, die Hygiene und Statistik liefern der Bewegung Munition und Waffen. Die Philosophie bleibt nicht zurück und kündigt, in Mainländers „Philosophie der Erlösung", die baldige Verwirklichung des „Idealstaats" an.

Die Eroberung des Klassenstaats und seine Umgestaltung wird erleichtert durch die Spaltung in den Reihen seiner Verteidiger, die, bei aller Interessengemeinschaft gegen den gemeinsamen Feind, im Kampfe um die Beute sich gegenseitig bekämpfen. Das Interesse der einen Schicht steht dem Interesse der anderen gegenüber. Was ferner uns nützt, ist die täglich wachsende Meuterei in den Reihen der Feinde, deren Kämpfer zu einem großen Teil Bein von unserem Bein, Fleisch von unserem Fleisch sind, die aber aus Mißverstand und irregeleitet bisher gegen uns und sich selbst kämpften, aber immer mehr zur Einsicht gelangen und sich uns anschließen. Ferner hilft uns die Desertion der ehrlichen, zur Einsicht gekommenen Männer aus den Reihen der bisher feindlichen Denker, die ihr höheres Wissen, ihre bessere Einsicht anspornt, sich über ihr niederes Klasseninteresse zu erheben und, indem sie ihrem idealen Drange nach Gerechtigkeit folgen, sich den nach Befreiung lechzenden Massen anschließen.

Vielen ist das Stadium der Zersetzung, in dem Staat und Gesellschaft sich bereits befinden, noch nicht zum Bewußtsein gekommen, und so ist auch diese Darlegung notwendig.

Dritter Abschnitt

STAAT UND GESELLSCHAFT

Sechzehntes Kapitel

Der Klassenstaat und das moderne Proletariat

1. Unser öffentliches Leben

Die Entwicklung der Gesellschaft hat in den letzten Jahrzehnten in allen Kulturstaaten der Welt ein ungemein rasches Tempo genommen, das jeden Fortschritt auf irgendeinem Gebiet menschlicher Tätigkeit weiter beschleunigt. Unsere sozialen Verhältnisse sind dadurch in einen früher nie gekannten Zustand der Unruhe, der Gärung und Auflösung versetzt worden.

Die herrschenden Klassen fühlen keinen festen Boden mehr unter ihren Füßen, und die Institutionen verlieren immer mehr die Festigkeit, um dem von allen Seiten heranziehenden Ansturm zu trotzen. Ein Gefühl der Unbehaglichkeit, der Unsicherheit und der Unzufriedenheit hat sich aller Kreise bemächtigt, der höchsten wie der niedersten. Die krampfhaften Anstrengungen, welche die herrschenden Klassen machen, um durch Flickwerk und Stückwerk am sozialen Körper diesem ihnen unerträglichen Zustand ein Ende zu machen, erweisen sich als eitel, weil als unzureichend. Die daraus erwachsende steigende Unsicherheit vermehrt ihre Unruhe und ihr Unbehagen. Kaum haben sie in das baufällige Haus in Gestalt irgendeines Gesetzes einen Balken eingezogen, so entdecken sie, daß an zehn anderen Punkten ein solcher noch nötiger wäre. Dabei befinden sie sich selbst untereinander beständig im Streit und in schweren Meinungsdifferenzen. Was der einen Partei notwendig dünkt, um die immer unzufriedener werdenden Massen einigermaßen zu beruhigen und zu versöhnen, geht der anderen zu weit, das betrachtet sie als unverantwortliche Schwäche und Nachgiebigkeit, die nur das Gelüste nach größeren Konzessionen erwecke. Dafür sprechen in schlagender Weise die endlosen Verhandlungen in allen Parlamenten, durch die immer neue Gesetze und Einrichtungen geschaffen werden, ohne daß man zur Ruhe und Befriedigung kommt. Innerhalb der herrschenden Klassen selbst sind Gegensätze vorhanden, die zum Teil unüberbrückbar sind, und diese verschärfen noch die sozialen Kämpfe.

Die Regierungen – und zwar nicht nur in Deutschland – schwanken wie ein Rohr im Winde; stützen müssen sie sich, denn ohne Stütze können sie nicht existieren, und so lehnen sie sich bald auf diese, bald auf jene Seite. Fast in keinem vorgeschrittenen Staate Europas besitzt eine Regierung eine dauernde parlamentarische Mehrheit, auf die sie mit Sicherheit rechnen kann. Die sozialen Gegensätze bringen die Majoritäten in Zerfall und Auflösung; und der ewig wechselnde Kurs, insbesondere in Deutschland, untergräbt den letzten Rest von Vertrauen, der den herrschenden Klassen zu sich selbst noch geblieben ist. Heute ist die eine Partei Amboß, die andere Hammer, morgen umgekehrt. Die eine reißt ein, was die andere erst mühselig aufgebaut hat. Die Verwirrung wird immer größer, die Unzufriedenheit immer nachhaltiger, die Friktionen häufen und mehren sich und ruinieren in Monaten mehr Kräfte als früher in ebensoviel Jahren. Daneben steigen die materiellen Anforderungen in Form der verschiedenen Abgaben und Steuern und wachsen die öffentlichen Schulden ins Maßlose.

Nach seiner Natur und seinem Wesen ist der Staat ein Klassenstaat. Wir sahen, wie derselbe notwendig wurde, um das entstandene Privateigentum zu schützen und die Beziehungen der Eigentümer unter sich und zu den Nichteigentümern durch staatliche Einrichtungen und Gesetze zu ordnen. Welche Formen immer im Laufe der geschichtlichen Entwicklung die Eigentumsaneignung annimmt, es liegt in der Natur des Eigentums, daß die größten Eigentümer die mächtigsten Personen im Staate sind und denselben nach ihren Interessen gestalten. Es liegt aber auch im Wesen des Privateigentums, daß der einzelne nie genug von demselben erhalten kann und mit allen Mitteln auf seine Vermehrung bedacht ist. Er ist also bemüht, den Staat so zu gestalten, daß er mit Hilfe desselben seine Absicht in möglichst vollkommenem Maße erreichen kann. So werden Gesetze und Einrichtungen des Staates sozusagen von selbst Klassengesetze und Klasseneinrichtungen. Aber die Staatsgewalt und alle, die an der Aufrechterhaltung der bestehenden staatlichen Ordnung interessiert sind, wären nicht imstande, dieselbe auf die Dauer gegen die Masse derer, die kein Interesse an derselben haben, aufrechtzuerhalten, wenn diese Masse zur Erkenntnis der wahren Natur dieser bestehenden Ordnung gelangte. Das muß also um jeden Preis verhütet werden.

Zu diesem Zwecke muß die Masse in möglichster Unwissenheit über die Natur der bestehenden Zustände erhalten werden. Nicht genug damit. Man muß sie lehren, daß die bestehende Ordnung ewig war und ewig bleiben werde, daß sie beseitigen wollen bedeute, gegen eine von Gott selbst eingesetzte Ordnung sich aufzulehnen, weshalb die Religion in den Dienst dieser Ordnung genommen wird. Je unwissender und abergläubischer die Massen sind, um so vorteilhafter; sie darin zu erhalten liegt also im Staats-, im „öffentlichen Interesse", das heißt im Interesse der Klassen, die in dem bestehenden Staate die Schutzanstalt für ihre Klasseninteressen sehen. Das ist neben den Eigentümern die staatliche und kirchliche Hierarchie, die alle zusammen zu gemeinsamer Arbeit für den Schutz ihrer Interessen sich verbinden.

Aber mit dem Streben nach Erwerb von Eigentum und der Mehrung der Eigentümer hebt sich die Kultur. Es wird der Kreis der Strebenden größer, die an den gewonnenen Fortschritten teilnehmen wollen und denen dieses auch bis zu einem gewissen Grade gelingt. Es entsteht auf neuer Basis eine neue Klasse, die aber von der herrschenden Klasse nicht als gleichberechtigt und vollwertig anerkannt wird, aber alles daransetzt, es zu werden. Schließlich entstehen neue Klassenkämpfe und sogar gewaltsame Revolutionen, durch welche die neue Klasse ihre Anerkennung als mitherrschende Klasse erzwingt, insbesondere dadurch, daß sie sich als Anwalt der großen Masse der Unterdrückten und Ausgebeuteten aufspielt und mit deren Hilfe den Sieg erringt.

Sobald aber die neue Klasse zur Mitmacht und Mitherrschaft gelangte, verbündet sie sich mit ihren ehemaligen Feinden gegen ihre ehemaligen Verbündeten, und nach einiger Zeit beginnen abermals die Klassenkämpfe. Indem aber die neue herrschende Klasse, die mittlerweile den Charakter ihrer Existenzbedingungen der ganzen Gesellschaft aufdrückte, ihre Macht und ihren Besitz nur dadurch ausdehnen kann, daß sie einen Teil ihrer Kulturerrungenschaften auch der von ihr unterdrückten und ausgebeuteten Klasse zukommen läßt, erhöht sie deren Leistungsfähigkeit und Einsicht. Damit liefert sie dieser aber selbst die Waffen zu ihrer eigenen Vernichtung. Der Kampf der Massen richtet sich nunmehr gegen alle Klassenherrschaft, in welcher Gestalt immer diese vorhanden ist.

Da diese letzte Klasse das moderne Proletariat ist, so wird es die historische Mission desselben, nicht nur die eigene Befreiung, sondern auch die Befreiung aller anderen Unterdrückten, also auch der Frauen, herbeizuführen.

Die Natur des Klassenstaats bedingt jedoch nicht nur, daß die ausgebeuteten Klassen in möglichster Rechtlosigkeit erhalten werden, sie bedingt auch, daß die Kosten und Lasten zur Erhaltung des Staates in erster Linie auf deren Schultern gelegt werden. Das ist um so leichter, wenn die Art der Lasten- und Kostenaufbringung unter Formen stattfindet, die ihren eigentlichen Charakter verschleiern. Es liegt auf der Hand, daß hohe direkte Steuern zur Deckung der öffentlichen Ausgaben um so rebellischer wirken müssen, je niedriger das Einkommen ist, von dem sie erhoben werden. Es gebietet also die Klugheit den herrschenden Klassen, hier Maß zu halten und an Stelle der direkten die indirekten, das heißt Steuern und Abgaben auf die notwendigsten Verbrauchsartikel zu legen, weil hierdurch eine Verteilung der Lasten auf den täglichen Verbrauch stattfindet, die für die meisten unsichtbar im Preise der Waren zum Ausdruck kommen und sie über die Steuerquoten, die sie zahlen, täuschen. Wieviel Brot-, Salz-, Fleisch-, Zucker-, Kaffee-, Bier-, Petroleumsteuer oder Zoll usw. jemand zahlt, ist den meisten unbekannt und schwer zu berechnen; sie ahnen nicht, wie stark sie geschröpft werden. Und diese Abgaben wachsen im Verhältnis zur Kopfzahl ihrer Familienglieder, sie bilden also die ungerechteste Besteuerungsweise, die sich denken läßt. Umgekehrt prahlen die besitzenden Klassen mit den von ihnen gezahlten direkten Steuern und messen sich nach der Höhe derselben die politischen Rechte zu, die sie der nichtsbesitzenden Klasse verweigern. Dazu kommen die Staatshilfe und Staatsunterstützung, die sich die besitzenden Klassen durch Steuerprämien und Zölle auf alle möglichen Lebensmittel sowie durch sonstige Beihilfen in Höhe von vielen Hunderten Millionen jährlich auf Kosten der Masse gewähren. Es kommen weiter hinzu die Riesenausbeutungen durch Preiserhöhungen auf die verschiedensten Bedarfsartikel, die die großkapitalistischen Unternehmerorganisationen durch Ringe, Trusts und Syndikate vornehmen und die der Staat durch seine Wirtschaftspolitik befördert oder widerspruchslos duldet, wenn nicht sogar durch eigene Anteilnahme unterstützt.

Solange die ausgebeuteten Klassen über die Natur aller dieser Maßregeln im dunkeln gehalten werden können, bergen sie für Staat und herrschende Gesellschaft keine Gefahr. Sobald diese aber zur Kenntnis der geschädigten Klassen kommen – und die steigende politische Bildung der Massen befähigt sie immer mehr dazu –, erregen diese Maßregeln, deren schreiende Ungerechtigkeit auf der Hand liegt, die Erbitterung und Empörung der Massen. Der letzte Funke von Glauben an das Gerechtigkeitsgefühl der herrschenden Gewalten wird zerstört, und die Natur des Staates, der solche Mittel anwendet, und das Wesen einer Gesellschaft, die sie fördert, wird erkannt. Der Kampf bis zu beider Vernichtung ist die Folge.

In dem Streben, den widerstreitendsten Interessen gerecht zu werden, häufen Staat und Gesellschaft Organisationen auf Organisationen, aber keine alte wird gründlich beseitigt und keine neue gründlich durchgeführt. Man bewegt sich in Halbheiten, die nach keiner Seite befriedigen. Die aus dem Volksleben emporwachsenden Kulturbedürfnisse erfordern, soll nicht alles aufs Spiel gesetzt werden, einige Berücksichtigung, sie erheischen auch in ihrer verstümmelten Ausführung bedeutende Opfer, um so bedeutendere, weil überall eine Menge Parasiten vorhanden sind. Daneben bleiben aber alle mit den Kulturzwecken in Widerspruch stehenden Institutionen nicht nur aufrechterhalten, sie werden vielmehr infolge der bestehenden Klassengegensätze erweitert und werden um so lästiger und drückender, wie die steigende Einsicht sie immer lauter für *überflüssig* erklärt. Polizeiwesen, Militärwesen, Gerichtsorganisation, Gefängnisse, der ganze Verwaltungsapparat werden immer ausgedehnter und kostspieliger, aber es wächst dadurch weder die äußere noch die innere Sicherheit, vielmehr tritt das *Umgekehrte* ein.

Ein ganz unnatürlicher Zustand hat sich allmählich in den internationalen Beziehungen zwischen den einzelnen Nationen herausgebildet. Diese Beziehungen mehren sich in dem Maße, wie die Warenproduktion zunimmt, der Austausch der Warenmassen mit Hilfe stetig sich vervollkommnender Verkehrsmittel ein immer leichterer wird und die wirtschaftlichen und wissenschaftlichen Errungenschaften Gemeingut aller Völker werden. Man schließt Handels- und Zollverträge, baut mit Hilfe internationaler Mittel kostspielige Verkehrswege (Suezkanal, St.-Gotthard-Tunnel usw.). Die einzelnen Staaten unterstützen mit großen Summen Dampferlinien, die den Verkehr zwischen den verschiedensten Ländern der Erde steigern helfen. Man gründete den Weltpostverein – ein Kulturfortschritt ersten Ranges –, beruft internationale Kongresse für alle möglichen praktischen und wissenschaftlichen Zwecke, verbreitet die vornehmsten Geisteserzeugnisse der einzelnen Nationen durch Übersetzungen in die verschiedenen Sprachen der Hauptkulturvölker und arbeitet durch das alles immer mehr auf die *Internationalisierung* und *Verbrüderung* der Völker hin. Aber der politische und militärische Zustand Europas und der Kulturwelt steht mit dieser Entwicklung in einem seltsamen Gegensatz. Nationalitätenhaß und Chauvinismus werde hüben und drüben künstlich genährt. Allerwärts suchen die herrschenden Klassen den Glauben zu erhalten, es seien die Völker, die, eins dem anderen todfeindlich gesinnt, nur auf den Augenblick warten, daß eins über das andere herfallen könne, um es zu vernichten. Der Konkurrenzkampf der Kapitalistenklasse der einzelnen Länder unter sich nimmt auf internationalem Gebiet den Charakter eines Kampfes der Kapitalistenklasse eines Landes gegen die des anderen an und ruft, unterstützt von der politischen Blindheit der Massen, einen Wettkampf der militärischen Rüstungen hervor, wie die Welt nie ähnliches gesehen hat. Dieser Wettkampf schuf Armeen von einer Größe, wie sie nie zuvor existierten, er schuf Mord- und Zerstörungswerkzeuge von einer Vollkommenheit für den Land- und Seekrieg, wie sie nur in einem Zeitalter vorgeschrittenster Technik wie dem unseren möglich sind. Dieser Wettkampf erzeugt eine Entwicklung der Zerstörungsmittel, die schließlich zur Selbstzerstörung führt. Die Unterhaltung der Armeen und Marinen erfordert Opfer, die mit jedem Jahre größer werden und zuletzt das reichste Volk zugrunde richten. Im Jahre 1908 zahlte Deutschland allein für sein Heer und seine Marine an regelmäßigen und einmaligen Ausgaben – einschließlich der Ausgaben für Pensionen und die Verzinsung der Reichsschuld, soweit diese für kriegerische Zwecke gemacht wurde – erheblich über 1500 Millionen Mark und diese Summe wird jährlich größer. Es betrugen nach Neymarck die Ausgaben der europäischen Staaten für

	1866	1870	1887	1907
		Millionen Franc		
Heer und Marine	3000	3500	4500	6725
Staatsschulden	66000	75000	117000	148000
Zinsen	2400	3000	5300	6000[1]

[1] A. Neymarck, La statistique internationale des valeurs mobilières im „Bulletin de l'institut international de statistique". 17. Band, S. 405. Kopenhagen 1908.

Somit zahlte Europa jährlich 6725 Millionen Franc (5448 Millionen Mark) für Heer und Marine und 6000 Millionen Franc (4860 Millionen Mark) für die Verzinsung der Schulden, die doch meistens für kriegerische Zwecke gemacht wurden! Ein herrlicher Zustand in der Tat!

Dem Beispiel Europas folgen Amerika und Asien. Die Vereinigten Staaten verausgabten im Jahre 1875 386,8 und im Jahre 1907/08 1436,9 Millionen Mark. In Japan betrugen die ordentlichen Ausgaben für Heer und Marine, einschließlich Pensionen, im Jahre 1875 20,5 und im Jahre 1908/09 220,4 Millionen Mark!

Unter diesen Ausgaben leiden die Bildungs- und Kulturzwecke aufs höchste, es werden die dringendsten Kulturaufgaben vernachlässigt, und es erlangen die Ausgaben für den äußeren Schutz ein Übergewicht, daß selbst der Staatszweck untergraben wird. Die immer größer werdenden Armeen umfassen den gesundesten und kräftigsten Teil der Nationen, für ihre Entwicklung und Ausbildung werden alle geistigen und physischen Kräfte in einer Weise in Anspruch genommen, als sei die Ausbildung für den Massenmord die höchste Aufgabe unserer Zeit. Dabei werden Kriegs- wie Mordwerkzeuge in einem fort verbessert, sie haben eine Vollkommenheit in bezug auf Schnelligkeit, Ferntragfähigkeit und Durchschlagskraft erlangt, die sie für Freund und Feind furchtbar macht. Wird eines Tages dieser ungeheure Apparat in Tätigkeit gesetzt – wobei die sich feindlich gegenüberstehenden Mächte Europas mit 16 bis 20 Millionen Männern ins Feld rücken –, so wird sich zeigen, *daß er unregierbar und unlenkbar geworden ist.* Es gibt keinen General, der solche Massen kommandieren kann, kein Schlachtfeld, das groß genug ist, um sie aufzustellen, und keinen Verwaltungsapparat, der auf die Dauer sie zu ernähren vermag. Im Falle von Schlachten fehlen die Hospitäler, um die Zahl der Verwundeten unterzubringen, und die Beerdigung der zahlreichen Toten wird fast zur Unmöglichkeit.

Nimmt man hinzu die furchtbaren Störungen und Verwüstungen, die künftig ein europäischer Krieg auf *wirtschaftlichem* Gebiet anrichtet, so darf man ohne Übertreibung sagen: *Der nächste große Krieg ist der letzte Krieg.* Die Zahl der Bankrotte wird eine nie dagewesene sein. Die Ausfuhr stockt, wodurch Tausende von Fabriken zum Stillstand kommen; die Lebensmittelzufuhr stockt, wodurch enorme Teuerung der Lebensmittel die Folge ist, und die Zahl der Familien, deren Ernährer im Felde steht und unterstützt werden müssen, beläuft sich auf Millionen. Woher aber die Mittel nehmen? So kostet zum Beispiel das Deutsche Reich die Haltung der Armee und der Flotte auf Kriegsfuß jeden Tag 45 bis 50 Millionen Mark.

Der politisch-militärische Zustand Europas hat eine Entwicklung genommen, die leicht mit einer großen Katastrophe endigen kann, welche die bürgerliche Gesellschaft in den Abgrund reißt. Auf der Höhe ihrer Entwicklung hat diese Gesellschaft Zustände geschaffen, die ihre Existenz unhaltbar machen, sie bereitet sich den Untergang mit Mitteln, die sie selbst erst als die revolutionärste aller bisher dagewesenen Gesellschaften schuf.

In eine verzweifelte Lage gelangt allmählich ein großer Teil unserer Kommunen, die kaum noch wissen, wie sie die jährlich sich steigernden Ansprüche befriedigen sollen. Namentlich sind es unsere rasch wachsenden Großstädte und die Industrieorte, an welche die beschleunigte Bevölkerungszunahme eine Menge Anforderungen stellt, denen die in der Mehrzahl vermögenslosen Gemeinden nicht anders gerecht werden können als durch Auferlegung hoher Steuern und Aufnahme von Schulden. Schulen- und Straßenbauten, Beleuchtungs-, Beschleusungs- und Wasseranlagen, Ausgaben für Gesundheits-, Wohlfahrts- und Bildungszwecke, für Polizei und Verwaltung steigern sich von Jahr zu Jahr. Daneben macht die gutsituierte Minorität überall die kostspieligsten Ansprüche an das Gemeinwesen. Sie verlangt höhere Bildungsanstalten, den Bau von Theatern und Museen, die Anlegung feiner Stadtviertel und Parks mit der entsprechenden Beleuchtung, Pflasterung usw. Mag die Majorität der Bevölkerung über diese Bevorzugung klagen, sie liegt in der Natur der Verhältnisse. Die Minorität hat die Macht, und sie gebraucht sie, um ihre Kulturbedürfnisse möglichst auf Kosten der Gesamtheit zu befriedigen. An sich läßt sich auch gegen diese gesteigerten Kulturbedürfnisse nichts einwenden, denn sie sind ein Fortschritt, der Fehler ist nur, daß sie in der Hauptsache den besitzenden Klassen zugute kommen, während alle daran teilnehmen sollten. Ein weiterer Übelstand ist, daß die Verwaltung öfter nicht die beste und kostspielig ist. Nicht selten sind auch die Beamten unzulänglich und haben für die vielseitigen, oft großes Sachverständnis voraussetzenden Erfordernisse keine genügenden Kenntnisse. Die Gemeindeberater haben aber meist für ihre private Existenz so viel zu tun und zu sorgen, daß sie die geforderten Opfer für gründliche Ausübung ihrer Pflichten nicht zu bringen vermögen. Öfter werden auch diese Stellungen zur Begünstigung von Privatinteressen und zu schwerer Schädigung des Gemeinwesens benutzt. Die Folgen fallen auf die Steuerzahler. An eine gründliche Änderung dieser Zustände, die einigermaßen befriedigte, kann die Gesellschaft nicht denken. In welcher Form immer Steuern erhoben werden, die Unzufriedenheit steigt. In wenigen Jahrzehnten sind die meisten dieser Kommunen außerstande, in der gegenwärtigen Form der Verwaltung und Beitragsaufbringung ihre Ansprüche noch zu befriedigen. Auf dem Gebiet der Kommune stellt sich wie im Staatsleben die Notwendigkeit zu Neugestaltungen von Grund aus heraus, denn an sie werden die größten Anforderungen für Kulturzwecke gestellt, sie bildet den Kern, von dem aus die gesellschaftliche Umgestaltung, sobald der Wille und die Macht dazu vorhanden sein werden, auszugehen hat.

Aber wie soll dem Genüge geschehen, wo gegenwärtig die Privatinteressen alles beherrschen und diesen die Gemeininteressen hintangesetzt werden?

Das ist, mit wenigen Worten, der Zustand in unserem öffentlichen Leben, und dieser ist nur das Spiegelbild des sozialen Zustandes der Gesellschaft.

2. *Verschärfung der Klassengegensätze*

In unserem sozialen Leben wird der Kampf um die Existenz immer schwieriger. Der Krieg aller gegen alle ist in heftigster Weise entbrannt und wird unbarmherzig, oft ohne Wahl der Mittel, geführt. Der Satz „Ôte-toi de lá, que je m'y mette“ (gehe weg da, damit ich mich hinsetze) wird mit kräftigen Ellenbogenstößen, mit Püffen und Kniffen in der Praxis des Lebens verwirklicht. Der Schwächere muß dem Stärkeren weichen. Wo die materielle Kraft, die Macht des Geldes, des Besitzes nicht reicht, werden die raffiniertesten und nichtswürdigsten Mittel in Anwendung gebracht, um ans Ziel zu kommen. Lüge, Schwindel, Betrug, falsche Wechsel, falsche Eide, die schwersten Verbrechen werden begangen, um das ersehnte Ziel zu erreichen. Wie in diesem Kampfe einer dem anderen gegenübertritt, so Klasse gegen Klasse, Geschlecht gegen Geschlecht, Alter gegen Alter. Der Nutzen ist der einzige Regulator für die menschlichen Beziehungen, jede andere Rücksicht muß weichen. Tausende und aber Tausende von Arbeitern und Arbeiterinnen werden, sobald der Vorteil es gebietet, aufs Pflaster geworfen und sind, nachdem sie das letzte, was sie besaßen, zusetzten, auf die öffentliche Wohltätigkeit und die Zwangswanderschaft angewiesen. Die Arbeiter reisen sozusagen in Herden von Ort zu Ort, die Kreuz und die Quere durch die Lande, und werden von der Gesellschaft mit um so größerer Furcht und mit um so tieferem Abscheu betrachtet, als mit der Dauer ihrer Arbeitslosigkeit ihr Äußeres reduziert und in weiterer Folge auch ihr Inneres demoralisiert wird. Die honette Gesellschaft hat keine Ahnung, was das heißt, monatelang sich die einfachsten Bedürfnisse für Ordnung und Reinlichkeit versagen zu müssen, mit hungrigem Magen von Ort zu Ort zu wandern und meist nichts als schlecht verhehlten Abscheu und Verachtung gerade von denen zu ernten, welche die Stützen dieses Systems sind. Die Familien dieser Armen leiden die gräßlichste Not und fallen der öffentlichen Armenpflege anheim. Nicht selten treibt die Verzweiflung die Eltern zu den schrecklichsten Verbrechen an sich und an den Kindern, zum Mord und Selbstmord. Namentlich mehren sich in Zeiten der Krise diese Verzweiflungsakte in erschreckendem Maße. Aber die herrschenden Klassen stört dieses nicht. In derselben Zeitungsnummer, die solche Taten der Not und Verzweiflung meldet, stehen die Berichte über rauschende Festlichkeiten und glänzende offizielle Schaustellungen, als schwämme alles in Freude und Überfluß.

Die allgemeine Not und der immer schwerer werdende Kampf um die Existenz jagen Frauen und Mädchen immer zahlreicher der Prostitution und dem Verderben in die Arme. Demoralisation, Rohheit und Verbrechen häufen sich, und was prosperiert, sind die Gefängnisse, die Zuchthäuser und sogenannten Besserungsanstalten, welche die Masse der Insassen kaum zu fassen vermögen.

Die Verbrechen stehen in engster Beziehung zu dem sozialen Zustand der Gesellschaft, was diese allerdings nicht wahrhaben will. Sie steckt wie der Vogel Strauß den Kopf in den Sand, um die sie anklagenden Zustände nicht eingestehen zu müssen, und lügt sich zur Selbsttäuschung vor, daran sei nur die „Faulheit“ und „Genußsucht“ der Arbeiter und ihr Mangel an „Religion“ schuld. Das ist Selbstbetrug der schlimmsten oder Heuchelei der widrigsten Art. Je ungünstiger der Zustand der Gesellschaft für die Mehrheit ist, um so zahlreicher und schwerer sind die Verbrechen. Der Kampf um das Dasein nimmt seine roheste und gewalttätigste Gestalt an, er erzeugt einen Zustand, in dem der eine in dem anderen seinen Todfeind erblickt. Die gesellschaftlichen Bande lockern sich, und der Mensch steht als Feind dem Menschen gegenüber.[1]

Die herrschenden Klassen, die den Dingen nicht auf den Grund sehen oder nicht sehen wollen, versuchen nach ihrer Art den Übeln zu begegnen. Nehmen Armut, Not und infolge davon Demoralisation und Verbrechen zu, so sucht man nicht nach der Quelle des Übels, um diese zu verstopfen, sondern man bestraft die Produkte dieser Zustände. Und je größer die Übel werden und die Zahl der Übeltäter sich vermehrt, um so härtere Verfolgungen und Strafen meint man anwenden zu müssen. Man glaubt den Teufel mit Beelzebub austreiben zu können. Auch Professor Haeckel findet es in der Ordnung, daß man gegen Verbrechen mit möglichst schweren Strafen vorgeht und namentlich die Todesstrafe nachdrücklich anwendet.[2] Er ist darin mit den Rückschrittlern aller Schattierungen in schönster Übereinstimmung, die ihm sonst todfeindlich gesinnt sind. Haeckel meint, unverbesserliche Verbrecher und Taugenichtse müßten wie Unkraut ausgerottet werden, das den Pflanzen Licht, Luft und Bodenraum nimmt. Hätte Haeckel sich auch mit dem Studium der Sozialwissenschaft befaßt, statt sich ausschließlich mit Naturwissenschaft zu beschäftigen, er würde wissen, daß diese Verbrecher in nützliche, brauchbare Glieder der menschlichen Gesellschaft umgewandelt werden könnten, falls ihnen die Gesellschaft entsprechende Existensbedingungen bieten würde. Er würde finden, daß Vernichtung oder Unschädlichmachung des einzelnen Verbrechers sowenig das Entstehen neuer Verbrechen verhindert, wie wenn man auf einem Acker zwar das Unkraut beseitigt, aber übersieht, Wurzeln und Samen mit zu vernichten. Die Bildung schädlicher Organismen absolut in der Natur zu verhüten, wird

---

[1] Schon Plato kannte die Folgen eines solchen Zustandes. Er schreibt: „Ein Staat, in dem Klassen bestehen, ist nicht einer, sondern zwei: Den einen bilden die Armen, den anderen die Reichen, welche beide, immer jedoch sich gegenwärtig auflauernd, zusammenwohnen ... Die herrschende Klasse ist am Ende außerstande, einen Krieg zu führen, weil sie sich dann der Menge bedienen muß, vor welcher sie sich dann, wenn sie bewaffnet ist, mehr fürchtet als vor den Feinden." Plato, Staat. Aristoteles sagt: „Zahlreiche Verarmung ist ein Übelstand, weil es fast gar nicht zu verhindern ist, daß solche Leute Unruhestifter werden." Aristoteles, Politik.

[2] Natürliche Schöpfungsgeschichte. Vierte, verbesserte Auflage. S. 155 und 156. Berlin 1873.

dem Menschen nie möglich sein, aber *seine eigene, durch ihn selbst geschaffene Gesellschaftsorganisation so zu verbessern, daß sie günstige Existenzbedingungen für alle schafft, gleiche Entwicklungsfreiheit jedem einzelnen gibt, damit er nicht mehr nötig hat, seinen Hunger oder seinen Eigentumstrieb oder seinen Ehrgeiz auf Kosten anderer zu befriedigen, das ist möglich.* Man studiere die *Ursachen* der Verbrechen und beseitige sie, und man wird die Verbrechen beseitigen.[1]

Diejenigen, welche die Verbrechen beseitigen wollen, indem sie die Ursachen dazu beseitigen, können sich selbstverständlich mit gewaltsamen Unterdrückungsmitteln nicht befreunden. Sie können die Gesellschaft nicht hindern, sich in ihrer Art gegen die Verbrecher zu schützen, die sie in ihrem Treiben unmöglich gewähren lassen kann, aber sie verlangen um so dringender die Umgestaltung der Gesellschaft von Grund aus, das heißt die Beseitigung der Ursachen der Verbrechen.

Der Zusammenhang zwischen dem Sozialzustand der Gesellschaft und den Vergehen und Verbrechen ist von Statistikern und Sozialpolitikern vielfach nachgewiesen worden.[2] Eines der naheliegendsten Vergehen – das unsere Gesellschaft ungeachtet aller christlichen Lehren von der Wohltätigkeit als Vergehen ansieht – ist in Zeiten schlechten Geschäftsganges die Bettelei. Da belehrt uns die Statistik des Königreichs Sachsen, daß in dem Maße, wie die große Absatzkrise zunahm, die in Deutschland 1890 begann und 1892 bis 1893 ihren Höhepunkt erreichte, auch die Zahl der wegen Bettelei gerichtlich bestraften Personen stieg. Im Jahre 1890 wurden wegen dieses Deliktes 8815, 1891 10075 und 1892 13120 Personen bestraft. Ähnlich in Österreich, wo im Jahre 1891 wegen Vagabundage und Bettelei 90926 Personen verurteilt wurden, im Jahre 1892 98998.[3] Das ist eine starke Steigerung.

[1] Ähnliches sagt Plato in seinem „Staat“: „Verbrechen haben ihren Grund in der Bildungslosigkeit und in der schlechten Erziehung und Einrichtung des Staates.“ Plato kannte also das Wesen der Gesellschaft besser als viele seiner gelehrten Nachfolger nach dreiundzwanzighundert Jahren. Das ist nicht gerade erfreulich.

[2] M. Sursky, Aus der neuesten Literatur über die wirtschaftlichen Ursachen der Kriminalität. „Neue Zeit“, 23. Jahrgang, 2. Band.

[3] H. Herz, Verbrechen und Verbrechertum in Österreich. S. 49. Tübingen 1908. „Für das verbrecherische Handeln“, sagt der Verfasser, „ist die jeweilige

Massenproletarisierung auf der einen mit steigendem Reichtum auf der anderen Seite ist überhaupt die Signatur unserer Periode. Die Tatsache, daß in den Vereinigten Staaten fünf Männer, J. D. Rockefeller, der unlängst verstorbene Harriman, J. Pierpont Morgan, W. K. Vanderbilt und J. Gould, im Jahre 1900 zusammen über 3200 Millionen Mark besaßen, und ihr Einfluß ausreichte, um das ökonomische Leben der Vereinigten Staaten und auch teilweise Europas zu beherrschen, zeigt die Richtung der Entwicklung, in der wir uns befinden. In allen Kulturländern bilden die großen Kapitalistenvereinigungen die bemerkenswerteste Erscheinung der neueren Zeit, deren sozialer und politischer Einfluß immer maßgebender wird.

Wirtschaftsform von dominierender Bedeutung. Die Organisation der Produktion und Konsumtion sowie die Verteilung wirtschaftlicher Güter wirken in mannigfacher Beziehung bestimmend auf verbrecherisches Handeln."

Siebzehntes Kapitel

Der Konzentrationsprozeß in der kapitalistischen Industrie

1. Die Verdrängung der Landwirtschaft durch Industrie

Das kapitalistische Wirtschaftssystem beherrscht nicht nur die soziale Organisation, sondern auch die politische; es beeinflußt und beherrscht das Fühlen und Denken der Gesellschaft. Der Kapitalismus ist die leitende Macht. Der Kapitalist ist der Herr und Gebieter der Proletarier, deren Arbeitskraft er als Ware zur Anwendung und Ausnutzung kauft, und zwar zu einem Preise, dessen Höhe sich wie bei jeder anderen Ware nach Angebot und Nachfrage richtet und um die Herstellungskosten, bald über, bald unter ihnen, oszilliert. Der Kapitalist kauft aber die Arbeitskraft nicht um „Gottes willen" und um dem Arbeiter einen Gefallen zu erweisen – obgleich er es so darstellt –, sondern um aus dessen Arbeit einen Mehrwert zu erhalten, den er in der Form von Unternehmergewinn, Zins, Pacht, Bodenrente einsteckt. Dieser aus dem Arbeiter gepreßte Mehrwert, der, soweit er ihn nicht verjubelt, bei dem Unternehmer sich wieder zu Kapital kristallisiert, setzt diesen in die Lage, stetig seinen Betrieb zu vergrößern, den Produktionsprozeß zu verbessern und immer neue Arbeitskräfte in Anwendung zu bringen. Das ermöglicht ihm wieder, seinem schwächeren Konkurrenten wie ein geharnischter Reiter einem unbewaffneten Fußgänger gegenüberzutreten und ihn zu vernichten. Dieser ungleiche Kampf entwickelt sich mehr und mehr auf allen Gebieten, und in ihm spielt die Frau als die billigste Arbeitskraft, nach der Arbeitskraft der jungen Leute und der Kinder, eine immer wichtigere Rolle. Die Folge eines solchen Zustandes ist die immer schroffere Scheidung in eine verhältnismäßig kleine Zahl mächtiger Kapitalisten und in eine große Masse kapitalloser, auf den täglichen Verkauf ihrer Arbeitskraft angewiesener Habenichtse. Der Mittelstand gelangt bei dieser Entwicklung in eine immer bedenklichere Lage.

Ein Arbeitsgebiet nach dem anderen, auf dem bisher das Kleingewerbe immer noch herrschte, wird von der kapitalistischen Ausnutzung erfaßt. Die Konkurrenz der Kapitalisten unter sich nötigt sie, immer neue Gebiete für ihre Ausbeutung ausfindig zu machen. Das Kapital geht einher „wie ein brüllender Löwe und suchet, welchen es verschlinge". Die kleinen und schwächeren Existenzen werden vernichtet, und gelingt es ihnen nicht, sich auf ein anderes Gebiet zu retten – was immer schwieriger und unmöglicher wird –, so sinken sie in die Klasse der Lohnarbeiter oder der katilinarischen Existenzen herab. Alle Versuche, den Niedergang des Handwerkes und des Mittelstandes zu verhindern durch Gesetze und Einrichtungen, die nur aus der Rumpelkammer der Vergangenheit genommen werden können, erweisen sich als wirkungslos; sie mögen diesen und jenen eine kurze Weile über seine Lage hinwegtäuschen, aber bald schwindet vor der Wucht der in die Erscheinung tretenden Tatsachen die Illusion. Der Aufsaugungsprozeß der Kleinen durch die Großen tritt mit der Macht und der Unerbittlichkeit eines Naturgesetzes jedem sichtbar und mit Händen greifbar vor die Augen.

In welcher Weise sich die soziale Struktur Deutschlands in dem kurzen Zeitraum von fünfundzwanzig Jahren – von 1882 bis 1895 und von 1895 bis 1907 – veränderte, darüber gestatten die Resultate der Gewerbezählungen in den genannten Jahren einen Vergleich.

Es waren vorhanden:

	Erwerbstätige im Hauptberuf 1882	1895	1907	Ab- oder Zunahme seit 1882	
Landwirtschaft	8 236 496	8 292 692	9 883 257	+ 1 646 761	= 19,99
Industrie	6 396 465	8 281 220	11 256 254	+ 4 859 786	= 75,98
Handel und Verkehr	1 570 318	2 338 511	3 477 626	+ 1 907 308	= 121,46
Häusliche Dienste	397 582	432 491	471 695	+ 74 113	= 18,63
Öffentliche Dienste und freie Berufe	1 031 147	1 425 961	1 738 530	+ 707 383	= 68,56
Berufslose	1 354 486	2 142 808	3 404 983	+ 2 050 497	= 151,40
Zusammen	18 986 494	22 913 683	30 232 345	+11 245 851	= 53,95

	Erwerbstätige mit Angehörigen 1882	1895	1907	Ab- oder Zunahme seit 1882	
Landwirtschaft	19 225 455	18 501 307	17 681 176	– 1 544 279	= 18,18
Industrie	16 058 080	20 253 241	26 386 537	+10 328 457	= 64,25
Handel und Verkehr	4 531 080	5 966 846	8 278 239	+ 3 747 159	= 82,69
Häusliche Dienste	938 294	886 807	792 748	– 145 546	= 15,57
Öffentliche Dienste und freie Berufe	2 222 982	2 835 014	3 407 126	+ 1 184 144	= 53.33
Berufslose	2 246 222	3 327 069	5 174 703	+ 2 928 481	= 130,36
Zusammen	45 222 113	51 770 284	61 720 529	+16 498 416	= 34,27
Hierzu kommen Dienstboten	1 324 924	1 339 318	1 264 755	– 60 169	= 4,53

Diese Zahlen zeigen, daß innerhalb der erwähnten fünfundzwanzig Jahre eine außerordentlich starke Verschiebung der Bevölkerung und ihres Erwerbes stattgefunden hat. Die von Industrie (Bergbau und Baugewerbe), Handel und Verkehr lebende Bevölkerung hat sich auf Kosten der landwirtschaftlichen Bevölkerung vermehrt; fast die ganze Zunahme der Bevölkerung – 6 548 171 von 1882 bis 1895 und 9 950 245 von 1895 bis 1907 – haben die ersteren allein in Anspruch genommen. Zwar ist die Zahl der Erwerbstätigen im Hauptberuf in der Landwirtschaft um 1 646 761 Köpfe gestiegen, sie blieb aber weit hinter dem Wachstum der Gesamtbevölkerung zurück, und die Zahl der Angehörigen dieser Kategorie der Erwerbstätigen ist sogar um 1 544 279 = 8 Prozent gesunken.

Ganz anders in Industrie (einschließlich Baugewerbe und Bergbau), Handel und Verkehr. In beiden Kategorien stieg die Zahl der Erwerbstätigen wie ihrer Angehörigen sehr erheblich, und zwar mehr, als die Bevölkerung wuchs. Die Zahl der Erwerbstätigen in der Industrie, die schon im Jahre 1895 die Zahl der in der Landwirtschaft Erwerbstätigen erreichte, überstieg sie jetzt um 1 372 997 Köpfe oder um 15 Prozent. Die Zahl ihrer Angehörigen aber wuchs über die der Angehörigen der landwirtschaftlichen Erwerbstätigen um 8 705 361 Köpfe oder um 49 Prozent hinaus (im Jahre 1895 um 1 751 934). Eine noch stärkere Steigerung weist die Zahl der Erwerbstätigen mit ihren Angehörigen in Handel und Verkehr auf.

Das Resultat ist, daß die landwirtschaftliche Bevölkerung, das heißt der eigentliche konservative Teil der Bevölkerung, der die Hauptstütze der alten Ordnung der Dinge bildet, immer mehr zurückgedrängt und in immer schnellerem Tempo von der Industrie, Handel und Verkehr treibenden Bevölkerung weit überflügelt wird. Die erhebliche Steigerung, welche die im öffentlichen Dienste und in freien Berufen Erwerbstätigen nebst ihren Angehörigen ebenfalls seit 1882 erfuhren, ändert nichts an dieser Tatsache. Außerdem muß noch bemerkt werden, daß diese Berufsabteilung bei der letzten Zählung eine geringe Einbuße der Erwerbstätigen erlitt – zwar nur relativ –, bei den Berufszugehörigen jedoch setzt sich die Steigerung 1895 gegenüber 1882 auch 1907 fort, obwohl die Steigerung viel geringer ist – von 1882 bis auf 1895 um 38,29 und von 1895 bis 1907 nur um 21,96 Prozent. Die starke Steigerung der Berufslosen und ihrer Angehörigen ist zurückzuführen auf die Vermehrung der Rentner einschließlich der Unfallversicherungs-, Invaliditäts- und Altersversicherungsrentner, die höhere Zahl der Almosenempfänger, der Studierenden aller Art, der Insassen der Armen-, Siechen- und Irrenhäuser, der Gefängnisse.

Charakteristisch ist auch die geringe Zunahme der Erwerbstätigen im häuslichen Dienste und die direkte Abnahme der Dienstboten, was dafür spricht, erstens, daß relativ die Zahl derjenigen abnimmt, deren Einkommensverhältnisse ihnen die Beschäftigung solcher Personen gestatten, und zweitens, daß dieser Beruf unter den Proletarierinnen, die größere persönliche Unabhängigkeit erstreben, je länger desto weniger beliebt wird.

Im Jahre 1882 bildeten die in der Landwirtschaft im Hauptberuf Erwerbstätigen 43,38 Prozent, 1895 36,19 und 1907 nur noch 32,69 Prozent der Erwerbstätigen; die gesamte landwirtschaftliche Bevölkerung umfaßte 1882 42,51 Prozent, 1895 35,74 und 1907 nicht mehr als 28,65 Prozent der Bevölkerung überhaupt. Dagegen bildeten die in Industrie (einschließlich Bergbau und Baugewerbe) im Hauptberuf Erwerbstätigen 1882 33,69 Prozent, 1895 36,14 und im Jahre 1907 37,23 Prozent. Mit ihren Angehörigen bildeten sie 1882 35,51, 1895 39,12, aber im Jahre 1907 schon 42,75 Prozent. Für die in Handel und Verkehr Erwerbstätigen und ihre Angehörigen waren die betreffenden Zahlen:

	1882	1895	1907
Mit Angehörigen	10,02	11,52	13,41
Ohne Angehörige	8,27	10,21	11,50

Wir sehen also, daß jetzt 56,16 Prozent (in Sachsen sogar 74,5) der Gesamtbevölkerung in Deutschland auf Industrie und Handel angewiesen sind, und daß die Landwirtschaft nicht mehr als 28,65 (in Sachsen nur 10,07) Prozent beschäftigt.

2. Fortschreitende Proletarisierung. Die Vorherrschaft des Großbetriebs

Wichtig ist aber auch zu konstatieren, wie sich die erwerbstätige Bevölkerung als Selbständige, Angestellte und Arbeiter und in diesen dreien nach dem Geschlecht verteilte. Die betreffenden Zahlen sind aus der Tabelle S. 365 ersichtlich.

Dieselbe zeigt, daß in der Landwirtschaft die Zahl der Selbständigen von 1882 bis 1895 zwar um 280 692 Köpfe = 12,5 Prozent wuchs, aber von 1895 bis 1907 wieder um 67 751 Köpfe abnahm, so daß im Vergleich mit 1882 die Zahl der Selbständigen nur um 212 941 Köpfe = 9,2 Prozent zugenommen hat. Dahingegen ist die Zahl der Arbeiter, die von 1882 bis 1895 um 254 025 Köpfe = 4,3 Prozent abnahm, seit 1895 erheblich gestiegen – um 1 655 677 Köpfe = 29,4 Prozent. Betrachten wir diese Steigerung näher, so sehen wir, daß sie hauptsächlich der Vermehrung der Gruppe der mithelfenden Familienangehörigen weiblichen Geschlechts zuzuschreiben ist (um 170 532 bei den männlichen und um 1 820 398 bei den weiblichen, zusammen um 1 990 930). Ziehen wir in Betracht nur die ländliche Tagelöhner- und Gesindearbeit, so ergibt sich eine Verminderung der männlichen Arbeiter um 381 195 Köpfe und eine Zunahme der weiblichen um 45 942, insgesamt also eine erhebliche Verminderung der landwirtschaftlichen Arbeiter um 335 253 Personen. In der Landwirtschaft haben also nicht allein die Selbständigen, sondern auch Gesinde und Tagelöhnerschaft abgenommen; die Zunahme der landwirtschaftlichen Berufsabteilung gegenüber der vorhergehenden Zählung ist auf die starke Vermehrung der Familienhilfe, besonders der weiblichen, zurückzuführen.

Anders in der Industrie. Hier sank im Zeitraum von fünfundzwanzig Jahren die Zahl der Selbständigen um 234 024 = 10,6 Prozent (von 1882 bis 1895 um 139 382 = 5,2 Prozent), während die Bevölkerung um 36,48 Prozent wuchs (von 1882 bis 1895 um 14,48). Und zwar sind es die Alleinbetriebe und die Betriebe mit zwei Hilfspersonen, welche den Ausfall zu tragen hatten. Die Zahl der Arbeiter ist von 1882 bis 1895 um 1 859 468 und von 1895 bis 1907 um weitere 2 637 414 Köpfe gestiegen. Nehmen wir nur die eigentlichen Arbeiter, ausschließlich der mithelfenden Familienangehörigen, so ist ihre Zahl von 5 899 708 in 1895 auf 8 460 338 Personen in 1907 gestiegen. Drei Viertel aller in industriellen Berufen tätigen Personen sind Arbeiter (75,16 Prozent).

Das umgekehrte Verhältnis zeigt sich wieder in Handel und Verkehr, wo selbst die Zahl der Selbständigen aber auch wie in der Industrie die Zahl der Angestellten und der Arbeiter bedeutend wuchs. Es sind insbesondere die Frauen, die im Handel als Selbständige zunehmen, und zwar sind es entweder Witwen, die sich mit einem Klein-

		Selbständige 1882	Selbständige 1895	Selbständige 1907	Angestellte 1882	Angestellte 1895	Angestellte 1907	Arbeiter 1882	Arbeiter 1895	Arbeiter 1907
Landwirtschaft	männlich	2010865	2221826	2172740	60763	78066	82548	3629959	3239646	3028983
	weiblich	277168	346899	328234	5881	18107	16264	2251860	2388148	4254488
	zus.	2288033	2568725	2500974	66644	96173	98812	5881819	5627794	7283771
Industrie	männlich	1621668	1542272	1499832	96807	254421	622071	3551014	4963409	7030427
	weiblich	579478	519492	477290	2269	9324	63936	545229	992302	1562698
	zus.	2201146	2061764	1977122	99076	263745	686007	4096243	5955711	8593125
Handel	männlich	550936	640941	765551	138387	249920	426220	582885	836042	1354482
	weiblich	150572	202616	246641	3161	11987	79689	144377	365005	605043
	zus.	701508	843557	1012192	141548	261907	505909	727262	1201047	1959525
Überhaupt	männlich	4183469	4405039	4338123	295957	582407	1130839	7763858	9071097	13694160
	weiblich	1007218	1069007	1052165	11311	39418	159889	2941466	3745455	4161961
	zus.	5190687	5474046	5490288	307268	621825	1290728	10705324	12816552	17856121

handel durchzuschlagen suchen oder es versucht die Ehefrau, auf diesem Wege die Einnahme des Mannes zu verbessern. Die Zahl der Selbständigen ist von 1882 bis 1907 um 310 584 = 44,3 Prozent gestiegen, aber die Zahl der Angestellten und der Arbeiter hat sich noch stärker vermehrt (um 364 361 = 258,8 und um 1 232 263 = 196,4 Prozent). Ein schlagender Beweis, wie außerordentlich stark sich der Großhandel entwickelte, insbesondere von 1895 bis 1907. Die Zahl der Angestellten hat sich beinahe verdoppelt, darunter die Zahl der weiblichen versechsfacht.

Insgesamt stieg von 1882 bis 1907 die Zahl der Selbständigen in allen drei Kategorien um 5,7 Prozent, sie blieb also erheblich hinter der Steigerung der Bevölkerung zurück (36,48 Prozent). Dagegen stieg die Zahl der Angestellten um 325,4 Prozent, was dafür spricht, daß auf allen Gebieten sich mächtig entwickelte der Großbetrieb, der Angestellte benötigt, und die Zahl der Arbeiter wuchs um 39,1 Prozent. Hierbei ist festzuhalten, daß unter den 5 490 288 Selbständigen sich eine sehr große Zahl Existenzen befindet, die ein rein proletarisches Dasein führt. So gab es zum Beispiel unter den 2 086 368 Betrieben in der Industrie nicht weniger als 994 743 Alleinbetriebe und 875 518 Betriebe, die bis zu fünf Hilfspersonen beschäftigten. Im Warenhandel gab es 1907 unter 709 231 Hauptbetrieben nicht weniger als 232 780 Alleinbetriebe, ferner gab es unter den Selbständigen in Handel und Verkehr im Hausierhandel 35 306 Alleinbetriebe, dann 5240 Dienstmänner, Lohndiener usw., Tausende von Versicherungsagenten, Kolporteuren usw.

Des weiteren ist zu berücksichtigen, daß in allen drei Kategorien die Zahl der Selbständigen sich nicht mit der Zahl der Betriebe deckt. Besitzt zum Beispiel ein Firmeninhaber Dutzende von Filialen, wie das zum Beispiel im Tabak- und Zigarrenhandel vorkommt, oder besitzt eine Konsumgenossenschaft so und so viele Läden, so wird jede Filiale als besonderer Betrieb gezählt. Das gleiche gilt von den industriellen Unternehmungen, zum Beispiel, wenn eine Maschinenfabrik auch eine Eisengießerei und eine Tischlerei usw. in Betrieb hat. Die angeführten Zahlen geben also für die Betriebskonzentration auf der einen Seite und die Qualität der Existenz auf der anderen Seite keine genügende Auskunft.

Und doch geben, trotz aller dieser Mängel, die Ergebnisse der neuesten gewerblichen Betriebszählung vom 12. Juni 1907 ein Bild der gewaltigsten Konzentration und Zentralisation des Kapitals in Industrie, Handel und Verkehr. Sie zeigen, daß Hand in Hand mit der gesteigerten Industrialisierung der gesamten Wirtschaftsordnung eine Konzentration der gesamten Produktionsmittel in wenigen Händen mit gigantischen Schritten fortgeht.

Die allein arbeitenden Selbständigen, die noch 1882 1 877 872 betrugen, haben seit 1895 noch weiter abgenommen; in 1895 wurden gezählt 1 714 351 und in 1907 nur noch 1 446 286, eine Abnahme um 431 586 = 22,9 Prozent. Der Anteil des Kleinbetriebs ist von Zählung zu Zählung stark gesunken. 1882 betrug er 59,1 Prozent, 1895 46,5 und im Jahre 1907 nur noch 37,3 Prozent aller gewerbetätigen Personen. Die entgegengesetzte Bewegung machte der Großbetrieb, welcher von 22,0 auf 29,6 und 1907 auf 37,3 Prozent stieg. Je größer die Betriebe werden, desto schneller ist das Wachstum. Von 1895 bis 1907 nahm das Personal der Kleinbetriebe um 12,2 Prozent, das der Mittelbetriebe um 48,5 Prozent und das Personal der Großbetriebe um 75,7 Prozent zu. Mit 5 350 025 gewerbetätigen Personen im Jahre 1907 ist der Großbetrieb die bei weitem größte Gruppe geworden, während er noch 1882 bedeutend weniger Personen beschäftigte als der Alleinbetrieb. In sieben Gewerbegruppen hat er die herrschende Stellung mit mehr als der Hälfte aller Personen. So wurden von je 100 Personen beschäftigt in Großbetrieben:

Bergbau	96,6	Prozent
Maschinenindustrie	70,4	„
Chemische Industrie	69,8	„
Textilindustrie	67,5	„
Papierindustrie	58,4	„
Industrie der Steine und Erden	52,5	„
Industrie der Seifen, Fette und Öle	52,3	„

In den übrigen Gruppen hatte der Großbetrieb schon 1895 die Mehrheit, aber seine Stelle ist überall noch erheblich verstärkt worden (Metallverarbeitung 47,0, polygraphische Gewerbe 43,8, Verkehrsgewerbe 41,6, Baugewerbe 40,5 Prozent aller gewerbetätigen Personen). Auf fast allen Gebieten ist somit die Entwicklung den größeren Betrieben zugute gekommen.

Die Betriebs- und, was gleichbedeutend ist, die Kapitalkonzentration vollzieht sich dort ganz besonders rasch, wo der kapitalistische Betrieb zur vollen Herrschaft gelangte. Nehmen wir zum Beispiel die Bierbrauerei. Im deutschen Brausteuergebiet, von dem Bayern, Württemberg, Baden und Elsaß-Lothringen ausgeschlossen sind, waren

	In Betrieb gewesene Brauereien	Darunter gewerbliche	Mit einer Biergewinnung von 1000 Hektoliter
1873	13561	10927	19655
1880	11564	10374	21136
1890	8969	8054	32279
1900	6903	6283	44734
1905	5995	5602	46264
1906	5785	5423	45867
1907	5528	5251	46355

Die Zahl der in Betrieb gewesenen Brauereien sank also von 1873 bis 1907 um 8033 = 59,3 Prozent, die Zahl der gewerblichen Brauereien sank um 5676 = 51,9 Prozent, dagegen stieg die Bierproduktion um 26 700 000 Hektoliter = 135,7 Prozent. Das bedeutet Zusammenbruch der kleinen und mittleren Betriebe und gewaltige Vergrößerung der Großbetriebe, deren Leistungsfähigkeit sich vervielfacht: im Jahre 1873 auf eine Brauerei 1450, im Jahre 1907 8385 Hektoliter. So ist es überall, wo der Kapitalismus zur Herrschaft kommt. In Österreich gab es im Jahre 1876 2248 Brauereien, die 11 671 278 und im Jahre 1904/05 nur noch 1285, die aber 19 098 540 Hektoliter Bierwürzen erzeugten.

Ähnliche Resultate zeigt die Entwicklung der deutschen Steinkohlenproduktion und der gesamten Montanindustrie des Deutschen Reiches. In der ersteren ging die Zahl der Hauptbetriebe, die 1871 bis 1875 durchschnittlich 623 betrug, auf 406 im Jahre 1889 zurück, gleichzeitig stieg aber die Produktion von 34 485 400 Tonnen auf 67 342 200 Tonnen, und die mittlere Belegschaft stieg von 172 074 auf 239 954 Köpfe. Die folgende Tabelle veranschaulicht diesen Konzentrationsprozeß in der Stein- und Braunkohlengewinnung bis 1907.

Jahr	Steinkohlen			Braunkohlen		
	Hauptbetriebe	Mittlere Belegschaft	Menge 1000 Tonnen	Hauptbetriebe	Mittlere Belegschaft	Menge 1000 Tonnen
1900	338	413693	109290,2	569	50911	40498,0
1905	331	493308	121298,6	533	54969	52512,1
1906	322	511108	137117,9	536	58637	56419,6
1907	313	545330	143185,7	535	66462	62546,7

In der Steinkohlenproduktion hatte sich also seit den siebziger Jahren die Zahl der Betriebe um 49,8 Prozent vermindert, dagegen war die Zahl der beschäftigten Arbeiter um 216,9 Prozent und die Produktion sogar um 420,6 Prozent gewachsen.

In der gesamten Montanindustrie waren in den Jahren

	Zahl der Hauptbetriebe	Mittlere Belegschaft	Menge 1000 Tonnen
1871–1875	3034	277 878	51 056,0
1887	2146	337 634	88 873,0
1889	1962	368 896	99 414,0
1905	1862	661 310	205 592,6
1906	1862	688 853	229 146,1
1907	1958	734 903	242 615,2

Hier hatte sich also die Zahl der Betriebe um 35,5 Prozent vermindert, dagegen war die Zahl der beschäftigten Arbeiter um 164,4 Prozent und die Produktion um 374,5 Prozent gewachsen.

Einer kleineren, aber viel reicher gewordenen Zahl von Unternehmern stand eine bedeutend gewachsene Zahl von Proletariern gegenüber. 1871 bis 1875 kamen auf jeden Betrieb durchschnittlich 92, 1887 160, und 1907 waren es 307, trotz der Vermehrung der Betriebe von 1862 im Jahre 1906 auf 1958 im Jahre 1907!

„Im rheinisch-westfälischen Industriegebiet gab es 1907 zwar noch 156 Werke, aber davon verfügten 34 (21,8 Prozent) allein über mehr als 50 Prozent der Förderung. Obschon die Betriebsstatistik noch 156 Ruhrzechen aufführt, hatte das Kohlensyndikat, dem mit geringen Ausnahmen alle Werke angeschlossen sind, nur 76 Mitglieder; so weit ist die Werkskonzentration schon gediehen. Nach der Feststellung vom Februar 1908 betrug die Beteiligungsziffer im Kohlensyndikat 77,9 Millionen Tonnen Kohlen.“[1]

Im Jahre 1871 waren im Betrieb 306 Hochöfen mit 23 191 Arbeitern, die 1 563 682 Tonnen Roheisen produzierten, und im Jahre 1907 erzeugten schon 303 Hochöfen mit 45 201 Arbeitern 12 875 200 Tonnen, auf jeden Hochofen im Jahre 1871 5110 Tonnen, im Jahre 1907 42 491 Tonnen! „Nach einer in ‚Stahl und Eisen‘, März 1896, veröffentlichten Liste konnte derzeitig nur ein deutsches Hüttenwerk, die Gutehoffnungshütte Oberhausen, eine Roheisenproduktion bis zu

[1] Otto Hué, Entwicklungsgeschichtliches über die Montanindustrie. „Neue Zeit“, 27. Jahrgang, 1. Band, S. 665.

820 Tonnen innerhalb 24 Stunden liefern. Aber schon 1907 gab es 12 Werke, die innerhalb 24 Stunden 1000 und mehr Tonnen erzeugen konnten."[1]

Im Jahre 1871/72 verarbeiteten 311 Fabriken in der Rübenzuckerindustrie 2 250 918 Tonnen Rüben, im Jahre 1907/08 dagegen 365 Fabriken 13 482 750 Tonnen. Die durchschnittliche Rübenverarbeitung pro Fabrik betrug 1871/72 7237 und 1907/08 36 939 Tonnen! Es wurden gewonnen 1871/72 186 441 Tonnen = 8,28 Prozent der verarbeiteten Rüben, und 1907/08 2 017 071 Tonnen = 14,96 Prozent.

Und diese technische Revolution vollzieht sich nicht nur in der Industrie, sondern auch in den bestehenden Verkehrsgewerben. Der deutsche Handel auf See zählte:

Im Jahre	Segelschiffe	Ladefähigkeit in Registertonnen	Besatzung nach Köpfen
1871	4 372	900 361	34 739
1901	2 270	525 140	12 922
1905	2 294	493 644	12 914
1908	2 345	433 749	12 800
1909	2 361	416 514	12 844
weniger als 1871	2 011	438 847	21 895

Die Segelschiffahrt geht also erheblich zurück, aber soweit sie noch besteht, *nimmt die Ladefähigkeit der Schiffe und die Zahl der Besatzungsmannschaft ab.* 1871 kamen auf ein Segelschiff 205,9 Registertonnen Ladefähigkeit und 7,9 Köpfe Besatzung, 1909 hatte das Segelschiff durchschnittlich 176,4 Registertonnen Ladefähigkeit und nur 5,4 Köpfe Besatzung. Ein anderes Bild zeigt die deutsche Dampfschiffahrt zur See. Deutschland besaß:

Im Jahre	Seedampfer	Ladefähigkeit in Registertonnen	Besatzung nach Köpfen
1871	147	81 994	4 736
1901	1 390	1 347 875	36 801
1905	1 657	1 774 072	46 747
1908	1 922	2 256 783	57 995
1909	1 953	2 302 910	58 451
mehr als 1871	1 806	2 221 006	53 715

[1] Otto Hué, a. a. O., S. 666.

Die Zahl der Dampfer war also nicht nur erheblich gestiegen, ihre Ladefähigkeit stieg noch mehr, dagegen war im Verhältnis die Kopfzahl der Bemannung gesunken. 1871 hatte ein Dampfer durchschnittlich 558 Registertonnen Ladefähigkeit und 32,1 Köpfe Besatzung, 1909 aber hatte ein solcher 1230 Registertonnen Ladefähigkeit und nur 29 Köpfe Besatzung.

Für die kapitalistische Entwicklung unserer Wirtschaftsordnung spricht auch die rasche Zunahme der motorischen Kräfte. Nach Viebahn waren 1861 in der Industrie des Zollvereinsgebiets verwendet 99 761 Pferdekräfte.[1] 1875 waren in Deutschland in Betrieben, in denen mehr als 5 Personen beschäftigt wurden, 1 055 750 Pferdekräfte in Anwendung, und zwar in 25 152 Fällen, im Jahre 1895 waren es 2 938 526 Pferdekräfte, nahezu dreimal soviel, in 60 176 Fällen. Die Eisenbahn- (und Straßenbahn-)betriebe und die Dampfschiffahrt sind in dieser Aufstellung nicht enthalten.

In Preußen wurden gezählt Pferdekräfte:

Im Jahre	Feststehender Dampfmaschinen	Beweglicher Dampfkessel u. Lokomobilen	Im Jahre	Feststehender Dampfmaschinen	Beweglicher Dampfkessel u. Lokomobilen
1879	888 000	47 000	1905	4 684 900	315 200
1896	2 534 900	159 400	1906	4 995 700	334 400
1900	3 461 700	229 600	1907	5 190 400	363 200

Es hat sich also in Preußen im Zeitraum von 1879 bis 1907 die Zahl der verwendeten Pferdekräfte beinahe versechsfacht! Wie gewaltige Fortschritte die Entwicklung der Industrie nach der Zählung von 1895 gemacht hatte, ist daraus ersichtlich, daß in Preußen die Zahl der feststehenden Dampfmaschinen von 1896 bis 1907 um 35 Prozent gestiegen ist, die gesamte Leistungsfähigkeit der Maschinen hat in dieser Zeit sogar um 105 Prozent zugenommen. Während im Jahre 1898 im ganzen 3305 Dampfmaschinen mit 258 726 Pferdekräften zum Antrieb von Dynamos dienten, sind es im Jahre 1907 6191 mit 954 945 Pferdekräften, das ist eine Steigerung um 87 bzw. 269 Prozent.[2]

Die folgenden Zahlen zeigen die Zunahme der Dampfkraft in den wichtigsten Industrien in Pferdekräften:

---

[1] A. Hesse, Gewerbestatistik. S. 168. Jena 1909.

[2] A. Hesse, a. a. O., S. 163 bis 164.

Industrie	1879	1897	1907
Berg und Hütten	516000	1430000	2284000
Steine und Ziegel	29000	132000	255000
Metallverarbeitung	23000	57000	113000
Maschinen	22000	61000	329000
Textil	88000	243000	323000[1]

Und angesichts dieser fabelhaften Entwicklung der Produktivkräfte und gewaltigen Kapitalskonzentration will man noch versuchen, diese Tatsache wegzuinterpretieren. Einen solchen Versuch machte auf der elften Tagung des Internationalen Statistischen Instituts in Kopenhagen (August 1907) der französische Ökonomist Ives Guyot. Auf Grund einer leichtfertigen Statistik machte er den Vorschlag, das Wort „Konzentration" aus der Statistik wegzuschaffen. Ihm antwortete unter anderen Karl Bücher: „Eine absolute Vermehrung der Zahl der Betriebe könne sehr wohl mit starker Konzentration derselben zugleich vorkommen. Nun aber seien überall, wo die Erhebung nach Betrieben (établissements) vorgenommen werde, zahlreiche Doppelzählungen unvermeidlich; eine Bank mit 100 Depositenkassen werde gleich 101 gezählt; eine Bierbrauerei mit 50 von ihr mit Lokal und Inventar versehenen Bierwirten ergäbe 51 Betriebe. Die Ergebnisse einer solchen Statistik könnten für das gesuchte Phänomen gar nichts beweisen.

Nach den seitherigen Untersuchungen *scheine* nur die Landwirtschaft dem Prozeß der Konzentration nicht zu unterliegen; auf den Gebieten des Bergbaues, des Handels, des Transport-, Versicherungs- und Bauwesens sei sie evident; auf dem Gebiet der Industrie sei sie deshalb schwerer zu erkennen, weil jedes sich kräftig entwickelnde Kulturvolk eine Erweiterung der industriellen Produktion aufweisen müsse, und zwar aus vier Gründen: 1. wegen der Übernahme früher hauswirtschaftlicher Funktionen durch die Industrie; 2. wegen der Ersetzung von Naturprodukten in der Konsumtion durch Industrieprodukte (Holz durch Eisen, Waid, Krapp und Indigo durch Teerfarben usw.); 3. wegen neuer Erfindungen (Automobil); 4. wegen der Möglichkeit des Exports. Es finde deshalb gerade hier eine Konzentration in größtem Umfang statt, ohne daß sich die Zahl der Unternehmungen vermindere, ja selbst bei Vermehrung derselben. Überall, wo die

[1] Professor Dr. S. Reyer, Kraft. Ökonomische, technische und kulturgeschichtliche Studien über die Machtentfaltung der Staaten. S. 348. Leipzig 1908.

Industrie gebrauchsfertige Ware von typischem Charakter erzeuge, sei die Vernichtung der selbständigen Kleinbetriebe unvermeidlich. Die kapitalistischen Produktionsformen seien somit auf den wichtigsten Wirtschaftsgebieten in raschem Fortschritt begriffen. Es sei nicht weise, die Sozialisten in dem zu bekämpfen, worin sie recht haben, und in der Behauptung einer zunehmenden Konzentration seien sie zweifellos im Rechte."[1]

Dasselbe Bild, das die ökonomische Entwicklung Deutschlands bietet, zeigen alle Industriestaaten der Welt. Alle Kulturstaaten bemühen sich, mehr und mehr Industriestaaten zu werden; sie wollen nicht nur ihren eigenen Bedarf an Industrieartikeln erzeugen, sondern solche auch ausführen. Deshalb spricht man nicht bloß von einer Nationalwirtschaft, sondern auch von einer *Weltwirtschaft*. Der Weltmarkt reguliert die Preise einer Unzahl von Industrie- und Agrarprodukten und beherrscht die soziale Stellung der Völker. Dasjenige Produktionsgebiet, das für die Weltmarktbeziehungen von ausschlaggebender Bedeutung geworden ist, ist die nordamerikanische Union, von welcher von jetzt ab der Hauptanstoß zur Revolutionierung der Weltmarktverhältnisse und der bürgerlichen Gesellschaft ausgeht. Der Zensus der letzten drei Jahrzehnte ergab folgendes Resultat.

Es betrug das in der Industrie angelegte Kapital:

1880	2790 Millionen Dollar
1890	6525 ,, ,,
1900	9813 ,, ,,

Der Wert der Industrie betrug:

1880	5369 Millionen Dollar
1890	9372 ,, ,,
1900	13000 ,, ,,

Die Vereinigten Staaten stehen also heute als Industriestaat an der Spitze der Welt, ihr Export an Industrie- wie Agrarerzeugnissen steigt von Jahr zu Jahr, und die riesigen Kapitalansammlungen, die diese Entwicklung zur Folge hat, suchen über die Grenzen des Landes hinaus Verwendung und beeinflussen in hohem Grade auch Industrie und Verkehr in Europa. Und es ist nicht mehr der einzelne Kapitalist, der als der Treibende hinter dieser Entwicklung steht, es sind die Kapitalisten- und Unternehmerkonsortien, die Kapitalistenkoalitio-

[1] Bulletin de l'institut international de statistique. 17. Band, S. 183 bis 184. Kopenhagen 1908.

nen, die, wo sie ihre Tätigkeit hinlenken, die stärksten Privatunternehmer erdrücken. Was will gegenüber einer solchen Entwicklung der mittlere und kleinere Unternehmer beginnen, wenn selbst der große die Segel streichen muß?

3. Konzentration des Reichtums

Es ist ein ökonomisches Gesetz, daß mit der Konzentration der Betriebe und steigender Produktivität die Zahl der Arbeiter relativ *abnimmt*, dagegen konzentriert sich der Reichtum prozentual zur Gesamtbevölkerung in immer wenigeren Händen.

Das zeigt am besten die Verteilung des Einkommens in verschiedenen Kulturländern.

Von den größeren deutschen Staaten besitzt Sachsen die älteste und vergleichsweise beste Einkommensteuerstatistik. Das geltende Gesetz ist seit 1879 in Kraft. Es empfiehlt sich aber, ein späteres Jahr der Einschätzung zu nehmen, weil in den ersten Jahren die Einschätzungen durchschnittlich erheblich zu niedrig angenommen werden. Die Bevölkerung Sachsens stieg von 1880 bis 1905 um 51 Prozent, die Zahl der zur Steuer eingeschätzten Personen stieg von 1882 bis 1904 um 160 Prozent, das zur Steuer eingeschätzte Einkommen um 23 Prozent. Bis Anfang der neunziger Jahre blieb ein Einkommen bis 300 Mark pro Jahr steuerfrei, nachher bis 400 Mark. Im Jahre 1882 betrug die Zahl der steuerfreien Personen 75 697 = 6,61 Prozent der Eingeschätzten, 1904 dagegen 205 667 = 11,03 Prozent. Bemerkt sei, daß in Sachsen das Einkommen der Ehefrauen und das der unter 16 Jahre alten Familienangehörigen dem Ehemann beziehungsweise dem Familienvater zugerechnet wird.

Die Steuerzahler von 400 bis 800 Mark Einkommen betrugen 1882 48 Prozent der Eingeschätzten, 1904 nur 43,81 Prozent, ein Teil derselben war also in höhere Einkommenklassen gerückt. Das Durchschnittseinkommen des Steuerzahlers dieser Klasse war in dieser Periode von 421 auf 582 Mark = 37 Prozent gestiegen, blieb aber hinter dem Durchschnitt von 600 Mark noch zurück. Die Steuerpflichtigen mit einem Einkommen von 800 bis 1250 Mark bildeten 1882 12 Prozent der Eingeschätzten, 1904 bildeten sie 24,38 Prozent der Eingeschätzten, die Zahl der Eingeschätzten von 1250 bis 3300 (von 1895 an mit 3400) Mark dagegen bildete 1882 20 Prozent und 1904 nur 16,74 Prozent der Eingeschätzten. Im Jahre 1882 hatten unter 3300 Mark Einkommen 97,60 Prozent der Eingeschätzten, 1904 unter 3400 Mark 95,96 Prozent. Hält man fest, daß 1863 Lassalle die Einkommen in Preußen mit über 3000 Mark auf 4 Prozent sämtlicher Einkommen berechnete, daß aber mittlerweile die Mieten, die Steuern und beinahe alle Lebensbedürfnisse im Preise stiegen, auch die Ansprüche an die Lebenshaltung wuchsen, so hat sich die Lage der großen Masse relativ kaum verbessert. Die mittleren Einkommen von 3400 bis 10 000 Mark bildeten 1904 nur 3,24 Prozent der Eingeschätzten und die Einkommen über 10 000 Mark weniger als 1 Prozent (0,80). Die Zahl der Zensiten mit 12 000 bis 20 000 Mark 0,80 Prozent. Die Zahl der Einkommen über 12 000 Mark ist von 4124 in 1882 auf 11 771 in 1904 gestiegen, also um 188 Prozent. Das Höchsteinkommen betrug 1882 2 570 000 Mark, 1906 5 900 600 Mark. Das Resultat ist, die unteren Einkommen haben zwar eine Hebung erfahren, die aber durch erhöhte Preise vielfach mehr als ausgeglichen wurde, die Mittelklassen erfuhren prozentual die geringste Verbesserung, dagegen stieg die Zahl und das Einkommen der reichsten Leute am stärksten. Die Klassengegensätze verschärften sich also.

In seinen Untersuchungen über die Verteilung des Volkseinkommens in Preußen von 1892 bis 1902 kommt Professor Adolf Wagner zu folgenden Ergebnissen. Er teilt die Bevölkerung Preußens in drei große Gruppen: in Unterstand (unterer bis 420 Mark, mittlerer 420 bis 900, oberer 900 bis 2100 Mark), in Mittelstand (unterer von 2100 bis 3000, mittlerer von 3000 bis 6000 und oberer von 6000 bis 9500 Mark) und in Oberstand (unterer von 9500 bis 30 500, mittlerer von 30 500 bis 100 000 und oberer mit Einkommen über 100 000 Mark). Das Gesamteinkommen verteilt sich zu beinahe gleichen Teilen unter diesen drei Gruppen. Die 3,51 Prozent des Oberstandes verfügen über 32,1 Prozent des Gesamteinkommens, der Unterstand, der die 70,66 Prozent Steuerfreien umfaßt, verfügt ebenfalls über ein Einkommen von 32,9 Prozent des Gesamteinkommens, und der Mittelstand mit 25,83 Prozent verfügt über ein Einkommen von 34,9 Prozent des Gesamteinkommens. Zieht man nur das steuerpflichtige Einkommen heran, so findet man, daß auf Zensiten mit 900 bis 3000 Mark Einkommen, die im Jahre 1892 86,99 Prozent und im Jahre 1902 88,04 Prozent aller Zensiten bildeten, etwas mehr als die Hälfte des steuerpflichtigen Einkommens entfällt, nämlich 51,05 Prozent im Jahre 1892 und 52,1 Prozent im Jahre 1902. Auf Einkommen über 3000 Mark, welche 13 respektive 12 Prozent aller Zensiten ausmachen, entfallen ungefähr 49 Prozent im Jahre 1892 und 48 Prozent des gesamten steuerpflichtigen Einkommens im Jahre 1902. Das Durchschnittseinkommen der kleinen Zensiten belief sich für ganz Preußen im Jahre 1892 auf 1374, im Jahre 1902 auf 1348 Mark, hatte sich also um 1,89 Prozent verringert. Dagegen hat das Durchschnittseinkommen der großen Zensiten von 8811 Mark im Jahre 1892 auf 9118 Mark im Jahre 1902 zugenommen, oder um 3,48 Prozent. Auf den Oberstand, der im Jahre 1892 nur 0,5 Prozent, im Jahre 1902 0,63 Prozent aller Zensiten ausmachte, entfielen 1892 15,95 Prozent und 1902 18,37 Prozent des Gesamteinkommens. Am schwächsten ist die Vermehrung beim unteren und mittleren Mittelstand, etwas stärker beim oberen Unterstand, am stärksten jedoch, und zwar zunehmend mit steigendem Einkommen von Gruppe zu Gruppe, beim oberen Mittel- und vollends beim ganzen Oberstand. Je größer das Einkommen der Zensiten einer Gruppe, je reicher sie sind, desto mehr vermehrt sich relativ ihre Zahl. Und es nimmt immer mehr zu die Zahl der Zensiten mit höheren und höchsten Einkommen, die aber durchschnittlich auch selber immer wieder ein größeres Einkommen erreichen, mit anderen Worten, es findet statt eine immer stärkere Einkommenskonzentration nicht gerade nur bei einzelnen besonders reichen, sondern bei einer der Zahl nach stark zunehmenden, wenn auch stets nur eine absolut und relativ kleine Zahl umfassenden höheren und höchsten ökonomischen Volksschicht. „Daraus folgt der Schluß, daß die moderne wirtschaftliche Entwicklung allerdings dem gesamten Volke in Einkommenerhöhung und jeder ökonomisch-sozialen Klasse in Steigerung ihrer Mitgliederzahl zugute gekommen ist, aber doch in stark ungleichem Maße, am meisten den reicheren, dann der unteren Klasse, am wenigsten den mittleren; daß demnach auch die soziale Klassendifferenz, soweit sie auf Größe des Einkommens beruht, sich vergrößert hat.“[1]

Nach der Einkommensteuerveranlagung von 1908 gab es in Preu-

---

[1] Adolf Wagner, Zur Methode der Statistik des Volkseinkommens und Volksvermögens und weitere statistische Untersuchungen über die Verteilung des Volkseinkommens in Preußen auf Grund der neuen Einkommenstatistik 1892 bis 1902. „Zeitschrift des königlich preußischen statistischen Landesamtes“ 1904.

ßen 104 994 Zensiten mit Einkommen über 9500 Mark mit einem Gesamteinkommen von 3 123 273 000 Mark. Darunter 3796 mit einem Einkommen über 100 000 Mark mit einem Gesamteinkommen von 934 000 000 Mark. Es wurden gezählt 77 Zensiten mit mehr als einer Million Einkommen. Die 104 904 Zensiten, oder 1,78 Prozent, mit mehr als 9500 Mark Einkommen hatten ein ebensolches Einkommen wie die 3 109 540 (52,9 Prozent) mit Einkommen von 900 bis 1350 Mark!

In Österreich entfallen „auf durchschnittlich 12 bis 13 Prozent der Zensiten in den Einkommenstufen von 4000 bis 12 000 Kronen rund 24 Prozent des veranlagten Nettoeinkommens. Faßt man die Einkommen bis 12 000 Kronen zusammen, so fallen in diese Gruppe über 97 Prozent der Zensiten und 74 Prozent des Einkommens. *Für die übrigen 3 Prozent der Zensiten verbleiben dann 26 Prozent des veranlagten Einkommens.*"[1] Das steuerfreie Existenzminimum ist höher als in Preußen – 1200 Kronen oder 1014 Mark. Die kleinen Zensiten mit einem Einkommen von 1200 bis 4000 Kronen bildeten im Jahre 1904 84,3 Prozent aller Steuerpflichtigen. Die Zahl der reichsten Leute mit mehr als 200 000 Kronen Einkommen belief sich im Jahre 1898 auf 255, im Jahre 1904 auf 307 oder 0,032 Prozent aller Zensiten.

In Großbritannien und Irland gehört nach L. G. Chiozza Money die Hälfte des Volkseinkommens (mehr als 16 600 Millionen Mark) dem neunten Teil der Bevölkerung. Er teilt die Bevölkerung in drei Gruppen: Reiche mit mehr als 700 Pfund Sterling (14 000 Mark), Wohlhabende mit einem Einkommen von 160 (3200 Mark) bis 700 Pfund Sterling und Arme mit weniger als 160 Pfund Sterling (3200 Mark) Einkommen.

		Mit Familienangehörigen	Einkommen Pfund Sterling
Reiche	250000	1250000	585000000
Wohlhabende	750000	3750000	245000000
Arme	5000000	38000000	880000000
		43000000	1710000000

Somit gehört mehr als ein Drittel des Volkseinkommens weniger als einem dreißigsten Teil der Bevölkerung. Die Untersuchungen Booths für London und Rowntrees für York haben bewiesen, daß

[1] F. Leiter, Die Verteilung des Einkommens in Österreich. S. 123. Leipzig 1908.

30 Prozent der gesamten Bevölkerung das ganze Leben lang in den Klauen des permanenten Elends sich abrackern.[1]

Für Frankreich gibt E. Levasseur auf Grund der Statistik der Erbschaften die folgende Zusammenstellung: „Zwei Fünftel des Nationalreichtums befinden sich im Besitz von 98 Prozent Eigentümern, die weniger als 100 000 Franc haben; etwa ein Drittel gehört einer kleinen Gruppe von 1,7 Prozent, und ein Viertel des gesamten Nationalreichtums bildet den Anteil einer winzigen Minorität – 0,12 Prozent!"[2]

Man sieht, wie groß die Masse der Besitzlosen ist und wie dünn die Schicht der besitzenden Klassen.

„Die wachsende Ungleichheit" – sagt G. Schmoller – „ist unbestreitbar ... Es wird nicht zweifelhaft sein, daß die Vermögensverteilung Mitteleuropas von 1300 bis 1900 eine steigend ungleiche wurde, allerdings in den einzelnen Ländern in sehr verschiedenem Maße ... Die neuere Entwicklung hat mit den steigenden Klassengegensätzen die Vermögens- und Einkommensungleichheit stark vermehrt."[3]

Dieser kapitalistische Entwicklungs- und Konzentrationsprozeß, der sich in allen Kulturstaaten vollzieht, ruft aber bei der Anarchie in der Produktionsweise, die bisher noch keine Trust- und Ringbildung zu verhindern vermochte, mit Notwendigkeit die Überproduktion, die Absatzstockung hervor. Wir gelangen in die Krise.

---

[1] L. G. Chiozza, Money, Riches and Poverty. S. 41 bis 43. London 1908.

[2] E. Levasseur, a. a. O., S. 617.

[3] G. Schmoller, Grundriß der allgemeinen Volkswirtschaftslehre. 2. Band, S. 454, 463.

Achtzehntes Kapitel

Krisen und Konkurrenz

1. Ursachen und Wirkungen der Krisen

Die Krise entsteht, weil kein Maßstab vorhanden ist, an dem sich das wirkliche Bedürfnis nach einer Ware jederzeit messen und übersehen läßt. Es gibt in der bürgerlichen Gesellschaft keine Macht, welche die gesamte Produktion zu regulieren vermag. Einmal ist die Zahl der Abnehmer für eine Ware eine weit zerstreute, und die Kauffähigkeit der Abnehmer, von welchen die Masse des Verbrauchs abhängt, ist von einer Menge von Ursachen beeinflußt, die der einzelne Produzent zu kontrollieren nicht in der Lage ist. Sodann sind neben jedem einzelnen Produzenten viele andere vorhanden, deren Produktionsfähigkeit der einzelne nicht kennt. Jeder bemüht sich nun mit allen ihm zu Gebote stehenden Mitteln – durch billigeren Preis, Reklame, Gewährung langer Kredite, Sendung von Reisenden und selbst durch versteckte und hinterlistige Herabsetzung der Produkte seiner Konkurrenten, ein Mittel, das namentlich in kritischer Zeit floriert –, alle seine Konkurrenten aus dem Felde zu schlagen. Die gesamte Produktion ist also auf das subjektive Ermessen des einzelnen angewiesen. Jeder Unternehmer muß ein bestimmtes Quantum Ware absetzen, damit er bestehen kann; er will aber ein weit größeres Quantum verkaufen, davon hängt nicht nur sein größeres Einkommen ab, davon hängt auch die Wahrscheinlichkeit ab, über seine Konkurrenten zu triumphieren und für sich das Feld zu behaupten. Eine Weile ist der Absatz gesichert, sogar gesteigert; dieses verleitet zu größerer Ausdehnung der Unternehmen und zu massenweiserer Produktion. Die günstigeren Zeitverhältnisse verleiten aber nicht nur einen, sondern *alle* Unternehmer zu gleichen Anstrengungen. Die Produktion steigt weit über den Bedarf. Plötzlich stellt sich Überfüllung des Marktes mit Waren heraus. Der Absatz stockt, die Preise fallen, die Produktion wird eingeschränkt. Einschränkung der Produktion in einem Zweige bedingt Verminderung der Arbeiter, Erniedrigung der Arbeitslöhne, Einschränkung der Konsumtion seitens der Betroffenen. Eine Stokkung der Produktion und des Absatzes in anderen Zweigen ist die notwendige Folge. Kleinhandwerker aller Art, Händler, Wirte, Bäkker, Fleischer usw., deren Kunden hauptsächlich die Arbeiter sind, verlieren den lohnenden Absatz für ihre Waren und geraten ebenfalls in Not.

Wie eine solche Krise wirkt, zeigte die Statistik der Arbeitslosen, die Ende Januar 1902 die Berliner Gewerkschaften vornahmen. Es wurden in Berlin und Vororten über 70 000 gänzlich Arbeitslose und an 60 000 teilweise Arbeitslose gezählt. Am 13. Februar 1909 haben die Berliner Gewerkschaften eine neue Arbeitslosenzählung veranstaltet, die 106 722 (92 655 Männer und 14 067 Frauen) Arbeitslose ergab.[1] In England wurden im September 1908 750 000 Arbeitslose gezählt. Das sind Arbeiter, die arbeiten wollten, aber in dieser besten aller Welten keine Arbeit fanden. Man kann sich die traurigen sozialen Verhältnisse dieser Menschen vorstellen!

Nun liefert eine Industrie der anderen ihr Rohmaterial, eine hängt von der anderen ab, folglich muß eine unter den Schlägen der anderen leiden und büßen. Der Kreis der Beteiligten und Betroffenen erweitert sich. Eine Menge Verpflichtungen, die in der Hoffnung auf eine längere Dauer des bestehenden Zustandes eingegangen wurden, können nicht erfüllt werden und steigern die Krise, die von Monat zu Monat gewaltiger wird. Eine Masse aufgespeicherter Waren, Werkzeuge, Maschinen wird nahezu wertlos. Die Waren werden vielfach zu Schleuderpreisen losgeschlagen. Diese Verschleuderung ruiniert oft nicht nur die Besitzer dieser Waren, sondern auch Dutzende andere, die durch diese Verschleuderung nun ihrerseits gezwungen werden, ihre Waren ebenfalls unter dem Kostenpreis herzugeben. Aber auch während der Krise werden die Produktionsmethoden beständig verbessert, in der Absicht, der gesteigerten Konkurrenz zu begegnen; dieses Mittel birgt aber wieder die Ursache zu neuen Krisen in sich. Nachdem die Krise jahrelang dauerte, die Überproduktion durch Verschleuderung der Produkte, Einschränkung der Produktion und Vernichtung kleinerer Unternehmer allmählich beseitigt ist, fängt die Gesellschaft an, sich wieder langsam zu erholen. Der Bedarf steigt, damit aber

[1] Die Arbeitslosigkeit und die Arbeitslosenzählung im Winter 1908/09. Berlin 1909, Verlag Buchhandlung Vorwärts.

auch sofort die Produktion. Anfangs langsam und vorsichtig, doch mit der Dauer des günstigeren Zustandes beginnt das alte Treiben bald von neuem. Man will wieder einholen, was man verlor, und hofft sich zu bergen, bevor eine neue Krise hereinbricht. Aber da alle Unternehmer denselben Gedanken hegen, jeder die Produktionsmittel verbessert, um dem anderen „über" zu kommen, so wird die Katastrophe aufs neue in beschleunigterer Weise hervorgerufen, mit noch verhängnisvollerer Wirkung. Zahllose Existenzen werden wie Fangbälle in die Höhe geworfen und sinken, und aus dieser beständigen Wechselwirkung entsteht jener schauderhafte Zustand, den wir in jeder Krise erleben. Die Krisen häufen sich in dem Maße, wie die Massenproduktion und der Konkurrenzkampf nicht bloß zwischen den einzelnen, sondern zwischen ganzen Nationen sich steigert. Der Kampf um die Kundschaft im kleinen und die Absatzgebiete im großen wird immer heftiger und endet schließlich mit enormen Verlusten. Waren und Vorräte sind dabei in ungeheuren Mengen aufgestapelt, aber die Masse der Menschen, die konsumieren möchte, aber nicht kaufen kann, leidet Hunger und Not.

Die Jahre 1901 und 1907/08 haben die Richtigkeit der gegebenen Darstellung wieder einmal erwiesen. Nach Jahren geschäftlicher Depression, während der aber die großkapitalistische Entwicklung unausgesetzt Fortschritte machte, begann die aufsteigende Bewegung, nicht wenig stimuliert durch die Umwandlungen und Neuanschaffungen, die Militär- und Marinewesen erforderten. Während dieser Periode begannen eine Unzahl neuer gewerblicher Unternehmungen der verschiedensten Art aus dem Boden zu wachsen, eine große Anzahl anderer wurde vergrößert und erweitert, um sie auf diejenige Höhe zu bringen, die der Stand der Technik erlaubte, um ihre Leistungsfähigkeit zu steigern. In demselben Maße wuchs aber auch die Zahl der Unternehmungen, die aus den Händen einzelner Kapitalisten in den Besitz von kapitalistischen Genossenschaften (Aktiengesellschaften) übergingen, eine Umwandlung, mit der stets eine mehr oder weniger bedeutende Vergrößerung des Betriebs verbunden ist. Es sind viele Tausende von Millionen Mark, welche die neugegründeten Aktiengesellschaften repräsentieren. Andrerseits sind die Kapitalisten aller Länder bestrebt, nationale und internationale Vereinbarungen zu gründen. Kartelle, Ringe, Trusts schießen wie Pilze aus dem Boden, durch welche die Preise festgesetzt und die Produktion auf Grund genauer statistischer Aufnahmen reguliert werden soll, um die Überproduktion und den Preisdruck zu vermeiden. Es ist eine großartige Monopolisierung ganzer Industriezweige eingetreten, zum Vorteil der Unternehmer und auf Kosten der Arbeiter und der Konsumenten, wie sie ähnlich nie dagewesen ist. Viele glaubten, das Kapital sei dadurch in den Besitz des Mittels gelangt, das ihm die Beherrschung des Marktes nach allen Seiten ermögliche, zum Schaden des Publikums und zum Nutzen für sich. Aber der äußere Schein täuscht. Die Gesetze der kapitalistischen Produktion erweisen sich stets stärker als die pfiffigsten Vertreter des Systems, die seine Regulierung in Händen zu haben glaubten. Die Krise kam trotzdem, und es zeigte sich einmal wieder, daß die klügsten Berechnungen sich als Täuschung erweisen und die bürgerliche Gesellschaft ihrem Schicksal nicht entgeht.

Aber der Kapitalismus arbeitet in der gleichen Richtung weiter, denn er kann nicht aus seiner Haut. Durch die Art, wie er tätig sein muß, wirft er alle Gesetze der bürgerlichen Ökonomie über den Haufen. Die freie Konkurrenz – das A und O der bürgerlichen Gesellschaft – soll die Tüchtigsten an die Spitze der Unternehmungen bringen. Die Erfahrung zeigt aber, daß sie in der Regel nur die Gewissenlosesten und Geriebensten an die Spitze bringt. Auch hebt die Aktiengesellschaft alle Individualität auf. Das Kartell, der Trust, der Ring gehen noch weiter, nicht nur der einzelne Unternehmer verschwindet als selbständige Person, auch die Aktiengesellschaft wird dienendes Glied in einer Kette, die ein Kapitalistenausschuß in der Hand hat, dessen Aufgabe es ist, das Publikum zu pressen und zu plündern. Eine Handvoll Monopolisten wirft sich zum Herrn der Gesellschaft auf, diese diktieren ihr die Preise für die Waren und den Arbeitern die Lohn- und Lebensbedingungen.

Diese Entwicklung zeigt, wie überflüssig der Privatunternehmer geworden ist und daß die auf nationaler und internationaler Stufe geleitete Produktion das Ziel ist, auf das die Gesellschaft steuert. Nur mit dem Unterschied, daß schließlich die organisierte Produktion und Distribution (Verteilung) *nicht wie heute der Kapitalistenklasse, sondern der Gesamtheit zustatten kommen soll.*

Die geschilderte wirtschaftliche Revolution, welche die bürgerliche Gesellschaft mit rapider Eile dem Höhepunkt ihrer Entwicklung zutreibt, wird durch immer neue gewichtige Vorgänge verschärft. Wird Europa mit jedem Jahre mehr in seinen Absatzmärkten und schließlich in seinem eigensten Gebiet durch die rasch wachsende nordamerikanische Konkurrenz bedroht, so erheben sich auch Feinde im Osten, welche die wirtschaftliche Lage der Welt mit der Zeit noch *kritischer* gestalten.

Die Konkurrenz jagt den Kapitalisten, wie das Kommunistische Manifest es ausdrückt, über die ganze Erdkugel. Er späht nach immer neuen Absatzgebieten, das heißt nach Ländern mit Völkern, bei denen er seine Waren absetzen und neue Bedürfnisse hervorrufen kann. Der Eifer, mit dem in den letzten Jahrzehnten die verschiedenen Staaten nach Kolonien trachteten, insbesondere auch Deutschland, dem es zwar gelang, große Landgebiete zu okkupieren, aber bewohnt von Völkerschaften auf primitivster Kulturstufe, die kein nennenswertes Bedürfnis nach europäischen Waren haben, zeigt die eine Seite dieses Strebens. Die andere geht darauf hinaus, moderne kapitalistische Kultur zu Völkern zu tragen, die bereits auf einer höheren Kulturstufe stehen, aber sich bisher dem Eingang moderner Entwicklung bei sich mehr oder weniger schroff entgegenstellten. So Inder, Japaner und vor allem die Chinesen. Es handelt sich hier um Länder, die mehr als ein Drittel der Bevölkerung der Erde umfassen, aber auch um solche – wie das die Japaner bereits im Kriege gegen Rußland zeigten –, die, sobald erst einmal bei ihnen die Anregung und das Beispiel gegeben sind, selbst imstande sind, bei sich die kapitalistische Wirtschaftsweise zu entwickeln, und zwar unter Bedingungen, die für die vorgeschrittenen Völker von verhängnisvollen Folgen begleitet sein werden. Die Leistungsfähigkeit der genannten Völker steht außer Zweifel, ebenso aber auch ihre Bedürfnislosigkeit – die vor allem das Klima begünstigt – und das Geschick, mit dem sie, wenn dazu gezwungen, neuen Verhältnissen sich anzupassen wissen. Hier entsteht der alten Welt, die Vereinigten Staaten eingeschlossen, ein wirtschaftlicher Konkurrent, der den Nachweis für die Unhaltbarkeit kapitalistischer Wirtschaftsweise auf dem ganzen Erdenrund beibringen wird.

Einstweilen suchen die verschiedenen konkurrierenden Nationen – in erster Linie die Vereinigten Staaten, England und Deutschland – sich den Rang abzulaufen, und alle Mittel werden angewandt, sich ein möglichst großes Stück der Weltherrschaft zu sichern. Der Kampf um die Herrschaft auf dem Weltmarkt führt zur Weltpolitik, zur Einmischung in alle wichtigen internationalen Vorgänge, und um mit Erfolg hier eingreifen zu können, erlangen insbesondere die maritimen Rüstungen einen vordem nicht gekannten Umfang, wodurch aber auch aufs neue die Gefahr großer politischer Katastrophen hervorgerufen wird.

So wächst mit dem Umfang des wirtschaftlichen Konkurrenzgebiets auch das politische. Die Widersprüche wachsen auf internationaler Stufenleiter und rufen in allen kapitalistisch entwickelten Staaten die gleichen Erscheinungen und die gleichen Kämpfe hervor. Und nicht allein ist es die Form, in der erzeugt wird, sondern auch die Art, wie das Erzeugte verteilt wird, was diese heillosen Zustände herbeiführt.

2. *Der Zwischenhandel und die Verteuerung der Lebensmittel*

In der menschlichen Gesellschaft sind alle Individuen mit tausend Fäden aneinander gekettet, um so vielfältiger, je *höher* der Kulturgrad eines Volkes ist. Treten Störungen ein, so machen diese sich allen Gliedern fühlbar. Störungen in der Produktion wirken auf die Distribution und die Konsumtion ein und umgekehrt.

Das charakteristische Merkmal der kapitalistischen Produktion ist die Konzentrierung der Produktionsmittel in immer größeren Produktionsstätten. In der Distribution macht sich ein entgegengesetzter Zug bemerkbar. Wer durch die vernichtende Konkurrenz als Produzent aus der Reihe der selbständigen Existenzen gestrichen wird, sucht in neun Fällen von zehn sich als Händler zwischen Produzent und Konsument zu drängen, um seine Existenz zu fristen.[1]

Daher die auffällige Zunahme der Zwischenpersonen, der Händler,

1 „Der Rückgang des alten Handwerkes ist nicht die alleinige Ursache der unverhältnismäßigen Zunahme des kleinen Detailhandelsbetriebs. Die fortschreitende Industrialisierung und Kommerzialisierung des Landes schafft trotz ihrer Tendenz zum Großbetrieb zunächst immer wieder Boden für kleine Geschäfte. Ebenso sind Erfindungen, die neue Industriezweige schaffen, auch die Ursache, daß für den Absatz dieser Produkte auch neue Kleinbetriebe erstehen. Vor allem aber erklärt sich die starke Zunahme der Detailhandelsbetriebe daraus, daß — wie die Handels- und Gewerbekammer zu Dresden in einem der sächsischen Regierung erstatteten Gutachten (S. 18 der Broschüre ‚Konsumgenossenschaften und Mittelstandspolitiker‘) ausführt —, der Kleinhandel das große Sammelbecken geworden ist für zahlreiche Personen, die daran verzweifeln, auf anderem Wege ihr Auskommen zu finden‘.“ Paul Lange, Detailhandel und Mittelstandspolitik. „Neue Zeit“, 25. Jahrgang, 2. Band, S. 695.

Krämer, Höker, Geschäftsvermittler, Makler, Agenten, Wirte usw., wie oben statistisch festgestellt wurde. Die meisten dieser Personen, unter welchen die Frauen als selbständige Geschäftsinhaber besonders stark vertreten sind, führen meist ein sorgenvolles Leben und eine kümmerliche Existenz. Viele sind, um sich zu halten, gezwungen, auf die *niedrigsten* Leidenschaften ihrer Mitmenschen zu spekulieren und ihnen Vorschub zu leisten. Daher die Überhandnahme der Reklame, namentlich in allem, was auf die Befriedigung der Genußsucht gerichtet ist.

Nun läßt sich nicht bestreiten, und von einem höheren Gesichtspunkt betrachtet ist es sehr erfreulich, daß in der modernen Gesellschaft der Drang nach Lebensgenuß sich bemerkbar macht. Die Menschen fangen an zu begreifen, daß, um Mensch zu sein, *man menschenwürdig leben müsse,* und sie suchen dieses Bedürfnis in Formen zu befriedigen, die ihrem Begriff von Lebensgenuß entsprechen. In ihrer Reichtumsgestaltung ist aber die Gesellschaft *viel aristokratischer* geworden als in jeder früheren Periode. Zwischen den Reichsten und den Ärmsten ist heute der Abstand größer als je, dagegen ist die Gesellschaft in ihren Ideen und Gesetzen *demokratischer* geworden.[1] Die Masse verlangt nach größerer Gleichheit, und sie sucht selbst im Verkehrten die Gleichheit, da sie in ihrer Unwissenheit die Wege für die Verwirklichung einer solchen noch nicht kennt, darin, daß sie es den Höherstehenden gleichzutun versucht und jeden erreichbaren Genuß sich verschafft. Alle möglichen Anreizungsmittel müssen dazu dienen, diesen Trieb auszubeuten, und die Folgen sind vielfach bedenkliche. Ein an sich berechtigtes Streben führt in einer Menge Fälle auf Abwege, selbst zum Verbrechen, und die Gesellschaft schreitet in ihrer Weise dagegen ein, ohne das geringste damit zu ändern.

Die zunehmende Menge der Mittelspersonen hat viele Übelstände im Gefolge. Obgleich die Betreffenden meist sich schwer abmühen und in Sorgen arbeiten, sind sie in ihrer Mehrzahl eine Klasse von

---

[1] Professor *Adolf Wagner* spricht in der ersten Bearbeitung von Raus „Lehrbuch der politischen Ökonomie" einen ähnlichen Gedanken aus. Er sagt S. 361: „Die soziale Frage ist der zum Bewußtsein gekommene Widerspruch der volkswirtschaftlichen Entwicklung mit dem als Ideal vorschwebenden und im politischen Leben sich verwirklichenden gesellschaftlichen Entwicklungsprinzip der Freiheit und Gleichheit."

Parasiten, die unproduktiv tätig ist und ebenso von dem Arbeitsprodukt anderer lebt wie die Unternehmerklasse. Verteuerung der Lebensbedürfnisse ist die unumgängliche Folge des Zwischenhandels. Diese werden in einer Weise verteuert, daß sie oft den doppelten und mehrfachen Preis dessen kosten, was der Erzeuger dafür erhält.[1] Ist aber eine wesentliche Verteuerung der Waren nicht rätlich und nicht möglich, weil dann eine Einschränkung des Verbrauchs eintritt, so werden sie künstlich verschlechtert, man greift zur Verfälschung der Lebensmittel und zu falschem Maß und Gewicht, um den sonst nicht erlangbaren Gewinn zu erhalten. Der Chemiker *Chevalier* berichtet, daß er unter den verschiedenen Arten von Fälschungen bei Lebensmitteln für Kaffee 32, Wein 30, Schokolade 28, Mehl 24, Branntwein 23, Brot 20, Milch 19, Butter 10, Olivenöl 9, Zucker 6 usw. kenne. Ein Hauptbetrug wird mit dem Verkauf fertig abgewogener Waren in den Kramläden vorgenommen; man liefert oft für ein Kilo nur 900 oder 950 Gramm und sucht so doppelt einzubringen, was man am Preise nachläßt. Am schlimmsten sind Arbeiter und kleine Leute daran, die ihre Waren auf Kredit entnehmen und darum schweigen müssen, auch wo sie den Betrug vor Augen sehen. Großer Mißbrauch mit falschem Gewicht kommt auch im Backwarenverkauf vor. Schwindel und Betrug sind eben unausbleiblich mit unseren sozialen Zuständen ver-

[1] So teilt Dr. *E. Sax* in seiner Schrift „Die Hausindustrie in Thüringen" unter anderem mit, daß im Jahre 1869 die Produktion von 244½ Millionen Griffeln 122 000 bis 200 000 Gulden Arbeitslohn für die Arbeiter abgeworfen hatte, der Verkaufspreis steigerte sich aber in letzter Hand auf 1 200 000 Gulden, er betrug mindestens das Sechsfache dessen, was der Produzent erhielt. Im Sommer 1888 wurden für fünf Zentner Schellfische aus erster Hand 5 Mark bezahlt. Der Detailhändler bezahlte dem Großhändler 15 und das Publikum dem letzteren 125 Mark. Auch werden Massen von Lebensmitteln vernichtet, weil die Preise nicht die Transportkosten lohnen. So zum Beispiel werden in Jahren eines überreichlichen Heringsfanges ganze Bootsladungen als Dünger verwendet, während im Binnenland viele Tausende Menschen existieren, die keine Heringe kaufen können. Ähnliches passierte im Jahre 1892 in Kalifornien bei einer überreichen Kartoffelernte. Als im Jahre 1901 die Zuckerpreise tief gesunken waren, machte ein Fachblatt ernsthaft den Vorschlag, einen größeren Teil der Vorräte unter Wasser zu setzen und zu vernichten, um die Preise zu heben. Bekannt ist auch, daß Charles Fourier zu seinem sozietären Gesellschaftssystem angeregt wurde, weil er als Lehrling in einem kaufmännischen Geschäft in Toulon den Auftrag erhielt, eine Schiffsladung Reis ins Meer zu versenken, damit die Preise stiegen. Er sagte sich, eine Gesellschaft, die zu solch barbarischen und widersinnigen Maßregeln greift, muß eine falsche Grundlage haben, und so wurde er Sozialist.

knüpft, und gewisse Staatseinrichtungen, zum Beispiel hohe indirekte Steuern und Zölle, fördern Schwindel und Betrug. Die Gesetze gegen Lebensmittelverfälschungen richten dagegen wenig aus. Der Kampf um die Existenz nötigt die Betrüger, immer raffiniertere Mittel anzuwenden, und eine *gründliche* und *strenge* Kontrolle ist sehr selten vorhanden. Auch wird unter dem Vorwand, daß, um Fälschungen zu entdecken, ein umfassender und teurer Verwaltungsapparat notwendig sei — was richtig ist —, worunter auch „das legitime Geschäft leide", jede ernste Kontrolle lahmgelegt. Greifen aber Kontrollmaßregeln wirksam ein, so bewirken sie eine erhebliche Preissteigerung, weil der niedrigere Preis nur durch Fälschung der Ware möglich war.

Um diesen Übelständen im Handel abzuhelfen, unter denen immer und überall die Masse am härtesten leidet, ist man zur Errichtung von Konsumvereinen geschritten. Insbesondere hat in Deutschland das Konsumvereinswesen für Militärpersonen und Beamte eine Bedeutung erlangt, daß zahlreiche Handelsgeschäfte dadurch zugrunde gerichtet wurden. Aber auch die Arbeiterkonsumvereine haben im letzten Jahrzehnt eine großartige Entwicklung erfahren und sind zum Teil auch zur Selbsterzeugung gewisser Verbrauchsgegenstände übergegangen. Die Konsumvereine in Hamburg, Leipzig, Dresden, Stuttgart, Breslau, Wien usw. sind mustergültige Einrichtungen geworden, und der Jahresumsatz der deutschen Konsumvereine beläuft sich auf Hunderte von Millionen Mark. Seit einigen Jahren besteht auch in Hamburg für die deutschen Arbeiterkonsumvereine eine Einkaufszentrale, die die Waren im größten Maßstab ankauft und damit ihre billigste Lieferung an die Einzelvereine ermöglicht. Diese Vereine beweisen also die Überflüssigkeit des zersplitterten Zwischenhandels. Das ist der größte Vorteil, den sie haben, neben dem, daß sie reelle Waren liefern. Die materiellen Vorteile für ihre Mitglieder sind nicht sehr bedeutend, auch genügen die Erleichterungen, die sie bieten, nicht, um denselben eine wesentliche Verbesserung ihrer Lebenslage zu verschaffen. Die Gründung von Konsumvereinen ist aber ein Symptom, daß man in den weitesten Kreisen die Überflüssigkeit des Zwischenhandels erkannt hat. Die Gesellschaft wird schließlich zu einer Organisation gelangen, durch die der Handel überflüssig wird, indem die Produkte ohne andere Zwischenpersonen als diejenigen, die der Transport von einem Ort zum anderen und die Verteilung erfordern und im Dienste der

Gesellschaft stehen, in den Besitz der Konsumenten gelangen. Nach dem gemeinsamen Bezug der Lebensmittel liegt allerdings weiter die Forderung nahe, auch eine gemeinsame, im großartigsten Maßstab auszuführende Fertigstellung für den Tisch zu erlangen, was abermals eine gewaltige Ersparnis an Kräften, Raum, Material und Aufwendungen aller Art herbeiführen würde.

Neunzehntes Kapitel

Die Revolution in der Landwirtschaft

1. Überseeische Konkurrenz und Landflucht

Die wirtschaftliche Revolution in unserer Industrie und unseren Verkehrsverhältnissen hat auch in hohem Grade die landwirtschaftlichen Verhältnisse ergriffen. Die Handels- und Industriekrisen machen sich auch auf dem Lande fühlbar. Hunderttausende ländlicher Familienangehöriger sind zeitweise oder ganz in gewerblichen Etablissements der verschiedensten Art beschäftigt, und diese Art der Beschäftigung erweitert sich immer mehr, einmal weil die große Zahl der kleinen Landwirte nicht genügend Beschäftigung für sich oder ihre Angehörigen im eigenen Betrieb hat, dann weil die großen Landwirte es nützlich finden, *wichtige Teile ihres Bodenertrags gleich auf ihren Gütern in fertiges industrielles Produkt verwandeln zu lassen.* Sie profitieren dadurch die hohen Transportkosten des Rohproduktes, zum Beispiel der Kartoffeln und des Getreides zum Spiritus, der Rüben zum Zucker, der Halmfrüchte zum Mehl oder zum Bierbrauen usw.; sie haben ferner die Möglichkeit, einen gewissen Wechsel zwischen landwirtschaftlicher und industrieller Produktion eintreten zu lassen, und können die vorhandenen Arbeitskräfte besser ausnutzen, dann aber sind dieselben auch billiger und williger als in der Stadt oder in den Industriebezirken. Ebenso stellen sich die Baulichkeiten und Mieten wesentlich billiger und Steuern und Abgaben sind niedriger, denn die Gutsherren auf dem Lande sind sozusagen zugleich Gesetzgeber und Gesetzesvollzieher, sie stellen aus ihrer Mitte zahlreiche Abgeordnete und haben die Verwaltung und Polizeigewalt in ihrer Hand. Das sind die Gründe, weshalb die Zahl der Dampfessen auf dem Lande mit jedem Jahre wächst Ackerbau und Industrie treten in immer innigere Wechselwirkung, ein Vorteil, der hauptsächlich der großen Landwirtschaft zugute kommt.

Die kapitalistische Entwicklung, die auch in Deutschland der Großgrundbesitz erlangte, hat zum Teil ähnliche Verhältnisse wie in England und den Vereinigten Staaten hervorgerufen. Auf dem Lande herrschen nicht mehr jene idyllischen Verhältnisse, die noch vor wenig Jahrzehnten bestanden. Die moderne Kultur hat allmählich auch das Land bis in die letzten Winkel beleckt. Namentlich hat der Militarismus wider seinen Willen einen revolutionären Einfluß ausgeübt. Die große Vermehrung der stehenden Armee lastet, soweit es die Blutsteuer betrifft, besonders stark auf dem platten Lande. Ein großer Teil der Mannschaften für das stehende Heer wird der Landbevölkerung entnommen. Kehrt aber der Bauernsohn, der Taglöhner oder Knecht nach zwei oder drei Jahren auf das Land zurück aus der für ihn nicht gerade mit höherer Moral geschwängerten Stadt- und Kasernenluft, so hat er eine Menge neuer Anschauungen und Kulturbedürfnisse kennengelernt, die er auch künftig befriedigen will. Um dies zu können, fordert er in erster Linie höhere Löhne, die alte Genügsamkeit ging in der Stadt in die Brüche. Oder er zieht es in vielen Fällen vor, überhaupt dem Lande fernzubleiben, was alle auch von den Militärbehörden unterstützten Versuche, ihn wieder dorthin zurückzubringen, nicht zu ändern vermögen. Die immer ausgedehnteren und verbesserten Verkehrsmittel tragen ebenfalls zur Hebung der Bedürfnisse auf dem Lande bei. Durch den Verkehr mit der Stadt lernt der Mann vom Lande die Welt von einer ganz neuen und verlockenderen Seite kennen, er wird von Ideen erfaßt und erlangt Kenntnis von Kulturbedürfnissen, die ihm bisher gänzlich unbekannt waren. Das macht ihn mit seiner Lage unzufrieden. Die immer höheren Ansprüche, die Staat, Provinz, Gemeinde usw. stellen, treffen sowohl den Bauer wie den Landarbeiter und machen sie noch rebellischer.

Dazu kommen noch andere hochwichtige Momente.

Die europäische Landwirtschaft und speziell auch die deutsche ist seit Ende der siebziger Jahre des vorigen Jahrhunderts in eine neue Phase ihrer Entwicklung getreten. Während bis dahin die Völker auf die Agrarprodukte der eigenen Landwirtschaft oder, wie zum Beispiel England, auf die der Nachbarländer – Frankreich und Deutschland – angewiesen waren, änderte sich von da ab die Situation. Es begann infolge der großartig verbesserten und entwickelten Verkehrsmittel – Seeschiffahrt, Eisenbahnbau in Nordamerika – die Lebensmitteleinfuhr von dort nach Europa und warf hier die Preise des Getreides, so daß der Anbau der Hauptgetreidearten in Mittel- und Westeuropa anfing, weniger rentabel zu werden, es sei denn, die ganzen Produktionsverhältnisse wurden geändert. Dazu kam, daß sich das Gebiet der internationalen Getreideproduktion bedeutend vergrößerte. Neben Rußland und Rumänien, die ihre Getreideausfuhr nach Möglichkeit zu steigern suchten, erschien namentlich argentinisches, australisches, indisches und zeitweilig auch kanadisches Getreide auf dem Markte. Im Laufe der weiteren Entwicklung kam ein neues ungünstiges Moment hinzu. Es begann die Landflucht der Kleinbauern und ländlichen Arbeiter, die, angereizt aus den oben erwähnten Ursachen, entweder nach jenseits des Ozeans auswanderten oder in Scharen vom Lande nach den Städten und Industriebezirken abwanderten, so daß die Arbeitskräfte auf dem Lande mangelten. Die überlebten patriarchalischen Zustände, namentlich im Osten Deutschlands, und die schlechte Behandlung und im höchsten Grade unfreie Stellung des ländlichen Arbeiters und des Gesindes steigerten noch diese Landflucht.

In welchem Maße die Wanderungsverluste zum Beispiel von 1840 bis zur Volkszählung 1905 eingetreten sind, dafür spricht, daß die preußischen Provinzen Ost- und Westpreußen, Pommern, Posen, Schlesien, Sachsen und Hannover 4 049 200 Personen verloren und in demselben Zeitraum Bayern, Württemberg, Baden und Elsaß-Lothringen einen Verlust von 2 026 500 Personen hatten, wogegen zum Beispiel Berlin für denselben Zeitraum einen Wanderungszuschuß von rund 1 000 000 Personen erhielt, Hamburg 402 000, Königreich Sachsen 326 200, Rheinland 343 000, Westfalen 246 100.[1]

2. Bauern und Großgrundbesitzer

Mit allen diesen Veränderungen im Zusammenhang stand, daß die Landwirtschaft an Kapitalmangel zu leiden begann, daß die früher vorhandene Entwicklung, die darauf hinausging, daß der Großgrundbesitz den Mittel- und Kleinbesitz aufkaufte und sich einverleibte, vielfach einer entgegengesetzten Tendenz Platz machte. Indes hatte dieser Druck auch zur Folge, daß der schwerfällige Charakter der landwirtschaftlichen Betriebsunternehmer allmählich sich änderte, weil man einsah, daß es in den bisherigen Geleisen nicht weitergehe,

[1] Vierteljahrshefte zur Statistik des Deutschen Reichs 1908, I, S. 423.

daß es gelte, sich zu rühren und neue Wirtschaftsweisen zu beginnen. Reich und Einzelstaaten waren bestrebt, durch eine entsprechende Zoll- und Verkehrspolitik und durch große direkte Aufwendungen für alle möglichen Zwecke auf Kosten der Gesamtheit der „Notlage der Landwirtschaft" aufzuhelfen. Insbesondere ist es der mittlere und große Besitz, der, vorausgesetzt, daß er in halbwegs technisch auf der Höhe stehender Weise bewirtschaftet wird, wieder sehr seine Rechnung findet, dafür sprechen die in den letzten Jahren ungemein gestiegenen Güterpreise.

Soll die Landwirtschaft prosperieren, so ist es notwendig, daß sie in einer vom Kapitalismus beherrschten Gesellschaft auch kapitalistisch betrieben wird. Namentlich gilt es auch hier wie in der Industrie, die menschliche Arbeitskraft durch die Maschine und die höhere Technik zu ersetzen beziehungsweise zu unterstützen. Daß dieses in steigendem Maße geschieht, dafür spricht, daß in Deutschland in dem Zeitraum von 1882 bis 1895 in der Landwirtschaft die Zahl der Dampfpflüge von 836 auf 1696 und die Zahl der Kraftdreschmaschinen von 75 690 auf 259 364 gestiegen ist. Das ist im Vergleich zu dem, was durch landwirtschaftliche Maschinen geleistet werden könnte, noch außerordentlich wenig und spricht auf der einen Seite für die große Rückständigkeit des landwirtschaftlichen Gewerbes, auf der anderen Seite aber auch dafür, daß sowohl Mangel an Mitteln wie Unzulänglichkeit der von dem einzelnen bewirtschafteten Bodenfläche die Anwendung von Maschinen bisher unmöglich machte. Die Maschine fordert, soll sie rationell ausgenutzt werden können, die Anwendung auf einer größeren Fläche, die von ein und derselben Kultur in Anspruch genommen wird. Dem steht vielfach die große Zahl der klein- und mittelbäuerlichen Betriebe mit ihrem zersplitterten Bodenbesitz und ihrer verschiedenartigen Kultur entgegen.

In welcher Weise die landwirtschaftlich benutzte Fläche im Deutschen Reiche verteilt ist, zeigen die Tabellen auf S. 393.[1]

Unter den im Jahre 1907 vorhandenen 5 736 082 Betrieben waren nicht weniger als 4 384 786 Betriebe unter 5 Hektar = 76,8 Prozent aller landwirtschaftlichen Betriebe, die, soweit sie nicht gärtnerisch bewirtschaftet werden oder einen vorzüglichen Boden besitzen, dem

[1] Karl Kautsky, Die Agrarfrage. Stuttgart 1899; und Vorläufige Ergebnisse der landwirtschaftlichen Betriebszählung am 12. Juni 1901. Vierteljahreshefte zur Statistik des Deutschen Reichs 1909. 2. Heft.

Bebauer nur eine ärmliche Existenz gewähren. Ein großer Teil derselben kommt hierfür nicht einmal in Betracht, denn es sind darunter 2 731 055 Betriebe, die 1 Hektar und weniger Umfang haben.

Landwirtschaftliche Betriebe	Zahl der Betriebe 1882	1895	1907	Ab- und Zunahme seit 1882 bis 1895	seit 1895 bis 1907
unter 2 Hektar	3 061 831	3 236 367	3 378 509	+ 174 536	+ 142 142
2— 5 Hektar	981 407	1 016 318	1 006 277	+ 34 911	— 10 041
5— 20 Hektar	926 605	998 804	1 065 539	+ 72 199	+ 66 735
20— 100 Hektar	281 510	281 767	262 191	+ 257	— 19 576
über 100 Hektar	24 991	25 061	23 566	+ 70	— 1 495
	5 276 344	5 558 317	5 736 082	+ 281 973	+ 177 765

Landwirtschaftliche Betriebe	Landwirtschaftlich benutzte Fläche in Hektar 1882	1895	1907	Ab- oder Zunahme seit 1882 bis 1895	seit 1895 bis 1907
unter 2 Hektar	1 825 938	1 808 444	1 731 317	— 17 494	— 77 127
2— 5 Hektar	3 190 203	3 285 984	3 304 872	+ 95 781	+ 18 888
5— 20 Hektar	9 158 398	9 721 875	10 421 565	+ 568 477	+ 699 690
20— 100 Hektar	9 908 170	9 869 837	9 322 106	— 38 333	— 547 731
über 100 Hektar	7 786 263	7 831 801	7 055 013	+ 45 538	— 776 788
	31 868 972	32 517 941	31 834 873	+ 648 969	— 683 068

Aber auch unter den Betrieben mit über 5 Hektar befinden sich viele, die wegen ungünstiger Bodenbeschaffenheit oder ungünstiger klimatischer Verhältnisse oder schlechter geographischer Lage, wegen Mangel an Verkehrsmitteln usw. ihrem Bebauer bei harter und langer Arbeit nur eine ärmliche Existenz ermöglichen. Man darf ohne Übertreibung sagen, daß vollen neun Zehnteln der Bodenbebauer die Mittel und die Kenntnisse fehlen, ihren Boden so auszunutzen, wie er ausgenutzt werden könnte. Auch erhält der kleine und mittlere Bauer nicht den Preis für seine Produkte, den er haben könnte, er hat mit dem Zwischenhändler zu tun, der ihn in der Hand hat. Der Händler, der zu bestimmten Tagen oder Jahreszeiten das Land durchstreift und in der Regel wieder an Unterhändler verkauft, will seinen Nutzen haben; das Ansammeln der vielen kleinen Quantitäten macht jenem aber weit mehr Mühe als die große Ladung bei einem großen Besitzer; der kleine und mittlere Bauer bekommt daher für seine Ware weniger als der große Landwirt, und ist auch noch die Qualität der Ware mangelhaft, was bei der primitiven Wirtschaftsweise, die er betreibt, oft vorkommt, so muß er mit jedem Preise fürliebnehmen. Dazu kommt, daß der Bauer oder Pächter oft nicht die Zeit abwarten kann, in der das von ihm zum Verkauf gebrachte Produkt den höchsten Preis erreicht. Er hat Zahlungen zu leisten, für Pacht, Zinsen, Steuern, er muß aufgenommene Darlehen zurückzahlen oder Schulden bei Krämer und Handwerker berichtigen, die an bestimmte Termine gebunden sind, er muß also verkaufen, mag der Zeitpunkt noch so ungünstig sein. Er hat, um sein Land zu verbessern oder um Miterben oder Kinder abzufinden, eine Hypothek aufgenommen; aber unter den Darleihern hat er keine große Wahl, und so werden die Bedingungen nicht günstig. Hohe Zinsen und bestimmte Rückzahlungsfristen spielen ihm hart mit; eine ungünstige Ernte oder eine falsche Spekulation in der Art der Bodenfrucht, für die er auf ansehnlichen Preis rechnete, bringen ihn an den Rand des Unterganges. *Häufig* ist der Abnehmer der Bodenerträge und der Darleiher des Kapitals ein und dieselbe Person, er ist dann seinem Gläubiger überantwortet. Die Bauern ganzer Ortschaften und Distrikte befinden sich auf diese Weise in den Händen weniger Gläubiger, zum Beispiel die Hopfen-, Wein-, Tabak- und Gemüsebauern in Süddeutschland und am Rhein, die Kleinbauern in Mitteldeutschland. Der Hypothekenbesitzer saugt sie aus bis aufs Blut, er läßt sie als Eigentümer auf ihrer Parzelle sitzen, die tatsächlich nicht mehr ihnen gehört. Der kapitalistische Blutsauger findet es aber oft weit nutzbringender, in dieser Weise zu wirtschaften, als den Boden an sich zu nehmen und selbst zu bewirtschaften oder zu verkaufen. So werden Tausende von Bauern in den Katastern als Eigentümer aufgeführt, die tatsächlich keine Eigentümer mehr sind. Freilich fällt auch mancher Großgrundbesitzer, der nicht zu wirtschaften verstand oder Unglück hatte, oder unter ungünstigen Bedingungen das Gut übernahm, einem halsabschneiderischen Kapitalisten zum Opfer. Der Kapitalist wird Herr des Grund und Bodens, und, um doppelten Profit herauszuschlagen, treibt er Güterschlächterei; er parzelliert das Gut, weil er dadurch einen ungleich höheren Profit herausschlägt, als verkaufte er es im ganzen. Außerdem hat er bei einer größeren Anzahl kleiner Besitzer die beste Aussicht, sein Wuchergeschäft mit schönstem Erfolg weiter betreiben zu können. Bekanntlich geben auch die Häuser in der Stadt mit vielen kleinen Wohnungen die höchsten Mieterträge. Eine Anzahl kleiner Reflektanten greift zu und kauft einen Teil des parzellierten Gutes, der kapitalistische Wohltäter ist auch bereit, ihnen bei geringer Anzahlung größere Stücke zu überlassen, den

Rest der Kaufsumme läßt er als Hypothek gegen guten Zins auf Abzahlung stehen. Hier liegt aber der Hase im Pfeffer. Hat der kleine Bodenbesitzer Glück und gelingt es ihm, unter Aufbietung der äußersten Kräfte aus seinem Grund und Boden einen leidlichen Ertrag herauszuwirtschaften oder ausnahmsweise billigeres Geld aufzutreiben, so kann er sich retten, andernfalls ergeht's ihm wie schon geschildert.

Fallen dem kleinen Bauer oder Pächter einige Stücke Vieh, so ist das ein großes Unglück für ihn, hat er eine Tochter, die heiratet, so vermehrt ihre Aussteuer seine Schulden, und eine billige Arbeitskraft geht ihm verloren; heiratet ein Sohn, so verlangt dieser seine Parzelle Land oder Abfindung in Geld. Notwendige Bodenverbesserungen muß er sehr oft unterlassen; liefert ihm sein Viehstand nicht genügend Dünger – und das ist nicht selten der Fall –, dann geht der Bodenertrag zurück, weil er keinen Dünger kaufen kann. Oft fehlen ihm auch die Mittel, um sich besseren, ertragsfähigeren Samen anzuschaffen; die vorteilhafte Ausnutzung der Maschinen ist ihm versagt; ein den chemischen Bestandteilen seines Bodens entsprechender Fruchtwechsel ist häufig für ihn unausführbar. Auch kann er nicht die Vorteile ausnutzen, die Wissenschaft und Erfahrung für höhere Ausnutzung der Haustiere bieten. Mangel an geeignetem Futter, Mangel an passender Stallung, Mangel an sonstigen passenden Einrichtungen verhindern es. So gibt es viele Ursachen, die dem kleinen und mittleren Bauer die Existenz erschweren.[1]

Anders steht es mit der großen Landwirtschaft, die sich auf eine verhältnismäßig kleine Zahl von Betrieben, aber eine erhebliche Bodenfläche erstreckt. Wir ersehen aus der angeführten Statistik, daß die 23 566 Betriebe mit 7 055 013 Hektar landwirtschaftlich benutzter Fläche noch 2 019 824 Hektar mehr besitzen als die 4 384 786 Betriebe mit weniger als 5 Hektar Fläche.

Betriebsstatistik und Besitzstatistik decken sich aber nicht miteinander, so gab es 1895 nicht weniger als 912 959 reine Pachtbetriebe aller Größenklassen, 1 694 251 Betriebe, die teils eigenes Land, teils Pachtland besitzen, und 983 917 Betriebe, die in anderen Formen, zum Beispiel als Deputatland, Dienstland, Anteil am Gemeindeland usw., bewirtschaftet wurden.

Umgekehrt nennen einzelne eine Reihe landwirtschaftlicher Be-

[1] Siehe A. Hofer, Der Bauer als Erzieher. „Neue Zeit" 1908/09, 2. Band, S. 714, 786, 810.

triebe ihr eigen. Der größte deutsche Grundbesitzer ist der König von Preußen, der 83 Güter mit 98 746 Hektar besitzt, nach ihm kommen

Fürst von Pleß	mit 75 Gütern	und	70170	Hektar
Fürst Hohenzollern-Sigm.	„ 24 „	„	59968	„
Herzog von Ujest	„ 52 „	„	39742	„
Fürst Hohenlohe-Öhringen	„ — „	„	39365	„
Fürst zu Ratibor	„ 51 „	„	33096	„

Der im Jahre 1895 in Preußen fideikommissarisch gebundene Besitz umfaßte in 1045 Fideikommissen ein Areal von 2 121 636 Hektar oder 6,09 Prozent der Gesamtfläche des Landes. Die 1045 Fideikommisse befanden sich in den Händen von 939 Besitzern, und war dieser ihr fideikommissarischer Besitz noch um 206 600 Hektar größer als das Königreich Württemberg, das rund 1 915 000 Hektar groß ist. 1903 besaßen 1034 Besitzer 1152 Fideikommisse, so daß einzelne mehrere Fideikommisse besaßen. Die fideikommissarisch gebundene Fläche betrug 1903 2 197 115, 1904 2 232 592 Hektar, davon sind gegen 90 Prozent in Komplexen von über 1000 Hektar vereinigt. Etwa 10 Prozent der Fideikommißbesitzer vereinigten mehr als 5000 Hektar in ihren Händen und 53,3 Prozent der gebundenen Fläche.[1] Der mittlere und der große Besitz ist naturgemäß an der Erhaltung des bestehenden Zustandes interessiert. Anders der Kleinbesitz, der aus einer rationellen Umgestaltung der Verhältnisse große Vorteile ziehen würde. Es liegt in der Natur der Sache, daß der große Besitz bestrebt ist, sich immer mehr zu vergrößern und alles ihm zugängige Bauernland an sich zu reißen, so in Oberschlesien, der Lausitz, dem Großherzogtum Hessen usw., Gegenden, aus denen wiederholt Ankäufe von Bauernbesitz in großem Maßstab gemeldet wurden.

In Österreich herrscht der große Grundbesitz weit mehr vor als in Deutschland beziehungsweise Preußen. Hier ist es neben dem Adel und der Bourgeoisie die katholische Kirche, die sich einen Hauptteil der Beute am Grund und Boden sicherte. Auch ist das Bauernlegen in Österreich in vollem Schwunge. In Steiermark, Tirol, Salzburg, Ober- und Niederösterreich, dem Sudetengebirge sucht man die Bauern mit allen Mitteln von ihrem heimatlichen Boden zu verdrängen und das Bauernland in Herrenbesitz umzuwandeln. Dasselbe Schauspiel, das einst Schottland und Irland boten, spielt sich jetzt in den schönsten

[1] J. Conrad, Fideikommisse. Handwörterbuch der Staatswissenschaften. 4. Band, 3. Auflage, S. 120 bis 123.

Gegenden Österreichs ab. Einzelne wie Gesellschaften kaufen enorme Landkomplexe, und was vorläufig nicht zu kaufen ist, wird gepachtet, um sie in Jagdreviere zu verwandeln. Der Zugang zu den Tälern, Höhen und Weilern wird durch die neuen Herren gesperrt, und die hartnäckigen Besitzer einzelner Höfe und Alpen, die sich weigern, den Herren zu Willen zu sein, werden durch alle möglichen Schikanen gezwungen, ihr Eigentum an die reichen Alp- und Waldbesitzer zu veräußern. Alter Kulturboden, auf dem seit Jahrtausenden viele Generationen ihr Auskommen fanden, wird in Wildnis verwandelt, in der Hirsche und Rehe hausen, wohingegen die Gebirge, die der adlige oder bürgerliche Kapitalist sein eigen nennt, den Aufenthalt großer Gemsherden bilden. Ganze Gemeinden verfallen der Armut, weil man ihnen den Auftrieb ihres Viehes zu den Alpenweiden unmöglich macht oder das Recht des Auftriebs überhaupt bestreitet. Und wer sind die Attentäter auf des Bauern Gut und seine Selbständigkeit? Neben Rothschild und Baron Mayer-Melnhof die Herzöge von Koburg und Meiningen, die Fürsten und Prinzen zu Hohenlohe, der Fürst zu Liechtenstein, der Herzog von Braganza, die Fürstin Rosenberg, der Fürst zu Pleß, die Grafen Schönfeld, Festetics, Schafgotsch, Trauttmannsdorff, die Graf Károlyische Jagdgesellschaft, die Baron Gustädtsche Jagdgesellschaft, die Blühnbacher adlige Jagdgesellschaft usw. Überall ist der Großgrundbesitz in der Ausdehnung begriffen. So gab es im Jahre 1875 nur 9 Personen in Niederösterreich, von denen jede mehr als 5000 Joch besaß mit einer Gesamtfläche von 89 490 Hektar, im Jahre 1895 gab es schon 24 Personen, die im ganzen 213 574 Hektar besaßen.

In ganz Österreich umfaßt der Großgrundbesitz eine Fläche von 8 700 000 Hektar, während auf den Kleingrundbesitz 21 300 000 Hektar entfallen. Die Fideikommißbesitzer, 297 Familien, besitzen 1 200 000 Hektar. Den Millionen von Kleingrundbesitzern, die 71 Prozent der ganzen Fläche bebauen, stehen einige Tausende von Großgrundbesitzern gegenüber, die über 29 Prozent der Fläche Österreichs verfügen. Es gibt nur wenige Steueramtsbezirke, in denen keine Großgrundbesitzer begütert sind. In den meisten Bezirken gibt es zwei oder mehrere Großgrundbesitzer, die den maßgebenden politischen, sozialen und gesellschaftlichen Einfluß ausüben. Fast die Hälfte der Großgrundbesitzer sind in mehreren Bezirken des Landes begütert, zahlreiche in mehreren Kronländern des Reiches. In Niederösterreich,

Böhmen, Mähren und Schlesien gibt es gar keinen Bezirk ohne sie. Nur die Industrie vermochte sie ein wenig zu verdrängen, so zum Beispiel in Nordböhmen und im böhmisch-mährischen Grenzgebiet. Sonst nimmt der Großgrundbesitz überall an Umfang zu: in Oberösterreich, wo es unter allen Kronländern noch den bestsituierten Bauernstand gibt, ebenso wie in Görz und Gradiska, in der Steiermark, in Salzburg, in Galizien und in der Bukowina, weniger stark in jenen Ländern, die ohnehin schon die Domäne der Großgrundbesitzer sind, nämlich in Böhmen, Mähren, Schlesien und Niederösterreich.

In Niederösterreich entfielen von der gesamten Bodenfläche, die 1 982 300 Hektar umfaßt, auf den Großgrundbesitz (393 Besitzer) 540 655 Hektar, auf die Kirche 79 181 Hektar. 13 Besitzungen von je mehr als 1000 Hektar umfassen zusammen 425 079 Hektar = 9 Prozent der gesamten Fläche, darunter Graf Hoyos-Sprinzenstein mit 33 124 Hektar. Der Flächeninhalt Mährens beträgt 2 181 220 Hektar, davon entfielen auf die Kirche 81 857 Hektar (3,8 Prozent), 116 Besitzungen über 1000 Hektar umfassen mehr als die 500 000 Besitzungen bis 10 Hektar, die 92,1 Prozent aller Besitzungen ausmachen. Von den 514 677 Hektar Flächeninhalt Österreichisch-Schlesiens besaß die Kirche 50 845 Hektar und 79 Besitzer zusammen 204 118 Hektar. Böhmen mit einem Flächeninhalt von 5 194 500 Hektar hat ungefähr 1 237 085 Grundbesitzer. Die Grundbesitzverteilung ist durch ungewöhnlich viele Grundbesitzungen kleinsten Umfanges und durch ausgedehnten Großgrundbesitz charakterisiert. Fast 43 Prozent aller Besitzungen sind kleiner als ½ Hektar, und über vier Fünftel übersteigen nicht 5 Hektar. Diese 703 577 Grundbesitzungen (81 Prozent) umfassen nur 12,5 Prozent der Fläche Böhmens. Dagegen besitzen 776 Personen 35,6 Prozent der ganzen Fläche, während sie nur 0,1 Prozent aller Grundbesitzungen ausmachen. Noch krasser erscheint die Besitzverteilung, wenn man die größere Kategorie „über 200 Hektar“ analysiert. Da findet man folgendes Resultat:

	Hektar	Mit zusammen Hektar
380 Personen besitzen je	200 — 500	116 143
144 „ „ „	500 — 1000	101 748
104 „ „ „	1000 — 2000	150 567
151 „ „ „	über 2000	1 436 084

Von der letzten Gruppe besitzen 31 Personen je 5000 bis 10 000 Hektar, 21 Personen je 10 000 bis 20 000 Hektar und die Fürsten

Mor. Lobkowitz, Ferdinand Kinsky, Karl Schwarzenberg, Alfred Windischgrätz, die Grafen Ernst Waldstein, Johann Harrach, Karl Buquoy je 20 000 bis 30 000 Hektar, Clam-Gallas und Sar. Czernin je über 30 000 Hektar, Joh. Fürst von und zu Liechtenstein 36 189 Hektar. Fürst Max Egon Fürstenberg 39 162 Hektar, Jos. Fürst Colloredo-Mannsfeld 57 691 Hektar und Joh. Ad. Fürst zu Schwarzenberg 177 310 Hektar = 3,4 Prozent der ganzen Fläche Böhmens. Die kaiserlichen Besitzungen umfassen 35 873 Hektar. Der Gesamtbesitz dieser 64 Großgrundbesitzungen beträgt 1 082 884 Hektar = 20,9 Prozent der Fläche Böhmens. Die Kirche besitzt 150 395 Hektar = 3 Prozent der ganzen Fläche Böhmens.[1]

Das war 1896, mittlerweile ist es noch schlimmer geworden. Nach den Ergebnissen der landwirtschaftlichen Betriebszählung von 1902 entfielen auf 18 437 Betriebe (0,7 Prozent der gesamten Zahl) 9 929 920 Hektar oder ein Drittel der gesamten Fläche!

Im Gerichtsbezirk Schwaz wurden sieben, im Gerichtsbezirk Zell sechzehn Alpen, die bisher als Viehweide dienten, von den neuen Grundherren kassiert und in *Jagdgründe* verwandelt. Das ganze Karwendelgebirge ist für den Auftrieb von Vieh *gesperrt.* Es ist der hohe Adel Österreichs und Deutschlands, neben reichen bürgerlichen Emporkömmlingen, die in den Alpenländern Flächen bis zu 70 000 und mehr Joch aufkauften und für Jagdreviere einfriedigen ließen. Ganze Dörfer, Hunderte von Gehöften verschwinden, die Bewohner werden vom Grund und Boden verdrängt, und an Stelle der Menschen und des für menschliche Nahrung bestimmten Viehes treten Rehe, Hirsche und Gemsen. Gar mancher von jenen, die in solcher Weise halbe Provinzen zur Verödung bringen, stellt sich nachher in den Parlamenten hin und redet von der „Not des Bauern“ und mißbraucht seine Macht, um in Gestalt von Getreide-, Holz-, Vieh- und Fleischzöllen, Branntweinsteuerprämien usw. auf Kosten der Besitzlosen die Hilfe des Staates in Anspruch zu nehmen.

In den vorgeschrittensten Industriestaaten sind es nicht, wie in Österreich, die Luxusbedürfnisse bevorzugter Klassen, die den Kleinbesitz bedrängen, sondern es ist die Notwendigkeit, gegenüber den Ansprüchen einer immer dichter werdenden Bevölkerung, die Bewirt-

[1] Ausführlicheres hierüber in: Die Besitzenden und die Besitzlosen in Österreich, von T. W. Teifen. Wien 1906, Erste Wiener Volksbuchhandlung (Ignaz Brand).

schaftungsweise kapitalistisch zu organisieren, um die geforderten Nahrungsmengen erzeugen zu können. Das zeigt sich zunächst in dem industriell hoch entwickelten Belgien. Nach dem Annuaire statistique, zitiert durch Emil Vandervelde in einem Artikel „Das Grundeigentum in Belgien in dem Zeitraum von 1834 bis 1899", heißt es: Es sind ausschließlich die Wirtschaften unter 5 Hektar und namentlich jene unter 2 Hektar, deren Zahl abgenommen hat. Die Wirtschaften im Umfang von über 10 Hektar dagegen sind auf 3789 angewachsen. Die Konzentration des Grundbesitzes, welcher dem Fortschritt des Großbetriebs und der rationellen Viehzucht entspricht, tritt uns hier in sehr deutlicher Weise entgegen. Es ist seit 1880 eine Bewegung entstanden, die gerade umgekehrt verläuft wie jene von 1866 bis 1880. Während im Jahre 1880 noch 910 396 landwirtschaftliche Betriebe vorhanden waren, gab es deren im Jahre 1895 nur noch 829 625, das ist ein Rückgang in fünfzehn Jahren um 80 771 Betriebe = 9 Prozent. Und zwar trifft der ganze Rückgang die Betriebe von weniger als 5 Hektar, dagegen vermehrten sich die Betriebe von 5 bis 10 Hektar um 675, von 10 bis 20 Hektar um 2168, von 20 bis 30 Hektar um 414, von 30 bis 40 Hektar um 164, von 40 bis 50 Hektar um 187, über 50 Hektar um 181 Betriebe.

3. Der Gegensatz zwischen Stadt und Land

Der Zustand des Grund und Bodens und seine Bebauung ist für die Entwicklung unserer Kultur von der höchsten Bedeutung. Vom Grund und Boden und seinen Erzeugnissen hängt die Existenz der Bevölkerung in erster Linie ab. Grund und Boden läßt sich nicht beliebig vermehren; um so wichtiger ist es für alle, wie er angebaut und ausgebeutet wird. Deutschland, dessen Bevölkerung jährlich um ungefähr 870 000 Köpfe wächst, braucht eine bedeutende Einfuhr von Brot- und Fleischnahrung, sollen die Preise der notwendigsten Lebensmittel noch erschwingbar sein.

Hier kommen aber scharfe, gegensätzliche Interessen zwischen Ackerbau- und Industriebevölkerung zum Vorschein. Die nicht ackerbautreibende Bevölkerung hat das Interesse, billige Lebensmittel zu erhalten, weil davon ihr Gedeihen als Menschen wie als industrielle und handeltreibende Individuen abhängig ist. Jede Verteuerung der

Lebensmittel führt eine Verschlechterung der Ernährungsverhältnisse eines großen Teils der Bevölkerung herbei, es sei denn, es stiegen entsprechend die Arbeitslöhne und sonstigen Einkommensverhältnisse desjenigen Teils der Bevölkerung, der die Agrarprodukte kaufen muß. Ein Steigen der Arbeitslöhne bedingt aber auch häufig ein Steigen des Preises der Industrieprodukte, und dieses kann je nach der Lage des Weltmarktes ein Sinken des Absatzes derselben nach außen zur Folge haben. Bleibt aber eine Steigerung des Einkommens trotz teurer Agrarprodukte aus, so bedeutet das eine Einschränkung des übrigen Bedarfs, unter dem auch in diesem Falle in erster Linie Industrie und Handel leiden.

Für die Bodenbebauer liegt die Sache anders. Wie der Industrielle, so will er den möglichst höchsten Nutzen aus seinem Gewerbe erzielen, und ihm ist es gleich, aus welchem Produkt er diesen gewinnt. Verhindert die Zufuhr fremden Getreides, daß er den gewünschten, ihm notwendig scheinenden Gewinn aus dem Anbau von Getreide erlangt, so widmet er seinen Boden dem Anbau eines anderen Erzeugnisses, das ihm mehr Nutzen bringt. Er baut Zuckerrüben zur Zuckerproduktion, Kartoffeln und Getreide zum Spiritusbrennen statt Weizen und Roggen für Brot. Er nimmt die fruchtbarsten Ländereien zur Tabakkultur statt zur Gemüse- und Gartenkultur. Andere verwenden Tausende Hektar Land zu Pferdeweiden, weil Pferde für Militär- und Kriegszwecke hoch im Preise stehen. Auf der anderen Seite werden weite Waldreviere, die für den Ackerbau Verwendung finden könnten, dem Jagdvergnügen vornehmer Herren reserviert, oft in Gegenden, in welchen die Niederschlagung von ein paar hundert oder tausend Hektar Wald und ihre Verwandlung in Kulturboden vorgenommen werden könnte, ohne daß die Waldverminderung in der betreffenden Gegend auf die Feuchtigkeitsentwicklung in nachteiliger Weise einwirkte.

Von diesem Gesichtspunkt aus könnten in Deutschland noch Tausende Quadratkilometer fruchtbaren Bodens für den Ackerbau gewonnen werden. Aber diesen Umwandlungen widerstrebt sowohl das materielle Interesse eines Teils der Beamtenhierarchie, der Forstbeamten, wie das Jagdinteresse der großen Grundherren, die ihre Jagdgründe und ihre Jagdvergnügen nicht einbüßen wollen. Daß eine solche Entwaldung nur dort stattfinden dürfte, wo sie ein wirklicher Gewinn ist, ist selbstverständlich. Andererseits könnten weite Strecken zum Nutzen des Landes aufgeforstet werden, namentlich Bergland und Ödländereien.

Man bestreitet neuerdings den großen Einfluß des Waldes auf die Feuchtigkeitsentwicklung. Offenbar mit Unrecht. In wie hohem Grade der Wald auf die Feuchtigkeit des Landes und damit auf die Fruchtbarkeit des Grund und Bodens einwirkt, darüber liefert das Buch von Parvus und Dr. Lehmann „Das hungernde Rußland" schlagende Belege. Die Verfasser stellen aus eigener Anschauung fest, daß die maß- und planlosen Waldausrodungen in den fruchtbarsten Provinzen Rußlands ganz wesentlich die Mißernten verursachen, an denen in den letzten Jahrzehnten diese früher so fruchtbaren Gegenden leiden. Neben zahlreichen anderen Tatsachen konstatieren sie, daß im Laufe der Jahre im Regierungsbezirk Stawropol fünf kleine Flüsse und sechs Seen verschwunden sind, im Regierungsbezirk Busuluk verschwanden vier Flüßchen und vier Seen, im Regierungsbezirk Samara sechs kleine Flüsse, im Regierungsbezirk Buguruslaw zwei kleine Flüsse. In den Regierungsbezirken Nikolajewsk und Nowousensk werden vier Flüsse kaum noch durch Eindämmung mit Mist erhalten. Viele Dörfer, die früher in ihrer Nähe fließendes Wasser hatten, besitzen jetzt solches nicht mehr, vielfach ist die Brunnentiefe 45 bis 60 Meter. Der Boden ist infolgedessen hart und mit Rissen durchzogen. Mit dem Fällen der Wälder versiegten die Quellen und verminderten sich die Regen.

Die kapitalistische Ausbeutung des Grund und Bodens führt auch zu kapitalistischen Zuständen. Ein Teil unserer Landwirte hat zum Beispiel lange Jahre horrende Profite aus dem Rübenbau und der damit verbundenen Zuckerproduktion gezogen. Das Besteuerungssystem begünstigte den Export des Zuckers, und zwar dergestalt, daß die Erträge der Besteuerung der Zuckerrüben und des Zuckerverbrauchs zu einem erheblichen Teil für Ausfuhrprämien in Anspruch genommen wurden.

Die den Zuckerfabrikanten gewährte Rückvergütung pro Doppelzentner Zucker war wesentlich höher als die von ihnen dafür gezahlte Rübensteuer, und diese Prämie setzte sie in die Lage, den Zucker in gewaltigen Mengen auf Kosten der inländischen Steuerzahler billig nach dem Ausland zu verkaufen und die Zuckerrübenkultur immer weiter auszudehnen. Der Vorteil, der aus diesem Steuersystem den Zuckerfabriken zufiel, betrug pro Jahr über 31 Millionen Mark. Hunderttausende Hektar Land (im Jahre 1907/08 450030), die früher dem

Getreidebau usw. gewidmet waren, wurden in Rübenboden verwandelt, es wurden Fabriken über Fabriken gegründet, und die notwendige Folge war der Krach. Auch wirkte der hohe Ertrag des Rübenbaus günstig auf den Bodenpreis ein. Dieser stieg. Die Folge war der Aufkauf der kleinen Besitzungen, deren Eigentümer, durch die hohen Preise verlockt, sich zum Verkauf verleiten ließen. Der Boden wurde für industrielle Spekulation ausgenutzt und der Getreide- und Kartoffelbau auf Boden geringerer Qualität beschränkt, wodurch der Bedarf nach Einfuhr von Lebensmitteln vom Ausland stieg. Schließlich zwangen die Mißstände, die aus der Zuckerprämienwirtschaft entstanden und die allmählich einen internationalen Charakter angenommen hatten, die Regierungen und die Parlamente, die Prämienzahlungen aufzuheben, um wieder zu halbwegs natürlichen Verhältnissen zu kommen.

Nach Lage der Umstände kann der kleine und können selbst viele der mittleren Bauern trotz aller Mühe, Sorge und Entbehrungen nicht diejenige soziale Stellung erreichen, auf die sie als Bürger eines Kulturstaats Anspruch haben. Was immer Staat und Gesellschaft tun, um diese Schichten, die eine wesentliche Grundlage für die bestehende Staats- und Gesellschaftsordnung bilden, sich zu erhalten, es wird Stück- und Flickwerk bleiben. Die Agrarzölle schaden diesem Teil der Bodenbebauer mehr als sie ihm nützen. Die große Mehrzahl baut nicht soviel, als sie zum Lebensunterhalt braucht; sie ist auf den Kauf eines Teils ihrer Lebensbedürfnisse angewiesen, für die sie die Mittel durch industrielle oder sonstige Nebenarbeit erwirbt. Ein großer Teil unserer Kleinbauern ist mehr an einem günstigen Stand unserer Industrie und des Verkehrs als an der Bodenwirtschaft interessiert, weil seine eigenen Kinder in Industrie und Verkehr ihre Existenz finden, für die er sonst keine Arbeit und kein Einkommen hätte. Eine ungünstige Ernte vermehrt die Zahl derjenigen Bauern, die zum Kauf landwirtschaftlicher Produkte gezwungen werden. Was nutzen also dem die Agrarzölle, die Einfuhrverbote und agrarischen Sperrmaßregeln, der nichts oder nur wenig zu verkaufen hat, aber manches und unter Umständen vieles zukaufen muß? In dieser Lage befinden sich aber mindestens 80 Prozent aller landwirtschaftlichen Betriebe.

Wie der Bodenbebauer wirtschaftet, ist unter der Ära des Privateigentums seine persönliche Sache. Er baut, was ihm am profitabelsten erscheint, ohne Rücksicht auf die Bedürfnisse oder das Interesse der Gesellschaft; also: Bahn frei.

Der Industrielle macht's ja auch so. Er fabriziert obszöne Bilder, unsittliche Bücher und legt Fabriken zur Verfälschung von Nahrungsmitteln an. Diese und viele andere Tätigkeiten sind der Gesellschaft schädlich, sie untergraben die Moral und steigern die Korruption. Aber sie bringen Geld ein, und zwar mehr als sittliche Bilder, wissenschaftliche Bücher und der Verkauf unverfälschter Lebensmittel. Der gewinnsüchtige Industrielle hat nur zu sorgen, daß ihn nicht das Auge der Polizei entdeckt, und er kann sein schändliches Gewerbe betreiben in der Gewißheit, wegen des Geldes, das er dabei verdient, von der Gesellschaft beneidet und mit Hochachtung angesehen zu werden.

Den Mammonscharakter unseres Zeitalters charakterisiert am deutlichsten die Börse und ihr Treiben. Grund und Boden und Industrieprodukte, Verkehrsmittel, Witterungs- und politische Verhältnisse, Mangel und Überfluß, Massenelend und Unglücksfälle, öffentliche Schulden, Erfindungen und Entdeckungen, Gesundheit oder Krankheit und Tod einflußreicher Personen, Krieg und Kriegsgeschrei, oft nur zu diesem Zwecke erfunden, dies alles und noch vieles andere wird zum Gegenstand der Spekulation gemacht und zur Ausbeutung und gegenseitigen Prellerei benutzt. Die Kapitalmatadore erlangen den entscheidendsten Einfluß auf das Befinden der ganzen Gesellschaft und häufen, begünstigt durch ihre mächtigen Mittel und Verbindungen, die ungeheuersten Reichtümer auf. Minister und Regierungen werden in ihren Händen zu Puppen, die agieren müssen, wie die Börsenmatadore hinter den Kulissen die Drähte ziehen. Die Staatsgewalt hat nicht die Börse, die Börse hat die Staatsgewalt in der Hand. Wider Willen muß der Minister den „Giftbaum" düngen, den er am liebsten ausreißen möchte, und muß ihm neue Lebenskräfte zuführen.

Alle diese Tatsachen, die täglich mehr sich jedem aufdrängen, weil die Übel sich täglich vergrößern, fordern baldige und gründliche Abhilfe. Aber die Gesellschaft steht ratlos vor allen diesen Übeln, wie gewisse Tiere am Berge; sie dreht sich wie ein Pferd in der Tretmühle beständig im Kreise, ratlos, hilflos, ein Bild des Jammers und der Stupidität. Die helfen möchten, sind noch zu schwach; denen, die mithelfen sollten, fehlt noch die Einsicht; die helfen könnten, wollen nicht; sie verlassen sich auf die Gewalt und denken günstigstenfalls mit Madame Pompadour: Après nous le déluge (nach uns die Sintflut). Aber wenn noch zu ihren Lebzeiten die Sintflut kommt?

Vierter Abschnitt

DIE SOZIALISIERUNG DER GESELLSCHAFT

Zwanzigstes Kapitel

Die soziale Revolution

1. Die Umgestaltung der Gesellschaft

Die Flut steigt und unterspült das Fundament, auf dem unser Staats- und Gesellschaftsbau ruht. Alle Welt fühlt, daß die Fundamente wanken und nur noch kräftige Stützen retten können. Aber das erfordert große Opfer, welche die herrschenden Klassen bringen müßten. Da liegt aber das Hindernis. Jeder Vorschlag, dessen Verwirklichung ernsthaft die materiellen Interessen der herrschenden Klassen schädigt und ihre bevorrechtete Stellung in Frage zu stellen droht, wird von ihnen grimmig bekämpft und als eine auf den Umsturz der bestehenden Staats- und Gesellschaftsordnung gerichtete Bestrebung gebrandmarkt. Die kranke Welt ist aber nicht zu kurieren, ohne daß die Privilegien und Vorrechte der herrschenden Klassen in Frage gestellt und schließlich beseitigt werden.

„Der Kampf um die Befreiung der arbeitenden Klassen ist kein Kampf um Vorrechte, sondern ein Kampf um gleiche Rechte und gleiche Pflichten und für die Beseitigung aller Vorrechte", heißt es im sozialdemokratischen Programm. Daraus ergibt sich, daß mit halben Maßregeln und kleinen Konzessionen nichts getan ist.

Die herrschenden Klassen betrachten aber ihre bevorrechtete Stellung als eine durchaus naturgemäße und selbstverständliche, an deren Berechtigung und Fortbestand man nicht zweifeln dürfe, und so ist es wieder selbstverständlich, daß sie jeden Versuch, ihre Vorrechtstellung zu erschüttern, zurückweisen und bekämpfen. Selbst Vorschläge und Gesetze, die weder an den Grundlagen der bestehenden Gesellschaftsordnung noch an ihrer Vorrechtstellung etwas ändern, bringen sie in die größte Aufregung, sobald nur ihr Geldbeutel in Anspruch genommen wird oder in Anspruch genommen werden könnte. In den Parlamenten werden ganze Berge Papier mit Reden bedruckt, bis endlich der kreißende Berg ein Mäuslein gebiert. Den selbstverständlichsten Forderungen des Arbeitsschutzes begegnet man mit einem Widerstand, als hinge davon die Existenz der Gesellschaft ab. Und werden nach unendlichen Kämpfen ihnen einige Konzessionen abgerungen, dann gebärden sie sich, als hätten sie einen großen Teil ihres Vermögens geopfert. Denselben hartnäckigen Widerstand zeigen sie, handelt es sich darum, die unterdrückten Klassen als formell gleichberechtigt anzuerkennen und, zum Beispiel in Fragen des Arbeitsvertrags, als Gleichberechtigte mit ihnen zu verhandeln.

Dieser Widerstand bei den einfachsten Dingen und den selbstverständlichsten Forderungen bestätigt den alten Erfahrungssatz, daß keine herrschende Klasse durch *Gründe* zu überzeugen ist, wenn sie nicht die Gewalt der Umstände zur Einsicht und zur Nachgiebigkeit zwingt. Die Gewalt der Umstände liegt aber in dem steigenden Maße von Einsicht, das bei den Unterdrückten durch die Entwicklung unserer Verhältnisse erzeugt wird. Die Klassengegensätze werden immer schärfer, sichtbarer und fühlbarer. Es kommt den unterdrückten und ausgebeuteten Klassen die Erkenntnis von der Unhaltbarkeit des Bestehenden; ihre Empörung wächst und mit ihr das gebieterische Verlangen nach Umgestaltung und Vermenschlichung der Zustände. Indem diese Erkenntnis immer weitere Kreise ergreift, *erobert sie schließlich die ungeheuere Mehrheit der Gesellschaft, die bei dieser Umgestaltung auf das direkteste interessiert ist.* In demselben Maße aber, wie bei der Masse die Einsicht von der Unhaltbarkeit des Bestehenden und die Erkenntnis von der Notwendigkeit seiner Umgestaltung von Grund aus steigt, *sinkt die Widerstandsfähigkeit der herrschenden Klasse, deren Macht auf der Unwissenheit und Einsichtslosigkeit der unterdrückten und ausgebeuteten Klassen beruht.* Diese Wechselwirkung ist evident, und daher muß alles, was sie fördert, willkommen sein. Den großkapitalistischen Fortschritten auf der einen Seite hält die zunehmende Erkenntnis von dem Widerspruch, in dem sich die bestehende Gesellschaftsordnung mit dem Wohle der ungeheuren Volksmehrheit befindet, die Waage. Kostet auch die Lösung und Aufhebung der gesellschaftlichen Gegensätze große Opfer und viele Anstrengungen, die Lösung wird gefunden, sobald die Gegensätze den Höhepunkt ihrer Entwicklung erreicht haben, dem sie rapid zueilen.

Die Maßregeln, die in den einzelnen Entwicklungsphasen zu ergreifen sind, hängen von den jeweiligen Umständen ab. Es ist unmöglich, vorauszusagen, welche Maßregeln die Umstände im Einzelfall notwendig machen werden. Keine Regierung, kein Minister, und sei es der mächtigste, weiß im voraus, was im nächsten Jahre die Umstände ihn nötigen zu tun. Das kann erst recht nicht gesagt werden von Maßregeln, die von Umständen beeinflußt werden, deren Eintritt sich der sicheren Berechnung und Voraussage entzieht. Die Frage nach den Mitteln ist die Frage nach der Taktik in einem Kampfe. Die Taktik richtet sich aber nach dem Gegner und weiter nach den Hilfsmitteln, die beiden Teilen zu Gebote stehen. Ein Mittel, das heute vorzüglich ist, kann morgen verderblich sein, weil die Umstände, die gestern seine Anwendung rechtfertigten, sich änderten. Mit dem Ziele im Auge, hängen die Mittel zur Erreichung desselben von Zeit und Umständen ab; nötig ist nur, daß man die wirksamsten und *einschneidendsten* ergreift, *die Zeit und Umstände ermöglichen zu ergreifen.* Man kann also, läßt man sich auf die Ausmalung von Zukunftsgestaltungen ein, nur hypothetisch verfahren; man muß Voraussetzungen unterstellen, die man als eingetroffen annimmt.

Von diesem Gesichtspunkt ausgehend unterstellen wir, daß in einem gegebenen Zeitpunkt alle geschilderten Übel so auf die Spitze getrieben sind, daß sie der großen Mehrheit der Bevölkerung so sichtbar und fühlbar werden, daß sie ihr unerträglich erscheinen und daß ein allgemeines, unwiderstehliches Verlangen nach gründlicher Umgestaltung sie ergreift, wobei sie die rascheste Hilfe als die zweckmäßigste ansieht.

Alle gesellschaftlichen Übel haben ohne Ausnahme ihre Quelle in der sozialen Ordnung der Dinge, die gegenwärtig, wie gezeigt, auf dem Kapitalismus, auf der kapitalistischen Produktionsweise beruht, kraft deren die Kapitalistenklasse die Eigentümerin aller Arbeitsmittel – Grund und Boden, Gruben und Bergwerke, Rohstoffe, Werkzeuge, Maschinen, Verkehrsmittel – ist und dadurch die Ausbeutung und Unterdrückung der großen Volksmehrheit betreibt, was wachsende Unsicherheit der Existenz, des Druckes und der Erniedrigung der ausgebeuteten Klassen im Gefolge hat. Demgemäß wäre also der kürzeste und rascheste Schritt, durch eine allgemeine Expropriation dieses kapitalistische Eigentum in gesellschaftliches Eigentum (Gemeineigentum) zu verwandeln. *Die Warenproduktion wird in sozialistische, für und durch die Gesellschaft betriebene Produktion verwandelt. Der Großbetrieb und die stets wachsende Ertragsfähigkeit der gesellschaftlichen Arbeit, bisher eine Quelle des Elends und der Unterdrückung der ausgebeuteten Klassen, werden jetzt zu einer Quelle der höchsten Wohlfahrt und der harmonischen Ausbildung aller.*

2. *Die Expropriation der Expropriateure*

Die Umwandlung aller Arbeitsmittel in Gemeineigentum schafft der Gesellschaft die neue Grundlage. Jetzt werden die Lebens- und Arbeitsbedingungen für *beide* Geschlechter in Industrie, Ackerbau, Verkehr, Erziehung, Ehe, im wissenschaftlichen, künstlerischen und geselligen Leben von Grund aus andere. Die menschliche Existenz erhält einen neuen Inhalt. Allmählich verliert auch die staatliche Organisation ihren Boden, und es *verschwindet der Staat;* er hebt sich gewissermaßen selbst auf.

Im ersten Abschnitt dieser Schrift wurde gezeigt, warum der Staat entstehen mußte. Er ist das Produkt einer gesellschaftlichen Entwicklung aus der primitiven, auf Kommunismus beruhenden Gesellschaft, die in dem Maße aufgelöst wird, wie sich das *Privateigentum* entwickelt. Mit dem Aufkommen des Privateigentums entstehen innerhalb der Gesellschaft die antagonistischen Interessen. Es entstehen Standes- und Klassengegensätze, die notwendig zu Klassenkämpfen zwischen den verschiedenen Interessengruppen führen und die neue Ordnung in ihrem Bestand bedrohen. Um aber die Gegner der neuen Ordnung niederhalten zu können und die bedrohten Eigentümer zu schützen, bedarf es einer Organisation, die diesen Angriffen wehrt und den Besitz für „rechtmäßig" erklärt und „heilig" spricht. *Diese das Eigentum schützende und es aufrechthaltende Organisation und Gewalt wird der Staat.* Durch Gesetze sichert er dem Eigentümer seinen Besitz und tritt dem Angreifer auf die gesetzlich festgelegte Ordnung als Richter und Rächer gegenüber. Ihrem innersten Wesen nach ist also das Interesse einer herrschenden Eigentümerklasse und das der Staatsgewalt stets konservativ. Die Staatsorganisation ändert sich erst, wenn es das Interesse des Eigentums erfordert. Ist so der Staat die *notwendige* Organisation einer auf Klassenherrschaft beruhenden Gesellschaftsordnung, so verliert er, sobald die Klassengegensätze durch Aufhebung des Privateigentums gefallen sind, *seine Existenznotwendigkeit und Existenzmöglichkeit.* Der Staat hört mit der Beseitigung des Herrschaftsverhältnisses allmählich ebenso auf, wie die Religion aufhört, wenn der Glaube an übernatürliche Wesen oder an vernunftbegabte, übersinnliche Kräfte nicht mehr vorhanden ist. Worte müssen einen Inhalt besitzen; verlieren sie diesen, dann hören sie auf, Begriffe zu bilden.

Hier wirft vielleicht ein kapitalistisch gesinnter Leser ein, alles gut und schön, aber mit welchem „Rechtsgrund" will die Gesellschaft diese grundstürzenden Umwandlungen rechtfertigen? Der Rechtsgrund ist derselbe, der immer vorhanden war, wenn es sich um ähnliche Veränderungen und Umgestaltungen handelte, das *Gemeinwohl.* Die Quelle des Rechts ist nicht der Staat, sondern die Gesellschaft, die Staatsgewalt ist nur der Kommis der Gesellschaft, der das Recht zu verwalten und auszumessen hat. Die herrschende Gesellschaft war bisher immer nur eine kleine Minderheit, diese aber handelte im Namen der ganzen Gesellschaft (des Volkes), indem sie sich als „die Gesellschaft" ausgab, wie Ludwig XIV. sich für den Staat. L'état c'est moi (der Staat bin ich). Wenn unsere Zeitungen schreiben: Die Saison beginnt, die Gesellschaft eilt in die Stadt; oder: Die Saison ist zu Ende, die Gesellschaft eilt aufs Land, meinen sie damit nicht das Volk, sondern die obersten Zehntausend, welche „die Gesellschaft" bilden, wie sie den „Staat" bilden. Die Menge ist Plebs, vile multitude, Canaille, Volk. Dieser Sachlage entsprechend ist alles, was der Staat im Namen der Gesellschaft für das „Gemeinwohl" tut, in erster Linie den herrschenden Klassen nützlich und vorteilhaft gewesen. In ihrem Interesse werden die Gesetze gemacht. „Salus rei publicae suprema lex esto" (das Wohl des Gemeinwesens sei das höchste Gesetz) ist bekanntlich ein altrömischer Rechtsgrundsatz. Wer bildete aber das römische Gemeinwesen? Die unterjochten Völker, die Millionen Sklaven? Nein! Die verhältnismäßig geringe Zahl römischer Bürger, in erster Linie der römische Adel, die sich von den Unterjochten ernähren ließen.

Als im Mittelalter Adel und Fürsten das Gemeingut raubten, taten sie es von „Rechts wegen" im „Interesse des Gemeinwohls", und wie gründlich dabei mit dem Gemeineigentum und dem Eigentum der hilflosen Bauern verfahren wurde, das zeigt die Geschichte des Mittelalters bis in die Neuzeit auf jedem ihrer Blätter. Die Agrargeschichte der letzten tausend Jahre ist eine Geschichte ununterbrochenen Raubes am Gemein- und am Bauerneigentum, der seitens des Adels und der Kirche in allen Kulturstaaten Europas praktiziert wurde.

Als dann die große französische Revolution das Adels- und Kirchengut expropriierte, tat sie dies „im Namen des Gemeinwohls“, und der größte Teil der acht Millionen Grundeigentümer, welche die Stütze des bürgerlichen Frankreich bilden, verdankt dieser Expropriation seine Existenz. Im Namen des „Gemeinwohls“ nahm Spanien mehrfach Kircheneigentum in Beschlag, und Italien konfiszierte es gänzlich, beklatscht von den eifrigsten Verfechtern des „heiligen Eigentums“. Der englische Adel hat während Jahrhunderten das irische und englische Volk an seinem Eigentum bestohlen und beschenkte sich selbst „gesetzlich“ von 1804 bis 1832 „im Interesse des Gemeinwohls“ mit nicht weniger als 3 511 710 Acres Gemeindeland. Und als im großen nordamerikanischen Sklavenbefreiungskrieg Millionen Sklaven für frei erklärt wurden, die wohlerworbenes Eigentum ihrer Herren waren, ohne daß man diese entschädigte, geschah es „im Namen des Gemeinwohls“. Unsere ganze bürgerliche Entwicklung ist ein ununterbrochener Expropriations- und Konfiskationsprozeß, bei dem der Fabrikant den Handwerker, der Großgrundbesitzer den Bauern, der Großkaufmann den Händler und schließlich ein Kapitalist den anderen, das heißt der Größere den Kleineren, expropriiert und aufsaugt. Hören wir unsere Bourgeoisie, so geschieht das alles zum Besten des „Gemeinwohls“, zum „Nutzen der Gesellschaft“.

Die Napoleoniden „retteten“ am 18. Brumaire und 2. Dezember die „Gesellschaft“, und die „Gesellschaft“ beglückwünschte sie; wenn die Gesellschaft sich künftig selbst rettet, indem sie das Eigentum, das sie geschaffen, wieder in ihre Hände nimmt, begeht sie die geschichtlich denkwürdigste Tat, *denn sie handelt nicht, um die einen zugunsten der anderen zu unterdrücken, sondern um allen die Gleichheit der Existenzbedingungen zu gewähren und jedem ein menschenwürdiges Dasein zu ermöglichen.* Es ist die sittlich großartigste Maßregel, welche die Gesellschaft jemals ausgeführt hat.

In welchen Formen sich dieser große gesellschaftliche Expropriationsprozeß vollziehen wird, und unter welchen Modalitäten, entzieht sich jeder Voraussage. Wer kann wissen, wie dann die Verhältnisse beschaffen sind.

In seinem vierten sozialen Brief an v. Kirchmann, betitelt „Das Kapital“[1], sagt Rodbertus S. 117: „Eine Ablösung alles Grundkapitaleigentums ist *keine* Schimäre, sondern national-ökonomisch sehr

[1] Berlin 1884.

wohl denkbar. Auch wäre sie sicherlich die *radikalste Hilfe für die Gesellschaft*, die, wie man kurz sagen darf, an dem Wachsen der Rente – Grund- und Kapitalrente – leidet. Sie wäre daher die einzige Form der Aufhebung des Grund- und Kapitaleigentums, *die auch nicht auf Augenblicke den Verkehr und den Fortschritt des nationalen Reichtums unterbräche.*" Was sagen unsere Agrarier zu dieser Ansicht eines ihrer ehemaligen Parteigenossen?

Wie nach einer solchen Maßregel die Dinge sich wahrscheinlich gestalten werden, kann nicht in bindender Weise dargelegt werden. Kein Mensch vermag zu wissen, wie künftige Generationen ihre sozialen Organisationen im einzelnen gestalten und ihre Bedürfnisse am vollkommensten befriedigen können. In der Gesellschaft befindet sich wie in der Natur alles in beständigem Fluß, das eine kommt, das andere vergeht, Altes, Abgestorbenes wird durch Neues, Lebensfähigeres ersetzt. Erfindungen, Entdeckungen und Verbesserungen der zahlreichsten und verschiedensten Art, deren Tragweite und Bedeutung oft niemand voraussehen kann, werden gemacht, sie treten in Wirksamkeit und revolutionieren und umgestalten je nach ihrer Bedeutung die menschliche Lebensweise, die ganze Gesellschaft.

Es kann sich also bei den folgenden Erörterungen nur um Entwicklung allgemeiner Prinzipien handeln, deren Aufstellung sich nach den gemachten Auseinandersetzungen von selbst ergibt und deren Durchführung sich bis zu einem gewissen Grade übersehen läßt. Die Gesellschaft war schon bisher kein Wesen, das sich von einzelnen leiten und lenken ließ, wenn es auch oft so den Anschein hatte – „man glaubt zu schieben und wird geschoben" –, sondern ein Organismus, der nach bestimmten immanenten Gesetzen sich entwickelt; künftig ist jede Lenkung und Leitung nach dem Willen einzelner erst recht ausgeschlossen. Die Gesellschaft ist alsdann eine Demokratie, die hinter das Geheimnis ihres Wesens gekommen ist, sie hat die Gesetze ihrer eigenen Entwicklung entdeckt und wendet diese jetzt zweckbewußt für ihre Weiterentwicklung an.

Einundzwanzigstes Kapitel

Grundgesetze der sozialistischen Gesellschaft

1. Heranziehung aller Arbeitsfähigen zur Arbeit

Sobald die Gesellschaft im Besitz aller Arbeitsmittel sich befindet, *wird die Arbeitspflicht aller Arbeitsfähigen, ohne Unterschied des Geschlechts, Grundgesetz der sozialisierten Gesellschaft.* Die Gesellschaft kann ohne Arbeit nicht existieren. Sie hat also das Recht zu fordern, daß jeder, der seine Bedürfnisse befriedigen will, auch nach Maßgabe seiner körperlichen und geistigen Fähigkeiten an der Herstellung der Gegenstände zur Befriedigung der Bedürfnisse aller tätig ist. Die alberne Behauptung, die Sozialisten wollten die Arbeit abschaffen, ist ein Widersinn sondergleichen. Nichtarbeiter, Faulenzer gibt es *nur* in der bürgerlichen Welt.

Der Sozialismus stimmt mit der Bibel darin überein, wenn diese sagt: Wer nicht arbeitet, soll auch nicht essen. Aber die Arbeit soll auch nützliche, produktive Tätigkeit sein. Die neue Gesellschaft wird also verlangen, daß jeder eine bestimmte industrielle, gewerbliche, ackerbauliche oder sonstige nützliche Tätigkeit ergreift, durch die er eine bestimmte Arbeitsleistung für die Befriedigung vorhandener Bedürfnisse vollzieht. *Ohne Arbeit kein Genuß, keine Arbeit ohne Genuß.*

Indem alle verpflichtet sind zu arbeiten, haben alle das gleiche Interesse, drei Bedingungen bei der Arbeit erfüllt zu sehen. Erstens, daß die Arbeit im Zeitmaß mäßig sei und keinen überanstrengt; zweitens, daß sie möglichst angenehm ist und Abwechslung bietet; drittens, daß sie möglichst ergiebig ist, weil davon das Maß der Arbeitszeit und das Maß der Genüsse abhängt. Diese drei Bedingungen hängen aber wieder von der Art und Menge der zur Verfügung stehenden Arbeitsmittel und Arbeitskräfte ab und von den Ansprüchen, welche die Gesellschaft an ihre Lebenshaltung stellt. Die sozialistische Gesellschaft bildet sich nicht, um proletarisch zu leben, *sondern um die proletarische*

Lebensweise der großen Mehrzahl der Menschen abzuschaffen. Sie sucht jedem ein möglichst hohes Maß von Lebensannehmlichkeiten zu gewähren, und so entsteht die Frage: Wie hoch wird die Gesellschaft ihre Ansprüche stellen?

Um dieses feststellen zu können, ist eine Verwaltung erforderlich, die alle Tätigkeitsgebiete der Gesellschaft umfaßt. Hierfür bilden unsere Gemeinden eine zweckmäßige Grundlage; sind dieselben zu groß, um leicht eine Übersicht zu erlangen, so teilt man sie in Bezirke. Wie einst in der Urgesellschaft, so nehmen jetzt sämtliche mündigen Gemeindeangehörigen, *ohne Unterschied des Geschlechts*, an den vorkommenden Wahlen teil und bestimmen die Vertrauenspersonen, welche die Verwaltung zu leiten haben. An der Spitze sämtlicher Lokalverwaltungen steht die Zentralverwaltung – wohlgemerkt keine Regierung mit herrschender Gewalt, sondern ein ausführendes Verwaltungskollegium. – Ob die Zentralverwaltung direkt durch die Gesamtheit oder durch die Gemeindeverwaltungen ernannt wird, ist gleichgültig. Diese Fragen haben künftig nicht mehr die Bedeutung, die sie heute haben, denn es handelt sich nicht um die Besetzung von Posten, die größere Gewalt und Einfluß und höheres Einkommen gewähren, sondern um Vertrauensposten, zu welchen die Brauchbarsten, *ob Mann, ob Frau*, genommen werden, und die von ihren Posten abberufen oder wiedergewählt werden, wie es das Bedürfnis erfordert und es den Wählenden wünschbar scheint. Alle Posten werden nur auf Zeit eingenommen. Eine besondere „Beamtenqualität" haben also die Inhaber dieser Stellen nicht, es fehlt die Eigenschaft einer dauernden Funktion und eine hierarchische Ordnung für Avancements. Aus den erörterten Gesichtspunkten ist auch eine Frage gleichgültig, ob zwischen der Zentralverwaltung und den Lokalverwaltungen Zwischenstufen, etwa Provinzialverwaltungen usw., stehen. Hält man sie für nötig, richtet man sie ein, sind sie nicht nötig, läßt man sie sein. Über alles das entscheidet das Bedürfnis, wie es sich aus der Praxis ergibt. Haben Fortschritte in der Entwicklung der Gesellschaft alte Organisationen überflüssig gemacht, so schafft man sie ohne Sang und Klang und ohne Streit ab, denn es hat niemand ein persönliches Interesse an ihrem Bestand, und richtet neue ein. *Diese auf breitester demokratischer Grundlage beruhende Verwaltung ist also von der heutigen von Grund aus verschieden.* Welcher Kampf in den Zeitungen, welches Zungengefecht in unseren Parlamenten, welche Aktenstöße in unseren

Kanzleien um eine geringfügige Änderung in der Verwaltung oder Regierung!

Hauptaufgabe ist zunächst, die Zahl und Art der verfügbaren Kräfte festzustellen, die Zahl und Art der Arbeitsmittel, der Fabriken, Werkstätten, Verkehrsmittel, des Grund und Bodens usw. und die bisherige Leistungsfähigkeit. Weiter ist festzustellen, was für Vorräte vorhanden sind und welche Mengen von Artikeln und Gegenständen gebraucht werden, um das Bedürfnis in einem bestimmten Zeitraum zu decken. Wie gegenwärtig der Staat und die verschiedenen Gemeinwesen jährlich ihre Budgets feststellen, so wird dies künftig für den ganzen gesellschaftlichen Bedarf geschehen, wobei Veränderungen, die erweiterte oder neue Bedürfnisse erfordern, volle Berücksichtigung finden können. Die Statistik spielt hier die Hauptrolle; sie ist die wichtigste Hilfswissenschaft in der neuen Gesellschaft, sie liefert das Maß für alle gesellschaftliche Tätigkeit.

Die Statistik wird bereits heute für ähnliche Zwecke umfassend angewandt. Die Reichs-, Staats-, Kommunalbudgets basieren auf einer großen Zahl statistischer Erhebungen, die in den einzelnen Verwaltungszweigen alljährlich aufgenommen werden. Längere Erfahrungen und eine gewisse Stabilität in den laufenden Bedürfnissen erleichtern sie. Auch jeder Unternehmer einer größeren Fabrik, jeder Kaufmann ist, unter *normalen* Verhältnissen, imstande, genau bestimmen zu können, was er für das kommende Vierteljahr für Bedürfnisse hat und in welcher Art er seine Produktion und seine Einkäufe einrichten muß. Treten nicht Änderungen exzessiver Art ein, so kann er denselben leicht und ohne Mühe gerecht werden.

Die Erfahrung, daß die Krisen hervorgerufen werden durch die blinde anarchische Produktion, das heißt, weil produziert wird ohne Kenntnis der Vorräte, des Absatzes und Bedarfes in den verschiedenen Artikeln auf dem Weltmarkt, hat, wie schon hervorgehoben wurde, seit Jahren die Großindustriellen der verschiedensten Industriezweige veranlaßt, sich in Kartellen und Trusts zu vereinigen, einesteils um die Preise festzustellen, anderenteils um auf Grund der gemachten Erfahrungen und eingegangenen Bestellungen die Produktion zu regeln. Nach Maßgabe der Produktionsfähigkeit jedes einzelnen Betriebs und des wahrscheinlichen Absatzes wird festgelegt, wieviel jede einzelne Unternehmung für die nächsten Monate erzeugen lassen darf. Übertretungen werden mit hoher Konventionalstrafe und mit Ächtung belegt. Die Unternehmer schließen diese Verträge nicht zum Nutzen, sondern zum Schaden des Publikums und zu ihrem eigenen Vorteil. Ihr Zweck ist, die Macht der Koalition zu benutzen, um sich die größten Vorteile zu beschaffen. Man will durch die Regulierung der Produktion vom Publikum Preise fordern, die man niemals im Konkurrenzkampf der einzelnen Unternehmer erzielen würde. Man bereichert sich also auf Kosten der Konsumenten, die den geforderten Preis für ein Produkt zahlen müssen, das sie nötig haben. Und wie der Konsument durch die Kartelle, Trusts usw. geschädigt wird, so der Arbeiter. Die Regulierung der Produktion durch die Unternehmer setzt einen Teil der Beamten und Arbeiter frei, der, um leben zu können, die arbeitenden Genossen im Lohne unterbietet. Außerdem ist die soziale Macht des Kartells so groß, daß auch die Arbeiterorganisationen selten dagegen aufkommen können. Die Unternehmer haben also einen doppelten Vorteil, sie empfangen höhere Preise und zahlen geringere Löhne. Diese Regulierung der Produktion durch die Unternehmerverbände *ist das Gegenteil von jener, die in der sozialistischen Gesellschaft Platz greifen soll.* Heute ist das Interesse der Unternehmer maßgebend, künftig soll es das Interesse der Allgemeinheit sein. In der bürgerlichen Gesellschaft kann aber auch das bestorganisierte Kartell nicht alle Faktoren übersehen und berechnen; die Konkurrenz und Spekulation auf dem Weltmarkt wüten weiter trotz des Kartells, und so stellt sich plötzlich heraus, daß die Berechnung ein Loch hat, und der künstliche Bau stürzt zusammen.

Wie die große Industrie so besitzt der Handel umfassende Statistiken. Allwöchentlich liefern die größeren Handels- und Hafenplätze Übersichten über die Vorräte an Petroleum, Kaffee, Baumwolle, Zukker, Getreide usw., Statistiken, die häufig allerdings ungenau sind, weil die Warenbesitzer nicht selten ein persönliches Interesse haben, die Wahrheit nicht bekannt werden zu lassen. Aber im ganzen sind diese Statistiken ziemlich sicher und geben dem Interessenten einen Überblick, wie sich der Markt in der nächsten Zeit gestalten wird. Aber auch hier kommt die Spekulation in Betracht, die alle Berechnungen täuscht und über den Haufen wirft und oft jedes reelle Geschäft unmöglich macht. Wie aber die allgemeine Regulierung der Produktion in der bürgerlichen Gesellschaft, gegenüber den vielen Tausenden von Privatproduzenten mit ihren widerstreitenden Interessen, unmöglich ist, ebenso unmöglich ist die Regulierung der Distribution (Verteilung der Produkte) bei der spekulativen Natur des Handels, der großen Zahl der Handeltreibenden und dem Widerstreit ihrer Interessen. Was bisher schon geleistet wird, zeigt nur, was erst geleistet werden kann, sobald das Privatinteresse verschwindet und das Allgemeininteresse alles beherrscht. Ein Beweis hierfür sind zum Beispiel die von Staats wegen veranstalteten Erntestatistiken, die alljährlich in den verschiedenen Kulturstaaten aufgenommen werden und Schlüsse auf die Höhe der Ernteerträgnisse, die Deckungshöhe des eigenen Bedarfs und die Wahrscheinlichkeit der Preise zulassen.

In einer sozialisierten Gesellschaft sind aber die Verhältnisse vollkommen geordnete, die ganze Gesellschaft ist solidarisch verbunden. Alles vollzieht sich nach Plan und Ordnung, und so ist die Feststellung des Maßes für die verschiedenen Bedürfnisse leicht. Liegt erst einige Erfahrung vor, so vollzieht sich das Ganze spielend. Ist zum Beispiel statistisch festgestellt, was sich durchschnittlich für ein Bedarf an Bäckerei-, Fleischerei-, Schuhmachereiprodukten, Wäscheartikeln usw. ergibt, und kennt man andererseits genau die Leistungsfähigkeit der in Betracht kommenden Produktionsanstalten, *so ergibt sich daraus das Durchschnittsmaß für die tägliche, gesellschaftlich notwendige Arbeitszeit. Es ergibt sich daraus ferner die Kenntnis, ob weiter Produktionsanstalten für bestimmte Artikel notwendig sind oder ob solche als überflüssig eingezogen oder für andere Zwecke eingerichtet werden können.*

Jeder einzelne entscheidet über den Arbeitszweig, in dem er beschäftigt sein möchte. Die große Zahl der verschiedensten Arbeitsgebiete ermöglicht, den verschiedensten Wünschen Rechnung zu tragen. Stellt sich auf dem einen Gebiet ein Überschuß, auf dem anderen ein Mangel an Kräften heraus, so hat die Verwaltung die Arrangements zu treffen und einen Ausgleich herbeizuführen. Die Produktion zu organisieren und den verschiedenen Kräften die Möglichkeit zu bieten, an dem richtigen Platze verwendet zu werden, wird die Hauptaufgabe der gewählten Funktionäre sein. In dem Maße, wie gegenseitig sich alle Kräfte einarbeiten, geht das Räderwerk glatter. Die einzelnen Arbeitszweige und Abteilungen wählen ihre Ordner, welche die Leitung zu übernehmen haben. Das sind keine Zuchtmeister, wie die heutigen Arbeitsinspektoren und Werkführer, sondern Genossen, welche die ihnen übertragene verwaltende Funktion an Stelle einer produzierenden ausüben. Es ist nicht ausgeschlossen, daß bei vorgeschrittener Organisation und bei höherer Durchbildung aller Glieder diese Funktionen alternierende werden, die nach einem bestimmten Turnus alle Beteiligten *ohne Unterschied des Geschlechts* übernehmen.

2. *Harmonie der Interessen*

Die auf voller Freiheit und demokratischer Gleichheit organisierte Arbeit, bei der einer für alle und alle für einen stehen, also die volle Solidarität herrscht, wird eine Schaffenslust und einen Wetteifer erzeugen, wie sie in dem heutigen Wirtschaftssystem nirgends zu finden sind. Dieser schaffensfreudige Geist wirkt aber auch auf die Produktivität der Arbeit ein.

Ferner haben alle das Interesse, *da sie gegenseitig füreinander arbeiten*, daß alle Gegenstände möglichst gut und vollkommen und mit möglichst geringem Aufwand an Kraft und Arbeitszeit hergestellt werden, sei es, um Arbeitszeit zu sparen oder um Zeit für Erzeugung neuer Produkte zur Befriedigung höherer Ansprüche zu gewinnen. *Dieses gemeinsame Interesse veranlaßt alle, auf Verbesserung, Vereinfachung und Beschleunigung des Arbeitsprozesses zu sinnen. Der Ehrgeiz, zu erfinden und zu entdecken, wird im höchsten Grade angeregt, einer wird an Vorschlägen und Ideen den anderen zu überbieten suchen.*[1] Es wird also genau das Gegenteil von dem eintreten, was die Gegner des Sozialismus behaupten. Wie viele Erfinder und Entdecker gehen in der bürgerlichen Welt zugrunde! Wie viele werden ausgenutzt und beiseite geschoben! Sollten Geist und Talent statt des Be-

[1] „Die Macht des Wetteifers, der zu den gewaltigsten Anstrengungen anregt, um das Lob und die Bewunderung anderer zu erwecken, erweist sich erfahrungsgemäß überall nützlich, wo Menschen öffentlich miteinander wetteifern, selbst wo es sich um frivole und solche Dinge handelt, von denen das Publikum keinen Nutzen hat. Ein Wettstreit, wer am meisten für das gemeine Beste tun könne, ist aber eine Art Konkurrenz, welche die Sozialisten nicht zurückweisen." *John Stuart Mill*, „Politische Ökonomie". Jeder Verein, jede Vereinigung von Personen, die gleiche Ziele und Bestrebungen verfolgen, liefert ebenfalls zahlreiche Beispiele höheren Strebens, denen kein materieller, sondern nur ein ideeller Erfolg zuteil wird. Die Wetteifernden werden allerdings vom Ehrgeiz getrieben, sich auszuzeichnen, von der Sucht, der gemeinsamen Sache zu nützen. Diese Art Ehrgeiz ist aber eine Tugend, er betätigt sich zum Wohle aller, bei dem auch der einzelne seine Befriedigung findet. Ehrgeiz ist nur schädlich und verwerflich, wo er zum Schaden des Ganzen oder auf Kosten anderer sich betätigt.

sitzes an der Spitze der bürgerlichen Gesellschaft stehen, *der größte Teil der Unternehmer müßte seinen Arbeitern, Werkmeistern, Technikern, Ingenieuren, Chemikern usw. Platz machen.* Dieses sind die Männer, die in neunundneunzig Fällen von hundert die Erfindungen, Entdeckungen und Verbesserungen machten, die dann der Mann mit dem großen Geldbeutel ausnutzt. Wie viele Tausende von Entdeckern und Erfindern zugrunde gegangen sind, weil sie den Mann nicht fanden, der die Mittel zur Ausführung ihrer Entdeckungen und Erfindungen hergab, wie viele verdiente Entdecker und Erfinder unter der sozialen Misere des Alltagslebens unterdrückt werden, entzieht sich jeder Berechnung. Nicht die Leute mit hellem Kopf und scharfem Verstand, sondern die mit den großen Mitteln sind die Herren der Welt, womit nicht gesagt sein soll, daß nicht auch ein heller Kopf und der Besitz eines gefüllten Beutels in einer Person vereinigt sind.

Jeder, der im praktischen Leben steht, weiß, wie mißtrauisch heute der Arbeiter jede Verbesserung, jede neue Erfindung, die eingeführt wird, aufnimmt. Mit Recht. In der Regel hat nicht er den Vorteil davon, sondern sein Anwender; er muß fürchten, daß die neue Maschine, die Verbesserung, die eingeführt wird, ihn als überzählig aufs Pflaster wirft. Statt freudiger Zustimmung zu einer Erfindung, die der Menschheit Ehre macht und Vorteil schaffen soll, hat er eine Verwünschung und einen Fluch auf den Lippen. Und wie manche Verbesserung für den Produktionsprozeß, die ein Arbeiter entdeckte, wird nicht eingeführt. Der Arbeiter verschweigt sie, weil er fürchtet, nicht Vorteil, sondern Schaden davon zu haben. Das sind die natürlichen Folgen des Gegensatzes der Interessen.[1]

---

[1] *v. Thünen*, „Der isolierte Staat" (Rostock), sagt: „In dem entgegengesetzten Interesse liegt der Grund, warum Proletarier und Besitzende fortan sich feindlich gegenüberstehen und unversöhnt bleiben werden, *solange der Zwiespalt der Interessen nicht gehoben ist.* Nicht bloß der Wohlstand seines Lohnherrn, sondern durch Entdeckungen im Fabrikwesen, durch Anlegung von Chausseen und Eisenbahnen, durch Anknüpfung neuer Handelsverbindungen kann auch von Zeit zu Zeit das Nationaleinkommen sich sehr steigern. Aber bei unserer jetzigen gesellschaftlichen Ordnung wird der Arbeiter davon nicht berührt, seine Lage bleibt, wie sie war, und *der ganze Zuwachs von Einkommen fällt den Unternehmern, Kapitalisten und Grundherren* zu." Dieser letzte Satz ist eine fast wörtliche Antizipation des Ausspruchs Gladstones im englischen Parlament, in dem er 1864 erklärte, „dieser berauschende Zuwachs von Einkommen und Macht (den in den letzten zwanzig Jahren England erfahren) ist ausschließlich auf die besitzende Klasse beschränkt geblieben". Und S. 207 seines Werkes sagt

In der sozialistischen Gesellschaft ist der Gegensatz der Interessen *beseitigt*. Jeder entwickelt seine Fähigkeiten, um sich zu nützen, und damit nützt er zugleich dem Gemeinwesen. Heute sind Befriedigung des persönlichen Egoismus und Gemeinwohls meist *Gegensätze*, die sich ausschließen; in der neuen Gesellschaft sind diese Gegensätze aufgehoben, *Befriedigung des persönlichen Egoismus und Förderung des Gemeinwohls stehen miteinander in Harmonie, sie decken sich.*[1]

Die großartige Wirkung eines solchen Moralzustandes liegt nahe. Die Produktivität der Arbeit wird mächtig wachsen. Insbesondere wird die Produktivität der Arbeit auch dadurch gewaltig wachsen, daß die enorme *Zersplitterung der Arbeitskräfte* in Hunderttausende und Millionen von Zwergbetrieben, die mit den unvollkommensten Werkzeugen und Arbeitsmitteln produzieren, aufhört. In welche Unzahl von Zwerg-, Mittel- und Großbetrieben das deutsche Gewerbeleben zersplittert ist, wurde oben nachgewiesen. Durch die Zusammenziehung der kleinen und mittleren Betriebe in Großbetriebe, die mit allen Vorteilen modernster Technik ausgestattet sind, wird eine enorme Verschwendung von Kraft, Zeit, Material aller Art (Licht, Heizung usw.) und Raum, die jetzt stattfindet, beseitigt und wird die Produktivität der Arbeit ums Mehrfache gesteigert. Welcher Unterschied in der Produktivität zwischen kleinen, mittleren und großen Betrieben vorhanden ist, mag ein Beispiel aus dem Industriezensus des Staates Massachusetts aus dem Jahre 1890 zeigen. Man teilte dort die Betriebe von zehn Hauptindustriebranchen in drei Kategorien ein.

---

v. Thünen: *„In der Trennung des Arbeiters von seinem Erzeugnis liegt das Übel.“*

Morelly äußert in seinen „Prinzipien der Gesetzgebung“: „Das Eigentum trennt uns in zwei Klassen, in Reiche und Arme. Jene lieben ihr Vermögen und mögen nicht den Staat verteidigen; diese können das Vaterland unmöglich lieben, denn es beschenkt sie mit nichts anderem als Elend. Wohl aber liebt jeder sein Vaterland in der Gütergemeinschaft, denn jeder bekommt durch sie Leben und Glück.“

1 Bei Abwägung der Vorteile und Nachteile des Kommunismus sagt Stuart Mill in seiner „Politischen Ökonomie“: „Kein Feld kann für die Entwicklung einer solchen Auffassung (daß das öffentliche Interesse auch das persönliche sei) günstiger sein, als eine kommunistische Assoziation. Aller Ehrgeiz sowie alle körperliche und geistige Tätigkeit, welche jetzt sich abmühen mit der Verfolgung vereinzelter und selbstsüchtiger Interessen, würden einen anderen Wirkungskreis verlangen und denselben von selbst in dem Streben für die allgemeine Wohlfahrt des Gemeinwesens finden.“

Diejenigen, die weniger als 40 000 Dollar Produktenwert erzeugten, zählten zur niederen Klasse, die zwischen 40 000 und 150 000 Dollar Warenwert erzeugten zur mittleren Klasse und die mit über 150 000 Dollar Warenwert zur oberen Klasse.

Das Ergebnis war folgendes:

	Zahl der Etablissements	Prozentsatz von den gesamten Etablissements	Gesamtproduktionswert der einzelnen Klassen Dollar	Prozentsatz vom Gesamtproduktwert
Niedere Klasse	2042	55,2	51660617	9,4
Mittlere Klasse	968	26,2	106868635	19,5
Obere Klasse	686	18,6	390817300	71,1
	3696	100	549346552	100

Die mehr als doppelt so große Zahl der kleinen Betriebe im Vergleich zu den mittleren und großen Betrieben erzeugte also nur 9,4 Prozent des Gesamtproduktes, und die nur 23 Prozent betragende Anzahl der Großbetriebe produzierte fast das zweiundeinhalbfache Quantum des Produktes aller übrigen Betriebe. Aber auch die Großbetriebe könnten noch weit rationeller eingerichtet werden, so daß bei einer Gesamtproduktion, auf der höchsten technischen Produktionsform, ein noch weit *größeres* Arbeitsquantum hergestellt werden würde.

Was bei einer Produktion, die auf rationellste Basis gestellt ist, an Zeit gewonnen werden kann, darüber hat 1886 Th. Hertzka in seinem Buche „Die Gesetze der sozialen Entwicklung“ eine interessante Berechnung angestellt. Er untersuchte, was für ein Aufwand an Arbeitskräften und Zeit notwendig sei, um die Bedürfnisse der damals 22 Millionen Köpfe zählenden Bevölkerung Österreichs auf dem Wege der Großproduktion herzustellen. Zu diesem Zwecke zog Hertzka Erkundigungen ein über die Leistungsfähigkeit der Großbetriebe auf den verschiedenen Gebieten und stellte danach seine Berechnungen auf. Hierbei ist einbegriffen die Bewirtschaftung von 10½ Millionen Hektar Ackerboden und von 3 Millionen Hektar Wiesen, die für die erwähnte Bevölkerungszahl genügen sollen, um ihren Bedarf an Ackerbauprodukten und Fleisch zu decken. Weiter schloß Hertzka in seine Berechnung die Herstellung von Wohnungen ein, dergestalt, daß jede Familie ein eigenes Häuschen von 150 Quadratmetern mit fünf Wohnräumen erhält, das auf eine Dauer von 50 Jahren berechnet ist. Es ergab sich, daß für die Landwirtschaft, die Bautätigkeit, die

Mehl- und Zuckerproduktion, die Kohlen-, Eisen- und Maschinenindustrie, die Bekleidungsindustrie und die chemischen Industrien 615 000 Arbeitskräfte notwendig seien, die in dem jetzt gewohnten täglichen Durchschnittszeitenmaß das Jahr über tätig sein müßten. Diese 615 000 Köpfe bildeten aber *nur 12,3 Prozent der arbeitsfähigen Bevölkerung Österreichs, wenn alle Frauen sowie die männliche Bevölkerung unter 16 und über 50 Jahren der Produktion fernblieben.* Würden die zur Zeit der Berechnung vorhandenen 5 Millionen Männer, gleich den 615 000, beschäftigt, *so brauchte jeder derselben nur 36,9 Tage, rund 6 Wochen, zu arbeiten,* womit die notwendigsten Lebensbedürfnisse für 22 Millionen Menschen hergestellt würden. Nehmen wir aber 300 Arbeitstage im Jahre anstatt 37, so würden, den Arbeitstag mit 11 Stunden in Ansatz gebracht, bei der neuen Organisation der Arbeit täglich *nur $1^3/_8$ Stunden nötig sein, um die notwendigsten Bedürfnisse zu decken.*

Hertzka bringt auch die Luxusbedürfnisse der Bessersituierten in Rechnung und findet, daß die Herstellung derselben, für einen Bedarf von 22 Millionen Menschen, weitere 315 000 Arbeiter erfordere. Im ganzen wären alsdann, nach Hertzka, unter Berücksichtigung einiger in Österreich ungenügend vertretener Industrien, rund eine Million, gleich 20 Prozent der arbeitsfähigen männlichen Bevölkerung, mit Ausschluß derjenigen unter 16 und über 50 Jahren, nötig, *um die gesamten Bedürfnisse der Bevölkerung* in 60 Tagen zu decken. Bringen wir wieder die gesamte arbeitsfähige männliche Bevölkerung in Rechnung, so hätte diese täglich *nur zweieinhalb Stunden durchschnittliche Arbeitszeit zu leisten.*[1]

Diese Rechnung wird niemand überraschen, der die Verhältnisse übersieht. Nehmen wir nun an, daß bei einem solchen mäßigen Zeitmaß, mit Ausnahme von Kranken und Invaliden, auch die über 50 Jahre alten Männer noch zu arbeiten vermögen, daß ferner die Jugend unter 16 Jahren tätig sein könnte, ebenso ein großer Teil der Frauen, soweit

[1] In seinen „Irrlehren" spottet Herr Eugen Richter über die von uns in Aussicht gestellte enorme Arbeitszeitverkürzung, die bei allgemeiner Arbeitspflicht und höchster technischer Organisation des Arbeitsprozesses eintreten würde. Er sucht die Leistungsfähigkeit der Großindustrie möglichst herabzusetzen, dagegen die Bedeutung des Kleingewerbes aufzubauschen, um behaupten zu können, die notwendige Mehrproduktion ließe sich nicht bewerkstelligen. Damit der Sozialismus als unmöglich erscheint, müssen diese Verteidiger der bestehenden „Ordnung" die Vorzüge ihrer eigenen Gesellschaftsordnung diskreditieren.

diese nicht für Kindererziehung, Nahrungszubereitungen usw. in Anspruch genommen sind, so könnte die Arbeitszeit noch weiter ermäßigt oder es könnten die Bedürfnisse erheblich gesteigert werden. Auch wird niemand bestreiten wollen, daß nicht noch sehr bedeutende, gar nicht abzusehende Fortschritte in der Vervollkommnung des Arbeitsprozesses gemacht werden, die weitere Vorteile schaffen. Andererseits handelte es sich darum, für alle eine Menge Bedürfnisse zu befriedigen, die heute nur eine Minorität befriedigen kann, und bei höherer Kulturentwicklung entstehen immer neue Bedürfnisse, die ebenfalls befriedigt werden sollen. *Es muß immer wiederholt werden, die neue Gesellschaft will nicht proletarisch leben, sie verlangt als ein hochentwickeltes Kulturvolk zu leben, und zwar in allen ihren Gliedern, vom ersten bis zum letzten.* Sie soll aber nicht bloß allen ihre materiellen Bedürfnisse befriedigen, sie soll auch allen ausreichende Zeit für die Ausbildung in Künsten und Wissenschaften aller Art und zur Erholung ermöglichen.

3. Organisation der Arbeit

Noch in anderen, sehr wesentlichen Punkten wird sich die sozialistische Gemeinwirtschaft von der bürgerlichen Individualwirtschaft unterscheiden. Der Grundsatz des „billig und schlecht", der für einen großen Teil der bürgerlichen Produktion maßgebend ist und maßgebend sein muß, weil der größte Teil der Kundschaft nur billige Waren kaufen kann, die raschem Verschleiß unterworfen sind, fällt fort. Man wird nur das Beste erzeugen, das um so länger hält und seltener ersetzt zu werden braucht. Die Modetorheiten und Modetollheiten, durch die nur Verschwendung und oft auch Geschmacklosigkeit begünstigt werden, hören auf. Man wird sich zweifellos zweckmäßiger und gefälliger kleiden als heute – beiläufig bemerkt zeichnen sich die Moden der letzten hundert Jahre, namentlich die der Männerwelt, durch möglichste Geschmacklosigkeit aus –, aber man wird nicht mehr alle Vierteljahre eine neue Mode einführen, eine Narrheit, die einerseits mit dem Konkurrenzkampf der Frauen unter sich, andererseits mit der Prahlsucht und Eitelkeit und dem Bedürfnis, seinen Reichtum zur Schau zu tragen, aufs engste zusammenhängt. Auch lebt gegenwärtig eine Menge Existenzen von diesen Modetorheiten, und sie ist im eigenen Interesse gezwungen, sie zu stimulieren und zu forcieren. Mit den Modetorheiten in der Kleidung fällt die Modenarrheit im Stile der Wohnungen. Hier treibt die Exzentrizität ihre schlimmsten Blüten. Stile, die zu ihrer Entwicklung Jahrhunderte erforderten und bei den verschiedensten Völkern entstanden sind – man begnügt sich nicht mehr mit den Stilen der Europäer, man geht über zu den Stilen der Japaner, Inder, Chinesen usw. –, werden in wenig Jahren verbraucht und beiseite gesetzt. Unsere Kunstgewerbetreibenden wissen kaum noch, woher und wohin sie mit all den Mustern und Modellen sollen. Kaum haben sie sich in einem „Stil" assortiert und glauben die aufgewendeten Kosten herausschlagen zu können, so ist schon ein neuer „Stil" da, der von neuem große Opfer an Zeit und Geld, an geistigen und physischen Kräften beansprucht. In diesem Hetzen und Jagen von einer Mode zur anderen und von einem Stil zum anderen spiegelt sich die Nervosität des Zeitalters am prägnantesten wider. Niemand wird behaupten wollen, daß in diesem Hasten und Stürmen Sinn und Verstand liegt und es als ein Zeichen der Gesundheit der Gesellschaft anzusehen sei.

Der Sozialismus wird erst wieder eine größere Stabilität in die Lebensgewohnheiten der Gesellschaft bringen; er wird Ruhe und Genuß ermöglichen und ein Befreier von der gegenwärtig herrschenden Hast und Aufregung sein. Alsdann wird die Nervosität, diese Geißel unseres Zeitalters, verschwinden.

Die Arbeit soll aber auch möglichst angenehm werden. Dazu gehören geschmackvoll und praktisch eingerichtete Produktionsstätten, möglichste Verhütung jeder Gefahr, Beseitigung unangenehmer Gerüche, Dünste, Rauch usw., kurz aller gesundheitsschädlichen und lästigen Einflüsse. Anfangs produziert die neue Gesellschaft mit den von der alten übernommenen Hilfs- und Arbeitsmitteln. Diese sind aber unzureichend. Zahlreiche zersplitterte, nach jeder Richtung höchst unzulängliche Arbeitsräume, mangelhafte Werkzeuge und Maschinen, die alle Stufen der Brauchbarkeit durchlaufen, genügen weder der Zahl der Beschäftigten noch ihren Ansprüchen auf Bequemlichkeit und Annehmlichkeit. Die Beschaffung einer Menge großer, heller, luftiger, auf das vollkommenste ausgestatteter und ausgeschmückter Arbeitsräume ist also das dringendste Bedürfnis. Kunst und Technik, Kopf- und Handgeschicklichkeit finden sofort ein umfassendes Feld der Tätigkeit. Alle Gebiete des Maschinenbaus, der Werkzeugfabrikation, des Bauwesens und der mit der inneren Einrichtung der Räume beschäftigten Arbeitszweige haben die reichlichste Gelegenheit zur Betätigung. Was menschlicher Erfindungsgeist an bequemen und angenehmen Baulichkeiten, an zweckentsprechender Ventilation, Beleuchtung und Heizung, an maschinellen und technischen Einrichtungen und Reinlichkeitsanlagen zu schaffen vermag, wird in Anwendung gebracht. Die Ersparnis an motorischen Kräften, an Heizung, Beleuchtung, Zeit sowie die Arbeits- und Lebensannehmlichkeiten aller gebieten die zweckmäßigste *Konzentration* der Arbeitsstätten auf bestimmte Punkte. Die Wohnungen werden von den Arbeitsräumen getrennt und von den Unannehmlichkeiten industrieller und gewerblicher Tätigkeit befreit. Und diese Unannehmlichkeiten werden wieder, durch zweckmäßige Einrichtungen und Vorkehrungen aller Art, auf das geringste Maß beschränkt und schließlich beseitigt. Der gegenwärtige Stand der Technik hat bereits Mittel genug, um die gefährlichsten Berufsarten, wie den Bergbau, die chemischen Betriebe usw., von ihren Gefahren *gänzlich* zu befreien. Sie kommen in der bürgerlichen Gesellschaft nicht zur Anwendung, weil sie große Kosten verursachen und keine Verpflichtung besteht, für den Schutz der Arbeiter mehr als das Notwendigste zu tun. Die Unannehmlichkeiten, die zum Beispiel der Arbeit im Bergbau anhaften, können durch eine andere Art des Abbaus, durch umfassende Ventilation, durch Einführung elektrischer Beleuchtung, erhebliche Verkürzung der Arbeitszeit und häufigen Wechsel der Arbeitskräfte beseitigt werden. Auch bedarf es keines besonderen Scharfsinns, um Schutzmittel zu finden, die zum Beispiel bei Bauten Unfälle fast unmöglich machen und die Arbeit an denselben zu einer der angenehmsten gestalten. So lassen sich ausreichende Schutzvorrichtungen gegen Sonnenhitze und Regen bei den größten Bauten und bei allen Arbeiten im Freien im ausreichendsten Maße herstellen.

Auch wird sich in einer Gesellschaft wie der sozialistischen, die über ausreichende Arbeitskräfte verfügt, mit Leichtigkeit öfterer Wechsel der Arbeitskräfte und die Konzentration gewisser Arbeiten auf bestimmte Jahres- und Tageszeiten durchführen lassen.

Die Frage nach der Beseitigung von Staub, Rauch, Ruß, schlechten Gerüchen kann auch heute schon vollständig durch Chemie und Technik gelöst werden, es geschieht nicht oder nur teilweise, weil dazu die Privatunternehmer die nötigen Mittel nicht opfern wollen. Die Produktionsstätten der Zukunft werden also, wo immer sie sich befinden, ob unter oder über der Erde, von den gegenwärtigen sich in der vorteilhaftesten Weise unterscheiden. Verbesserte Einrichtungen sind für die Privatwirtschaft in erster Linie eine Geldfrage, es heißt: Kann das Geschäft sie tragen, rentieren sie sich? Rentieren sie sich nicht, dann mag der Arbeiter zugrunde gehen. Das Kapital tut nicht mit, wo kein Profit herausspringt. Die Menschlichkeit hat keinen Kurs an der Börse.[1]

In der sozialistischen Gesellschaft hat die Frage nach Profit ihre Rolle ausgespielt, für sie gibt es keine andere Rücksicht *als das Wohl ihrer Glieder*. Was diesen nützt und sie schützt, muß eingeführt werden, was sie schädigt, unterbleibt. Niemand wird gezwungen, bei einem gefährlichen Spiel mitzutun. Werden Unternehmungen ins Werk gesetzt, bei denen Gefahren in Aussicht stehen, so darf man sicher sein, daß es Freiwillige in Menge gibt, und zwar um so mehr, da es sich nie um Kultur zerstörende, sondern stets nur um Kultur fördernde Unternehmungen handeln kann.

4. Das Wachstum der Produktivität der Arbeit

Umfassende Anwendung der motorischen Kräfte und der vollkommensten Maschinen und Werkzeuge, weitgehende Arbeitsteilung und geschickte Kombination der Arbeitskräfte werden also die Produktion auf eine Höhe bringen, daß zur Erzeugung des nötigen Quantums von Lebensbedürfnissen *die Arbeitszeit sehr erheblich reduziert werden kann.* Erhöhte Produktion gereicht allen zum Vorteil; *der Anteil des einzelnen am Produkt steigt mit der Produktivität der Arbeit, und die steigende Produktivität ermöglicht wieder, die als gesellschaftlich notwendig bestimmte Arbeitszeit herabzusetzen.*

---

[1] „Kapital", sagt der „Quarterly Reviewer", „flieht Tumult und Streit und ist ängstlicher Natur. Das ist sehr wahr, aber doch nicht die ganze Wahrheit. Das Kapital hat einen Horror vor Abwesenheit von Profit oder sehr kleinem Profit, wie die Natur vor der Leere. Mit entsprechendem Profit wird Kapital kühn. Zehn Prozent sicher, und man kann es überall anwenden; 20 Prozent, es wird lebhaft; 50 Prozent positiv waghalsig; *für 100 Prozent stampft es alle menschlichen Gesetze unter seinen Fuß; 300 Prozent, und es gibt kein Verbrechen, das es nicht riskiert, selbst auf die Gefahr des Galgens.* Wenn Tumult und Streit Profit bringen, wird es sie beide encouragieren." Karl Marx, „Das Kapital", 1. Band. 2. Auflage. Note S. 250.

Unter den in Anwendung kommenden motorischen Kräften dürfte die Elektrizität die entscheidende Stelle einnehmen. Schon ist die bürgerliche Gesellschaft bemüht, sie sich überall dienstbar zu machen. In je umfangreicherem und vollkommenerem Maße dies geschieht, um so besser für den allgemeinen Fortschritt. Die revolutionierende Wirkung dieser gewaltigsten aller Naturkräfte wird die Bande der bürgerlichen Welt nur *um so rascher* sprengen und dem Sozialismus die Türe öffnen. Die vollste Ausnutzung und umfassendste Anwendung aber wird diese Kraft erst in der sozialisierten Gesellschaft erlangen. Sie wird sowohl als motorische Kraft wie als Licht- und Heizquelle in ungemeinem Maße zur Verbesserung der Lebensbedingungen der Gesellschaft beitragen. Die Elektrizität zeichnet sich vor jeder anderen Kraft dadurch aus, daß sie in der Natur im Überfluß vorhanden ist. Unsere Wasserläufe, Ebbe und Flut des Meeres, der Wind, das Sonnenlicht liefern ungezählte Pferdekräfte, sobald wir erst ihre volle und zweckmäßige Ausnützung verstehen.

„Einen Reichtum an Energie, der allen Bedarf weit übersteigt, bieten die Teile der Erdoberfläche dar, denen die Sonnenwärme, und zwar gerade dort größtenteils ungenutzt oder sogar lästig, so regelmäßig zufließt, daß mit ihr auch ein regelmäßiger technischer Betrieb durchgeführt werden kann. Vielleicht würde es keine übertriebene Vorsicht sein, wenn eine Nation sich schon jetzt einen Anteil an solchen Gegenden sicherte. Sehr große Flächen sind nicht einmal nötig; *einige Quadratmeilen in Nordafrika würden für den Bedarf eines Landes wie das Deutsche Reich genügen.* Durch Konzentration der Sonnenwärme läßt sich eine hohe Temperatur erzeugen und hiermit dann alles übrige, transportable mechanische Arbeit, Akkumulatorenladung, Licht und Wärme, oder durch Elektrolyse auch direkt Brennmaterial."[1] Der Mann, der diese Perspektive eröffnet, ist kein Schwärmer, sondern wohlbestallter Professor der Berliner Universität und Präsident a. D. der physikalisch-technischen Reichsanstalt, ein Mann, der in der Wissenschaft einen ersten Rang einnimmt. Und auf dem 79. Kongreß der British Association in Winnipeg (Kanada) sagte in seiner Eröffnungsrede (August 1909) der berühmte englische Physiker Sir S. Thomson: „Nicht allzufern ist der Tag, da die Ausnutzung der

[1] Die Energie der Arbeit und die Anwendung des elektrischen Stromes, von Fr. Kohlrausch. Leipzig 1900, Duncker & Humblot.

Sonnenstrahlen unser Leben revolutionieren wird, von der Abhängigkeit von Kohle und Wasserkraft befreit sich der Mensch, und alle großen Städte werden umringt sein von gewaltigen Apparaten, regelrechten Sonnenstrahlenfallen, in denen die Sonnenwärme aufgefangen und die gewonnene Energie in mächtigen Reservoirs aufgestaut wird . . . Es ist die Kraft der Sonne, die, in der Kohle, in den Wasserfällen, in der Nahrung aufgestapelt, alle Arbeit in der Welt verrichtet. Wie gewaltig diese Kraftabgabe ist, die die Sonne über uns ausschüttet, wird klar, wenn wir erwägen, daß die Wärme, die die Erde bei hoher Sonne und klarem Himmel empfängt, nach den Forschungen von Langley einer Energie von 7000 Pferdekräften für den Acre gleichkommt. Wenngleich unsere Ingenieure einstweilen noch nicht den Weg gefunden haben, diese riesenhafte Kraftquelle auszunutzen, so zweifle ich doch nicht, daß ihnen dies schließlich gelingen wird. Wenn einst die Kohlenvorräte der Erde erschöpft sind, wenn die Wasserkräfte unserem Bedürfnis nicht mehr genügen, dann werden wir aus jener Quelle alle Energie schöpfen, die notwendig ist, um die Arbeit der Welt zu vollenden. Dann werden die Zentren der Industrie in die glühenden Wüsten der Sahara verlegt werden, und der Wert des Landes wird danach gemessen werden, inwieweit es geeignet ist für die Aufstellung der großen ‚Sonnenstrahlenfallen'."[1] Hiernach wäre die Sorge, daß es uns jemals an Heizstoffen fehlen könnte, beseitigt. Und da durch die Erfindung des Akkumulatoren es möglich ist, große Kraftmengen zu binden und sie für einen beliebigen Ort und eine beliebige Zeit aufzusparen, so daß neben der Kraft, die Sonne, Ebbe und Flut uns liefert, die Kraft des Windes und der Bergbäche, die nur periodisch zu gewinnen sind, erhalten und ausgenutzt werden können, so gibt es schließlich keine menschliche Tätigkeit, für die, wenn notwendig, motorische Kraft nicht vorhanden ist.

Erst mit Hilfe der Elektrizität ist der Ausbau von Wasserkräften im großen Stil möglich geworden. Nach T. Koehn gibt es in acht europäischen Staaten *verfügbare Wasserkräfte:*

---

[1] Schon im Jahre 1864 machte Augustin Mouchot den Versuch, die Sonnenwärme industriellen Zwecken unmittelbar dienstbar zu machen und konstruierte eine Sonnenmaschine, die von Pifré noch verbessert wurde. Die größte Sonnenmaschine (Heliomotor) steht in Kalifornien und dient als Pumpapparat. Das Wasser aus dem Brunnen wird mit einer Schnelligkeit von 11000 Litern in der Minute emporgepumpt.

	Pferdestärke	Pro 1000 Einwohner
Großbritannien	963 000	23,1
Deutschland	1 425 900	24,5
Schweiz	1 500 000	138
Italien	5 500 000	150
Frankreich	5 857 000	169
Österreich-Ungarn	6 460 000	454,5
Schweden	6 750 000	1 290
Norwegen	7 500 000	3 409

Von den deutschen Bundesstaaten verfügen Baden und Bayern über die größten Wasserkräfte. Baden kann allein am Oberrhein rund 200 000 Pferdestärken gewinnen, Bayern verfügt über 300 000 ungenützte (neben 100 000 genützten) Pferdestärken. Professor Rehbock in Karlsruhe schätzt die theoretische Rohenergie des auf der ganzen Erdoberfläche abfließenden Wassers auf 8 Milliarden Pferdestärken. Wenn hiervon auch nur der sechzehnte Teil lohnend ausgenützt werden könnte, so würden noch immer 500 Millionen dauernd wirkender Pferdestärken gewonnen werden, ein Energiebetrag, welcher den aus der Kohlenförderung des Jahres 1907 (1000 Millionen Tonnen) annäherungsweise berechneten um weit mehr als das Zehnfache übertreffen würde. Sind solche Berechnungen zunächst auch Theorie, so zeigen sie doch, welcher Leistungen wir uns bei der „weißen Kohle" für die weitere Zukunft noch vorsehen dürfen. Allein an den Fällen des Niagaraflusses, welcher aus einem Seengebiet mit einer Oberfläche von 231 880 Quadratkilometer – das sind ungefähr 43 Prozent der Oberfläche ganz Deutschlands mit 540 000 Quadratkilometern – kommt, lassen sich mehr Wasserkräfte gewinnen, als in England, Deutschland und der Schweiz zusammengenommen vorhanden sind.[1] Nach einer anderen Berechnung, die in einem offiziellen Bericht zitiert wird, gibt es in den Vereinigten Staaten von Amerika verfügbare Wasserkräfte von nicht weniger als 20 Millionen Pferdestärken, die ein Äquivalent von 300 Millionen Tonnen Kohle jährlich bilden.[2] Die Fabriken, die mit dieser „weißen" oder „grünen" Kohle mit der Gewalt der rauschenden Gießbäche und Wasserfälle getrieben werden, werden auch keine Schornsteine, keine Feuer haben.

---

[1] T. Koehn, Über einige große europäische Wasserkraftanlagen und ihre wirtschaftliche Bedeutung. Elektrotechnische Zeitschrift 1909, Heft 38.

[2] Supply and distribution of Cotton. S. 37. Washington 1908.

Die Elektrizität wird es auch ermöglichen, die Geschwindigkeit unserer Bahnen mehr als zu verdoppeln. Wenn anfangs der neunziger Jahre des vorigen Jahrhunderts Herr Meems in Baltimore es für möglich hielt, einen elektrischen Wagen zu bauen, der 300 Kilometer in der Stunde zurücklegt, und Prof. Elihu Thomson in Lynn (Massachusetts) an die Herstellung von Elektromotoren glaubte, die bei geeigneter Verstärkung des Oberbaues der Bahnen und entsprechender Verbesserung des Signalwesens bis 260 Kilometer in der Stunde zurücklegten, so haben sich diese Erwartungen nahezu erfüllt. Die Probefahrten, die 1901 und 1902 auf der Militärbahn Berlin-Zossen vorgenommen wurden, ergaben schon die Möglichkeit einer Fahrgeschwindigkeit bis 150 Kilometer in der Stunde. Und bei den im Jahre 1903 aufgenommenen Versuchen hat der Siemenswagen eine Geschwindigkeit von 201, der der Allgemeinen Elektrizitätsgesellschaft von 208 Kilometer erreicht. In den folgenden Jahren sind auch bei Schnellbahnversuchen mit Dampflokomotiven Geschwindigkeiten von 150 Kilometer in der Stunde und mehr erzielt worden.

Jetzt heißt die Losung 200 Kilometer in der Stunde. Und auf der Arena erscheint schon August Scherl mit seinem neuen Schnellbahnprojekt, das die vorhandenen Bahnlinien dem Güterverkehr zuweist und die größeren Städte durch eingleisig verkehrende Züge mit 200 Kilometer Geschwindigkeit verbindet.[1]

Die Frage der Elektrifizierung des Eisenbahnwesens steht auf der Tagesordnung in England, Österreich, Italien und Amerika. Zwischen Philadelphia und New York ist eine elektrische Schnellbahn mit einer Geschwindigkeit von 200 Kilometer in der Stunde projektiert.

Ebenso wird die Geschwindigkeit der Seedampfer wachsen. Die ausschlaggebende Rolle dabei spielt die Dampfturbine.[2] „Sie steht heute im Vordergrund des technischen Interesses. Sie scheint berufen,

---

[1] Durch die neue Eisenbahnbau- und Betriebsordnung vom 4. November 1904 ist für Personenzüge mit durchgehender Bremse die Geschwindigkeitsgrenze auf 100 Kilometer in der Stunde festgesetzt. Im Jahre 1908 hat das preußische Ministerium der öffentlichen Arbeiten beschlossen, den Dampfbetrieb der Eisenbahnlinien Leipzig—Bitterfeld—Magdeburg und Leipzig—Halle in elektrischen Betrieb umzuwandeln.

[2] Während die alte Dampfmaschine nur auf einem Umwege (durch die Vermittlung des sich hin und her bewegenden Kolbens) die Schwung- und Triebräder herumdreht, erzeugt die Dampfturbine eine Drehbewegung unmittelbar, so wie der Wind die Windräder dreht.

auf ausgedehnten Anwendungsgebieten die Kolbendampfmaschine zu verdrängen. Während die meisten Ingenieure die Dampfturbine noch als eine Aufgabe der Zukunft ansahen, war sie zu einer Frage der Gegenwart geworden, die die Aufmerksamkeit der ganzen technischen Welt durch ihre Erfolge auf sich zog ... Erst die Elektrotechnik mit ihren rasch laufenden Maschinen hat ein riesig ausgedehntes Anwendungsgebiet für die neue Kraftmaschine geschaffen. Die bei weitem größte Zahl aller heute laufenden Dampfturbinen dient zum Antrieb von Dynamomaschinen."[1] Insbesondere hat die Dampfturbine ihre Überlegenheit über die ältere Kolbendampfmaschine bei den Ozeanfahrten gezeigt. So hat der englische Ozeandampfer „Lusitania", der mit Dampfturbinen ausgerüstet ist, im August 1909 die Reise von Irland bis New York in 4 Tagen 11 Stunden und 42 Minuten mit einer Durchschnittsgeschwindigkeit von 25,85 Knoten (zirka 48 Kilometer) in der Stunde zurückgelegt. Die 1863 erbaute „Amerika", damals das schnellste Schiff, fuhr 12,5 Knoten (23,16 Kilometer).[2] Und der Tag ist nicht weit, wenn der elektrische Propellerantrieb für große Schiffe eine befriedigende Lösung finden wird. Für kleine Schiffe kommt er schon zur Anwendung. Einfache Wartung und hohe Betriebssicherheit, gute Selbstregulierung und erschütterungsfreier Lauf machen die Dampfturbine zur idealen Antriebskraft für die Erzeugung elektrischer Energie an Bord. Und Hand in Hand mit der Elektrifizierung des ganzen Eisenbahnwesens wird auch die Elektrifizierung des gesamten Schiffbaues gehen.

Durch die Elektrizität wird auch die Technik der Lastenförderung revolutioniert. „Hatte die Dampfkraft überhaupt die Möglichkeit eröffnet, Hebemaschinen mit Naturkraft zu bauen, so führte die elektrische Kraftübertragung einen vollständigen Umschwung im Hebemaschinenbau herbei, insofern, als sie erst diesen Maschinen freie Beweglichkeit und stete Betriebsbereitschaft gewährte." Der elektrische Betrieb hat unter anderem den weitestgehenden Wandel in dem Auf-

[1] C. Matschoß, Die Entwicklung der Dampfmaschine. 2. Band, S. 606 bis 607. Berlin 1908.

[2] „Im Mittel rechnete man noch in den fünfziger Jahren mit dem Segler sechs Wochen bis New York, der Dampfer kam in zwei Wochen hinüber, in den neunziger Jahren wurde die Strecke in einer Woche, jetzt wird sie in $5^1/_2$ Tagen überwunden. Die zwei Weltteile sind infolge dieser Fortschritte einander näher gerückt als Berlin und Wien vor hundert Jahren." E. Reyer, Kraft. S. 173. Leipzig 1908.

bau der Krane herbeigeführt. „Mit seinem massigen, gebogenen Schnabel aus Walzeisen, auf einem schweren Quaderfundament lastend, mit langsamen Bewegungen und mit fauchendem Geräusch des auspuffenden Dampfes erweckt der Dampfkran den Eindruck eines Untiers aus der Urzeit. Wenn er erst zugefaßt hat, entwickelt er eine gewaltige Hebkraft, aber er braucht Menschen als Handlanger, die mit Schlingketten die Last an seinem Haken befestigen. Wegen seiner Unbehilflichkeit im Zufassen, wegen seiner Langsamkeit und Schwerfälligkeit ist er nur für Schwerlasten geeignet, nicht aber für schnelle Massenbewegung verwendbar ... Ein ganz anderes Bild gewährt schon rein äußerlich der moderne elektrisch betriebene Stahlwerkskran: Wir erblicken einen zierlichen, frei über die Halle gespannten stählernen Gitterträger und von ihm hervorragend einen schlanken, nach allen Richtungen beweglichen Zangenarm; das Ganze wird von einem einzigen Mann beherrscht, der mit sanftem Druck auf den Steuerhebel die elektrischen Ströme steuert und mit ihrer Hilfe die schlanken Stahlglieder des Kranes zu raschen Bewegungen zwingt, so daß sie ohne Zutun eines Handlangers den glühenden Stahlblock greifen und durch die Luft schwingen; dabei ist kein anderes Geräusch zu hören, als das leise Surren der Elektromotoren."[1] Ohne die Hilfe dieser Maschinen wäre der stetig anwachsende Massentransport nicht zu bewältigen. Die von Mitte bis Ende des neunzehnten Jahrhunderts vollzogene Entwicklung hinsichtlich der Vergrößerung der Tragkraft ergibt ein Vergleich dieser Größen zwischen dem Werftkran zu Pola und dem zu Kiel. Die Tragkraft des ersteren betrug 60 Tonnen, des zweiten 200 Tonnen. Der Betrieb eines Bessemerstahlwerks ist überhaupt nur möglich, wenn rasch arbeitende Hebemaschinen zur Verfügung stehen, weil andernfalls die gewaltigen Mengen flüssigen Stahls, die in kurzer Zeit erzeugt werden, nicht in den Gießformen transportiert werden könnten. Im Kruppwerk zu Essen arbeiten allein 608 Kräne mit einer Gesamttragkraft von 6513 Tonnen, gleich einem Güterzug von 650 Wagen. Die geringen Kosten der Seefracht, die die Lebensbedingung für den heutigen Weltverkehr bilden, würden nicht möglich sein, wenn nicht durch rasche Entladung das in den Schiffen angelegte Kapital so intensiv ausgenutzt werden könnte. Die Ausrüstung eines Schiffes mit elektrischen Schiffsdeckkranen führte

[1] O. Kammerer, Die Technik der Lastenförderung einst und jetzt. S. 260. Berlin 1907.

zu einer Verminderung der jährlichen Gesamtbetriebskosten von 23 000 auf 13 000 Mark, also auf nahezu die Hälfte. Dabei umfaßt dieser Vergleich den Fortschritt von nur etwa einem Jahrzehnt.

Auf allen Gebieten der Verkehrstechnik bringt auch jeder Tag bahnbrechende Erfolge. Das Flugproblem, das noch vor zwei Jahrzehnten unlösbar schien, ist schon jetzt gelöst. Und wenn die lenkbaren Luftschiffe und verschiedenen Flugapparate nicht dem leichteren und billigeren Transport von Massen dienen, sondern dem Sport und Militarismus, so werden sie später auch die Produktivkräfte der Gesellschaft vermehren. Große Fortschritte macht auch das drahtlose System der Telegraphie und Telephonie; seine industrielle Verwertung wächst mit jedem Tage. In wenigen Jahren wird somit der ganze Verkehr auf neue Grundlagen gestellt.

Der gesamte Bergbaubetrieb mit Ausnahme des Abbaus befindet sich heute in einer Umwälzung, die vor zehn Jahren noch außerhalb der Vorstellungsmöglichkeit lag. Diese Umwälzung besteht in der Einführung des elektrischen Betriebs zur Wasserhaltung, Wetterführung, Streckenförderung und Schachtförderung. Der elektromotorische Betrieb revolutionierte die Arbeitsmaschinen, die Pumpen, Haspeln, Fördermaschinen.

Märchenhafte Aussichten sind es auch, die der frühere französische Kultusminister Professor Berthelot (gestorben 18. März 1907) im Frühjahr 1894 auf einem Bankett des Syndikats der Chemikalienfabrikanten in einer Rede über die Bedeutung der Chemie in der Zukunft eröffnete. Herr Berthelot schilderte in seiner Rede, wie es etwa ums Jahr 2000 mit der Chemie stehen möchte, und wenn seine Schilderung auch manche humoristische Übertreibung enthält, so doch auch so viel Richtiges, daß wir sie auszugsweise folgen lassen. Herr Berthelot legte dar, was die Chemie in wenigen Jahrzehnten geleistet habe und bezeichnete als ihre Leistungen unter anderem: „Die Fabrikation der Schwefelsäure, der Soda, das Bleichen und Färben, den Rübenzucker, die therapeutischen Alkaloide, das Gas, die Vergoldung und Versilberung usw.; dann kam die Elektrochemie, welche die Metallurgie von Grund aus umgestaltete, die Thermochemie und die Chemie der Explosivstoffe, welche die Minenindustrie wie die Kriegführung mit neuen Energien versieht, die Wunder der organischen Chemie in der Erzeugung von Farben, Wohlgerüchen, therapeutischen und antiseptischen Mitteln usw." Das sei aber nur ein *Anfang*, bald würden viel bedeutendere Probleme gelöst werden. Ums Jahr 2000 werde es keine Landwirtschaft und keine Bauern mehr geben, denn die Chemie werde die bisherige Bodenkulturexistenz aufgehoben haben. Es werde keine Kohlenschächte und also auch keine Bergarbeiterstreiks mehr geben. Die *Brennstoffe* seien ersetzt durch chemische und physikalische Prozesse. Zölle und Kriege seien abgeschafft; die *Luftschiffahrt*, die sich der chemischen Stoffe als Bewegungsmittel bediene, habe diesen veralteten Einrichtungen das Todesurteil gesprochen. Das Problem der Industrie bestehe darin, Kraftquellen zu finden, die unerschöpflich sind und mit möglichst wenig Arbeit sich erneuern. Bisher haben wir Dampf erzeugt durch die chemische Energie verbrannter Steinkohlen; aber die Steinkohle sei beschwerlich zu gewinnen und ihr Vorrat nehme von Tag zu Tag ab. Man müsse daran denken, die *Sonnenwärme* und die *Hitze des Erdinnern* zu benützen. Es sei begründete Hoffnung vorhanden, beide Quellen in unbegrenzte Verwendung zu nehmen. Einen Schacht von 3000 bis 4000 Meter zu bohren, übersteige nicht das Können der heutigen, noch weniger der künftigen Ingenieure. Damit wäre die Quelle aller Wärme und aller Industrie erschlossen; nehme man noch das *Wasser* dazu, so könne man auf der Erde alle erdenklichen Maschinen laufen lassen, diese Kraftquelle würde in Hunderten von Jahren kaum eine merkliche Abnahme erfahren.

Mit der Erdwärme würden sich zahlreiche chemische Probleme lösen lassen, darunter das höchste Problem der Chemie, die Herstellung der *Nahrungsmittel* auf chemischem Wege. Im Prinzip sei es bereits gelöst; die Synthese der Fette und Öle sei längst bekannt, Zucker und Kohlenhydrate kenne man auch schon, und bald werde man die Zusammensetzung der Stickstoffelemente kennen. Das Lebensmittelproblem sei ein rein chemisches; an dem Tage, wo man die entsprechende billige Kraft bekomme, werde man, mit Kohlenstoff aus der Kohlensäure, mit Wasserstoff und Sauerstoff aus dem Wasser und mit Stickstoff aus der Atmosphäre, Lebensmittel aller Art erzeugen. Was die *Pflanzen* bisher taten, werde die *Industrie* tun, und *vollkommener* als die Natur. Es werde die Zeit kommen, wo jedermann eine Dose mit Chemikalien in der Tasche trage, aus der er sein Nahrungsbedürfnis an Eiweiß, Fett und Kohlenhydraten befriedige, unbekümmert um Tages- und Jahreszeit, um Regen und Trockenheit, um Fröste, Hagel und verheerende Insekten. Dann werde eine Umwälzung eintreten, von der man sich jetzt noch keinen Begriff machen könne. Fruchtfelder, Weinberge und Viehweiden würden verschwinden; der Mensch würde an Milde und Moral gewinnen, weil er nicht mehr vom Mord und von der Zerstörung lebender Wesen lebe. Dann werde auch der Unterschied zwischen fruchtbaren und unfruchtbaren Gegenden fallen, und vielleicht würden die *Wüsten der Lieblingsaufenthalt* der Menschen, weil es dort gesünder sei als auf dem durchseuchten Schwemmboden und den sumpfigen angefaulten Ebenen, wo jetzt der Ackerbau betrieben werde. Dann werde auch die *Kunst* samt allen Schönheiten des menschlichen Lebens zu voller Entfaltung gelangen. Die Erde werde nicht mehr, sozusagen, entstellt durch die geometrischen Figuren, die jetzt der Ackerbau ziehe, sondern sie werde ein *Garten*, in dem man nach Belieben Gras und Blumen, Busch und Wald wachsen lassen könne, und in dem das Menschengeschlecht im Überfluß, im goldenen Zeitalter leben werde. Der Mensch werde darum nicht der Trägheit und der Korruption verfallen. Zum Glück gehöre die Arbeit, und der Mensch werde arbeiten, soviel wie jemals, weil er nur für *sich* arbeite, um seine geistige, moralische und ästhetische Entwicklung auf die höchste Stufe zu bringen.

Der Leser mag aus dem Vortrag Berthelots für richtig halten, was ihm beliebt, gewiß ist, daß in Zukunft durch die verschiedensten Fortschritte Güte, Massenhaftigkeit und Vielseitigkeit der Produkte in gewaltigem Maßstab wachsen und die Lebensannehmlichkeiten künftiger Generationen sich in kaum geahnter Weise verbessern werden.

Professor Elihu Thomson stimmt mit Werner Siemens überein, der bereits im Jahre 1887 auf der Berliner Naturforscherversammlung die Ansicht aussprach, es werde auf elektrischem Wege möglich sein, *die Grundstoffe direkt in Nahrungsmittel zu verwandeln*. Während Werner Siemens meinte, es könne einmal, wenn auch erst in ferner Zeit, ein Kohlenhydrat, wie etwa der Traubenzucker und später die ihm so nahe verwandte Stärke, künstlich zusammengesetzt werden, womit die Möglichkeit gegeben wäre, „Brot aus Steinen zu machen", behauptet der Chemiker Dr. V. Meyer, es werde möglich sein, die Holzfaser zu einer Quelle menschlicher Nahrung zu machen. Inzwischen (1890) hat Emil Fischer den Traubenzucker und den Fruchtzucker tatsächlich künstlich hergestellt und damit eine Entdeckung gemacht, die Werner Siemens erst als „in ferner Zeit" wahrscheinlich erachtete. Seitdem hat die Chemie noch weitere Fortschritte gemacht. Indigo, Vanillin, Kampfer sind jetzt künstlich hergestellt. Im Jahre 1906 ist es W. Löb gelungen, die Assimilation der Kohlensäure außerhalb der Pflanze bis zum Zucker durch Einwirkung hoher elektrischer Spannungen durchzuführen. 1907 gewann Emil Fischer einen der kompliziertesten synthetischen Körper, der dem natürlichen Protein (ein Eiweißstoff) sehr nahe ist. Und im Jahre 1908 stellten R. Willstätter und Benz Chlorophyll (Pflanzengrün) in reinem Zustande her und wiesen nach, daß es eine Magnesiumverbindung darstellt. Außerdem ist eine Reihe der wichtigsten Körper, die bei der Fortpflanzung und Vererbung eine Rolle spielen, künstlich hergestellt. Somit ist die Lösung des Hauptproblems der organischen Chemie – Gewinnung des Eiweißes – in den Bereich der nicht allzufernen Zukunft gerückt.

5. Aufhebung des Gegensatzes zwischen Kopfarbeit und Handarbeit

Ein in der Menschennatur tief begründetes Bedürfnis ist das nach Freiheit der Wahl und die Möglichkeit der Abwechslung der Beschäftigung. Wie beständige Wiederholung schließlich die beste Speise widerlich macht, so ist es mit einer sich täglich tretmühlenartig wiederholenden Tätigkeit; sie stumpft ab und erschlafft. Der Mensch arbeitet nur mechanisch, was er muß, aber ohne höheren Schwung und Genuß. Es liegen in *jedem* Menschen eine Reihe von Fähigkeiten und Trieben, die nur geweckt und entwickelt zu werden brauchen, um, in Betätigung gesetzt, die schönsten Wirkungen zu erzeugen. Der Mensch wird jetzt erst ein vollkommener Mensch. Diesem Abwechslungsbedürfnis zu genügen, dazu wird die sozialistische Gesellschaft die vollste Gelegenheit bieten. Die gewaltige Steigerung der Produktivkräfte, verbunden mit immer größerer Vereinfachung des Arbeitsprozesses, ermöglicht nicht nur bedeutende Einschränkung der Arbeitszeit, sondern *erleichtert auch die Erlernung der verschiedensten Fertigkeiten.*

Das alte Lehrsystem hat sich bereits überlebt, es existiert nur noch und ist nur noch möglich in *rückständigen, veralteten* Produktionsformen, wie sie das Kleinhandwerk repräsentiert. Da aber dieses in der neuen Gesellschaft verschwindet, verschwinden damit auch alle ihm eigentümlichen Einrichtungen und Formen. Neue treten an ihre Stelle. Schon gegenwärtig zeigt jede Fabrik, wie wenig Arbeiter sie besitzt, die noch den handwerksmäßig erlernten Beruf verfolgen. Die Arbeiter gehören den verschiedensten Berufen an, meist genügt kurze Zeit, um sie für eine Teilarbeit einzuüben, in der sie dann, entsprechend dem herrschenden Ausbeutungssystem, bei langer Arbeitszeit, ohne Abwechslung und ohne Rücksicht auf ihre Neigung, angespannt sind und an der Maschine selbst zur Maschine werden.[1] Auch dieser Zustand wird bei veränderter Organisation der Gesellschaft aufgehoben. Für Handfertigkeiten und kunstgewerbliche Übungen ist Zeit in Menge vorhanden. Große, mit allem Komfort, technisch aufs vollendetste eingerichtete Lehrwerkstätten erleichtern Jungen und Alten die Erlernung einer Tätigkeit. Chemische und physikalische Laboratorien, entsprechend allen Anforderungen an den Stand dieser Wissenschaften, werden vorhanden sein und nicht minder ausreichende Lehrkräfte. Jetzt erst wird man kennenlernen, welch eine Welt von Trieben und Fähigkeiten das kapitalistische Produktionssystem unterdrückte oder in falscher Weise zur Entwicklung kommen ließ.[2]

Es besteht aber nicht nur die Möglichkeit, dem Abwechslungsbedürfnis Rechnung zu tragen, es muß *der Zweck der Gesellschaft* sein, seine Befriedigung zu verwirklichen, weil mit darauf *die harmonische Ausbildung des Menschen beruht.* Die Berufsphysiognomien, die heute unsere Gesellschaft aufweist – bestehe dieser Beruf in bestimmten einseitigen Leistungen irgendeiner Art oder in der Faulenzerei –, werden allmählich verschwinden. Es gibt gegenwärtig außer-

---

1 „Die große Masse der Arbeiter hat in England, wie in den meisten anderen Ländern, so wenig freie Wahl bei ihrer Beschäftigung oder ihrem Aufenthalt, sie ist, praktisch genommen, so abhängig von festen Regeln und fremdem Willen, wie es nur bei irgendeinem System, mit Ausnahme wirklicher Sklaverei, sein kann." John Stuart Mill, Politische Ökonomie. Hamburg 1864.

2 Ein französischer Arbeiter, aus San Franzisko heimkehrend, schreibt: „Ich hätte nie geglaubt, daß ich fähig wäre, alle die Gewerbe auszuüben, die ich in Kalifornien betrieben habe. Ich war fest überzeugt, daß ich außer der Buchdruckerei zu nichts gut sei ... Einmal in der Mitte dieser Welt von Abenteurern, welche ihr Handwerk leichter wechseln als ihr Hemd, meiner Treu! Ich tat wie die anderen. Da das Geschäft der Minenarbeit sich nicht einträglich genug erwies, verließ ich es und zog in die Stadt, wo ich der Reihe nach Typograph, Dachdecker, Bleigießer usw. wurde. Infolge dieser Erfahrung, zu allen Arbeiten tauglich zu sein, fühle ich mich weniger als Molluske und mehr als Mensch." Karl Marx, Das Kapital, 1. Band.

ordentlich wenig Menschen, die eine Abwechslungsmöglichkeit in ihrer Tätigkeit besitzen. Manchmal finden sich durch besondere Verhältnisse Begünstigte, die sich dem Einerlei des Tagesberufs entziehen und, nachdem sie der physischen Arbeit ihren Tribut gezollt, sich bei geistiger erholen. Umgekehrt finden wir ab und zu geistig Arbeitende, die sich mit irgendeiner Handwerkstätigkeit, mit Gartenbau usw. beschäftigen. Die wohltuende Wirkung einer Tätigkeit, die auf der Abwechslung von geistiger und körperlicher Arbeit beruht, wird jeder Hygieniker bestätigen, sie allein ist *naturgemäß*. Voraussetzung ist, daß jede Tätigkeit *mit Maß geübt wird* und den individuellen Kräften entspricht.

In seiner Schrift „Die Bedeutung der Wissenschaft und der Kunst" geißelt Graf Leo Tolstoi den hypertrophischen und unnatürlichen Charakter, den bei der Unnatur unserer Gesellschaft Kunst und Wissenschaft angenommen haben. Er verurteilt aufs schärfste die Verachtung der physischen Arbeit, die in der heutigen Gesellschaft Platz gegriffen hat, und empfiehlt die Rückkehr zu natürlichen Verhältnissen. Es gelte für jeden Menschen, der naturgemäß und mit Genuß leben wolle, den Tag zu verbringen erstens mit körperlicher Arbeit im Ackerbau, zweitens mit handwerksmäßiger Arbeit, drittens mit geistiger Arbeit, viertens mit gebildetem geselligen Verkehr. Mehr als acht Stunden physische Arbeit sollte der Mensch nicht leisten. Tolstoi, der diese Lebensweise praktisch übt und, seitdem er sie übt, wie er sagt, sich erst als Mensch fühlt, übersieht nur, daß, was für ihn, den unabhängigen Mann, möglich ist, für die große Masse der Menschen unter den heutigen Verhältnissen unmöglich ist. Ein Mensch, der täglich zehn bis zwölf und manchmal mehr Stunden schwer arbeiten muß, um die kümmerlichste Existenz sich zu sichern und in Unwissenheit erzogen wurde, kann sich die Tolstoische Lebensweise nicht verschaffen. Das können auch alle diejenigen nicht, die im Kampfe um die Existenz stehen und deren Anforderungen sich fügen müssen, und die wenigen, die es gleich Tolstoi könnten, haben in ihrer Mehrzahl kein Bedürfnis dazu. Es ist eine jener Illusionen, der Tolstoi sich hingibt, zu glauben, durch Predigt und Beispiel Gesellschaften umändern zu können. Die Erfahrungen, die Tolstoi mit seiner Lebensweise macht, beweisen, wie rationell sie ist, aber um diese Lebensweise als allgemeine Sitte einführen zu können, bedarf es anderer gesellschaftlicher Verhältnisse, einer neuen Gesellschaft.

Die künftige Gesellschaft wird diese Verhältnisse haben, sie wird Gelehrte und Künstler jeder Art in ungezählter Menge besitzen, aber jeder derselben wird einen Teil des Tages physisch arbeiten und in der übrigen Zeit nach Geschmack seinen Studien und Künsten und geselligem Umgang obliegen.[1]

Der bestehende Gegensatz zwischen Kopfarbeit und Handarbeit, ein Gegensatz, den die herrschenden Klassen nach Möglichkeit verschärfen, um sich auch die geistigen Mittel zur Herrschaft zu sichern, wird *also aufgehoben werden müssen.*

6. Steigerung der Konsumtionsfähigkeit

Aus dem bisher Gesagten geht ferner hervor, daß Zeiten der Krise und der Arbeitslosigkeit in der künftigen Gesellschaft unmöglich sind. Die Krisen entspringen dem Umstand, daß die kapitalistische Produktion, gereizt durch den Profit und ohne jedes zuverlässige Maß für den wirklichen Bedarf, die Überfüllung des Warenmarktes, die Überproduktion, erzeugt. Der Charakter der Produkte unter der kapitalistischen Wirtschaftsordnung als Waren, die ihre Besitzer auszutauschen bestrebt sind, macht den Verbrauch der Waren von der *Kauffähigkeit* der Konsumenten abhängig. Die Kauffähigkeit ist aber bei der ungeheuren Mehrheit der Bevölkerung, die für ihre Arbeitsleistung unterwertig bezahlt wird und für dieselbe keine Verwendung findet, wenn ihr Anwender nicht Mehrwert aus derselben pressen kann, beschränkt. *Kauffähigkeit und Konsumtionsfähigkeit sind in der bürgerlichen Welt zwei verschiedene Dinge.* Viele Millionen haben Bedürfnisse

---

[1] Was aus Menschen unter günstigen Entwicklungsbedingungen werden kann, sehen wir beispielsweise an *Leonardo da Vinci*, der ein ausgezeichneter Maler, berühmter Bildhauer, gesuchter Architekt und Ingenieur, ein vortrefflicher Kriegsbaumeister, Musiker und Improvisator war. *Benvenuto Cellini* war ein berühmter Goldschmied, ausgezeichneter Modelleur, guter Bildhauer, anerkannter Kriegsbaumeister, vortrefflicher Soldat und tüchtiger Musiker. *Abraham Lincoln* war Holzfäller, Ackerbauer, Bootsmann, Ladengehilfe und Advokat, bis er den Präsidentenstuhl der Vereinigten Staaten bestieg. Man kann ohne Übertreibung sagen, die meisten Menschen haben einen Beruf, der ihren Fähigkeiten *nicht* entspricht, weil nicht freier Wille, sondern Zwang der Verhältnisse ihnen die Bahn anwies. Mancher schlechte Professor würde als Schuhmacher sehr Tüchtiges leisten und mancher tüchtige Schuhmacher auch ein tüchtiger Professor sein.

nach neuen Kleidern, Schuhen, Möbeln, Wäsche, nach Eß- und Trinkwaren, aber sie besitzen kein Geld, und so bleiben ihre Bedürfnisse, das heißt, es bleibt ihre *Konsumtionsfähigkeit* unbefriedigt. Der Warenmarkt ist überfüllt, aber die Masse hungert; sie will arbeiten, aber sie findet niemand, der ihre Arbeit kauft, weil der Unternehmer nichts dabei verdienen kann. Stirb, verdirb, werde Vagabund, Verbrecher; ich, der Kapitalist, kann es nicht ändern, ich kann keine Waren gebrauchen, für die ich mit entsprechendem Profit keinen Abnehmer habe. Und der Mann hat in seiner Art vollkommen recht.

In der neuen Gesellschaft wird dieser Widerspruch beseitigt sein. Diese produziert nicht „Waren", um zu „kaufen" und zu „verkaufen", *sondern sie produziert Lebensbedürfnisse, die verbraucht, konsumiert werden, sonst haben sie keinen Zweck.* Bei ihr findet die Konsumtionsfähigkeit nicht, wie in der bürgerlichen Welt, an der Kauffähigkeit des einzelnen ihre Grenze, *sondern an der Produktionsfähigkeit der Gesamtheit.* Sind Arbeitsmittel und Arbeitskräfte vorhanden, so kann *jedes* Bedürfnis befriedigt werden. Die gesellschaftliche Konsumtionsfähigkeit findet ihre Schranke nur in der – *Gesättigtheit der Konsumenten.*

Gibt es aber in der neuen Gesellschaft keine „Waren", so gibt es schließlich auch kein Geld. Geld ist scheinbar der Gegensatz von Ware, aber es ist selbst Ware! Aber Geld, obgleich selbst Ware, ist zugleich die gesellschaftliche Äquivalentform, der Wertmesser für alle anderen Waren. Die neue Gesellschaft produziert aber nicht Waren, sondern Bedürfnisgegenstände, Gebrauchswerte, deren Herstellung ein gewisses Maß gesellschaftlicher Arbeitszeit erfordert. Die Arbeitszeit, die durchschnittlich nötig ist, um einen Gegenstand herzustellen, ist allein das Maß, an dem er für den gesellschaftlichen Gebrauch gemessen wird. Zehn Minuten gesellschaftlicher Arbeitszeit in einem Gegenstand sind gleich zehn Minuten gesellschaftlicher Arbeitszeit in einem anderen, nicht mehr und nicht weniger. Die Gesellschaft will nicht „verdienen", sie will nur den Austausch von Gegenständen gleicher Qualität, gleichen Gebrauchswerts unter ihren Gliedern bewerkstelligen, und schließlich hat sie nicht einmal nötig, einen Gebrauchswert festzusetzen, sie produziert, was sie bedarf. Findet zum Beispiel die Gesellschaft, daß zur Herstellung aller benötigten Produkte eine tägliche dreistündige Arbeitszeit nötig ist, so setzt sie eine dreistündige fest.[1] Verbessern sich die Produktionsmethoden so, daß der Bedarf schon in zwei Stunden hergestellt werden kann, setzt sie zwei Stunden Arbeitszeit fest. Verlangt dagegen die Gesamtheit die Befriedigung höherer Bedürfnisse, als trotz Zunahme der Zahl der Arbeitskräfte und erhöhter Produktivität des Arbeitsprozesses in zwei oder drei Stunden hergestellt werden können, so setzt sie mehr Stunden fest. Ihr Wille ist ihr Himmelreich.

Wieviel jedes einzelne Produkt an gesellschaftlicher Arbeitszeit zur Herstellung bedarf, ist leicht zu berechnen.[2] Danach bemißt sich das Verhältnis dieses Arbeitszeitteils zur ganzen Arbeitszeit. Irgendein Zertifikat, ein bedrucktes Stück Papier, Gold oder Blech, bescheinigt die geleistete Arbeitszeit und setzt den Inhaber in die Lage, diese Zeiten gegen Bedürfnisgegenstände der verschiedensten Arten auszutauschen.[3] Findet er, daß seine Bedürfnisse geringer sind, als was er für

[1] Man beachte immer wieder, daß die ganze Produktion auf höchster technischer Stufenleiter organisiert ist und *alle* tätig sind, so daß unter Umständen eine dreistündige Arbeitszeit noch zu lang sein kann. Owen, der ein großer Fabrikant war, also als Sachverständiger gelten darf, hielt — erstes Viertel des neunzehnten Jahrhunderts — eine zweistündige Arbeitszeit für ausreichend.

[2] „Die in einem Produkt steckende Menge gesellschaftlicher Arbeit braucht ... nicht erst auf einem Umweg festgestellt zu werden; die tägliche Erfahrung zeigt direkt an, wieviel davon im Durchschnitt nötig ist. Die Gesellschaft kann einfach berechnen, wieviel Arbeitsstunden in einer Dampfmaschine, einem Hektoliter Weizen der letzten Ernte, in hundert Quadratmeter Tuch von bestimmter Qualität stecken. Es kann ihr also nicht einfallen, die in den Produkten niedergelegten Arbeitsquanta, die sie alsdann direkt und absolut kennt, noch fernerhin in einem nur relativen, schwankenden, unzulänglichen, früher als Notbehelf unvermeidlichem Maß, in einem dritten Produkt auszudrücken und nicht in ihrem natürlichen adäquaten, absoluten Maß, der *Zeit* ... Sie wird den Produktionsplan einzurichten haben nach den Produktionsmitteln, wozu besonders auch die Arbeitskräfte gehören. Die Nutzeffekte der verschiednen Gebrauchsgegenstände, abgewogen untereinander und gegenüber den zu ihrer Herstellung nötigen Arbeitsmengen, werden den Plan schließlich bestimmen. Die Leute machen alles sehr einfach ab ohne Dazwischenkunft des vielberühmten ‚Werts'." Fr. Engels, Herrn Eugen Dührings Umwälzung der Wissenschaft. Stuttgart, J. H. W. Dietz.

[3] Herr Eugen Richter ist in seinen „Irrlehren" über den Wegfall des Geldes — abgeschafft wird es nicht, es kommt durch die Aufhebung des *Warencharakters* der Arbeitsprodukte, weil überflüssig, von selbst in Wegfall — in der sozialistischen Gesellschaft so überrascht, daß er diesem Vorgang ein besonderes Kapitel widmet. Namentlich will ihm nicht einleuchten, daß es gleichgültig sei, ob der Ausweis über die geleistete Arbeitszeit ein bedrucktes Stück Papier, Gold oder Blech sei. Er sagt: Mit dem Golde käme aber der Teufel der jetzigen Weltordnung wieder in den sozialdemokratischen Staat hinein — daß es schließlich nur noch

seine Leistung erhält, so arbeitet er entsprechend kürzere Zeit. Will er das Nichtverbrauchte verschenken, niemand hindert ihn daran; will er *freiwillig* für einen anderen arbeiten, damit dieser dem Dolce far niente obliegen kann, oder will er seine Ansprüche an die Gesellschaftsprodukte mit ihm teilen, niemand wehrt es ihm. Aber zwingen kann ihn niemand, zum Vorteil eines anderen zu arbeiten, niemand kann ihm einen Teil der Ansprüche für seine Arbeitsleistung vorenthalten. Jeder kann allen erfüllbaren Wünschen und Ansprüchen Rechnung tragen, aber nicht auf Kosten anderer. Er bekommt, was er der Gesellschaft leistet, nicht mehr, nicht weniger, und bleibt jeder Ausbeutung durch einen Dritten entzogen.

7. Gleichheit der Arbeitspflicht für alle

„Aber wo bleibt der Unterschied zwischen Faulen und Fleißigen, zwischen Intelligenten und Dummen?" Das ist eine der Hauptfragen unserer Gegner, und die gegebene Antwort macht ihnen den größten Kopfschmerz. Daß zum Beispiel in unserer Beamtenhierarchie dieser Unterschied zwischen „Faulen" und „Fleißigen", „Intelligenten" und „Dummen" nicht gemacht wird, sondern das *Dienstalter* über die Höhe des Gehaltes und meist auch über das Avancement entscheidet, es sei denn, es wird eine besondere Vorbildung für einen höheren Posten erfordert, daran denkt keiner dieser Pfiffikusse und Neunmal-

---

eine sozialistische Gesellschaft, keinen sozialdemokratischen „Staat" gibt, übersieht Herr Richter hartnäckig, ein gut Teil seiner Polemik würde alsdann den Boden verlieren —, denn Gold hat einen selbständigen Metallwert, kann leicht aufbewahrt werden, und würde somit der Besitz von Goldstücken die Möglichkeit gewähren zur Anhäufung von Werten, zum Loskaufen von der Arbeitspflicht und selbst zu Darlehen gegen Zins.

Man muß seine Leser für große Dummköpfe halten, um ihnen solches Blech über unser Gold vorzusetzen. Herr Richter, der den Kapitalbegriff nicht loswerden kann, kann selbstverständlich auch nicht begreifen, daß, wo kein Kapital, keine Ware ist, es auch kein „Geld" geben kann, und wo kein „Kapital" und kein „Geld" ist, auch kein Zins sein kann. Herr Richter ist in den Kapitalbegriff so verrannt, daß er sich eine Welt ohne „Kapital" nicht zu denken vermag. Wir möchten wissen, wie das Mitglied einer sozialistischen Gesellschaft sein goldenes Arbeitszertifikat „sparen" oder gar an andere verleihen und „Zins" dabei herausschlagen kann, wo alle anderen ebenfalls besitzen, was der eine ausbietet und — *von dem er lebt.*

weisen. Der Lehrer, der Professor – und es sind besonders die letzteren die naivsten Frager – rücken auf das Gehalt ein, das die Stelle bringt, nicht infolge ihrer Qualität. Wie in vielen Fällen die Avancements in unserer Militär-, Beamten- und Gelehrtenhierarchie nicht dem Tüchtigsten, sondern dem durch Geburt, Verwandtschaft, Freundschaft, Frauengunst Beglückten zufallen, pfeifen die Spatzen von den Dächern. Daß aber auch der Reichtum sich nicht nach Fleiß und Intelligenz bemißt, beweisen schlagend die in der ersten Klasse des preußischen Dreiklassenwahlsystems wählenden Berliner Wirte, Bäcker, Fleischer, die manchmal nicht den Dativ vom Akkusativ unterscheiden können, wohingegen die Berliner Intelligenz, die Männer der Wissenschaft, die höchsten Beamten des Reiches und des Staates in der zweiten oder dritten Klasse wählen. Einen Unterschied zwischen Faulen und Fleißigen, Intelligenten und Dummen gibt's nicht, weil, was wir darunter verstehen, verschwunden ist. „Faulenzer" nennt zum Beispiel die Gesellschaft den, welcher aus der Arbeit geworfen, zum Vagabundieren gezwungen ist und schließlich wirklich Vagabund wird, oder den, der, unter schlechter Erziehung aufgewachsen, verwahrloste. Wer aber den, der im Gelde sitzt und mit Nichtstun und Schlemmen die Zeit totschlägt, einen Faulenzer nennt, begeht eine Beleidigung, denn dieser ist ein „ehrenwerter" Mann.

Wie liegen nun in der neuen Gesellschaft die Dinge? Alle entwickeln sich unter gleichen Lebensbedingungen, und jeder ist *dort* tätig, wohin Neigung und Geschicklichkeit ihn hinweisen, daher werden die Unterschiede in der Leistung nur geringere sein.[1] Die Atmosphäre der Gesellschaft, die jeden anregt, es dem anderen zuvorzutun, hilft ebenfalls die Unterschiede auszugleichen. Findet einer, daß er auf einem Gebiet nicht zu leisten vermag, was andere leisten, so wählt er sich ein anderes, das seinen Kräften und Fähigkeiten entspricht. Wer mit einer größeren Zahl Menschen in einem Betrieb zusammenarbeitete, weiß, daß, wer in einer gewissen Tätigkeit als unfähig und

---

[1] „Alle gemeinhin wohlorganisierten Menschen werden *mit einem beinahe gleichen Verstand geboren, aber Erziehung, Gesetze und Umstände machen sie untereinander verschieden.* Das richtig verstandene Einzelinteresse verschmilzt mit dem Gemeininteresse oder öffentlichen Interesse." Helvetius, Über den Menschen und dessen Erziehung. In bezug auf die sehr *große* Mehrheit der Menschen hat Helvetius recht; was verschieden ist, sind die Anlagen der einzelnen für die verschiedensten Berufe.

unbrauchbar sich erwies, an einen anderen Posten gestellt, denselben aufs beste ausfüllte. Es gibt keinen normal angelegten Menschen, der nicht in der einen oder anderen Tätigkeit, sobald er an den richtigen Platz gestellt wird, selbst den höchsten Ansprüchen gerecht wird. Mit welchem Rechte verlangt einer einen Vorzug vor dem anderen? Ist jemand von der Natur so stiefmütterlich bedacht, daß er beim besten Willen nicht zu leisten vermag, was andere leisten, *so kann ihn die Gesellschaft für die Fehler der Natur nicht strafen.* Hat umgekehrt jemand durch die Natur Fähigkeiten erhalten, die ihn über die anderen erheben, *so ist die Gesellschaft nicht verpflichtet zu belohnen, was nicht sein persönliches Verdienst ist.* Für die sozialistische Gesellschaft kommt weiter in Betracht, daß alle die gleichen Lebens- und Erziehungsbedingungen haben, daß jedem die Möglichkeit geboten ist, sein Wissen und Können entsprechend seinen Anlagen und Neigungen auszubilden, und so ist auch hierdurch die Gewähr gegeben, daß in der sozialistischen Gesellschaft nicht nur das Wissen und Können viel höher ist als in der bürgerlichen, sondern daß es auch *gleichmäßiger* verteilt und dennoch *vielgestaltiger* ist.

Als Goethe auf einer Rheinreise den Kölner Dom studierte, machte er in den Bauakten die Entdeckung, daß die alten Baumeister ihre Arbeiter gleich hoch nach der Zeit bezahlten; sie taten es, weil sie gute und gewissenhaft ausgeführte Arbeit haben wollten. Das erscheint der bürgerlichen Gesellschaft vielfach als eine Anomalie. Sie führte das Stücklohnsystem ein, durch das sich die Arbeiter gegenseitig zum Überarbeiten zwingen, damit der Unternehmer um so leichter die Unterbezahlung, die Herabsetzung der Löhne vornehmen kann. Wie mit der materiellen Arbeitsleistung ist es mit der geistigen bestellt. Der Mensch ist das Produkt von Zeit und Umständen, in denen er lebt. Ein Goethe, unter gleich günstigen Entwicklungsbedingungen im vierten statt im achtzehnten Jahrhundert geboren, wäre wahrscheinlich statt ein berühmter Dichter und Naturforscher *ein großer Kirchenvater* geworden, der vielleicht St. Augustin in den Schatten stellte. Wäre dagegen Goethe statt als Sohn eines reichen Frankfurter Patriziers als Sohn eines armen Schusters in Frankfurt zur Welt gekommen, er wäre kaum großherzoglich weimarischer Minister geworden, sondern wäre höchstwahrscheinlich ein Schuster geblieben und als ehrsamer Schustermeister gestorben. Goethe selbst anerkannte den Vorteil, den es für ihn hatte, daß er in materiell und gesellschaftlich günstiger Stellung geboren worden war und dadurch zu seiner Entwicklung gelangte; so in seinem „Wilhelm Meister". Wäre Napoleon I. zehn Jahre später geboren worden, er konnte nie Kaiser von Frankreich werden. Auch wäre ohne den Krieg von 1870/71 Gambetta nie geworden, was er geworden ist. Setzt das gut veranlagte Kind intelligenter Eltern unter Wilde, und es wird ein Wilder. *Was also einer ist, das hat die Gesellschaft aus ihm gemacht.* Die Ideen sind nicht ein Produkt, das durch höhere Inspiration von oben in dem Kopfe eines einzelnen entspringt, sondern ein Produkt, das durch das gesellschaftliche Leben und Weben, in dem er sich bewegt, *„den Zeitgeist"*, im Kopfe des einzelnen erzeugt wird. Ein Aristoteles konnte nicht die Ideen eines Darwin haben, und ein Darwin mußte anders denken als ein Aristoteles. Jeder denkt, wie der Geist der Zeit, das heißt seine Umgebung und ihre Erscheinungen, ihn zu denken zwingen. Daher die Wahrnehmung, daß oft verschiedene Menschen *gleichzeitig* ein und dasselbe denken, daß gleichzeitig ein und dieselben Erfindungen oder Entdeckungen auf weit voneinander liegenden Punkten gemacht werden. Daher auch die Tatsache, daß eine Idee, die fünfzig Jahre früher ausgesprochen, die Welt kalt ließ, aber fünfzig Jahre später wiederholt, die ganze Welt in Bewegung setzt. Kaiser Sigismund konnte 1415 wagen, Hus sein Wort zu brechen und in Konstanz ihn verbrennen zu lassen; Karl V., obgleich ein weit größerer Fanatiker, mußte 1521 Luther vom Reichstag zu Worms seines Weges ziehen lassen. Die Ideen sind das Produkt gesellschaftlichen Zusammenwirkens, gesellschaftlichen Lebens. Und was von der Gesellschaft im allgemeinen gilt, gilt im besonderen von den verschiedensten Klassen, aus welchen eine Gesellschaft in einer bestimmten geschichtlichen Epoche zusammengesetzt ist. Weil jede Klasse ihre besonderen Interessen hat, besitzt sie auch ihre besonderen Ideen und Anschauungen, die zu jenen Klassenkämpfen führen, von welchen die geschichtlich bekannten Zeitalter der Menschen erfüllt sind und die in den Klassengegensätzen und Klassenkämpfen der Gegenwart ihren Höhepunkt erreichten. Es kommt also nicht allein darauf an, in welchem *Zeitalter* jemand lebt, sondern auch in welcher *Gesellschaftsschicht* eines bestimmten Zeitalters er lebt, wodurch sein Fühlen, Denken und Handeln bestimmt wird.

Ohne die moderne Gesellschaft existieren keine modernen Ideen. Das scheint uns klar und einleuchtend. Für die neue Gesellschaft kommt hinzu, daß die Mittel, die jeder für seine Ausbildung in Anspruch nimmt, *das Eigentum der Gesellschaft sind.* Die Gesellschaft kann also nicht verpflichtet sein, *das* besonders zu honorieren, was sie erst möglich gemacht hat und *was ihr eignes Produkt* ist.

Soviel über die Qualifikation physischer und geistiger Arbeit. Hieraus ergibt sich weiter, daß auch kein Unterschied zwischen höherer und niederer Arbeit bestehen kann, wie zum Beispiel nicht selten heute ein Mechaniker sich mehr dünkt als ein Tagarbeiter, der Straßenarbeiten und dergleichen verrichtet. Die Gesellschaft läßt nur gesellschaftlich nützliche Arbeiten verrichten, und so ist jede Arbeit für die Gesellschaft gleichwertig. Können unangenehme, widerliche Arbeiten nicht auf mechanischem respektive chemischem Wege verrichtet und durch irgendwelchen Prozeß in angenehme Arbeiten umgewandelt werden – was bei den Fortschritten, die wir auf technischem und chemischem Gebiet gemacht haben, *gar nicht zu bezweifeln ist* –, und sollten sich freiwillig die nötigen Kräfte nicht finden, so tritt für jeden die Verpflichtung ein, sobald die Reihe an ihn kommt, sein Maß Arbeit zu leisten. Da gibt's keine falsche Scham und keine widersinnige Verachtung nützlicher Arbeit. Diese besteht nur in unserem Drohnenstaat, in dem das Nichtstun als beneidenswertes Los angesehen wird und der Arbeiter um so verachteter ist, je härter, mühevoller und unangenehmer die Arbeiten sind, die er verrichtet, und je notwendiger sie für die Gesellschaft sich erweisen. Heute wird die Arbeit in demselben Maße schlechter bezahlt, als sie unangenehmer ist. Der Grund ist, daß wir eine Menge auf niederster Kulturstufe gehaltene Arbeitskräfte haben, die durch die beständige Revolutionierung des Produktionsprozesses als Reservearmee auf dem Pflaster liegt, und diese Kräfte, um zu leben, sich für die niedrigsten Arbeiten zu Preisen hergeben, daß für solche Arbeiten sogar die Einführung von Maschinen „unrentabel" ist. Zum Beispiel ist Steineklopfen sprichwörtlich eine der schlechtestbezahlten und unangenehmsten Arbeiten. Es wäre aber eine Kleinigkeit, das Steineklopfen wie in den Vereinigten Staaten durch Maschinen verrichten zu lassen, aber wir haben eine solche Menge billiger Arbeitskräfte, daß die Maschine sich nicht „rentiert".[1]

---

[1] „Wenn man wählen müßte zwischen dem Kommunismus und allen seinen Chancen und dem gegenwärtigen Gesellschaftszustand mit allen seinen Leiden und Ungerechtigkeiten; wenn die Institution des Privateigentums es als notwendige Folgen mit sich brächte, daß das Ergebnis der Arbeit so sich verteile, wie

Straßenreinigen, Kloakenräumen, Schuttfahren, Tiefbauarbeiten usw. aller Art ließen sich schon bei dem heutigen Stande unserer Entwicklung mit Hilfe von Maschinen und technischen Einrichtungen in einer Weise erledigen, daß sie keine Spur von den Unannehmlichkeiten mehr haben, die damit vielfach für die Arbeiter verknüpft sind. Genau genommen ist aber ein Arbeiter, der Kloaken auspumpt, um die Menschen vor gesundheitsgefährlichen Miasmen zu schützen, ein sehr nützliches Glied der Gesellschaft, wohingegen ein Professor, der gefälschte Geschichte im Interesse der herrschenden Klassen lehrt, oder ein Theologe, der mit übernatürlichen transzendenten Lehren die Gehirne zu umnebeln sucht, äußerst schädliche Individuen sind.

Unser heute in Amt und Würden stehendes Gelehrtentum repräsentiert zu einem großen Teil eine Gilde, die dazu bestimmt und bezahlt ist, die Herrschaft der leitenden Klassen mit der Autorität der Wissenschaft zu verteidigen und zu rechtfertigen, sie als gerecht und notwendig erscheinen zu lassen sowie die vorhandenen Vorurteile zu erhalten. In Wahrheit treibt diese Gilde zu einem erheblichen Teile Afterwissenschaft, Gehirnvergiftung, kulturfeindliche Arbeit, geistige Lohnarbeit im Interesse der Bourgeoisie und ihrer Klienten.[1] Ein Ge-

---

wir es jetzt sehen, fast im umgekehrten Verhältnis zur Arbeit — *daß die größten Anteile denjenigen zufallen, welche überhaupt nie gearbeitet haben; die nächstgrößten denen, deren Arbeit beinahe nur nominell ist, und so weiter hinunter, indem die Vergütung in gleichem Verhältnis zusammenschrumpft, wie die Arbeit schwerer und unangenehmer wird, bis endlich die ermüdendste und aufreibendste Arbeit nicht mit Gewißheit darauf rechnen kann, selbst nur den notwendigsten Lebensbedarf zu erwerben; wenn, sagen wir, die Alternative wäre: dies oder Kommunismus, so würden alle Bedenklichkeiten des Kommunismus, große wie kleine, nur wie Spreu in der Waagschale sein.*" John Stuart Mill, Politische Ökonomie. Mill hat sich redlich Mühe gegeben, die bürgerliche Welt zu „reformieren" und zur „Vernunft" zu bringen. Natürlich vergebens. Und so ist er, wie jeder einsichtige Mann, der den Zustand der Dinge erkennt, schließlich Sozialist geworden. Er wagte aber nicht, das bei Lebzeiten zu bekennen, sondern veranlaßte, daß nach seinem Tode seine Autobiographie veröffentlicht wurde, die sein sozialistisches Glaubensbekenntnis enthält. Es ging ihm wie Darwin, der bei Lebzeiten nicht als Atheist erkannt sein wollte. Das ist das Komödienspiel, zu dem die bürgerliche Gesellschaft Tausende zwingt. Die Bourgeoisie heuchelt Loyalität, Religion und Autoritätsglauben, weil auf der Anerkennung dieser „Tugenden" durch die Menge ihre Herrschaft beruht, aber innerlich lacht sie über dieselben.

[1] „Die Gelehrsamkeit dient häufig ebensosehr der Unwissenheit wie dem Fortschritt." Buckle, Geschichte der englischen Zivilisation.

sellschaftszustand, der künftig die Existenz solcher Elemente unmöglich macht, vollzieht eine menschheitsbefreiende Tat.

Andererseits ist echte Wissenschaft oft mit sehr unangenehmer, widerlicher Arbeit verbunden. Zum Beispiel, wenn ein Arzt eine im Fäulnisprozeß befindliche Leiche seziert oder eiternde Körperteile operiert; oder wenn ein Chemiker Exkremente untersucht. Es sind dieses Arbeiten, die häufig widerlicher sind als die widerlichsten Arbeiten, die Taglöhner und ungelernte Arbeiter verrichten. Dieses anzuerkennen, daran denkt niemand. Der Unterschied besteht darin, daß die eine Arbeit, um getan zu werden, ein umfassendes Studium erfordert, die andere von jedem ohne großes Studium verrichtet werden kann. Daher die grundverschiedene Beurteilung. Aber in einer Gesellschaft, in der durch die allen gewährte höchste Bildungsmöglichkeit die heute bestehenden Unterscheidungen zwischen gebildet und ungebildet verschwinden, werden auch die Gegensätze zwischen gelernter und ungelernter Arbeit verschwinden, um so mehr, da die Entwicklung der Technik keine Grenzen kennt, wonach Handarbeit nicht von der Maschine oder durch technische Prozesse verrichtet werden könnte. Man sehe nur die Entwicklung unserer Kunsthandwerke, zum Beispiel der Kupferstecherei, der Xylographie usw., an. Wie die unangenehmsten Arbeiten oft die nützlichsten sind, so ist auch unser Begriff über angenehme und unangenehme Arbeit, wie so viele andere Begriffe in der bürgerlichen Welt, ein oberflächlicher, der nur an Äußerlichkeiten haftet.

8. Aufhebung des Handels. Umgestaltung des Verkehrs

Sobald die gesamte Produktion der neuen Gesellschaft auf eine ähnliche Basis wie die skizzierte gestellt ist, produziert sie, wie schon bemerkt, nicht mehr Waren, sondern Gebrauchsgegenstände für den Bedarf der Gesellschaft. Damit hört auch der Handel auf, soweit nicht der Verkehr mit anderen Völkern, die noch auf bürgerlicher Grundlage stehen, die alte Form des Handels notwendig macht, der nur in einer auf Warenproduktion beruhenden Gesellschaft Sinn und Existenzmöglichkeit hat. Dadurch wird eine große Armee von Personen beider Geschlechter für die produktive Tätigkeit mobil. Diese große Armee wird frei für die Produktion; sie erzeugt nunmehr Bedarfsartikel und ermöglicht einen größeren Verbrauch von solchen, oder ihre Anwendung fördert die Einschränkung der gesellschaftlich notwendigen Arbeitszeit. Heute ernähren sich diese Personen mehr oder weniger als Parasiten von dem Arbeitsprodukt anderer und müssen, wie nicht bestritten werden soll, sich oft fleißig mühen und sorgen, ohne eine angemessene Existenz zu finden. In der neuen Gesellschaft sind sie als Handeltreibende, Wirte, Makler, Vermittler überflüssig. An Stelle der Dutzende, Hunderte und Tausende von Läden und Handelslokalitäten aller Art, die gegenwärtig jede Gemeinde im Verhältnis zu ihrer Größe besitzt, treten große Gemeindevorratshäuser, elegante Basare, ganze Ausstellungen, die ein verhältnismäßig geringes Verwaltungspersonal beanspruchen. Das ganze Getriebe des Handels wird in eine zentralisierte, rein verwaltende Tätigkeit umgewandelt, die äußerst einfache Verrichtungen zu erfüllen hat und durch die Zentralisation aller gesellschaftlichen Einrichtungen immer mehr vereinfacht wird. Eine ähnliche Umgestaltung erfährt das gesamte Verkehrswesen.

Telegraphen, Telephonwesen, Eisenbahnen, Posten, Fluß- und Seeschiffe, Straßenbahnen, Last- und Personenautomobile, Luftschiffe und Flugapparate und wie immer die Einrichtungen und Vehikel heißen, die den Verkehr der Gesellschaft vermitteln, sind nunmehr *Gesellschafts*eigentum. Viele dieser Anstalten, wie die Post, die Telegraphen, das Telephonwesen, die meisten Eisenbahnen, sind in Deutschland schon Staatsinstitute, ihre Umwandlung in Gemeineigentum ist nur eine Formsache. Hier sind keine Privatinteressen mehr zu verletzen. Arbeitet der Staat in der jetzigen Richtung weiter, um so besser. Aber diese staatlich verwalteten Betriebe sind *keine* sozialistischen Betriebe, wie irrtümlich angenommen wird. Es sind Betriebe, die vom Staate ebenso kapitalistisch ausgebeutet werden wie in Händen der Privatunternehmer. Weder die Beamten noch die Arbeiter haben einen besonderen Vorteil davon. Der Staat behandelt sie nicht anders als ein Privatunternehmer; wenn zum Beispiel in den Etablissements der Reichsmarine und der Eisenbahnverwaltung Verordnungen erlassen werden, über vierzig Jahre alte Arbeiter nicht in Arbeit zu nehmen, so ist das eine Maßregel, die den Klassencharakter des Staates als Staat der Ausbeuter an der Stirne trägt und die Arbeiter gegen den Staat empören muß. Solche und ähnliche Maßregeln vom Staate als Arbeitgeber ausgehend, sind aber weit schlimmer, als gingen sie vom Privatunternehmer aus. Letzterer ist gegenüber dem Staate immer ein kleiner Unternehmer, und die Beschäftigung, die er versagt, gewährt vielleicht ein anderer. Der Staat hingegen kann durch solche Maximen als monopolisierter Arbeitgeber mit einem Schlage Tausende ins Elend stoßen. Das ist also nicht sozialistisch, sondern kapitalistisch gehandelt, und die Sozialisten haben allen Grund, sich dagegen zu verwahren, daß der heutige Staatsbetrieb als sozialistischer Betrieb angesehen und als Verwirklichung sozialistischer Bestrebungen betrachtet wird.

Wie an Stelle der Millionen Privatunternehmer, Händler und Mittelspersonen aller Art große zentralisierte Anstalten treten, so nimmt auch das gesamte Transportwesen eine andere Gestalt an. Die Millionen kleiner Sendungen, die täglich an fast ebensoviele Eigentümer gehen und eine große Verschwendung an Arbeit, Zeit und Materialien aller Art bedeuten, wachsen jetzt zu großen Transporten an, die nach den Gemeindedepots und Zentralproduktionsstätten befördert werden. Die Arbeit wird also auch hier sehr vereinfacht. Wie zum Beispiel der Transport von Rohmaterialien für einen Betrieb von tausend Arbeitern sich viel einfacher gestaltet als für Hunderte zerstreut liegender Kleinbetriebe, so werden die zentralisierten Produktions- und Distributionsstätten für ganze Gemeinden oder Teile derselben eine sehr bedeutende Ersparnis aller Art herbeiführen. Das kommt der ganzen Gesellschaft, aber auch *jedem einzelnen* zustatten, denn das Gemeininteresse und das persönliche Interesse decken sich jetzt. Die Physiognomie unserer Produktionsstätten, des Verkehrsmittelwesens und insbesondere auch unserer Wohnorte wird dadurch gänzlich verändert, sie gewinnen ein viel erfreulicheres Aussehen. Das nervenzerstörende Geräusch, Gedränge und Gerenne unserer großen Städte mit ihren Tausenden von Vehikeln aller Art hört im wesentlichen auf. Der Straßenbau, die Straßenreinigung, die ganze Wohn- und Lebensweise, der Verkehr der Menschen untereinander, alles erfährt eine große Umgestaltung. Nunmehr können hygienische Maßregeln mit Leichtigkeit durchgeführt werden, die heute gar nicht oder nur mit den größten Kosten und nur unvollkommen durchzuführen sind und oft genug nur für die vornehmeren Viertel durchgeführt werden.

Das Kommunikationswesen muß unter solchen Verhältnissen seine höchste Vervollkommnung erfahren; vielleicht ist dann die Luftschifffahrt das vornehmste Verkehrsmittel. Die Verkehrsmittel sind die

Adern, welche den Produktenaustausch – die Blutzirkulation – durch die ganze Gesellschaft leiten, die persönlichen und geistigen Beziehungen der Menschen vermitteln, sie sind deshalb im höchsten Grade geeignet, ein *gleiches Niveau* von Wohlbefinden und Bildung durch die ganze Gesellschaft zu verbreiten. Die Ausdehnung und Verzweigung der vollkommensten Verkehrsmittel bis in die entlegensten Orte der Provinzen ist also *eine Notwendigkeit und ein allgemeines gesellschaftliches Interesse.* Hier erstehen der neuen Gesellschaft Aufgaben, die jene weit übertreffen, welche die gegenwärtige sich stellen kann. Auch wird dieses aufs höchste vervollkommnete Kommunikationssystem die Dezentralisierung der gegenwärtig in den Großstädten und Industriezentren aufgehäuften Menschenmassen über das ganze Land begünstigen und so für die Gesundheit wie für die geistige und materielle Kulturförderung von der entscheidendsten Bedeutung werden.

Zweiundzwanzigstes Kapitel

Sozialismus und Landwirtschaft

1. Aufhebung des Privateigentums an Grund und Boden

Mit den Produktions- und Verkehrsmitteln gehört der Grund und Boden als eigentlicher Urstoff aller menschlichen Arbeit und Grundlage aller menschlichen Existenz der Gesellschaft. Die Gesellschaft nimmt auf vorgeschrittenster Stufe zurück, was sie bereits uranfänglich besaß. Bei allen auf einer gewissen Kulturstufe angelangten Völkern ist *Gemeineigentum* an Grund und Boden vorhanden. Gemeineigentum bildet die Grundlage jeder primitiven Vergesellschaftung, sie ist ohne jenes nicht möglich. Erst durch die Entstehung und Entwicklung des Privateigentums und der damit verknüpften *Herrschaftsformen* ist, wie wir sahen, unter schweren Kämpfen das Gemeineigentum beseitigt und als Privateigentum usurpiert worden. Der Raub des Grund und Bodens und seine Umwandlung in persönliches Eigentum bildete die erste Ursache der Knechtschaft, die von der Sklaverei bis zum „freien" Lohnarbeiter des zwanzigsten Jahrhunderts alle möglichen Stufen durchlaufen hat, bis endlich nach jahrtausendelanger Entwicklung die Geknechteten den Grund und Boden wieder in Gemeineigentum verwandeln.

Die Wichtigkeit des Grund und Bodens für die menschliche Existenz war Ursache, daß in allen sozialen Kämpfen der Welt – in Indien, China, Ägypten, Griechenland (Kleomenes), Rom (Gracchen), christliches Mittelalter (religiöse Sekten, Müntzer, Bauernkrieg), im Azteken- und Inkareich, in den sozialen Bewegungen der Neuzeit – der Besitz an Grund und Boden das Hauptverlangen der Kämpfenden bildete. Auch jetzt noch finden Männer das Gemeineigentum an Grund und Boden gerechtfertigt – Adolf Samter, Adolf Wagner, Dr. Schäffle, Henry George und andere –, die auf anderen Gebieten von Gemeineigentum nichts wissen wollen.[1]

[1] Auch die Kirchenväter, Päpste und Bischöfe haben in den Jahrhunderten, in welchen das Gemeineigentum noch vorherrschte, aber der Raub an demselben

Das Wohlbefinden der Bevölkerung hängt in erster Linie von der Bebauung und Ausnutzung des Grund und Bodens ab. Die Kultur desselben auf die höchste Stufe zu heben, ist im eminentesten Sinne Allgemeininteresse. Daß diese höchste Entwicklung unter der Form des

---

einen immer größeren Umfang annahm, sich nicht enthalten können, in kommunistischer Richtung zu eifern. Freilich der Syllabus und die Enzykliken des neunzehnten Jahrhunderts kennen diesen Ton nicht mehr, auch die römischen Päpste sind der bürgerlichen Gesellschaft untertänig geworden und werfen sich, gegenüber den Sozialisten, zum eifrigsten Verteidiger derselben auf. So sagte Bischof *Klemens I.* (gestorben 102 unserer Zeit): „Der Gebrauch aller Dinge auf dieser Welt soll allen gemeinsam sein. Es ist eine Ungerechtigkeit zu sagen: Das ist mein eigen, das gehört mir, jenes dem anderen. Von daher ist die Zwietracht unter die Menschen gekommen." Bischof *Ambrosius* von Mailand, der um 374 lebte, rief aus: „Die Natur gibt alle Güter allen Menschen gemeinsam, denn Gott hat alle Dinge geschaffen, damit der Genuß für alle gemeinschaftlich sei und damit *die Erde zum gemeinschaftlichen Besitztum werde.* Die Natur hat also das Recht der Gemeinschaft erzeugt, und es ist nur die ungerechte Anmaßung (Usurpatio), welche das Eigentumsrecht erzeugt." *St. Johannes Chrysostomus* (gestorben 407) erklärte in seinen gegen die Sittenlosigkeit und Verderbnis der Bevölkerung Konstantinopels gerichteten Homilien: *„Nenne niemand etwas sein eigen;* von Gott haben wir jegliches zu gemeinsamem Genuß empfangen, *und Mein und Dein sind Worte der Lüge!"* *St. Augustin* (gestorben 430) äußerte: „Weil das individuelle Eigentum existiert, existieren auch die Prozesse, die Feindschaften, die Zwietracht, die Kriege, die Aufstände, die Sünden, die Ungerechtigkeiten, die Mordtaten. Woher kommen alle diese Geißeln? Einzig von dem Eigentum. Enthalten wir uns also, meine Brüder, *ein Ding als Eigentum zu besitzen*, oder wenigstens enthalten wir uns, *es zu lieben.*" Papst *Gregor* der Große, um 600, erklärte: „Sie sollen es wissen, *daß die Erde, wovon sie* ja herstammen und gemacht sind, allen Menschen *gemeinschaftlich ist,* und daß daher die Früchte, welche die Erde erzeugt, *allen ohne Unterschied gehören sollen."* *Bossuet*, der berühmte Bischof von Meaux, gestorben 1704, sagt in seiner „Politik der heiligen Schrift": „Ohne die Regierungen würde die Erde nebst ihren Gütern ebenso gemeinschaftlich den Menschen gehören als Luft und Licht; nach dem Urrechte der Natur hat niemand das besondere Recht auf irgend etwas. *Alles gehört allen; aus der bürgerlichen Regierung entspringt das Eigentum."* Der Schlußsatz müßte deutlicher ausgedrückt heißen: Weil das Gemeineigentum Privateigentum wurde, haben wir bürgerliche Regierungen erhalten, die es schützen müssen. Und einer der Modernen, *Zachariä*, sagt in seinen „Vierzig Büchern vom Staat": „Alle Leiden, mit welchen zivilisierte Völker zu kämpfen haben, *lassen sich auf das Sondereigentum an Grund und Boden* als Ursache zurückführen." Die Genannten haben sämtlich mehr oder weniger richtig die Natur des Privateigentums erkannt, das, seitdem es existiert, wie St. Augustin vollkommen korrekt sagt, die Prozesse, die Feindschaften, die Zwietracht, die Kriege, die Aufstände, die Ungerechtigkeiten, die Mordtaten in die Welt brachte, Übel, die mit seiner Aufhebung wieder verschwinden werden.

Privateigentums nicht möglich ist, wurde schon dargelegt. Indes hängt die höchste Ausnutzung des Grund und Bodens nicht bloß von seiner Bewirtschaftung ab, es kommen hierbei auch Faktoren in Betracht, denen weder der größte Einzelbesitzer noch die mächtigste Assoziation gewachsen ist, Faktoren, die unter Umständen selbst über den Rahmen des Staates hinausgreifen und international zu behandeln sind.

2. *Bodenmeliorationen*

Die Gesellschaft muß den Grund und Boden als Ganzes ins Auge fassen, seine *topographische* Beschaffenheit, seine Berge, Ebenen, Wälder, Seen, Flüsse, Teiche, Heiden, Sümpfe, Moore und Moräste. Diese topographische Beschaffenheit übt neben der geographischen Lage, die unabänderlich ist, gewisse Einflüsse auf Klima und Bodenbeschaffenheit aus. Hier ist ein Tätigkeitsfeld von größter Ausdehnung, auf dem noch eine Menge Erfahrungen gesammelt werden können und eine Menge Experimente versucht werden müssen. Was der Staat bisher in dieser Richtung leistete, ist wenig. Einmal wendet er zu solchen Kulturaufgaben nur geringe Mittel an, und außerdem würden, selbst wenn er den Willen hätte, in umfassender Weise einzugreifen, die großen Privateigentümer, die in der Gesetzgebung das entscheidende Wort sprechen, ihn daran hindern. Ohne starke Eingriffe in das Privateigentum kann aber auf diesem Gebiet nichts erreicht werden. Aber die Existenz des Staates beruht auf der „Heiligkeitserklärung" des Privateigentums, die großen Privateigentümer sind seine wichtigsten Stützen, und so fehlt ihm die Macht, in der bezeichneten Richtung vorzugehen. Es müßten großartige und umfassende Bodenmeliorationen, Bewaldungen und Entwaldungen, Be- und Entwässerungen, Bodenmischungen, Terrainänderungen, Anpflanzungen usw. vorgenommen werden, um den Grund und Boden zu höchster Ertragsfähigkeit zu bringen.

Eine hochwichtige Angelegenheit für die Kulturverhältnisse des Grund und Bodens bildet ein umfängliches, systematisch angelegtes Fluß- und Kanalnetz, das nach wissenschaftlichen Prinzipien geleitet werden muß. Die Frage des billigeren Transports auf den Wasserwegen – so wichtig für die heutige Gesellschaft – wäre zwar für die neue von geringer Bedeutung, dagegen sind Wasserwege als bequeme, mit geringstem Kraft- und Materialaufwand zu benutzende Transportgelegenheit sehr zu beachten. Aber die wichtigste Rolle spielt das Fluß- und Kanalsystem hinsichtlich seiner Verwertung für ein umfassendes Ent- und Bewässerungssystem, für die Herbeischaffung der Dungstoffe und der Materialien zu Bodenmeliorationen wie für die Abfuhr der Ernten usw.

Es ist durch Erfahrung festgestellt, daß wasserarme Länder weit mehr an kalten Wintern und heißen Sommern zu leiden haben als wasserreiche, daher kennen zum Beispiel Küstenländer die eigentlichen Witterungsextreme nur ausnahmsweise. Solche Witterungsextreme sind aber weder für die Pflanzen noch für die Menschen vorteilhaft und angenehm. Ein ausgedehntes Kanalsystem, in Verbindung mit Maßregeln in bezug auf Waldkultur, würde hier unzweifelhaft günstig wirken. Ein solches Kanalsystem, verbunden mit der Anlegung größerer Bassins als Wasseransammler und Aufbewahrer von Wassermassen, würde, wenn Tauwetter oder heftige Regengüsse Flüsse und Ströme zum Anschwellen und Übertreten bringen, von großem Vorteil sein. Die gleichen Bauanlagen wären für die Gebirgsflüsse und Gebirgsbäche notwendig. Die Überschwemmungen mit ihren verheerenden Wirkungen wären alsdann unmöglich. Ausgedehnte Wasserflächen mit ihrer stärkeren Verdunstung würden vermutlich auch regelmäßigere Regenbildung fördern. Die Anlagen dieser Art ermöglichten ferner die Anbringung von Pump- und Hebewerken zu umfassender Bewässerung der Ländereien, sobald solche nötig würden.

Weite Landstrecken, die bis jetzt fast unfruchtbar sind, ließen sich durch künstliche Bewässerungsanlagen in fruchtbare Gegenden verwandeln. Wo jetzt kaum die Schafe dürftige Nahrung finden und günstigenfalls schwindsüchtige Föhren die mageren Äste gen Himmel recken, könnten üppige Ernten gedeihen und eine dichte Bevölkerung reichliche Nahrung und Genuß finden. So ist es zum Beispiel nur eine Frage des Arbeitsaufwandes, um die weiten Sandstrecken der Mark, des „heiligen Deutschen Reiches Streusandbüchse", in ein Eden an Fruchtbarkeit zu verwandeln. Das hob auch in einem Vortrag anläßlich der deutschen landwirtschaftlichen Ausstellung zu Berlin im Frühjahr 1894 ein Vortragender hervor.[1] Die nötigen Kanalbauten,

[1] Auch im amtlichen Bericht über die Weltausstellung in Chikago heißt es: „Die Verwertung des Wassers für die Obstzucht wie für die Gemüsezucht ist

Bewässerungsanlagen, Meliorationen, Bodenmischungen usw. vorzunehmen, vermögen aber nicht die Grundbesitzer der Mark, und so bleiben unmittelbar vor den Toren der Reichshauptstadt weite Strecken Landes in einem Kulturzustand, der späteren Generationen unbegreiflich erscheinen wird. Andererseits können durch Kanalisationen weite Sumpfstrecken, Moore und Moorland entwässert und der Kultur gewonnen werden, so im Norden und Süden Deutschlands. Auch können die Wasserläufe für die Fischzucht ausgenutzt werden und lieferten eine ergiebige Nahrungsquelle, sie bildeten ferner für die Gemeinden, die keine Flüsse haben, Gelegenheit für die Errichtung der schönsten Badeanstalten.[1]

In welchem Maßstab Bewässerung wirkt, dafür einige Beispiele. In der Nähe von Weißenfels ergaben $7^1/_2$ Hektar gut bewässerte Wiesen 480 Zentner Grummet, danebenliegende 5 Hektar unbewässerte Wiesen von derselben Bodenbeschaffenheit nur 32 Zentner. Die ersteren hatten also im Verhältnis zu den letzteren mehr als zehnfachen Ertrag. Bei Riesa in Sachsen brachten 65 Acker bewässerte Wiesen eine Steigerung des Reinertrags von 5850 Mark auf 11 100 Mark. Nach Buchenbenger wurde nach der Bewässerung des unfruchtbaren Sandbodens der Bocker Heide, auf dem rechten Ufer der Lippe, durch den gesamten Aufwand von 124 000 Mark auf einer früher fast ertraglosen Fläche ein jährlicher Bruttogewinn von rund 400 000 Mark erzielt. Die Bodenverbesserungen in Niederösterreich haben bei einem Aufwand von 1 Million Kronen eine Steigerung des Ertragswertes um 6 Millionen Kronen ergeben. Die teuren Anlagekosten rentierten sich. Nun gibt es aber in Deutschland, außer der Mark, noch weite Gegenden, deren Boden, wesentlich aus Sand bestehend, nur einen halbwegs guten Ertrag liefert, wenn ein sehr feuchter Sommer eintritt. Diese Gegenden, mit Kanälen durchzogen und bewässert und in ihrer Bodenbeschaffenheit verbessert, würden in kurzer Zeit den fünf- und zehn-

---

immer mehr anzustreben, und Wassergenossenschaften zu dem Zwecke könnten auch bei uns aus Wüsten Paradiese schaffen."

[1] „Sind doch zum Beispiel in einem der höchst kultivierten Gebiete der österreichischen Monarchie — in Böhmen — 656 000 Hektar Ackerboden, das ist ein Viertel der gesamten Ackerfläche, entwässerungsbedürftig, und von der gesamten Wiesenfläche von 174 000 Hektar soll ein Drittel entweder zu trocken oder zu naß sein. Viel schlimmer steht es natürlich in Gegenden, welche im allgemeinen in der wirtschaftlichen Entwicklung zurückstehen, wie namentlich in Galizien." Dr. Eugen von Philippovich, Volkswirtschaftspolitik. S. 97. Tübingen 1909.

fachen Ertrag ergeben. In Spanien sind Beispiele vorhanden, wonach der Ertrag von gut bewässertem Boden den siebenunddreißigfachen Ertrag gegenüber dem von unbewässertem ergab. Also Wasser her, und neue Nahrungsmassen werden aus dem Boden gestampft.

Fast kein Jahr vergeht, in dem nicht ein-, zweimal und öfter in den verschiedensten Provinzen, in den verschiedensten Staaten Deutschlands mehr oder weniger große Überschwemmungen durch Bäche, Flüsse und Ströme eintreten. Weite Strecken des fruchtbarsten Bodens werden durch die Gewalt der Wellen weggeführt, andere werden mit Sand, Steinen und Schutt bedeckt und auf Jahre oder für immer unfruchtbar gemacht. Ganze Plantagen von Obstbäumen, die Jahrzehnte zu ihrer Entwicklung bedurften, werden entwurzelt. Häuser, Brücken, Straßen, Dämme werden unterwaschen, Eisenbahnen ruiniert, Menschenleben geopfert, Vieh wird zugrunde gerichtet, Bodenmeliorationen werden zerstört und Saaten vernichtet. Weite Strecken der Ländereien, die häufiger Überschwemmungsgefahr ausgesetzt sind, werden gar nicht oder nur geringwertig angebaut, um nicht immer wieder Schaden zu erleiden. Große Waldverwüstungen, namentlich auf den Bergen, insbesondere durch Privateigentümer, verstärken sie. Der unsinnigen, auf Profit berechneten Waldverwüstung soll eine Abnahme der Bodenfruchtbarkeit in den Provinzen Preußen und Pommern, in Kärnten und Steiermark, Italien, Frankreich, Spanien, Rußland usw. geschuldet sein.

Die Folgen der Waldverwüstung in den Gebirgen sind häufige Überschwemmungen. Die Rhein-, Oder- und Weichselüberschwemmungen werden hauptsächlich den Walddevastierungen in der Schweiz respektive in Galizien und Polen zugeschrieben. Der gleichen Ursache sind die häufigen Überschwemmungen in Italien, namentlich des Po, geschuldet. Und aus den gleichen Ursachen haben Madeira, große Teile Spaniens, die fruchtbarsten Provinzen Rußlands, weite, einst üppige und fruchtbare Länder in Vorderasien den größten Teil ihrer Fruchtbarkeit eingebüßt.[1]

Endlich hat man aber auch in der bürgerlichen Gesellschaft begrif-

[1] Einen hoch anzuschlagenden Nutzen gewährt, nach Schwappach, der Wald durch die Bindung des Bodens, namentlich im Gebirge durch Verhütung der Abschwemmung als in der Ebene durch Beruhigung des losen Sandes. Die Entwaldung bildet eine der Hauptursachen der Versandung des Ackerlandes in Rußland.

fen, daß es mit dem Gehen- und Geschehenlassen auf diesem Gebiet nicht mehr getan ist und daß, vernünftige Maßregeln im großen angewandt, die kulturzerstörenden Kräfte zu kulturfördernden umgewandelt werden können. So schritt man zum Bau großer Stauwerke, die das Wasser in gewaltigen Massen ansammeln und dessen Kräfte zur Elektrifizierung der Industrie und Landwirtschaft verwenden. Insbesondere nimmt der bayerische Staat die Stauarbeiten der Gebirgsflüsse und -bäche im großartigsten Maßstab vor, um damit Kräfte für die Elektrifizierung seiner Eisenbahnen und aller möglichen industriellen Anlagen zu gewinnen. Das agrarische Altbayern wird damit allmählich in ein modernes Industrieland umgewandelt.

3. Umwandlung der Bodenbewirtschaftung

Es ist selbstverständlich, daß diese großen Aufgaben nicht im Handumdrehen zu lösen sind, aber eine neue Gesellschaft wird sie mit Aufgebot aller Kräfte in die Hand nehmen, weil ihre *einzige* Aufgabe ist, *Kulturaufgaben* zu lösen und *kein Hemmnis darin zu dulden*. Sie wird im Laufe der Zeit Werke schaffen und Aufgaben lösen, an welche die gegenwärtige Gesellschaft nicht denken kann, weil ihr bei dem bloßen Gedanken daran schwindelt.

Die gesamte Bodenbewirtschaftung wird durch Maßregeln wie die bezeichneten und ähnliche sich bedeutend günstiger gestalten. Zu den bereits erörterten Gesichtspunkten für Hebung der Bodenausnützung kommen andere. Heute werden viele Quadratmeilen Landes mit Kartoffeln bebaut, um in große Quantitäten Branntwein verwandelt zu werden, die fast ausschließlich unsere arme, in Not und Elend lebende Bevölkerung konsumiert. Der Branntwein ist der einzige Stimulus, der „Sorgenbrecher", den sie sich verschaffen kann. Für die Kulturmenschen einer neuen Gesellschaft ist der Branntweinkonsum verschwunden, es werden der Boden und die Arbeitskräfte für gesunde Nahrungsmittelerzeugung frei. Auch wurde bereits auf den Zuckerrübenbau und die Zuckerfabrikation für die Ausfuhr hingewiesen. Mehr als 400 000 Hektar des besten Weizenbodens werden bei uns alljährlich für den Zuckerrübenbau verwendet, um England, die Schweiz, die Vereinigten Staaten usw. mit Zucker zu versehen. Eine Konkurrenz, der die durch das Klima begünstigten Zuckerrohr bauenden

Länder unterliegen. Unser stehendes Heerwesen, die zersplitterte Produktion, der zersplitterte Verkehr, der zersplitterte Ackerbau usw. erfordern Millionen Pferde und dementsprechend Bodenflächen für Nahrung und die Aufzucht junger Pferde. Die total umgestalteten sozialen und politischen Verhältnisse machen künftig zum größten Teile die hierfür in Anspruch genommenen Bodenflächen frei. Es sind also wiederum große Bodenflächen und viele Arbeitskräfte für andere Kulturbedürfnisse gewonnen. Neuerdings werden große Bodenflächen in der Größe von vielen Quadratkilometern der Landwirtschaft entzogen und ganze Ortschaften dem Erdboden gleichgemacht, weil die neuen weittragenden Feuerwaffen und die veränderte Gefechtsweise Schieß- und Exerzierplätze notwendig machen, auf denen ganze Armeekorps zu manövrieren vermögen. Dies hört künftig ebenfalls auf.

Das große Gebiet der Boden-, Wald- und Wasserbewirtschaftung ist längst Gegenstand der Erörterung einer sehr umfänglichen Literatur. Kein Gebiet ist unberührt geblieben: Forstwirtschaft, Be- und Entwässerung, Kultur von Halm-, Hülsen- und Knollenfrüchten, Gemüsebau, Obst-, Beeren-, Blumen- und Zierpflanzenkultur, Anbau von Nahrungspflanzen für die Viehzucht, Wiesenkultur, rationelle Vieh-, Fisch-, Geflügel- und Bienenzucht, Dungstoffe und Dungmittel, Verwertung und Verwendung der Abfallstoffe in der Wirtschaft und in der Industrie, chemische Untersuchung des Bodens und seine Verwendung und Herrichtung für diese oder jene Kultur, Samenbeschaffenheit, Fruchtfolge, Maschinen- und Gerätewesen, zweckmäßige Anlage von Wirtschaftsbaulichkeiten aller Art, Witterungsverhältnisse usw., alles ist in den Kreis wissenschaftlicher Erörterungen und Untersuchungen gezogen. Kein Tag vergeht fast, an dem nicht neue Entdeckungen und Erfahrungen gemacht werden, welche Verbesserungen und Veredlungen für das eine oder andere der verschiedenen Gebiete im Gefolge haben. Die Bodenbewirtschaftung ist seit Thaer und J. v. Liebig eine Wissenschaft geworden, und zwar eine der ersten und wichtigsten Wissenschaften, die einen Umfang und eine Bedeutung erlangte, wie auf wenigen Gebieten materiell produzierender Tätigkeit. Vergleichen wir aber diese ungeheure Fülle von Fortschritten aller Art mit dem wirklichen Zustand unserer Landwirtschaft, *so muß festgestellt werden, daß bisher nur ein Bruchteil der Privatbesitzer in der Lage war, einigermaßen die Fortschritte auszunutzen*, und alle haben nur ihr Privatinteresse im Auge, ohne Rücksicht auf das Gemeinwohl. Der größte Teil unserer Landwirte, man kann wohl sagen 99 Prozent derselben, ist gar nicht in der Lage, von all den Vorteilen und Fortschritten, welche die Wissenschaft und der Fortschritt der Technik ihnen bieten, Gebrauch machen zu können, es fehlen ihnen die Mittel oder die Kenntnisse oder beides. Hier findet die neue Gesellschaft ein theoretisch und praktisch gut vorbereitetes Feld vor, auf dem sie nur zu organisieren braucht, um die großartigsten Resultate zu erzielen.

4. Großbetrieb und Kleinbetrieb. Die Entwicklung der Elektrokultur

Während selbst in sozialistischen Kreisen noch die Meinung vertreten wird, der Kleinbetrieb könne infolge des persönlichen Fleißes seines Leiters und dessen Angehöriger die Konkurrenz mit dem Großbetrieb aufnehmen, ist man in fachmännischen Kreisen längst anderer Ansicht. Mag der Bauer durch Überanstrengung seiner Person und seiner Angehörigen soviel leisten wie er will, schon vom Standpunkt des Kulturmenschen aus ist seine Lage zu bedauern. Das Höchste, was er infolge von Überanstrengung und Entbehrungen leistet, die moderne Technik und die Wissenschaft der Bodenbearbeitung leisten Höheres. Vor allen Dingen aber ist die Anwendung von Technik und Wissenschaft allein imstande, auch den Bauern zum vollen Kulturmenschen zu machen, während er heute Sklave seines Besitzes und Helote seines Gläubigers ist.

Die Vorteile, die der Großbetrieb in der Landwirtschaft bei rationeller Anwendung aller Vorteile bietet, sind immens. Zunächst bedeutet derselbe eine erhebliche Erweiterung der auszunutzenden Fläche, weil die Unzahl der Fahr- und Fußwege und der Grenzraine verschwindet, die der zerstückelte Besitz erfordert. Durch den Wegfall des letzteren wird ferner eine Unmasse vergeudeter Zeit erspart. Fünfzig beschäftigte Personen im Großbetrieb können, abgesehen von den rationelleren Arbeitsmitteln, mit denen sie arbeiten, sehr viel mehr leisten als fünfzig beschäftigte Personen im Kleinbetrieb. Die Kombinierung und Dirigierung der Arbeitskräfte in der zweckmäßigsten Weise ermöglicht nur der Großbetrieb. Hierzu kommen die gewaltigen Vorteile, welche die Anwendung und Ausnutzung aller möglichen Maschinen und verbesserten Einrichtungen, die industrielle Ausnutzung der Erträge, die rationellere Vieh- und Geflügelzucht usw. ermöglichen. Ganz besonders bietet die Anwendung des elektrischen Betriebs in der Landwirtschaft Vorteile, die jede andere Bearbeitungsmethode in den Schatten stellen.

P. Mack[1] stellt fest, daß bei der Einführung der Maschinenarbeit eine Ersparnis von über 5000 Pferdetagen und bei der einmaligen Ausgabe von zirka 40 000 Mark Kapital eine Verbilligung des Produktes von über 12 000 Mark oder 48 Mark pro Hektar erzielt werde, ohne Berücksichtigung der Mehrerträge bei Einführung der Tiefkultur sowie der exakteren Kultivierung und Einwirkung durch Maschinen.[2]

Der Mehrertrag an Körnern werde bei der Tiefkultur auf 20 bis 40 Prozent angegeben, während die Erträgnisse bei Hackfrüchten sich oftmals um 50 Prozent gesteigert hätten. Nehme man aber nur 20 Prozent Mehrertrag durchschnittlich, so ergebe sich bei dem in Frage stehenden Gut hierfür ein Mehrertrag von 55,45 Mark pro Hektar, was mit der bereits erwähnten Ersparnis zusammen 103,45 Mark pro Hektar ausmache. Nimmt man den Preis des Hektars Grund und Boden um 800 Mark an, so ist das ein Extragewinn von 13½ Prozent. Es handelte sich also darum, die nötigen elektrischen Zentralen zu schaffen, mit Hilfe deren der Betrieb unterhalten wird. Alsdann können aber nicht nur alle überhaupt zur Verwendung gelangenden Maschinen in Betrieb gesetzt, sondern auch Heizung und Beleuchtung gewonnen werden. Mit Hilfe der elektrischen Anlagen können außer den Wohnungen und Straßen die Ställe, Scheunen, Keller, Vorratshäuser und Fabrikgebäude mit elektrischer Beleuchtung versehen werden, und wenn die Notwendigkeit es erfordert, kann man bei Nacht ernten. Mack berechnet, daß durch allgemeine Einführung der Elektrizität

[1] P. Mack, Althof-Ragnit, Rittmeister a. D. und Rittergutsbesitzer, Der Aufschwung unseres Landwirtschaftsbetriebs durch Verbilligung der Produktionskosten. Eine Untersuchung über den Dienst, den Maschinentechnik und Elektrizität der Landwirtschaft bieten. Königsberg 1900.

[2] Eine große Bedeutung erlangte in den letzten Jahren der Untergrundpacker (Campbells), mit welchem in regenärmeren Gegenden Nordamerikas geradezu staunenerregende Erfolge erzielt worden sein sollen. Die Möglichkeit der Leuteersparnis führte zur Konstruktion von Ferneinlegern für den Dreschkasten, Kurzstrohhebevorrichtungen usw. Dieselbe Leutenot drängt zu noch weiterer Verwendung arbeitsparender Maschinen, wie Kartoffelsortierer, Kartoffelpflanzmaschinen, Kartoffellegemaschinen, Walzentrockenapparate, Heulademaschinen, Schwadensammler usw.

für den landwirtschaftlichen Betrieb zwei Drittel der bisherigen Arbeitstiere (gleich 1 741 300 Stück) erspart werden könnten, was einen jährlichen Reingewinn von 1 002 989 000 Mark ergeben würde. Rechnet man hiervon die Ausgaben für die elektrische Kraft ab, so verbliebe eine Ersparnis von rund 741 794 000 Mark pro Jahr.

Die Anwendung des elektrischen Betriebs gibt der Landwirtschaft immer mehr den Charakter eines rein technisch-industriellen Prozesses. Ein Bild von der mannigfachen Anwendung der Elektrizität im landwirtschaftlichen Betrieb gibt folgende Zusammenstellung[1]:

Vom Elektromotor können angetrieben werden: 1. Maschinen, welche den Rohertrag erhöhen: a. für die Bestellung: Getreidereinigungsmaschinen für Saatgut, Trieure, elektrische Pflüge (Entwicklung vollendet); b. für die Ernte: Mähmaschinen mit Selbstbinder (sind in Bearbeitung genommen), Kartoffelerntemaschinen (bestehen in kaum noch zu übertreffender Vollkommenheit), Bewässerungsanlagen. 2. Maschinen, welche die Unkosten vermindern: a. Hebevorrichtungen, Entladevorrichtungen in Scheunen, Elevatoren für die Beförderung von Getreide und Stroh auf die Mieten oder in die Scheunen sowie des Heues auf den Boden, Sackaufzüge, Jauchepumpen; b. Transportmittel: Transportrinnen und Bänder sowie Gebläse für die Beförderung der Körner, Feldbahnen, Spille und Winden zum Befördern schwerer Lasten; c. für die Verwertung: Strohpressen, Mahlmühlen, Häckselmaschinen für Verkaufsgut. 3. Die Maschinen der Landindustrie: a. Brennereimaschinen und Maschinen für die Stärkefabrikation, Wasserpumpen für alle Zwecke; b. Molkerei: Milchkühler, Zentrifugen, Butterfässer, Kneter, Pressen usw.; c. Schneidemühlen, Kreissägen und Gattersägen; d. Stellmachereimaschinen, Bandsägen, Bohrmaschinen, Drehbänke, Radmaschinen. 4. Futterbereitungsmaschinen für die Viehzucht: Häckselmaschinen, Rübenschneider, Schrotmühlen, Kartoffel-, Hafer- usw. Quetschen, Wasserpumpen. Nach Ermittlungen sind es bereits 15 Prozent der gesamten Gutsarbeit, welche durchschnittlich auf diese Weise unter ökonomischer Ausnutzung von Zeit und Betriebsmitteln durch den Elektromotor verrichtet werden können.

Es wurde der Bedarf an Handarbeit für das Dreschen und Versandfertigmachen von 1000 Kilogramm Getreide ermittelt:

---

[1] Kurt Krohne, Die erweiterte Anwendung des elektrischen Betriebs in der Landwirtschaft. Elektrotechnische Zeitschrift 1908, Hefte 39 bis 41.

	Arbeitsstunden
1. Wenn alle Arbeiten von Hand gemacht wurden, auf .	104
2. Wenn kleine Dreschmaschinen mit Göpel und Reinigungsmaschine angewendet wurden, auf	41,4
3. Wenn elektrisch betriebener Dreschkasten mit 20 Pferdestärke-Motor verwendet wird, auf	26,4
4. Wenn elektrisch betriebener Riesendreschkasten mit Ferneinleger, Kaff- und Kurzstrohgebläse, Strohpresse und Elevator mit 60 Pferdestärke-Motor betrieben wird, auf	10,5

Einer allgemeinen Anwendung des Elektropfluges in landwirtschaftlichen Betrieben steht jetzt nichts mehr im Wege. So wie die elektrischen Transportbahnen haben die elektrisch betriebenen Pflügeapparate bereits einen hohen Grad der Vollkommenheit erlangt. Der schwere und teure Dampfpflug arbeitet nur auf größter Fläche und als Tiefpflug rationell. Er dient vielmehr lediglich dazu, höhere Hackfruchterträgnisse zu erzielen. Dagegen ist der Elektropflug in gleicher Weise für das Tief- und Flachpflügen brauchbar und ist fähig, sich auch das mittlere Wirtschaftsgut zu erobern. Er ermöglicht die Bearbeitung steiler Gehänge, wo selbst der Gespannpflug Schwierigkeiten findet. Er wirkt in hohem Grade arbeitsparend, wie die folgende Zusammenstellung der Pflugkosten bei Anwendung eines Elektropfluges im Vergleich zu Pferden, Ochsen und Dampfpflug zeigt.

	Kosten pro Morgen beim Pflügen auf Zoll mittlerer Tiefe				
	4	6	8	11	14
Pferde	2,50	3,00	4,20	7,70	13,30
Ochsen	3,65	4,65	5,80	7,90	10,20
Dampfpflug, in Miete von	6,00	6,70	7,60	9,15	10,70
„ in Miete bis	7,50	8,40	9,35	11,00	12,55
„ in Eigentum von	4,50	5,00	5,85	7,30	8,85
„ in Eigentum bis	6,00	6,70	7,60	9,15	10,70
Elektropflug, Pferdestärke 40	2,70	3,55	4,60	6,25	7,95
„ Pferdestärke 60	2,65	3,40	4,30	5,70	7,10
„ Pferdestärke 80	2,50	3,15	3,90	5,20	6,50

Die leichte Zuführung und Teilbarkeit der elektrischen Energie, die äußerste Vereinfachung in der Bedienung und in der Instandhaltung der elektrischen Maschinen bilden durchschlagende Vorzüge für die Landwirtschaft mit ihren ausgedehnten Flächen, für deren Kraftversorgung ein dünner Draht genügt. Und da die Voraussetzung der Verwendung der elektrischen Maschinen ein Netz von Überlandzentralen, ein planmäßiges elektrisches Netz ist, so kann sehr leicht der elektrische Betrieb in der Landwirtschaft, mit der *Elektrokultur*, mit direkter Beeinflussung des Pflanzenwachstums durch Elektrizität verbunden sein.

In den letzten Jahren waren die Pflanzenphysiologen und neben diesen auch praktische Agronomen auf das eifrigste bemüht, die Wirkungsweise der Elektrizität auf das Wachstum und Befruchten wichtiger Kulturpflanzen, insbesondere unserer Getreidearten, zu studieren. Diese Aufgabe ist von dem im Jahre 1906 verstorbenen Professor K. S. Lemström gelöst. Er überspannte größere Flächen Kulturlandes mit einem Drahtnetz, dem er in den meisten Fällen mittels Influenzmaschinen eine positive Ladung gab, während der negative Pol an der Erde lag, und ließ eine dunkle Entladung während der ganzen Vegetationsperiode oder eines Teiles derselben auf ein solches Versuchsfeld einwirken, während ein gleich gelegenes Kontrollfeld unbeeinflußt blieb. Die Versuche wurden in den verschiedensten Breiten angestellt und ergaben bei richtiger Behandlung übereinstimmend einerseits eine Vermehrung des Ernteertrags, welche zwischen 30 und über 100 Prozent schwankte, zweitens eine Verkürzung der Dauer des Reifens und endlich eine wesentliche Verbesserung der Qualität. Bei dieser Methode machte sich aber noch eine Reihe praktischer Bedenken geltend, die Newman, ein englischer Landwirt, zu beseitigen verstand. Diesem gelang es, den berühmten englischen Physiker Oliver Lodge für die Lemströmsche Methode zu interessieren. Nach einem neueren Bericht von Lodge, der die bisher gebrauchte Influenzmaschine durch eigens gestaltete Quecksilbergleichrichter ersetzte, sind nun diese Versuche in den aufeinanderfolgenden Jahren 1906 bis 1908 auf eine beeinflußte Fläche von 10 Hektar ausgedehnt worden und dabei der wichtige Nachweis erbracht worden, daß das Drahtnetz eine Höhe von 5 Meter über dem Erdboden haben darf, ohne der günstigen Wirkung auf Ernteertrag Abbruch zu tun. Dies ist eine Höhe, welche es erlaubt, hochbeladene Erntewagen darunter bequem fahren zu lassen und überhaupt alle landwirtschaftlichen Arbeiten, wie Bearbeiten der Hackfrüchte, ohne Störung zu gestatten, während nach Lemström das Drahtnetz nicht weiter als 40 Zentimeter von den zu beeinflussenden

Pflanzen entfernt sein sollte.[1] Verschiedene Müller stellten vergleichende Backversuche an und fanden, daß der elektrisierte Weizen ein viel besseres Backmehl abgab als der nichtelektrisierte. Somit ist das neue Verfahren reif, um in die Praxis der Landwirtschaft und des Gartenbaues mit Erfolg überführt zu werden.

Der Fowlersche Dampfpflug mit zwei Compoundlokomotiven bedarf, um zweckmäßig ausgenutzt zu werden, eines Areals von 5000 Hektar, das heißt mehr Fläche, als die Ackerfläche der meisten Bauerngemeinden beträgt. Man berechnet, daß, wenn zum Beispiel das im Jahre 1895 vorhandene Kulturland mit Anwendung der verschiedensten Maschinen und aller sonstigen Vorteile bewirtschaftet wurde, eine Ersparnis von 1600 Millionen Mark erzielt worden wäre. Nach Ruhland[2] würde eine erfolgreiche Bekämpfung der Getreidekrankheiten allein schon genügen, um die jetzige Getreideeinfuhr Deutschlands überflüssig zu machen. In der Broschüre „Unsere Wiesen- und Feldkräuter“ von Dr. med. Sonnenberg in Worms wird mitgeteilt, daß nach einer amtlichen Enquete in Bayern die bayerische Landwirtschaft durch die Verunkrautung ihrer Felder einen Ernteverlust von 30 Prozent pro Jahr habe. Auf zwei Flächen von je vier Quadratmetern, von welchen die eine verunkrautet, die andere unkrautfrei war, fand Nowatzki folgende Resultate:

	Halme	Körner	Strohertrag
Auf der verunkrauteten Fläche	216	180	239 Gramm
Auf der unkrautfreien Fläche	423	528	1077 Gramm

Dr. v. Rümker, Professor an dem landwirtschaftlichen Institut der Universität Breslau, erklärt, daß die Führung eines sorgfältigen Bodennährstoffhaushaltes auf Grundlage der Statistik des Landbaus so gut wie ganz in Deutschland fehle. Die Fruchtsaat sowie die Bodenbearbeitung finde oft rein schematisch, gedankenlos und mit so unvollkommenen und unpassenden Werkzeugen statt, daß der Ertrag der Mühe und Arbeit ein geringer bleiben muß. *Nicht einmal die leichte Arbeit einer rationellen Saatgutsortierung werde von den deutschen Landwirten geübt. Professor v. Rümker* zeigt an nachstehender Ta-

[1] M. Breslauer, Beeinflussung des Pflanzenwachstums durch Elektrizität. Elektrotechnische Zeitschrift 1908, Heft 38, S. 1915. Eine kleine Demonstrationsanlage ist in der Nähe von Berlin unter Leitung von Breslauer im Bau begriffen.

[2] Dr. G. Ruhland, Die Grundprinzipien aktueller Agrarpolitik. Tübingen 1893, Lauppsche Buchhandlung.

belle, in welcher Weise durch Sortierung des Samens der Ertrag pro Hektar gesteigert werden könnte:

Weizen lieferte	Nicht sortiert pro Hektar in Kilogramm	Sortiert pro Hektar in Kilogramm	Mehrertrag des sortierten Saatguts in Kilogramm
Gesamternte	8000	10800	+ 2800
Korn	1668	2885	+ 1217
Stroh und Spreu	6332	7915	+ 1583
Hektolitergewicht der Ernte	77,2	78,7	+ 1,5

Der Mehrertrag durch die Sortierung beträgt also nach der Tabelle 1200 Kilogramm Korn pro Hektar, der, mit 15 Mark pro Doppelzentner bewertet, einen Geldwert von 180 Mark repräsentiert. Wenn die Sortierungskosten pro Hektar mit höchstens 4,40 Mark berechnet werden, so bleibt noch eine *bare Reineinnahme aus der Verwertung des Korns allein von 175, 60 Mark pro Hektar übrig, ohne den Mehrertrag für Stroh und Spreu mit in Anschlag zu bringen. Aus einer Reihe von Anbauversuchsergebnissen ermittelte v. Rümker ferner, daß man durch Auswahl der für jede Örtlichkeit ertragreichsten Sorte durchschnittlich mehr ernten und die Roheinnahmen verbessern könnte bei:*

Roggen	300– 700	Kilogramm	Korn	oder	um	42– 98 Mk.	pro	Hektar
Weizen	300– 800	„	„	„	„	45–120 Mk.	„	„
Gerste	200– 700	„	„	„	„	34–119 Mk.	„	„
Hafer	200–1200	„	„	„	„	26–156 Mk.	„	„

Nehmen wir den Mehrertrag durch die Sortierung des Saatguts und durch richtige Auswahl der Sorte für Weizen zusammen, so könnte allein bei der Weizenproduktion der Ertrag um *1500 bis 2000 Kilogramm Korn oder um 220 bis 295 Mark pro Hektar gesteigert werden.*

In einer Schrift „Die Zukunft der deutschen Landwirtschaft“[1] wird nachgewiesen, welche gewaltigen Mehrerträge für alle landwirtschaftlichen Produkte erzielt werden könnten, wenn durch reichliche und sachgemäße Düngung – Zuführung mineralischen Düngers: Superphosphat und Thomasmehldüngung, Kainit und Phosphorsäure – der Boden ertragreicher gemacht wird. Vom deutschen Weizenboden könne alsdann sehr wohl ein Durchschnittsertrag von 36 Doppelzentner, vom Roggenboden von 24 Doppelzentner pro Hektar gewonnen werden.

[1] Von Kommerzienrat Heinrich Albert-Bieberich unter Mitwirkung von Landwirtschaftslehrer Homuth. Friedenau-Berlin 1901.

Auch würde ein beträchtlicher Teil des jetzigen Roggenlandes durch bessere Düngung und Bearbeitung zur Weizenproduktion ausgenutzt werden können, so daß sich der Durchschnittsertrag vom Ackerland an Brotgetreide – zwei Fünftel Weizen, drei Fünftel Roggen – auf 28,8 Doppelzentner pro Hektar beziffern könnte. Nach Abzug für Saatgut und geringwertiges Getreide blieben für die Volksernährung 26 Doppelzentner übrig. Die 7,9 Millionen Hektar, die zur Zeit mit Brotgetreide bestellt würden, könnten noch um 1,5 Millionen Hektar von Weideland, Brache und Ödland – Heide und Moore[1] – vermehrt werden, so daß bei einem Durchschnittsertrag von 26 Doppelzentner pro Hektar und bei einer Anbaufläche von 9,4 Millionen Hektar eine Produktion von 251,92 Millionen Doppelzentner Brotgetreide erzielt werden könnte. Bei einem Jahreskonsum von 175 Kilogramm pro Kopf *würde dann für 144 Millionen Menschen Brotgetreide geliefert werden können.* Bei der Volkszählung im Jahre 1900 hatte Deutschland rund 56 345 000 Einwohner, es könnte also schon bei dem damaligen Stande der Technik und Wissenschaft der deutsche Boden sogar die zweiundeinhalbfache Bevölkerungszahl mit Brotgetreide versehen. Bei der gegenwärtigen Wirtschaftsweise des zerstückelten Privatbesitzes ist Deutschland genötigt, durchschnittlich ein Neuntel seines Bedarfs an Brotgetreide vom Ausland einzuführen. Sollten unter der gegenwärtigen Wirtschaftsweise auch nur annähernd ähnliche Erträge erzeugt werden, so bedingte das so hohe Lebensmittelpreise, daß die Mehrzahl der Menschen sie nicht erschwingen könnte, womit der Zweck nicht erreicht würde. Nur bei kommunistischem Betrieb auf größter Stufenleiter lassen sich diese Resultate erzielen, woran die genannten Verfasser natürlich nicht denken. Nach einer von ihnen aufgestellten Berechnung würden bei Durchführung intensiver Kultur in der deutschen Landwirtschaft *mehr* erlangt werden können:

An Brotgetreide	145,1	Millionen	Doppelzentner
An Kartoffeln	444,0	„	„
An Hafer, Gerste, Erbsen und Bohnen	78,7	„	„
An Wiesenheu	146,2	„	„
An Heu und Futtermitteln	110,0	„	„
An Futterrüben	226,0	„	„

[1] Von den vorhandenen 5 Millionen Hektar Ödland, Brache, Weide usw. sind 4½ Millionen Hektar verrechnet. Was davon mehr aufgeforstet wird, könnte andererseits durch die Umwandlung von Wald in Acker- beziehungsweise Wiesenbau gewonnen werden.

Ziehen wir aber in Betracht, daß nach den weiter oben ausgeführten Vorschlägen von Mack durch Einführung des elektrischen Betriebs eine sehr große Zahl von Arbeitstieren erspart würden, so könnte die Schlachtviehzucht sehr erheblich gesteigert oder das dafür nötige Land anderweitig mit Nahrungsmitteln für Menschen angebaut werden.

Ein anderes Gebiet landwirtschaftlicher Tätigkeit, das in ganz anderem Maße ausgebeutet werden kann, ist die Zucht von Federvieh und die Eiergewinnung. Der Wert der jährlich in Deutschland eingeführten Eier beläuft sich auf 149,7 Millionen Mark (1907) und an lebendem Federvieh auf über 40 Millionen Mark. Auf diesen verschiedenen Gebieten befinden sich Zucht- und Kultureinrichtungen noch sehr im Rückstand. Im weiteren wird die mit dem konzentrierten Großbetrieb verbundene Konzentration der Stallungen, der Vorratshäuser aller Art, der Kellereien, der Futter- und Fütterungseinrichtungen, der Düngerstätten nicht nur abermals eine große Zeit-, Kraft- und Materialersparnis bedeuten, sie wird auch in bezug auf rationelle Ausnützung Vorteile gewähren, die der Klein- und Mittelbetrieb gar nicht, der Großbetrieb nur selten genießt. Wie dürftig sind zum Beispiel die hygienischen Einrichtungen in der großen Mehrheit der Stallungen, wie mangelhaft die Futtereinrichtungen und die Behandlung des Vieh- und Geflügelstapels. Daß Reinlichkeit, Licht und Luft den Tieren ebenso nötig sind wie den Menschen und auf ihr Befinden günstig einwirken, ist eine dem Bauer des zwanzigsten Jahrhunderts noch wenig bekannte Tatsache. Daß damit die Gewinnung und Erzeugung von Milch, Butter, Käse, Eiern, Honig, Fleisch unter viel rationelleren, gesünderen und vorteilhafteren Verhältnissen vor sich gehen wird, ist selbstverständlich.

Mit der geschickten Verbindung und Ausnutzung der vorhandenen Menschen- und maschinellen Kräfte wird aber außer der Bestellung auch die Aberntung der Felder in bisher nicht geahntem Maße betrieben werden können. Die Anlegung großer Schutzhallen, Trockenhäuser usw. wird die Ernte bei jeder Witterung ermöglichen, und die rasche Einbringung derselben wird die enormen Verluste vermeiden lassen, die jetzt so häufig vorkommen. So gehen nach v. d. Goltz in einer einzigen ungünstigen Erntezeit in Mecklenburg für 8 bis 9 Millionen Mark, im Regierungsbezirk Königsberg für 12 bis 15 Millionen Mark Ernteerträge zugrunde.

5. *Weinbau der Zukunft*

Auch die Obst-, Beeren- und Gartenbaukultur wird in der Zukunft eine bisher kaum für möglich gehaltene Entwicklung erlangen und ihren Ertrag vervielfältigen. Wie sehr noch bei uns in bezug auf Obstzucht gesündigt wird, obgleich gerade Deutschland für Obst- und speziell für die Apfelzucht ein besonders günstiges Klima besitzt, geht daraus hervor, daß jährlich für mehr als 40 Millionen Mark frisches Obst und für mehr als 20 Millionen gedörrtes Obst eingeführt wird. Ein Blick auf den schlechten Zustand unserer Obstbäume im weitaus größten Teile Deutschlands und selbst in Ländern, die durch ihren Obstbau einen Namen haben, wie Württemberg, läßt dies begreiflich erscheinen. Hier ist ein großes Feld für landwirtschaftlich-gärtnerische Tätigkeit. Ähnlich steht es mit der Beerenkultur, die erst in ihren Anfängen steckt.

Durch Anwendung künstlicher Wärme und Feuchtigkeit in großen, geschützten Hallen wird die Gemüse-, Obst- und Beerenzucht im großen zu jeder Jahreszeit ausführbar. Die Blumenläden unserer Großstädte weisen mitten im strengsten Winter einen Blumenflor auf, der mit jenem, den sie im Sommer besitzen, wetteifert. Einen der großartigsten Fortschritte auf dem Gebiete der künstlichen Obstzucht liefert zum Beispiel der künstliche „Weinberg" des Gartendirektors Haupt in Brieg in Schlesien, der mittlerweile eine große Reihe Nachahmer gefunden hat und Vorgänger in anderen Ländern längst schon besaß, zum Beispiel in England. Die Einrichtung und die Resultate desselben wurden in der „Vossischen Zeitung" vom 27. September 1890 so verlockend geschildert, daß diese Schilderung auszugsweise hier folgen mag. Das Blatt schrieb:

„Auf einer annähernd quadratischen Bodenfläche von 500 Quadratmetern, das heißt ein fünftel Morgen, ist das Glashaus von 4,5 bis 5 Meter Höhe errichtet, dessen Wände genau nach Norden, Süden, Osten, Westen orientiert sind. In der Richtung von Süden nach Norden sind darin zwölf Reihen Doppelspaliere, je 1,8 Meter jedes vom anderen entfernt, aufgestellt, welche zugleich dem flach geneigten Dach als Stütze dienen. In ein Erdbeet von 1,25 Meter Tiefe über einer 25 Zentimeter starken Schüttlage, welche ein Netz von Drainröhren mit Vertikalröhren zur Bodenventilation enthält, ein Beet, dessen sehr schwere Betten durch Zufuhr von Kalk und Bauschutt, Sand, verrottetem Dünger, Knochenmehl und Kalisalz locker, durchlässig und fruchtbar gemacht sind, pflanzte Herr Haupt an jenen Doppelspalieren dreihundertundsechzig Weinstöcke von solchen Sorten, welche im Rheingau die edelsten Rebensäfte liefern, also: weißen und roten Riesling, Traminer, weißen und blauen Muskateller und Burgunder.

Die Ventilation des Raumes wird außer durch mehrere Öffnungen in den Seitenwänden durch 20 Meter lange große Klappen im Dache bewerkstelligt, welche durch eine eiserne, mit Schraubenspindel und Kurbel versehene Hebelvorrichtung geschlossen und geöffnet und in jeder Lage sturmsicher festgestellt werden können. Zur Bewässerung der Stöcke dienen 26 Brausen, die an 1,25 Meter langen, von einer Hochwasserleitung herunterhängenden Gummischläuchen befestigt sind. Doch noch ein anderes, wahrhaftig geistreich erfundenes Mittel zur raschen und gründlichen Bewässerung führte Herr Haupt in seiner ‚Weinhalle' und seinem ‚Weinberge' ein: *den künstlichen Regenerzeuger*. In der Höhe unter dem Dache liegen vier lange kupferne Rohrstränge, die in Entfernungen von einem halben Meter fein gelocht sind. Die durch diese Öffnungen nach oben austretenden aufsteigenden feinen Wasserstrahlen treffen gegen kleine runde Siebe aus Fenstergaze und werden beim Durchtritt durch dieselben zu feinen Fontänen zerstäubt: ein tüchtiges Durchspritzen mittels der Gummischläuche erfordert immer einige Stunden; aber nur einen Hahn braucht man zu öffnen, und im ganzen weiten Hause rieselt ein sanfter, erfrischender Regen aus der Höhe auf Rebstöcke, Erdreich und Granitplattenstege gleichmäßig hernieder. Die ohne jede etwaige künstliche Heizung, einzig durch die natürlichen Eigenschaften des Glashauses bewirkte Steigerung der Temperatur läßt sich auf 8 bis 10 Grad Reaumur über die der äußeren Luft bringen. Um die Stöcke vor dem verderblichsten und dem gefährlichsten Gegner, der Reblaus, falls sie sich einmal zeigen sollte, zu schützen, genügt es, die Drainröhren zu schließen und alle Hähne der Wasserleitung zu öffnen. Der dadurch bewirkten Unterwassersetzung der Stöcke widersteht dieser Feind bekanntlich nicht. Gegen Sturm, Kälte, Fröste, überflüssigen Regen schützen den künstlichen Weinberg Glasdach und Wände; gegen etwaigen Hagelschlag feine Drahtgitter über denselben; gegen Dürre und Trokkenheit die künstliche Regenvorrichtung. Der Winzer eines solchen ‚Weinberges' ist sein eigener Wettermacher und kann der Gefahren aller der unberechenbaren Launen und Tücken der ‚gleichgültigen' oder grausamen Natur lachen, welche die Frucht aller Mühen und Arbeiten des Weinbauers mit Vernichtung bedrohen.

Was Herr Haupt erwartet hatte, traf vollkommen ein. Die Weinstöcke gediehen in dem gleichmäßigen, warmen Klima vortrefflich. Die Trauben reiften bis zur vollen Edelreife aus und ergaben schon im Herbst 1885 einen Most, der an reichlichem Zucker- und geringem Säuregehalt den im Rheingau allgemein erzielten Mosten nicht nachstand. Ebenso gediehen die Trauben im nächsten Jahre und in dem ungünstigen Jahre 1887 vortrefflich. In diesem Raume lassen sich, wenn die Stöcke ihre volle Höhe von 5 Meter erreicht haben und bis zur Spitze Trauben in strotzender Fülle tragen, jährlich etwa 20 Hektoliter Wein erzeugen, und die Selbstkosten einer Flasche edlen Weines werden nicht mehr als 40 Pfennig betragen.

Kein Umstand ist abzusehen, welcher den vollständig fabrikmäßigen Betrieb dieses neuen, die höchsten und gleichmäßigsten Erträge verheißenden Weinbaues im großen verhindern könnte. Glashäuser von solcher Art wie hier über einer Bodenfläche von 1/5 Morgen lassen sich mit gleichen Ventilations- und Bewässerungs-, Dränage- und Regeneinrichtungen zweifellos auch über morgengroßen Grundstükken errichten. Auch in ihnen wird die Vegetation schon einige Wochen früher beginnen als im Freien, werden die Reben gegen Maifröste, Regen, Kälte während der Blüte, gegen Dürre während des Wachstums der Beeren, gegen naschende Vögel und Traubendiebe, gegen Nässe während des Reifens, gegen die Reblaus während des ganzen Jahres geschützt sein und bis November, Dezember am Stocke hängen. In seinem 1888 dem ihn besuchenden Verein zur Beförderung des Gartenbaus gehaltenen Vortrag, dem ich in dieser Schilderung des Hauptschen ‚Weinbergs' manches Technische entnommen habe, eröffnete der Erfinder und Begründer desselben zum Schluß noch diese lockende Perspektive in die Zukunft: Da nun dieser Weinbau in ganz Deutschland, namentlich aber auch auf sonst unfruchtbarem, sandigem und steinigem Boden (wie zum Beispiel dem schlechtesten märkischen), der urbar gemacht und bewässert werden kann, möglich ist, so erhellt daraus das große Landeskulturinteresse, welches der ‚Weinbau unter Glas' bietet. Ich möchte diese Kultur als ‚*Weinbau der Zukunft*' bezeichnen."

Der Verfasser schildert dann, wie auch der aus den Trauben gewonnene Wein das höchste Lob der Sachkenner gefunden habe, und fügt hinzu, „daß der Weinberg auch noch genügenden Raum zum gleichzeitigen Betriebe anderer lohnender Neben- oder Zwischenkulturen gewähre. So ziehe Herr Haupt zwischen je zwei Rebstöcken noch immer einen Rosenstock, der im April und Mai die reichste Blütenfülle biete, und an den Ost- und Westwänden Pfirsiche an Spalieren, deren Blütenpracht im April dem Innern dieses gläsernen Weinpalastes ein Aussehen von märchenhaftem Reiz verleihen muß." Neuerdings ist es insbesondere Belgien, das dieser Art Obstzucht große Aufmerksamkeit schenkt. Aber auch in Deutschland ist diese Kulturmethode in größerem Umfang vorhanden, zum Beispiel für die Zucht von Ananas.

Nichts hindert, daß ähnliche Anlagen noch in viel großartigerem Maßstabe für die verschiedensten Kulturen eingerichtet werden, so daß wir uns für viele Bodenprodukte den Luxus einer doppelten und dreifachen Ernte verschaffen können. Heute sind diese Unternehmungen in erster Linie eine Frage der Rentabilität, und ihre Produkte sind nur den Privilegierten der Gesellschaft zugängig, die sie bezahlen können. Eine sozialistische Gesellschaft kennt keine andere Frage als die nach genügenden Arbeitskräften, und sind diese vorhanden, so wird das Werk zum Vorteil aller vollbracht.

6. Maßnahmen gegen Bodenerschöpfung

So sehen wir, wie schon unter den gegenwärtigen Verhältnissen eine vollständige Umwandlung in den Ernährungsverhältnissen sich anbahnt. *Die Ausnutzung aller dieser Entdeckungen ist aber eine äußerst langsame, weil mächtige Klassen – das Agrariertum und seine sozialen und politischen Stützen – aufs lebhafteste daran interessiert sind, sie nicht aufkommen zu lassen.* Man betet zwar im Frühjahr allsonntäglich in allen Kirchen um eine gute Ernte, aber unter demselben stillen Vorbehalt, mit dem Gläubige zu dem heiligen Florian beten sollen: Heiliger Florian, schütz mein Haus, zünd andere an. Ist nämlich die Ernte in allen Ländern eine gute, so sinken mächtig die Preise, und davor empfindet der Agrarier ein Grauen. Ihm schadet, was allen andern nützt, und so ist er ein stiller Gegner jeder Erfindung oder Entdeckung, die nicht nur ihm, sondern auch anderen Vorteil bringt. Unsere Gesellschaft ist überall im Widerspruch mit sich selbst.

Die Erhaltung des Grund und Bodens in fruchtbarem Zustande und die Steigerung desselben hängt in erster Linie von genügenden Dungstoffen ab. Die Gewinnung derselben ist also auch für die neue Gesellschaft eine der wichtigsten Aufgaben.[1] Dünger ist für den Boden, was für den Menschen die Nahrung, und zwar ist für den Boden ebensowenig *jeder* Dünger gleichwertig, wie für den Menschen jede Nahrung gleich nahrhaft ist. Es müssen dem Boden genau diejenigen chemischen Bestandteile zugeführt werden, die er durch die Entnahme einer Ernte eingebüßt hat, und es müssen ihm solche chemische Bestandteile in verstärktem Quantum zugeführt werden, die der Anbau einer bestimmten Pflanzengattung vorzugsweise erfordert. Daher wird das Studium der Chemie und ihre praktische Anwendung eine heute noch unbekannte Ausdehnung erlangen.

Nun enthalten die tierischen und menschlichen Abfallstoffe die chemischen Bestandteile, die für die Wiedererzeugung menschlicher Nahrung geeignet sind. Es muß also die vollkommenste Gewinnung und zweckmäßigste Verteilung derselben zu erlangen gesucht werden. Darin wird gegenwärtig sehr viel gesündigt. Besonders sind es die Städte und Industrieorte, die massenhaft Nahrungsmengen zugeführt

[1] „Es gibt ein Rezept für die Fruchtbarkeit der Felder und für die ewige Dauer ihrer Erträge; wenn dieses Mittel seine folgerichtige Anwendung findet, so wird es sich lohnender erweisen als alle, welche jemals die Landwirtschaft sich erworben hat; es besteht in folgendem: Ein jeder Landwirt, der einen Sack Getreide nach der Stadt fährt, oder einen Zentner Raps oder Rüben, Kartoffeln usw., sollte, wie der chinesische Kuli, ebensoviel (womöglich mehr) von den Bodenbestandteilen seiner Feldfrüchte wieder aus der Stadt mitnehmen und dem Felde geben, dem er sie genommen hat; er soll eine Kartoffelschale und einen Strohhalm nicht verachten, sondern daran denken, daß die Schale einer seiner Kartoffeln und der Halm einer seiner Ähren fehlt. Seine Ausgabe für diese Einfuhr ist gering und ihre Anlage sicher, eine Sparkasse ist nicht sicherer und kein Kapital verbürgt ihm eine höhere Rente; die Oberfläche seines Feldes wird sich *in ihrem Ertrag in zehn Jahren schon verdoppeln*, er wird mehr Korn, mehr Fleisch und mehr Käse erzeugen, ohne mehr an Arbeit und Zeit zuzusetzen, und er wird nicht in ewiger Unruhe wegen neuer unbekannter Mittel sein, die es nicht gibt, um sein Feld in anderer Weise fruchtbar zu erhalten ... Alte Knochen, Ruß, Asche, ausgelaugt und unausgelaugt, das Blut der Tiere und Abfälle aller Art sollten in Anstalten gesammelt und für die Versendung zubereitet werden ... Die Regierungen und Polizeibehörden in den Städten sollten Sorge dafür tragen, daß durch eine zweckmäßige Einrichtung der Latrinen und Kloaken einem Verlust an diesen Stoffen vorgebeugt werde.“ Liebig, Chemische Briefe. Leipzig und Heidelberg 1865.

erhalten, aber die kostbarsten Auswurf- und Abfallstoffe nur zum allergeringsten Teil dem Boden wieder zuführen. Die Folge ist, daß die von Städten und Industrieorten entfernter gelegenen Güter, die jährlich den größten Teil ihrer Produkte in dieselben führen, empfindlich an Dungstoffen Mangel leiden – denn oftmals genügen die Dungstoffe des auf den Gütern vorhandenen Menschen- und Viehbestandes nicht, weil dieser Bestand nur einen Teil der Bodenernte konsumiert –, und so griffe ein Raubbausystem Platz, das den Boden entkräftete und die Ernten verminderte, würde nicht durch Zufuhr künstlichen Düngers ersetzt, was an natürlichem fehlt. Alle Länder, die Bodenprodukte ausführen, aber keine Dungstoffe zurückerhalten, gehen früher oder später notwendig an Bodenverarmung zugrunde, so Ungarn, Rußland, die Donaufürstentümer usw.

Liebig entwickelte in der Mitte des vorigen Jahrhunderts die Lehre vom Stoffersatz für den Ackerboden, daraus folgte die Anwendung der konzentrierten Düngemittel. Schulze-Lupitz wies nach, daß, obgleich gewisse Pflanzen keine Stickstoffdüngung erhielten, sie dennoch den Boden an Stickstoff bereicherten, ein Phänomen, dessen Erklärung und Lösung Hellriegel zufiel. Dieser zeigte, daß es die Milliarden Bazillen sind, welche in Symbiose mit gewissen Hülsenfrüchten den Stickstoff der Luft unmittelbar den Pflanzen zum Aufbau verschaffen.[1] Wenn die Agrikulturchemie seit Liebig die eine Seite des wissenschaftlichen Bodenbaues bildet, so die Agrikulturbakteriologie die andere Seite. Obendrein besitzt Deutschland in seinen Kali- und Kainitlagern, im Thomasmehl, dem Superphosphat und der Phosphorsäure eine Reihe unerschöpflicher mineralischer Düngerquellen, deren richtige Anwendung mit zweckmäßiger Bearbeitung des Grund und Bodens enorme Quantitäten an Nahrungsstoffen zu erzeugen ermöglicht.

Von der Bedeutung dieser verschiedenen künstlichen Düngemittel liefert die Angabe eine Vorstellung, daß Deutschland im Jahre 1906 davon für etwa 300 Millionen Mark verbrauchte, darunter schwefelsaures Ammoniak für 58,3 Millionen, Chilesalpeter für 120, während der Rest auf Thomasmehl und Superphosphat, Kaliumsalze, Guano und sonstiges fällt. Von diesen Düngemitteln ist das wichtigste die Stickstoffdüngung. Wie außerordentlich groß ihre Einwirkung ist, zeigt

[1] Die deutsche Landwirtschaft an der Jahrhundertwende. Festrede, gehalten an der Königlichen Landwirtschaftlichen Akademie am 12. Januar 1900 von Dr. Max Delbrück.

folgende Angabe. Während nach den Untersuchungen Wagners der Hafererertrag gegenüber Volldüngung auf einem hessischen Boden bei Phosphorsäuremangel um 17 Prozent, bei Kalimangel um 19 Prozent zurückging, sank er bei Stickstoffmangel um 89 Prozent. Im Mittel aller Versuche und Versuchsjahre wurde, auf 1 Jahr und einen Hektar berechnet, an Reingewinn erhalten: 96 Mark, wenn Volldüngung gegeben war, 62 Mark, wenn an der Volldüngung das Kali fehlte, 48 Mark, wenn an der Volldüngung die Phosphorsäure fehlte, 5 Mark, wenn an der Volldüngung der Stickstoff fehlte. Es ist berechnet worden, daß, wenn Deutschland seine Stickstoffdüngung verdoppeln würde, es nicht nur seinen gesamten Bedarf an Getreide und Kartoffeln dekken, sondern noch erhebliche Mengen für den Export erübrigen könnte. Und die Hauptquelle dieses wertvollsten Düngemittels, die Salpeterlager Chiles, genauso wie die Guanolager, gehen rasch ihrer Erschöpfung entgegen, während der Bedarf an Stickstoffpräparaten – in Deutschland, Frankreich, England und in den letzten zehn Jahren auch in den Vereinigten Staaten von Amerika – immer größer wird. Der englische Chemiker William Crookes hat schon im Jahre 1899 diese Frage aufgeworfen und bezeichnete sie als eine Angelegenheit von weit größerer Bedeutung als die Möglichkeit einer nahen Erschöpfung der britischen Kohlenfelder. Als die Hauptaufgabe der Chemie betrachtete er demnach die Lösung des Problems, Stickstoffdüngemittel aus dem ungeheuren Stickstoffreservoir der Luft zu fabrizieren. Man bedenke nur, daß das über einem Quadratzentimeter Boden befindliche Luftquantum rund ein Kilogramm wiegt und daß vier Fünftel hiervon Stickstoff sind, woraus sich berechnet, daß der Stickstoffgehalt der irdischen Atmosphäre rund 4000 Millionen Tonnen beträgt. Dem steht ein jetziger jährlicher Verbrauch von Salpeter entsprechend rund 300 000 Tonnen Stickstoff gegenüber. Wenn also überhaupt kein Ersatz des Stickstoffs stattfände, so würde seine chemische Bindung genügen, um den heutigen Salpeterbedarf der Welt während mehr als 14 000 Millionen Jahren zu decken.

Und diese Aufgabe ist heute gelöst. Schon im Jahre 1899 stellten A. Frank und N. Caro durch Einwirkung von atmosphärischem Stickstoff auf Kalziumcarbid (Kalk und Kohle) bei hoher Temperatur Kalziumzyanamid her, welches in der rohen Masse 14 bis 22 Prozent Stickstoff enthält. Das neue Düngemittel ist unter dem Namen Kalkstickstoff in den Handel gebracht. Aber dieses Verfahren ist nicht das einzige. Den Norwegern C. Birkeland und S. Eyde ist es im Jahre 1903 gelungen, den Luftstickstoff unmittelbar durch Verbrennung auf elektrischem Wege in Salpetersäure überzuführen. Das zweite Verfahren liefert ein Produkt, das dem Chilesalpeter in jeder Beziehung ebenbürtig, auf gewissen Bodenarten sogar überlegen ist. Seit einigen Jahren ist es auf dem deutschen Düngermarkt als Norgesalpeter eingeführt. Und im Jahre 1905 gelang es Otto Schönherr, ein Verfahren aufzufinden, welches sich im Vergleich zu demjenigen von Birkeland-Eyde als technisch noch vorteilhafter darstellt. Es erfordert außer der elektrischen Kraft nur die allerbilligsten Materialien, nämlich Wasser und Kalkstein. Dagegen hat man zur Erzeugung von Kalkstickstoff auch noch Kohle nötig, und der erforderliche Stickstoff kann nicht in der Form von Luft angewendet, sondern muß aus dieser eigens abgetrennt werden. Somit ist der Landwirtschaft ein neues Düngemittel zugeführt, das auf dem Wege eines rein technisch-industriellen Prozesses hergestellt wird und in unermeßlichen Mengen zur Verfügung steht.[1]

Nach A. Müller scheidet ein gesunder, erwachsener Mensch durchschnittlich jährlich 48,5 Kilogramm feste und 438 Kilogramm flüssige Exkremente aus. Diese Stoffe repräsentieren nach dem heutigen Stande der Düngerpreise, wenn sie ohne Wertverluste durch Ausdünstungen usw. verwendet werden können, einen Geldwert von zirka 5,15 Mark. Die große Schwierigkeit, diese Stoffe voll auszunützen, liegt wesentlich an der Herstellung zweckmäßiger, umfassender Sammelvorrichtungen und in den hohen Transportkosten. Ein großer Teil der Exkremente aus den Städten wird unseren Flüssen und Strömen zugeführt und verschmutzt dieselben. Ebenso werden die Abfälle der Küche, der

[1] Nach Professor Bernthsen, Über Luftsalpetersäure. Vortrag, gehalten auf dem siebenten Internationalen Kongreß zu London. Zeitschrift für angewandte Chemie. 1909, Heft 24. Da die neue Industrie zur Erzeugung der Elektrizität billiger Wasserkräfte bedarf, so sicherten sich die Badische Anilin- und Sodafabrik und andere deutsche chemische Fabriken in Verbindung mit der von Birkeland-Eyde gebildeten norwegisch-französischen Gesellschaft geeignete Wasserkräfte in Norwegen. Es wurden gebildet zwei Gesellschaften, jede mit einem Aktienkapital von 16 000 000 Kronen, zur Ausnutzung norwegischer Wasserkräfte und zur Salpetergewinnung. Außerdem ist die Badische Anilin- und Sodafabrik bei der bayerischen Regierung um die Konzessionierung eines Planes zur Gewinnung von etwa 50 000 elektrischen Pferdestärken aus der Alz und zur Errichtung einer Fabrik nahe Burghausen im südöstlichen Bayern eingekommen.

Gewerbe und Industrien, die ebenfalls als Dünger verwendbar sind, meist leichtfertig vergeudet.

Die neue Gesellschaft wird Mittel und Wege finden, dieser Verschwendung zu begegnen. Sie wird diese Frage leichter lösen, und zwar auch dadurch, *daß die großen Städte allmählich aufhören zu existieren, indem die Bevölkerung sich dezentralisiert.*

7. *Aufhebung des Gegensatzes zwischen Stadt und Land*

Unsere heutige Großstädtebildung wird niemand für ein gesundes Produkt ansehen. Das herrschende Industrie- und Wirtschaftssystem zieht beständig große Massen der Bevölkerung nach den größeren Städten.[1] Dort ist der Hauptsitz der Industrie und des Handels, dort laufen die Verkehrswege zusammen, dort sitzen die Inhaber der großen Vermögen, die Zentralbehörden, die Militärkommandos, die höheren Gerichte. Dort gibt es die großen Bildungsanstalten, die Künstlerakademien, die großen Vergnügungs- und Unterhaltungsstätten, Ausstellungen, Museen, Theater, Konzertsäle usw. Tausende zieht der Beruf, Tausende das Vergnügen, noch mehr Tausende die Hoffnung auf leichteren Verdienst und angenehmeren Lebensunterhalt hin.

Aber diese Großstadtbildung macht, bildlich gesprochen, den Eindruck eines Menschen, dessen Bauchumfang beständig zunimmt, wo-

---

[1] Nach der Berufszählung vom 12. Juni 1907 hatte Deutschland 42 Großstädte mit je über 100 000 Einwohnern. Im Jahre 1816 gab es in Deutschland nur 2 Städte mit mehr als 100 000. 1871 hatte es deren nur 8. Berlin zählte 1871 rund 826 000, 1900 1 888 000, 1905 2 040 148, es war also um mehr als das Doppelte (147 Prozent) gewachsen. Das „Groß-Berlin" zählte 1871 875 328, 1900 2 469 009 Einwohner. Im Jahre 1907 hatten 42 Großstädte 11 790 000 Bewohner, und der Anteil an der Gesamtbevölkerung beträgt jetzt rund 19 Prozent. Eine Anzahl dieser Großstädte sah sich genötigt, die vor ihren Toren liegenden industriereichen Vororte, die an sich schon der Bevölkerungszahl nach Städte bildeten, in den Stadtverband aufzunehmen, wodurch ihre Bevölkerungszahl mit einem Schlage bedeutend stieg. In dem Zeitraum von 1885 bis 1905 wuchs Leipzig von 170 000 auf 503 672 Einwohner, Köln von 161 000 auf 478 722, Magdeburg von 114 000 auf 240 633, München von 270 000 auf 538 983, Breslau von 299 000 auf 470 904, Frankfurt a. M. von 154 000 auf 334 978, Hannover von 140 000 auf 250 024, Düsseldorf von 115 000 auf 253 274, Nürnberg von 115 000 auf 294 426, Chemnitz von 111 000 auf 294 927, Essen von 65 074 auf 239 692 Einwohner usw.

hingegen die Beine immer dünner werden und schließlich die Last nicht mehr tragen können. In unmittelbarer Nähe dieser Städte nehmen sämtliche Dörfer ebenfalls einen städtischen Charakter an, in denen sich das Proletariat ansammelt. Die meist vermögenslosen Gemeinden müssen die Steuerkraft aufs äußerste anspannen und können dennoch den gestellten Anforderungen nicht genügen. Sind sie schließlich an die Großstadt und diese an sie herangerückt, so fliegen sie wie ein der Sonne zu nahe gekommener Planet in diese hinein. Aber damit werden die gegenseitigen Lebensbedingungen nicht verbessert. Diese werden vielmehr immer ungünstiger durch die Anhäufung der Massen in überfüllten Wohnräumen. Diese in der gegenwärtigen Entwicklung notwendigen, gewissermaßen die Revolutionszentren bildenden Massenansammlungen haben in der neuen Gesellschaft ihren Zweck erfüllt. Ihre allmähliche Auflösung ist notwendig, *indem jetzt umgekehrt die Bevölkerung von den großen Städten auf das Land wandert, dort neue, den veränderten Verhältnissen entsprechende Gemeinden bildet und ihre industrielle Tätigkeit mit der landwirtschaftlichen verbindet.*

Sobald die Stadtbevölkerung durch Ausgestaltung der Verkehrsmittel, der Produktionseinrichtungen usw. die Möglichkeit hat, alles, was sie an gewohnten Kulturbedürfnissen besitzt, auf das Land zu übertragen, dort ihre Bildungsanstalten, Museen, Theater, Konzertsäle, Bibliotheken, Gesellschaftslokale usw. wiederzufinden, wird die Wanderung beginnen. Das Leben wird die Annehmlichkeiten der bisherigen Großstadt *ohne ihre Nachteile* erlangen. Die Bevölkerung wird weit gesünder und angenehmer wohnen. Die Landbevölkerung wird sich an der Industrie, die Industriebevölkerung an dem Acker- und Gartenbau beteiligen, eine Abwechslung in der Beschäftigung, die gegenwärtig nur wenig Menschen genießen und meist nur unter der Bedingung eines Übermaßes von Arbeitszeit und Anstrengung.

Wie auf allen Gebieten, so arbeitet auch auf diesem die bürgerliche Welt dieser Entwicklung vor, indem von Jahr zu Jahr immer mehr industrielle Unternehmungen auf das Land siedeln. Die ungünstigen Lebensbedingungen der Großstadt, teure Mieten, höhere Löhne zwingen viele Unternehmer zu dieser Übersiedlung. Andererseits werden die Großgrundbesitzer immer mehr Industrielle (Zuckerfabrikanten, Schnapsbrenner, Bierbrauer, Zement-, Tonwaren-, Ziegel-, Holzbearbeitungs-, Papierfabrikanten usw.). Auch wohnen schon heute Zehntausende in den Vororten der großen Städte, denen die Beförderungsmittel diese Wohnweise ermöglichen.

Durch die Dezentralisierung der Bevölkerung wird auch der gegenwärtig bestehende Gegensatz zwischen Land- und Stadtbevölkerung verschwinden.

Der Bauer, dieser moderne Helote, der bisher in seiner Vereinsamung auf dem Lande von aller höheren Kulturentwicklung abgeschnitten war, wird jetzt ein freier Mensch, weil er im vollsten Maße Kulturmensch wird.[1] Des Fürsten Bismarck einstmaliger Wunsch, die großen Städte vernichtet zu sehen, wird erfüllt, aber in einem anderen Sinne, als er erwartete.[2]

---

[1] Professor Adolf Wagner äußert in dem schon zitierten Werke „Lehrbuch der politischen Ökonomie" von Rau: „Das private, kleine ländliche Grundeigentum bildet eine durch keine andere Einrichtung zu ersetzende ökonomische Basis für einen hochwichtigen Teil der Bevölkerung, einen unabhängigen, selbständigen Bauernstand und dessen eigentümliche sozialpolitische Stellung und Funktion." Wenn der Autor nicht seinen konservativen Freunden zuliebe à tout prix für den kleinen Bauer schwärmt, muß er unseren Kleinbauer für einen der ärmsten Menschen halten. Der kleine Bauer ist unter den *gegebenen* Verhältnissen für die höhere Kultur nahezu unzugänglich, er rackert sich bei schwerer Arbeit von früh bis spät ab und lebt oft schlechter als ein Hund. Fleisch, Butter, Eier, Milch, die er produziert, genießt nicht er, er produziert für andere, er kann sich unter den jetzigen Verhältnissen in keine höhere Lebenslage emporarbeiten und wird dadurch ein *kulturbeklemmendes* Element. Wer die Rückwärtserei liebt, weil er dabei seine Rechnung findet, mag an der Fortexistenz dieser sozialen Schicht Genugtuung empfinden; der menschliche Fortschritt bedingt, daß sie verschwindet.

[2] Otto von Bismarck donnerte im Erfurter „Unionsparlament" von 1850 gegen die großen Städte „als die Herde der Revolution", die man dem Erdboden gleichmachen müsse. Er hatte recht, die bürgerliche Gesellschaft erzeugt im modernen Proletariat ihre „Totengräber".

Dreiundzwanzigstes Kapitel

Aufhebung des Staates

Überblicken wir die bisherige Darlegung, so finden wir, daß mit der Aufhebung des Privateigentums an den Arbeitsmitteln und mit ihrer Umwandlung in gesellschaftliches Eigentum allmählich die Menge der Übel verschwindet, welche die bürgerliche Gesellschaft auf Schritt und Tritt uns zeigt und immer unerträglicher werden. Die Herrschaft einer Klasse hört auf, die Gesellschaft wendet ihre gesamte Tätigkeit nach selbstgegebenem Plane an und leitet und kontrolliert sich selbst. Wie durch Aufhebung des Lohnsystems, der Ausbeutung des Menschen durch den Menschen, so wird dem Schwindel und Betrug, der Nahrungsmittelverfälschung, dem Börsentreiben usw. jeder Boden entzogen. Die Hallen der Mammonstempel stehen leer, denn Staatspapiere, Aktien, Schuld- und Pfandbriefe, Hypothekenscheine usw. sind Makulatur geworden. Das Schillersche Wort: „Unser Schuldbuch sei vernichtet, ausgesöhnt die ganze Welt" hat reale Wirklichkeit erlangt, und das biblische Wort: „Im Schweiße deines Angesichts sollst du dein Brot essen", gilt nunmehr auch für die Helden der Börse und die Drohnen des Kapitalismus. Indes die Arbeit, die sie als gleichberechtigte Glieder der Gesellschaft zu leisten haben, wird sie nicht erdrücken und wird ihr körperliches Befinden wesentlich heben. Die Sorge um den Besitz, die nach den pathetisch vorgetragenen Versicherungen unserer Unternehmer und Kapitalisten oft schwerer zu tragen sein soll als das unsichere und dürftige Los des Arbeiters, wird ihnen für immer abgenommen. Die Aufregungen der Spekulation, die unseren Börsenjobbern so viele Herzleiden und Schlaganfälle verursachen und sie mit Nervosität belasten, werden ihnen erspart. Für sie und ihre Nachkommen wird die *Sorglosigkeit* ihr Los, und sie werden sich wohl dabei finden.

Mit der Aufhebung des Privateigentums und der Klassengegensätze fällt auch allmählich der Staat. „Indem die kapitalistische Produktionsweise mehr und mehr die große Mehrzahl der Bevölkerung in

Proletarier verwandelt, schafft sie die Macht, die diese Umwälzung, bei Strafe des Unterganges, zu vollziehn hat. Indem sie mehr und mehr auf Verwandlung der großen vergesellschafteten Produktionsmittel in Staatseigentum drängt, zeigt sie selbst den Weg an zur Vollziehung dieser Umwälzung . . .

Der Staat war der offizielle Repräsentant der ganzen Gesellschaft, ihre Zusammenfassung in einer sichtbaren Körperschaft, aber er war dies nur, *insofern er der Staat derjenigen Klasse war*, welche selbst für ihre Zeit die ganze Gesellschaft vertrat: im Altertum Staat der sklavenhaltenden Staatsbürger, im Mittelalter des Feudaladels, in unsrer Zeit der Bourgeoisie. Indem er endlich tatsächlich Repräsentant der ganzen Gesellschaft wird, *macht er sich selbst überflüssig*. Sobald es keine Gesellschaftsklasse mehr in der Unterdrückung zu halten gibt, sobald mit der Klassenherrschaft und dem in der bisherigen Anarchie der Produktion begründeten Kampf ums Einzeldasein auch die daraus entspringenden Kollisionen und Exzesse beseitigt sind, gibt es nichts mehr zu reprimieren, das eine besondere Repressionsgewalt, einen Staat, nötig machte. Der erste Akt, worin der Staat wirklich als Repräsentant der ganzen Gesellschaft auftritt — die Besitzergreifung der Produktionsmittel im Namen der Gesellschaft —, ist zugleich sein letzter selbständiger Akt als Staat. Das Eingreifen einer Staatsgewalt in gesellschaftliche Verhältnisse wird auf einem Gebiet nach dem andern überflüssig und schläft dann von selbst ein. An die Stelle der Regierung über Personen tritt die Verwaltung von Sachen und die Leitung von Produktionsprozessen. Der Staat wird nicht ‚abgeschafft', *er stirbt ab*."[1]

Mit dem Staat verschwinden seine Repräsentanten: Minister, Parlamente, stehendes Heer, Polizei und Gendarmen, Gerichte, Rechts- und Staatsanwälte, Gefängnisbeamte, die Steuer- und Zollverwaltung, mit einem Wort: der ganze politische Apparat. Kasernen und sonstige Militärbauten, Justiz- und Verwaltungspaläste, Gefängnisse usw. harren jetzt einer besseren Bestimmung. Zehntausende von Gesetzen, Erlassen und Verordnungen werden Makulatur, sie besitzen nur noch historischen Wert. Die großen und doch so kleinlichen parlamentarischen Kämpfe, bei denen die Männer der Zunge sich einbilden, durch ihre Reden die Welt zu beherrschen und zu lenken, sind verschwun-

[1] Fr. Engels, Herrn Eugen Dührings Umwälzung der Wissenschaft. Dritte, durchgesehene und vermehrte Auflage, S. 301 und 302. Stuttgart 1894.

den, sie haben Verwaltungskollegien und Verwaltungsdelegationen Platz gemacht, die sich mit der besten Einrichtung der Produktion, der Distribution, der Festsetzung der Höhe der notwendigen Vorräte, der Einführung und Verwendung zweckentsprechender Neuerungen in der Kunst, dem Bildungswesen, dem Verkehrswesen, dem Produktionsprozeß usw. in Industrie und Landwirtschaft zu befassen haben. Das sind alles praktische, sichtbare und greifbare Dinge, denen jeder objektiv gegenübersteht, weil für ihn kein der Gesellschaft feindliches persönliches Interesse vorhanden ist. Keiner hat ein anderes Interesse als die Allgemeinheit, das darin besteht, alles aufs beste, zweckmäßigste und vorteilhafteste einzurichten und herzustellen.

Die Hunderttausende ehemaliger Repräsentanten des Staates treten in die verschiedensten Berufe über und helfen mit ihrer Intelligenz und ihren Kräften, den Reichtum und die Annehmlichkeiten der Gesellschaft vermehren. Man wird künftig weder politische Verbrechen und Vergehen noch gemeine kennen. Die Diebe sind verschwunden, weil das Privateigentum verschwunden ist und jeder in der neuen Gesellschaft leicht und bequem seine Bedürfnisse durch Arbeit befriedigen kann. Auch „Stromer und Vagabunden“ existieren nicht mehr, sie sind das Produkt einer auf dem Privateigentum beruhenden Gesellschaft, und sie hören auf zu sein, sobald dieses fällt. Mord? Weshalb? Keiner kann am anderen sich bereichern, auch der Mord aus Haß oder Rache hängt direkt oder indirekt mit dem Sozialzustand der Gesellschaft zusammen. Meineid, Urkundenfälschung, Betrug, Erbschleicherei, betrügerischer Bankrott? Das Privateigentum fehlt, an dem und gegen das diese Verbrechen begangen werden konnten. Brandstiftung? Wer soll daran Freude oder Befriedigung suchen, da die Gesellschaft ihm jede Möglichkeit zum Hasse nimmt. Münzverbrechen? „Ach, das Geld ist nur Schimäre“, der Liebe Müh’ wäre umsonst. Religionsschmähung? Unsinn; man überläßt dem allmächtigen und allgütigen Gott zu bestrafen, wer ihn beleidigt, vorausgesetzt, daß man sich noch um die Existenz Gottes streitet.

So werden alle Fundamente der heutigen „Ordnung“ zur Mythe. Die Eltern erzählen später den Kindern davon wie aus alten märchenhaften Zeiten. Und die Erzählungen von den Hetzereien und Verfolgungen, womit man einst die Männer der neuen Ideen überschüttete, werden ihnen genauso klingen, als wenn wir von Ketzer- und Hexenverbrennungen hören. Alle die Namen der „großen“ Männer, die mit ihren Verfolgungen gegen die neuen Ideen sich hervortaten und dafür von ihren beschränkten Zeitgenossen mit Beifall überschüttet wurden, sind vergessen und stoßen höchstens dem Geschichtsforscher auf, wenn er in alten Werken blättert. Leider leben wir noch nicht in den glücklichen Zeiten, in welchen die Menschheit *frei* atmen darf.

Vierundzwanzigstes Kapitel

Die Zukunft der Religion

Und wie mit dem Staate, so geht's mit der Religion. Diese wird nicht „abgeschafft", man wird „Gott nicht absetzen", nicht „den Leuten die Religion aus dem Herzen reißen", und wie sonst die albernen Reden lauten, womit man atheistisch gesinnte Sozialdemokraten anklagt. Solche Verkehrtheiten überläßt die Sozialdemokratie den bürgerlichen Ideologen, die in der Französischen Revolution solche Mittel versuchten und natürlich elend Schiffbruch litten. Ohne gewaltsamen Angriff und ohne Unterdrückung der Meinungen, welcher Art immer sie sind, werden die religiösen Organisationen und mit ihnen die Kirchen allmählich verschwinden.

Die Religion ist die transzendente Widerspiegelung des jeweiligen Gesellschaftszustandes. In dem Maße, wie die menschliche Entwicklung fortschreitet, die Gesellschaft sich transformiert, transformiert sich die Religion, sie ist, wie Marx sagt, das Streben nach illusorischem Glück des Volkes, das einem Zustand der Gesellschaft entspringt, *welcher der Illusion bedarf*[1], aber verschwindet, sobald die Erkenntnis des wirklichen Glückes und die Möglichkeit seiner Verwirklichung die Massen durchdringt. Die herrschenden Klassen streben in ihrem eigenen Interesse, diese Erkenntnis zu verhindern, und so suchen sie die Religion als Mittel für ihre Herrschaft zu konservieren, was am deutlichsten in dem bekannten Satze sich ausdrückt: „Dem *Volke* muß die Religion erhalten werden." Dieses Geschäft wird in einer auf Klassenherrschaft beruhenden Gesellschaft eine wichtige amtliche Funktion. Es bildet sich eine Kaste, welche diese Funktion übernimmt und ihren ganzen Scharfsinn darauf richtet, das Gebäude zu erhalten und zu erweitern, weil damit ihre eigene Macht und ihr Ansehen wächst.

Anfangs Fetischismus auf unterster Kulturstufe, in primitiven gesellschaftlichen Verhältnissen, wird die Religion Polytheismus bei

[1] Karl Marx, Zur Kritik der Hegelschen Rechtsphilosophie. Deutsch-Französische Jahrbücher, 1. und 2. Lieferung. Paris 1844.

höherer Entwicklung, Monotheismus bei noch vorgeschrittenerer Kultur. Es sind nicht die Götter, welche die Menschen erschaffen, es sind die Menschen, die sich die Götter, Gott machen. „Sich selbst (dem Menschen) zum Bilde, zum Ebenbilde schuf er ihn“ (den Gott), nicht umgekehrt. Bereits hat sich auch der Monotheismus in einen alles umfassenden, alles durchdringenden Pantheismus aufgelöst und verflüchtigt sich immer mehr. Die Naturwissenschaft machte die Lehre von der Schöpfung der Erde in sechs Tagen zur Mythe; die Astronomie, die Mathematik und Physik machen den Himmel zu einem Luftgebilde, die Sterne am Himmelszelt, auf denen die Engel thronen, zu Fixsternen und Planeten, deren Natur jedes Engelleben ausschließt.

Die herrschende Klasse, die sich in ihrer Existenz bedroht sieht, klammert sich an die Religion als die Stütze aller Autorität, wie das jede herrschende Klasse bisher so gehalten hat.[1] Die Bourgeoisie glaubt selbst nichts, sie hat durch ihre ganze Entwicklung, durch die aus ihrem Schoße hervorgegangene moderne Wissenschaft den Glauben an die Religion und alle Autorität zerstört. Ihr Glaube ist nur Scheinglaube, und die Kirche nimmt die Hilfe der falschen Freundin an, weil sie selbst der Hilfe bedarf. „Die Religion ist für das Volk nötig.“

Für die neue Gesellschaft existieren keine Rücksichten. Der unausgesetzte menschliche Fortschritt und die unverfälschte Wissenschaft sind ihr Panier. Hat jemand noch religiöse Bedürfnisse, so mag er sie mit seinesgleichen befriedigen. Die Gesellschaft kümmert sich nicht darum. Auch der Priester muß arbeiten, um zu leben, und da er

[1] Wie schon die Alten hierüber dachten, zeigt folgende Äußerung des Aristoteles: „Der Tyrann (der Name für Alleinherrscher im alten Griechenland) muß sich *den Schein* geben, als nähme er es mit der Religion ungemein ernst. Denn von solchen besorgen die Untertanen weniger eine ungesetzliche Behandlung, wenn sie den Wandel des Herrschers für gottesfürchtig und fromm zu erkennen glauben, und andererseits unternehmen sie nicht leicht etwas gegen ihn, da er ja die Götter zum Beistand habe.“ Aristoteles, Politik.

„Der Fürst muß die guten menschlichen Eigenschaften haben oder noch besser *zu haben scheinen; er muß besonders ganz Frömmigkeit, ganz Religion scheinen.* Wenn auch einige ihn durchschauen, so schweigen sie doch still; denn die Staatsmajestät schützt den Fürsten, der dann vermöge dieses Schutzes, *wenn es sein Vorteil erheischt, die* gegenteiligen Seiten herauskehren kann. Das Gros der Untertanen wird ihn, weil er bei vielen Gelegenheiten, *da es ihm nichts verschlug*, Gottesfurcht zeigte, immer für einen ehrenwerten Mann halten, auch da, wo er gegen Treu und Glauben und gegen die Religion handelte. *Im übrigen soll der Fürst Kultus und Kirchentum ganz besonders pflegen.*“ Machiavelli in seiner berühmten Schrift: Der Fürst, 18. Kapitel.

dabei lernt, so kommt auch für ihn die Zeit, wo er einsieht, daß das *Höchste* ist: *ein Mensch zu sein.*

Sittlichkeit und Moral bestehen auch ohne die Religion; das Gegenteil können nur Einfältige oder Heuchler behaupten wollen. Sittlichkeit und Moral sind der Ausdruck für Begriffe, welche die Beziehungen der Menschen zueinander und ihre Handlungen regeln, die Religion umfaßt die Beziehungen der Menschen zu übersinnlichen Wesen. Aber wie die Religion, so entspringen auch die Begriffe über die Moral dem jeweiligen Sozialzustand der Menschen.[1] Der Kannibale betrachtet Menschenfresserei als sehr moralisch; als moralisch sahen Griechen und Römer die Sklaverei an, der Feudalherr des Mittelalters die Leibeigenschaft und Hörigkeit; hochmoralisch erscheint dem modernen Kapitalisten das Lohnarbeitsverhältnis, die Ausbeutung der Frauen und die Demoralisation der Kinder durch gewerbliche Arbeit.[2] Vier Gesellschaftsstufen und vier Moralbegriffe, aber in keiner herrscht der höchste Moralbegriff. Der höchste moralische Zustand ist derjenige, in dem die Menschen sich als *Freie* und *Gleiche* gegenüberstehen, in dem der Grundsatz: „Was du nicht willst, das man dir tu, das füg' auch keinem andern zu", alle menschlichen Beziehungen beherrscht. Im Mittelalter galt der Stammbaum des Menschen, in der Gegenwart entscheidet sein Besitz, in der Zukunft gilt der Mensch als Mensch. Und die Zukunft gehört dem Sozialismus.

---

[1] Siehe K. Kautsky, Ethik und materialistische Geschichtsauffassung. Stuttgart 1905, Verlag J. H. W. Dietz Nachf.

[2] Ist der Bourgeois um Gründe in Verlegenheit, um Ungehöriges zu rechtfertigen, so ist tausend gegen eins zu wetten, er beruft sich auf die „Sittlichkeit". Im Frühjahr 1894 erklärte sogar in einer evangelischen Synodalversammlung ein „liberaler" Rat des Berliner Kammergerichts es für „sittlich", daß nur der ein Wahlrecht zum Kirchenverband habe, der Steuern bezahle. (!)

Fünfundzwanzigstes Kapitel

Das sozialistische Erziehungswesen

Der verstorbene Abgeordnete Dr. Lasker hielt in den siebziger Jahren in Berlin einen Vortrag, in dem er zu dem Schlusse gelangte, ein gleiches Bildungsniveau für alle Glieder der Gesellschaft sei möglich. Dr. Lasker war aber ein Antisozialist, ein starrer Anhänger des Privateigentums und des Kapitalismus, die Bildungsfrage ist aber heute im eminenten Sinne eine *Geldfrage*. Unter solchen Verhältnissen ist ein gleiches Bildungsniveau für alle *unmöglich*. Einzelne können unter verhältnismäßig günstigen Umständen durch Überwindung vieler Schwierigkeiten und durch Anwendung großer Energie, die nicht viele besitzen, sich eine höhere Bildung aneignen. Die Masse nie, solange sie in sozialer Unterdrückung und Abhängigkeit lebt.[1]

In der neuen Gesellschaft sind die Existenzbedingungen für alle gleich. Die Bedürfnisse und die Neigungen sind verschieden und werden, weil in der Natur des Menschen begründet, verschieden bleiben, aber jeder kann sich nach Maßgabe der für alle gleichen Daseinsbedingungen entwickeln. Die uniforme Gleichheit, die man dem Sozialismus andichtet, ist wie so vieles ein Unsinn. Erstrebte er sie, er handelte unvernünftig, denn er käme mit der Natur des menschlichen Wesens selbst in Widerspruch und müßte darauf verzichten, die Ge-

---

[1] „Ein gewisser Grad von Kultur und Wohlstand ist eine notwendige äußere Bedingung und Entwicklung des philosophischen Geistes ... Daher finden wir, daß man nur bei den Nationen anfing zu philosophieren, welche sich zu einer beträchtlichen Stufe des Wohlstandes und der Kultur emporgeschwungen hatten." Tennemann. Note bei Buckle, a. a. O., 1. Band, S. 10. — „Materielle und intellektuelle Interessen gehen Hand in Hand. Eins kann ohne das andere nicht sein. Zwischen beiden findet eine Vereinigung statt wie zwischen Körper und Geist; sie trennen heißt den Tod bringen." v. Thünen, Der isolierte Staat. — „Das beste Leben sowohl für das Individuum im besonderen, als für den Staat im allgemeinen ist dasjenige, in welchem die Tugend auch mit *äußeren* Gütern so weit ausgestattet ist, daß dadurch eine tätige Teilnahme an schönen und guten Handlungen möglich wird." Aristoteles, Politik.

sellschaft nach seinen Prinzipien sich entwickeln zu sehen.[1] Ja, gelänge es dem Sozialismus, die Gesellschaft zu überrumpeln und in unnatürliche Verhältnisse zu pressen, in kurzer Zeit würden diese neuen Verhältnisse, die sich als Fesseln fühlbar machten, gesprengt, und der Sozialismus wäre für immer gerichtet. Die Gesellschaft entwickelt sich nach den ihr immanenten Gesetzen, und sie handelt danach.[2]

Eine der Hauptaufgaben der neuen Gesellschaft muß sein, die Nachkommenschaft entsprechend zu erziehen. Jedes Kind, das geboren wird, ist ein der Gesellschaft willkommener Zuwachs; sie erblickt darin die Möglichkeit ihres Fortbestandes, ihre eigene Fortentwicklung; sie empfindet also auch die Verpflichtung, für das neue Lebewesen nach Kräften einzutreten. Der erste Gegenstand ihrer Sorge ist demnach die Gebärende, die Mutter. Bequeme Wohnung, angenehme Umgebung, Einrichtungen aller Art, wie sie diesem Stadium der Mutterschaft entsprechen, aufmerksame Pflege für sie und das Kind sind erste Bedingungen. Die Mutterbrust dem Kinde zu erhalten, solange als

---

[1] Herr Eugen Richter wiederkäut in seinen „Irrlehren" immer wieder die abgedroschene Phrase, die Sozialisten wollten einen „Zwangsstaat" — daß von einem „Staate" schließlich nicht mehr die Rede ist, dürfte dem Leser unseres Buches klargeworden sein —; er mutet also der Gesellschaft zu, daß sie einen „Staat" oder eine Gesellschaftsordnung sich gebe, *die wider ihre eigenen Interessen verstößt.* Es läßt sich aber ein von dem vorhergehenden fundamental verschiedener Staat oder eine neue Gesellschaftsordnung *nicht willkürlich schaffen*, das ginge gegen alle Gesetze, nach denen Staat und Gesellschaft sich bilden und entwickeln. Herr Eugen Richter und seine Glaubensgenossen mögen sich trösten; hat der Sozialismus die unsinnigen Bestrebungen, die sie ihm zuschreiben, so geht er ohne ihr Zutun zugrunde.

Ebenso hinfällig sind die Bemerkungen Richters, für einen Sozialzustand, wie ihn die Sozialisten wollten, müßten die Menschen „Engel" sein. Nun gibt's bekanntlich keine Engel, und wir brauchen auch keine. Einesteils werden die Menschen von den Zuständen, andernteils die Zustände von den Menschen beeinflußt, und das letztere wird immer mehr der Fall sein, je besser die Menschen das Wesen der Gesellschaft, *die sie selber bilden*, kennen und ihre Erfahrungen *zweckbewußt auf ihre Gesellschaftsorganisation anwenden. Das ist Sozialismus.* Wir brauchen *nicht andere Menschen, aber klügere und einsichtigere als die meisten heute sind,* und um sie klüger und einsichtiger zu machen, agitieren wir und veröffentlichen Schriften, wie die vorliegende eine ist.

[2] Es ist zu verwundern, daß bei der maßlosen Borniertheit der Gegner des Sozialismus noch keiner behauptete, jeder bekomme in der sozialistischen Gesellschaft eine gleichgroße Portion Nahrung und gleich große Wäsche- und Kleidungsstücke, um das Werk der uniformen Gleichheit zu „krönen".

es möglich und notwendig erscheint, ist selbstverständlich. Moleschott, Sonderegger, alle Hygieniker und Ärzte sind darin einig, daß nichts die Nahrung der Mutter voll ersetzt.

Diejenigen, die wie Eugen Richter sich darüber entrüsten, daß die junge Mutter an einen Niederkunftsort kommt, an dem sie von allem umgeben ist, was heute nur der Reichtum ermöglicht – und dieser vermag nicht zu leisten, was eigens eingerichtete Anstalten zu leisten vermögen –, seien daran erinnert, daß gegenwärtig *mindestens vier Fünftel* der Menschen unter den *primitivsten* Verhältnissen und Zuständen geboren werden, die ein Hohn für unsere Kultur und Zivilisation sind. Und von dem letzten Fünftel unserer Mütter ist wieder nur eine Minderheit in der Lage, einigermaßen die Pflege und Annehmlichkeiten zu genießen, die in diesem Zustand einer Frau zukommen sollen. *Tatsächlich gibt es in Städten mit vortrefflichen Einrichtungen für die Gebärenden auch schon heute nicht wenig Frauen, die, sobald sie ihre Stunde nahen fühlen, sich in jene Anstalten begeben und ihre Niederkunft erwarten. Die Kosten in diesen Anstalten sind aber so hohe, daß nur wenig Frauen davon Gebrauch machen können; andere schreckt allerdings das Vorurteil zurück.* Wir haben also auch hier wieder ein Beispiel, *wie überall die bürgerliche Welt die Keime für die Zukunftsgestaltungen in ihrem Schoße trägt.*

Die Mutterschaft der meisten vornehmen Frauen bekommt übrigens einen eigentümlichen Beigeschmack durch die Tatsache, daß sie die Mutterpflichten so rasch als möglich an eine – *proletarische Amme übertragen.* Wie bekannt, ist zum Beispiel die wendische Lausitz (der Spreewald) die Gegend, aus der die Frauen der Berliner Bourgeoisie, die ihre Neugeborenen nicht selbst stillen wollen oder nicht zu stillen vermögen, ihre Ammen beziehen. Die Ammenzüchterei, die darin besteht, daß die Landmädchen sich schwängern lassen, um nach der Geburt ihrer Kinder sich als Amme an eine wohlhabende Berliner Familie vermieten zu können, wird *gewerbsmäßig* betrieben. Mädchen, die drei und vier uneheliche Kinder gebären, um sich als Amme verdingen zu können, sind keine Seltenheit, und je nachdem sie bei diesem Geschäft verdienen, erscheinen sie den jungen Männern des Spreewaldes als Frau begehrenswert. Vom Standpunkt der bürgerlichen Moral ist dieses eine verwerfliche Handlungsweise, aber vom Standpunkt des Familieninteresses der Bourgeoisie erscheint sie löblich und wünschenswert.

Sobald das Kind größer geworden ist, harren seiner die Altersgenossen zu gemeinsamem Spiele unter gemeinsamer Obhut. Alles, was nach dem Stande der Einsicht und des Bedürfnisses für seine geistige und körperliche Entwicklung geleistet werden kann, ist vorhanden. Jeder, der Kinder beobachtet hat, weiß, *daß dieselben am leichtesten in Gesellschaft ihresgleichen erzogen werden;* ihr Geselligkeits- und Nachahmungstrieb ist sehr lebhaft. Insbesondere nehmen die Kleineren gern die Erwachseneren als Vorbild und Beispiel und folgen diesen mehr als den Eltern. Diese Eigenschaften können mit Vorteil für die Erziehung ausgenutzt werden.[1] Den Spielsälen und Kindergärten folgt die spielende Einführung in die Anfänge des Wissens und der verschiedenen gewerblichen Tätigkeiten. Es folgt angemessene geistige und körperliche Arbeit, verbunden mit gymnastischen Übungen und freier Bewegung auf dem Spiel- und Turnplatz, auf der Eisbahn, im Schwimmbad; Übungsmärsche, Ringkämpfe und Exerzitien für beide Geschlechter folgen und ergänzen sich. Es soll ein gesundes, abgehärtetes, körperlich und geistig normal entwickeltes Geschlecht herangebildet werden. Die Einführung in die verschiedenen praktischen Tätigkeiten, die Gartenkultur, den Ackerbau, das Fabrikwesen, die Technik des Produktionsprozesses folgt Schritt für Schritt. Die geistige Ausbildung in den verschiedensten Wissensgebieten wird nicht vernachlässigt.

Im Erziehungssystem wird derselbe Reinigungs- und Verbesserungsprozeß wie im Produktionssystem vorgenommen werden. Eine Menge veralteter, überflüssiger, die geistige und körperliche Entwicklung hemmender Methoden und Lehrgegenstände fällt. Die Kenntnis natürlicher Dinge, dem Verstand angepaßt, werden den Lernbetrieb mehr anfeuern als ein Erziehungssystem, bei dem ein Lehrgegenstand sich mit dem anderen im Widerspruch befindet und seine Wirkung aufhebt, zum Beispiel wenn auf der einen Seite Religion auf Grund der Bibel gelehrt wird, auf der anderen Seite Naturwissenschaften und Naturgeschichte. Dem hohen Kulturstand der neuen Gesellschaft entsprechend, ist die Ausstattung der Lehrräume, der Erziehungseinrichtungen und der Bildungsmittel beschaffen. Bildungs- und Lehrmittel, Kleidung, Unterhalt stellt die Gesellschaft; kein Zögling wird

[1] Das hat Fourier glänzend ausgeführt, wenn er auch in der Ausführung seiner Ideen ins Utopische geriet. A. Bebel, Charles Fourier, sein Leben und seine Theorien. 3. Auflage. Stuttgart 1907.

gegen den anderen benachteiligt.[1] Das ist wieder ein Kapitel, über das unsere bürgerlichen „Ordnungsmänner“ entrüstet sind.[2] Die Schule solle zur Kaserne gemacht, den Eltern soll jeder Einfluß auf ihre Kinder genommen sein, rufen die Gegner. Von alledem ist gar keine Rede. Da in der künftigen Gesellschaft die Eltern ein unendlich größeres Maß freier Zeit zur Verfügung haben, als dieses gegenwärtig bei der sehr großen Mehrzahl der Fall ist – es sei erinnert an die zehn- und mehrstündige Arbeitszeit der meisten Arbeiter, der Post-, Bahn-, Gefängnis- und Polizeibeamten usw., an die Inanspruchnahme der Gewerbetreibenden, der Kleinbauern, der Kaufleute, der Militärs, vieler Ärzte usw. –, so können sie sich ihren Kindern in einem Maße widmen, wie es heute unmöglich ist. *Außerdem haben die Eltern die Ordnung des Erziehungswesens in der Hand, denn sie bestimmen die Maßregeln und Einrichtungen, die getroffen und eingeführt werden sollen. Wir leben alsdann in einer durch und durch demokratischen Gesellschaft. Die Erziehungsausschüsse, die bestehen, sind aus den Eltern – Männern und Frauen – und aus den Erziehern zusammengesetzt.* Glaubt man, daß diese wider ihre Gefühle und Interessen handeln? Das geschieht in der heutigen Gesellschaft, in der der Staat seine Erziehungsinteressen gegen den Willen der meisten Eltern durchführt.

Unsere Widersacher tun, als gehöre es zu den größten Annehmlichkeiten der Eltern, den ganzen Tag die Kinder um sich zu haben, um sie zu erziehen. In der Wirklichkeit ist es anders. Welche Schwierigkeiten und Mühe die Erziehung eines Kindes verursacht, wissen diejenigen Eltern am besten zu beurteilen, die in dieser Lage sind oder waren. Mehrere Kinder erleichtern zwar die Erziehung, aber sie verursachen so viel Arbeit und Mühe, daß namentlich die Mutter, welche die Hauptlast mit ihnen hat, froh ist, wenn die Schulzeit herankommt, damit sie für einen Teil des Tages dieselben aus dem Hause bekommt. Auch können die allermeisten Eltern ihre Kinder nur sehr ungenü-

---

[1] *Condorcet* forderte in seinem Erziehungsplan: „Die Erziehung muß eine unentgeltliche, gleiche, allgemeine, leibliche, geistige, industrielle und politische sein und muß auf wirkliche tatsächliche Gleichheit abzwecken.“ Ebenso *Rousseau* in seiner „Politischen Ökonomie“: „Insonderheit muß die Erziehung eine öffentliche, gleiche und gemeinsame sein, Menschen und Bürger heranbilden.“ Auch *Aristoteles* fordert: „Da der Staat nur einen Zweck hat, so muß es für alle seine Mitglieder auch nur eine und dieselbe Erziehung geben, und die Sorge für diese muß eine Staats- und nicht eine Privatangelegenheit sein.“

[2] So Eugen Richter in seinen „Irrlehren“.

gend erziehen. Der sehr großen Mehrzahl fehlt die Zeit dazu; die Väter haben ihren Geschäften, die Mütter den Haushaltungsarbeiten nachzugehen, wenn sie nicht selbst zur Erwerbsarbeit gehen müssen. Haben sie aber selbst zur Erziehung die Zeit, so fehlt ihnen in unzähligen Fällen die *Fähigkeit* dazu. Wieviel Eltern sind denn imstande, den Bildungsgang ihrer Kinder in der Schule zu verfolgen und ihnen an die Hand zu gehen? Sehr wenige. Die Mutter, die es in einer Anzahl Fällen am ehesten könnte, hat selten die Fähigkeit, weil sie dazu nicht genügend vorgebildet ist. Auch wechseln die Lehrmethoden und der Lehrstoff so häufig, daß die Eltern demselben fremd gegenüberstehen.

Ferner sind die häuslichen Einrichtungen der weitaus größten Zahl der Kinder so dürftige, daß sie weder die nötige Bequemlichkeit noch die Ordnung, noch die Ruhe finden, ihre Schularbeiten zu Hause zu verrichten oder angemessene Unterstützung finden. Oft fehlt dazu alles Notwendige. Die Wohnung ist mangelhaft und überfüllt, alle bewegen sich auf dem engsten Raume; das Mobiliar ist dürftig und bietet dem Kinde, das arbeiten will, nicht die geringste Bequemlichkeit. Nicht selten fehlen Licht, Luft und Wärme; die Lehr- und Arbeitsmaterialien sind, wenn überhaupt vorhanden, von der schlechtesten Qualität; häufig wühlt auch der Hunger in den Eingeweiden der Kleinen und raubt ihnen Sinn und Lust für ihre Tätigkeit. Außerdem werden viele Hunderttausende von Kindern zu allen möglichen häuslichen und gewerblichen Arbeiten herangezogen, die ihnen die Jugend vergällen und sie zur Erledigung ihrer so geringen Bildungsaufgaben unfähig machen. Auch haben oft die Kinder den Widerstand beschränkter Eltern zu überwinden, wenn sie sich die Zeit für ihre Schulaufgaben oder für das Spiel nehmen wollen. Kurz, der Hemmnisse sind so unendlich viele, daß man sich nur wundern muß, daß die Jugend noch so gut erzogen ist. Ein Beweis für die Gesundheit der Menschennatur und den ihr innewohnenden Drang nach Fortschritt und Vervollkommnung.

Die bürgerliche Gesellschaft erkennt selbst einen Teil dieser Übel an, indem sie dadurch die Jugenderziehung erleichtert, daß sie die Unentgeltlichkeit des Schulunterrichtes einführt und hier und da auch die Lehrmittel unentgeltlich gewährt, zwei Dinge, die noch Mitte der achtziger Jahre der damalige sächsische Kultusminister gegenüber den sozialistischen Landtagsabgeordneten als *„sozialdemokratische For-*

derungen" bezeichnete. In Frankreich, in dem nach langer Vernachlässigung die Volkserziehung um so größere Fortschritte machte, ist man, wenigstens in Paris, noch weitergegangen und *gewährt die gemeinsame Speisung der Kinder auf Gemeindekosten.* Die Armen erhalten das Essen unentgeltlich, und die Kinder bessersituierter Eltern haben dafür einen geringen Betrag an die Gemeindekasse zu bezahlen. Das ist also bereits eine kommunistische Einrichtung, die sich zur Zufriedenheit der Eltern und Kinder aufs beste bewährte.

Für die Unzulänglichkeit des heutigen Schulwesens – es kann öfter nicht die mäßigen Aufgaben, die es sich gestellt, erfüllen – spricht weiter, daß Tausende und aber Tausende von Kindern *infolge mangelhafter Nahrung unfähig sind, ihren Schulpflichten zu genügen. Es vergeht kein Winter, in dem in unseren Städten nicht Tausende von Kindern vorhanden sind, die, ohne ein Frühstück genossen zu haben, in die Schule kommen.* Die Ernährung von Hunderttausenden anderen ist *ungenügend.* Für alle diese Kinder wäre die öffentliche Verpflegung wie die Bekleidung eine große Wohltat; sie werden in einem Gemeinwesen, das sie durch ordentliche Verpflegung und Bekleidung lehrt, was es heißt, ein Mensch zu sein, kein „Zuchthaus" erblicken. Die bürgerliche Gesellschaft kann dieses Elend nicht leugnen, und so vereinigen sich mitleidige Seelen zur Gründung von Frühstücks- und Suppenanstalten, um auf *dem Wege der Wohltätigkeit* einigermaßen zu erfüllen, was Pflicht der Gesellschaft wäre. Auch greifen neuerdings eine Anzahl Gemeinden ein und gewähren armen Kindern die nötigste Verpflegung aus Gemeindemitteln. Alles das ist unzulänglich und wird als Wohltat gewährt, was ein Recht sein sollte.[1]

Mit Recht werden in unseren Schulen die sogenannten häuslichen Schularbeiten möglichst beschränkt, weil man die Unzulänglichkeit der in der elterlichen Wohnung vollendeten Schularbeiten erkannte. Der Schüler wohlhabender Eltern ist gegen den ärmeren nicht nur durch die äußere Lage bevorzugt, sondern auch dadurch, daß öfter Bonnen oder Hauslehrer zur Verfügung stehen, die ihn unterstützen. Dagegen wird bei dem reichen Schüler Faulheit und Liederlichkeit dadurch be-

[1] „Gegenwärtig bestehen in 20 Pariser Stadtteilen Schulkantinen, in denen Mittagskost – Fleisch und Gemüse – gereicht wird. Nur diese ist obligatorisch, doch gewähren mehrere Stadtviertel auch Frühstück und Vesper." Helene Simon, Schule und Brot. S. 44. Hamburg 1907. Der Initiative der Arbeiterpartei ist es zu danken, daß in England eine Vorlage zur Regelung der Schulspeisung im Jahre 1906 einer Kommission überwiesen ist.

günstigt, daß der Reichtum der Eltern ihm das Lernen als überflüssig erscheinen lassen, ihm oft die moralisch verwerflichsten Beispiele vor Augen kommen und ihm die Verführung besonders nahetritt. Wer täglich und stündlich hört und sieht, wie Rang, Stand und Reichtum alles bedeuten, erlangt absonderliche Begriffe von dem Menschen und seinen Pflichten und von staatlichen und gesellschaftlichen Einrichtungen.

Streng genommen hat die bürgerliche Gesellschaft keine Ursache, sich über die kommunistische Kindererziehung, welche die Sozialisten erstreben, zu entrüsten, denn sie hat diese für bevorrechtete Kreise teilweise selbst eingeführt, *nur in verzerrter Weise*. Wir erinnern an die *Kadettenhäuser*, *Militärwaisenhäuser*, *Alumnate*, *Seminarien*, *Priesterschulen* usw. In diesen werden viele Tausende von Kindern, zum Teil aus den höchsten Ständen, in der *einseitigsten* und *verkehrtesten Weise* und in *strengster klösterlicher Klausur* erzogen und für bestimmte Berufe ausgebildet. Auch geben viele Angehörige der bessersituierten Klassen, die als Ärzte, Geistliche, Beamte, Fabrikherren, Gutsbesitzer, Großbauern usw. auf dem Lande oder in kleinen Orten wohnen, wo höhere Bildungsanstalten fehlen, ihre Kinder nach den größeren Städten in Pension und bekommen sie während des ganzen Jahres höchstens in den Ferien zu sehen.

Es ist also ein Widerspruch, wenn unsere Widersacher sich über eine kommunistische Kindererziehung und über Entfremdung der Kinder von den Eltern entrüsten, und selbst eine ähnliche Erziehung, nur in *verhunzter, falscher und unzulänglicher Weise, für ihre eigenen Kinder eingeführt haben.* Auch über die Erziehung der Kinder der wohlhabenden Klassen durch Ammen, Bonnen, Gouvernanten, Hauslehrer ließe sich ein eigenes Kapitel schreiben, das seltsame Streiflichter auf ihr Familienleben werfen würde. Es würde sich zeigen, *daß auch hier vielfach die Heuchelei herrscht und nichts weniger als ein Idealzustand, weder für die Lehrenden noch die Lernenden.*

Entsprechend dem total veränderten Erziehungssystem, das die körperliche wie die geistige Entwicklung und Ausbildung der Jugend im Auge hat, muß die Zahl der Lehrkräfte wachsen. Für die Erziehung des Nachwuchses der Gesellschaft sollte in ähnlicher Weise gesorgt werden wie im Militärwesen für die Ausbildung der Soldaten, bei dem ein Unteroffizier auf acht bis zehn Gemeine kommt. Wird künftig eine ähnliche Schülerzahl von einem Lehrer unterrichtet, so ist erreicht, was erreicht werden muß. Auch wird die Einführung in die mechanischen Tätigkeiten in den aufs vollkommenste eingerichteten Lehrwerkstätten, in die Garten- und Feldarbeiten einen wesentlichen Teil der Jugenderziehung bilden. Man wird das alles mit Abwechslung und ohne Überanstrengung durchzuführen wissen, um möglichst vollkommen ausgebildete Menschen zu erziehen.

Die Erziehung muß ferner für *beide Geschlechter gleich und gemeinsam* sein. Die Trennung derselben rechtfertigt sich nur in den Fällen, wo die Verschiedenheit des Geschlechts sie zur absoluten Notwendigkeit macht. In dieser Art Erziehung sind uns bereits die Vereinigten Staaten weit voraus. Dort ist die Erziehung der beiden Geschlechter von der Primärschule bis zu den Universitäten eine gemeinsame. Nicht nur der *Unterricht, sondern auch die Lehrmittel sind unentgeltlich, einschließlich der Gegenstände für die Handarbeit und den Kochunterricht, für den Unterricht in der Chemie und Physik, und die Gegenstände, die der Schüler am Experimentier- und Arbeitstisch nötig hat.* Mit den meisten Schulen sind Turnhallen, Badeeinrichtungen, Schwimmbassins, Spielhallen verbunden. In den höheren Schulen wird auch das weibliche Geschlecht im Turnen, Schwimmen, Rudern, Marschieren ausgebildet.[1]

Das sozialistische Erziehungssystem wird noch Höheres leisten. Gehörig geregelt und geordnet und unter ausreichende Kontrolle gestellt, währt es bis zu dem Alter, in dem die Gesellschaft ihre Jugend für mündig erklärt. Nunmehr sind beide Geschlechter im vollsten Maße befähigt, allen Rechten und Pflichten in jeder Richtung zu genügen. Jetzt hat die Gesellschaft die Sicherheit, nur tüchtige, nach allen Seiten entwickelte Glieder erzogen zu haben, Menschen, denen nichts Menschliches fremd ist, die ebenso vertraut mit ihrer eigenen Natur und ihrem eigenen Wesen sind wie mit dem Wesen und dem Zustand der Gesellschaft, in die sie als Vollberechtigte eintreten.

So werden die täglich sich mehrenden Auswüchse bei unserer heutigen Jugend, welche die natürliche Folge des in Fäulnis und Zersetzung begriffenen Gesellschaftszustandes sind, verschwinden. Ungebärdigkeit, Disziplinlosigkeit, Immoralität und rohe Genußsucht, wie sie insbesondere bei der Jugend unserer höheren Bildungsanstalten, auf

[1] Professor Dr. Emil Hausknecht, Amerikanisches Bildungswesen. Wissenschaftliche Beilage zum Jahresbericht der zweiten Städtischen Realschule zu Berlin. Ostern 1894. Gärtners Verlag.

unseren Gymnasien, Polytechniken, Universitäten usw. sich zeigen, Untugenden, die durch die Zerfahrenheit und Unruhe des häuslichen Lebens und die vergiftenden Einflüsse des sozialen Lebens hervorgerufen und gestärkt werden. Ebenso werden die üblen Einwirkungen des Fabriksystems, der Wohnungsmißverhältnisse, der Ungebundenheit und Selbständigkeit der Jugend in einem Alter, in dem der Mensch am meisten der Zügel und der Erziehung zur Selbstzucht und Selbstbeherrschung bedarf, ihr Ende erreichen. Alle diese Übel wird die künftige Gesellschaft, ohne daß sie es nötig hat, zu Zwangsmitteln zu greifen, vermeiden. Die gesellschaftlichen Einrichtungen und die daraus hervorgehende und die Gesellschaft beherrschende geistige Atmosphäre machen sie unmöglich. Wie in der Natur nur Krankheiten und Zerstörung von Organismen eintreten können, wo ein Zersetzungsprozeß vorhanden ist, so auch in der Gesellschaft.

Niemand wird bestreiten wollen, daß unser heutiges Bildungs- und Erziehungswesen an großen und gefährlichen Übelständen krankt, und zwar sind davon mehr die höheren Schulen und Bildungsanstalten betroffen als die niederen. Eine Dorfschule ist ein Muster moralischer Gesundheit gegen ein Gymnasium, eine weibliche Handarbeitsschule für ärmere Kinder ein Muster an Moralität gegenüber einer großen Zahl vornehmer Pensionate. Der Grund ist nicht weit zu suchen. In den oberen Klassen der Gesellschaft ist jedes Streben nach höheren Zielen erstickt, *sie haben keine Ideale mehr. Infolge des Mangels an Idealen und höherer zielbewußter Tätigkeit greift die Genußsucht und der Hang zur Ausschweifung mit ihren physischen und moralischen Auswüchsen um sich.* Wie kann die Jugend, die in dieser Atmosphäre aufwächst, anders sein? Materieller Lebensgenuß ohne Maß und Grenze ist, was sie sieht und kennenlernt. Warum streben, wenn der Eltern Reichtum das Streben überflüssig erscheinen läßt? Das Bildungs*maximum* der großen Mehrzahl der Söhne unserer Bourgeoisie besteht in der Ablegung des Einjährigfreiwilligenexamens. Ist dieses erreicht, so glauben sie den Pelion und Ossa erstiegen zu haben und fühlen sich als Halbgötter. Haben sie ein Reserveoffizierspatent in der Tasche, so kennt ihr Stolz und Hochmut kaum noch eine Grenze. Den Einfluß, den diese in den meisten ihrer Glieder an Charakter und Wissen schwache, aber an Gesinnungstüchtigkeit und Strebertum starke Generation ausübt, kennzeichnet die gegenwärtige Periode als das Reserveoffizierszeitalter. Seine Eigentümlichkeit ist, viel Gesinnung, aber keinen Charakter und wenig Wissen zu haben. Man ist servil nach oben, hochmütig und brutal nach unten.

Die Töchter der höheren Klassen werden zu einem guten Teil zu Zierpuppen, Modenärrinnen und Salondamen erzogen, die von Genuß zu Genuß jagen und schließlich übersättigt an Langeweile und an allen möglichen eingebildeten und wirklichen Krankheiten leiden. Alt geworden, werden sie frömmelnde Betschwestern, Spiritisten und Gesundbeter, die über die Verderbtheit der Welt die Augen verdrehen und die Aszese predigen. Für die unteren Schichten macht man Versuche, das Bildungsniveau herabzusetzen. Der Proletarier möchte zu klug werden, das Knechtschaftsverhältnis satt bekommen und sich wider seine irdischen Götter empören. Je dümmer die Masse ist, je leichter läßt sie sich beherrschen und regieren. „Der dümmste Arbeiter ist uns der liebste“, erklärten wiederholt ostelbische Großgrundbesitzer auf ihren Versammlungen. In diesem einen Satz liegt ein ganzes Programm.

So steht in bezug auf die Bildungs- und Erziehungsfrage die heutige Gesellschaft ebenso ziellos und ratlos da wie in allen anderen sozialen Fragen. Was tut sie? Sie ruft nach dem Stocke und predigt Religion, das heißt Ergebenheit und Zufriedenheit denen, die nur allzu ergeben und zufrieden sind; sie lehrt Enthaltsamkeit dort, wo man sich schon des Notwendigsten enthalten muß, weil man es nicht besitzt. Die in ihrer Roheit sich auflehnen, bringt man in sogenannte Besserungsanstalten, die unter pietistischem Einfluß stehen. Damit ist die pädagogische Weisheit unserer Gesellschaft zu Ende. Die ganze Verderbtheit der Erziehungsmethoden für heruntergekommene Proletarierkinder zeigen die zahlreichen Mißhandlungsfälle, die von den leitenden Persönlichkeiten in den sogenannten Erziehungsheimen begangen werden und zu Strafprozessen gegen dieselben führten. Hier wurde enthüllt, wie ein religiöses Muckertum fanatischster Art mit sadistischer Freude Mißhandlungen haarsträubendster Art sich zuschulden kommen läßt. Und wieviel des Schrecklichen mag der Öffentlichkeit verborgen bleiben!

Sechsundzwanzigstes Kapitel

Kunst und Literatur in der sozialistischen Gesellschaft

Sobald die neue Gesellschaft ihren Nachwuchs bis zum Mündigkeitsalter erzogen hat, bleibt jedem einzelnen seine weitere Ausbildung selbst überlassen. Jeder treibt und übt, wozu Neigung und Anlagen ihn drängen. Diese ergreifen einen Zweig der immer glänzender sich ausgestaltenden Naturwissenschaften: Anthropologie, Zoologie, Botanik, Mineralogie, Geologie, Physik, Chemie, prähistorische Wissenschaft usw. usw., jene die Geschichtswissenschaft, die Sprachforschung, das Kunststudium usw. Diese werden aus Passion Musiker, jene Maler, Bildhauer, Schauspieler. Es wird künftig weder zünftige Künstler noch zünftige Gelehrte und zünftige Handwerker geben. Tausende glänzender Talente, die bisher unterdrückt wurden, werden zur Entfaltung kommen und sich in ihrem Wissen und Können zeigen, wo die Gelegenheit sich bietet. Es gibt keine Musiker, Schauspieler, Künstler, Gelehrte von Profession mehr, aber um so mehr aus *Begeisterung und durch Talent und Genie.* Und was diese leisten, dürfte die gegenwärtigen Leistungen auf diesen Gebieten ebenso übertreffen, wie die industriellen, technischen und agrikolen Leistungen der künftigen Gesellschaft die der heutigen übertreffen werden. Es wird eine Ära für Künste und Wissenschaften entstehen, wie sie die Welt nie gesehen hat, und dementsprechend werden die Schöpfungen sein, die sie erzeugt.

Welche Neugeburt die Kunst erfahren wird, wenn einmal menschenwürdige Zustände existieren, ahnte kein Geringerer als der verstorbene *Richard Wagner*, der sich schon 1850 in seiner Schrift „Kunst und Revolution" darüber aussprach. Diese Schrift ist besonders merkwürdig, weil sie unmittelbar nach einer eben erst niedergeschlagenen Revolution, an der sich *Wagner* beteiligt hatte, erschien. Wagner sagt voraus, was die Zukunft bringen wird; er wendet sich in ihr direkt an die Arbeiterklasse, die den Künstlern helfen müsse, die wahre Kunst zu begründen. Unter anderem sagt er: „Ist unseren *zukünftigen freien Menschen* der Gewinn des Lebensunterhaltes *nicht mehr der Zweck des Lebens,* sondern ist durch einen tätig gewordenen neuen

Glauben, oder *besser Wissen*, der Gewinn des Lebensunterhaltes gegen *eine ihm entsprechende natürliche Tätigkeit uns außer allen Zweifel gesetzt*, kurz, ist die Industrie nicht mehr unsere Herrin, sondern unsere Dienerin, *so werden wir den Zweck des Lebens in die Freude am Leben setzen und zu dem wirklichen Genuß dieser Freude unsere Kinder durch Erziehung fähig und tüchtig zu machen streben. Die Erziehung, von der Übung der Kraft, von der Pflege der körperlichen Schönheit ausgehend, wird schon aus ungestörter Liebe zum Kinde und aus Freude am Gedeihen seiner Schönheit eine rein künstlerische werden, und jeder Mensch wird in irgendeinem Bezug in Wahrheit Künstler sein. Die Verschiedenheit der natürlichen Neigungen wird die mannigfachsten Richtungen zu einem ungeahnten Reichtum ausbilden!*" Das ist durchaus sozialistisch gedacht und deckt sich vollkommen mit unseren Ausführungen.

In der Zukunft wird das gesellschaftliche Leben immer mehr ein öffentliches werden. Wohin es drängt, sehen wir am deutlichsten an der gänzlich veränderten Stellung der Frau gegen frühere Zeiten. Das häusliche Leben wird sich auf das Notwendige beschränken, dagegen wird dem Geselligkeitsbedürfnis das weiteste Feld eröffnet werden. Große Versammlungslokalitäten für Vorträge und Disputationen und zur Besprechung aller gesellschaftlichen Angelegenheiten, über die künftig die Gesamtheit souverän entscheidet, Speise-, Spiel- und Lesesäle, Bibliotheken, Konzert- und Theaterlokale, Museen, Spiel- und Turnplätze, Parks und Promenaden, öffentliche Bäder, Bildungs- und Erziehungsanstalten aller Art, Laboratorien usw., alles aufs bestmögliche ausgestattet, werden Kunst und Wissenschaft und jeder Art Unterhaltung die reichlichste Gelegenheit bieten, das Höchste zu leisten. Ebenso werden die Anstalten zur Pflege Kranker, Siecher, Altersschwacher den höchsten Anforderungen entsprechen.

Wie klein wird dagegen einst unser so viel gerühmtes Zeitalter erscheinen. Dieses Schweifwedeln um Gunst und Sonnenschein von oben, diese kriechende, hündische Gesinnung, dieser gegenseitige eifersüchtige Kampf mit den gehässigsten, niedrigsten Mitteln um den bevorzugten Platz; dabei Unterdrückung der wahren Überzeugung, Verschleierung guter Eigenschaften, die mißfallen könnten, Kastrierung des Charakters, Erheuchelung von Gesinnungen und Gefühlen — diese Eigenschaften, die man kurz mit *Feigheit und Charakterlosigkeit bezeichnen kann*, treten täglich widerlicher hervor. Was den Menschen erhebt und adelt, Selbstgefühl, Unabhängigkeit und Unbestechlichkeit der Gesinnung und eigene Überzeugung, freies Herausgehen aus sich selbst, wird unter den heutigen Verhältnissen meist zu Fehlern und Gebrechen. Oft ruinieren diese Eigenschaften ihren Träger, kann er sie nicht unterdrücken. Viele fühlen ihre Erniedrigung nicht einmal, weil sie daran gewöhnt sind. Der Hund findet es selbstverständlich, daß er einen Herrn hat, der bei schlechter Laune ihm die Peitsche zu kosten gibt.

Mit den erwähnten Veränderungen im sozialen Leben wird auch die gesamte literarische Produktion eine gründliche Veränderung erfahren. Die theologische Literatur, die in den jährlichen Verzeichnissen der literarischen Erscheinungen der Gegenwart die größte Nummernzahl aufweist, scheidet mit der juristischen aus. Für die eine besteht kein Interesse, für die andere keine Notwendigkeit mehr; die Erzeugnisse, die sich auf den Tageskampf über staatliche Institutionen beziehen, ebenfalls, weil die betreffenden Institutionen aufhörten zu sein. Die bezüglichen Studien werden kulturgeschichtliche werden. Die Menge seichter literarischer Produkte, als Zeichen verdorbenen Geschmacks, oft nur ermöglicht durch Opfer, welche die Eitelkeit des Autors bringt, fällt weg. Man kann sogar vom Standpunkt unserer heutigen Verhältnisse ohne Übertreibung sagen, daß vier Fünftel aller literarischen Erzeugnisse vom Markte verschwinden dürften, *ohne daß ein einziges Kulturinteresse darunter litte*. So groß ist die Masse oberflächlicher oder schädlicher Produkte und offenbaren Schundes auf dem Gebiet literarischer Produktion. Die Belletristik und das Zeitungswesen werden in dem gleichen Maße getroffen. Etwas Geistloseres und Oberflächlicheres als der größte Teil unserer Zeitungsliteratur existiert nicht. Sollte nach dem Inhalt unserer Zeitungen der Stand unserer Kulturerrungenschaften und unserer wissenschaftlichen Gesichtspunkte gemessen werden, er käme tief zu stehen. Die Tätigkeit von Personen und der Zustand der Dinge wird von einem Standpunkte aus beurteilt, der vergangenen Jahrhunderten entspricht und durch unsere Wissenschaft längst als unhaltbar nachgewiesen ist. Ein erheblicher Teil unserer Journalisten sind Leute, die, wie einst Bismarck nicht unrichtig sagte, „ihren Beruf verfehlten", deren Bildungsstandpunkt und deren Lohnansprüche aber dem Bourgeoisinteresse für das Geschäft entsprechen. Daneben haben diese Zeitungen wie die Mehrzahl der belletristischen Blätter die Aufgabe, in ihrem Annoncenteil die schmutzigste Reklame zu begünstigen; ihr Börsenteil entspricht dem gleichen Interesse auf einem anderen Gebiet. Das materielle Interesse der Unternehmer bestimmt den Inhalt. Die belletristische Literatur ist, *durchschnittlich* genommen, nicht viel besser als die Zeitungsliteratur: Hier wird namentlich das geschlechtliche Gebiet in seinen Auswüchsen kultiviert, bald wird dem seichtesten Aufkläricht, bald den abgeschmacktesten Vorurteilen und dem Aberglauben gehuldigt. Der Zweck ist, die bürgerliche Welt, ungeachtet aller Mängel, die man im kleinen zugibt, als die beste der Welten erscheinen zu lassen.

Auf diesem weiten und wichtigen Gebiet wird die Gesellschaft der Zukunft sehr gründlich aufräumen müssen. Die Wissenschaft, die Wahrheit, die Schönheit, der Meinungskampf um das Beste werden es allein beherrschen. Jedem, der Tüchtiges leistet, wird die Gelegenheit geboten, sich zu beteiligen. Er hängt nicht mehr von der Gunst des Buchhändlers, dem Geldinteresse, dem Vorurteil ab, sondern von der Beurteilung unparteiischer Sachverständiger, die er selbst mitbestimmt und gegen deren ihm nicht zusagende Entscheidung er jederzeit an die Gesamtheit appellieren kann, was heute ihm weder bei einer Zeitungsredaktion noch bei einem Buchhändler, der nur seine Privatinteressen zu Rate zieht, möglich ist. Die naive Anschauung, als werde in einem sozialistischen Gemeinwesen der Meinungskampf unterdrückt, können nur die verfechten, welche die bürgerliche Welt als die vollkommenste Gesellschaft ansehen und aus Feindschaft den Sozialismus zu verleumden und zu verkleinern suchen. Eine auf vollkommener, demokratischer Gleichheit beruhende Gesellschaft kennt und duldet keine Unterdrückung. *Nur die vollste Meinungsfreiheit ermöglicht den ununterbrochenen Fortschritt, der das Lebensprinzip der Gesellschaft* ist. Auch ist es eine grobe Täuschung, die bürgerliche Gesellschaft als Verfechterin wirklicher Meinungsfreiheit darzustellen. Parteien, die die Klasseninteressen der Herrschenden vertreten, werden nur das in der Presse veröffentlichen, was diesem Klasseninteresse nicht schadet, und wehe dem, der dagegen löckt. Sein sozialer Ruin ist besiegelt, wie jeder weiß, der die Verhältnisse kennt. Und wie Buchhändler mit ihnen nicht konvenierenden literarischen Arbeiten umspringen, davon wissen die Schriftsteller ein Liedlein zu singen. Endlich zeigt auch unsere Preß- und Strafgesetzgebung, welcher Geist die regierenden und leitenden Klassen beherrscht. Wirkliche Meinungsfreiheit erscheint ihnen als das gefährlichste aller Übel.

Siebenundzwanzigstes Kapitel

Freie Entwicklung der Persönlichkeit

1. Die Sorglosigkeit der Existenz

Der Mensch soll sich vollständig ausbilden können, das soll der Zweck menschlicher Vergesellschaftung sein; er darf also auch nicht an die Scholle gebunden bleiben, auf die ihn der Zufall der Geburt setzte. Menschen und Welt soll man nicht nur aus Büchern und Zeitungen kennenlernen, dazu gehören auch persönliche Anschauung und praktisches Studium. Die künftige Gesellschaft muß also allen ermöglichen, was bereits vielen in der heutigen möglich ist, wenn auch in den meisten Fällen der Zwang der Not den Antrieb verursacht. *Das Bedürfnis nach Veränderung in allen Lebensbeziehungen ist der menschlichen Natur tief eingeprägt.* Dieses entspringt dem Triebe zur Vervollkommnung, der jedem lebenden Wesen immanent ist. Die Pflanze, die im dunklen Raume steht, streckt und reckt sich, als habe sie Bewußtsein, nach dem Lichte, das durch irgendeine Luke fällt. So der Mensch. Ein Trieb, der dem Menschen eingeboren ist, muß in vernünftiger Weise befriedigt werden. Dem Triebe nach Veränderung steht der Zustand der neuen Gesellschaft nicht entgegen, sie macht vielmehr erst allen die Befriedigung dieses Triebes möglich. Ihre aufs höchste entwickelten Verkehrsbeziehungen erleichtern dieses, die internationalen Beziehungen fordern es heraus. Es werden künftig weit mehr Menschen für die verschiedensten Zwecke die Welt durchreisen, als dies bisher der Fall war.

Die Gesellschaft bedarf ferner reichlicher Vorräte an Lebensbedürfnissen aller Art, um allen Ansprüchen zu genügen. Die Gesellschaft reguliert dementsprechend ihre Arbeitszeit nach Bedürfnis; sie macht sie bald länger, bald kürzer, wie ihre Ansprüche und die Natur der Jahreszeit dies wünschenswert erscheinen lassen. Sie wird sich in der einen Jahreszeit hauptsächlich auf landwirtschaftliche, in der anderen mehr auf industrielle und kunstgewerbliche Produktion werfen; sie dirigiert die Arbeitskräfte, wie es das Bedürfnis erfordert; sie kann durch Kombinierung zahlreicher Arbeitskräfte mit den vollkommensten technischen Einrichtungen Unternehmungen spielend ausführen, die heute unmöglich scheinen.

Wie die Gesellschaft für ihre Jugend die Sorge übernimmt, so auch für ihre Alten, Kranken und Invaliden. Wer durch irgendeinen Umstand arbeitsunfähig geworden ist, für diesen tritt die Gesamtheit ein. Es handelt sich hierbei nicht um einen Akt der Wohltätigkeit, sondern der *Pflicht*, nicht um Gnadenbrocken, sondern um eine von jeder möglichen Rücksicht getragene Verpflegung und Hilfe, die demjenigen zuteil werden muß, der in den Jahren der Kraft und der Leistungsfähigkeit gegen die Gesamtheit seine Pflichten erfüllte. Der Lebensabend wird dem Alter mit allem verschönt, was die Gesellschaft ihm bieten kann. Trägt doch jeder sich mit der Hoffnung, einst selbst zu genießen, was er dem Alter gewährt. Jetzt stört nicht die Alten der Gedanke, daß andere ihren Tod erwarten, um zu erben. Auch die Befürchtung ist verschwunden, daß sie, wenn alt und hilflos geworden, wie eine ausgepreßte Zitrone beiseite geworfen werden. Sie sind weder auf die Mildtätigkeit und Unterstützung ihrer Kinder noch auf die Bettelpfennige der Gemeinde angewiesen.[1] In welcher Lage die meisten Eltern sich befinden, die auf die Unterstützung ihrer Kinder im Alter angewiesen sind, ist eine zu bekannte Tatsache. Und wie demoralisierend wirkt in der Regel auf die Kinder, und in noch höherem Grade auf die Verwandten, die Hoffnung, *erben* zu können. Welche niedrigen Leidenschaften werden geweckt, und wieviel Verbrechen werden gerade hierdurch hervorgerufen: Mord, Unterschlagung, Erbschleicherei, Meineid, Erpressung.

[1] „Der Mensch, welcher sein Leben lang rechtlich und in angestrengter Tätigkeit bis zum Greisenalter verbracht hatte, soll in seinem Alter weder von der Gnade seiner Kinder noch der bürgerlichen Gesellschaft leben. Ein unabhängiges, sorgenfreies und müheloses Alter ist der naturgemäßeste Lohn für die unausgesetzten Anstrengungen in den Tagen der Kraft und Gesundheit." v. Thünen, Der isolierte Staat. Aber wie sieht's in der bürgerlichen Gesellschaft aus? Millionen sehen mit Grauen der Zeit entgegen, wo sie, alt geworden, aufs Pflaster geworfen werden. Und unser Industriesystem macht die Menschen frühzeitig alt. Die vielgerühmte Alters- und Invalidenversorgung im Deutschen Reiche gewährt nur einen sehr dürftigen Ersatz, das geben selbst ihre eifrigsten Verteidiger zu. Ihre Hilfeleistungen sind noch viel unzulänglicher als die Pensionen, welche die Gemeinwesen der großen Mehrzahl der pensionierten Beamten gewähren.

Der moralische und physische Zustand der Gesellschaft, ihre Arbeits-, Wohn-, Nahrungs-, Kleidungsweise, ihr geselliges Leben, alles wird dazu beitragen, Unglücksfälle, Erkrankungen und Siechtum möglichst zu verhüten. Der natürliche Tod, das Absterben der Lebenskräfte, wird dann mehr und mehr zur Regel werden. Die Überzeugung, daß der Himmel auf Erden ist und gestorben sein zu Ende sein heißt, wird die Menschen veranlassen, vernünftig zu leben. Am meisten genießt, wer lang genießt. Langes Leben weiß gerade die Geistlichkeit, welche die Menschen auf das „Jenseits" vorbereitet, am besten zu schätzen. Die Sorglosigkeit ihrer Existenz ermöglicht ihr, das höchste Durchschnittslebensalter zu erreichen.

2. Umwandlung der Ernährung

Zum Leben gehört in erster Linie Essen und Trinken. Freunde der sogenannten „naturgemäßen Lebensweise" fragen öfter, warum sich die Sozialdemokratie dem Vegetarismus gegenüber gleichgültig verhalte. Nun, jeder lebt wie er mag. Der Vegetarismus, das heißt die Lehre, sich von Pflanzenkost zu nähren, fand zunächst in solchen Kreisen Boden, die in der angenehmen Lage sind, zwischen vegetabilischer und animalischer Kost wählen zu können. Für die sehr große Mehrheit der Menschen existiert aber diese Wahl nicht, sie ist gezwungen, nach ihren Mitteln zu leben, deren Dürftigkeit sie fast ausschließlich auf vegetabilische Kost hinweist, oft auf die am wenigsten nahrhafte. Für unsere Arbeiterbevölkerung in Schlesien, Sachsen, Thüringen usw. ist die Kartoffel die Hauptnahrung, sogar Brot kommt erst in zweiter Linie; Fleisch, und nur solches schlechtester Qualität, erscheint selten auf dem Tische. Auch hat der größte Teil der Landbevölkerung, obgleich sie das Vieh züchtet, selten Fleischnahrung, sie muß das Vieh verkaufen, um mit dem gewonnenen Gelde andere Bedürfnisse befriedigen zu können.

Für diese zahlreichen Menschen, die gezwungen als Vegetarier leben, wäre zeitweilig ein solides Beefsteak, eine gute Hammelkeule entschieden eine Verbesserung ihrer Nahrung.[1] Wendet der Vegeta-

[1] „Daß dem tatsächlich so ist, bestätigen Ernährungsversuche, über die neuerdings zwei italienische Forscher berichten. Es wurde der Stoffwechsel einer Bevölkerung untersucht, welche seit alten Zeiten ausschließlich von vegetabilischer

rismus sich gegen die *Über*schätzung des Nährgehalts der Fleischnahrung, so hat er recht; er hat unrecht, wenn er aus meist sehr sentimentalen Gründen dessen Genuß als verderblich und verhängnisvoll bekämpft. Zum Beispiel deshalb, weil das natürliche Gefühl verbiete, Tiere zu töten und von einer „Leiche“ zu essen. Nun, der Wunsch, angenehm und ungestört zu leben, zwingt uns, einer großen Zahl von Lebewesen in Gestalt von Ungeziefer aller Art den Krieg zu erklären und sie zu vernichten, und um nicht selbst verzehrt zu werden, müssen wir die Tötung und Ausrottung wilder Bestien vornehmen. Das ungehinderte Lebenlassen der „guten Freunde des Menschen“, der Haustiere, würde in einigen Jahrzehnten diese „guten Freunde“ so vermehren, daß sie uns „auffräßen“, indem sie uns der Nahrung beraubten. Auch ist die Behauptung, daß vegetabilische Kost milde Gesinnung gebe, falsch. Im sanftmütigen, pflanzenessenden Inder erwachte auch die „Bestie“, als ihn die Härte des Engländers zur Empörung trieb.

Der Nährwert eines Nahrungsmittels in bezug auf Eiweiß ist nicht nur nach seinem Gehalt an demselben zu beurteilen. Man muß noch in Betracht ziehen, welch ein Anteil des mit dem betreffenden Nahrungsmittel aufgenommenen Eiweißes unverdaut bleibt. Von diesem Gesichtspunkt aus stehen sich zum Beispiel Fleisch und Reis respektive Kartoffeln in bezug auf Eiweiß gegenüber wie 2,5 und 20 respektive 22, das heißt von 100 Gramm mit Fleisch aufgenommenem Eiweiß erscheinen 2,5 Gramm im Kote wieder, von 100 Gramm mit Reis respektive Kartoffeln aufgenommenem Eiweiß 20 respektive

---

Nahrung lebt. Eine solche ländliche Bevölkerung, die in erbärmlichen ökonomischen Verhältnissen lebt, findet sich im Süden Italiens, in den Abruzzen. Ihre Nahrung besteht aus Maismehl, Gemüse und Olivenöl. Sie genießen keine Milch, Käse, Eier. Fleisch kommt nur drei- bis viermal im Jahre auf ihren Tisch. Es wurde nun versuchsweise Fleisch zu ihrer Kost gefügt, und zwar wurden 15 Tage lang jeder Person 100 Gramm Fleisch und während weiterer 15 Tage 200 Gramm Fleisch gegeben. Es zeigte sich nun, ‚daß die Assimilationsprozesse — also die Aufnahme der Nahrung im Darmkanal — sich erheblich günstiger gestalteten. Die zuvor ungemein großen Verluste an Nahrungsstoffen, die den Körper ungenutzt verließen, verminderten sich auf ein ganz geringes Maß. Nicht nur das neu zugefügte tierische Eiweiß wurde vollkommen aufgenommen, sondern auch die mitgenossene vegetabilische Nahrung wurde viel vollkommener als zuvor ausgenützt. Dies ist um so bemerkenswerter, als sie schlecht verdaulich war, fast ausschließlich von Mais herrührte, der viel Zellulose enthält.‘“ Dr. med. A. Lipschütz, Eine Reform unserer Ernährung? „Neue Zeit“, 27. Jahrgang, 1. Band, S. 915.

22 Gramm. Der berühmte russische Physiologe Pawlow und seine Schule haben gezeigt, daß bei der Verdauung von Brot bedeutend mehr Ferment ausgeschieden wird als bei der Verdauung von Fleisch. Pawlow hat ferner gezeigt, daß die aus den Magendrüsen sich ergießenden Verdauungssäfte in quantitativer Beziehung aus zwei Größen bestehen: Der Magensaft ergießt sich einesteils auf Reizung der Magenschleimhaut durch die betreffenden Nahrungsmittel und andererseits als „Appetitsaft" auf Reizung der Sinnesorgane durch die Nahrungsmittel. Die Menge des Appetitsaftes ist abhängig einmal von dem jeweiligen Zustand unserer Psyche, zum Beispiel Hunger, Kummer, Ärger, Freude usw., und dann von der Natur des betreffenden Nahrungsmittels. Aber die Bedeutung des Appetitsaftes für die Verdauung fällt bei den einzelnen Nahrungsmitteln verschieden schwer ins Gewicht. Manche Nahrungsmittel, wie zum Beispiel Brot, gekochtes Hühnereiweiß oder reine Stärke, können, wie das Experiment unmittelbar gezeigt hat, überhaupt gar nicht verdaut werden, wenn ihre Verdauung nicht durch Appetitsaft eingeleitet wird: Nur mit Appetit (oder mit anderen Nahrungsmitteln zugleich) genommen, können sie verdaut werden. Dagegen kann das Fleisch, wie Pawlow gezeigt hat, zum Teil schon ohne Appetitsaft verdaut werden, wenn auch mit Appetitsaft die Verdauung des Fleisches unvergleichlich (um fünfmal) schneller vor sich geht. *„Wir müssen Umstände in Betracht ziehen, die geknüpft sind an die Psyche des Menschen. Hier ist die Brücke geschlagen zwischen den Tatsachen der Ernährungsphysiologie und sozialen Verhältnissen. Der moderne Städter, zumal die breite Masse der Arbeiterklasse, lebt in sozialen Verhältnissen, die jeden normalen Appetit in ihnen ertöten müssen. Die Arbeit in der dumpfen Fabrik, die beständige Sorge ums tägliche Brot, der Mangel an geistiger Muße und heiterem Gemüt, die totale körperliche Erschöpfung – das alles sind Momente, die den Appetit untergraben.* In diesem psychischen Zustande sind wir nicht imstande, den Appetitsaft zu liefern, dessen es zur Inangriffnahme und Bewältigung der Verdauung von vegetabilischer Nahrung bedarf. Dagegen haben wir im Fleisch ein Nahrungsmittel, das – wenn man sich so ausdrükken darf – selber für seine Verdauung sorgt: Es wird nicht nur zu einem guten Teile auch ohne Appetit verdaut, sondern es ist zudem als Reiz- und Genußmittel auch ein mächtiger Erreger unseres Appetits. So begünstigt das Fleisch die Verdauung auch der gleichzeitig

mit ihm genossenen Vegetabilien und sichert uns dadurch eine ergiebigere Ausnutzung der mit den letzteren aufgenommenen Stoffe. Darin scheint uns der große Vorteil der animalischen Nahrung für den modernen Menschen zu liegen."[1]

Sonderegger trifft den Nagel auf den Kopf, wenn er sagt: „Es gibt keine Rangordnung der Notwendigkeit der Nahrungsmittel, aber ein unwandelbares Gesetz für die Mischung ihrer Nahrungsstoffe." Richtig ist, daß allein von Fleischnahrung sich niemand zu ernähren vermag, wohl aber von Pflanzenkost, vorausgesetzt, daß er sie entsprechend wählen kann. Andererseits wird niemand sich mit einer bestimmten Pflanzenkost, und sei sie die nahrhafteste, begnügen. So sind Bohnen, Erbsen, Linsen, mit einem Wort die Leguminosen, die nährendsten aller Nahrungsstoffe. Aber ausschließlich sich von ihnen nähren zu müssen – was möglich sein soll –, wäre eine Tortur. So führt Karl Marx im ersten Band des „Kapital" an, daß die chilenischen Bergwerksbesitzer ihre Arbeiter zwingen, jahraus, jahrein Bohnen zu essen, weil ihnen diese ein großes Maß von Kraft geben und sie in den Stand setzen, Lasten zu tragen wie bei keiner anderen Nahrung. Aber die Arbeiter weisen die Bohnen trotz ihrer Nahrhaftigkeit zurück, doch man zwingt sie, sich mit ihnen zu begnügen. Auf keinen Fall hängt das Glück und Wohlsein der Menschen von einer bestimmten Kostart ab, wie die Fanatiker unter den Vegetariern behaupten. Klima, soziale Verhältnisse, Gewohnheit und persönlicher Geschmack sind maßgebend.[2]

---

[1] A. Lipschütz, a. a. O., S. 914 bis 915.

[2] „Die bodenständige Ernährung ist meist fast ausschließlich eine vegetabilische mit geringer Beigabe animalischer Substanzen. Fleisch ist in der Bauernkost oft sehr wenig vertreten. Es wird heute von niemand geleugnet werden können, daß man auch auf diese Weise wohl leben kann. Ja, auch die ausschließlich vegetabilische Kost, welche bei sachgemäßer Auswahl auch dem Geschmack eine große Abwechslung bietet, ist mit dem Wohlbefinden durchaus vereinbar. Aber es macht sich unverkennbar weit über alle Kontinente ein anderes Verlangen geltend, die bodenständige einfache Volksernährung wird verlassen, man verlangt nach einer Mehrung geschmackgebender Zutaten und Nahrungsmittel, und dazu gehört das in der Küche so hundertfältig verwertbare Fleisch. Dies Drängen nach Veränderung der Kost sieht man überall, und wie einfache Sitten, Gewohnheiten, Volkstrachten schwinden, so werden auch die älteren Ernährungsformen bekämpft. Diese Umwälzung macht sich in allen Ländern geltend; auch in Japan, wo früher die eigenartige Landeskost herrschte, verdrängt die europäische Kost das alte Regime, und die Marine hat sogar die neue Kost ein-

In dem Maße, wie die Kultur sich hebt, tritt allerdings an Stelle fast ausschließlicher Fleischkost, wie sie bei Jagd- und Hirtenvölkern vorhanden ist, mehr die Pflanzenkost. Die Vielgestaltigkeit der Pflanzenkultur ist ein Zeichen höherer Kultur. Auch können auf einer gegebenen Ackerfläche viel mehr vegetabilische Nährstoffe gebaut werden, als auf derselben Fläche Fleisch durch Viehzucht erzeugt werden kann. Diese Entwicklung verschafft der vegetabilischen Nahrung ein immer größeres Übergewicht. Die Fleischtransporte, die uns in der Gegenwart durch Raubwirtschaft aus fernen Ländern, insbesondere aus Südamerika und Australien, zugehen, werden in wenigen Jahrzehnten ihr Ende erreichen. Andererseits wird Vieh nicht bloß des Fleisches wegen gezüchtet, sondern auch der Wolle, Haare, Borsten, Häute, Milch, Eier usw. wegen. Eine Menge Industrien und viele menschliche Bedürfnisse hängen davon ab. Auch werden eine Menge Abfälle aus der Industrie und Hauswirtschaft kaum nützlicher als durch Viehzucht verwendet. In Zukunft wird auch noch das Meer in höherem Maße als bisher seinen Reichtum an animalischen Nahrungsstoffen der Menschheit öffnen müssen. Es wird dann schwerlich noch vorkommen, daß wie heute bei reichlichem Fischfang ganze Ladungen als Dünger verwendet werden, weil die Transport- oder Konservierungseinrichtungen ihre Aufbewahrung nicht ermöglichen oder die hohen Transportkosten ihren Absatz verhindern. Und es ist sehr wahrscheinlich, daß mit der Aufhebung des Gegensatzes zwischen Stadt und Land, wenn die Bevölkerung von den großen Städten auf das Land wandert, wenn die Arbeit in geschlossenen Fabrikräumen sich mit der landwirtschaftlichen verbindet, die Fleischkost wird wieder hinter der Pflanzenkost zurücktreten. Gewiß kann man den Mangel an Reizmitteln in der pflanzlichen Nahrung durch entsprechende und verständige Zubereitung unter Zuhilfenahme von Gewürzen wettmachen. Aber eine rein vegetarische Lebensweise ist für die künftige Gesellschaft weder wahrscheinlich noch notwendig.

---

geführt, weil diese kompendiöser und für den arbeitenden Mann sich im Dienste besser erwies. Es ist ein allgemeines Streben, zu dieser konzentrierten, fettreichen und geschmackkräftigen Kost zu gelangen.“ M. Rubner, Volksernährungsfragen. S. 31 bis 32. Leipzig 1908.

3. Kommunistische Küche

Bei der Nahrung handelt es sich aber weit mehr um die *Qualität* als die Quantität, viel hilft nicht, wenn das Viele nicht gut ist. Die Qualität wird aber durch die Art und Weise der Zubereitung bedeutend verbessert. *Nahrungszubereitung muß ebenso wissenschaftlich betrieben werden wie andere menschliche Tätigkeiten*, soll sie möglichst vorteilhaft sein. *Dazu gehören Wissen und Einrichtung.* Daß unsere Frauen, welchen gegenwärtig die Nahrungszubereitung hauptsächlich zufällt, dieses Wissen oft *nicht* besitzen und nicht besitzen können, bedarf keines Beweises mehr. Die Technik der großen Küchen hat schon gegenwärtig eine Vollkommenheit erreicht, welche die aufs beste eingerichtete Familienküche nicht kennt. Insbesondere ist es die mit Elektrizität für Heizung und Beleuchtung eingerichtete Küche, die dem Ideal entspricht. Kein Rauch, keine Hitze, keine Dünste mehr; die Küche gleicht mehr einem Salon als einem Arbeitsraum, in dem alle möglichen technischen und maschinellen Einrichtungen vorhanden sind, welche die unangenehmsten und zeitraubendsten Arbeiten spielend erledigen.

Da sind die elektrisch betriebenen Kartoffel- und Obstschäler, die Entkernungsapparate, Würstestopfer, Speckpresser, Fleischhacker, Fleischröster, Bratapparate, Kaffee- und Gewürzmühlen, die Brotschneideapparate, Eiszerkleinerer, Korkzieher, Korkpresser und hundert andere Apparate und Maschinen, die einer verhältnismäßig kleinen Zahl Personen mit mäßiger Anstrengung ermöglichen, für Hunderte von Tischgästen die Speisen zu bereiten. Dasselbe ist mit den Spül- und Reinigungseinrichtungen der Fall.

Die Privatküche ist für Millionen Frauen eine der anstrengendsten, zeitraubendsten und verschwenderischsten Einrichtungen, bei der ihnen Gesundheit und gute Laune abhanden kommt und die ein Gegenstand der täglichen Sorge ist, namentlich wenn, wie bei den allermeisten Familien, die Mittel die knappsten sind. Die Beseitigung der Privatküche wird für ungezählte Frauen eine Erlösung sein. Die Privatküche ist eine ebenso rückständige und überwundene Einrichtung wie die Werkstätte des Kleinmeisters, beide bedeuten die größte Unwirtschaftlichkeit, eine große Verschwendung an Zeit, Kraft, Heiz- und Beleuchtungsmaterial, Nahrungsstoffen usw.

Der Nährwert der Speisen wird durch ihre leichte Assimilierfähigkeit erhöht; diese ist entscheidend.[1] Eine naturgemäße Nährweise aller kann also auch erst die neue Gesellschaft ermöglichen. Cato rühmt vom alten Rom, daß es bis zum sechsten Jahrhundert in der Stadt (200 v. u. Z.) wohl Kenner der Heilkunde gab, aber es an Beschäftigung fehlte. Die Römer lebten so nüchtern und einfach, daß Krankheiten selten vorkamen und der Tod durch Altersschwäche die gewöhnliche Form des Todes war. Erst als Schlemmerei und Müßiggang, kurz das Lotterleben auf der einen, Not und Überarbeit auf der anderen Seite um sich griffen, wurde es gründlich anders. Die Schlemmerei und das Lotterleben sollen künftig unmöglich sein, aber auch Not, Elend und Entbehrung. Es ist für alle genug vorhanden. Sang doch schon Heinrich Heine:

> Es wächst hienieden Brot genug
> Für alle Menschenkinder,
> Auch Rosen und Myrten, Schönheit und Lust,
> Und Zuckererbsen nicht minder.
> Ja, Zuckererbsen für jedermann,
> Sobald die Schoten platzen!
> Den Himmel überlassen wir
> Den Engeln und den Spatzen.[2]

„Wer wenig ißt, lebt gut" (das heißt lange), sagte der Italiener Cornaro im sechzehnten Jahrhundert, wie Niemeyer zitiert. Schließlich wird künftig auch die Chemie für die Herstellung neuer und verbesserter Nahrungsmittel in bisher ungekannter Weise tätig sein. Heute wird diese Wissenschaft sehr mißbraucht, um Fälschungen und Prellereien zu ermöglichen; es ist aber klar, daß ein chemisch zubereitetes Nahrungsmittel, das alle Eigenschaften eines Naturproduktes hat, denselben Zweck erfüllt. Die Form der Gewinnung ist nebensächlich, vorausgesetzt, daß im übrigen das Produkt allen Ansprüchen gerecht wird.

4. Umwandlung des häuslichen Lebens

Wie in der Küche, so wird die Revolution im gesamten häuslichen Leben sich vollziehen und zahllose Arbeiten erübrigen, die heute noch

---

[1] Die Assimilierfähigkeit der Speisen für den einzelnen ist maßgebend. Niemeyer, Gesundheitslehre.

[2] Heinrich Heine, Deutschland, ein Wintermärchen.

ausgeführt werden müssen. Wie künftig durch die Zentralnahrungsbereitungsanstalten in vollkommenster Weise die häusliche Küche überflüssig gemacht wird, so fallen durch die Zentralheizung, die elektrische Zentralbeleuchtung alle Arbeiten, die bisher die Instandhaltung der Feuerung in den Öfen, die Instandhaltung der Lampen und Beleuchtungsapparate erforderten, weg. Die Warmwasserleitung neben der Kaltwasserleitung ermöglicht einem jeden Waschungen und Bäder in beliebiger Weise, ohne Zuziehung einer Hilfsperson. Die Zentralwaschanstalten und Zentraltrockeneinrichtungen übernehmen die Reinigung und das Trocknen der Wäsche; die Zentralreinigungsanstalten die Reinigung der Kleider und Teppiche. In Chikago waren Teppichreinigungsmaschinen ausgestellt, die die Reinigung in kürzester Zeit, zum Staunen und zur Bewunderung der die Ausstellung besuchenden Damen, vollzogen. Die elektrische Tür öffnet sich auf einen leisen Druck mit dem Finger und schließt sich selbsttätig. Elektrische Einrichtungen schaffen Briefe und Zeitungen in alle Etagen der Häuser; elektrische Aufzüge ersparen das Treppensteigen. Man wird die innere Ausstattung der Häuser, der Fußböden, der Wandbekleidungen, der Möbel daraufhin einrichten, daß alles sich auf die leichteste Weise reinigen läßt und keine Staub- und Bakteriensammler sich bilden. Kehricht und Abfälle aller Art werden ähnlich wie das benützte Wasser durch Leitungen aus den Wohnungen befördert (Müllschlucker). In den Vereinigten Staaten, in manchen europäischen Städten, zum Beispiel Zürich, Berlin und seinen Vororten, London, Wien, München, gibt es bereits solche mit allem Raffinement eingerichtete Häuser, in denen zahlreiche wohlsituierte Familien — andere können die Kosten nicht tragen — wohnen und einen großen Teil der geschilderten Vorteile genießen.[1]

[1] Von 2521 im Jahre 1908 in Wilmersdorf entstandenen Wohnungen hatten:

Zentralheizung	1001	oder	39,71	Prozent
Warmwasserversorgung	1373	„	54,46	„
Elektrisches Licht	1288	„	51,09	„
Badezimmer	2063	„	81,83	„
Fahrstuhl	699	„	27,73	„
Staubsauger	304	„	12,06	„

Gas gab es in sämtlichen Wohnungen.

In und um Berlin bestehen auch bereits mehrere große Einküchenhäuser. Hier wird in der gemeinsamen Küche das Essen für sämtliche Hausbewohner hergestellt. So trägt die bürgerliche Gesellschaft bereits auf allen Gebieten die

Wir haben hier abermals den Beweis, wie die bürgerliche Gesellschaft auch der Revolutionierung der häuslichen Lebensweise die Wege bahnt, aber nur für ihre Auserwählten. Wird aber in der angedeuteten Weise das häusliche Leben von Grund aus umgestaltet, so ist der Dienstbote, dieser „Sklave für alle Launen der Herrin", verschwunden. Aber auch die Dame. „Ohne Dienstboten keine Kultur", ruft Herr v. Treitschke mit komischem Pathos entsetzt aus. Er kann sich die Gesellschaft sowenig ohne Dienstboten vorstellen, wie Aristoteles sie sich ohne *Sklaven* vorstellen konnte. Überraschend ist, daß Herr v. Treitschke unsere Dienstboten „als Träger unserer Kultur" ansieht. Treitschke wie Eugen Richter machen auch das Stiefelwichsen und Kleiderreinigen Sorge, das doch unmöglich jeder sich selbst besorgen könne. Nun, in neun Zehntel der Fälle besorgt sich das allerdings heute jeder selbst, oder es besorgt es die Frau für den Mann, oder eine Tochter oder ein Sohn für die Familie, und man könnte antworten, was bisher die neun Zehntel taten, kann das letzte Zehntel auch tun. Es gäbe auch noch einen anderen Ausweg. Warum sollte künftig nicht die *Jugend* ohne Unterschied des Geschlechts zu solchen und ähnlichen notwendigen Verrichtungen herangezogen werden? Arbeit schändet nicht, auch wenn sie im Stiefelwichsen besteht, das hat schon mancher altadlige Offizier erfahren, der Schulden halber nach den Vereinigten Staaten durchbrannte und dort Hausknecht oder Stiefelputzer wurde. Herr Eugen Richter läßt sogar in einer seiner Broschüren an der Stiefelputzfrage den „sozialistischen Reichskanzler" stürzen und den „sozialistischen Zukunftsstaat" aus dem Leim gehen. Der „sozialistische Reichskanzler" weigert sich nämlich, die Stiefel sich selbst zu putzen, und das ist sein Unglück. Die Gegner haben sich an dieser

---

Keime für die sozialistische Umgestaltung der Gesellschaft in sich: „Die Gartenstadt der Zukunft wird neben dem Gemeindehaus mit der Gas-, Elektrizitäts- und Heizungszentrale, den Schulen und Versammlungsräumen auch die Zentralküche der ganzen Gemeinde aufzuweisen haben. Unmöglich ist es dann nicht, daß die Gänge, in denen die Lichtkabel und die Heizröhren liegen, zu rechteckigen Schächten erweitert werden, in denen das Essen auf automatischen kleinen Wagen, ähnlich wie die geplanten elektrischen unterirdischen Briefposten zwischen den Hauptämtern in den Großstädten, direkt auf telephonischen Anruf in die Wohnungen befördert wird. Das ist weit weniger schwierig und weit leichter erreichbar als die vor kurzem noch so utopisch erscheinende Lösung des Flugproblems." E. Lilienthal, Reform der Hausarbeit. Dokumente des Fortschritts, Heft 9. 1909.

Schilderung weidlich ergötzt und damit nur Zeugnis abgelegt von der Bescheidenheit ihrer Ansprüche an eine Kritik des Sozialismus. Herr Eugen Richter mußte den Schmerz noch erleben, daß nicht nur einer seiner eigenen Parteigenossen in Nürnberg bald nach Herausgabe seiner Broschüre eine *Stiefelwichsmaschine* erfand, sondern daß auch 1893 auf der Chikagoer Weltausstellung eine *elektrische Stiefelwichsmaschine* ausgestellt war, die dieses Geschäft in der vollkommensten Weise besorgte. So ist der Haupteinwurf, den Richter und Treitschke gegen die sozialistische Gesellschaft erhoben, durch eine Erfindung, die sogar in der bürgerlichen Gesellschaft gemacht wurde, praktisch über den Haufen geworfen worden.

Die revolutionäre Umgestaltung, die alle Lebensbeziehungen der Menschen von Grund aus ändert und insbesondere auch die Stellung der Frau verändert, vollzieht sich also bereits vor unseren Augen. Es ist nur eine Frage der *Zeit*, daß die Gesellschaft diese Umgestaltung in größtem Maßstabe in die Hand nimmt und den Umwandlungsprozeß beschleunigt und verallgemeinert *und damit alle ohne Ausnahme an seinen zahllosen vielgestaltigen Vorteilen teilnehmen läßt.*

Achtundzwanzigstes Kapitel

Die Frau in der Zukunft

Dieses Kapitel kann sehr kurz sein. Es enthält nur die Konsequenzen, die aus dem bis jetzt Gesagten für die Stellung der Frau in der künftigen Gesellschaft sich ergeben, Konsequenzen, die nunmehr der Leser leicht selbst ziehen kann.

Die Frau der neuen Gesellschaft ist sozial und ökonomisch vollkommen unabhängig, sie ist keinem Schein von Herrschaft und Ausbeutung mehr unterworfen, sie steht dem Manne als Freie, Gleiche gegenüber und ist Herrin ihrer Geschicke. Ihre Erziehung ist der des Mannes gleich, mit Ausnahme der Abweichungen, welche die Verschiedenheit des Geschlechts und ihre geschlechtlichen Funktionen bedingen; unter naturgemäßen Lebensbedingungen lebend, kann sie ihre physischen und geistigen Kräfte und Fähigkeiten nach Bedürfnis entwickeln und betätigen; sie wählt für ihre Tätigkeit diejenigen Gebiete, die ihren Wünschen, Neigungen und Anlagen entsprechen und ist unter den gleichen Bedingungen wie der Mann tätig. Eben noch praktische Arbeiterin in irgendeinem Gewerbe ist sie in einem anderen Teil des Tages Erzieherin, Lehrerin, Pflegerin, übt sie in einem dritten Teil irgendeine Kunst aus oder pflegt eine Wissenschaft und versieht in einem vierten Teil irgendeine verwaltende Funktion. Sie treibt Studien, leistet Arbeiten, genießt Vergnügungen und Unterhaltungen mit ihresgleichen oder mit Männern, wie es ihr beliebt und wie sich ihr die Gelegenheit dazu bietet.

In der Liebeswahl ist sie gleich dem Mann frei und ungehindert. Sie freit oder läßt sich freien und schließt den Bund aus keiner anderen Rücksicht als auf ihre Neigung. Dieser Bund ist ein Privatvertrag ohne Dazwischentreten eines Funktionärs, wie die Ehe bis ins Mittelalter ein Privatvertrag war. Der Sozialismus schafft hier nichts Neues, er stellt auf höherer Kulturstufe und unter neuen gesellschaftlichen Formen nur wieder her, was, *ehe das Privateigentum die Gesellschaft beherrschte, allgemein in Geltung war*.

Der Mensch soll unter der Voraussetzung, daß die Befriedigung seiner Triebe keinem anderen Schaden oder Nachteil zufügt, über sich selbst befinden. *Die Befriedigung des Geschlechtstriebs ist ebenso jedes einzelnen persönliche Sache wie die Befriedigung jedes anderen Naturtriebs.* Niemand hat darüber einem anderen Rechenschaft zu geben und kein Unberufener hat sich einzumischen. Wie ich esse, wie ich trinke, wie ich schlafe und mich kleide, ist meine persönliche Angelegenheit, ebenso mein Verkehr mit der Person eines anderen Geschlechts. Einsicht und Bildung, volle Unabhängigkeit der Person, alles Eigenschaften, die durch die Erziehung und die Verhältnisse in der künftigen Gesellschaft naturgemäße sind, werden jeden davor bewahren, Handlungen zu begehen, die zu seinem Nachteil gereichen. Selbstzucht und Kenntnis des eigenen Wesens besitzen die Männer und Frauen der künftigen Gesellschaft in viel höherem Grade als die der heutigen. Die eine Tatsache, daß jene blöde Scheu und lächerliche Heimlichtuerei, über geschlechtliche Dinge zu sprechen, verschwindet, wird den Verkehr der Geschlechter weit natürlicher gestalten, als dies heute der Fall ist. Stellt sich zwischen zwei Menschen, die einen Bund schlossen, Unverträglichkeit, Enttäuschung oder Abneigung heraus, so gebietet die Moral, die unnatürlich und darum unsittlich gewordene Verbindung zu lösen. Und da alle die Verhältnisse verschwinden, die bisher eine große Zahl Frauen entweder zur Ehelosigkeit oder zum Verkauf ihres Körpers verurteilen, so kann die Männerwelt kein Übergewicht mehr geltend machen. Andererseits hat der gänzlich veränderte Sozialzustand die vielen Hemmungen und Störungen beseitigt, die heute das Eheleben beeinflussen und es so häufig zu einer Entfaltung nicht gelangen lassen oder gänzlich unmöglich machen.

Die Hemmungen, Widersprüche und Widernatürlichkeiten in der heutigen Stellung der Frau kommen immer mehr zum Bewußtsein weiter Kreise und finden in der sozialen wie in der Romanliteratur lebhaften Ausdruck; oft in verfehlter Form. Daß die heutige Ehe immer weniger ihrem Zweck entspricht, leugnet kein Denkender mehr, und so braucht man sich nicht zu wundern, daß selbst Personen die Freiheit der Liebeswahl und freie Lösung des eingegangenen Verhältnisses natürlich finden, die im übrigen nicht geneigt sind, daraus die Konsequenzen für eine Veränderung unseres jetzigen Sozialzustandes zu ziehen; sie glauben, nur den bevorrechteten Klassen die Freiheit im Geschlechtsverkehr vindizieren zu sollen. *Mathilde Reichhardt-*

Stromberg äußert zum Beispiel in einer Polemik[1] gegen die frauenemanzipatorischen Bestrebungen der Schriftstellerin *Fanny Lewald* folgendes:

„Wenn Sie (F. L.) die Forderung aufstellen der vollständigen Gleichberechtigung der Frau mit dem Manne im sozialen und politischen Leben, so muß notwendig *George Sand* auch recht haben in ihren Emanzipationsbestrebungen, die auf nichts weiter hinausgehen als das, was der Mann seit längst unbestritten besaß. *Denn es ist schlechterdings kein vernünftiger Grund aufzufinden, weshalb allein der Kopf und nicht auch das Herz der Frau an dieser Gleichberechtigung teilnehmen und frei sein soll, zu geben und zu nehmen wie der Mann.* Im Gegenteil: Soll das Weib seiner Natur nach berechtigt und dann auch verpflichtet sein – denn wir sollen das uns gegebene Pfund nicht vergraben –, die Fasern des Hirns bis aufs äußerste anzuspannen zum Wettlauf mit den Geistestitanen des anderen Geschlechts, so muß es auch das Recht haben, *ganz wie diese zur Erhaltung des Gleichgewichtes den Blutumlauf des Herzens zu beschleunigen, auf immer welche Weise es ihm angemessen scheint.* Denn wir lesen alle doch ohne die geringste sittliche Entrüstung zum Beispiel von *Goethe* – um nur gleich den Größten als Beispiel zu wählen –, wie er oft und immer wieder seines Herzens Wärme und den Enthusiasmus seiner großen Seele an eine andere Frau verschwendete. Der Einsichtsvolle findet das nur natürlich, eben seiner großen, schwer zu befriedigenden Seele wegen, und nur der beschränkte Moralist hält sich tadelnd dabei auf. Warum also wollen Sie spotten über die ‚großen Seelen' unter den Weibern! ... Nehmen wir einmal an, das ganze weibliche Geschlecht bestände ohne Ausnahme aus George Sandschen großen Seelen; jede Frau sei eine Lukretia Floriani, deren Kinder alle Kinder der Liebe, die diese Kinder aber auch alle mit echt mütterlicher Liebe und Hingebung sowohl als mit Einsicht und Verstand erzöge. Was würde aus der Welt dabei werden? *Es unterliegt keinem Zweifel, die Welt könnte dabei fortbestehen und Fortschritte machen wie heute und könnte sich vielleicht ausnehmend wohl dabei befinden.*"

Aber warum sollen dieses nur die „großen Seelen" beanspruchen können und nicht auch die anderen, die keine „großen Seelen" sind? Konnten ein Goethe und eine George Sand, um die zwei unter den

[1] Frauenrecht und Frauenpflicht. Eine Antwort auf Fanny Lewalds Briefe: Für und wider die Frauen. 2. Auflage. Bonn 1871.

vielen, die gleich ihnen handelten und handeln, herauszunehmen, den Neigungen ihres Herzens leben, veröffentlicht man namentlich über Goethes Liebesaffären halbe Bibliotheken, die von seinen Verehrern und Verehrerinnen mit einer Art andächtiger Verzückung verschlungen werden, warum bei anderen mißbilligen, was, von einem Goethe oder einer George Sand getan, zum Gegenstand ekstatischer Bewunderung wird?

Freilich, die Freiheit der Liebeswahl in der bürgerlichen Welt zur Geltung zu bringen, ist unmöglich – darin gipfelt ja unsere Beweisführung –, aber man setze die Gesamtheit unter ähnliche soziale Bedingungen, wie sie heute nur den materiell und geistig Auserwählten zuteil werden, und die Gesamtheit hat die Möglichkeit gleicher Freiheiten. In „Jacques" schildert George Sand einen Ehemann, der das ehebrecherische Verhältnis seiner Frau zu einem anderen also beurteilt: „Kein menschliches Wesen kann über die Liebe gebieten, und niemand ist schuldig, wenn er sie fühlt oder entbehrt. Was die Frau erniedrigt, ist die Lüge; was den Ehebruch konstituiert, ist nicht die Stunde, welche sie dem Geliebten gewährt, *sondern die Nacht, die sie danach mit ihrem Manne zubringt.*" Jacques fühlt sich verpflichtet, infolge dieser Auffassung seinem Nebenbuhler (Borel) den Platz zu räumen und philosophiert dabei: „Borel an meiner Stelle würde ruhig seine Frau geprügelt haben und nicht errötet sein, sie dann in seine Arme aufzunehmen, entwürdigt von seinen Schlägen und seinen Küssen. Es gibt Männer, die ohne weiteres nach orientalischer Manier ihre treulose Gattin totschlagen, weil sie dieselbe als gesetzliches Eigentum betrachten. Andere schlagen sich mit ihrem Nebenbuhler, töten oder entfernen ihn und bitten alsdann die Frau, welche sie zu lieben behaupten, um Küsse und Liebkosungen, während diese sich entweder voll Schrecken zurückzieht oder in Verzweiflung sich hingibt. Dies ist in der ehelichen Liebe gemeiniglich die Art zu handeln, und mir kommt es vor, als ob die Liebe der Schweine weniger niedrig und weniger grob sei als diejenige solcher Menschen." Brandes bemerkt zu den hier zitierten Sätzen: „Diese Wahrheiten, welche für unsere heutige *gebildete* Welt als elementare dastehen, waren vor fünfzig Jahren himmelschreiende Sophismen."[1] Aber zu den George Sandschen Grundsätzen sich offen zu bekennen, wagt auch heute die

[1] George Brandes, Die Literatur des neunzehnten Jahrhunderts. 5. Band. Leipzig 1883, Veit & Co.

„besitzende und gebildete Welt" nicht, obgleich sie tatsächlich danach lebt. Wie sie in der Moral und Religion heuchelt, so heuchelt sie in der Ehe.

Was Goethe und George Sand taten, tun heute tausend andere, die sich mit Goethe oder der Sand nicht vergleichen können, und ohne im mindesten an Ansehen in der Gesellschaft zu verlieren. Man muß nur eine angesehene Stellung innehaben, und alles macht sich von selbst. Dessenungeachtet gelten die Freiheiten eines Goethe und einer George Sand vom Standpunkt der bürgerlichen Moral als unsittliche, denn sie verstoßen gegen die von der Gesellschaft gezogenen Moralgesetze und stehen mit der Natur unseres Sozialzustandes im Widerspruch. Die Zwangsehe ist für die bürgerliche Gesellschaft die Normalehe, die einzige „moralische" Verbindung der Geschlechter, jede andere geschlechtliche Verbindung ist unmoralisch. Die bürgerliche Ehe ist, das haben wir unwiderleglich nachgewiesen, die Folge der bürgerlichen Eigentumsverhältnisse. In engster Verbindung mit dem Privateigentum und dem Erbrecht stehend, wird sie zur Erlangung „legitimer" Kinder als Erben geschlossen. Und unter dem Druck der gesellschaftlichen Zustände wird sie auch denen aufgenötigt, die nichts zu vererben haben[1], sie wird gesellschaftliches Recht, dessen Verletzung der Staat bestraft, indem er Männer oder Frauen, die in Ehebruch leben und geschieden werden, auf einige Zeit ins Gefängnis setzt.

In der sozialistischen Gesellschaft gibt es aber nichts mehr zu vererben, es sei denn, man wolle das Hausgerät und das persönliche Inventar als Erbteil ansehen, demnach ist auch von diesem Gesichtspunkt aus die heutige Eheform hinfällig. Damit ist weiter die Frage nach dem Erbrecht erledigt, das der Sozialismus nicht nötig hat abzuschaffen. Besteht kein Privateigentum mehr, so kann auch kein Erbrecht bestehen. Die Frau ist also *frei*, und Kinder, die sie besitzt, verkürzen ihr diese Freiheit nicht, sie können ihr nur die Freude am

[1] In seinem Werke „Bau und Leben des sozialen Körpers" sagt *Dr. Schäffle:* „Eine Lockerung des Ehebandes durch Erleichterung der Ehescheidung sei gewiß nicht wünschenswert, sie ginge wider die sittlichen Aufgaben menschlicher Paarung und wäre der Erhaltung der Bevölkerung sowie der Erziehung der Kinder nachteilig." Nach dem Dargelegten ergibt sich, daß wir diese Anschauungen nicht nur für unrichtig ansehen, sondern geneigt sind, sie für „unsittlich" zu halten. Indes würde auch Dr. Schäffle zugeben, daß es unmöglich ist, in einer Gesellschaft von weit höherer Kultur als die gegenwärtige Einrichtungen einzuführen oder aufrechtzuerhalten, *die gegen ihre sittlichen Begriffe verstoßen.*

Leben vermehren. Pflegerinnen, Erzieherinnen, befreundete Frauen, die heranwachsende weibliche Jugend stehen ihr in Fällen, in welchen sie Hilfe braucht, zur Seite.

Möglich, daß es auch in Zukunft Männer gibt, die gleich *A. Humboldt* sagen: „Ich bin nicht geschaffen, um Familienvater zu sein. Außerdem halte ich das Heiraten für eine Sünde, das Kindererzeugen für ein Verbrechen." Was liegt daran? Die Macht der Naturtriebe wird bei anderen für das Gegengewicht sorgen. Uns beunruhigt weder die Ehefeindlichkeit eines Humboldt noch der philosophische Pessimismus eines Schopenhauer, Mainländer oder v. Hartmann, welche der Menschheit die Selbstvernichtung im „Idealstaat" in Aussicht stellen. Wir halten es hier mit Fr. Ratzel, der mit vollem Recht schreibt:

„Der Mensch darf sich nicht länger als eine Ausnahme von den Naturgesetzen betrachten, sondern fange endlich an, das Gesetzmäßige in seinen eigenen Handlungen und Gedanken aufzusuchen und strebe, sein Leben den Naturgesetzen gemäß zu führen. Er wird dahin kommen, das Zusammenleben mit Seinesgleichen, das heißt die Familie und den Staat, nicht nach den Satzungen ferner Jahrhunderte, sondern nach den vernünftigen Prinzipien einer naturgemäßen Erkenntnis einzurichten. Politik, Moral, Rechtsgrundsätze, welche jetzt noch aus allen möglichen Quellen gespeist werden, werden nur den Naturgesetzen entsprechend zu gestalten sein. Das menschenwürdige Dasein, von welchem seit Jahrtausenden gefabelt wird, wird endlich zur Wahrheit werden."[1]

Diese Zeit kommt mit *Riesenschritten* heran. Die menschliche Gesellschaft hat in Jahrtausenden alle Entwicklungsphasen durchlaufen, um schließlich dahin zu gelangen, von wo sie ausgegangen ist, zum kommunistischen Eigentum und zur vollen Gleichheit und Brüderlichkeit, aber nicht mehr bloß der Gentilgenossen, *sondern aller Menschen*. Das ist der große Fortschritt, den sie macht. Was die bürgerliche Gesellschaft vergeblich erstrebte und woran sie scheitert und scheitern muß, die Freiheit, Gleichheit und Brüderlichkeit aller Menschen herzustellen, wird der Sozialismus verwirklichen. Die bürgerliche Gesellschaft konnte nur die Theorie aufstellen, die Praxis widersprach, wie in so vielen andern Dingen, auch hier ihren Theorien. Der Sozialismus wird Theorie und Praxis vereinigen.

[1] Zitat in Haeckels „Natürliche Schöpfungsgeschichte". 4. Auflage.

Aber indem die Menschheit zum Ausgangspunkt ihrer Entwicklung zurückkehrt, geschieht dies auf unendlich höherer Kulturstufe als jene war, von der sie ausgegangen ist. Besaß die Urgesellschaft in der Gens, im Clan, das Gemeineigentum, so nur in rohester Form und auf unentwickelter Stufe. Der Entwicklungsgang, der sich seitdem vollzog, hat zwar das Gemeineigentum bis auf kleine unbedeutende Reste aufgelöst, die Gentes zertrümmert und schließlich die ganze Gesellschaft atomisiert, er hat aber auch in seinen verschiedenen Phasen die Produktivkräfte der Gesellschaft und die Vielseitigkeit der Bedürfnisse in gewaltigster Weise gesteigert, aus den Gentes und Stämmen die Nationen und großen Staaten geschaffen, aber damit wieder einen Zustand erzeugt, der mit den Bedürfnissen der Gesellschaft in den schreiendsten Widerspruch tritt. Die Aufgabe der Zukunft ist, diesen Widerspruch dadurch zu lösen, daß auf breitester Basis die Rückverwandlung des Eigentums und der Arbeitsmittel in gemeinsames Eigentum vorgenommen wird.

Die Gesellschaft nimmt zurück, was sie einst besessen und selbst geschaffen, sie ermöglicht aber allen, entsprechend den neugeschaffenen Lebensbedingungen, die Lebenshaltung auf *höchster* Kulturstufe, das heißt, *sie gewährt allen, was unter primitiveren Verhältnissen nur das Privilegium einzelner oder einzelner Klassen sein konnte.* Und jetzt erhält auch die *Frau* die *aktive* Rolle *wieder*, die sie einst in der Urgesellschaft innehatte, aber nicht als Herrin, sondern als Gleichberechtigte.

„Das Ende der staatlichen Entwicklung gleicht dem Beginn des menschlichen Daseins. Die ursprüngliche Gleichheit kehrt zuletzt wieder. Das mütterlich stoffliche Dasein eröffnet und schließt den Kreislauf der menschlichen Dinge“, schreibt Bachofen in seinem Werke „Das Mutterrecht“. Und Morgan äußert:

„Seit dem Eintritt der Zivilisation ist das Wachstum des Reichtums so ungeheuer geworden, seine Formen so verschiedenartig, seine Anwendung so umfassend *und seine Verwaltung so geschickt im Interesse der Eigentümer, daß dieser Reichtum dem Volke gegenüber eine nicht zu bewältigende Macht geworden ist.* Der Menschengeist steht ratlos und gebannt da vor seiner eigenen Schöpfung. Aber dennoch wird die Zeit kommen, wo die menschliche Vernunft erstarken wird zur Herrschaft über den Reichtum, wo sie feststellen wird sowohl das Verhältnis des Staates zu dem Eigentum, das er schützt, wie die Grenze der

Rechte der Eigentümer. *Die Interessen der Gesellschaft gehen den Einzelinteressen absolut vor, und beide müssen in ein gerechtes und harmonisches Verhältnis gebracht werden;* die bloße Jagd nach Reichtum ist nicht die Endbestimmung der Menschheit, wenn anders der Fortschritt das Gesetz der Zukunft bleibt, wie er es war für die Vergangenheit. Die seit Anbruch der Zivilisation verflossene Zeit ist nur ein kleiner Bruchteil der verflossenen Lebenszeit der Menschheit, nur ein kleiner Bruchteil der ihr noch bevorstehenden. *Die Auflösung der Gesellschaft steht drohend vor uns als Abschluß einer geschichtlichen Laufbahn, deren einziges Endziel der Reichtum ist; denn eine solche Laufbahn enthält die Elemente ihrer eigenen Vernichtung.*

Demokratie in der Verwaltung, Brüderlichkeit in der Gesellschaft, Gleichheit der Rechte, allgemeine Erziehung werden die nächste, höhere Stufe der Gesellschaft einweihen, zu der Erfahrung, Vernunft und Wissenschaft stetig hinarbeiten.

Sie wird eine Wiederbelebung sein – aber in höherer Form – der Freiheit, Gleichheit und Brüderlichkeit der alten Gentes."[1]

So kommen Männer der verschiedensten Standpunkte, auf Grund ihrer wissenschaftlichen Forschungen, zu gleichen Resultaten. Die volle Emanzipation der Frau und ihre Gleichstellung mit dem Mann ist eins der Ziele unserer Kulturentwicklung, dessen Verwirklichung keine Macht der Erde zu verhindern vermag. Aber sie ist nur möglich auf Grund einer Umgestaltung, welche die Herrschaft des Menschen über den Menschen – also auch des Kapitalisten über den Arbeiter – aufhebt. Jetzt erst wird die Menschheit zu ihrer höchsten Entfaltung gelangen. Das „goldene Zeitalter", von dem die Menschen seit Jahrtausenden träumten und nach dem sie sich sehnten, wird endlich kommen. *Die Klassenherrschaft hat für immer ihr Ende erreicht, aber mit ihr auch die Herrschaft des Mannes über die Frau.*

[1] Morgan, a. a. O., S. 474 bis 475.

Neunundzwanzigstes Kapitel

Die Internationalität

Das menschenwürdige Dasein für alle kann aber nicht die Daseinsweise eines einzigen bevorzugten Volkes sein, das, isoliert von allen übrigen Völkern, diesen Zustand weder zu begründen noch aufrechtzuhalten vermöchte. Unsere ganze Entwicklung ist das Produkt des Zusammenwirkens nationaler und internationaler Kräfte und Beziehungen. Obgleich die nationale Idee noch vielfach die Köpfe beherrscht und als Mittel zur Aufrechterhaltung politischer und sozialer Herrschaft dient, denn diese ist nur innerhalb nationaler Schranken möglich, stecken wir bereits tief im Internationalismus.

Handels-, Zoll- und Schiffahrtsverträge, Weltpostverein, internationale Ausstellungen, Kongresse für Völkerrecht und internationale Gradmessungen, sonstige internationale wissenschaftliche Kongresse und Verbindungen, internationale Erforschungsexpeditionen, unser Handel und Verkehr, insbesondere die internationalen Kongresse der Arbeiter, welche die Träger der neuen Zeit sind und deren moralischem Einfluß es geschuldet ist, daß im Frühjahr 1890 auf Einladung des Deutschen Reiches die erste internationale Arbeiterschutzgesetzkonferenz in Berlin stattfand, alles das legt Zeugnis ab für den internationalen Charakter, den die Beziehungen der verschiedenen Kulturnationen, trotz ihrer nationalen Abgeschlossenheit, die immer mehr durchbrochen wird, angenommen haben. Wir sprechen, im Gegensatz zur Nationalwirtschaft, von der *Weltwirtschaft* und legen letzterer die größere Bedeutung bei, weil von ihr wesentlich das Wohl und Gedeihen der einzelnen Nationen abhängt. Ein großer Teil unserer eigenen Produkte wird gegen die Produkte fremder Länder, ohne die wir nicht mehr existieren können, ausgetauscht. Und wie ein Industriezweig durch den anderen geschädigt wird, wenn einer erlahmt, so erlahmt die Nationalproduktion eines Landes sehr erheblich, wenn die der anderen ins Stocken gerät. Die Beziehungen der einzelnen Länder werden, ungeachtet aller vorübergehenden Störungen, wie

Kriege und nationale Verhetzungen, immer inniger, weil die materiellen Interessen, die stärksten von allen, sie beherrschen. Jeder neue Verkehrsweg, jede Verbesserung eines Verkehrsmittels, jede Erfindung oder Verbesserung im Produktionsprozeß, wodurch die Waren verbilligt werden, verstärkt diese Beziehungen. Die Leichtigkeit, mit der persönliche Beziehungen zwischen weit voneinander entfernten Ländern und Völkern hergestellt werden, ist ein neuer wesentlicher Faktor in der Kette der Verbindungen. Auswanderung und Kolonisation sind andere mächtige Hebel. Ein Volk lernt von dem anderen, eins sucht dem anderen im Wettstreit zuvorzukommen. Neben dem Austausch materieller Produkte der verschiedensten Art vollzieht sich der Austausch der Geisteserzeugnisse, sowohl in der Ursprache wie in Übersetzungen. Das Erlernen fremder lebender Sprachen wird für Millionen eine Notwendigkeit. Nichts aber trägt, neben materiellen Vorteilen, mehr dazu bei, Antipathien zu beseitigen und Sympathien zu erwecken, als das Eindringen in die Sprache und Geisteserzeugnisse eines fremden Volkes.

Die Wirkung dieses auf internationaler Stufenleiter sich vollziehenden Annäherungsprozesses ist, daß die verschiedenen Länder sich *immer mehr und mehr in ihren sozialen Zuständen ähnlich sehen.* Bei den vorgeschrittensten und *darum maßgebenden* Kulturnationen ist diese Ähnlichkeit bereits so groß, daß, wer die ökonomische Struktur eines Volkes kennengelernt hat, in der Hauptsache diejenige aller übrigen ebenfalls kennt. Ungefähr so, wie in der Natur bei Tieren derselben Gattung das Gerippe in Organisation und Bau dasselbe ist, und besitzt man einzelne Teile eines solchen, kann man theoretisch das ganze Tier konstruieren.

Die weitere Folge ist, daß, wo gleichgeartete soziale Grundlagen vorhanden sind, auch die Wirkungen daraus die gleichen sein müssen: Aufhäufung großen Reichtums und sein Gegensatz: Lohnsklaverei, Knechtung der Massen unter die Maschinerie, Beherrschung der Massen durch die besitzende Minorität, mit allen daraus entspringenden Folgen.

In der Tat sehen wir, daß die Klassengegensätze und Klassenkämpfe, die Deutschland durchwühlen, ganz Europa, die Vereinigten Staaten, Australien usw. in Bewegung setzen. In Europa herrscht von Rußland bis nach Portugal, vom Balkan, Ungarn und Italien bis nach England und Irland derselbe Geist der Unzufriedenheit, machen sich die gleichen Symptome sozialer Gärung, allgemeinen Unbehagens und der Zersetzung bemerkbar. Äußerlich verschieden, je nach dem Grade der Entwicklung, dem Charakter der Bevölkerung und der Form ihres politischen Zustandes, sind im Wesen diese Bewegungen überall dieselben. Tiefe soziale Gegensätze sind ihre Ursache. Mit jedem Jahre verschärfen sich diese mehr, dringen die Gärung und Unzufriedenheit immer tiefer und weiter in den Gesellschaftskörper, bis schließlich ein Anlaß, vielleicht unbedeutender Art, die Explosion herbeiführt und diese sich blitzartig über die ganze Kulturwelt verbreitet und die Geister zur Parteinahme für und wider in die Schranken ruft.

Der Kampf der neuen Welt wider die alte ist entbrannt. Es treten Massen auf die Bühne, es wird mit einer Fülle von Intelligenz gekämpft, wie es die Welt noch in keinem Kampfe gesehen hat, in einem ähnlichen Kampfe kein zweites Mal mehr sehen wird. *Denn es ist der letzte soziale Kampf*. Am Beginn des zwanzigsten Jahrhunderts stehend, sehen wir, wie dieser Kampf sich immer mehr der letzten seiner Phasen nähert, in der die neuen Ideen siegen.

Die neue Gesellschaft wird sich dann auch auf internationaler Basis aufbauen. Die Völker werden sich verbrüdern, sie werden sich gegenseitig die Hände reichen und danach trachten, den neuen Zustand allmählich über alle Völker der Erde auszudehnen.[1] Ein Volk kommt nicht mehr zu dem anderen als Feind, um auszubeuten und zu unterdrücken, nicht mehr als Vertreter eines fremden Glaubens, den es ihm aufnötigen will, sondern als Freund, der alle Menschen zu Kulturmenschen erziehen will. Die Kultur- und Kolonisationsarbeiten der neuen Gesellschaft werden sich in ihrem Wesen und in ihren Mitteln ebenso von den jetzigen unterscheiden, wie beide Gesellschaften ihrem Wesen nach grundverschieden sind Weder wird man Pulver und Blei noch Feuerwasser (Branntwein) und die Bibel anwenden; man unternimmt die Kulturmission nur mit friedlichen Mitteln, die die Zivilisatoren den Barbaren und Wilden nicht als Feinde, sondern als *Wohltäter* erscheinen lassen. Verständige Reisende und Forscher wissen längst, wie erfolgreich dieser Weg ist.

Sind einmal die Kulturvölker zu einer großen Föderation vereinigt,

[1] „Das nationale Interesse und das Menschheitsinteresse stehen sich heute feindlich gegenüber. Auf einer höheren Stufe der Zivilisation werden einst beide Interessen zusammenfallen und eins werden.“ v. Thünen, Der isolierte Staat.

dann ist auch die Zeit gekommen, wo für immer „des Krieges Stürme schweigen". Der ewige Frieden ist dann kein Traum mehr, wie die heute in Uniformen einhergehenden Herren die Welt glauben machen wollen. Diese Zeit ist gekommen, sobald die Völker ihre wahren Interessen erkannt haben. Diese werden nicht gefördert durch Kampf und Streit, durch Länder und Völker zugrunde richtende Rüstungen, sondern durch friedliche Verständigung und gemeinsame Kulturarbeiten. Außerdem sorgen die herrschenden Klassen und ihre Regierungen dafür, wie das oben ausgeführt wurde, daß die militärischen Rüstungen und Kriege an ihrer eigenen Ungeheuerlichkeit ihr Ende erreichen. So werden die letzten Waffen gleich so vielen ihnen vorangegangenen in die Antiquitätensammlungen wandern, um zukünftigen Geschlechtern zu bezeugen, wie vergangene Generationen während Jahrtausenden sich oft wie wilde Tiere zerfleischten – bis endlich der Mensch über das Tier in ihm triumphierte.

Daß nur die nationalen Besonderheiten und Interessengegensätze – die hüben und drüben durch die herrschenden Klassen künstlich genährt werden, um gegebenenfalls durch einen großen Krieg einen Abzugskanal für gefährliche Strömungen im Innern zu besitzen – es sind, welche die Kriege hervorrufen, bestätigt eine Äußerung des verstorbenen Generalfeldmarschalls *Moltke*. Im ersten Bande seines Nachlasses, der den Deutsch-Französischen Krieg von 1870/71 behandelt, heißt es unter anderem in den einleitenden Bemerkungen:

„*Solange die Nationen ein gesondertes Dasein führen, wird es Streitigkeiten geben, welche nur mit den Waffen geschlichtet werden können, aber im Interesse der Menschheit ist zu hoffen, daß die Kriege seltener werden, wie sie furchtbarer geworden sind.*"

Nun, dieses nationale Sonderdasein, das heißt die feindselige Absperrung der einen Nation gegen die andere, schwindet trotz aller gegenteiligen Bemühungen, sie aufrechtzuerhalten, immer mehr, und so werden künftige Generationen ohne Mühe auch Aufgaben verwirklichen, an die geniale Köpfe längst gedacht und Versuche zur Lösung machten, ohne zum Ziele gelangen zu können. So hatte schon Condorcet die Idee, eine allgemeine Weltsprache ins Leben zu rufen. Und der verstorbene ehemalige Präsident der Vereinigten Staaten, Ulysses Grant, äußerte in einer Ansprache: „Da Handel, Unterricht und die schnelle Beförderung von Gedanken und Materien durch Telegraphen und Dampf alles verändert haben, so glaube ich, daß Gott die Welt vorbereitet, *eine* Nation zu werden, *eine* Sprache zu sprechen, zu einem Zustand der Vollendung zu gelangen, *in welchem Heere und Kriegsflotten nicht mehr nötig sind.*" Natürlich muß bei einem Vollblutyankee der liebe Gott die ausgleichende Rolle spielen, die einzig ein Produkt geschichtlicher Entwicklung ist. Man darf sich darüber nicht wundern. Heuchelei oder auch Borniertheit in Fragen der Religion ist nirgends größer als in den Vereinigten Staaten. Je weniger die Staatsgewalt durch ihre Organisation die Massen leitet, um so mehr muß es die Religion, die Kirche tun. Daher scheint überall die Bourgeoisie dort am frömmsten, wo die Staatsgewalt am laxesten ist. Neben den Vereinigten Staaten in England; Belgien, der Schweiz. Auch der Revolutionär Robespierre, der mit den Köpfen von Aristokraten und Geistlichen wie mit Kegelkugeln spielte, war bekanntlich sehr religiös, weshalb er feierlich das höchste Wesen wieder einsetzen ließ, das kurz zuvor – ebenso geschmacklos – der Konvent für abgesetzt erklärt hatte. Und da vor der großen Revolution die leichtfertigen und liederlichen Aristokraten Frankreichs sich vielfach mit ihrem Atheismus brüsteten, sah Robespierre denselben als aristokratisch an und denunzierte ihn vor dem Konvent in seiner Rede über das höchste Wesen mit den Worten: „*Der Atheismus ist aristokratisch.* Die Idee eines höchsten Wesens, das über der unterdrückten Unschuld wacht und das triumphierende Verbrechen straft, ist ganz volkstümlich. *Wäre kein Gott, so müßte man einen solchen erfinden.*" Der tugendhafte Robespierre ahnte, daß seine tugendhafte bürgerliche Republik die sozialen Gegensätze nicht ausgleichen konnte, *darum* der Glaube an ein höchstes Wesen, das Vergeltung übt und auszugleichen trachtet, was in seiner Zeit die Menschen noch nicht ausgleichen konnten, daher war dieser Glaube für die erste Republik eine Notwendigkeit.

Diese Zeit geht vorüber. Ein Kulturfortschritt wird den anderen hervorrufen, die Menschheit wird sich immer neue Aufgaben stellen und wird sie zu einer Kulturentwicklung führen, die Nationalitätenhaß, Kriege, Religionsstreit und ähnliche Rückständigkeiten nicht mehr kennt.

Dreißigstes Kapitel

Bevölkerungsfrage und Sozialismus

1. Furcht vor Übervölkerung

Es gibt Leute, welche die *Bevölkerungsfrage* als die wichtigste und brennendste aller Fragen ansehen, weil eine „Übervölkerung“ drohe, ja, tatsächlich schon vorhanden sei. Diese Frage muß ganz speziell vom internationalen Standpunkt aus behandelt werden, denn Volksernährung und Volksverteilung sind immer mehr eine internationale Angelegenheit geworden. Über das Bevölkerungsgesetz ist seit Malthus viel gestritten worden. In seiner berühmt und berüchtigt gewordenen Schrift „Versuch über das Bevölkerungsprinzip“, die Karl Marx „als ein schülerhaft oberflächliches und pfäffisch vordeklamiertes Plagiat aus Sir James Stewart, Townsend, Franklin, Wallace usw.“ bezeichnet, das „nicht einen einzigen selbstgedachten Satz enthält“, stellt Malthus die Ansicht auf, daß die Menschheit das Bestreben habe, sich in geometrischer Progression zu vermehren (1, 2, 4, 8, 16, 32 usw.), wohingegen die Nahrung nur in arithmetischer Progression (1, 2, 3, 4, 5 usw.) vermehrt werden könne. Die notwendige Folge sei, daß zwischen der Menschenzahl und dem Nahrungsvorrat rasch ein Mißverhältnis entstehe, das zu Massennot und schließlich zu Massentod führen müsse. Es sei darum geboten, sich in der Kinderzeugung „Enthaltsamkeit“ aufzuerlegen. Derjenige dürfe nicht heiraten, der nicht genügend Mittel zur Ernährung einer Familie besitze, weil sonst am „Tische der Natur“ kein Platz für die Nachkommen vorhanden sei.

Die Furcht vor Übervölkerung ist sehr alt. Sie war bereits, wie die Erörterungen in der vorliegenden Schrift zeigten, bei Griechen und Römern und wieder am Ausgang des Mittelalters vorhanden. Plato und Aristoteles, die Römer, der Kleinbürger des Mittelalters wurden von ihr beherrscht, und sie beherrschte Voltaire, der darüber im ersten Viertel des achtzehnten Jahrhunderts eine Abhandlung veröffentlichte. Andere Schriftsteller folgten ihm, bis endlich in Malthus derjenige erstand, der diese Befürchtungen am prägnantesten zum Ausdruck brachte.

Die Furcht vor Übervölkerung tritt stets in Perioden auf, in denen der bestehende Sozialzustand im Zerfall begriffen ist. Die allgemeine Unzufriedenheit, die dann entsteht, glaubt man in erster Linie dem Überfluß an Menschen und dem Mangel an Lebensmitteln und nicht der Art, wie sie gewonnen und verteilt werden, zuschreiben zu müssen.

Alle Ausbeutung des Menschen durch den Menschen beruht auf Klassenherrschaft. Das erste und vornehmste Mittel der Klassenherrschaft aber ist die Besitznahme von Grund und Boden. Aus dem Gemeinbesitz gelangt derselbe allmählich in Privatbesitz. Die Masse wird eigentumslos und ist genötigt, sich im Dienste der Besitzenden ihre Portion an Lebensmitteln zu erwerben. Unter solchen Umständen wird jeder Zuwachs zur Familie oder ein neuer Konkurrent als eine Last empfunden. Das Gespenst der Übervölkerung erscheint, das in dem Maße Schrecken verbreitet, wie der Grund und Boden immer mehr Monopolbesitz wird und an Produktivität verliert, sei es, weil er nicht genügend bewirtschaftet wird, oder weil man den besten Boden in Schafweiden verwandelt, oder ihn dem Vergnügen seiner Herren als Jagdgründe reserviert und ihn so dem Anbau für menschliche Nahrung entzieht. Rom und Italien hatten am meisten Mangel an Nahrungsmitteln, als der Grund und Boden sich in den Händen von ungefähr dreitausend Latifundienbesitzern befand. Daher der Schreckensruf: Die Latifundien richten Rom zugrunde. Der Grund und Boden Italiens wurde in ungeheure Jagdreviere oder Lustgärten zum Vergnügen seiner adligen Besitzer verwandelt, häufig auch unbebaut liegengelassen, weil seine Bebauung durch Sklaven sich teurer stellte als der Preis des aus Afrika und Sizilien bezogenen Getreides, ein Zustand, der Tür und Tor dem Kornwucher öffnete, an dem in erster Linie wieder der reiche Adel Roms beteiligt war. Das wurde sogar ein Hauptgrund, die Bebauung des heimischen Grund und Bodens zu unterlassen. Der Adel gewann am Getreidewucher mehr als am Getreidebau im eigenen Lande.

Unter solchen Verhältnissen zog der römische Bürger oder der verarmte Adel es vor, auf Ehe und Kinderzeugung zu verzichten, was durch alle Prämien, die auf Eheschließung und Kinder gesetzt wurden, um die Verminderung der herrschenden Klasse zu verhindern, nicht verhindert werden konnte.

Eine ähnliche Erscheinung trat gegen Ende des Mittelalters ein, nachdem während Jahrhunderten Adel und Geistlichkeit durch alle Mittel der List und Gewalt zahlreiche Bauern ihres Eigentums beraubt und das Gemeindeland an sich gerissen hatten. Als dann infolge all der erlittenen Mißhandlungen die Bauern sich empörten, aber niedergeschlagen wurden und nun erst recht das Raubhandwerk des Adels nur auf höherer Stufenleiter fortgesetzt und von den reformierten Fürsten auch am Kirchengut praktiziert wurde, wuchs die Zahl der Räuber, Bettler und Vagabunden wie nie zuvor. Ihre Zahl war am größten nach der Reformation. Die expropriierte Landbevölkerung strömte nach den Städten. Hier waren aber auch bereits aus früher geschilderten Ursachen die Lebensverhältnisse immer übler geworden, und so war „Übervölkerung" überall vorhanden.

Das Auftreten von Malthus fällt nun in jene Periode der englischen Industrie, wo infolge der neuen Erfindungen von Hargreaves, Arkwright und Watt gewaltige Umgestaltungen in der Mechanik und Technik eintraten, die hauptsächlich in der Baumwollen- und Leinenindustrie zur Geltung gelangten und die Arbeiter in den betroffenen Hausindustrien zu Zehntausenden brotlos machten. Die Konzentration des Bodeneigentums und die Entwicklung der großen Industrie nahm um jene Zeit in England große Dimensionen an. Mit dem rasch steigenden Reichtum auf der einen Seite wuchs das Massenelend auf der anderen. In einer solchen Zeit mußten die herrschenden Klassen, welche die bestehende Welt für die beste anzusehen alle Ursache haben, für eine so widersprechende Erscheinung wie die Pauperisierung der Massen inmitten des steigenden Reichtums und der höchsten Industrieblüte eine plausible, sie entlastende Erklärung suchen. Nichts war bequemer, als der allzu raschen Vermehrung der Arbeiter durch Kinderzeugung und nicht ihrer Überflüssigmachung durch den kapitalistischen Produktionsprozeß und die Akkumulierung des Grund und Bodens in den Händen der Landlords die Schuld zu geben. Unter solchen Verhältnissen enthielt das „schülerhaft oberflächliche, pfäffisch vordeklamierte Plagiat", das Malthus veröffentlichte, eine Begründung der vorhandenen Übel, die den geheimsten Gedanken und Wünschen der herrschenden Klasse Ausdruck gab und sie vor der Welt rechtfertigte. Daher erklärt sich der ungeheure Beifall, den es auf der einen Seite, und die heftige Befehdung, die es auf der anderen fand. Malthus hatte für die englische Bourgeoisie *im rechten Augenblick das rechte*

Wort gesprochen, und so wurde er, trotzdem seine Schrift „keinen einzigen selbstgedachten Satz" enthielt, ein großer und berühmter Mann und sein Name zum Stichwort für die ganze Lehre.[1]

2. *Produktion der Übervölkerung*

Die Zustände, die Malthus zu seinem Notschrei und seinen brutalen Lehren veranlaßten – er richtete sie an die arbeitende Klasse und fügte so zum Schaden auch noch den Hohn –, haben seitdem sich von Jahrzehnt zu Jahrzehnt verbreitert. Nicht bloß im Vaterland des Malthus, in Großbritannien, sondern in allen Ländern der Welt mit kapitalistischer Produktionsweise, die das Raubsystem an Grund und Boden und die Unterjochung der Massen durch die Maschinerie und die Fabrik zur Folge hat. Dieses System besteht, wie nachgewiesen, in der Trennung des Arbeiters von seinem Arbeitsmittel, sei dieses Grund und Boden oder Werkzeug, und in dem Übergang der Arbeitsmittel in die Hände der Kapitalisten. Das System schafft immer neue Industriezweige, entwickelt und konzentriert dieselben, wirft aber auch immer neue Volksmassen auf die Straße, es macht sie „überzählig". Vielfach befördert es, wie im alten Rom, den Latifundienbesitz mit allen seinen Folgen. Irland ist das klassische Land in Europa, das vom englischen Raubsystem am schlimmsten heimgesucht wurde. Es besaß schon 1874 12 378 244 Acres Wiesen und Weideland, aber nur 3 373 508 Acres Ackerland, und jedes Jahr schreitet die Abnahme der Bevölkerung und Hand in Hand damit die Verwandlung von Ackerland in Wiesen und Weideland für Schaf- und Rinderherden und in Jagdreviere für die Landlords vor.[2] (Im Jahre 1908 14 805 046 Acres Wiesen und Weide-

---

[1] Daß Darwin und andere ebenfalls zu Nachbetern Malthus' wurden, zeigt nur, wie der Mangel ökonomischer Studien zu den einseitigsten Anschauungen auf naturwissenschaftlichem Gebiet führt.

[2] Ferdinand Freiligrath singt in dem erschütternden Gedicht „Irland":

> So sorgt der Herr, daß Hirsch und Ochs,
> Das heißt: daß ihn sein Bauer mäste,
> Statt auszutrocknen seine Bogs –
> Ihr kennt sie ja: Irlands Moräste!
> Er läßt den Boden nutzlos ruhn,
> Drauf Halm an Halm sich wiegen könnte;
> Er läßt ihn schnöd dem Wasserhuhn,

land und 2 328 906 Acres Ackerland.) Das irische Ackerland befindet sich außerdem vielfach als Pachtland in den Händen einer großen Zahl kleiner und kleinster Pächter, die nicht imstande sind, die Ausnutzung des Bodens in höherem Maßstab zu betreiben. So zeigt Irland den Anblick eines Landes, das sich aus einem ackerbautreibenden Lande in ein Hirtenland zurückverwandelt. Dabei ist die Bevölkerung, die im Anfang des neunzehnten Jahrhunderts über 8 Millionen Köpfe zählte, gegenwärtig auf 4,3 Millionen gesunken, und noch immer sind einige Millionen „überzählig". Die Rebellion der Irländer gegen England erklärt sich hiernach sehr einfach. *Schottland* zeigt ein ganz ähnliches Bild wie Irland in seinen Bodenbesitz- und Bodenbebauungsverhältnissen.[1] Ähnliches wiederholt sich in dem erst in den letzten Jahrzehnten in die moderne Entwicklung eingetretenen *Ungarn.* Ein Land, so reich an fruchtbarem Boden wie wenige in Europa, ist überschuldet, seine Bevölkerung verarmt und befindet sich in den Händen von Wucherern. Aus Verzweiflung wandert sie in Massen aus. Aber der Grund und Boden ist in den Händen moderner Kapitalmagnaten konzentriert, die mit Wald und Ackerland die schlimmste Raubwirtschaft treiben, so daß Ungarn in nicht ferner Zeit aufhört, ein Getreide ausführendes Land zu sein. Ähnlich verhält es sich mit Italien. In Italien hat die politische Einheit der Nation, ähnlich wie in Deutschland, der kapitalistischen Entwicklung Vorschub geleistet, aber die fleißigen

---

Dem Kibitz und der wilden Ente.
Ja doch, bei Gottes Fluche: — Sumpf
Und Wildnis vier Millionen Acker!

[1] „*Zwei Millionen Acres, welche einige der fruchtbarsten* Ländereien Schottlands einbegreifen, sind ganz und gar *wüst* gelegt. Das natürliche Gras von Glen Tilt zählte zu den nahrhaftesten der Grafschaft Perth; der deer forest (Wildpark) von Ben Aulder war der beste Grasgrund im weiten Distrikt von Badenoch; ein Teil des Black Mount forest war das vorzüglichste schottische Weideland für schwarzgesichtige Schafe. Von der Ausdehnung des für *Jagdliebhaberei* wüstgelegten Grund und Bodens mag man sich eine Vorstellung bilden aus der Tatsache, daß er einen viel größeren Flächenraum umfaßt als die ganze Grafschaft Perth. Den Verlust des Landes an Produktionsquellen infolge dieser gewaltsamen Verödung mag man daraus schätzen, daß der Boden des forest von Ben Aulder 15 000 Schafe nähren könnte und daß er nur $^1/_{30}$ *des gesamten Jagdreviers von Schottland* beträgt ... All dies Jagdland ist durchaus unproduktiv ... es hätte ebensowohl in den Fluten der Nordsee versenkt werden können." Der Londoner „Economist", 2. Juni 1866, zitiert bei Karl Marx, Das Kapital, 1. Band, 2. Auflage. (Hervorhebungen von August Bebel. *Die Red.)*

Bauern von Piemont und der Lombardei, von Toskana, der Romagna und Siziliens verarmen immer mehr und gehen zugrunde. Bereits beginnen Sümpfe und Moore sich von neuem zu bilden, wo noch vor wenigen Jahrzehnten gut gepflegte Gärten und Äcker kleiner Bauern standen. Vor den Toren Roms, in der sogenannten Campagna, liegen Hunderttausende Hektar Bodens brach, in einem Landstrich, der einst zu den blühendsten des alten Roms gehörte. Sümpfe bedecken den Boden und hauchen ihre giftigen Miasmen aus. Wenn unter Aufwendung entsprechender Mittel eine gründliche Entsumpfung und eine zweckmäßige Bewässerung eingerichtet würde, erhielte die Bevölkerung Roms eine reichliche Nahrungs- und Genußquelle. Aber Italien leidet an der Großmachtssucht, es ruiniert die Bevölkerung durch schlechte Verwaltung, durch militärische und maritime Rüstungen und in „Kolonisationen", und so hat es für Kulturaufgaben, wie die Fruchtbarmachung der Campagna, keine Mittel. Ähnlich wie in der Campagna ist es in Süditalien und Sizilien. Dieses, einst die Kornkammer Roms, verfällt immer mehr der Verarmung; eine ausgesogenere, ärmlicher lebende, mißhandeltere Bevölkerung gibt es in ganz Europa nicht mehr. Die bedürfnislosen Söhne des schönsten Landes Europas überschwemmen halb Europa und Amerika als Lohndrücker oder sie wandern in Scharen für immer aus, weil sie auf dem heimatlichen Boden, der nicht ihr Eigentum ist, nicht verhungern wollen. Die Malaria, jenes schreckliche Fieber, nahm in ganz Italien Dimensionen an, daß die Regierung schon 1882 darüber erschreckt, eine Untersuchung vornehmen ließ, die das traurige Resultat ergab, daß von den 69 Provinzen des Landes 32 in hohem Grade von der Krankheit heimgesucht, 32 bereits davon ergriffen und nur 5 noch davon verschont geblieben waren. Die Krankheit, die früher nur auf dem Lande bekannt war, drang in die Städte, weil das dort aufgehäufte Proletariat, durch die proletarisierte Landbevölkerung vermehrt, die Infektionsherde der Krankheit bildete.

3. Armut und Fruchtbarkeit

Von welcher Seite wir immer das kapitalistische Wirtschaftssystem betrachten, wir werden belehrt, daß Not und Elend der Massen nicht die Folgen des Mangels an Nahrungs- und Lebensmitteln, sondern die Folgen der ungleichen Verteilung derselben und der verkehrten Wirtschaftsweise sind, die dem einen Überfluß schafft und die andern zum Darben zwingt. Die Malthusschen Behauptungen haben nur vom Standpunkt der kapitalistischen Produktionsweise Sinn. Auf der andern Seite drängt die kapitalistische Produktionsweise selbst zur Produktion von Kindern; sie braucht billige „Hände" in Gestalt von Kindern für ihre Werkstätten und Fabriken. Bei dem Proletarier wird das Kinderzeugen eine Art Berechnung, sie müssen die Kosten ihres Lebensunterhalts selbst erwerben. Der Proletarier in der Hausindustrie wird sogar genötigt, viele Kinder zu besitzen, denn darin liegt eine Gewähr für seine Konkurrenzfähigkeit. Das ist sicher ein scheußliches System; es verstärkt die Pauperisierung des Arbeiters und seine Abhängigkeit vom Unternehmer. Der Proletarier wird gezwungen, für immer elenderen Lohn zu arbeiten. Und jede Arbeiterschutzbestimmung, jede Mehrausgabe für diese oder andere soziale Pflichten, die dem Unternehmer nicht auch für die von ihm beschäftigten Hausindustriellen auferlegt wird, veranlaßt ihn, den Kreis der Hausindustriellen zu erweitern, sie bietet ihm Vorteile, wie nicht leicht eine andere Betriebsform, vorausgesetzt, daß sie nach der Natur des Produktionsprozesses durchführbar ist.

Das kapitalistische Produktionssystem erzeugt aber nicht nur Überproduktion an Waren und Arbeitern, sondern auch an Intelligenzen. Auch die Intelligenz findet schließlich immer schwerer Unterkommen, das Angebot übersteigt permanent die Nachfrage. Nur eins ist in dieser kapitalistischen Welt nicht überflüssig, das ist das Kapital und sein Besitzer, der Kapitalist.

Sind die bürgerlichen Ökonomen Malthusianer, so sind sie, was sie aus bürgerlichem Interesse sein müssen, nur sollen sie ihre bürgerlichen Schrullen nicht auf die sozialistische Gesellschaft übertragen wollen. John Stuart Mill sagt: „Der Kommunismus ist gerade derjenige Zustand der Dinge, bei dem man erwarten darf, daß die öffentliche Meinung sich mit der allergrößten Intensität gegen diese Art selbstsüchtiger Unmäßigkeit erklären wird. Jede Volksvermehrung, welche die annehmliche Lage der Bevölkerung verringern oder deren Mühen steigern würde, müßte dann für jedes einzelne Individuum der Assoziation unmittelbare und unverkennbare Inkonvenienz zur Folge haben, und diese könnte dann nicht der Habsucht der Arbeitgeber oder den ungerechten Privilegien der Reichen zur Last gelegt werden. Unter so veränderten Umständen könnte es nicht ausbleiben, daß die öffentliche Meinung ihre Mißbilligung zu erkennen gäbe, und wenn diese nicht ausreichte, daß man durch Strafen irgendwelcher Art diese oder andere gemeinschädliche Unenthaltsamkeit unterdrücken würde. Die kommunistische Theorie trifft also keineswegs in besonderer Weise der Vorwurf, welcher von der Gefahr der Übervölkerung hergenommen ist; vielmehr empfiehlt sich dieselbe dadurch, daß sie in hohem Grade diesem Übelstande vorzubeugen die Tendenz haben würde." Und Professor Ad. Wagner äußert auf Seite 376 von Raus „Lehrbuch der politischen Ökonomie": „Am wenigsten würde in einem sozialistischen Gemeinwesen prinzipiell Ehefreiheit oder Freiheit der Kinderzeugung gewährt werden können." Die Genannten gehen also von der Ansicht aus, daß das Streben nach Übervölkerung ein allen Gesellschaftszuständen gemeinsames sei, aber beide vindizieren dem Sozialismus die Eigenschaft, das Verhältnis von Bevölkerung und Nahrung besser als jede andere Gesellschaftsform ins Gleichgewicht bringen zu können. Das letztere ist richtig, das erstere nicht.

Es gab allerdings vereinzelte Sozialisten, die, von den Malthusschen Ideen bestochen, fürchteten, die Gefahr einer Übervölkerung „stehe nahe bevor". Aber diese sozialistischen Malthusianer sind verschwunden. Das tiefere Eindringen in die Natur und das Wesen der bürgerlichen Gesellschaft belehrt sie eines Besseren. Auch belehren uns die Klagelieder unserer Agrarier, daß wir zuviel Nahrungsmittel – vom Standpunkt des Weltmarktes betrachtet – produzieren, so daß die daraus entstandenen niedrigeren Preise die Produktion derselben unrentabel machten.

Unsere Malthusianer bilden sich ein, und der Chorus der bürgerlichen Wortführer schwatzt es ihnen gedankenlos nach, eine sozialistische Gesellschaft, in der freie Liebeswahl bestehe und für alle eine menschenwürdige Existenz vorhanden sei, werde zu einem „Kaninchenstall" werden; sie würde dem ausschweifendsten Geschlechtsgenuß und massenhafter Kinderzeugung verfallen. Das Gegenteil dürfte eintreten. Bisher haben durchschnittlich nicht die bessersituierten Schichten die größte Zahl der Kinder, sondern umgekehrt die schlechtestsituierten. Man darf sogar, ohne sich einer Übertreibung schuldig zu machen, sagen: *Je ärmlicher die Lage einer Proletarierschicht, um so zahlreicher ist durchschnittlich der Kindersegen; hüben und drüben Ausnahmen zugegeben.* Das bestätigt auch Virchow, der in der Mitte des vorigen Jahrhunderts schrieb: „Wie der englische Arbeiter in seiner tiefsten Versunkenheit, in der äußersten Entblößung des Geistes endlich nur noch zwei Quellen des Genusses kennt, den Rausch und den Beischlaf, so hatte auch die oberschlesische Bevölkerung *bis vor wenig Jahren* alle Wünsche, alles Streben auf diese beiden Dinge konzentriert. Der Branntweingenuß und die Befriedigung des Geschlechtstriebs waren bei ihr vollkommen souverän geworden, und so erklärt es sich leicht, daß die Bevölkerung ebenso rapid an Zahl wuchs, als sie an physischer Kraft und an moralischem Halt verlor."

Karl Marx spricht sich im „Kapital" ähnlich aus, indem er schreibt: „In der Tat steht nicht nur die Masse der Geburten und Todesfälle, sondern die absolute Größe der Familien im umgekehrten Verhältnis zur Höhe des Arbeitslohns, also zur Masse der Lebensmittel, worüber die verschiednen Arbeiterkategorien verfügen. *Dies Gesetz der kapitalistischen Gesellschaft klänge unsinnig unter Wilden oder selbst zivilisierten Kolonisten.* Es erinnert an die massenhafte Rohproduktion individuell schwacher und vielgehetzter Tierarten." Des weiteren zitiert Marx Laing, der äußert: „Befände sich alle Welt in bequemen Umständen, so wäre die Welt bald entvölkert." Laing ist also entgegengesetzter Anschauung wie Malthus, gute Lebenshaltung trage nicht zur Vermehrung, sondern zur Verminderung der Geburten bei. Ähnlich äußert sich Herbert Spencer, der sagt: *„Immer und überall* sind Vervollkommnung und Fortpflanzungsfähigkeit einander entgegengesetzt. Daraus folgt, daß die fernere Entwicklung, welcher die Menschheit entgegensieht, *wahrscheinlich eine Abnahme* ihrer Fortpflanzung zur Folge haben wird." Es ist hier also eine Übereinstimmung von Männern vorhanden, die sonst auf ganz verschiedenen Standpunkten stehen, und ihrer Auffassung schließen auch wir uns an.

4. Mangel an Menschen und Überfluß an Nahrungsmitteln

Man könnte die ganze Bevölkerungsfrage kurzerhand damit abtun, daß man sagt, auf absehbare Zeit hat eine Befürchtung wegen Übervölkerung überhaupt keinen Sinn, denn wir befinden uns einem Überfluß von Nahrungsmitteln gegenüber, der sogar mit jedem Jahr größer zu werden droht, daß die Sorge: wohin mit diesem Reichtum, weit mehr am Platze ist als die Sorge, ob er langt. Den Lebensmittelproduzenten würde sogar eine raschere Vermehrung der Konsumenten das Erwünschteste sein. Aber unsere Malthusianer sind im Erheben von Einwürfen unermüdlich, und so muß man diesen Einwürfen begegnen, um ihnen nicht die Ausrede zu lassen, man könne ihnen nicht antworten.

Sie behaupten, die Gefahr der Übervölkerung in nicht ferner Zeit liege in dem Gesetz des „abnehmenden Bodenertrags". Unser Kulturboden werde „ertragsmüde", steigende Ernten seien nicht mehr zu erwarten und da kulturfähiger Boden, der noch bebaut werden könne, immer seltener werde, sei die Gefahr des Nahrungsmangels bei weiterer Vermehrung der Bevölkerung eine unmittelbare. Es ist zwar schon in dieser Schrift in den Kapiteln über die landwirtschaftliche Bodenausnutzung wie wir glauben unwiderlegbar nachgewiesen, welche enormen Fortschritte noch die Menschheit selbst vom Standpunkt der gegenwärtigen Bodenbewirtschaftungslehre in bezug auf Gewinnung neuer Nahrungsmengen zu machen vermag, aber wir wollen weitere Beispiele dafür anführen. Ein sehr tüchtiger Großgrundbesitzer und ein anerkannter Nationalökonom, also ein Mann, der in beiden Richtungen Malthus weit überragt, äußerte schon 1850, also zu einer Zeit, als die Agrikulturchemie noch in den Windeln lag: „Die Produktivität der Rohproduktion, namentlich *von Nahrungsstoff*, wird künftig nicht mehr hinter der Produktivität in der Fabrikation und der Transportation zurückbleiben ... In unseren Tagen beginnt erst die Agrikulturchemie der Landwirtschaft Aussichten zu eröffnen, die ohne Zweifel noch zu manchem Irrweg verleiten werden, *die aber schließlich die Schöpfung des Nahrungsstoffes ebenso in die Gewalt der Gesellschaft legen dürften, als es heute in ihrer Macht liegt, beliebige Tuchquantitäten zu liefern*, wenn nur die nötigen Wollvorräte vorhanden sind."[1]

Justus v. Liebig, der Schöpfer der Agrikulturchemie, ist der Ansicht, „daß, wenn menschliche Arbeit und Dungmittel in genügender Menge vorhanden sind, der Boden unerschöpflich ist und ununterbrochen die reichsten Ernten gibt". Das Gesetz des abnehmenden Bodenertrags ist eine Malthussche Schrulle, das zu seiner Zeit bei sehr unentwickeltem landwirtschaftlichen Kulturstand angenommen werden konnte, aber längst durch Wissenschaft und Erfahrung widerlegt ist. Gesetz ist vielmehr: *Der Ertrag eines Feldes steht in direktem Verhältnis zu der auf dasselbe verwandten menschlichen Arbeit* (Wissen-

[1] Rodbertus, Zur Beleuchtung der sozialen Frage. 1850.

schaft und Technik einbegriffen) *und den auf dasselbe zweckentsprechend verwendeten Dungstoff*. War es dem kleinbäuerlichen Frankreich möglich, in den letzten neunzig Jahren seinen Bodenertrag mehr als zu vervierfachen, während die Bevölkerung sich nicht einmal verdoppelte, so sind ganz andere Resultate von einer sozialistisch wirtschaftenden Gesellschaft zu erwarten. Unsere Malthusianer übersehen ferner, daß bei den heutigen Verhältnissen nicht nur unser Grund und Boden in Betracht kommt, sondern der Boden der ganzen Welt, das heißt zu einem großen Teil Länder, deren Fruchtbarkeit das Zwanzig-, Dreißig- und Mehrfache ergibt als unser Boden von gleichem Umfang. Die Erde ist zwar schon ziemlich stark von Menschen in Besitz genommen, aber *sie ist, mit Ausnahme eines kleinen Bruchteils, nirgends so angebaut und ausgenutzt, wie sie angebaut und ausgenutzt werden könnte*. Nicht allein könnte Großbritannien eine große Menge von Nahrungsmitteln mehr erzeugen als heute, auch Frankreich, Deutschland, Österreich und in noch weit höherem Grade die übrigen Länder Europas. In dem kleinen Württemberg mit seinen 879 970 Hektar Getreideboden ließe sich allein durch Anwendung des Dampfpfluges die durchschnittliche Erntemenge von 6 140 000 Zentner auf 9 000 000 Zentner Getreide erhöhen.

Das *europäische* Rußland, an dem Bevölkerungsstand Deutschlands als Maßstab gemessen, würde statt der zirka 100 Millionen, die es gegenwärtig zählt, 475 Millionen ernähren können. Heute zählt das europäische Rußland ungefähr 19,4 Einwohner auf den Quadratkilometer, Sachsen über 300.

Der Einwand, daß Rußland weite Strecken Landes habe, die durch ihr Klima eine höhere Befruchtung unmöglich machten, trifft zwar zu, dagegen hat es namentlich im Süden ein Klima und eine Bodenfruchtbarkeit, die Deutschland nicht entfernt kennt. Weiter werden durch die Dichtigkeit der Bevölkerung und die damit steigende Kultur des Bodens Veränderungen im Klima herbeigeführt, die sich gegenwärtig gar nicht ermessen lassen. Überall, wo in dichten Mengen der Mensch sich ansammelt, gehen auch klimatische Veränderungen vor. Wir legen diesen Erscheinungen zu wenig Gewicht bei, auch vermögen wir sie in ihrem ganzen Umfang nicht zu ermessen, weil wir keine Veranlassung und, wie die Dinge noch gegenwärtig liegen, auch nicht die Möglichkeit haben, Experimente im großen anzustellen. So würde das heute so spärlich bevölkerte Schweden und Norwegen mit seinen ungeheuren Wäldern und seinem unerschöpflich zu nennenden Metallreichtum, seiner Menge Flüsse, seinen Meeresküsten eine reiche Quelle der Ernährung für eine dichte Bevölkerung abgeben. Die passenden Mittel und Einrichtungen, die den Reichtum dieser Länder erschließen, sind unter den gegebenen Verhältnissen nicht zu beschaffen, und so wandert sogar ein Teil der spärlichen Bevölkerung aus.

Was vom Norden gesagt werden kann, gewinnt eine ungleich größere Bedeutung für den Süden Europas: für Portugal, Spanien, Italien, Griechenland, die Donauländer, Ungarn, die Türkei usw. Ein Klima von der größten Vortrefflichkeit, ein Boden, so üppig und fruchtbar, wie er kaum in den besten Gegenden der Vereinigten Staaten vorhanden ist, gab einst ungezählten Bevölkerungsscharen die *reichlichste* Nahrung. Die faulen politischen und sozialen Zustände jener Länder veranlassen, daß Hunderttausende aus Europa über den Ozean ziehen, statt in der Heimat zu bleiben oder sich in jenen viel näher und bequemer gelegenen Ländern niederzulassen. Sobald hier vernünftige soziale und politische Einrichtungen vorhanden sind, werden neue Millionen Menschen nötig sein, um jene weiten und fruchtbaren Länder auf eine höhere Kulturstufe zu heben.

Wir haben auf lange Zeit hinaus in Europa, um *wesentlich* höhere Kulturzwecke erreichen zu können, nicht Überfluß an Menschen, sondern eher *Mangel* daran, und es ist unter solchen Umständen absurd, sich wegen Übervölkerung irgendeiner Befürchtung hinzugeben.[1] Dabei muß immer im Auge behalten werden, daß die Ausnutzung der vorhandenen Nahrungsquellen, durch die Anwendung von Wissenschaft und Arbeit, *gar keine Grenzen kennt und jeder Tag uns neue Entdeckungen und Erfindungen bringt, welche die Quellen für die Nahrungsgewinnung vermehren.*

Gehen wir von Europa nach den anderen Erdteilen, so stellt sich *noch in viel höherem Grade Menschenmangel und Bodenüberfluß heraus.* Die üppigsten und fruchtbarsten Länder der Erde liegen noch

---

[1] Das gilt insbesondere auch von Deutschland. Trotz der ständigen Steigerung der Bevölkerung ist die Auswanderung ebenso ständig gesunken — sie betrug zum Beispiel 1891 120 089 Köpfe, 1907 nur noch 31 696 Köpfe. Umgekehrt ist die Einwanderung gestiegen, weil es in verschiedenen Industriezweigen an einheimischen Arbeitern fehlt. Deren Kopfzahl betrug zum Beispiel 1900 757 151, im Jahre 1905 1 007 149.

vollständig oder fast vollständig unbenutzt, weil ihre Urbarmachung und Ausbeutung nicht mit einigen tausend Menschen in Angriff genommen werden kann, sondern *Massenkolonisationen von vielen Millionen erfordert, um der überüppigen Natur nur einigermaßen Herr werden zu können.* Dazu gehören unter anderen Zentral- und Südamerika, ein Terrain von Hunderttausenden von Quadratmeilen. Argentinien hatte zum Beispiel 1892 erst rund 5 Millionen Hektar kultiviert, das Land hat aber 96 Millionen Hektar fruchtbaren Bodens zur Verfügung. Der für Weizenbau geeignete Boden Südamerikas, der noch brachliegt, wird auf mindestens 200 Millionen Hektar geschätzt, die Vereinigten Staaten, Österreich-Ungarn, Großbritannien und Irland, Deutschland und Frankreich zusammengenommen haben aber für Halmfrüchte nur ungefähr 105 Millionen Hektar in Anbau. *Carey* behauptete vor vier Jahrzehnten, daß allein das 360 Meilen lange Orinokotal Nahrungsmittel in solcher Menge zu liefern vermöge, *daß die ganze Menschheit davon erhalten werden könnte.* Nehmen wir nur die Hälfte an, so ist das überreichlich. Jedenfalls könnte allein Südamerika das *Mehrfache* der Menschenzahl, die gegenwärtig auf der Erde wohnt, ernähren. Der Nährwert eines mit Bananenbäumen bepflanzten Terrains und eines gleich großen, auf dem Weizen gebaut wird, stellt sich wie 133 zu 1. Während unser Weizen in günstigem Boden zwölf- bis zwanzigfältige Frucht trägt, gibt der Reis in seiner Heimat das 80- bis 100fache, der Mais das 250- bis 300fache seiner Saat, und von manchen Gegenden, wie zum Beispiel von den Philippinen, wird die Ertragsfähigkeit des Reises auf das 400fache geschätzt. Es handelte sich auch bei all diesen Nahrungsmitteln darum, sie durch die Zubereitung möglichst nahrhaft zu machen. In den Ernährungsfragen hat die Chemie ein unerschöpfliches Feld der Entwicklung vor sich.

Zentral- und Südamerika, insbesondere Brasilien, das allein nahezu so groß wie ganz Europa ist – Brasilien hat 8 524 000 Quadratkilometer mit etwa 22 Millionen Einwohnern gegen Europa mit 9 897 010 Quadratkilometern mit ungefähr 430 Millionen Einwohnern –, strotzen von einer Üppigkeit und Fruchtbarkeit, die das Staunen und die Bewunderung aller Reisenden erregt, auch sind diese Länder an Erzen und Metallen unerschöpflich reich. Aber für die Welt sind sie fast noch unerschlossen, weil ihre Bevölkerung indolent ist und an Zahl zu gering und an Kultur zu niedrig steht, um der gewaltigen Natur Herr zu werden. Wie es in Afrika aussieht, darüber haben uns die Entdeckungen der letzten Jahrzehnte belehrt. Wird auch ein großer Teil Innerafrikas für europäische Bodenkultur nie verwendbar sein, so sind andere Territorien von großem Umfang in sehr hohem Grade ausnutzbar, sobald nur vernünftige Kolonisationsprinzipien zur Anwendung kommen. Andererseits gibt es in Asien noch weite, fruchtbare Länder, die ungezählte Millionen ernähren können. Die Vergangenheit hat uns gezeigt, wie dort in gegenwärtig unfruchtbaren, fast wüsten Gegenden das milde Klima reichste Nahrung dem Boden entlockt, wenn der Mensch es versteht, ihm das segenspendende Wasser zuzuführen. Mit der Vernichtung der großartigen Wasserleitungen und Bewässerungsanlagen in Vorderasien, den Ländern des Tigris und Euphrat usw., in wüsten Eroberungskriegen und durch wahnsinnige Bedrückung der Bevölkerung verwandelten sich Länder von Tausenden von Quadratmeilen in wüsten Sandboden.[1] So wie in Asien auch in Nordafrika, Mexiko, Peru. Schafft zivilisierte Menschen millionenweise herbei und unerschöpfliche Nahrungsquellen werden erschlossen. Die Dattelpalme gedeiht in Asien und Afrika in kaum glaublicher Fülle und braucht dabei so wenig Platz, daß 200 Dattelbäume einen Morgen Landes bedecken. Die Durrha trägt in Ägypten mehr als 3000fältige Frucht, und doch ist das Land arm. Nicht infolge des Überflusses an Menschen, sondern infolge eines Raubsystems, das es fertigbrachte, daß von Jahrzehnt zu Jahrzehnt die Wüste sich immer weiter ausdehnte. Welche großartigen Resultate mitteleuropäischer Acker- und Gartenbau in allen diesen Ländern erzielte, entzieht sich jeder Berechnung.

Die *Vereinigten Staaten* Nordamerikas können, nach dem *heutigen* Stande der Ackerbauproduktion gemessen, *bequem* das Fünfzehn- bis Zwanzigfache ihrer gegenwärtigen Bevölkerung (85 Millionen), also 1250 bis 1700 Millionen, ernähren; *Kanada* könnte in demselben Verhältnis statt 6 Millionen mehreren hundert Millionen Nahrung geben. Ferner haben wir Australien, die zahlreichen, zum Teil großen und außerordentlich fruchtbaren Inseln des Großen und Indischen

[1] Kärger schätzt den Ertrag in Anatolien selbst bei Mißernte auf 9 bis 13 Doppelzentner, im Durchschnitt auf 26,40 bis 39 Doppelzentner, auf gut gedüngtem und bewässertem Boden auf 66 Doppelzentner. Die internationale landwirtschaftliche Konkurrenz, ein kapitalistisches Problem von Professor Dr. Gustav Ruhland. Berlin 1901.

Ozeans usw. Die *Menschen vermehren*, aber nicht zu vermindern, ist der Ruf, der im Namen der Kultur an die Menschheit ergeht

Überall sind es die sozialen Einrichtungen – die bestehende *Erzeugungs-* und *Verteilungsweise* der Produkte –, die Mangel und Elend hervorrufen, und *nicht die Überzahl* der Menschen. Einige reichliche Ernten *hintereinander* drücken so die Preise der Nahrungsmittel, daß mancher Bodenbebauer daran zugrunde geht. Statt die Erzeuger in bessere Lage zu setzen, kommen sie in eine schlechtere. Ein großer Teil der Landwirte *sieht eine gute Ernte heute als ein Unglück an*, weil sie die Preise drückt. Und das sollen vernünftige Zustände sein? Um den Erntereichtum anderer Länder uns fernzuhalten, werden hohe Getreidezölle eingeführt, damit die Einfuhr des ausländischen Getreides erschwert wird und das inländische im Preise steigt. *Wir haben nicht Mangel, sondern Überfluß an Nahrungsmitteln, wie wir Überfluß an Industrieprodukten haben.* Wie Millionen Menschen Bedürfnisse für Industrieerzeugnisse aller Art besitzen, aber sie unter den bestehenden Eigentums- und Erwerbsverhältnissen nicht befriedigen können, so haben Millionen an den notwendigsten Lebensmitteln Mangel, weil sie dafür die Preise nicht bezahlen können, obgleich die Lebensmittel im Überfluß vorhanden sind. Der Wahnsinn solcher Zustände liegt auf der Hand. Bei einer reichlichen Ernte lassen unsere Kornspekulanten oft absichtlich die Frucht zugrunde gehen, weil sie wissen, daß der Preis sich progressiv steigert, wie die Frucht mangelt, und da sollen wir Übervölkerung fürchten. In Rußland, Südeuropa und vielen andern Ländern der Welt verfallen jährlich *Hunderttausende* Zentner von Getreide der Vernichtung, weil es an passenden Lagerräumen und geeigneten Transportmitteln fehlt. Viele Millionen Zentner von Nahrungsmitteln werden jährlich verschleudert, weil die Erntevorrichtungen unvollkommen sind oder es im entscheidenden Augenblick an Händen für die Ernte fehlt. Gar mancher Kornfeim, manche gefüllte Scheune und ganze Wirtschaften werden niedergebrannt, weil die Versicherungsprämie den Gewinn erhöht; man vernichtet aus demselben Grunde Lebensmittel, aus dem man Schiffe mit Mann und Maus ins Meer versinken läßt.[1] Bei unseren militärischen

[1] Schon zur Zeit des heiligen Basilius (gestorben 379) müssen ähnliche Zustände bestanden haben, denn er ruft den Reichen zu: „Elende, die ihr seid, was werdet ihr dem göttlichen Richter antworten? Ihr bedeckt mit Tapeten die Nacktheit eurer Mauern, aber bedeckt nicht mit Kleidern die Nacktheit des Men-

Übungen werden jährlich bedeutende Ernteerträge ruiniert – die Kosten eines nur wenige Tage dauernden Manövers belaufen sich auf Hunderttausende, und die Abschätzung fällt bekanntlich sehr mäßig aus –, und solche Manöver gibt es jedes Jahr eine größere Anzahl. Für die gleichen Zwecke sind ganze Dörfer rasiert worden und werden große Flächen aller Kultur entzogen.

Man vergesse auch nicht, daß zu all den erwähnten Hilfsquellen das Meer kommt, dessen Wasserfläche sich zur Erdfläche wie 18 zu 7 verhält, also zweiundeinhalbmal so groß ist, und rationeller Ausbeutung seines enormen Nahrungsreichtums noch harrt. Es eröffnet sich uns also für die Zukunft ein Bild, das sehr verschieden ist von dem düsteren Gemälde, das unsere Malthusianer uns malen.

Wer kann überhaupt sagen, wo für unsere chemischen, physikalischen, physiologischen Kenntnisse die Grenze zu ziehen ist? Wer will wagen, vorauszusagen, welche Riesenunternehmungen die Menschheit späterer Jahrhunderte ausführen wird, um wesentliche Veränderungen in den klimatischen Verhältnissen der Länder und ihrer Bodenausnutzung zu erzielen?

Wir sehen bereits heute in der kapitalistischen Form der Gesellschaft Unternehmungen ausführen, die vor einem Jahrhundert als unmöglich und wahnsinnig galten. Breite Landengen werden durchstochen und Meere verbunden. Meilenlange Tunnel, in die Eingeweide der Berge gewühlt, verbinden durch die höchsten Berge getrennte Länder; andere werden unter dem Meeresboden gebrochen, um Entfernungen abzukürzen, Störungen und Gefahren zu vermeiden, welche für die durch das Meer getrennten Länder sich ergeben. Wo gibt es also einen Punkt, bei dem jemand sagen könnte: „Bis hierher und nicht weiter!“ Nicht allein ist auf Grund unserer heutigen Erfahrung das „Gesetz des abnehmenden Bodenertrags“ zu verneinen, es gibt außerdem kulturfähigen Boden im Überfluß, um von Tausenden Millionen Menschen erst angebaut zu werden.

---

schen! Ihr schmückt die Pferde mit kostbaren weichen Decken und verachtet euren mit Lumpen bedeckten Bruder. *Ihr laßt zugrunde gehen und auffressen euer Getreide in den Scheunen und auf den Kornböden und erlaubt euch nicht einmal einen Blick auf diejenigen zu werfen, die kein Brot haben.*“ Das Moralpredigen hat von jeher bei den Herrschenden herzlich wenig geholfen und wird in alle Zukunft nichts helfen. Man ändere die sozialen Einrichtungen, damit niemand ungerecht gegen seinen Nebenmenschen handeln kann, und die Welt wird sich wohl befinden.

Sollten alle diese Kulturaufgaben zugleich angegriffen werden, *so hätten wir nicht zu viel, sondern zu wenig Menschen.* Die Menschheit muß sich noch stark vermehren, um all den Aufgaben, die ihrer harren, gerecht zu werden. Weder ist der bebaute Boden ausgenutzt, wie er ausgenutzt werden könnte, *noch sind für fast drei Viertel der Erdoberfläche die Menschen vorhanden, um sie bebauen zu können.* Die relative Übervölkerung, die heute fortgesetzt das kapitalistische System zum Schaden des Arbeiters und der Gesellschaft erzeugt, *wird sich auf höherer Kulturstufe als eine Wohltat erweisen.* Eine möglichst zahlreiche Bevölkerung ist nicht ein Hindernis, sondern ein Mittel des Kulturfortschritts, und zwar genauso, wie die vorhandene Überproduktion an Waren und Lebensmitteln, die Zerstörung der Ehe durch Verwendung der Frauen und Kinder in der modernen Industrie, die Expropriation der Mittelschichten durch das Großkapital die Vorbedingungen für eine höhere Kulturstufe sind.

5. Soziale Verhältnisse und Vermehrungsfähigkeit

Die andere Seite der Frage lautet: Vermehren sich die Menschen in beliebiger Zahl, und *haben sie das Bedürfnis dazu?*

Um die große Vermehrungsfähigkeit der Menschen zu beweisen, lieben es die Malthusianer, sich auf abnorme Fälle einzelner Familien und Völkerschaften zu stützen. Damit ist aber nichts bewiesen. Diesen Fällen gegenüber gibt es andere, in denen trotz günstiger Lebensbedingungen sich nach kurzer Zeit vollkommene Sterilität oder nur sehr geringe Vermehrungsfähigkeit herausstellte. Es ist überraschend, wie schnell oft gutsituierte Familien aussterben. Obgleich die Vereinigten Staaten wie kein anderes Land günstige Bedingungen für die Bevölkerungsvermehrung enthalten und alljährlich Hunderttausende im kräftigsten Lebensalter einwandern, verdoppelt sich ihre Bevölkerung erst in dreißig Jahren. Von der behaupteten zwölf- oder zwanzigjährigen Verdoppelungsperiode sind nirgends Beweise in größerem Maßstab vorhanden.

Wie schon durch die Zitate von Virchow und Marx angedeutet wurde, vermehrt sich die Bevölkerung dort am raschesten, *wo sie am ärmsten ist,* weil, wie Virchow mit Recht ausführt, neben dem Trunke der Geschlechtsgenuß ihr einziges Vergnügen ist. Als Gregor VII. der

Geistlichkeit das Zölibat aufzwang, klagten, wie wir anführten, die niederen Geistlichen der Diözese Mainz, sie hätten nicht, wie die Prälaten, alle möglichen Genüsse, ihre *einzige* Freude sei das Weib. Mangel an vielseitigerer Beschäftigung ist vielleicht auch die Ursache, daß durchschnittlich die Ehen der Landgeistlichen mit Kindern so gesegnete sind. Unbestreitbar ist ferner, daß unsere ärmsten Distrikte in Deutschland, das schlesische Eulengebirge, die Lausitz, das Erz- und Fichtelgebirge, der Thüringer Wald, der Harz usw., die Sitze der dichtesten Bevölkerung sind, deren Hauptnahrung die Kartoffel bildet. Weiter steht fest, daß bei Schwindsüchtigen der Geschlechtstrieb besonders stark entwickelt ist und diese oft noch in einem Stadium der Kräfteabnahme Kinder zeugen, in welchem man es nicht mehr für möglich halten sollte.

Es ist ein Gesetz der Natur, das auch in den von Herbert Spencer und Laing zitierten Aussprüchen sich ausgedrückt findet, an Quantität zu ersetzen, was an Qualität verlorengeht. Die höchststehenden und stärksten Tiere: Löwe, Elefant, Kamel usw., unsere Haustiere, wie Pferd, Esel, Kuh, bringen sehr wenig Junge zur Welt, wohingegen die niedriger organisierten Tiere im umgekehrten Verhältnis sich vermehren, zum Beispiel alle Insektenarten, die meisten Fische usw., die kleineren Säugetiere, wie Hasen, Ratten, Mäuse usw. Andererseits stellte Darwin fest, daß gewisse Tiere, sobald sie aus der Wildnis unter die Zucht des Menschen kommen und gezähmt werden, ihre Fruchtbarkeit einbüßen, zum Beispiel der Elefant. Damit ist erwiesen, *daß veränderte Lebensbedingungen und daraus folgende veränderte Lebensweise das Entscheidende für die mehr oder weniger große Vermehrungsfähigkeit ist.*

Nun sind es aber gerade die Darwinianer, welche die Übervölkerungsfurcht teilen, auf die sich unsere modernen Malthusianer als Autoritäten stützen. Unsere Darwinianer haben überall eine unglückliche Hand, sobald sie ihre Theorien auf den Menschen anwenden, weil sie hierbei roh empirisch verfahren und nicht berücksichtigen, daß zwar der Mensch das höchst organisierte Tier ist, aber im Gegensatz zu den Tieren die Naturgesetze erkennt und sie zweckbewußt zu lenken und zu benützen vermag.

Die Theorie vom Kampfe ums Dasein, die Lehre, daß die Keime für neue Existenzen in weit höherem Grade vorhanden sind, als auf Grund der vorhandenen Existenzmittel lebensfähig erhalten werden können, wäre auch für die Menschen zutreffend, wenn diese, statt ihr Gehirn anzustrengen und die Technik zu Hilfe zu nehmen, um Luft, Grund und Boden und Wasser zweckbewußt auszunützen, wie Viehherden grasten oder wie Affen ungezügelt der Befriedigung ihres Geschlechtstriebs oblägen, also selbst zu Affen würden. Beiläufig bemerkt, liegt in der Tatsache, daß außer bei den Menschen nur noch bei den Affen der Geschlechtstrieb nicht an gewisse Zeiten gebunden ist, ein schlagender Beweis für die Verwandtschaft der beiden. Aber wenn sie nahe verwandt sind, so sind sie nicht gleich; man kann sie nicht auf eine Stufe stellen und mit gleichem Maße messen.

Daß unter den bisherigen Eigentums- und Produktionsverhältnissen der Kampf ums Dasein auch für den einzelnen Menschen bestand und besteht und viele die notwendigen Lebensbedingungen nicht finden, ist richtig. Aber nicht weil sie mangelten, fanden sie die Existenzmittel nicht, sondern weil sie durch die sozialen Verhältnisse, mitten im größten Überfluß, ihnen vorenthalten wurden. Und falsch ist ferner, daraus abzuleiten, daß, weil dies bisher so war, dieses unabänderlich sei und ewig so bleiben müsse. Hier ist der Punkt, wo die Darwinianer auf die schiefe Ebene geraten, sie studieren wohl Naturgeschichte und Anthropologie, aber keine Soziologie, sondern leisten gedankenlos unseren bürgerlichen Ideologen Heeresfolge. So kommen sie zu ihren Trugschlüssen.

Der Geschlechtstrieb ist bei dem Menschen perennierend, er ist sein stärkster Trieb, der Befriedigung verlangt, soll seine Gesundheit nicht leiden. Auch ist dieser Trieb in der Regel um so stärker, je gesünder und normaler entwickelt der Mensch ist, gleichwie ein guter Appetit und eine gute Verdauung einen gesunden Magen anzeigen und die Grundbedingungen für einen gesunden Körper sind. Aber Befriedigung des Geschlechtstriebs und Empfängnis sind nicht dasselbe. Über die Fruchtbarkeit des Menschengeschlechts sind die verschiedensten Theorien aufgestellt worden. Im ganzen tappen wir in diesen hochwichtigen Fragen noch im dunkeln, und zwar hauptsächlich, weil viele Jahrhunderte lang die unsinnigste Scheu bestand, sich mit den Gesetzen der Entstehung und Entwicklung des Menschen zu beschäftigen, die Gesetze der Zeugung und Entwicklung gründlich zu studieren. Das wird erst allmählich anders und muß noch viel anders werden.

Von der einen Seite wird die Theorie aufgestellt, daß höhere geistige Entwicklung und starke geistige Beschäftigung, überhaupt höhere

Nerventätigkeit, auf den Geschlechtstrieb reprimierend einwirke und die Zeugungsfähigkeit abschwäche. Von der anderen wird das bestritten. Man weist auf die Tatsache hin, daß die besser situierten Klassen durchschnittlich weniger Kinder besäßen und dies nicht bloß Präventivmaßregeln zuzuschreiben sei. Sicher wirkt stark anstrengende geistige Beschäftigung auf den Geschlechtstrieb reprimierend, aber daß diese Beschäftigung von der Mehrheit unserer besitzenden Klasse geübt wird, darf man bestreiten. Andererseits wirkt ein Übermaß physischer Anstrengung ebenfalls reprimierend. Aber jedes Übermaß von Anstrengung ist schädlich und aus diesem Grunde zu verwerfen.

Andere behaupten, die Lebensweise, insbesondere die Nahrung, bestimme, neben gewissen physischen Zuständen auf seiten der Frau, die Zeugungsfähigkeit und Empfänglichkeit. Entsprechende Nahrung beeinflusse, wie auch bei Tieren sich zeige, mehr als alles andere die Wirkung des Zeugungsaktes. Hier dürfte in der Tat die Entscheidung liegen. Welchen Einfluß die Art der Ernährung auf den Organismus gewisser Tiere ausübt, ist in überraschender Weise bei den Bienen konstatiert worden, die durch Darreichung einer besonderen Nahrung sich beliebig eine Königin züchten. Die Bienen sind also in der Kenntnis ihrer Geschlechtsentwicklung weiter als die Menschen. Vermutlich hat man ihnen nicht ein paar tausend Jahre lang gepredigt, daß es „unanständig" und „unsittlich" sei, sich um geschlechtliche Dinge zu bekümmern.

Bekannt ist ferner, daß Pflanzen, in gutem Boden und fett gedüngt, wohl üppig gedeihen, aber keinen Samen ergeben. Daß auch beim Menschen die Art der Nahrung auf die Zusammensetzung des männlichen Samens wie auf die Befruchtungsfähigkeit des weiblichen Eies einwirkt, kann kaum einem Zweifel unterliegen, und so dürfte wohl in hohem Grade von der Art der Ernährung die Vermehrungsfähigkeit der Bevölkerung abhängen. Andere Faktoren, die in ihrer Natur noch wenig bekannt sind, spielen ebenfalls eine Rolle.

In der Bevölkerungsfrage ist in Zukunft eins von ausschlaggebender Bedeutung. Das ist die höhere, freiere Stellung, die alsdann unsere Frauen ohne Ausnahme einnehmen. Intelligente und energische Frauen haben – von Ausnahmen abgesehen – in der Regel keine Neigung, einer größeren Anzahl Kinder, als einer „Schickung Gottes", das Leben zu geben und die besten Lebensjahre im Schwangerschaftszustande oder mit dem Kinde an der Brust zu verbringen. Diese Abneigung gegen zahlreiche Kinder, welche sogar schon gegenwärtig die meisten Frauen hegen, dürfte sich ungeachtet aller Vorsorge, die eine sozialistische Gesellschaft den Schwangeren und Müttern widmet, eher verstärken als vermindern und liegt hierin unseres Erachtens die große Wahrscheinlichkeit, daß in der sozialistischen Gesellschaft die Bevölkerungsvermehrung langsamer als in der bürgerlichen vor sich gehen wird.

Unsere Malthusianer haben wahrlich keinen Grund, sich wegen der Vermehrung der Menschheit in Zukunft die Köpfe zu zerbrechen. Bis jetzt sind Völker wohl durch Rückgang ihrer Kopfzahl zugrunde gegangen, aber niemals durch ihre Überzahl. Schließlich vollzieht sich die Regulierung der Volkszahl in einer naturgemäß lebenden Gesellschaft ohne schädliche Enthaltsamkeit und ohne widernatürlichen Präventivverkehr. Karl Marx wird auch hier für die Zukunft recht behalten; seine Auffassung, jede ökonomische Entwicklungsperiode habe ihr besonderes Bevölkerungsgesetz, wird sich auch unter der Herrschaft des Sozialismus bewahrheiten.

In einer Schrift „Die künstliche Beschränkung der Kinderzahl" vertritt H. Ferdy die Auffassung: Die Sozialdemokratie bezwecke durch ihre Opposition gegen den Malthusianismus ein Schelmenstück. Die rasche Volksvermehrung begünstige die Massenproletarisierung, und diese fördere die Unzufriedenheit. Gelänge es, der Übervölkerung Herr zu werden, dann sei es mit der Ausbreitung der Sozialdemokratie zu Ende und ihr sozialdemokratischer Staat sei mit all seiner Herrlichkeit für immer begraben. Hier haben wir zu den vielen anderen ein neues Mittel, mit dem man die Sozialdemokratie tötet, den Malthusianismus.[1]

---

[1] Die großartige Unwissenheit des Sozialistentöters Ferdy in bezug auf die Sozialdemokratie geht am besten aus folgenden Sätzen hervor, die er sich Seite 40 seiner Schrift leistet: „Die Sozialdemokratie wird in ihren Forderungen weitergehen als die Neo-Malthusianer. Sie wird verlangen, daß der Minimallohn so bemessen werde, daß jeder Arbeiter die nach dem gesellschaftlichen Nahrungsstand mögliche Kinderzahl erzeugen kann . . . Sobald einmal die letzten Konsequenzen der Sozialdemokratie gezogen und das Privateigentum aufgehoben wäre, da würde alsbald auch der Einfältigste sich sagen: Warum sollte ich wohl länger und härter arbeiten müssen, nur weil es meinem Nachbarn beliebt, ein Dutzend neuer Mitglieder in die Gesellschaft hineinzustoßen?" Man sollte doch erst das Abc des Sozialismus kennen, ehe man sich anmaßt, über ihn zu schreiben, und noch dazu ungereimtes Zeug.

Unter denjenigen, die an der Furcht vor Übervölkerung leiden, und deshalb Einschränkung der Eheschließungs- und der Niederlassungsfreiheit namentlich für die Arbeiter fordern, befindet sich auch Professor Dr. Adolf Wagner. Er klagt, die Arbeiter heirateten im Vergleich zur Mittelklasse zu früh. Er wie andere mit den gleichen Ansichten übersehen nur, daß die männlichen Angehörigen der Mittelklasse erst im höheren Alter zu einer Lebensstellung gelangen, die ihnen eine standesgemäße Ehe zu schließen ermöglicht. Für diese Entsagung halten sie sich aber bei der Prostitution schadlos. Erschwert man auch den Arbeitern die Ehe, so verweist man sie auf denselben Weg. Man klage dann aber auch nicht über die Konsequenzen und schreie nicht über „den Verfall von Sitte und Moral“. Auch empöre man sich nicht, wenn Männer und Frauen, da letztere die gleichen Triebe haben wie die Männer, in illegitimen Verbindungen leben, um ihren Naturtrieb zu befriedigen und Scharen unehelicher Kinder „als Gesäte“ Stadt und Land bevölkern. Die Ansichten der Wagner und Genossen widersprechen aber auch den Interessen der Bourgeoisie und unserer wirtschaftlichen Entwicklung, die möglichst zahlreiche Hände nötig hat, um Arbeitskräfte zu besitzen, die sie auf dem Weltmarkt konkurrenzfähig machen. Mit kleinlichen, der kurzsichtigsten Philisterei und Rückwärtserei entsprungenen Vorschlägen heilt man nicht die Übel der Zeit. Keine Klasse, keine Staatsgewalt ist am Anfang des zwanzigsten Jahrhunderts mehr stark genug, die natürliche Entwicklung der Gesellschaft zurückhalten oder eindämmen zu können. Jeder Versuch endet mit einem Mißerfolg. Der Strom der Entwicklung ist so stark, daß er jedes Hindernis überrennt. Nicht rückwärts, sondern vorwärts heißt die Losung, und ein Geprellter ist, wer noch an Hemmungen glaubt.

Die Menschheit wird in der sozialistischen Gesellschaft, in der sie erst wirklich frei und auf ihre natürliche Basis gestellt ist, ihre Entwicklung mit Bewußtsein lenken. In allen bisherigen Epochen handelte sie in bezug auf Produktion und Verteilung wie auf Bevölkerungsvermehrung ohne Kenntnis ihrer Gesetze, also unbewußt; in der neuen Gesellschaft wird sie mit Kenntnis der Gesetze ihrer eigenen Entwicklung bewußt und planmäßig handeln.

Der Sozialismus ist die auf allen Gebieten menschlicher Tätigkeit angewandte Wissenschaft.

Schluß

Unsere Darlegungen zeigen, daß es sich bei Verwirklichung des Sozialismus nicht um willkürliches Einreißen und Aufbauen, sondern um ein naturgeschichtliches Werden handelt. Alle Faktoren, die in dem Zerstörungsprozeß einerseits, im Werdeprozeß andererseits eine Rolle spielen, sind Faktoren, die wirken, wie sie wirken müssen. Weder sind es „geniale Staatsmänner" noch „volksaufwiegelnde Demagogen", die die Dinge nach ihrem Willen leiten können. „Sie glauben zu schieben, und sie werden geschoben." Aber wir sind nahe an dem Punkt, „wo die Zeit sich erfüllet hat".

Wir sprachen in diesen Ausführungen öfter von einer Überproduktion an Waren, welche die Krisen erzeugt, eine der bürgerlichen Welt eigentümliche Erscheinung, die sich in keiner früheren Entwicklungsperiode zeigte.

Die bürgerliche Welt schafft aber nicht nur Überproduktion an Waren und an Arbeitern, sondern auch an Intelligenz. Deutschland ist das klassische Land, das diese Überproduktion an Intelligenz, welche die bürgerliche Welt nicht mehr zu verwerten weiß, auf großer Stufenleiter schafft. Ein Zustand, der für die deutsche Entwicklung jahrhundertelang als ein Unglück galt, hat wesentlich zu dieser Erscheinung beigetragen. Das ist die Kleinstaaterei und die Hemmung, die diese politischen Gebilde auf die großkapitalistische Entwicklung ausübten. Die Kleinstaaterei dezentralisierte das geistige Leben der Nation, sie schuf viele kleine Zentren geistigen Lebens, die ihren Einfluß auf das Ganze ausübten. Im Verhältnis zu einer einzigen Zentralregierung bedurften die vielen Staaten eines ungemein großen Beamtenapparats, für dessen Glieder eine gewisse höhere Bildung notwendig ist. So entstanden wie in keinem anderen Lande Europas Hochschulen und Universitäten in Menge. Eifersucht und Ehrgeiz der verschiedenen Regierungen spielten hierbei eine große Rolle. Ähnliches vollzog sich, als einzelne Regierungen begannen, den obligatorischen Volksunterricht einzuführen. Die Sucht, hinter dem Nachbarstaat nicht zurückzubleiben, schlug hier einmal zum Guten aus. Das Bedürfnis nach Intelligenz steigerte sich, als die zunehmende Bildung, Hand in Hand gehend mit der materiellen Entwicklung des Bürgertums, das Verlangen nach politischer Beteiligung, nach Volksvertretungen und Selbstverwaltung der Gemeinden weckte. Es waren kleine Körperschaften für kleine Länder und Kreise, aber sie veranlaßten die Söhne der höheren Klassen, nach einer Stelle in denselben zu geizen und ihre Bildung danach einzurichten.

Wie mit den Wissenschaften ging es mit den Künsten. Kein Land Europas hat im Verhältnis so viele Maler-, Kunst- und technische Schulen, Museen und Kunstsammlungen wie Deutschland. Andere Länder mögen Bedeutenderes in ihren Hauptstädten aufweisen können, aber eine Verteilung über das ganze Reich wie in Deutschland besitzt keines derselben. In bezug auf Kunst nur Italien.

Diese ganze Entwicklung wirkte auf das deutsche Geisteswesen vertiefend ein, der Mangel an großen politischen Kämpfen gab Muße zu einem gewissen beschaulichen Leben. Während andere Nationen um die Herrschaft auf dem Weltmarkt rangen, die Erde unter sich verteilten und große innere politische Kämpfe führten, saßen die Deutschen zu Hause und träumten und philosophierten. Aber dieses Träumen, Spintisieren und Philosophieren, das ein zum häuslichen Leben und zur Anstrengung nötigendes Klima begünstigt, schuf jenen kritischen, beobachtenden Geist, durch den sich die Deutschen, nachdem sie erwacht waren, anfingen auszuzeichnen.

Während das englische Bürgertum schon in der Mitte des siebzehnten Jahrhunderts, das französische Bürgertum gegen Ende des achtzehnten Jahrhunderts seinen maßgebenden Einfluß auf den Staat sich erkämpft hatte, gelang es dem deutschen Bürgertum erst mit dem Jahre 1848 sich einen, vergleichsweise sehr mäßigen, Einfluß auf die Staatsgewalt zu erobern. Aber das Jahr 1848 war das Geburtsjahr für die deutsche Bourgeoisie als selbstbewußte Klasse, die, im Liberalismus repräsentiert, jetzt als selbständige politische Partei auf die Bühne trat. Auch hier zeigte sich die Eigentümlichkeit der deutschen Entwicklung. Es waren nicht Fabrikanten, Kaufleute, Handels- und Finanzmänner, die das große Wort führten, sondern vorzugsweise liberalisierende Standesherren, Professoren, Schriftsteller, Juristen und Doktoren aller Fakultäten. Es waren die deutschen Ideologen, und danach fiel ihr Werk aus. Nach 1848 wurde einstweilen die Bourgeoisie politisch zur Ruhe verwiesen; aber sie benutzte die Zeit der politischen Kirchhofsruhe der fünfziger Jahre um so gründlicher, um das Geschäft zu fördern. Der Ausbruch des österreichisch-italienischen Krieges, der Beginn der Regentschaft in Preußen regten die Bourgeoisie von neuem an, die Hand nach der politischen Macht zu strekken. Die Nationalvereinsbewegung begann. Die Bourgeoisie war bereits zu entwickelt, um die vielen politischen Schranken, die zugleich ökonomische waren, innerhalb der vielen einzelnen Staaten länger dulden zu können; sie machte Miene, revolutionär zu werden. Herr v. Bismarck erkannte die Situation und benutzte dieselbe in seiner Art, um die Interessen der Bourgeoisie mit denen des preußischen Königtums, dem die Bourgeoisie nie feind war, denn sie fürchtete die Revolution und die Massen, zu versöhnen. Endlich fielen die Schranken, die ihre materielle Entwicklung gehindert hatten. Bei dem Reichtum Deutschlands an Kohlen und Erzen und einer intelligenten, aber genügsamen Arbeiterklasse erlangte die Bourgeoisie binnen wenigen Jahrzehnten eine so riesenhafte Entwicklung, wie sie, mit Ausnahme der Vereinigten Staaten, in keinem Lande in gleich kurzer Zeit und in solchem Maßstab eine Bourgeoisie erlangt hat. So kam Deutschland als Industrie- und Handelsstaat rasch an die zweite Stelle in Europa, und es geizt nach der ersten.

Diese rasche materielle Entwicklung hatte aber auch ihre Kehrseite. Das bis zur Gründung der Einheit Deutschlands zwischen allen deutschen Staaten bestehende Absperrungssystem hatte bis dahin einem ungemein zahlreichen Handwerker- und Kleinbauernstand die Existenz gefristet. Mit der jähen Niederreißung aller Schutzschranken sahen diese sich plötzlich einem sich zügellos entwickelnden kapitalistischen Produktionsprozeß gegenüber. Diese kamen dadurch in eine verzweifelte Lage. Die Prosperitätsepoche im Beginn der siebziger Jahre ließ die Gefahr anfangs weniger groß erscheinen, aber sie wurde um so fühlbarer, als die Krise begann. Die Bourgeoisie hatte die Prosperitätsepoche zu ihrer großartigen Entfaltung benutzt und machte jetzt durch Massenproduktion den Druck verzehnfacht fühlbar. Von jetzt ab erweiterte sich die Kluft zwischen Besitzenden und Nichtbesitzenden rasch und gewaltig. Dieser Zersetzungs- und Aufsaugungsprozeß, der immer rascher sich vollzieht, gefördert durch das Wachstum materieller Macht auf der einen und die sinkende Widerstandsfähigkeit auf der andern Seite, versetzt ganze Klassen in immer größere Bedrängnis. Sie sehen sich immer stärker in ihrer Lebenslage bedroht und sehen sich mit mathematischer Sicherheit dem Untergang geweiht.

In diesem Verzweiflungskampf suchen viele möglichst Rettung in der Veränderung des Berufs. Die Alten können diesen Wechsel nicht mehr vollziehen, Vermögen können sie in den seltensten Fällen ihren Kindern hinterlassen, so werden die letzten Anstrengungen gemacht und die letzten Mittel aufgeboten, um Söhne und Töchter in Stellungen mit fixem Einkommen zu bringen, wozu ein Betriebskapital nicht nötig ist. Dies sind die Beamtenstellen im Reichs-, Staats- und Kommunaldienst, das Lehrfach, der Post- und Eisenbahndienst, die höheren Stellen im Dienste der Bourgeoisie, auf den Kontors, in den Warenlagern und Fabriken, als Kontoristen, Lagerhalter, Chemiker, Techniker, Ingenieure, Konstrukteure usw., ferner die sogenannten liberalen Berufe: Juristen, Ärzte, Theologen, Schriftsteller, Künstler, Architekten, Lehrer und Lehrerinnen usw.

Tausende und aber Tausende, die früher einen gewerblichen Beruf ergriffen hätten, sehen sich jetzt, weil keine Möglichkeit zur Selbständigkeit und einer auskömmlichen Existenz mehr vorhanden ist, nach irgendeiner Stellung in den erwähnten Berufen um. Alles drängt zur höheren Ausbildung und zum Studium. Realschulen, Gymnasien, Polytechniken usw. wachsen wie Pilze aus der Erde, und die bestehenden sind überfüllt; im gleichen Maßstab wächst die Zahl der Studierenden auf den Universitäten, der Eleven in den chemischen und physikalischen Laboratorien, in den Kunstschulen, den Gewerbe- und Handelsschulen, den höheren weiblichen Bildungsanstalten aller Art. In allen Fächern ohne Ausnahme besteht eine hochgradige Überfüllung, und immer stärker wird der Strom. Es werden immer neue Verlangen laut nach Gründung von Gymnasien und höheren Bildungsanstalten, um die Zahl der Schüler und Studierenden aufzunehmen. Behörden und Private erlassen Warnungen über Warnungen, indem sie bald vor dem Studium dieses, bald jenes Faches warnen. Sogar die Theologie, die in früheren Jahrzehnten wegen Mangel an Kandidaten einzutrocknen drohte, bekommt von dem Überfluß ihren Segen und sieht ihre Pfründen wieder besetzt. „Ich lehre den Glauben an zehntausend Götter und Teufel, wenn es verlangt wird, schafft mir nur eine Stelle, von der ich leben kann“, so widerhallt es aus allen Ecken.

Öfter weigern sich sogar die betreffenden Minister, ihre Zustimmung zur Gründung neuer höherer Lehranstalten zu geben, „da die vorhandenen das Bedürfnis nach Kandidaten für alle Fächer reichlich deckten".

Dieser Zustand wird dadurch verschärft, daß der Konkurrenz- und Vernichtungskampf der Bourgeoisie unter sich eine Menge ihrer Söhne zwingt, sich öffentliche Stellungen zu suchen. Ferner führt das stetig größer werdende stehende Heerwesen mit seiner Armee von Offizieren, deren Avancement nach längerer Friedenszeit in bedenkliche Stockung gerät, zur Pensionierung einer Menge derselben im besten Lebensalter, die, vom Staate begünstigt, in allen möglichen behördlichen Stellungen Unterkunft suchen. Die große Menge der Zivilanwärter aus den niederen Graden der Armee nimmt wieder anderen Schichten das Brot weg. Weiter kommt hinzu, daß das große Heer der Reichs-, Staats- und Kommunalbeamten aller Grade in erster Linie seine Kinder für Berufe wie die erwähnten erzieht und erziehen muß. Soziale Stellung, der Bildungsstand und die Ansprüche dieser Kreise verlangen die Fernhaltung der Kinder von sogenannten niederen Beschäftigungsarten, die überdies ebenfalls überfüllt sind.

Das Einjährigfreiwilligensystem, das nach Erlangung eines gewissen Bildungsgrades für ein gewisses materielles Opfer die Absolvierung des Militärdienstes in einem statt in zwei oder drei Jahren gestattet, vermehrt weiter die Zahl der Kandidaten für Ämter und Stellen. Namentlich sind es viele wohlhabende Bauernsöhne, welchen die Rückkehr auf das Dorf und zum väterlichen Beruf nicht mehr zusagt.

Infolge aller dieser Umstände hat Deutschland mehr als jedes andere Land ein ungemein zahlreiches Gelehrten- und Künstlerproletariat, ein starkes Proletariat in den sogenannten liberalen Berufen, das stetig sich vermehrt und die Gärung und Unzufriedenheit mit dem bestehenden Zustand der Dinge bis in die höheren Kreise der Gesellschaft trägt. Diese Jugend wird zur Kritik an dem Bestehenden herausgefordert und gereizt und hilft die allgemeine Zersetzungsarbeit wesentlich beschleunigen. So wird von allen Seiten der bestehende Zustand der Dinge angegriffen und untergraben.

Alle diese Verhältnisse führten dazu, daß die deutsche Sozialdemokratie in dem großen Riesenkampf der Zukunft die erste Führerrolle übernommen hat. Deutsche Sozialisten waren es, welche die Bewegungsgesetze der modernen Gesellschaft entdeckten und den Sozialismus als die Gesellschaftsform der Zukunft wissenschaftlich begründeten. In erster Linie Karl Marx und Friedrich Engels, ihnen folgend und durch seine Agitation das Feuer in die Massen werfend, Ferdinand Lassalle. Auch sind vielfach deutsche Sozialisten die Pioniere, welche unter die Arbeiter der verschiedensten Völker die sozialistischen Gedanken verbreiten.

Vor einem halben Jahrhundert konnte Buckle auf Grund seines Studiums deutscher Geistes- und Bildungsverhältnisse schreiben, Deutschland habe zwar eine große Zahl der größten Denker, aber es gebe kein Land, in dem der Abstand zwischen der Klasse der Gelehrten und der Masse des Volkes so groß sei als in ihm. Das ist heute *nicht* mehr richtig. Dieses galt so lange, als in Deutschland sich die Wissenschaft auf die dem praktischen Leben fernstehenden Gelehrtenkreise beschränkte. Seitdem Deutschland ökonomisch revolutioniert worden ist, wurde die Wissenschaft genötigt, sich dem praktischen Leben dienstbar zu machen. Die Wissenschaft selbst wurde praktisch. Man begriff, daß sie erst vollen Wert habe, wenn sie Mittel für das Leben werde, wozu die Entwicklung der großkapitalistischen Produktion zwang. Dadurch sind in Deutschland in den letzten Jahrzehnten alle Wissensfächer stark demokratisiert worden. Einmal hat die große Zahl für höhere Berufe ausgebildeter junger Männer dazu beigetragen, die Wissenschaft in das Volk zu tragen; sodann hat die allgemeine Schulbildung, die in Deutschland höher ist als in den meisten anderen Ländern, den Massen die Aufnahme einer Menge Geisteserzeugnisse erleichtert. Insbesondere aber hat die sozialistische Bewegung mit ihrer Literatur, ihrer Journalistik, ihren Vereinen und Versammlungen, ihrer parlamentarischen Vertretung und der durch alle diese Faktoren unablässig geübten Kritik auf allen Gebieten des öffentlichen Lebens das geistige Niveau der Massen bedeutend erhöht.

Auch das Ausnahmegesetz gegen die Sozialdemokratie (von 1878 bis 1890) hat hieran nichts geändert. Es engte die Bewegung etwas ein und dämpfte ein wenig ihr Tempo. Andererseits half es aber die Bewegung vertiefen und schuf eine große Erbitterung gegen die herrschenden Klassen und die Staatsgewalten. Der schließliche Fall des Ausnahmegesetzes war nur die Konsequenz der Entwicklung der Sozialdemokratischen Partei unter demselben und der ökonomischen Entwicklung der Nation, und so marschiert die Bewegung, wie sie unter den gegebenen Verhältnissen marschieren muß.

Und wie in Deutschland, so hat in den letzten Jahrzehnten die sozialistische Bewegung in allen Kulturstaaten ungeahnte Fortschritte gemacht, wofür ein sprechendes Zeugnis die internationalen Arbeiterkongresse sind, die eine immer stärkere Beteiligung finden.

So ist der große Kampf der Geister in allen Kulturstaaten entbrannt und wird mit dem größten Feuereifer geführt. Neben der Sozialwissenschaft bilden das weite Gebiet der Naturwissenschaften, die Gesundheitslehre, die Kulturgeschichte und die Philosophie das Arsenal, dem die Waffen entnommen werden. Die Grundlagen des Bestehenden werden von *allen* Seiten angegriffen, und die wuchtigsten Hiebe werden gegen die Stützen der alten Gesellschaft geführt. Die revolutionären Gedanken dringen in die konservativsten Kreise und bringen die Reihen unserer Feinde in vollste Verwirrung. Handwerker und Gelehrte, Ackerbauer und Künstler, Kaufleute und Beamte, sogar Fabrikanten und Bankiers, kurz, Männer jeder Stellung schließen sich den Arbeitern an, die das Gros der Armee bilden, die um den Sieg kämpft und ihn erringen wird. Alle unterstützen und ergänzen sich gegenseitig.

Auch an die Frau im allgemeinen und an die Proletarierin im besonderen tritt die Aufforderung, in diesem Kampfe nicht zurückzubleiben, in dem auch für ihre Befreiung und Erlösung gekämpft wird. Es ist an ihr, zu beweisen, daß sie ihre wahre Stellung in der Bewegung und in den Kämpfen der Gegenwart für eine bessere Zukunft begriffen hat und entschlossen ist, daran teilzunehmen. Sache der Männer ist es, sie in der Abstreifung aller Vorurteile und in der Teilnahme am Kampfe zu unterstützen. Niemand unterschätze seine Kraft und glaube, daß es auf seine Person nicht ankomme. Für den Kampf um den Fortschritt der Menschheit kann keine Kraft, und sei sie noch so schwach, entbehrt werden. Das ununterbrochene Fallen der Tropfen höhlt schließlich den härtesten Stein aus. Und aus vielen Tropfen entsteht der Bach, aus Bächen der Fluß, aus einer Anzahl Flüssen der Strom. Schließlich ist kein Hindernis stark genug, ihn in seinem majestätischen Lauf zu hemmen. Genauso geht's im Kulturleben der Menschheit. Handeln alle, die sich berufen fühlen, mit ganzer Kraft in diesem Kampfe, so kann der endliche Sieg nicht fehlen.

Dieser wird einst um so größer sein, je eifriger und aufopferungsvoller jeder einzelne die vorgezeichnete Bahn verfolgt. Bedenken, ob der einzelne ungeachtet aller Opfer, Arbeit und Mühe den Beginn einer neuen, schöneren Kulturperiode noch erlebe, des Sieges Früchte noch genieße, dürfen keinem aufstoßen, noch weniger dürfen sie ihn von dem betretenen Wege abhalten. Wohl können wir weder die Dauer noch die Art der Entwicklungsphasen bestimmen, die dieser Kampf um die höchsten Ziele zu durchlaufen hat, wir können dies ebensowenig, wie wir über die Dauer unseres Lebens eine Gewißheit haben. Aber wie die Lust zum Leben uns beherrscht, so können wir auch die *Hoffnung* hegen, diesen Sieg zu erleben. Stehen wir doch in einem Zeitalter, das sozusagen mit Siebenmeilenstiefeln vorwärtsstürmt und deshalb alle Feinde einer *neuen*, *höheren* Gesellschaftsordnung erzittern macht.

Von dem raschen Wachstum und der immer gewaltiger werdenden Ausbreitung der sozialistischen Ideen liefert jeder Tag neue Beispiele. Auf allen Gebieten regt sich's und drängt nach vorwärts. Die Morgendämmerung zu einem schönen Tage zieht mit Macht herauf. Kämpfen und streben wir also immer voran, unbekümmert darum, „wo" und „wann" die Grenzpfähle für eine neue, bessere Zeit für die Menschheit eingeschlagen werden. Und fallen wir im Laufe dieses großen, die Menschheit befreienden Kampfes, so treten die uns Nachstrebenden für uns ein. Wir fallen in dem Bewußtsein, unsere Schuldigkeit als Mensch getan zu haben, *und in der Überzeugung, daß das Ziel erreicht wird, wie immer die dem Fortschritt der Menschheit feindlichen Mächte sich dagegen wehren und sträuben mögen.*

„DEM SOZIALISMUS GEHÖRT DIE ZUKUNFT,

DAS HEISST IN ERSTER LINIE

DEM ARBEITER UND DER FRAU."

FREMDWORTERKLÄRUNG

Abortus Fehlgeburt, künstliche Frühgeburt
Agnat Blutsverwandter väterlicherseits
akkommodieren anpassen, anhäufen
Antagonismus Widerstreit, Gegensatz
Anthropologie Menschenkunde
apodiktisch bestimmt, unwiderleglich, keinen Widerspruch vertragend
Äquivalent Gegenwert
Aspiration Streben nach etwas
Augur Wahrsager
Avancement Beförderung
Avers Vorderseite

Bacchanalien Trinkgelage
Bodenmelioration Bodenverbesserung

Code civil Bürgerliches Gesetzbuch

Debauche Ausschweifung
Dekorum Anstand, Schicklichkeit
Deszendenztheorie Lehre von der Abstammung
diskretionär veraltete Form von diskret — verschwiegen, schonend, rücksichtsvoll
Dispens Befreiung, Aufhebung einer Verpflichtung
Distribution Verteilung
dolce far niente süßes Nichtstun, süß (ist's) nichts zu tun
dualistisch zwiespältig

Emanzipation Befreiung
eminent hervorragend, außerordentlich
Enquete Umfrage, Untersuchung über den Stand öffentlicher Angelegenheiten
Enzyklopädist Mitarbeiter an der berühmten französischen „Enzyklopädie"
evident offenbar
Expropriation Enteignung
exzentrisch überspannt

fakultativ freigestellt, freiwillig
Fideikommiß unverkäuflicher, auf männlichen Erstgeborenen sich forterbender Familienbesitz
Fiktion Erdachtes, Eingebildetes
Frequenz häufige Wiederholung

Genre Art, Gattung, Wesen
Gynäkologie Frauenheilkunde

Harpyie weibliches Ungeheuer der griechischen Sage
Hautevolee vornehme Gesellschaft
Hypertrophie übermäßige Empfindlichkeit
Hysterie Krankheit des Nervensystems

Ignoranz Unwissenheit
illegitim unrechtmäßig, unehelich
Immatrikulation Einschreiben zur Aufnahme an einer Hochschule
indolent geistig träge, gleichgültig
Inferiorität Untergeordnetheit
Inkonvenienz Unzuträglichkeit
Intensität Stärke, Wirksamkeit
Intervention Einmischung

Kalamität schlimme Verlegenheit
katilinarisch heruntergekommen, staatsgefährlich

Klausur Abgeschlossenheit
konfisziert eingezogen, beschlagnahmt
Kongregation Vereinigung, meist religiöser Art
Konkubinat wilde Ehe
Konsens Einwilligung
kooperativ gemeinschaftlich, zusammenwirkend
Korrelat Ergänzung

Laren Schutzgötter in der römischen Sage

Malthusianismus Lehre des englischen Volkswirtschaftlers Malthus
Manipulation Verfahren, Kunstgriff
maritim die Schiffahrt, Seemacht betreffend
Maxime Hauptgrundsatz
Misere Elend
Monogamie Einehe
Mythos Sage

Noviziat Probezeit in Klöstern
Nymphomanie Mannstollheit

obszön unanständig, schamlos
Ontogenie Entstehungslehre der Einzelwesen
oszillieren hin- und herschwanken

Panegyrikus Lobrede, Lobgedicht
par excellence in ganz besonderem Grade
patriarchalisch altväterlich, nach Altväterweise
Pauperisierung Massenverarmung
Phryne verführerische Buhlerin
pöblieren bevölkern
Polemik literarischer Streit, geistiger Kampf
Polyandrie Vielmännerei
Polygamie Vielweiberei
Präformation Anlage später entwickelter Eigenschaften im Keim
Prätension meist ungerechtfertigter Anspruch, Anmaßung

Promiskuität Vermischung, geschlechtlicher Verkehr mit mehreren Personen
Protektorat Schutzgebiet, Beschützeramt
Prototyp Urbild
psychologisch seelenkundlich
Psychose Seelenstörung, Geisteserkrankung

Quote Anteil, Teilbetrag

Remuneration Belohnung
restringierend einschränkend, hemmend
Revers Rückseite
Roué Wüstling

Satyriasis krankhafte Steigerung des Geschlechtstriebs bei Männern
Serenissimus Durchlaucht, Fürst eines Kleinstaates
Signatur wesentliches Merkmal
Sisyphusarbeit vergebliche Arbeit
Sterilität Unfruchtbarkeit
Stimulanz Reizmittel
surrogativ ersatzweise (nicht gleichwertiger Art)
Sykophant niedriger Schmeichler

Taille eine Steuer im vorrevolutionären Frankreich
transzendent übersinnlich

Ultramontanismus streng katholische, päpstliche Gesinnung, Hörigkeit
usurpieren widerrechtlich aneignen, erobern

vindizieren zusprechen, zuerkennen

Xylographie Holzschneidekunst

Zensiten Eingeschätze, Besteuerte
Zensus Schätzung, Vermögensstandaufnahme
zölibatär ehelos
Zoon politicon geselliges Wesen

INHALT

Erster Abschnitt

DIE FRAU IN DER VERGANGENHEIT

Zweiter Abschnitt

DIE FRAU IN DER GEGENWART

Dritter Abschnitt

STAAT UND GESELLSCHAFT

Vierter Abschnitt

DIE SOZIALISIERUNG DER GESELLSCHAFT